戎光祥研究叢書
16

織田信長政権の権力構造

久野雅司
Kuno Masashi

戎光祥出版

目次

第Ⅱ部　織田信長と足利義昭の政治・軍事的関係

第Ⅲ部　永禄・元亀期における織田信長政権の京都支配

序論　織田政権についての研究史と本書の課題

本書は織田信長政権の権力構造について、主として権力形成過程と領国支配構造の一端を考察したものである。

織田信長は天文三年（一五三四）五月の生まれで、明智光秀の謀叛による本能寺の変で弑殺されたのが天正十年（一五八二）六月のため、歴史上では十六世紀の人物である。この時代は、日本の歴史学における政治史的な区分では室町時代と江戸時代の中間に位置し、時代区分では中世と近世の移行期に該当する。(1)当該期は時の関白近衛尚通が日記に「戦国の世の時の如し」（『後法成寺関白記』永正五年〈一五〇八〉四月十六日条）と書き記したように、まさしく日常的に合戦が繰り広げられた戦国動乱の時世であった。今日的には「戦国時代」と称されている。

或いは、天正元年七月の室町幕府滅亡と慶長八年（一六〇三）三月に徳川家康が征夷大将軍に任じられて江戸幕府が開かれる間に位置し、信長が近江国蒲生郡（滋賀県近江八幡市）に築いた安土城を居城地に、信長に続いて覇権を確立した豊臣秀吉が甥の秀次に関白職を譲って太閤になってから山城国紀伊郡（京都府京都市伏見区）に築いた桃山城を隠居所としたことから、それぞれの居城地を政権所在地として「安土・桃山時代」や、(2)両者の姓から「織豊期」と称されている。

信長は尾張・美濃や伊勢を中心的な勢力基盤とした戦国大名だったが、永禄十一年（一五六八）九月に室町幕府第十五代で最後の将軍となる足利義昭に「供奉」して上洛した後は、信長の家臣だった太田牛一が信長の一代記である『原本信長記』に「天下十五年」と記したように、(3)「天下」の支配に深く関わることになった。(4)信長は自らの覇権を確立するために「天下布武」を標榜して各国に群雄割拠する戦国大名や諸勢力を打倒し、「天下統一」して旧来の秩序を破壊して新しい支配体制を確立することを政治的目標とした「革命児」と評価されてきた。(5)

戦国時代の始まりは、研究者によって定義が異なっている。そのうちの一つとして、応仁元年（一四六七）に起こった「応仁・文明の乱」が挙げられる。[6] 室町幕府の第八代将軍足利義政は、後継者がいなかったことから弟の義視を継嗣に指名していた。しかしその後、実子の義尚が生誕したことから将軍家の後継をめぐる争いと、各守護家における家督争いとも相俟って、幕府の管領を務めていた細川勝元を中心として義視を推す東軍と、義尚を推す山名持豊（宗全）の西軍の勢力に分裂し、文明九年（一四七七）に争いが終息するまで約十年にわたって抗争が繰り広げられた。

この争乱は政治的に三つの影響を及ぼしたとされている。一つは、将軍が争乱を止めることができなかったことから、求心力が低下して権威が著しく失墜したことである。二つ目は、それまで各国に補任されている守護は在京して将軍に供奉していたが、それが停止されることになった。これによって守護は任じられた国に滞在することとなり、地域における支配の強化が進展することとなった。さらに三つ目として、上京して争乱に関わった守護は勢力を弱めることになり、在地における地域権力の台頭を招いたとされる。戦国大名の出自は様々な形態があるが、将軍の権威が失墜したことで幕府の権力が弱体化し、中央政権としての機能が喪失したことから権力が分散化される事態が生じた。これによって守護が実力で地域支配を展開するようになり、或いは在地で勢力を拡張した地域権力が郡規模から一国にまで、さらには複数国以上にもわたって実力によって支配するまで広域的に勢力を拡大化させるようになった。このような政治権力は、今日的には「戦国大名」と定義されている。[7] 中央における抗争が地域権力の形成に影響をもたらし、動乱が各地で展開される一因になったと考えられている。

さらに、明応二年（一四九三）には戦国乱世を象徴するような「明応の政変」が起こった。応仁・文明の乱を終息させた管領の細川政元は、第十代将軍の足利義材（のちに復職して義稙）を京都から追放して、義澄を新将軍に擁立する。[8] 本来であれば将軍から任命される下位の管領が、上位の将軍を廃位・擁立するという逆転現象が生じたこの政変は、下剋上を象徴する出来事とされている。これによって将軍は傀儡的な存在となり、[9] 以後は管領細川氏が実権を掌握して「細川京兆専制」と称される政治体制を築いた。[10]さらに、細川氏は同族間で権力争いを展開したことから勢力が弱体化し、細川氏の家宰だった三好氏が台頭する。足利将軍はこれらの勢力と抗争するが、京都から逐われることとなった。将軍を放逐した三好長慶は、幕府の権力を必要としない独自の覇権を確立したとして信長に先行する最初の「天下人」とされ、「三好政権」は「プレ統一政権」として高く評価されている。[11]

それまで東海地域の戦国大名だった信長が室町幕府足利将軍家の義昭に「供奉」して上洛することになる政治的背景には、このような畿内における将軍家と細川氏・三好氏による中央における覇権争いがあったのだった。[12]

信長を主体とした政治権力は学術上「織田政権」や「信長政権」とされ、或いは確たる政治体制を確立し得ていないとして「織田権力」と称されている。[13]これについて、本書では「織田信長政権」としているが、これは信長の勢力拡大による発展段階の時期区分に基づいたものである。織田政権の時期区分は、①濃尾平野を中心に領国支配を行っていた永禄十一年九月までの段階、②足利義昭を擁して上洛後、義昭を追放する元亀四年（一五七三）七月までの段階、③室町幕府滅亡以降の段階、の三つに時期区分されている。[14]このうち本書では、③をさらに「元亀」から「天正」に改元する天正元年七月二十八日以降、旧幕府方勢力や大坂本願寺などの反信長勢力を征圧する同三年までの段階と、④天正四年に安土城を築いて「天下」の支配体制を構築した以降に分けることとする。本書では、②③段階の上洛前の地域権力だった戦国大名織田氏から、義昭を追放して自らが覇権を確立するに至る④までの過渡的段階における政治権力を「織田信長政権」とし、「統一政権」として認識されてきた織田政権は一括してこれまでの呼称に基づいて〝織田政権〟とする。本書では永禄十一年九月から天正三年までの時期・段階を主たる検討対象とし、天正四年以降の「織田政権」の成立過程について考察することを目的としている。

なお、本書は主として筆者が一九九〇年代半ばから二〇一〇年代半ばまでの約二十年間にわたって著してきた研究論文を基とし、それに新稿四編を加えて本論として編集した論文集である。したがって、各章は元はそれぞれ独立した論文だったことから、問題関心は各論文執筆時の学際的な研究動向を背景としている。次章で「織田政権」に関するこれまでの研究史を整理して問題点を提示し、本書の研究史上における位置付けを行うが、ここでは主として原形論文執筆時の二〇〇〇年代までの研究史について述べる。基本的には年代順としているが、後年でも関連した研究はまとめて記した。それ以降の研究史については本論各章の「はじめに」で述べており、結論にて本書のまとめを論じる際に触れることとする。また、研究史に関しては概説書も含め膨大な研究があるため概略的な性格のものとなっており、特に本書に深く関わる諸説を示したものであることをあらかじめお断りしておきたい[15]。

一、織田政権についての研究史の整理

近年の高等学校検定教科書で織田信長は、「『天下布武』の印判を使用して天下を武力によって統一する意志を明らかに」して「伝統的な政治や経済の秩序・権威を克服して、関所などの撤廃など新しい支配体制をつくることをめざした」（『詳説日本史』山川出版社、二〇〇二年）と説明されており、これに基づいて学校教育が行われている。教科書のみならず、多くの概説書でも「近世の始まり」や「近世の幕開け」は西洋における航海技術の発達による大航海時代の到来から記され[16]、鉄砲やキリスト教などの西洋の文化が新しく日本にもたらされたことから始まっている。信長は、それに強い関心を抱いて理解を示した開明的な合理主義者とされる。そして、学校教科書の説明にあるように既存の政治的権威である朝廷・幕府・宗教勢力や経済などの旧来の秩序に挑戦し、各国の戦国大名を討ち滅ぼして日本全国を平定すること、すなわち「天下統一」して新しい支配体制を築くことを目指したとされている。このようないわば「信長革命児史観」は、戦前にまで遡ることができる。

明治・大正期の近代歴史学の黎明期における当該期の学術研究の原点ともいうべき論文は、渡辺世祐氏の業績とい

える。[17]渡辺氏は学術雑誌『史学雑誌』に信長と義昭に関する二本の論文を執筆し、それまで軍記物語でしか語られてこなかった信長について、古文書・古記録の一次史料を駆使して実証的にかつ両者の関係性を客観的に論じ、優れた研究論文を著した。

同時期の研究としては、徳富蘇峰氏が大著『近世日本国民史』を著し、その始まりが『織田氏時代』であることから、信長が歴史上活躍する時期を明確に近世の始期に位置付けた。[18]そして徳富氏は、中世の政治権力だった室町幕府の将軍足利義昭と信長を対比して論じた。ここでは両者について、「義昭の目的は、室町将軍家の再興」で「信長の目的は、天下統一」であり、信長は「ただ旗を洛中に入るる方便として、彼を奉じたのにすぎぬ」「一切の自由を剥奪し、ただ将軍の虚名と、空位とのみを与え措」き「義昭の手中より、政権全部を信長に引き渡した」と述べている。

また、大正期においては田中義成氏の研究もあり、田中氏の講義をまとめて著された『織田時代史』において、「信長賊を討つと称し、義昭を仮りて天下に号令せんとするに過ぎず」「其実権は信長に帰して義昭は唯虚名を擁したるに過ぎ」なかったと述べられている。[19]また、義昭追放後の「天正」への年号改元に則して信長を「抑信長が義昭を逐い、京都に凱旋し、俄に改元を奏請せるは、此時を以て信長は全く足利氏に代りしものなれば、其真意は革命的意義を以て、年号を改めたるものと見るを得べし、故に足利幕府と織田時代との時期を画するには、実に此時を以てすべきなり」と記されている。

以上のように、戦前より〝信長の目的は天下統一で、そのための上洛の名目として義昭を利用し、義昭政権は信長の天下への号令のために利用された実権のない「傀儡」政権〟と述べられており、田中氏の言説にあるように信長は「革命児」として室町幕府を打倒しなければならない存在とされてきた。[20]したがって、「義昭傀儡論」もこの時から形成されたと言える。これらの見解は戦後歴史学において既成概念として享受され、信長・義昭両者を研究した奥野高広氏・桑田忠親氏・脇田修氏らによって継承されて論じられたことから通説として認知されるに至り、[21]今日における定説になったといえる。つまり、それ自体が明治期以来およそ百年にわたって語り継がれてきた「歴史」であり、戦前からの「遺産」だったと言ってよい概念だったのである。

信長については、当時の学会の潮流であった皇室崇敬に基づいた「皇国史観」に依拠して「勤王家」として評価された。一方の幕府については、渡辺氏が「朝廷では室町幕府の衰微に伴うて後柏原天皇以来式微の極に達して」いたと論じた。田中氏は「当時幕府の威令地に落ち、天下又幕府の存在を認めず」と述べ、幕府の権威が失墜したことから人心を集攬できなくなり、対して信長は皇室を奉戴することによって「海内を一統」し「安土時代」を築いたと論じた。徳富氏も、信長は「皇室をもって天下統一の中枢と為し」「天皇の御国たらしめた」と述べている。また、信長の父の織田信秀も朝廷に献金していることから織田家は父の代からの勤王家であり、信長も朝廷を保護した勤王家として評価された。このように、幕府は衰微したことから朝廷の式微を招くことになって権威が失墜したとされ、対照的に信長は皇室を支えたことから「天下統一」が達成できたと述べられた。

以上のように、戦前の歴史学において信長は、前代の義昭との政治的関係が当時の学会の潮流であった皇国史観に基づいて述べられた。信長は朝廷を尊崇する「勤王家」で、天皇の威光の基で「天下統一」を達成することが目的であり、既存の中世の政治権力で朝廷を式微させた室町幕府を倒す革命的な政治家とされたのである。

戦後歴史学においては、戦前の皇国史観から脱却して日本国家の成り立ちや国家権力の機構を具体的・客観的に問題として捉える国家論が議論され、中世については中世国家論が、近世については幕藩体制論が議論された。また、戦前からの封建制論について、「初期絶対主義説」「封建制再編成説」「純粋封建制成立説」など封建制の変質が論点となり[22]、中世と近世の画期をめぐる議論が展開された。ここでは家父長制的奴隷制からの「小農民自立」が争点となり、貫高制・太閤検地の検地をめぐる評価や、幕府・守護・戦国大名の権力構造を明らかにすることが議論された。

前者については、黒田俊雄氏が鎌倉幕府の成立によって武家政権が確立したことから、それまでの公家政権と寺社勢力と三つの権門勢家が併存したとする「権門体制論」を説き、それぞれが共存して相互補完的な関係にあることが論じられた。(23) 室町幕府については、佐藤進一氏が幕府草創期における足利尊氏と弟の直義の政治的関係を検討し、将軍権力に本来備わる私的で人的な主従制的支配権と公的で領域的な統治権的支配権を尊氏と直義がそれぞれ分有して役割分担していたと論じた。(24) さらにその上で、幕府は足利氏とその一門および外様大名による連合政権だったと述べた。また、これについては永原慶二氏が将軍権力と守護権力とは補完関係にあり、守護は幕府から得た諸権限を梃子として領国支配を実現したとする「守護領国制論」を述べ、幕府は守護大名との連合政権だったとする説が出された。(25) このような幕府は将軍と守護との関係で成り立つ権力構造とする見解に対して、黒川直則氏が室町幕府と守護大名は国人を権力基盤としたとする「国人領主制論」を論じ、幕府は領主層の年貢実現のための共同組織であり、国人領主制を基盤とした知行制度によって成立したと説いた。(26) これによって守護領国制は論理の基盤を失ったことから破綻し、永原慶二氏はそれまでの論を修正して「大名領主制論」を提起した。(27)

以後、幕府と守護の関係は「幕府―守護」論として、幕府は地域支配の正当性の源泉となり、或いは利害調停のための上位機関として諸勢力からの求心性が論じられた。(28) また、幕府の構造については、小川信氏による足利一門や細川氏・守護に関する研究、福田豊彦氏の将軍近習や奉公衆に関する研究、桑山浩然氏による引付史料を基とした評定の研究、二木謙一氏の幕府の組織や儀礼に関する研究など、(29) 主として幕府の内部構造の側面から検討された。

その一方で、中世から近世への移行期における大名権力である戦国大名については、中世的か近世へ繋がる権力であるのかが議論される。ここでは検地による中間得分である加地子の把握の有無や貫高制などの知行制、村の上層部までを含みこんだ家臣団編成のあり方や軍事権など、在地掌握の度合いが権力の強弱を測る指標とされた。なお、戦国大名の研究史は池享氏・長谷川博史氏・則竹雄一氏・丸島和洋氏らによってまとめられているので参照願いたい。(30)

ここで注目されるのが、戦国大名は専制的で絶対的な権力ではなく、家臣団や村落などの在地に規制性を有することが明らかにされたことである。すなわち、戦国大名は家臣との共通の利害をもち、それを保護する役割と機能を果たしていた。戦国大名は、生産力の向上にともなって惣村で矛盾が生じるなど、領民支配のために苦心する家臣を保護することで求心力を維持・拡大していく権力だったことが明かにされた。また、一揆的な結合の代表者としての役割も果たし、家臣間の利害調停を行っていたのだった。[31]これにより、絶対的な専制君主ではないことが明らかにされた。さらに、藤木久志氏によって村人の「稼ぎ場」としての「戦場論」や、統一政権による戦国大名間の「国郡境目相論」の停止令である「惣無事令」論が提起された。[32]これらの検討から、さらに戦国大名の権力構造を理解するために、戦国大名の家臣や従属して大名を支える基軸となった上層農民の「小領主」「侍衆」や「国人」「土豪」等の中間層、国衆などの研究が行われるようになり、移行期村落も議論の中心となって活況を呈していく。これらの研究史については、稲葉継陽氏・黒田基樹氏・長谷川裕子氏・遠藤ゆり子氏・柴裕之氏・鈴木将典氏などの整理を参照願いたい。[33]

戦国大名が中世・近世どちらの権力なのかという議論において重要な役割を果たしたのが、安良城盛昭氏の「太閤検地論」であった。[34]安良城氏は豊臣秀吉が行った検地を分析し、太閤検地は名主層が小農民から徴収していた中間得分である作合いを否定し、耕作者である小農民を年貢負担者として直接把握することによって小農民を解放した。そして検地帳に登録し、一地一作人を実現化させたと論じた。これに比して戦国大名の検地は不徹底であり、名主層を支配基盤とせざるをえず、家父長的奴隷制に基づく古代的な政治権力だったと評価した。

安良城氏の「太閤検地論」は、勝俣鎮夫氏・藤木氏・宮川満氏らによって批判されるが、[35]近世史からは評価され織田政権も安良城理論に基づいて論じられた。すなわち、佐々木潤之介氏・脇田氏・朝尾直弘氏は「太閤検地論」を起点として、佐々木氏は「信長政権を、戦国大名段階の最終形態」とし、脇田氏は「中世最後の覇者」と評価した。[36]一方、朝尾氏は近世幕藩制国家の中核に「将軍権力」を位置づけ、その創出を信長に見出して、近世に繋がる権力と評価した。また、封建制の見知からは今井林太郎氏・鈴木良一氏らによって「純粋封建制」の確立を目指した権力とされた。[37]

このうち脇田氏は、室町幕府との関係も論じた。衰退した幕府は義昭によって再興されたとして自立性を評価したが、結論的には信長の「傀儡」であったと位置付けた。また、信長は家臣に土地の支配権と行政権限を含む「一職支配権」を宛行ったとし、さらに信長の政策基調は「当知行安堵」だったことを指摘した。これにより、信長の改革性を否定して中世的な権力だったとし、近世封建制は秀吉との連続性で達成されたとする見通しを示した。脇田氏の指摘は極めて実証的な分析に基づいたものであり、現在でも最も高い水準にあって織田政権の領国支配構造を示す基準となっている。なお、織田政権の在地支配については、近江の村落を検討した深谷幸治氏の研究も貴重な成果である。(38)また、谷口克広氏は信長の家臣を網羅的に検討し、近江国の分割支配や「方面軍」による緒戦の展開、奉行衆や側近の動向など、詳細な検討がなされている。(39)

佐々木氏・朝尾氏・今井氏・鈴木良一氏、さらに原昭午氏・藤木氏・豊田武氏は、(40)いずれも信長は旧来の伝統的な寺社勢力を弾圧し打倒することで権力の確立を目指した、或いは達成したと論じた。佐々木氏・朝尾氏・原氏・藤木氏は、民衆の「王孫」「御百姓」意識をもって結集した一向一揆に対して、信長は「武篇道」をもって「侍」を組織して戦い、これを打倒することによって「統一政権」が成立したとする。さらに朝尾氏は、信長は室町将軍や天皇の権威を超越する独自の公儀である「天下」という政治理念を確立し、神格化を遂げるなど、伝統的な権威を超越・克服した「将軍権力」を創出したと論じた。なお、宗教勢力の弾圧については、神田千里氏によって「革命児」信長が新しいキリスト教を保護して旧来の伝統的な勢力を討伐することを意図したものではなかったことを明らかにしている。(41)

佐々木氏と三鬼清一郎氏は、(42)織田政権・豊臣政権・徳川政権が尾張・美濃・三河の東海地域から発生したことに着目し、濃尾の豊饒な地域を掌握してそれを基盤とした武士団を家臣団に組織し、それから先進的な地域の近畿地方を征圧してそれが「天下統一」によって日本全国に拡延されていく過程を論じた。

戦後の織田信長と足利義昭の「義昭傀儡論」「信長・義昭対立論」を決定付けたのは、奥野氏・桑田氏・脇田氏だった。三者はそれぞれ信長・義昭両者とその関係を研究したことから、[43]説得力のある説として定着したといえる。特に、奥野氏は信長研究の基本文献である『増訂織田信長文書の研究』と太田牛一『信長公記』の校訂本を著し、信長・義昭の単著も出していることから、当該分野の第一人者であろう。奥野氏と桑田氏は知行制度を分析し、信長は荘園制を解体して朱印状によって安堵や宛行を行ったことは、近世「朱印制度」の創始であると高く評価した。また、桑田氏は本能寺の変の首謀者は義昭とする「義昭黒幕説」を提起しており、これは信長と義昭の関係を幕府の奉行人・奉公衆を検討して京都支配を論じた貴重な研究成果を表した染谷光広氏にも受け継がれた。[44]

一九七〇年代になると、今谷明氏が戦国期における幕府関係文書を網羅的に蒐集して将軍を擁立した管領細川氏とその家宰三好氏を中心とした畿内政治史の研究を行った。[45]

今谷氏によると、戦国期の室町幕府は幕府を独占した管領の細川京兆家と密接不可分な関係で、三好氏や茨木氏も「管領代」として「管領代奉書」を発給して幕政に参画していたとする「細川・三好政権京兆専制論」を提唱した。さらに、幕府自体も官僚制度として奉行人層が幕府機能を再生産していたことを明らかにし、細川・三好権力による管領代奉書と幕府の奉行人衆から発給される幕府奉行人奉書とが相まって幕府の支配文書として効力を発揮していたことを指摘した。そのため、戦国期の幕府は形骸化していたわけではなく、政権として機能していたことを明らかにした。戦国期の幕府の特質を示す事例として、和泉国堺を居所として将軍に任官することはなかったが事実上の将軍であった足利義維が京都に居なくても幕府を主導することが可能となった「堺幕府」論を提示している。さらに、最後の「管領代」三好長慶のもとに細川政権に反発した国人勢力が結集したことによって長慶は権力を掌握し、足利第十三代将軍義輝を京都から追放して細川氏から権限を継承・吸収したことで京都を支配することとなった。今谷氏は、長慶は幕府とは関わりなく独自に直状の「長慶裁許状」を発給して独裁体制を確立したことから、三好政権は畿内で初めて将軍や幕府を必要としない権力と評価した。

さらに一九八〇年代以降は、今谷氏の研究を受けて今岡典和氏・川岡勉氏・矢田俊文氏によって「幕府―守護体制論」が提起され[46]、幕府自体については設楽薫氏や山田康弘氏らによって研究がなされた[47]。後者の設楽氏は足利義教・義尚・義材・義晴期の幕府について、幕府の裁許記録である「伺事記録」などの分析を通して将軍側近である内談衆・評定衆の機能や政治的役割、将軍が主宰する「御前沙汰」などを検討し、幕府内部構造の解明や意志決定方法・政務決裁過程を明らかにした。山田氏も幕府の訴訟手続きや意志決定について考察し、さらに将軍と戦国大名との関係についての研究も行い、戦国期において幕府は政治的に機能しており、将軍権威は戦国大名にとっても政略上必要な存在であったことを指摘した。この設楽氏・山田氏の一連の研究によって、戦国期の室町幕府は没落することなく機能していたことがさらに明らかになり、将軍の権威も大名との関係において維持されていたことが明らかとなった。そして、森田恭二氏・小谷利明氏・古野貢氏・天野忠幸氏・馬部隆弘氏などによって、細川氏・三好氏・畠山氏を中心とした「畿内戦国期守護論」が検討されている[48]。また、戦国期の将軍と幕臣については、木下昌規氏・木下聡氏によって研究が深められている[49]。

一九九〇年代は、昭和から平成へ改元された直後の時期でもあったことから、公武関係論が活況を呈した。今谷氏・立花京子氏は、朝廷から信長への官職の推任の事例や両者の政治的関係を対立的に論じた[50]。これについては、堀新氏の詳細な検討から否定されており、実際には協調関係にあったことが指摘されている[51]。また、公武関係については神田裕理氏の研究もあり、両者それぞれによって詳細に研究史が整理されているので参照願いたい[52]。

二〇〇〇年代以降は、これまでの歴史学における信長の研究があらためて見直され、これまでの見解を大きく修正する必要に迫られる注目すべき論考が相次いで発表された。特に、神田千里氏によって「天下」の意味があらためて検討され、さらに神田氏はこれまで信長が行った「中世の権威」を否定するとされてきた諸政策は、実際は保護や協調を前提としたものだったことを明らかにした[53]。池上裕子氏の著書は「新しい信長像」として注目され、金子拓氏も信長の合戦や相論裁許などの事例から新しい信長像を提示しており、松下浩氏も「革命児」としての信長を否定した[54]。また、信長領国の支配形態は戦国大名と同質性があることが明らかにされている[55]。近年では信長の「革新性」が大きく見直され、権門体制のうち朝廷・寺社勢力との対立関係は否定されている。残る課題は、幕府との関係を検討し直すことにあるといえる。

以上が、戦前から今日に至る織田政権に関する研究史の概略である。なお、当該期の全体に関わる研究史の整理として、中世後期研究会編『室町・戦国期研究を読みなおす』（思文閣出版、二〇〇七年）・織豊期研究会編『織豊期研究の現在』（岩田書院、二〇一七年）、織田政権については、日本史史料研究会編『信長研究の最前線』（洋泉社、二〇一四年・二〇一七年）、問題点の整理として丸島和洋「織田権力の領域支配再論」（『三田中世史研究』第二二号、二〇一五年）がある。概説としては、堀新「織田政権論」（岩波講座『日本歴史』近世1、第十巻、岩波書店、二〇一四年）が出されているので、併せて参照願いたい。

本書はこれらの研究成果を受け、織田信長政権の権力構造を検討するものである。

二、織田政権研究の問題点と本書の課題・構成

織田政権の研究は、概説書も含めると膨大な論説がある。しかし、それ自体を主題とした専門の研究書は少ない。一九八〇年代には戦国大名論と幕藩制国家論、それぞれの総括がなされて論集が刊行された[56]。前者では藤木久志氏が編者となって『織田政権の研究』（吉川弘文館、一九八五年）が刊行されたが、研究論文集としては二〇〇一年代に至るまでこれと脇田修氏の著書［一九七五・一九七七］のみが専門研究書であった。二〇一〇年代になってから、堀新氏や金子拓氏・柴辻俊六氏によって研究書が著されるようになった[57]。しかし、ここでは公武関係や断片的に領国支

配の一形態から権力論が論じられただけで、政権構造論は論述されていない。

また、足利義昭についても、筆者は先に編著として義昭に関する論文を蒐集した論文集を二〇一五年に著したが[58]、編集段階時において明治期の近代歴史学黎明期から義昭に関して論文を複数執筆したのは、実に渡辺世祐氏と筆者だけであった。その背景としては、義昭は信長の「傀儡」と見なされてきたことから実権のない将軍は検討するに値せず、幕府を主導したとされる信長に関心が注がれてきたことによると考えられる。最終的に「勝者」となり「天下統一」に躍進した「英雄」信長に対し、「敗者」となり都落ちして流浪した義昭は歴史学においては捨象され、看過されてきたのである。すなわち、これまでは信長の権力を絶対視して政治史の基軸に位置付けてきた「信長中心史観」に基づいて検討されてきたといえる。

また、室町幕府が発給した奉行人連署奉書について今谷明氏・高橋康夫氏が蒐集した『室町幕府奉行人奉書集成』（思文閣出版、一九八六年）が刊行されているが、ここでは第十三代将軍義輝による政権までの文書しか収録されていない。そのため、義昭政権を考察する上において必要不可欠な基礎となる史料的な条件が整っていなかったことも一因として挙げられる。

織田政権の領国支配については、戦国大名の性格が明らかにされつつある[59]。信長の政治権力は「統一政権」ではなく戦国大名的であるから、「織田政権」と呼称すべきではないとする議論がある。確かに戦国大名の領国支配との同質性が認められ、首肯すべき見解である。しかしこの場合、中央において室町幕府と比肩し、或いはその後に中央政権として機能した点を捨象しているといえる。また、一方の「織田政権」の場合は、「統一政権」としての性格が強調して論じられ、領国支配構造を踏まえずに述べられてきたといえる。すなわち、織田政権の領国支配と権力構造が充分に検討されないまま、それぞれ異なる立脚点に基づく一方的な視点から論じられてきたのである。

ここに、本書の第一の課題を設定し得る。すなわち、織田政権の領国支配構造を明らかにすることが課題として挙げられる。本書では、その一端として「天下」の首都である京都を考察の対象とする。京都は朝廷・幕府や有力寺社の権門が所在し、商工業者も集住した政治・経済上の要地であることは言を俟たないであろう。そこで、永禄十一年九月に上洛してから信長は首都京都をどのようにして支配したのか、領国支配の展開とその構造を検討する。そして、前代である室町幕府との関係を考察する。足利将軍から信長への中央政権の主宰者としての権力の移行を検討することは、極めて重要であると考える。そのため、本書では「信長中心史観」を排除して信長を畿内政治史に位置付け、信長と将軍義昭・周辺諸勢力との関係を考察することを課題としている。これにより、信長が如何にして「天下人」になっていったのかの過程を検討する。

第Ⅰ部「足利義昭政権論」では、信長の「傀儡」と考えられてきた将軍義昭と幕府について検討する。第一章「足利義昭政権の構造」では、これまで義昭政権が発給した奉行人連署奉書の総体が把握されていないことからこれを目録化し、さらに古記録などから義昭政権を構成する幕臣と役職を明らかにする。その上で、幕府の公文書である奉行人連署奉書が義昭政権においてどのように発給されていたのかの過程を明らかにし、義昭政権の機能について検討する。第二章「京都支配における足利義昭政権と織田信長政権」では奉行人連署奉書を基に義昭政権の概要を示し、さらに信長政権との関係について考察する。ここでは、義昭政権の構造と意志決定における信長の意志の介入の有無を明らかにすることを目的としている。なお本書では、「義昭政権」の主権者である将軍義昭と、「戦国大名」で地域政権の主権者である信長の政治権力は、それぞれ別々に組織されて運営されていたことから別個の「政権」と規定し、幕府は義昭政権と信長政権の相互補完関係によって成り立つ「連合政権」と位置付けている。次に、第三章「足利義昭政権における相論裁許と義昭の「失政」」では、義昭政権における相論裁許を考察する。補論では、筆者が以前に発表した神田千里氏の著書『織田信長』の書評を掲載した。ここでは、最後に「まとめ」としていくつかの論点を記したが、本書の大部はこの問題意識に基づいて考察したものである。論旨を明確にするため、補論として提示した。

第Ⅱ部「織田信長と足利義昭の政治・軍事的関係」では、第Ⅰ部の検討結果を踏まえ「傀儡史観」を排除して、信長と義昭の関係を根本から考察する。第一章「織田信長と足利義昭の軍事的関係について」では、信長が義昭を「傀儡」化して対立することになった重要な根拠と考えられてきた永禄十三年正月二十三日付け「五ヶ条の条書」について、制定の目的と意図を検討し、その後に展開された「元亀の争乱」における元亀元年に形成された「第一次信長包囲網」についても考察する。第二章「京都における織田信長の相論裁許と室町幕府」では、信長による相論裁許から信長・義昭それぞれの所領政策の実態を明らかにし、両者の政治的関係について検討する。第三章「足利義昭政権滅亡の政治的背景」と補論「足利義昭の蜂起と「天下静謐」をめぐる抗争」では、それまで信長と協調関係にあった義昭が元亀四年二月に蜂起し、京都を追放されて幕府滅亡に至る政治的背景について検討する。

第Ⅲ部「永禄・元亀期における織田信長政権の京都支配」と第Ⅳ部「天正期における織田信長政権の京都支配」では、信長政権の京都支配の展開について永禄・元亀期と天正期に分けて検討する。信長の上洛は永禄十一年九月であるが、前節で確認した通り信長の家臣だった太田牛一は『原本信長記』をこの年から書き起こし、それから本能寺の変で没する天正十年までを「天下十五年」と記したように、信長の家臣にとっても一大画期と考えられていた。当時の認識のみならず、歴史学的にも「織田政権」の重要な画期の一つと考えられている。また、天正期は義昭が「天下を棄て置いて」室町幕府が滅亡し、それを信長が「取り鎮めた」ことによって「天下」の主宰者が代わることとなった。幕府が機能していた段階と滅亡した以後とでは、支配形態が変化したのかを検討する。そのため、「天下十五年」を幕府が存在していた永禄・元亀期と、滅亡した以後の天正期に分けて検討する。ここでは、織田家奉行人の発給文書を整理して支配の変遷と内容を検討し、彼らの政治的役割について考察する。

ここで鍵となるのが、信長は専制・独断なのか、或いは家臣の意志が信長の意志決定に影響をおよぼすことがあったのか、現地で支配を担当する奉行人に権限が与えられていたのか、信長・家臣の彼我の意志の度合いが問題となる。

この点について、織田家奉行人と村井貞勝を中心として検討する。第Ⅲ部第一章「織田信長発給文書と義昭政権」と補論「織田信長発給文書の基礎的考察」では、信長発給文書の類型化を試み、受給者や幕府との関係を検討して信長権力の伸張過程を考察する。第Ⅳ部では補論として、「織田信長政権と守護制度」を収録した。ここでは、これまでの研究で看過されてきた「山城守護」に任じられたとされる原田直政や、信長による栄典授与などを考察して室町幕府との連続性などについて言及する。

以上、本論は全Ⅳ部十二章と補論四本の計十六編によって織田信長政権の権力構造について、京都支配の実態を検討することによって領国支配構造の一端と権力伸張過程を考察するものである。

註

（1）現在の歴史学において、中近世移行期は十五世紀半ばから十七世紀半までの二世紀とされている。また、戦国期は明応の政変（或いは応仁・文明の乱、享徳の乱）から、十六世紀後半の統一政権成立までと考えられている。

（2）「安土・桃山時代」は戦前から呼称されてきたが（日本歴史地理学会編『安土桃山時代史論』仁友社、一九一五年）、現在は文化史的な呼称となり、政治史では「戦国・織豊期」と呼称するのが一般的である。

（3）太田牛一『原本信長記』（池田家本、福武書店、一九七五年）。奥野高広・岩沢愿彦校注『信長公記』（陽明文庫本、角川書店、一九六九年）。

（4）「天下」については、神田千里氏が当時の用法を詳細に検討して、「①将軍が体現し維持すべき秩序、②京都、③「国」を管轄する大名の領域ではない、京都・畿内など「国」と棲み分けられた領域、④広く注目を集め「輿論」を形成する公的な場であり、将軍が管掌する領域」だったことを明らかにし（「織田信長の支配の論理」『戦国時代の自力と秩序』吉川弘文館、二〇一三年）、さらに同著『織田信長』（筑摩書房、二〇一四年）で「領域的には京都を含めた畿内周辺を指し、将軍が管掌する領域」と集約した。本書の「天下」は、主として後者に基づく。

(5) 藤田達生は『信長革命―安土幕府の衝撃―』(角川選書、二〇一〇年)、「近代の胎動」(同『織田信長』山川出版社、二〇一八年)と、積極的に評価している。
(6) 石田晴男『応仁・文明の乱』(吉川弘文館、二〇〇八年)、呉座勇一『応仁の乱』(中央公論新社、二〇一六年)。
(7) 戦国大名の概念は、様々に議論されている。ここでは、丸島和洋氏の①室町幕府・鎌倉府をはじめとする伝統的上位権力以外には従属せず、②政治・軍事行動を独自の判断で行い(他の権力の命令に左右されない)、③自己の領主権を超えた地域を支配下においた権力、の定義に基づいている(同『戦国大名武田氏の権力構造』思文閣出版、二〇一一年)。さらに、勝俣鎮夫氏の「国家」論の指摘に基づき、独立した地域国家と考えている(同『戦国時代論』岩波書店、一九九六年)。よって、信長権力を「政権」と規定した。
(8) 山田康弘『足利義稙』(中世武士選書33、戎光祥出版、二〇一六年)。
(9) 奥野高広氏は、足利義尹は大内義興の傀儡だったと述べている(同『足利義昭』吉川弘文館、一九六〇年)。
(10) 今谷明『戦国期の室町幕府』(講談社、二〇〇六年、初版一九七五年)・『室町幕府解体過程の研究』(岩波書店、一九八五年)・『守護領国支配機構の研究』(法政大学出版局、一九八六年)。
(11) 天野忠幸『増補版　戦国期三好政権の研究』(清文堂出版、二〇一五年)・同『三好長慶』(ミネルヴァ書房、二〇一四年)。
(12) 拙著『足利義昭と織田信長』(中世武士選書40、戎光祥出版、二〇一七年)。
(13) 織田政権の評価が確定していないことから、研究者によって評価の基準が異なっている。筆者は、戦国大名を独立した地域国家とする立場をとっており、結論で述べるように天正四年で織田政権の行政組織が成立したと考えている。ただし、後者は「統一政権」ではなく、あくまでも「中央政権」としての意味である。よって、戦国大名と中央政権の過渡的な段階の永禄十一年九月から天正三年までを、従来の「織田政権」と峻別して「織田信長政権」とした。呼称の争点については、平井上総「織田信長研究の現在」(『歴史学研究』第九五五号、二〇一七年)を参照願いたい。
(14) この時代区分は、三鬼清一郎氏の見解による(同『織豊期の国家と秩序』青史出版、二〇一二年)。他には、居城地を基にした区分(奥野高広『増訂織田信長の研究』吉川弘文館、一九八八年)や、本願寺との関係での区分論もある(藤木久志『戦国大名の権力構造』吉川弘文館、一九八七年)。
(15) 最新の研究史の整理は、註(13)平井氏の論考に的確にまとめられている。
(16) 藤井讓治『天下人の時代』(日本近世の歴史1、吉川弘文館、二〇一一年)、岩波講座『日本歴史』(近世1、岩波書店、二〇一四年)

など。

(17) 渡辺世祐「足利義昭と織田信長との関係に就いての研究」・同「上洛前の足利義昭と織田信長」（ともに、拙編著『足利義昭』シリーズ・室町幕府の研究2、戎光祥出版、二〇一五年に収録。初出一九一一年・一九一八年）。

(18) 徳富蘇峰『近世日本国民史』（講談社、一九八〇年。初出一九一八年）。

(19) 田中義成『織田時代史』（講談社、一九八〇年。初版一九二四年）。

(20) この他、戦前の研究としては花見朔巳『安土桃山時代史』（雄山閣、一九二九年）・田中久夫『室町安土桃山時代史』（雄山閣、一九四三年）などがあるが、基本的な論調は同じである。

(21) 註（9）奥野著書・同『織田信長』（春秋社、一九四四年）、桑田忠親『織田信長』（秋田書店、一九六四年）・同『流浪将軍足利義昭』（講談社、一九八五年）、脇田修「織田政権と室町幕府」（『織田政権の基礎構造―織豊政権の分析Ⅰ―』東京大学出版会、一九七五年）・同『織田信長』（中央公論新社、一九八七年）。

(22) 封建制については、註（21）脇田著書［一九七五］、三鬼清一郎『鉄砲とその時代』（吉川弘文館、二〇一二年。初版一九八一年）にまとめられている。

(23) 黒田俊雄『権門体制論』（法藏館、一九九四年）。

(24) 佐藤進一『日本中世史論集』（岩波書店、一九九〇年）。

(25) 永原慶二『日本封建制成立過程の研究』（岩波書店、一九六一年）。

(26) 黒川直則「中世後期の領主制について」（『日本史研究』第六八号、一九六三年）・同「十五・十六世紀の農民問題」（『日本史研究』第七一号、一九六四年）。

(27) 永原慶二『大名領国制』（日本評論社、一九六七年）。

(28) 田沼睦『中世後期社会と公田体制』（岩田書院、二〇〇七年）。

(29) 小川信『足利一門守護発展史の研究』（吉川弘文館、一九八〇年）、福田豊彦『室町幕府と国人一揆』（吉川弘文館、一九九四年）、桑山浩然『室町幕府の政治と経済』（吉川弘文館、二〇〇六年）・同『室町幕府引付史料集成』（近藤出版社、一九八〇年）、二木謙一『中世武家儀礼の研究』（吉川弘文館、一九八五年）・同『武家儀礼格式の研究』（吉川弘文館、二〇〇三年）。

(30) 池享『大名領国制の研究』（校倉書房、一九九五年）、長谷川博史『戦国大名尼子氏の研究』（吉川弘文館、二〇〇〇年）、則竹雄一『戦国大名領国の権力構造』（吉川弘文館、二〇〇五年）、註（7）丸島氏著書。

（31）市村高男『戦国期東国の都市と権力』（思文閣出版、一九九四年）、宮島敬一「荘園体制と『地域的一揆体制』」（『歴史学研究』別冊特集、一九七五年）、松浦義則「戦国期毛利氏『家中』の成立」（『史学研究五十周年記念論叢 日本史編』一九八〇年）。

（32）藤木久志『新版雑兵たちの戦場』（朝日新聞社、二〇〇五年。初版一九九五年）・同『豊臣平和令と戦国社会』（東京大学出版会、一九八五年）。

（33）稲葉継陽『戦国時代の荘園制と村落』（校倉書房、一九九八年）・同『日本近世社会形成史論』（校倉書房、二〇〇九年）、黒田基樹『戦国期の大名と国衆』（岩田書院、二〇〇一年）・同『中近世移行期の大名権力と村落』（校倉書房、二〇〇三年）・同『増補改訂戦国大名と外様国衆』（戎光祥研究叢書4、戎光祥出版、二〇一五年）、長谷川裕子『中近世移行期における村の存在と土豪』（校倉書房、二〇〇九年）、柴裕之『戦国・織豊期大名徳川氏の領国支配』（岩田書院、二〇一四年）、鈴木将典『国衆の戦国史』（洋泉社、二〇一七年）など。

（34）安良城盛昭『増補版幕藩制社会の成立と構造』（御茶の水書房、一九五九年）・同『太閤検地と石高制』（ＮＨＫ出版、一九六九年）。

（35）勝俣鎮夫『戦国法成立史論』（東京大学出版会、一九七九年）、藤木久志『戦国社会史論』（東京大学出版会、一九七四年）、宮川満『太閤検地論』（御茶の水書房、一九八一年。初版一九七七年）。

（36）佐々木潤之介『幕藩制国家論』（東京大学出版会、一九八四年）、朝尾直弘『将軍権力の創出』（岩波書店、二〇〇四年。初版一九九四年）、註（21）脇田著書［一九七五］・同『近世封建制成立史論』（東京大学出版会、一九七七年）。

（37）今井林太郎「信長の出現と中世的権威の否定」（藤木久志編『戦国大名論集 織田政権の研究』吉川弘文館、一九八五年。初出一九六三年）・同『織田信長』（筑摩書房、一九六六年）、鈴木良一『織田信長』（岩波書店、一九六七年）。

（38）深谷幸治『戦国織豊期の在地支配と村落』（校倉書房、二〇〇三年）・同『織田信長と戦国の村』（吉川弘文館、二〇一七年）。

（39）谷口克広『織田信長家臣人名辞典』（第二版、吉川弘文館、二〇一〇年）・同『信長軍の司令官』（中央公論新社、二〇〇五年）・同『信長の親衛隊』（中央公論新社、一九九八年）など。

（40）原正午「幕藩制国家の成立について」（『歴史評論』第二四四号、一九七〇年）、註（14）藤木著書、豊田武「織豊政権の成立」（『思想』第三一〇号、一九五〇年）。

（41）神田千里『信長と石山合戦』（吉川弘文館、二〇〇八年。初版一九九五年）・同『一向一揆と石山合戦』（吉川弘文館、二〇〇七年）・同『織田信長』（筑摩書房、二〇一四年）。

（42）註（14）三鬼氏著書。

（43）奥野高広「織田政権の蔵入地」（『国史学』第一〇〇号、一九七六年）・同「織田政権の基本路線」（『史林』第六二巻四号、一九七九年）。奥野氏は、信長は将軍に就く意志があったとする。註（21）桑田著書［一九六四］は、二木謙一氏が「新しい信長の人物像を創出」と評価している。

（44）染谷光広「織田政権と足利義昭の奉公衆・奉行衆との関係について」（註〈37〉藤木編『織田政権の研究』、初出一九八〇年）。染谷氏も「本能寺の変義昭黒幕説」を支持している。これについては、藤田達生『本能寺の変の群像』（雄山閣、二〇〇一年）・同『謎とき本能寺の変』（講談社、二〇〇三年）もある。

（45）註（10）今谷氏著書。

（46）今岡典和・川岡勉・矢田俊文「戦国期研究の課題と展望」（久留島典子・榎原雅治編『展望日本歴史　室町の社会』東京堂出版、二〇〇六年。初出一九八六年）。

（47）設楽薫「室町幕府の評定衆と「御前沙汰」」（『古文書研究』第二八号、一九八七年）・「将軍足利義材の政務決裁」（『史学雑誌』第九六編七号、一九八七年）、山田康弘『戦国期の室町幕府と将軍』（吉川弘文館、二〇〇〇年）・『戦国時代の室町将軍』吉川弘文館、二〇一〇年）などの一連の研究。

（48）森田恭二『河内守護畠山氏の研究』（近代文芸社、一九九三年）・同『戦国期歴代細川氏の研究』（和泉書院、一九九四年）、小谷利明『戦国期畿内守護と地域社会』（清文堂出版、二〇〇三年）、註（11）天野著書、古野貢『中世後期細川氏の権力構造』（吉川弘文館、二〇〇八年）、浜口誠至『在京大名細川京兆家の研究』（思文閣出版、二〇一四年）、馬部隆弘『戦国期細川権力の研究』（吉川弘文館、二〇一八年）。

（49）木下聡『中世武家官位の研究』（吉川弘文館、二〇一一年）・同『室町幕府の外様衆と奉公衆』（同成社、二〇一八年）、木下昌規『戦国期足利将軍家の権力構造』（岩田書院、二〇一四年）・同編著『足利義晴』（シリーズ・室町幕府の研究3、戎光祥出版、二〇一七年）・同編著『足利義輝』（シリーズ・室町幕府の研究4、戎光祥出版、二〇一八年）。

（50）今谷明『信長と天皇』（講談社、二〇〇二年）、立花京子『信長権力と朝廷』（岩田書院、二〇〇二年）。

（51）堀新『織豊期王権論』（校倉書房、二〇一一年）。信長は朝廷と協調関係にあり、「日本国王」を志向していたとする「公武結合王権論」を論じた。

（52）神田裕理『戦国・織豊期の朝廷と公家』（校倉書房、二〇一一年）。

（53）註（4）神田著書［二〇一四］。

（54）池上裕子『織田信長』（吉川弘文館、二〇一二年）、金子拓『織田信長〈天下人〉の実像』（講談社、二〇一四年）、松下浩『織田信長 その虚像と実像』（サンライズ出版、二〇一四年）。
（55）戦国史研究会編『織田権力の領域支配』（岩田書院、二〇一一年）。
（56）註（37）『織田政権の研究』（吉川弘文館）、『論集幕藩体制史 織豊政権の成立』（雄山閣、一九九四年）。
（57）註（51）堀著書、金子拓『織田信長権力論』（吉川弘文館、二〇一五年）、柴辻俊六『織田政権の形成と地域支配』（戎光祥研究叢書10、戎光祥出版、二〇一六年）。
（59）「戦国大名織田氏」の研究は、横山住雄『織田信長の系譜』（教育文化出版協会、一九九三年）・同『織田信長の尾張時代』（中世武士選書10、戎光祥出版、二〇一二年）、谷口克広『尾張織田一族』（新人物往来社、二〇〇八年）・同『天下人の父・織田信秀』（祥伝社、二〇一七年）、柴裕之編『尾張織田氏』（岩田書院、二〇一一年）・同編『織田氏一門』（岩田書院、二〇一六年）などがある。

第Ⅰ部　足利義昭政権論

第一章　足利義昭政権の構造

はじめに

足利義昭は、室町幕府の第十二代将軍足利義晴の次男として天文六年（一五三七）十一月十三日に出生した。永禄八年（一五六五）五月十九日に、兄の第十三代将軍義輝が三好義継・松永久通・三好三人衆等によって謀殺されると、(補註1)畿内を逃れて越前朝倉氏のもとに寄寓した。その後、永禄十一年九月二十六日に尾張・美濃を領有する戦国大名の織田信長に「擁立」されて上洛を遂げ、十月十八日に征夷大将軍に任ぜられ、第十五代将軍に就任した。

足利義昭および義昭政権の研究は、奥野高広氏の業績が嚆矢である。(1)奥野氏は著書『足利義昭』で、義昭の事績と彼を中心とした畿内の情勢および戦国大名との関係を詳細に叙述し、義昭政権を「再興された幕府」と評価した。しかし、政権の具体的な構成や政策実施手続きについては未検討で、義昭政権を信長の「傀儡政権」と位置付けた。(補註2)

この見解に対して、脇田修氏は幕府の権力基盤を検討し、義昭は守護補任権・軍事動員権と御料所の再興・臨時課役や商業権益を掌握していたことから畿内を管掌しており、一概に「傀儡」とはいえないと指摘した。(2)しかし、脇田氏も奥野氏と同様、結論的に「傀儡」と評価した。以後、義昭政権を信長の「傀儡政権」とする見解が一般的である。(3)

近年、設楽薫氏や山田康弘氏等によって、室町時代末期の戦国期における幕府の研究が深化された。(4)その結果、応仁の乱以後も幕府が往時とは質を変えながらも機能していたことが明らかとなった。(補註3)しかし、義昭政権の実態については充分に検討がなされないまま、将軍となる経緯などから信長の「傀儡」として評価されてきたといえる。そこで小稿では、これまで具体的には未検討であった「傀儡」とされる足利義昭政権について、戦国期における幕府の研究成果を踏まえて、その構成と機能・実態を検討するものである。[5]

1. 足利義昭の上洛

足利義昭は、織田信長に「擁立」されて入京を果たした。従来はその経緯から、上洛の主体はあくまでも信長であり、義昭は信長に奉戴されて入京を遂げたとされてきた。このことが以後の両者の関係を決定付ける端緒となり、義昭政権が信長の「傀儡政権」に位置付けされる要因になったと考えられる。では、当該期において義昭と信長の上洛はどのように認識されていたのかを確認しておきたい。

大和国関係史料の「斑鳩旧記類集」には、[6]「御公方様（義昭）御入洛付、織田上総守（信長）（介）為御伴上洛」とあることから、上洛は信長が義昭を「奉戴」したのではなく、義昭の上洛に信長が「供奉」したと認識されていたことがわかる。[7]義昭に供奉した伴衆は、「今度御動座之御伴衆、末代之高名と諸家之ヲ存シ、士力日々ニ新ニシテ戦フコト風ノ発スルカ如シ、攻コト河ノ決スルカ如ク」に戦った様子が、信長の家臣太田牛一が記した『原本信長記』に記されている。[8]この義昭の上洛による「御供衆」の攻勢をうけて、畿内の諸勢力は「既畿内之逆徒等、数ヶ所城郭を構、相支エルト雖モ、風に草木之靡く如く、十余日之内に悉退散」し、「天下御存分ニ属シ」た。これによって、畿内はまたたく間に平定された。このように、畿内の制圧は信長の軍勢による制圧ではなく、「公方様」義昭の威光によってなされたと認識されていた。

この後、義昭と信長は摂津の芥川城へ入城する。義輝に反抗した三好義継や松永久秀等もここへ「御礼」に出向き、対抗することなく降伏した。[補註4]「大名」の「御礼」をうけて義昭は、それぞれ畿内の各国に「左京大夫（三好義継）へハ、河内国半国渡也、残半国ハ畠山殿《（高政）》ェ渡由申候、霜台《（松永弾正少弼久秀）》へハ、大和切取次第の由ニ候、摂津、和田方《（惟政）》・伊丹方《（親興）》・池田方《（勝正）》ェ之由」（『細川両家記』[9]）等を守護として配置する仕置きを行った。畿内諸国における敵対勢力の制圧により、義昭は「細川亭へ被移了、御供七騎」（『言継卿記』永禄十一年十月十六日条[10]）のみによって京都を移動することが可能となり、「公方様」＝将軍の武威によって畿内が平定されたことが可視的にも明瞭に京都の人々に確認することができるようになった。[補註5]以上のように、「将軍」の威光で平和が実現した様子は、「芥川より公方様御帰洛、六条本圀寺被成御座、天下一同ニ開喜悦之眉訖」（『原本信長記』）とあるため、義昭は当時の人々に大変歓迎されていた様子が窺える。

このように、当該期の人々に義昭と信長の上洛は、義昭の上洛に信長が「御伴」として「供奉」したと認識されていた。よって上洛の主体は義昭であり、将軍の威光によって畿内が制圧され平和が実現したと認識されていた。これは信長側の記録にも記載されていることからも、当時の人々の認識として捉えることができる。

2. 足利義昭政権の成立と構成

義昭は永禄十一年十月十八日に将軍宣下をうけた後に、幕府の機構を整備する。ここでは、再興された幕府の構成について確認しておきたい。信長が永禄十二年正月十四日付で定めた「室町幕府殿中掟」には、[11]「御部屋衆・定詰衆・同朋・御供衆・申次・惣番・奉行衆」が記されている。つまり、彼等が幕府の実務を担うものとされ、この時の実働人員であった。さらに、『言継卿記』『細川両家記』には、将軍の軍隊である奉公衆として細川藤孝・和田惟政・三淵藤英・上野秀政・伊丹親興・曽我助乗・池田勝正等が記されている。

この他、当該期の幕臣は『言継卿記』や幕府奉行人奉書などから確認することができる。これを一覧にしたのが、本章末に附した表1である。また、義輝政権の幕臣は「永禄六年諸役人附」によってその全体を知ることができ[12]、表

1ではこれとの照合を行った。管見の限りで義昭政権の幕臣は、約百五十名が確認された。幕臣の史料上における初見の時期から歴代将軍の在職期間と照合し、また名前の諱（将軍からの偏諱）を手がかりとして、どの将軍の時から幕府に出仕しているのかを分類すると、義昭政権の幕臣は義晴・義輝・義栄・義昭の四代にわたる将軍の幕臣によって構成されていた。室町幕府の第十二代将軍足利義晴の将軍在職は、大永元年（一五二一）十二月二十日から天文十五年（一五四六）十二月二十日である。史料上の初見が義晴の将軍在職期間であったり、名前に「晴」の字があり義晴から偏諱として一字を拝領したと考えられる幕臣は十六名確認された。同様に、天文十五年十二月二十日から永禄八年（一五六五）五月十九日まで義輝が将軍だった期間に史料上確認でき、または「輝」の字が名前の一字についている幕臣は六十一名確認された。次に第十四代将軍の義栄は、将軍在職が永禄十一年二月八日から同年九月までと短かったことと、三好氏に擁立され堺に幕府を置いて義昭と対立的な関係だったこともあってか二名と少ない。

以上のことから、義昭政権の幕臣のうち、約半数は旧来からの幕臣を登用していたことがわかる。特に、幕政を実際に運営する奉行人は、二十二名のうち十三名が旧来からの幕臣から登用されていた。このことから、実務面で従来の幕府からの継続性を指摘し得る(補註6)。

以上、足利義昭政権の幕臣は、管見の限りでは約百五十名が確認された。このうち、約半数は前代からの幕臣が引き続いて幕府の構成員となっており、義昭政権は実務に長けた彼らによって運営されていた。この人的構成は義晴―義輝政権から継続しており、人的側面から旧来の幕府並みに再興されていたと評価し得る(13)。

3. 義昭政権の奉行人奉書の発給状況

室町幕府は、幕府の奉行人が将軍の意志を承けた形で発給される奉行人奉書によって政治を行っていた。この奉行人奉書は、今谷明・高橋康夫両氏によって集成された『室町幕府奉行人奉書集成』で大部を知ることができる。(14)しかし、ここに収録された奉行人奉書は十四代将軍義栄までであり、義昭政権については未収録である。現在、義昭政権の奉行人奉書がまとめられている史料集としては、『大日本史料』（第十編）と『増訂織田信長文書の研究』があり、その概要を知ることができる。これをまとめたのが、本章末に掲載した表2の「義昭政権奉行人奉書・関係文書目録」である。管見の限りでは、約百五十点が確認された。

義昭政権が織田信長の「傀儡政権」と位置付けられてきた背景の一つとして、信長が永禄十二年正月に「殿中掟書」と同十三年正月に「五ヵ条の条書」を義昭に承認させていることが挙げられる。(15)ここでは訴訟の手続きや、「天下之儀、如何様ニも信長ニ被任置」とあることから、信長は幕府の行政を取り決めて将軍の行動に規制をかけたとされる。この二つによって、信長は幕府の機能を管掌したと理解されてきた。

では、この永禄十二年正月と同十三年正月に留意しながら、はたして義昭政権は信長によって規制されたのかを検討したい。便宜上、義昭の将軍就任から信長が「殿中掟書」を定めた永禄十二年正月までを第一期とし（No.1〜42）、永禄十二年二月から同じく信長が義昭に「五ヵ条の条書」を承認させた同十三年正月までを第二期とし（No.43〜96）、永禄十三年二月から信長によって義昭が畿内を追放され、幕府が消滅するまでの天正元年（一五七三）七月までを第三期とする（No.97〜151）。(補註7)

第一期では、禁制（No.1〜5、7、9、17、19、28、39）・所領安堵（No.8、10・11、13・14、18、21〜27、29・30、32〜37）・課役免除（No.20）に関する文書が多い。禁制は上洛にともなう軍勢移動の関係から、所領主や在地の求めに応じて秩序安定のために発給されたものであった。また、所領安堵は義昭への将軍職の代替わりにともない、新たな「天下」の領主となる義昭に安堵を求めたもので、諸役の免除も同様の性格のものであるといえる。ここでは、いずれも受給者が安堵を得るために発給を求めたものといえる。また、これ以外のものとして注目されるのが、九州・四国における豊後大友氏・大内氏と安芸毛利氏の和平を調停していることが挙げられる（No.44・45）。この豊芸講和は義輝が行っており、[16]その調停政策を義昭が継承したものである。義輝の政策を継承することによって、正統な将軍家の後継者であることを誇示するとともに、この調停の実現によって将軍の威光による平和が実現するため、義昭がこの問題に積極的に介入したことは、義昭の天下構想の意図が明白に表れたものであると評価できる。

次に第二期では、訴訟の裁許（No.54・57・60・62）、大名との交渉（No.58・59・64）・徳政・地子銭の免除・山林の安堵（No.48・72・79）などに関する文書が発給されている。訴訟の裁許がこの期に至って行われるのは、第一期における安堵に対して、当該地における権利関係が錯綜したことによって係争がおこり、権利関係の確認が行われたためであるといえる。また、徳政や地子銭（No.48・72）などの財政関係の取り成しが行われ始めることも特徴的である。

次に第三期は、基本的には第二期と政策においての差違は認められず、諸役・夫役・地子銭・公事等の免除（No.114・115・143・144）に関する奉書が発給されている。この時期には、義昭は将軍として京都における税政を掌握し、これらを財政的基盤としていたと考えられる。

以上、第一期から第三期を概観すると、奉行人奉書の内容は全般において差違は認められない。実際には、義昭政権は政策面・財政面において従来の政策を施行していたといえる。信長は「殿中掟書」「五ヵ条の条書」で義昭政権を「傀儡」化したとされるが、実際には幕府は幕府として信長に規制されることなく機能していたのであった。

4. 室町幕府奉行人奉書の発給手続きと機能

足利義昭政権による幕府奉行人奉書は、主として飯尾貞遙・飯尾昭連・飯尾為忠・諏訪俊郷・永井盛就・松田頼隆等によって発給された。この他、奉公衆の一色藤長・三淵藤英・上野秀政等が書状を発給して幕政を補佐した。ここでは奉行人奉書の発給手続きと、その機能について検討する。

その前提として、幕府における訴訟の手続きについて設楽薫氏・山田康弘氏の研究成果に拠りながら確認しておきたい。[17] 室町幕府では、「政所沙汰」と「御前沙汰」の二種類によって案件が処理された。

まずは「政所沙汰」について確認しておく。政所は伊勢氏が「頭人（執事）」を代々世襲しており、その被官であった蜷川氏が「政所代」をやはり世襲して務めていた。そして、幕府奉行衆の内から選任された十〜二十名の「政所寄人」によって運営されていた。ここでは『武家軌範』政所沙汰編「式目事」によると、[18] 利銭・出挙・替銭・替米・年紀地・本物返・質券地・諸質物・諸借物・諸預物・諸放券・沽却田畠・勾引人・諸国料所年貢・土蔵酒屋以下諸商売公役等々の、売買地や金銭貸借関係のことについての案件が処理された。

紛争解決や安堵を求める申請者は、政所代や寺社の場合は別奉行に訴状を提出して提訴する。政所代は提出書類を確認したうえで、政所頭人へ案件を披露する。頭人によってこれが受理されると担当奉行が選定され、「三問三答」（訴人・論人の間で訴状・陳状の応酬）や「対決」によって案件の糺明が行われた。案件の内容や糺明の結果などは、担当奉行から政所頭人・政所代・奉行衆全員（内談衆）が参加して開催される会議の「内談」に披露され、裁決が行われた。「内談」は一ヵ月に三回（六日・十六日・二十六日）開かれた。しかし、これは次第に形骸化して、二十六日の月一回となり、奉行衆による評議と頭人による裁決が分離されるようになった。奉行衆による評議の結果は「意見」となり、政所代を介して頭人に上申され、頭人はこれを基に理非の判定を下した。その結果として、幕府奉行人奉書が発給された。[19] この政所沙汰によって発給された幕府奉行人奉書は、「被仰出候也、仍執達如件」の文言が附され将軍の仰せを奉じて発給される形式になってはいたが、実際には将軍とは別に頭人の裁可によって発給されていた。[20]

また、これとは別に将軍が自ら主宰する「御前沙汰」が存在した。訴人は、「御前沙汰」に携わる資格のある奉行人である「御前奉行」（通常十五名前後）に訴状を提出する。この奉行人と将軍との間には、将軍が多くの中から選任した最も信頼できる側近による「内談衆」が介在していた。この「内談衆」は将軍から諮問を受け、採決権や裁判指揮権の一部も委譲されており、将軍の相談役も兼ねていた[21]。訴状を受けた案件の担当奉行人は、案件を内談衆と奉行衆が集まる定例の合同会議である「披露事（伺事）」に披露した。これは、一ヵ月のうち七日・十七日・二十七日の三回開かれた[22]。その結果を「手日記」にまとめてから将軍に上申して裁可を仰いだ。将軍は「手日記」や訴人の「意見状」を基に裁決を行い、その結果として奉行人奉書が発給された。

以上のように相論・安堵は幕府に提訴・申請され、これを政所における「政所沙汰」と、将軍と側近による「御前沙汰」によって案件の処理が行われた。この二種類の案件処理方法は、政所頭人伊勢氏の没落などによって、次第に将軍義晴・義輝に収斂されつつあった[23]。しかし、いずれにしても実務に長けた「奉行衆」が確固たる法曹官僚として存在していた。将軍はかれらに諮問して、かれらからの「意見」に基づきながら幕府としての意志決定がなされた。

では、これを念頭に置いて義昭政権における安堵・相論裁許の過程と、奉行人奉書の発給手続きについて確認する。永禄十一年十一月九日、公家の山科言継は禁裏の御料所と四条知行分のことについて幕府に安堵を求めた[24]。ここでは「大和治部少輔（孝宗）申次、両条申之、被成御心得之由有之」とあることから、大和孝宗が申次を務めた。言継は、孝宗より「然者、四条知行分之事者、余ニ一行可仕之由」との指示をうけ、大蔵卿局において次の書状を認めた。

四条知行分、二条堀川并柳原犁鼻等之敷地、粟田口、角社等之事、任当知行之旨、被成下御下知者、可忝畏存候、若偽申候者、可預御成敗之由、宜然之様、御披露所仰候也、恐々謹言、

十一月九日　言継

諏訪神右兵衛尉（俊郷）殿

ここで言継は、二条堀川并柳原犁鼻・粟田口・角社等の四条知行分について「当知行」によるこれまでの支配権を主張して、奉行人の諏訪俊郷に幕府への「御披露」を依頼し、幕府から正式に安堵されることを願い出た。こ

のようにして、依頼人はまずは申次に「披露」による幕府での案件処理を依頼する。訴えを請けた申次は、申請者の請文を幕府へ提出して審議が行われた[25]。

では、さらに安堵の手続きと申次の役割について、一色藤長を例として確認しておきたい。

〔史料1〕地蔵院宛て一色藤長書状（「大徳寺文書」『大日本史料』第十編之一、永禄十一年十月十一日条、二一二頁）

京都不慮之砌、於坂本御懇段、不存知忘、御床敷存候処、御状本望之至候、
一、従寺家、御礼御申、致披露、御返事申候、拙者へも貳疋被懸御意候、可然様御演説所仰候、
一、玉雲軒へ御報申入候、并寺家中証文之旨不可有別儀書状之儀、御使僧承候間、相調進之候、
一、御制札事、奉行遅参候条、先如此候、不可有異儀候、所々同前候、猶従三弾（三淵弾左衛門尉藤英）可被申候条、不能巨細候、恐々謹言、

十月十一日　藤長（一色）（花押）

地蔵院返報

地蔵院は「京都不慮之砌、於坂本御懇段」とあることから、義昭が上洛を遂げる以前から接触しており、上洛してすぐに幕府へ「御礼」を申して、「寺家中証文」を提出し安堵を願い出た。藤長は幕府にこれを「披露」して、「不可有別儀之書状」を調えて遣わしている。本書状はその副状と考えられ、この間の手続きの様子を依頼者の地蔵院側へ報告している。また、藤長はこの案件を幕府に「披露」して礼銭を請け取っていることから、取次を依頼されたものと解することができる。また、ここで「御制札」＝禁制についての手続きのことも報告しており、奉行人の手はずが「遅参」しているが、先規の如く異儀なく発給されることを通達している。この件については、三淵藤英が取次だったと考えられる。このように、依頼者はまず一色藤長や三淵藤英などの幕臣を介して、取り成しを依頼している様子が確認できる。これに併せて、藤長は大徳寺に対して同日付けで次の書状も発給している（「大徳寺文書」『大日本史

料』第十編之一、永禄十一年十月十一日条、二一二頁）。

為御礼、御扇一本、杉原十帖御進上候趣、則致披露候、得其意可申由候、随而当寺領等事、以証文旨、有様不可
有御別儀候由被仰出候、恐々謹言、
十月十一日　藤長（花押）
大徳寺
寺家御中

これによると、大徳寺側は御礼として扇一本と杉原紙十帖を藤長を介して進上し、証文を提出した。藤長はこれを幕府へ披露し、これに対して幕府が証文通り別儀のないように安堵を行った。

では、この安堵が行われる様子について、さらに金蔵寺における寺領安堵の例で確認しておきたい。

〔史料2〕金蔵寺宛て幕府奉行人連署奉書・三淵藤英判物（「金蔵寺文書」『大日本史料』第十編之一、永禄十一年十一月十九日条、二九二頁）

当寺領田畠山林并買得分所々散在被官人等事、度々帯御下知、守護使不入、除臨時課役、当知行無紛云々、任請
文之旨、被成奉書訖、宜被寺納之由、被仰出候也、仍執達如件、
永禄十一
十一月十九日　頼隆《松田》（花押）
貞遙《飯尾》（花押）
西岡
金蔵寺

当寺領田畠買得分所々散在并門前被官人等之事、除臨時課役、為守護使不入、当知行不可有相違之旨、被成御下

知之上者、如先々可有寺納者也、仍如件、

三淵大和守
藤英（花押）

十一月十九日

西岡
金蔵寺床下

金蔵寺には、幕府奉行人奉書と三淵藤英の同日付けの二点の文書が伝来している。金蔵寺は寺領である田畠などの安堵を、「度々帯御下知」＝歴代の幕府の奉書を証文として安堵を求めた。これに対して幕府では、請文の内容を精査し、「当知行無紛」と判定して寺領を安堵した。この奉行人奉書とともに藤英の判物が併せて発給されているが、藤英は先の一色藤長の例で確認したように、金蔵寺からの依頼を幕府側へ申次として「披露」したと考えられる。

以上、幕府から安堵を得る場合は、申請者が大和孝宗や一色藤長・三淵藤英などの申次に「請文」や「証文」を提出して願い出る。申次は証文を幕府に「披露」し、それを精査して安堵が行われた。その結果、奉行人奉書が発給され、申次に渡された。申次は自身も書状を発給し、奉書と自らの書状を併せて依頼者へ渡していた。

このようにして決定された事項は、当該地域の在地にも通達されていたことが、次の忍頂寺の例で確認できる。

〔史料3〕寿泉院宛て幕府奉行人連署奉書（「寿泉院文書」『大日本史料』第十編之一、永禄十一年十二月二十四日条、五〇四頁）

御祈願所摂津国忍頂寺事、帯御代々御判・御下知以下証文、惣寺領同山林等、無相違当知行云々、被聞食訖、弥為守護不入、被全領知、可被抽御祈祷精誠之由、所被仰下也、仍執達如件、

永禄十一年十二月廿四日

散　位（松田頼隆）（花押）
右馬助（飯尾貞遙）（花押）

当寺雑掌

御祈願所摂州忍頂寺雑掌申、当寺領所々散在等事、帯数通証文、任当知行之旨、被成奉書訖、早存知之、年貢諸
公事物等、如先々可沙汰渡彼代、更不可有難渋之由、所被仰出之状、如件、

永禄十一

十二月廿四日　　秀雄（松田）（花押）

貞遙（飯尾）（花押）

五ヶ村

所々名主百姓中

忍頂寺は「御代々御判」＝代々の将軍の御内書と、「御下知」＝奉行人奉書を根拠として幕府に安堵を願い出た。これを請けて幕府では証文の確認を行い、その結果として領主宛に〈「書下年号」＋「所被仰下也、仍執達如件」の書止文言＋官途〉で署名した奉書と、在地へ対して付年号で実名書の判物形式の異なる様式の文書を併せて発給した。連署者の特徴としては、ここでは飯尾貞遙が両方の文書に加判していることから、担当奉行だったと考えられる。

では次に、相論の裁許について検討する。これも所領の安堵と同様の手続きにより、証文に基づいて行われていた。ここでは、相国寺の広徳軒と前関白二条晴良との相論の事例について検討したい。第十三代将軍義輝の菩提寺である光源院には、次の文書が伝来している。

〔史料4〕相国寺広徳軒領百姓中宛て幕府奉行人連署奉書（「光源院文書」『大日本史料』第十編之一、永禄十一年十月十八日条、二八九頁）

広徳軒雑掌申、城州賀茂小山郷内田地貳町貳段小事、帯数通証文、買得当知行処、去五月廿三日、二条前関白（晴良）家
雑掌被申請御下知云々、所詮可被遂糺明候条、堅可相抱所務、若令違背者、可為二重成之由、所被仰出之状如件、

永禄十一

十月十八日

頼隆《松田》（花押）

秀雄《松田》（花押）

当地百姓中

相国寺の広徳軒は山城国賀茂小山郷内を買得し、ここを数通の証文を帯する「当知行」地として支配していた。この土地を、前関白二条晴良の雑掌が幕府からの「御下知」を請けているとして押領した。これに対して広徳軒は、幕府に証文を提出して裁許を願い出た。申次からの「披露」を請けた幕府の奉行人は、正式に義昭の安堵を得るまでの間、在地に対して「所詮可被遂糺明候条、堅可相抱所務、若令違背者、可為二重成」との年貢拘留を指示する。(26) 幕府での評議の結果、その約一ヵ月後に次の奉行人奉書が発給された。

〔史料5〕相国寺広徳軒宛て幕府奉行人連署奉書「光源院文書」（『大日本史料』第十編之一、永禄十一年十月十八日条、二九〇頁）

相国寺広徳軒領城州賀茂小山郷内田地弐町弐段小事、買得已来数通帯証文、当知行之処、二条前関白《晴良》家雑掌無謂被掠給御下知、今度被置所務於中之条、差日限雖被成奉書、無出帯之条、恣所行以外次第也、所詮云買得、云当知行、為其理之上者、弥可被全領知之由、所被仰下也、仍執達如件、

永禄十一年十一月十三日

散位《松田頼隆》（花押）

左兵衛尉《松田俊郷》（花押）

当軒雑掌

ここで幕府は「買得已来数通帯証文」に基づいてこれを精査し、二条家側が違乱したとして広徳軒に「当知行」の安堵を行っている。ここでは松田頼隆が両方の文書を作成していることから、担当奉行だったと考えられる。

このような申次からの「披露」をうけた幕府では、どのようにして審議を行ったかを次の史料で確認しておきたい。

〔史料6〕賀茂別雷神社宛て幕府奉行人連署奉書「賀茂別雷神社文書」（『大日本史料』第十編之六、元亀二年七月廿六日条、六八一頁）

貴布弥谷山限南梶取明神事、去永禄六年以来、市原野百姓構新儀、令掠領之旨、就訴申、百姓支申間、雖及三問答、猶為御糺明、淵底被相尋隣郷、被訪右筆方異見訖、然近郷所進之紙面披見之処、賀茂社領分明之上者、不寄本役未進有無、本所進止者哉、所詮任領主意、改易之段古今通法趣、各致評判言上之条、早退彼郷競望、弥可被全領知之由、所被仰下也、仍執達如件、

元亀弐年七月廿六日　　右馬助（飯尾昭連）（花押）
　　　　　　　　　　　前加賀守（永井盛就）（花押）

当社雑掌

賀茂社からの訴えを請けた幕府では、①当事者と「三問答」の後に②子細を当該地の郷に尋ね、③「訪右筆方異見」とあることから右筆によって証文の鑑定を行い、さらに④近郷からの証拠となるおそらくは絵図と思われる「紙面」と照会し、証文やその内容を精査している様子がこの史料から確認できる。[27]

また、以上のような幕臣からの「披露」のほかに、義昭へ直訴されて行われる場合もあった。『言継』永禄十二年三月二十七日条によると、公家の山科言継は飛鳥井雅教と禁裏より幕府へ長橋局の「御器（合子）公事」のことについて、義昭が御座所としていた本圀寺に出向いた。ここで申次の三淵藤英に申し入れ、義昭に対面して直接話をした。義昭は、「万御無案内之間、奉行ニ被仰、可有御糺明之由」を言継等に伝え、奉行に命じて糺明することを約諾した。このことについて言継は、四月四日に大和孝宗と面会する。ここで訴訟については「為禁裏、武家江以奉行、公事辺之儀被申候段先例無之、於御不審者、為武家奉行ニ可被相尋」とあることから、公事は朝廷から幕府へ奉行による裁許を求

める先例はなく、「御不審」がある場合は幕府が奉行へ諮問する手続きであることが確認できる。これに対して孝宗は、「則只今以春阿弥、証跡有之者可進、不然者止違乱之由、孝阿弥ニ被仰付候」とし、証文の提出を要求している。言継は四月二十日に義昭のもとへ赴き、「御器之公事御返事如何之由直ニ申入」れた。義昭は「奉行衆ニ被仰出之処、于今不申入之、飯尾右馬助（貞遙）ニ被仰出之」と伝え、飯尾貞遙が担当であることを伝える。四月二十六日になって貞遙から使いがあり、公事の返事（裁許の結果）が出たので、翌日殿中に来ることが伝えられる。翌二十七日に言継は「福（孝）阿（弥脱）ニ替之地被下之、堅被仰付之、然者如先々御領掌無別儀之由」の回答を得、長橋局に伝えた。

以上のように、安堵・相論の裁許は申請者が申次を介して奉行人に安堵や案件を提訴する場合と、当事者が義昭に直訴して奉行人が糺明を遂げる場合があった(28)。

また、申請者が幕府とは別に信長に取り成しを依頼する場合もあった。

〔史料7〕某宛て幕府奉行人奉書（「古文書纂」三十三、『信文』三二二号参考）

今度御敷地事、織田弾正忠信長依被申請之、為替地慈徳寺并境内等一円可被存知之旨、信長被執申之趣、被聞召入訖、弥可令進止給候由、所被仰下也、仍執達如件、

元亀三年五月廿五日　　豊前守（松田頼隆）（花押）

左兵衛尉（諏訪俊郷）（花押）

これによると、敷地のことについて受給者は信長に替地の安堵を求めた。信長はこの要求を「被申請」れて、慈徳寺と境内一円を替地として安堵した。さらに、信長は幕府へ「被執申」て、幕府からも安堵することを求めている。この奉行人奉書は信長の「被執申」を請けて義昭が「被聞召入」れた結果出されており、信長の執り成しに基づいて所領を安堵している。このような信長の安堵に基づく幕府の安堵は、次の史料からも確認できる。

〔史料8〕『言継卿記』永禄十一年十月二十五日条（『大日本史料』第十編之一、永禄十一年十月廿日条、一二三八頁）

そつふん《率分》ともの事、へちきなく《別儀無》、のふなか《信長》折かみ《紙》をまいり《参》候て、よろこひ覚しめし候、それにつきて、御下ち《知》を申うけられたきよし、をのゝゝ《各々》申され候、このよし御心え候て、申され候へく候よし申とて候、かしく、

（永禄十一年十月二十五日）
仰同

そちの中納言とのへ

率分銭のことについて、信長から安堵の折紙が発給された。それについて朝廷は、さらに将軍義昭の「御下知」を請けたいと幕府からの安堵を求めている様子が確認できる。このように申請者が信長と幕府の両者から安堵を求めたことによって、二重政権構造が現出することとなったのであった。

では、はたして以上のような義昭政権における案件の処理は、「政所沙汰」と「御前沙汰」のどちらで行われていたのであろうか。現在、義昭政権については裁許関係の「引付」や「伺事記録」などの史料が現存していないため、より具体的な手続きについては史料的制約があり不明である(29)。義輝政権においては、政所頭人であった伊勢氏の没落により、将軍義輝に幕府の主導権が収斂されていくことが山田氏によって指摘されている。永禄五年九月に伊勢氏の当主であった貞孝が三好方に討たれて戦死すると、義輝は近臣の摂津晴門を頭人に任じた。晴門は義昭政権においても、元亀期まで活動が確認できる（『言継卿記』元亀二年正月二十五日条）。しかし、その後は再び伊勢氏が政所に関与している様子が次の史料から確認される。

〔史料9〕伊勢三郎宛て織田信長書状（「本法寺文書」、『信文』三〇六号文書）

今度城州別段之儀、為政所職奉行人被出可然之旨、公儀へも申上候処、其通被申付之由可然候、於政所役者、向後も不可有異儀《議》候、将又高槻番手之事被申付之由尤候、猶夕庵《武井》可申候、恐々謹言、

十一月朔日　　　　信長（花押）

伊勢三郎殿

これは、奥野氏によって元亀二年九月に信長が山城国に対して段別一升の米を賦課したことに関する文書として、

『信長文書』に収録された史料である。ここで信長は伊勢三郎に、政所としても奉行人を出すことを義昭へ上申するように依頼している。奥野氏は三郎を貞興に比定し、このことから貞興は政所執事を保証されたと指摘している[30]。また、髙梨真行氏は註（5）論文で、信長の後援によって貞孝の嫡孫である貞興が伊勢宗家の後継として頭人に復職した可能性を指摘している。詳細は不明ながら伊勢氏が政所に再び関与するようになっていることは、この史料からほぼ確実視される[補註9]。しかしながら、信長から指示をうけた三郎は、伊勢氏の当主が代々官した「伊勢守」ではなく官途のない「三郎」で、永禄十二年の時点で八歳と若年であることや（『言継』十二年二月二十六日条）、一連の政治的な過程による没落などから、政所において往時のような独占力は喪失されたものと思われる。

幕府の意志決定は、政所の頭人であった伊勢氏の没落によって求心力の低下を招き、山田康弘氏が指摘したように次第に将軍へ幕府の主導権が移行されたと考えられる。したがって、義昭政権においても幕政は将軍側近による「御前沙汰」に重点が移行したことが想定される[31]。信長は畿内型の政権として幕府を維持させるように「掟書」で裁許などの規定を定め、将軍の恣意的な政権運営を抑制するための措置を講じた。しかし、伊勢氏の没落による将軍側近への案件処理手続きの一局集中化は、先の禁制発給の遅れや言継の例で確認したように幕政の停滞を招いて混乱を生じさせた。依頼者は、このことによりかえって信長に安堵を依頼するようになったことが考えられる。さらに、幕臣がほかの所領を押領したり、訴訟が停滞することとなり、元亀三年末に信長によって叱責されることとなった[32]。

以上、義昭政権における所領安堵と相論裁許の案件処理手続きについて考察してきた。その過程をまとめると、次のようになる。申請者は申次などの幕臣に依頼して請文や「御判」「代々御下知」などの証文を幕府へ提出→申次が奉行衆へ「披露」する→「三問答」や右筆によって証文とその内容を精査。決定が出るまでは在地に年貢の拘留を指示→奉行人が権利関係の確認を行う→「当知行」の判定→〔義昭へ上申＝判定〕→申請者へ奉行人奉書・在地へ判物形式の文書を発給（担当奉行は両方に加判）＋申次が文書（副状）を発給する。

5. 義昭政権の幕臣と織田信長政権との関係

織田信長政権の京都支配は、信長が義昭に供奉して上洛した後に軍率部将を京都に駐留させて、この「京都奉行」を介して行われた[33]。これまで検討してきた通り、幕府の政治機構は再興されていたことから、義昭政権と信長政権は連立することとなり、「二重政権」構造が現出することとなった。この両政権の関係は註（3）の拙稿で明らかにしたように、現地の織田家奉行人と幕府の奉行人・申次・奉公衆などは相互に連絡を取り合って連携・協調して支配を行う共同統治で、「相互補完」的な関係にあった。

しかし、義昭は元亀四年二月に将軍の権威と畿内における軍事力を背景とし、かつ越前朝倉氏・近江浅井氏・甲斐武田氏の大名と大坂本願寺による信長包囲網に呼応して、信長に反旗を翻す。また、この間に信長に無断で御内書を発給して諸国の大名との連携を強める動向を示した。その結果、義昭は信長から「五ヵ条の条書」違反として「十七ヵ条」にわたる異見状で叱責され、天正元年七月十八日に京都を追放されることとなって、室町幕府は滅亡した。幕府の滅亡後、幕臣は義昭に従った者と、京都に残留して織田政権に組した者との二派に分かれることとなった。義昭は紀伊由良から備後鞆の浦へ移り、ここで毛利氏の庇護をうけ「鞆公方」として、豊臣政権下で准三后となり、将軍職を辞する天正十六年（一五八八）正月十三日まで同職に就いていた。鞆には、「御局様」・「細川殿」・上野秀政・畠山昭賢・真木島昭光・武田信景・小林家孝・曽我助乗・六角義堯・春阿弥・高五郎次郎・勝浦・千若・柳沢元政などが供奉したことが明らかになっている[34]。

一方で、細川藤孝・梅松軒・荒川晴宣・信濃兵部丞・上野豪為・正実坊・松田頼隆などは京都に残留して信長から所領を安堵された[35]。信長は、義昭追放後の天正元年七月から同三年まで明智光秀と村井貞勝を「京都奉行」に任じて、京都を支配した[36]。信長は織田政権による単独の京都支配にあたって、のちに貞勝のみによる支配に移行するまでの間、実務に長けた法曹官僚を元々幕臣であった光秀に付属させて京都支配を行ったことは、染谷光広氏の研究で明らかになっている[37]。また、さらにその後、天正九年三月に京都で行われた馬揃には、「細川右京大夫殿・細川右馬頭殿・伊勢兵庫頭殿・一色左京権大夫殿・小笠原」（『原本信長記』巻十四）、松田監物・正実坊掟運が参加しており、織田政権の末期まで旧幕臣を確認することができる。

おわりに

以上、これまで足利義昭政権の構造について、人員構成および幕府奉行人奉書の発給手続きとその機能、案件処理の方法などを検討してきた。義昭政権は、義晴・義輝政権以来の実務に長けた奉行人などを登用して所領安堵や相論裁許、諸役の賦課・免除などの案件処理を行っており、それまでの幕府と同様に機能していた。さらに、この他にも財政基盤・守護補任権・軍事動員権を掌握したことなどから[38]、再興されていたと評価できる。

信長は、義昭の恣意的な政権運営を抑制しようとしたが、義昭政権そのものは信長に束縛されず「傀儡政権」となったわけではなく厳然と機能していた。将軍権力の抑制と、実際の幕府の運営は分けて捉える必要性がある。畿内は幕府系の大名が囲む形となっており、特に京都は商工業者の特権免除にみられるように、将軍と商工業権益者とは確固たる結びつきもあり、厳然と幕府が支配力を保持していた。畿内は幕府の直接支配・権限のおよぶ地域だったといえる[39]。以上の検討により、義昭政権は実質的に再興され、畿内における最大の政治権力であったと評価できる。

註

（1）奥野高広『足利義昭』（吉川弘文館、一九六〇年）。

（2）脇田修「織田政権と室町幕府」（時野谷勝教授退官記念会編『日本史論集』清文堂出版、一九七五年。のち同氏『近世封建制成立史―織豊政権の分析Ⅱ―』東京大学出版会、一九七七年に再録）。

（3）足利義昭と織田信長との関係についての論説は、諸書の通史・概説書などで述べられており膨大な研究がある。三鬼清一郎編『織田・豊臣政権文献目録』（名古屋大学、一九九九年三月）を参照されたい。両者の関係を論じた専論として、渡辺世祐「足利義昭と織田信長との関係に就いての研究」（『史学雑誌』二三―一、一九一一年）、藤木久志「織田信長の政治的地位について」（永原慶二、ジョン・W・ホール、コーゾー・ヤマムラ編『戦国時代』吉川弘文館、一九七八年。のち同氏『戦国大名の権力構造』吉川弘文館、一九八七年に再録）、染谷光広「織田政権と足利義昭の奉公衆・奉行衆との関係について」（『国史学』第一一〇・一一一合併号、一九八〇年。のち、藤木久志編『織田政権の研究』戦国大名論集一七、吉川弘文館、一九八五年に再録）、臼井進「室町幕府と織田政権の関係について―足利義昭宛の条書を素材として―」（『史叢』第五四・五五合併号、一九八五年）などがある。谷口克広氏は『信長の天下布武への道』（戦争の日本史一三、吉川弘文館、二〇〇六年）で、義昭政権を「幕府の無力化、将軍の傀儡化」と評している。また、文書の機能などから両者の関係を論じた研究として、石崎健治「足利義昭期室町幕府奉行人奉書と織田信長朱印状の関係について」（金沢学院大学美術文化部文化財学科年報『文化財論考』創刊号、二〇〇一年）、木下昌規「室町幕府奉行人奉書にみる「執申」の文言をめぐって」（『鴨台史学』第五号、二〇〇五年）、山田康弘「戦国期の幕府奉行人奉書と信長朱印状」（『古文書研究』第六五号、二〇〇八年）がある。筆者は、先に「足利義昭政権と織田政権」（『歴史評論』第六四〇号、二〇〇三年。なお、拙稿および渡辺・臼井・木下・山田各氏の論文は、拙編著『足利義昭』シリーズ・室町幕府の研究2、戎光祥出版、二〇一五年に再録されている）で、足利義昭政権は再興され幕府として機能しており、織田政権とは相互に補完し合う「複合的な連合政権」であったことを明らかにした（本書第Ⅰ部第二章）。

（4）設楽薫「『政所内談記録』の研究―室町幕府『政所沙汰』における評議体制の変化について―」（『年報中世史研究』第一七号、一九九二年）・同「将軍足利義晴の政務決裁と『内談衆』」（『年報中世史研究』第二〇号、一九九五年。のち木下昌規編著『足利義晴』シリーズ・室町幕府の研究3、戎光祥出版、二〇〇七年に再録）、山田康弘a『戦国期室町幕府と将軍』（吉川弘文館、二〇〇〇年）・同b『戦国時代の足利将軍』（吉川弘文館、二〇一一年）。

（5）義昭の研究としては近年文書の研究が進められ、燕木宏幸「足利義昭研究序説―義昭の花押を中心として―」（『書状研究』第一六号、二〇〇三年）・上島有『中世花押の謎を解く―足利将軍家とその花押―』（山川出版社、二〇〇四年）がある。また、義昭政権の幕臣の研究として、金子拓「室町幕府最末期の奉公衆三淵藤英」（『東京大学史料編纂所研究紀要』第一二号、二〇〇二年。のち同『織田信長権力論』吉川弘文館、二〇一五年に再録）・高梨真行「永禄政変後の室町幕府政所と摂津晴門・伊勢貞興の動向―東京国立博物館所蔵「古文書」所収三淵藤英書状を題材として―」（『MUSEUM』第五九二号、二〇〇四年。のち木下昌規編著『足利義輝』シリーズ・室町幕府の研究4、戎光祥出版、二〇一八年に再録）がある。

（6）『大日本史料』第十編之一、永禄十一年十月六日条、一九九頁。

（7）同じく大和国関係史料の「勅会梵音衆集会曳付」にも、「公方（義昭）様御入洛時、尾張国上総（信長）守〔介〕御供仕」とある（『大日本史料』第十編之一、永禄十一年十月六日条、二〇〇頁）。

（8）太田牛一『原本信長記』池田家本、福武書店、一九七五年。なお、原文は「一、二」の返り点が付されているため、ここでは読み下しにした。

（9）『細川両家記』（『群書類従』二十輯、合戦部十二、巻第三八〇）。

（10）新訂増補『言継卿記』第六、続群書類従完成会、一九六七年。

（11）「仁和寺文書」、奥野高広『増訂織田信長文書の研究』（吉川弘文館、一九八八年）第一四二号文書（以下、同書よりの引用は『信長文書』『信文』と略記し、文書番号を付す）。

（12）正式には、「光源院殿御代当参衆并足軽以下衆覚」（『群書類従』二十九輯、雑部、巻第五一一）。史料の性格については、長節子「所謂『永禄六年諸役人附』について」（『史学文学』四―一、一九六二年）と、黒嶋敏「『光源院殿御代当参衆并足軽以下衆覚』を読む―足利義昭の政権構想―」（『東京大学史料編纂所研究紀要』第一四号、二〇〇四年。のち同『中世の権力と列島』高志書院、二〇一二年に再録）に詳しい。ここで黒嶋氏は書誌的な分析を通して、ここに義昭の政権構想が反映されていることを指摘した。なお『言継卿記』については、今谷明『言継卿記』（そしえて、一九八〇年）に武家人名索引が附されているので参照願いたい。

（13）ちなみに、義昭の偏諱をうけたと思われる人物としては、二条昭実・細川昭元・細川昭賢・一色昭国・一色昭孝・一色昭辰・一色昭秀・一色秋家・一色秋教・一色秋成・大館昭長・畠山昭高・畠山昭賢・三淵秋豪・飯川秋共などが挙げられる。

（14）今谷明・高橋康夫『室町幕府奉行人奉書集成』思文閣出版、一九八六年。

（15）「足利義昭・織田信長条書」（「成簣堂文庫所蔵文書」『信文』第二〇九号）。

（16）義輝の和平調停については、宮本義己「足利将軍義輝の芸・雲和平調停」（『政治経済史学』一〇二・一〇三号、一九七四年）、同「足利将軍義輝の芸・雲和平調停―戦国期末期に於ける室町幕政―」（『國學院大学大学院紀要』六輯、一九七五年）に詳細に論じられている。ともに註（5）木下氏編著『足利義輝』に再録。

（17）註（4）前掲論文・著書。

（18）佐藤進一・池内義資編『中世法制史料集』第二巻「室町幕府法」、岩波書店、一九五七年（三九一頁）。

（19）内談による評議のほかに、担当奉行から内談を経ないで頭人に直接上申される直接上申方式と、頭人がただちに裁決を下す特別訴訟手続きがあった。一連の過程については、註（4）山田氏著書に詳しいので参照願いたい。

（20）註（4）山田氏著書、一五三頁。

（21）足利義晴の側近は、「八人之内談衆、摂津守《（摂津元造）》・大舘伊予入道《（常興）》・同左衛門佐《（大舘晴光）》・朽木民部少輔《（稙綱）》・細川伊豆守《（高久）》・海老名備中守《（高助）》・本郷常陸介《（光泰）》・荒川治部少輔《（氏隆）》」（『言継卿記』天文十三年十月九日条）だったことが明らかになっている（註〈4〉山田氏a著書、一九三頁）。

（22）定例の合同会議以外にも、「内談方式」「折紙の回覧」「直接上申方式」によって、案件が処理された（註〈4〉山田氏a著書、一九五頁）。

（23）頭人伊勢氏は、義輝の代に当主の貞孝が永禄五年九月に三好軍によって討たれた。これによって義輝は、自分の乳人であった春日局（日野晴光室）の近親摂津晴門を頭人に起用する。しかし、これが三好氏に将軍専制を強めることを危惧させて危機感を抱かせることとなり、暗殺に至る背景となったことが、山田氏によって指摘されている（註4、一六九頁）。

（24）以下、経過は『言継卿記』による。

（25）しかし、この案件はすぐには処理されず、その十五日後に「四条知行分之事御催促」のために再度孝宗へ次の書状が遣わされた（『言継』同年十一月二十四日条『大日本史料』第十編之一、永禄十一年十一月九日条、二八一頁）。

先日、為禁裏被仰出候四条知行分之事、急度被成御奉書候様、重可申入之由、被仰出候間、早々相調候様、御馳走所仰候也、

言継

霜月廿四日

大和治部少輔殿

（26）「久我家文書」にも、同様の文書が伝えられている（『信文』一二六号参考）。

久我家雑掌申、城州築山下司・公文分事、可被遂御糺明之子細在之条、年貢・諸公事物等、堅可相拘候、若於他納者、二重成之上、可被加御成敗之由、所被仰出之状如件、

永禄十一

十月十三日　　秀雄《（松田）》（花押）

頼隆（松田）（花押）

当所名主百姓中

このように、評議が行われてその結果がでるまでの間、在地に対して年貢の拘留が指示された。

(27) 天龍寺の伏見庄瑞祐首座の知行分をめぐる相論でも、「右筆方被尋下」て論拠の調査を行っている（「天龍寺周悦文書」『信文』補六八）。

(28) しかし、本来は将軍から奉行人へ裁許を命じるのが通常であり、朝廷から将軍を介して奉行へ裁許を求めるのは、言継も述べているように異例なことであった様子が窺われる。

(29) 幕府の裁許関係は、桑山浩然『室町幕府引付史料集成』（近藤出版社、一九八〇年）などによって過程を知ることができる。

(30) 奥野氏『信文』上巻、四九八頁。また、註（5）髙梨氏の論考も参照のこと。

(31) 摂津忍頂寺に対して、義昭自らが寺領を安堵し、幕府の奉行人ではない細川藤孝と中沢元綱が寺領安堵している（「寿泉院文書」『信文』一四九号参考）。（永禄十二年）二月十五日付け忍頂寺宛て足利義昭御内書・義昭側近連署副状（本書第Ⅲ部第一章の史料4）。ここでは、奉行人による奉書ではなく、義昭と側近が寺領安堵を行っていることが確認できる。

(32) 「尋憲記」（元亀四年二月二十九日条、『信文』三四〇号）。ここで信長は、「賀茂之儀、石成（友通）ニ被仰付、百姓前等御糺明候由、表向ハ御沙汰候て、御内儀者御用捨之様ニ申触候」として、裁許が公平に行われていないことを叱責している。また、若狭の粟屋弥四郎が安賀庄の代官職について「訴訟申上」たが、「難去種々執次申候へ共、御心得不行過来」ず案件処理がなされていないことを責めている。

(33) 拙稿「村井貞勝発給文書の基礎的考察」（『東洋大学文学部紀要』第五五集、史学科編第二七号、二〇〇一年。本書第Ⅳ部第一章）。

(34) 註（1）奥野氏前掲書。

(35) 細川藤孝＝「細川家文書」（『信文』三七五号）、梅松軒＝「佐藤行信氏所蔵文書」（『信文』四二七号）、荒川晴宣＝「加藤定氏所蔵文書」註（3）染谷氏前掲論文、信濃兵部丞＝「国立国会図書館所蔵文書」（『信文』四二五号）、上野豪為＝「五十川清氏所蔵文書」（『信文』四二四号）、正実坊＝「建勲神社文書」（『信文』四二三号）、松田頼隆＝「建勲神社文書」（『信文』補一八三号）。

(36) 拙稿「織田政権の京都支配―村井貞勝の職掌の検討を通して―」（『白山史学』第三三号、一九九七年。本書第Ⅳ部第二章）。

(37) 註（3）染谷氏前掲論文。

(38) 義昭期の幕府御料所の所在については奥野高広氏が、丹波国桐野河内村半分・同国保津保半分・同国保津保毘沙門村集慶分半分・水尾村半分・摂津溝杭村地頭名半分、越中大田保、加賀四郡、肥後人吉、周防国徳地村、越中大田保、美作久世保、大森銀山等があったことを明らかにしている（註1前掲書）。この他、元亀末年に発せられた信長の義昭への「十七ヵ条の異見書」から、若狭国安賀庄が御料所であったことが確認できる（註32）。義昭は、永禄十一年十一月九日付けで石清水八幡宮に袖判の御教書を発給し、燈油料荏胡麻油の諸関渡津料・諸業課役を文和元年十一月以来の「御判之旨」に任せて免除している（「離宮八幡宮文書」『大日史』十―一、二八一頁）。この他、幕府は塩公事銭（「光源院文書」『大日史』十―一、九五九頁）、地子銭以下の諸公事の免除（「川端道喜文書」『大日史』十―一〇、一〇頁）、座への商売安堵（「狩野亨吉氏蒐集文書」『大日史』十―一〇、三一三頁）、臨時の課役等（「金蔵寺文書」『大日史』十―一、二九二頁）、将軍御所造営のための殿料の賦課（「伊達家文書」『大日史』十―二、七一七頁）、鋤・鍬への課税（「大雪山誌稿」『大日史』十―五、九六一頁）を行っている。諸役の免除は、免除を受けていないものからの徴収と、免除によって礼銭と礼物が納められていたことが想定され、幕府は関銭や商工業者権益を掌握することによって、主要な財源としていたと考えられる。また、信長は（註32）の「十七ヵ条の異見書」でも、義昭の貯蓄行為と資金運用を非難している。

(39) この点について、神田千里氏は「織田政権の支配の論理に関する一考察」（『東洋大学文学部紀要』第五五集、史学科編第二七号、二〇〇二年。のち同『戦国時代の自力と秩序』吉川弘文館、二〇一三年に再録）で「天下」について検討し、①将軍が体現し、将軍が主宰して秩序維持をはかっている領域、②京都、③戦国大名らの支配する「国」とは棲分けられた領域（京都・畿内）、④「輿論」を形成する公的な場であることを明らかにした。畿内は、まさに将軍の権威が及ぶ「天下」であったといえる。

（補註1）「永禄の政変」は、これまで松永久秀が首謀者と考えられてきた。しかし、天野忠幸氏によって直接の襲撃は不関与だったことが明らかにされ、現在は否定されている（同「織田信長の上洛と三好氏の動向」『日本歴史』第八一五号、二〇一六年。同『三好一族と織田信長』戎光祥出版、二〇一七年）。本章の元の論文である拙稿「足利義昭政権論」（『栃木史学』第二三号、二〇〇八年）では、それまでの見解の基づいて久秀も義輝を襲撃したと記したが、ここではあらためた。なお、「永禄の政変」については、拙著『足利義昭と織田信長』（戎光祥出版、二〇一七年）や註（5）木下昌規編著『足利義輝』など、松永久秀や周辺の政治情勢については天野忠幸『松永久秀と下剋上』（平凡社、二〇一八年）・同『増補版 戦国期三好政権の研究』（清文堂出版、二〇一五年）・同『三好長慶』（ミネルヴァ書房、二〇一四年）・同編『松永久秀』（宮帯出版社、二〇一七年）、今谷明・天野忠幸監修『三好長慶』（宮帯出版、二〇一三年）、金松誠『松永久秀』（戎光祥出版、二〇一七年）などに詳しい。

（補註2）　義昭政権を信長の「傀儡政権」とする見解は、渡辺世祐氏・徳富蘇峰氏・田中義成氏などによって戦前から論じられてきた。義昭政権についての研究史は、拙稿「足利義昭政権の研究」（註〈3〉拙編著『足利義昭』）で述べた。

（補註3）　戦国期における室町幕府の研究は、補註（1）拙稿［二〇〇八］を表して以後、著しく進展した。主な研究としては、山田康弘『戦国時代の足利将軍』（吉川弘文館、二〇一一年）・同『足利義稙』（戎光祥出版、二〇一六年）、木下昌規『戦国期足利将軍家の権力構造』（岩田書院、二〇一四年）・同編著『足利義晴』（戎光祥出版、二〇一七年）・同編著『足利義輝』（戎光祥出版、二〇一八年）、榎原雅治・清水克行編『室町幕府将軍列伝』（戎光祥出版、二〇一七年）、日本史史料研究会監修・平野明夫編『室町幕府全将軍・管領列伝』（星海社新書、二〇一八年）などがある。

（補註4）　近年の研究では、上洛以前から足利義昭・織田信長と三好義継・松永久秀は連繋していたことが明らかになっている（補註〈1〉天野氏著書）。

（補註5）　「御供七騎」に関して水野嶺氏は、『信長公記』（巻一）の「細川殿屋形御座として、信長被成供奉、於御殿御太刀・御馬御進上、忝モ御前へ被召出、三献之上、公儀御酌にて御盃幷御剣御拝領」の記述を基に、信長もその一人として供奉していたと述べている（同「幕府儀礼にみる織田信長」『日本史研究』第六七六号、二〇一八年）。この「御供七騎」の基になる史料は、『言継卿記』永禄十一年十月十六日条の「武家、細川亭へ被移了、御伴七騎云々、織田弾正忠、古津（御）所〈此間入江御殿御座、〉移了」である。水野氏は『信長公記』と『言継卿記』の記事を混同して解釈したと思われるが、『言継卿記』から直接的には信長がこの「御伴七騎」のうちの一人だったかは読み取れない。

（補註6）　義昭政権の幕臣については、拙稿［二〇〇八］以降、川元奈々「将軍足利義昭期における幕府構造の研究」（註〈3〉拙編著『足利義昭』。初出二〇一〇年）・木下昌規「京都支配から見る足利義昭期室町幕府と織田権力」（補註〈3〉著書。初出二〇一一年）によっても検討された。

（補註7）　室町幕府は、義昭が京都から追放され、備後国鞆に御座所を移して以降も、「鞆幕府」として機能していたとする指摘がある（藤田達生「『鞆幕府』論」『芸備地方史研究』第二六八・二六九号、二〇一〇年）。筆者は、京都において中央政権として機能していた「室町幕府」と、鞆において主として儀礼的な側面で残存した「鞆幕府」は、権力構造がまったく異なるため同等に捉えていない。

（補註8）　本章の元の論文である補註（1）拙稿［二〇〇八］では、本件は山科言継が詰問したと記したが、ここでは大和孝宗との交渉の過程における会話にあらためた。いずれにしても、朝廷からではなく武家が奉行に諮問するという手続きが確認できる史料ということで引用した記事であるため、論旨に変わりはない。

（補註9）摂津晴門から伊勢氏への政所交替について当該期の政所を検討した註（5）高梨氏論文では、時期は永禄十二年末から元亀二年までの間とし、理由は晴門の死去か高齢による幕政からの引退としており、時期と理由を特定できていない。筆者は、元亀二年末の伊勢神宮禰宜職争論で義昭から「逼塞」を命じられて失脚したことを明らかにした（本書第Ⅰ部第三章）。

表1　足利義昭政権幕臣一覧

役職	人名	官途	初見	終見	将軍	『永禄六年諸役人附』	事項	その他
政所頭人（執事）	摂津晴門	摂津守藤原朝臣	天文14年5月5日	元亀2年1月25日	12	外様詰衆	所領安堵、祢宜職安堵	奉行衆
	伊勢貞興	三郎	永禄11年10月22日	天正10年6月13日	15			山崎の合戦で明智方として参職し討死
執事代	諏訪晴長	信濃守、前信濃守神宿禰	天文6年1月19日	元亀3年11月11日	12	奉行衆	相論裁許、禁制、所領安堵、違乱停止、徳政免除、塩公事安堵、御倉職安堵、地子銭免許、商売安堵	奉行衆
侍所開闔（所司代）	飯尾貞遙	右馬助三善、昭連	永禄6年1月10日	元亀2年4月28日	13	奉行衆	公家成敗、禁制、所領安堵、検校裁許、地子銭免除、田畠山林安堵、不受不施安堵	奉行衆
奉行衆	飯尾浄永	沙弥	元亀3年12月3日	元亀3年12月29日	15		相論裁許、公用米安堵	
	飯尾三郎		永禄8年1月18日	永禄13年1月13日	13			
	飯尾	与左衛門尉	永禄11年11月11日		15			
	飯尾昭連	右馬頭、右馬助三善	永禄11年10月22日	元亀3年10月15日	15		所領安堵、供僧職安堵、相論裁許、徳政免除、禁制、違乱停止、諸役免除	
	飯尾為清		永禄11年9月23日		14			
	飯尾為忠	左衛門尉三善	永禄6年1月7日	元亀2年11月23日	13	奉行衆	禁制、所領安堵、徳政免除、違乱停止、諸役免除、不施不受安堵	
	飯尾為永		元亀3年10月25日		15		違乱停止	
	飯尾為房		永禄11年9月4日		14			

	飯尾盛就	前加賀守三善朝臣	天文6年1月12日	元亀3年12月29日	12	奉行衆	所領安堵、御倉職安堵、禁制、相論裁許、公用米安堵	
	飯川秋共	治部少輔、千秋左近将監輝秀	永禄6年（「諸役人附」）	永禄13年2月5日	13	申次、詰衆番衆		
	一色晴家	播磨守	永禄7年6月1日	元亀2年11月1日	13	御供衆		御供衆
	諏訪俊郷	左兵衛尉神、左衛門尉神	永禄8年1月20日	天正4年1月15日	13	奉行衆	禁制、相論裁許、所領安堵、地子銭安堵、軍功状、公事銭安堵、祠堂銭安堵、運搬許可、信長第造営、	御物奉行、御書奉行
	諏訪晴門		永禄11年11月9日		15			
	永井盛就	前加賀守三善朝臣	永禄11年11月9日	永禄12年11月29日	15		所領安堵、禁制、供僧職安堵	
	中沢元綱	下総守	永禄12年2月15日		15		所領安堵	
	中沢光俊	沙弥、浄永	天文13年1月11日	元亀2年4月28日	12		所領安堵、禁制、年貢還付、運搬許可	
	中原晴門	摂津守藤原朝臣	永禄6年（「諸役人附」）	永禄11年11月9日	13	外様衆	徳政免除	
	松田秀雄	主計允、散位平朝臣、豊前守平朝臣、主計大夫	永禄13年1月13日	元亀3年8月3日	15		禁制、所領安堵、相論裁許、諸役免除、検校裁許、違乱停止、塩公事安堵、用米賦課、地子銭免除	御物奉行、御書奉行
	松田光秀	主計允	天文14年1月7日	元亀2年5月19日	12	奉行衆、諸大名御相伴衆		奉公衆
	松田頼隆	散位平朝臣、豊前守平朝臣	天文11年2月19日	元亀3年5月2日	12	奉行衆	相論裁許、禁制、所領安堵、軍功状、徳政免除、公事職安堵、年貢還付、信長第造営	
	松田	左衛門大夫	永禄6年（「諸役人附」）	永禄12年2月26日	13	諸大名相伴衆		
	大和孝宗	治部大夫	永禄6年（「諸役人附」）	元亀元年1月6日	13	御小袖御番衆、申次	相論裁許	申次、奉公衆
奉公衆	安威孫二郎		元亀2年7月3日	元亀2年10月18日	15			
	安威藤備	兵部少輔	天文14年1月8日	元亀2年5月19日	12	外様詰衆、詰衆番衆		御走衆
	明智光秀	十兵衛	永禄6年（「諸役人附」）	元亀元年正月26日	13	足軽衆	所領安堵、相論裁許、用米賦課、地子銭進入	
	荒川輝宗	与三	永禄6年（「諸役人附」）	永禄12年11月4日	13	御部屋衆		取次、部屋衆
	荒川晴宣	治部少輔	永禄10年11月	天正元年11月28日	15			
	石谷頼辰	弥九郎	永禄7年1月2日	天正4年12月14日	13	外様詰衆		

石谷	兵部少輔	永禄12年7月13日		15			牢人
伊勢雲松斎		永禄元年2月20日	天正4年10月日	13			
一色	紀伊守	永禄13年6月20日		15			
上野信恵	佐渡守	永禄11年10月22日	元亀2年11月4日	15		外交、軍事行動、座主宣下	申次
海老名	中務少輔	永禄6年（「諸役人附」）	永禄13年1月7日	13	申次		
大館	治部少輔	永禄12年7月13日		15			牢人
小笠原	民部大輔	永禄6年1月1日	天正4年7月2日	13			
小田輝長		永禄6年（「諸役人附」）	永禄13年2月5日	13	詰衆番衆		
狩野恕安		永禄13年10月2日	天正4年2月13日	15			
狩野光茂	伊予守、左京亮	天文14年9月20日	元亀2年10月18日	12	詰衆番衆、外様詰衆		
朽木藤綱	刑部少輔	永禄8年1月20日	元亀2年8月16日	13	御部屋衆		
朽木	兵庫頭	永禄13年1月1日	元亀2年9月9日	15			
佐分	玄蕃助	永禄6年（「諸役人附」）	元亀2年11月2日	13	玄蕃允ヵ、詰衆番衆		
杉原与十郎		永禄12年7月13日		15			牢人
杉原長盛	上総介	永禄6年（「諸役人附」）	永禄12年7月13日	13	御部屋衆		牢人
曽我助乗	兵庫頭、上総介	永禄6年（「諸役人附」）	元亀2年11月4日	13	詰衆番衆	湯銭安堵、所領安堵、地子銭進入、軍事行動	
竹内	治部少輔	永禄12年閏5月15日	元亀2年7月12日	15			
竹内	下総守	永禄13年4月16日	元亀元年8月25日	15			
竹藤	備前守	永禄13年1月4日	永禄13年2月5日	15			
千秋	刑部少輔	元亀元年8月10日	元亀2年1月13日	15			
彦部輝信		永禄12年1月14日	元亀2年1月14日	15			
本郷信弼	下総守、中沢玄蕃允	永禄6年（「諸役人附」）	元亀2年11月20日	13	詰衆番衆		
本郷信能	治部少輔	永禄8年1月2日	永禄12年2月26日	13	詰衆番衆		御走衆
本郷	大蔵大輔	永禄12年2月26日		15			御走衆
槙木島昭光		永禄6年（「諸役人附」）	元亀2年7月17日	13	詰衆番衆		
真下元種	宮内少輔	永禄6年（「諸役人附」）	元亀2年5月19日	13	詰衆番衆		御走衆
真下晴秀	式部少輔、杉原与三	永禄3年1月2日	元亀2年5月19日	13			御走衆、申次

	松井甚七郎		永禄8年1月2日	元亀2年1月2日	13			
	松井新二郎		元亀2年4月18日		15			
	三淵宗薫	伊賀入道	永禄6年（「諸役人附」）	元亀元年1月7日	13	申次、御部屋衆		
	三好伊三		元亀元年8月29日		15			
	矢島定行		天文21年6月7日	元亀元年8月30日	13			
	大和	淡路守	永禄13年4月1日	元亀2年11月9日	15			
	遊佐助二郎		永禄13年1月3日	永禄13年1月13日	15			
	遊佐宗房	美作守	永禄13年1月3日	永禄13年1月13日	15			
	遊佐	越後守	永禄13年1月15日		15			
	渡辺弥七郎		永禄8年7月6日	元亀2年12月4日	13			
御供衆	伊勢三郎		永禄11年10月22日	元亀2年11月9日	15			御供衆
	伊勢甚九郎		元亀2年9月25日		15			
	一色晴家		永禄7年6月1日	元亀2年11月1日	13			
	一色藤長	式部少輔	永禄2年1月4日	元亀2年9月30日	13	御供衆	軍事行動、相論裁許、座主宣下、押妨停止、所領安堵、外交、弔料	申次、奉公衆、御供衆
	一色	因幡守	永禄13年6月1日		15			御供衆
	上野輝加、豪為	紀伊守、入道光庵	永禄12年2月16日	天正元年11月28日	13	申次	殿料賦課	申次、奉公衆
	上野秀政	中務大輔	永禄6年（「諸役人附」）	元亀2年11月4日	13	御部屋衆	軍事行動、相論裁許、外交	御供衆
	上野	佐渡守	永禄11年10月22日		15			
	上野	民部少輔	永禄6年7月1日	天正4年1月20日	13			
	大館晴忠	伊予守	永禄6年（「諸役人附」）	元亀2年11月1日	13	御供衆		申次、御供衆
	大館	左衛門佐	永禄10年1月20日	元亀元年10月17日	15			申次、御供衆
	諏訪晴光	前信濃守	元亀元年3月1日	元亀元年6月19日	15		所領安堵	
	武田	刑部少輔	永禄12年3月1日	元亀元年10月17日	15			
	武田信実	刑部大輔	永禄6年（「諸役人附」）	元亀元年6月1日	13	御供衆		
	畠山昭高		元亀元年3月1日		15			

	畠山二郎（次郎）		永禄6年（「諸役人附」）	元亀元年1月3日	13	御供衆		
	畠山親行		永禄6年7月7日	元亀2年10月1日	13			
	畠山	播磨守	永禄13年3月1日	永禄13年3月3日	15			
	細川藤賢	右馬頭	大永18年8月27日	天正4年1月10日	12			御供衆
	細川藤孝	兵部大輔	永禄2年1月4日	元亀2年12月29日	13	御供衆	軍事行動、所領安堵、殿料賦課、外交	申次
	松永久通	右衛門佐	永禄7年6月22日	永禄13年3月5日	13			
	柳沢信政		永禄12年2月3日		15			
	柳沢元政		元亀2年10月3日		15		外交	
	和田惟政	伊賀守	永禄6年（「諸役人附」）	元亀元年9月9日	13	御供衆	禁制、殿料賦課、所領安堵、徳政免除	
部屋衆	一色秋成	三郎	永禄6年（「諸役人附」）	永禄13年10月17日	13	御部屋衆	所領安堵	
	一色四郎		永禄6年（「諸役人附」）	元亀2年11月4日	13	御部屋衆		
	一色昭秀	駿河守	永禄6年（「諸役人附」）	元亀元年2月5日	13	御部屋衆		申次
	上野	下野守	元亀元年2月5日		15			
	大館宗貞	源五郎	永禄6年（「諸役人附」）	元亀2年5月29日	13	御部屋衆		
	朽木輝孝	弥十郎	永禄6年6月14日	元亀2年11月4日	13	御部屋衆		
	槙島	主膳允	元亀2年5月5日	元亀2年11月4日	15			
	三淵秋豪	弥四郎	永禄6年（「諸役人附」）	元亀2年5月5日	13	御部屋衆		奉公衆、御供衆
	三淵藤英	大和守、弾正左衛門尉	永禄6年（「諸役人附」）	元亀2年11月23日	13	御部屋衆	所領安堵、軍事行動、油燈安堵、徳政免除、偏諱取次、禁制	
申次	飯河信堅	山城守、肥後守	天文15年1月15日	元亀2年12月10日	12	申次	押妨停止、弔料、所領安堵、軍事行動	奉公衆
	小笠原稙盛	備前守	天文4年1月4日	永禄12年1月29日	12	申次		
	千秋月斎		永禄六年（「諸役人附」）	（義輝期）天正7年7月12日	13	番衆		
	千秋輝季		（義輝期）12月13日	天正元年2月	13			光秀の配下として戦死。（染谷氏註（3）論文）

	檜生		永禄12年3月1日		15			
	大和晴宗	宮内大輔	天文22年12月14日	天正4年2月8日	12	申次		
	三淵晴員		天文元年11月11日	永禄13年1月7日	12			
詰衆	山下孫三郎		永禄7年1月6日	永禄12年1月27日	13	外様詰衆		のち、信長の側近
足軽衆	山口秀景		永禄12年閏5月6日	天正11年正月12日	15			
御同朋衆	観世国広	与左衛門尉	天文3年1月27日	永禄12年4月4日	12	同朋衆		
	孝阿弥		永禄12年閏5月	天正6年4月中旬	15			
	歳阿弥		永禄6年(「諸役人附」)	永禄12年2月24日	13	同朋衆		
	春阿弥		天文3年1月27日	元亀2年1月29日	12	同朋衆		
	福阿		永禄6年(「諸役人附」)	永禄12年7月21日	13	同朋衆		
	祐阿		永禄11年10月17日		15			
	万阿弥		天文3年1月27日	永禄12年2月26日	12	同朋衆		
	正実坊掟運		永禄6年(「諸役人附」)	天正9年3月	13	同朋衆		
御走衆(左)	飯川忠直	弥四郎	元亀元年2月2日		13	外様詰衆、詰衆番衆		
	朽木成綜	左兵衛尉	元亀2年5月19日		15			御走衆(右)
	沼田弥四郎		永禄3年2月6日	天正4年4月19日	13			御走衆(右)、奉公衆
	真木島弥六		永禄13年2月2日		15			
	三上兵庫助		永禄6年(「諸役人附」)	元亀2年8月1日	13	詰衆番衆		兵庫頭カ
御走衆(右)	金山晴実	常陸介	永禄6年(「諸役人附」)	永禄11年10月22日	13	詰衆番衆		
	後藤広綱	治部少輔	永禄6年(「諸役人附」)	永禄12年2月26日	13	詰衆番衆		
	沼田弥七郎		永禄6年1月10日	元亀元年2月2日	13	外様詰衆		詰衆
	松田監物		元亀2年5月19日	天正9年3月	15			
警固役	伊丹親興		天文14年5月24日	元亀年月日	12		違乱停止、相論裁許	御辻堅、奉公衆
御辻堅	池田勝正		永禄10年2月10日	永禄13年9月9日	14		禁制、所領安堵	奉公衆
末衆	疋田弥七郎		永禄13年1月4日		15			
	疋田弥九郎		永禄13年1月26日		15			

守護	畠山高政							河内国
	松永久秀	弾正忠						大和国
	池田勝正	筑後守						摂津国
	和田惟政	伊賀守						摂津国
	三好義継	左京大夫						河内国
役職不明	安芸	左京亮	元亀2年8月1日		15			
	石成友通		永禄11年9月21日		15		塩公事	
	伊勢貞倍	因幡入道心栄	永禄6年（「諸役人附」）	天正10年9月2日	13	御供衆		
	稲葉	若狭守	元亀元年8月29日		15	稲葉若狭守時永ヵ		
	上野信俊		元亀3年11月24日		15		外交	
	大館昭長		永禄12年6月1日		15		殿料賦課	
	小田五郎		元亀2年1月16日		15			
	朽木兵庫助		元亀元年1月11日		15			
	左衛門尉平		永禄11年10月2日		15			
	信濃	兵部丞	天正元年5月		15			久我家の諸大夫。前田玄以の検地に協力。
	上池院	民部卿	元亀2年8月1日		15			
	曽我又二郎		元亀2年1月7日		15			
	武田	下野守	元亀3年3月24日		15			
	竹田梅松軒		永禄6年（「諸役人附」）		13	奉行衆		前田玄以の右筆方
	竹田法印		元亀元年1月26日		15			
	竹田	治部卿	元亀元年1月26日		15			
	二階堂	中務大輔	元亀元年8月29日		15			
	萩原修理進		永禄12年5月23日		15			
	古田	可兵衛尉	元亀3年9月		15			
	矢島	越中守	元亀元年8月29日		15			
	吉田	侍従	元亀元年8月29日		15			

※本表は、「言継卿記」および表2を基に作成した。

表2　足利義昭政権奉行人奉書・関係文書目録

№.	年月日	表題	内容	発給者：署判	宛所	書止文言	所在	出典：文書群名	『大日本史料』	頁数	関係人名
1	永禄11年9月29日	室町幕府禁制	禁制	前信濃守神宿禰（花押：諏訪晴長）・散位平朝臣（花押：松田頼隆）	山城国松尾社境内谷山田	仍下知如件	山城	松尾神社	10編1	134	諏訪晴長：松田頼隆
2	永禄11年10月2日	室町幕府禁制	禁制	左衛門尉平（花押）：右馬助三善（花押：飯尾貞遙）	多田院境内并門前	仍下知如件	山城	多田院	10編1	183	飯尾貞遙
3	永禄11年10月3日	室町幕府禁制	禁制	前信濃守神宿禰（花押：諏訪晴長）・散位平朝臣（花押：松田頼隆）	法隆寺	仍下知如件	大和	法隆寺	10編1	191	諏訪晴長：松田頼隆
4	永禄11年10月3日	室町幕府禁制	禁制	左兵衛尉神（花押：諏訪俊郷）・左衛門尉三善（花押：飯尾為忠）	大和国薬師寺	仍下知如件	大和	薬師寺	10編1	192	諏訪俊郷：飯尾為忠
5	永禄11年10月5日	室町幕府禁制	禁制	散位平朝臣（花押：松田秀雄）：左兵衛尉神（花押：諏訪俊郷）	尾崎内本興寺	仍下知如件	摂津	本興寺	10編1	193	松田秀雄：諏訪俊郷
6	永禄11年10月5日	室町幕府奉行人連署状	参内用意	飯河山城守信堅判：三淵大和守藤英判	山科殿　人々御中	恐々謹言	山城	『言継』	10編1	188	飯河信堅：三淵藤英（申次）正実坊
7	永禄11年10月7日	室町幕府禁制	禁制	左兵衛尉神（花押：諏訪俊郷）・散位平朝臣（花押：松田頼隆）	上京室町頭壱町	仍下知如件	山城	京都上京	10編1	200	諏訪俊郷：松田頼隆
8	永禄11年10月9日	室町幕府奉行人連署奉書	寺領安堵	秀雄（花押：松田）：頼隆（花押：松田）	御室御門跡雑掌	仍執達如件	山城	仁和寺（『信文』一二四号参考）	10編1	204	松田秀雄：松田頼隆
9	永禄11年10月10日	室町幕府禁制	禁制	左兵衛尉神（花押：諏訪俊郷）・右馬助三善（花押：飯尾貞遙）	阿弥陀寺	仍下知如件	山城	阿弥陀寺	10編1	205	諏訪俊郷：飯尾貞遙
10	永禄11年10月12日	室町幕府奉行人連署奉書	寺領安堵	散位（花押：松田秀雄）：左兵衛尉（花押：諏訪俊郷）	周悦首座	仍執達如件	山城	天龍寺周悦（『信文』補五七号）			松田秀雄：諏訪俊郷
11	永禄11年10月12日	室町幕府奉行人連署奉書	寺領安堵	秀雄（花押：松田）：俊郷（花押：諏訪）	当所名主百姓中	如件	山城	天龍寺周悦（『信文』補五八号）			松田秀雄：諏訪俊郷
12	永禄11年10月13日	室町幕府奉行人連署奉書	相論裁許	秀雄（花押：松田）：頼隆（花押：松田）	当所名主百姓中	如件	山城	久我（『信文』一二六号参考）			松田秀雄：松田頼隆
13	永禄11年10月18日	室町幕府奉行人連署奉書	寺領安堵	頼隆（花押：松田）：秀雄（花押：松田）	当所百姓中	如件	山城	光源院	10編1	289	松田頼隆：松田秀雄
14	永禄11年10月20日	室町幕府奉行人連署奉書	所領安堵	頼隆（花押：松田）：俊郷（花押：諏訪）	当所名主百姓中	如件	山城	久我（『信文』一二六号参考）			松田頼隆：諏訪俊郷

15	永禄11年10月21日	室町幕府奉行人連署奉書	相論裁許	頼隆判（松田）：俊郷判（諏訪）	上下京中	如件	山城	『言継』（『信文』一二七号参考）	10編1	236	松田頼隆：諏訪俊郷：和田惟政：万里小路惟房
16	永禄11年10月28日	室町幕府奉行人連署奉書	相論裁許	俊郷（花押：諏訪）：秀雄（花押：松田）	当所名主百姓中	如件	山城	山科古文書	10編1	240	諏訪俊郷：松田秀雄
17	永禄11年11月3日	室町幕府禁制	禁制	散位平朝臣（花押：松田頼隆）：佐兵衛尉神（花押：諏訪俊郷）	清水寺成就院并境内	如件	山城	成就院	10編1	263	松田頼隆：諏訪俊郷
18	永禄11年11月4日	室町幕府奉行人奉書奉書	社領安堵	散位（花押：松田頼隆）：佐兵衛尉（花押：諏訪俊郷）	大原野社神主式部大輔殿	仍執達如件	山城	大原野神社	10編1	265	松田頼隆：諏訪俊郷
19	永禄11年11月8日	室町幕府禁制	禁制	散位平朝臣（花押：松田頼隆）：佐兵衛尉神（花押：諏訪俊郷）	禅林寺	如件	山城	禅林寺	10編1	278	松田頼隆：諏訪俊郷
20	永禄11年11月11日	室町幕府奉行人連署奉書	諸役免除	散位判（松田主計允秀雄）：左衛門尉判（飯尾与三左衛門尉）	山科家雑掌	仍執達如件	山城	『言継』			松佃秀雄：飯尾与三左術門尉
21	永禄11年11月12日	室町幕府奉行人連署奉書	社領安堵	右馬助（花押：飯尾貞遙）：散位［　］	森左京大夫殿	仍執達如件	山城	鳥居大路良平氏	10編1	284	飯尾貞遙：散位（諏訪俊郷ヵ）
22	永禄11年11月13日	室町幕府奉行人連署奉書	寺領安堵	散位（花押：松田頼隆）：佐兵衛尉（花押：諏訪俊郷）	当軒雑掌	仍執達如件	山城	光源院	10編1	290	松田頼隆：諏訪俊郷
23	永禄11年11月19日	室町幕府奉行人連署奉書	寺領安堵	頼隆（花押：松田）：貞遙（花押：飯尾）	西岡金蔵寺	仍執達如件	山城	金蔵寺	10編1	292	松田頼隆：飯尾貞遙
24	永禄11年11月21日	室町幕府奉行人連署奉書	寺領安堵	前加賀守（花押：永井盛就）：右馬助（花押：飯尾貞遙）	当御門跡雑掌	仍執達如件	山城	実相院	10編1	295	永井盛就：飯尾貞遙
25	永禄11年11月21日	室町幕府奉行人連署奉書	寺領安堵	盛就（花押：永井）：貞遙（花押：飯尾）	寺僧両座中	仍執達如件	山城	実相院	10編1	295	永井盛就：飯尾貞遙
26	永禄11年11月21日	室町幕府奉行人連署奉書	寺領安堵	盛就（花押：永井）：貞遙（花押：飯尾）	当所名主百姓中	如件	山城	実相院	10編1	296	永井盛就：飯尾貞遙
27	永禄11年12月19日	室町幕府奉行人連署奉書	寺領安堵	前信濃守（花押：諏訪晴長）：摂津守（花押）	（法輪寺）	仍執達如件	山城	法輪寺	10編1	468	諏訪晴長：摂津守
28	永禄11年12月19日	室町幕府禁制	禁制	左兵衛尉神（花押：諏訪俊郷）：前加賀守三好朝臣（花押：飯尾盛就）	六条八幡宮御供所	如件	山城	若宮八幡宮	10編1	487	諏訪俊郷：飯尾盛就
29	永禄11年12月19日	室町幕府奉行人連署奉書	社領安堵	左兵衛尉（花押：諏訪俊郷）：右馬助（花押：飯尾貞遙）	当社神主殿	仍執達如件	山城	若宮八幡宮	10編1	488	諏訪俊郷：飯尾貞遙
30	永禄11年12月19日	室町幕府奉行人連署奉書	社領安堵	左兵衛尉（花押：諏訪俊郷）：右馬助（花押：飯尾貞遙）	神主殿	仍執達如件	山城	若宮八幡宮	10編1	489	諏訪俊郷：飯尾貞遙
31	永禄11年12月21日	室町幕府奉行人連署奉書	寄宿免許	左衛門尉（花押）：散位（花押：松田秀雄）	本能寺雑掌	仍執達如件	山城	本能寺	10編1	259	松田秀雄：左衛門尉

32	永禄11年12月21日	室町幕府奉行人連署奉書	社領安堵	貞遙判（飯尾）・秀雄判（松田）	当社執行御房	仍執達如件	山城	『祇園社記録続録』	10編1	493	飯尾貞遙・松田秀雄
33	永禄11年12月21日	室町幕府奉行人連署奉書	社領安堵	貞遙判（飯尾）・秀雄判（松田）	当所名主百姓中	如件	山城	『祇園社記』	10編1	493	飯尾貞遙・松田秀雄
34	永禄11年12月21日	室町幕府奉行人連署奉書	社領安堵	前加賀守（花押：飯尾盛就）・左衛門尉（花押：飯尾為忠）	当院住持	仍執達如件	山城	法金剛院	10編1	494	飯尾盛就・飯尾為忠
35	永禄11年12月21日	室町幕府奉行人連署奉書	社領安堵	盛就（花押：飯尾）・為忠（花押：飯尾）	当地百姓中	如件	山城	法金剛院	10編1	494	飯尾盛就・飯尾為忠
36	永禄11年12月24日	室町幕府奉行人連署奉書	寺領安堵	散位（花押：松田秀雄）・右馬助（花押：飯尾貞遙）	当寺雑掌	仍執達如件	山城	寿泉院	10編1	504	飯尾貞遙・松田秀雄
37	永禄11年12月24日	室町幕府奉行人連署奉書	寺領安堵	秀雄（花押：松田）・貞遙（花押：飯尾）	五ヶ村所々名主百姓中	如件	山城	寿泉院	10編1	504	飯尾貞遙・松田秀雄
38	永禄11年12月27日	室町幕府奉行人連署奉書	追善法要安堵	前信濃守（花押：諏訪晴長）・散位（花押：松田秀雄）	浄福寺住持	仍執達如件	山城	浄福寺	10編1	513	諏訪晴長・松田秀雄
39	永禄11年12月28日	室町幕府禁制	禁制	前信濃守守宿禰（花押：諏訪晴長）・散位平朝臣（花押：松田秀雄）	村雲浄福寺	如件	山城	浄福寺	10編1	513	諏訪晴長・松田秀雄
40	永禄11年12月28日	室町幕府奉行人連署奉書	検校裁許	右馬助（花押：飯尾貞遙）・散位（花押：松田秀雄）	善法寺雑掌	仍執達如件	山城	石清水	10編1	519	飯尾貞遙・松田秀雄
41	永禄11年12月29日	室町幕府奉行人連署奉書	違乱停止	前信濃守（花押：諏訪晴長）・摂津守（花押：晴門）	永円寺住持順覚	仍執達如件	山城	国上寺	10編1	525	諏訪晴長・晴門
42	永禄11年12月29日	室町幕府奉行人連署奉書	違乱停止	晴長（花押：諏訪）・秀雄（花押）	当地百姓中	如件	山城	国上寺	10編1	526	諏訪晴長・晴門
43	（永禄12年）1月13日	室町幕府奉行人連署奉書	畿内形勢	藤長（花押：一色）・信恵（花押：上野）	吉川駿河守殿（元春）	恐々謹言	安芸	吉川	10編1	727	一色藤長・上野信恵
44	（永禄12年）1月13日	室町幕府奉行人連署状	豊芸和与	藤長（花押：一色）・信恵（花押：上野）	吉川駿河守殿（元春）	恐々謹言	安芸	吉川家	10編1	792	一色藤長・上野信恵
45	（永禄12年）1月13日	室町幕府奉行人連署状	豊芸和与	藤長（花押：一色）・信恵（花押：上野）	吉川駿河守殿（元春）	恐々謹言	安芸	吉川家	10編1	793	一色藤長・上野信恵
46	（永禄12年）2月15日	足利義昭御内書	寺領安堵	（花押：足利義昭）	忍頂寺住僧中	候也	摂津	寿泉院	10編1	936	足利義昭：（申次）細川藤孝・中沢元綱
47	（永禄12年）2月15日	細川藤孝・中沢元綱連署奉書	寺領安堵	藤孝（花押：細川）・元綱（花押：中沢）	忍頂寺住僧御中	恐々謹言	摂津	寿泉院（『信文』一四九号参考）			細川藤孝・中沢元綱

48	永禄12年2月23日	室町幕府奉行人連署奉書	徳政免除	前信濃守神宿禰（花押：諏訪晴長）：摂津守藤原朝臣（花押：中原晴門）	（離宮八幡宮ヵ）	仍下知如件	山城	離宮八幡宮	10編1	951	諏訪晴長：中原晴門
49	（永禄12年）2月28日	室町幕府奉行人連署奉書	塩公事銭等寄附	前信濃守（花押：諏訪晴長）：散位（花押：松田秀雄）	光源院雑掌	仍執達如件	山城	光源院	10編1	958	諏訪晴長：松田秀雄
50	（永禄12年）2月28日	室町幕府奉行人連署奉書	塩公事銭等寄附	晴長（花押：諏訪）：秀雄（花押：松田）	所々百姓中	如件	山城	光源院	10編1	959	諏訪晴長：松田秀雄
51	（永禄12年）2月2日	蜂須賀正勝書状	光源院弔料之件	蜂須加彦右衛門正勝（花押）	一色式部少輔殿（藤長）：飯河山城守殿（信堅）人々御中	恐惶謹言	山城	光源院	10編1	959	蜂須賀正勝：木下秀吉：一色藤長：飯河信堅
52	（永禄12年）2月2日	室町幕府奉行人連署状	光源院弔料之件	飯河山城守信堅（花押）：一色式部少輔藤長（花押）	木下藤吉郎殿	恐々謹言	山城	光源院	10編1	960	木下秀吉：一色藤長：飯河信堅
53	（永禄12年）2月2日	室町幕府奉行人連署状	光源院弔料之件	飯河山城守信堅（花押）：一色式部少輔藤長（花押）	光源院	恐々謹言	山城	光源院	10編1	960	一色藤長：飯河信堅
54	永禄12年3月4日	室町幕府奉行人連署奉書	相論裁許	頼隆（花押：松田）：晴長（花押：諏訪）	白井民部丞殿	仍執達如件	山城	鳥居大路	10編2	69	松田頼隆：諏訪晴長
55	永禄12年3月5日	室町幕府奉行人連署奉書	寺領安堵	豊前守（花押：松田頼隆）：摂津守（花押：摂津晴門）	若狭国根本神宮寺雑掌	仍執達如件	若狭	神宮寺	10編2	26	松田頼隆：摂津晴門
56	永禄12年3月8日	室町幕府禁制	禁制	豊前守平朝臣（花押：松田頼隆）：前信濃守神宿禰（花押：諏訪晴長）	若狭国根本神宮寺并門前	如件	若狭	神宮寺	10編2	27	松田頼隆：諏訪晴長
57	永禄12年3月19日	室町幕府奉行人連署奉書	相論裁許	頼隆（花押：松田）：俊郷（花押：諏訪）	森左京大夫殿（尊久）	仍執達如件	山城	鳥居大路	10編2	69	松田頼隆：諏訪俊郷
58	（永禄12年）3月23日	室町幕府奉行人連署状	畿内形勢	藤長（花押：一色）：信恵（花押：上野）	吉川駿河守殿（元春）	恐々謹言	山城	吉川家	10編2	72	一色藤長：上野信恵
59	（永禄12年）3月23日	室町幕府奉行人連署状	畿内形勢	藤長（花押：一色）：信恵（花押：上野）	岩本御坊	恐々謹言	山城	吉川家	10編2	74	一色藤長：上野信恵
60	永禄12年3月26日	室町幕府奉行人連署奉書	相論裁許	散位平朝臣在判（松田頼隆）：左兵衛尉神在判（諏訪俊郷）		如件	山城	『言継』	10編2	124	松田頼隆：諏訪俊郷：織田信長
61	永禄12年4月10日	室町幕府奉行人連署奉書	社領安堵	俊郷（花押：諏訪）：貞遙（花押：飯尾）	当庄中	仍執達如件	山城	賀茂郷（『信文』一八八号参考）			諏訪俊郷：飯尾貞遙
62	永禄12年4月16日	室町幕府奉行人連署奉書	相論裁許	豊前守（花押：松田頼隆）：前信濃守（花押：諏訪晴長）	意足軒周悦首座	仍執達如件	山城	天龍寺周悦（『信文』補六八号参考）			松田頼隆：諏訪晴長

63	永禄12年4月16日	室町幕府奉行人連署奉書	寺領安堵	頼隆（花押：松田）・晴長（花押：諏訪）	当所名主百姓中	如件	山城	天龍寺周悦（『信文』補六九号参考）			松田頼隆・諏訪晴長
64	（永禄12年）4月23日	聖護院道増書状	長防形勢	（花押：聖護院道増）	上野佐渡守殿（信恵）・一色式部少輔殿（藤長）	恐々不宣	山城	『長防風土記』	10編2	75	一色藤長・上野信恵
65	（永禄12年）4月24日	室町幕府奉行人連署状	公帖寄進	飯河山城守信堅（花押）・一色式部少補藤長（花押）	光源院　侍衣禅師	恐々敬白	山城	光源院	10編2	442	飯河信堅・一色藤長
66	永禄12年4月25日	室町幕府奉行人連署奉書	寺領安堵	前信濃守（花押：諏訪晴長）・左衛門尉（花押：飯尾為忠）	当院雑掌	仍執達如件	山城	前田家所蔵	10編2	454	諏訪晴長・飯尾為忠
67	永禄12年4月25日	室町幕府奉行人連署奉書	寺領安堵	前信濃守（花押：諏訪晴長）・豊前守（花押：松田頼隆）	清玉上人	仍執達如件	山城	阿弥陀寺	10編2	455	諏訪晴長・松田頼隆
68	永禄12年5月10日	室町幕府奉行人連署奉書	寺領安堵	前信濃守（花押：諏訪晴長）・散位（花押：松田秀雄）	当院雑掌	仍執達如件	山城	大通寺	10編2	499	諏訪晴長・松田秀雄
69	永禄12年5月10日	室町幕府奉行人連署奉書	寺領安堵	前信濃守（花押：諏訪晴長）・散位（花押：松田秀雄）	当院雑掌	仍執達如件	山城	大通寺	10編2	500	諏訪晴長・松田秀雄
70	永禄12年5月10日	室町幕府奉行人連署奉書	寺領安堵	前信濃守（花押：諏訪晴長）・散位（花押：松田秀雄）	当郷内買徳輩中	仍執達如件	山城	大通寺	10編2	501	諏訪晴長・松田秀雄
71	永禄12年5月13日	室町幕府奉行人連署奉書	寺領安堵	右馬助（花押：飯尾貞遙）・前信濃守（花押：諏訪晴長）	善法寺（社務尭清）雑掌	仍執達如件	山城	石清水	10編2	505	飯尾貞遙・諏訪晴長
72	永禄12年5月13日	室町幕府奉行人連署奉書	地子銭免除	右馬助（花押：飯尾貞遙）・左兵衛尉（花押：諏訪俊郷）	当寺住持	仍執達如件	山城	岡本	10編2	505	飯尾貞遙・諏訪俊郷
73	永禄12年6月17日	室町幕府奉行人連署奉書	社領安堵	右馬助（花押：飯尾貞遙）・左衛門尉（花押：飯尾為忠）	（松尾神社）	仍執達如件	山城	松尾神社	10編2	752	飯尾貞遙・飯尾為忠
74	永禄12年6月17日	室町幕府奉行人連署奉書	社領安堵	右馬助（花押：飯尾貞遙）・前信濃守（花押：諏訪晴長）	（松尾神社）	仍執達如件	山城	松尾神社	10編2	753	飯尾貞遙・諏訪晴長
75	永禄12年7月3日	室町幕府奉行人連署奉書	社領安堵	右馬助（花押：飯尾貞遙）・前信濃守（花押：諏訪晴長）	賀茂社雑掌	仍執達如件	山城	賀茂別雷神社	10編3	6	飯尾貞遙・諏訪晴長
76	永禄12年7月3日	室町幕府奉行人連署奉書	社領安堵	貞遙（花押：飯尾）・晴長（花押：諏訪）	当所名主百姓中	如件	山城	賀茂別雷神社	10編3	6	飯尾貞遙・諏訪晴長
77	永禄12年7月10日	室町幕府奉行人連署奉書	御倉職補任	散位判（諏訪晴長）・前加賀守判（飯尾盛就）	立入左京進殿（宗継）	仍執達如件	山城	『立入家所持記』	10編3	104	諏訪晴長・飯尾盛就
78	永禄12年8月19日	室町幕府奉行人連署奉書	社領安堵	貞遥（花押：飯尾）・晴長（花押：諏訪）	所々名主百姓中	仍執達如件	山城	東	10編3	753	飯尾貞遙・諏訪晴長

79	永禄12年8月24日	室町幕府奉行人連署奉書	田畠・山林安堵	左兵衛尉（花押：諏訪俊郷）：右馬助（花押：飯尾貞遥）	堯海上人	仍執達如件	山城	清涼寺	10編3	197	飯尾貞遙：諏訪俊郷
80	永禄12年9月2日	室町幕府奉行人連署奉書	寺領安堵	前信濃守（花押：諏訪晴長）：左衛門尉（花押：飯尾為忠）	当寺雑掌	仍執達如件	山城	京都帝大所蔵	10編3	233	飯尾為忠：諏訪晴長
81	永禄12年9月2日	室町幕府奉行人連署奉書	寺領安堵	晴長（花押：諏訪）：為忠（花押：飯尾）	当寺領所々百姓中	如件	山城	京都帝大所蔵	10編3	233	飯尾為忠：諏訪晴長
82	永禄12年10月4日	室町幕府奉行人連署奉書	寺領安堵	散位（花押：松田秀雄）：右馬助（花押：飯尾昭連）	当寺雑掌	仍執達如件	山城	東寺	10編3	255	松田秀雄：飯尾昭連
83	永禄12年10月6日	室町幕府奉行人連署奉書	寺領安堵	豊前守（花押：松田頼隆）：右馬助（花押：飯尾昭連）	摂州安岡寺惣寺中	仍執達如件	摂津	安岡寺	10編3	256	松田頼隆：飯尾昭連
84	永禄12年10月6日	室町幕府奉行人連署奉書	寺領安堵	頼隆（花押：松田）：昭連（花押：飯尾）	当所名主百姓中	如件	摂津	安岡寺	10編3	256	松田頼隆：飯尾昭連
85	永禄12年10月7日	室町幕府奉行人連署奉書	寺領安堵	散位（花押：松田秀雄）：左兵衛尉（花押：諏訪俊郷）	当御門跡雑掌	仍執達如件	山城	勧修寺	10編3	257	松田秀雄：飯尾昭連
86	永禄12年10月13日	室町幕府奉行人連署奉書	寺領安堵	前信濃守（花押：諏訪晴長）：散位（花押：松田秀雄）	当院雑掌	仍執達如件	山城	前田家所蔵	10編3	257	松田秀雄：諏訪晴長
87	永禄12年10月15日	室町幕府奉行人連署奉書	寺領安堵	昭連（花押：飯尾）：為忠（花押：飯尾）	当所名主百姓中	仍執達如件	山城	等持院	10編3	259	飯尾昭連：飯尾為忠
88	永禄12年10月17日	室町幕府奉行人連署奉書	寺領安堵	散位（花押：松田秀雄）：左兵衛尉（花押：諏訪俊郷）	当御門跡雑掌	仍執達如件	山城	『華頂要略』	10編3	258	松田秀雄：諏訪俊郷
89	永禄12年10月19日	室町幕府奉行人連署奉書	寺領安堵	右馬助（花押：飯尾昭連）：左衛門尉（花押：飯尾為忠）	等持院雑掌	仍執達如件	山城	等持院	10編3	258	飯尾昭連：飯尾為忠
90	（永禄12年）11月13日	室町幕府奉行人連署状	寺領安堵	曽我兵庫頭助乗（花押）：飯川肥後守信堅（花押）	当住珠栄坊	恐々謹言	山城	法金剛院	10編3	565	曽我助乗：飯川信堅
91	永禄12年11月16日	室町幕府禁制	禁制	散位平朝臣（花押：松田秀雄）：前加賀守三善朝臣（花押：飯尾盛就）	正法寺号徳迎山同塔頭	如件	山城	正法寺	10編3	586	松田秀雄：飯尾盛就
92	永禄12年11月16日	室町幕府奉行人連署奉書	仏供燈油田収納安堵	秀就（花押）：信貞（花押）	上太子僧坊御中	仍執達如件	河内	叡福寺	10編3	587	秀就：信貞
93	永禄12年11月24日	室町幕府奉行人連署奉書	所領安堵	前信濃守神宿禰（花押：諏訪晴長）：摂津守藤原朝臣（花押：摂津晴門）	（摂津樽井与三左右衛門等）	仍下知如件	摂津	樽井	10編3	620	諏訪晴長：摂津晴門
94	永禄12年11月29日	室町幕府奉行人連署奉書	供僧職安堵	盛就（花押：永井）：昭連（花押：飯尾）	実相院御門跡雑掌	仍執達如件	山城	実相院	10編3	623	永井盛就：飯尾昭連

95	永禄12年11月29日	室町幕府奉行人連署奉書	供僧職安堵	盛就（花押：永井）：昭連（花押：飯尾）	大雲寺普門寺供僧中	仍執達如件	山城	実相院	10編3	624	永井盛就：飯尾昭連
96	永禄12年11月29日	室町幕府奉行人連署奉書	供僧職安堵	盛就（花押：永井）：昭連（花押：飯尾）	当所名主百姓中	如件	山城	実相院	10編3	624	永井盛就：飯尾昭連
97	元亀元年4月28日	室町幕府奉行人連署奉書	所領安堵	頼隆（花押：松田）：俊郷（花押：諏訪）	革島越前守殿	仍執達如件	山城	革島（『信文』二二五号参考）			松田頼隆：諏訪俊郷
98	（元亀元年）6月2日	室町幕府奉行人連署奉書	所領安堵	散位平朝臣判（松田頼隆）：前信濃守神宿禰判（諏訪晴長）	（立入宗継）	如件	山城	立入	10編4	491	松田頼隆：諏訪晴長
99	（元亀元年）6月18日	室町幕府奉行人連署状	近江出兵	三人連名（細川藤孝：三淵藤英：一色藤長）	畿内御家人中	恐々謹言	山城	『武徳編年集成』	10編4	525	細川藤孝：三淵藤英：一色藤長
100	元亀元年6月19日	室町幕府奉行人連署奉書	寺領安堵	前信濃守（花押：諏訪晴光）：沙彌（花押：中沢光俊）	永圓寺住持順覚御房	仍執達如件	越後	国上寺	10編4	519	諏訪晴光：中沢光俊
101	元亀元年10月9日	室町幕府奉行人連署奉書	徳政免除	右馬助（花押：飯尾昭連）：左衛門尉（花押：飯尾為忠）	当院雑掌	仍執達如件	山城	等持院	10編5	41	飯尾昭連：飯尾為忠
102	元亀元年10月15日	室町幕府奉行人連署奉書	所領安堵	右馬助（花押：飯尾昭連）：左衛門尉（花押：飯尾為忠）	当院跡雑掌	仍執達如件	山城	勧修寺	10編5	57	飯尾昭連：飯尾為忠
103	元亀元年10月15日	室町幕府奉行人連署奉書	所領安堵	右馬助（花押：飯尾昭連）：左衛門尉（花押：飯尾為忠）	当所名主百姓中	仍執達如件	山城	勧修寺	10編5	58	飯尾昭連：飯尾為忠
104	元亀元年11月21日	室町幕府奉行人連署奉書	徳政免除	晴長在判（諏訪）：頼隆在判（松田）	相国寺雑掌	仍執達如件	山城	光源院	10編5	112	諏訪晴長：松田頼隆
105	元亀元年11月28日	室町幕府奉行人連署奉書	所領安堵	右馬助（花押：飯尾昭連）：前信濃守（花押：諏訪晴長）	賀茂郷買得人中	仍執達如件	山城	賀茂別雷神社	10編5	137	飯尾昭連：諏訪晴長
106	元亀2年2月22日	室町幕府奉行人連署奉書	寺領安堵	右馬助判（飯尾昭連）：前信濃守判（諏訪晴長）	当寺雑掌	仍執達如件	山城	『大雲山誌稿』	10編5	961	飯尾昭連：諏訪晴長
107	（元亀2年）2月23日	室町幕府奉行人連署状	豊芸和与	藤孝（花押：細川）：藤長（花押：一色）	左衛門督入道殿（宗麟）	恐惶謹言	豊後	大友	10編6	104	細川藤孝：一色藤長
108	（元亀2年）2月23日	室町幕府奉行人連署状	豊芸和与	藤孝（花押：細川）：藤長（花押：一色）	大友新太郎殿（義統）	恐惶謹言	豊後	大友	10編6	105	細川藤孝：一色藤長
109	（元亀2年）9月晦日	室町幕府奉行人連署状	豊芸和与	信恵（花押：上野佐渡守）：藤長（一色式部少輔）	吉川駿河守殿（元春）	候也	安芸	吉川家	10編6	110	上野信恵：一色藤長
110	（元亀2年）2月26日	室町幕府奉行人連署状	聖護院見舞	信恵（花押：上野）：藤長（花押：一色）	吉見大蔵太輔殿：吉見次郎殿	候也	豊後	吉見	10編6	3	上野信恵：一色藤長
111	元亀2年2月28日	室町幕府禁制	禁制	右馬助三善（花押：飯尾昭連）：左衛門尉神（花押：諏訪俊郷）	嵯峨清涼寺	仍下知如件	山城	清涼寺	10編5	997	飯尾昭連：諏訪俊郷

112	(元亀2年)3月23日	足利義昭御内書	官途補任	(花押：足利義昭)	吉見大蔵大輔とのへ	候也	安芸	吉見	10編6	54	足利義昭：(申次)上野信恵：一色藤長
113	(元亀2年)3月23日	室町幕府奉行人連署状	官途補任	信恵(花押：上野)：藤長(花押：一色)	吉見大蔵太輔殿	恐々謹言	安芸	吉見	10編6	55	足利義昭：上野信恵：一色藤長
114	元亀2年4月3日	室町幕府奉行人連署奉書	公事銭安堵	頼隆(松田)：俊郷(諏訪)	宇治并諸郷中	如件	山城	勧修寺	10編6	103	松田頼隆：諏訪俊郷
115	元亀2年5月3日	室町幕府奉行人連署奉書	祠堂銭安堵	左兵衛尉(諏訪俊郷)：沙彌判	蔵勝庵	仍執達如件	山城	『大中雑記』	10編6	201	諏訪俊郷：沙彌
116	元亀2年7月26日	室町幕府奉行人連署奉書	相論裁許	右馬助(花押：飯尾昭連)：前加賀守(花押)	当社雑掌	仍執道如件	山城	賀茂別雷神社	10編6	681	飯尾昭連：前加賀守
117	元亀2年9月27日	室町幕府禁制	禁制	右馬助三善(花押：飯尾昭連)：左兵衛尉神(花押：諏訪俊郷)	法隆寺	仍下知如件	大和	法隆寺	10編6	930	飯尾昭連：諏訪俊郷
118	元亀2年9月28日	室町幕府奉行人連署状	寄進銭安堵	三淵大和守藤英(花押)：同弥四郎秋豪(花押)	東寺観智院真盛	恐々謹言	山城	東寺	10編6	936	三淵藤英：三淵秋豪
119	(元亀2年)9月晦日	室町幕府奉行人連署状	豊芸和与	信恵(花押：上野)：藤長(花押：一色)	吉見大蔵大輔殿・同出羽守殿	恐々謹言	安芸	吉見	10編6	940	上野信恵：一色藤長
120	(元亀2年)9月晦日	室町幕府奉行人連署状	鷹を求む	信恵(花押：上野)：藤長(花押：一色)	小早川駿河守殿(隆景)	恐々謹言	安芸	小早川家	10編5	963	上野信恵：一色藤長：(申次)柳沢元政
121	(元亀2年)9月晦日	室町幕府奉行人連署状	鷹を求む	信恵(花押：上野)：藤長(花押：一色)	吉見大蔵大輔殿・同山羽守殿	恐々謹言	安芸	吉見	10編5	964	上野信恵：一色藤長
122	(元亀2年)9月晦日	室町幕府奉行人連署奉書	出雲伯耆平定を祝す	信恵(花押：上野)：藤長(花押：一色)	吉川駿河守殿(元春)	(恐々謹言カ)	安芸	吉川家	10編6	770	上野信恵：一色藤長
123	元亀2年9月30日	明智光秀・嶋田秀満・塙直政・松田秀雄連署状	公武用米賦課	明智十兵衛尉光秀判：嶋田但馬守秀満判：塙九郎左衛門尉直政判：松田主計大夫秀雄判	(在々所々五六百通云々)	仍如件	山城	『言継』	10編6	937	明智光秀：島田秀満：塙直政：松田秀雄
124	元亀2年9月30日	明智光秀・嶋田秀満・塙直政・松田秀雄連署状	公武用米賦課	明智十兵衛尉光秀(印)：嶋田但馬守秀満(印)：塙九郎左衛門尉直政(印)：松田主計大夫秀雄(花押)	阿弥陀寺	仍如件	山城	阿弥陀寺	10編6	938	明智光秀：島田秀満：塙直政：松田秀雄
125	元亀2年10月3日	室町幕府禁制	禁制	沙彌(花押：中沢光俊)：前信濃守神宿禰(花押：諏訪晴長)	和州西京内薬師寺	仍下知如件	大和	薬師寺	10編7	4	中沢光俊：諏訪晴長
126	(元亀2年)9月晦日	室町幕府奉行人連署状	豊芸和与	信恵(花押：上野)：藤長(花押：一色)	吉川駿河守殿(元春)	恐々謹言	安芸	吉見	10編6	942	上野信恵：一色藤長
127	元亀2年11月3日	室町幕府奉行人連署奉書	徳政免除・寺領安堵	右馬助(花押：飯尾昭連)：前信濃守(花押：諏訪晴長)	当寺雑掌	仍執達如件	山城	大徳寺	10編7	93	飯尾昭連：諏訪晴長

128	元亀2年12月9日	室町幕府奉行人連署奉書	年貢還付	浄永（花押：中沢光俊）：頼隆（花押：松田）	竹内門跡雑掌	仍執達如件	山城	曼殊院	10編7	145	中沢光俊：松田頼隆
129	元亀2年12月14日	室町幕府奉行人連署奉書	荷物運搬許可	浄永（花押：中沢光俊）：俊郷（花押：諏訪）	七郷中	如件	山城	沢野井	10編7	165	中沢光俊：諏訪俊郷
130	元亀2年12月21日	室町幕府奉行人連署奉書	違乱停止	右馬頭（花押：飯尾昭連）：左衛門尉（花押：飯尾為忠）	当寺雑掌	仍執達如件	山城	金蔵寺	10編7	198	飯尾昭連：飯尾為忠
131	（元亀3年）3月20日	室町幕府奉行人連署状	畿内交戦	昭光（花押：真木島）：昭秀（花押：一色）	岡周防守殿	恐々謹言	山城	岡	10編9	29	真木島昭光：一色昭秀
141	元亀3年5月25日	室町幕府奉行人連署奉書	信長第造営	豊前守（花押：松田頼隆）：左兵衛尉（花押：諏訪俊郷）	（欠）	仍執達如件	山城	古文書纂（『信文』三三二号参考）	10編8	375	松田頼隆：諏訪俊郷
142	元亀3年7月26日	室町幕府奉行人連署奉書	寺領安堵	右馬頭（花押：飯尾昭連）：左衛門尉（花押：飯尾為忠）	当寺雑掌	仍執達如件	山城	根岸	10編9	425	飯尾為忠：飯尾昭連
143	元亀3年8月3日	室町幕府奉行人連署奉書	諸役免除	右馬頭（花押：飯尾昭連）：左衛門尉（花押：飯尾為忠）	妙心寺雑掌	仍執達如件	山城	妙心寺	10編10	9	飯尾為忠：飯尾昭連
144	元亀3年8月3日	室町幕府奉行人連署奉書	地子銭免除	散位平朝臣（花押：松田秀雄）：左兵衛尉神（花押：諏訪晴長）	（川端道喜）	仍下知如件	山城	川端道喜	10編10	10	松田秀雄：諏訪晴長
145	元亀3年10月25日	室町幕府奉行人連署奉書	違乱停止	浄永（花押：飯尾）：為忠（花押：飯尾）	桂竹女	仍執達如件	山城	佐藤行信氏所蔵	10編10	275	飯尾為忠：飯尾昭連
146	元亀3年11月11日	室町幕府奉行人連署奉書	商売安堵	前信濃守神宿禰判（諏訪晴長）：沙彌判	仍執達如件		山城	狩野亨吉氏蒐集	10編10	313	諏訪晴長：沙彌
147	元亀3年11月23日	室町幕府奉行人連署奉書	不受不施安堵	右馬助在判（飯尾貞遙）：左衛門尉在判（飯尾為忠）	法華宗中	（仍）執達如件	山城	不受不施状	10編10	345	飯尾貞遙：飯尾為忠
148	元亀3年12月3日	室町幕府奉行人連署奉書	相論裁許・社領安堵	沙彌（花押：飯尾浄永）：前加賀守（花押：飯尾盛就）	当社神主中	仍執達如件	山城	松尾神社	10編10	366	飯尾浄永：飯尾盛就
149	元亀3年12月3日	室町幕府奉行人連署奉書	相論裁許・社領安堵	浄永（花押：飯尾）：盛就（花押：飯尾）	当所名主百姓中	状如件	山城	東	10編10	367	飯尾浄永：飯尾盛就
150	元亀3年12月29日	室町幕府奉行人連署奉書	米公用安堵	前加賀守（花押：飯尾盛就）：沙彌（花押：飯尾浄永）	梶井御門跡雑掌（応胤法親王）	仍執達如件	山城	三千院	10編11	313	飯尾盛就：飯尾浄永
151	天正7年8月13日	室町幕府奉行人連署奉書	寺領安堵	藤弘（花押：松田）：昭連（花押：飯尾）	当寺雑掌	仍執達如件	山城	永養寺（『信文』補一九七号）			松田藤弘：飯尾昭連
152	永禄11年11月9日	室町幕府奉行人連署奉書	寺領安堵	前加賀守（花押：永井盛就）：散位（花押：松田秀雄）	円満院御門跡雑掌	仍執達如件	近江	円満院	10編1	282	永井盛就：松田秀雄　No.19と20の間に入る

※本表は、『大日本史料』第十編および奥野高広『増訂織田信長文書の研究』を基に作成した。

第二章　京都支配における足利義昭政権と織田信長政権

はじめに

永禄十一年（一五六八）九月二十六日、織田信長は足利義昭を奉じて上洛を遂げる。以後、天正元年（一五七三）七月に信長が京都から義昭を追放し、室町幕府が滅亡するまでの間に展開された室町幕府と織田信長政権との関係は、「二重政権」と称されている(1)。これまで二重政権については、義昭が信長に擁立されて将軍になった経緯や勢力の関係上、信長の傀儡であるとされ、その権限は信長に大きく規制されたものであると論じられ、当該期の室町幕府は弱体な政権と評価されてきた(2)。

信長は永禄十二年正月十四日に「室町幕府殿中掟(3)」で幕府の職制についての規定を定め、義昭が承認したことから、幕府機構が全体として権限を規制されたとされる。さらには将軍専制化をすすめ権威の伸長を図る義昭に対して、永禄十三年正月二十三日付の「五ヵ条の条書(4)」で「天下之儀、何様ニも信長ニ被任置」として、信長が政治の実権を掌握することを承認させたと考えられてきた。これらのことから、信長権力の強大性が強調されて論じられてきた(5)。

近年、室町幕府後期の研究が進み、義晴政権において御前沙汰が行われるなど、政治機構の側面から幕府は戦国期においても機能していたことが明らかとなり、室町幕府後期における幕府体制が見直されつつある(6)。応仁の乱後も幕府が存続し得た背景としては、朝廷・権門・商工業者が集在する都市「京都」を政権所在地とし、中央政権として機能したためと考えられる。

足利義昭の研究については奥野高広氏による論考があり(7)、将軍義昭とそれを取り巻く政治情勢や近臣の動向などが明らかにされている。しかし、義昭政権の組織や政治的機能については、必ずしも十分に明らかにされていない。二重政権構造を考える上では義昭政権の実態を明らかにし、信長との関係を捉え直す必要があると考える。そこで小稿では、二重政権の政治の実態について、義昭政権の構造と政治的機能を考察して機能の側面から義昭政権を明らかにし、ついで信長政権との関係について検討することによって、義昭政権を〝傀儡〟とする捉え方にあらためて検討を加えることを目的とする(8)。なお、ここでは政治上の要地であり、将軍の支配領域であった京都における支配を中心として検討することとする(9)。

1．足利義昭政権の構造

足利義昭政権については脇田修氏の研究があり、①政所など幕府機構の再興、②御料所・徴税権の回復、③守護補任・軍事動員の掌握、④大名間の和平調停などから、幕府は「義輝時代とほぼ同様に復活」していたことが指摘されている(10)。ここでは脇田氏の成果を踏まえて、さらに義昭政権の構成と経済的側面を考察し、政権構造を明らかにする。

足利義昭は周知のように第十二代将軍足利義晴の子であり、十三代将軍義輝の弟にあたる。義昭は永禄十一年十月十八日に将軍宣下をうけ、足利第十五代の征夷大将軍に就任した。

幕府の機構を考察する上で、まずは信長が幕府の職掌を規制し、義昭が承認して袖判を捺した永禄十二年正月十四日付「室町幕府殿中掟」に着目したい。この「殿中掟」の対象として、御部屋衆・定詰衆・同朋・御供衆・申次・惣番・奉行衆等が記されている。つまり、かれらが幕府の実務を担うものとされ、このときの実働人員だったといえる。具体的な個人名・職名については、公卿の山科言継が記した日記『言継卿記』(11)と、幕府奉行人連署奉書などによって確認することができ[12]、かれらによって畿内を中心とした幕政が運営されていた。義昭の将軍職就任から天正元年七月に信長によって京都を追放されるまで、活動が確認できる幕臣は延べ人数で約百五十名にのぼる[13]。

その構成としては、①和田惟政・細川藤孝・明智光秀などの義昭が上洛する以前から供奉していた者、②摂津の池田勝正・伊丹親興、河内の畠山高政・三好義継、大和の松永久秀などの義昭の上洛以前から畿内周辺で「国」規模で領域支配をしていた者、③諏訪晴長・三淵藤英[14]などの義昭以前からの幕臣、に大別することができる。義昭政権は、義昭以前からの幕臣が多数おり、義晴・義輝・義栄・義昭の四代の将軍の幕臣によって構成されていた。

幕政について、幕府の奉行人連署奉書は、管見の限りで約百五十点確認された。その内訳は、禁制、所領安堵、課役免除、諸役免除、相論裁許、和平調停、徳政・夫役免除、山林安堵、公事免除、地子銭免除など多岐に渡っており、奉行人がこれら諸事の案件を処理していたことが確認できる。

次に、幕府権力を支える軍事動員権について考えてみたい。義昭は上洛後、山城は山岡景友、摂津は池田勝正・伊丹親興・和田惟政、大和は松永久秀、河内は畠山高政・三好義継らをそれぞれ守護に補任したとされる[15]。かれらは、三好勢との抗争の際に義昭の軍事動員に応じていることから、幕府の軍隊として捉えることが可能であり、畿内の軍事力は義昭が掌握していたといえる[16]。義昭は畿内周辺のこれら「大名[17]」に領域支配権を安堵することによって、畿内近国を領域的に支配することを実現化させていた。

次に、幕府を支える財政基盤について検討しよう。義昭期の幕府御料所の所在については奥野高広氏が、丹波国桐野河内村半分・同国保津保半分・同国保津保毘沙門村集慶分半分・水尾村半分、摂津国溝杭村地頭名半分、越中国大田保、加賀国四郡、肥後国人吉、周防国徳地村、美作国久世保、大森銀山等があったことを明らかにしている[18]。このほか、元亀末年に発せられた信長の義昭への「十七ヵ条の異見書」から、若狭国安賀庄が御料所であったことが確認できる[19]。この御料所の特質としては、現在これらの所在を伝える史料がいずれも毛利氏、相良氏、本願寺[20]などといった義昭と誼を通じている勢力の領国において確認できることにある。これらは遠隔地であることから、その地域の支配者に管理を委ねていたと考えられる。また幕府は寺社領の没収を行っていたことが確認でき[21]、こういった形で御料所を拡大し得ることが可能であったことがうかがえる。

次に、御料所からの収納のほかに、財源として考えられる諸々の税について考察する。幕府の財源として関銭の徴収があり、永禄十一年十一月九日付で義昭は石清水八幡宮に神判の御教書を発給し、燈油料荏胡麻油の諸関渡津料・諸業課役を文和元年十一月以来の「御判之旨」に任せて免除している[22]。このことから、諸関渡津料の免除を受けていないものから関銭を徴収し、一方で免除権獲得のために礼銭や礼物が幕府に納められていたことが想定される。幕府の権力基盤である京都は商工業の中心地であったことが知られているが、幕府はこれらの商工業者にも諸々の税を課していた。その一例として塩公事銭があり[23]、さらに他の税として餅商川端道喜に地子銭以下の諸公事を免除していることが確認できる[24]。

一方、座に対しては商売安堵[25]、臨時の課役等[26]を免除している。また、永禄十二年に将軍御所造営のための殿料を諸国に課し[27]、元亀元年十一月に鋤・鍬に課税していることから[28]、臨時の課役も主要な財源であったといえる。これらのことから、幕府は主に畿内において関銭・地子銭・商工業者権益の掌握と、特権・免除権付与に際しての礼銭・礼物等を財源としていたと考えられる。

以上、義昭政権の人的構成・軍事動員権・財政基盤について考察してきた。義昭政権は人的構成・機能の幕府機構を整備し、御料所の再興や、さらに都市「京都」の商工業権益・地子銭等を掌握していることから、当該期の幕府は再興されていたといえる[29]。また、畿内周辺の「大名」の掌握は、それによって軍事動員と在地の掌握が可能となることから、幕府の権威を支えるものだったと捉えられる。これらのことから、義昭政権の実態は京都を中心とした畿内を掌握して、それを権力基盤とした「畿内型」の中央政権として機能していたといえる。

2. 義昭政権の政治的機能

ここでは義昭政権の政治的機能について、京都における支配の実態を検討する。先に義昭政権によって発給された奉行人連署奉書の内容は、所領安堵・諸役免除・相論裁許・和平調停など多岐にわたっていたことを指摘した。現在確認できる奉行人連署奉書のうち、点数が最も多いのは所領安堵に関わるものである。この安堵は、幕府奉行人に取次を依頼して行われていた。ここで京都の寺社領における安堵の事例を検証したい。

大原野神社は、義昭が将軍に補任された直後の永禄十一年十一月四日付で幕府奉行人（松田頼隆・諏訪俊郷）連署奉書で社領を安堵された[30]。この奉書には一色秋成と松田頼隆それぞれの副状が付されており[31]、頼隆の書状には「就当社領之儀、御申候通、自一三《（一色三郎秋成）》承候間、則令披露、被成御下知候」とあることから、秋成が大原野神社からの申し出を取り次ぎ、義昭に披露されたことが確認できる。その際には、秋成の書状に「光源院《（足利義輝）》殿様御代迄、御知行旨、具申分、御下知相調進之候」とあることから、大原野神社は足利義輝の代まで知行していたことを幕府へ申告し、それを基に義昭が社領を安堵したことが確認できる。以上のことから、安堵は申請者が幕府奉行人に当知行を証明する証文を提出（あるいは申告）し、それが義昭に披露されて、認定されることによってなされていたといえる。

このような安堵の手続きは、相論裁許の場合も同様に行われた。永圓寺は永禄十一年十二月二十九日付で幕府奉行人（摂津晴門・諏訪晴長）連署奉書によって、違乱の停止と寺領を安堵された[32]。ここでは、永圓寺が寺領を違乱されたことを幕府に訴え出て、その際に天文十七年の安堵の証文を提出した。幕府では証文の理非を糺した上で、奉書が発給された。このほか、永禄十二年十一月二十九日付で山城大雲寺に普門寺供僧職を安堵した奉行人（飯尾昭連・永井盛就）連署奉書には「所詮任請文旨、被成奉書訖」とあることから、請文の内容を審議して奉書が発給される場合もあった(33)。

以上のような裁許の過程を具体的に示す例として、法金剛院領における違乱停止に関する裁許を検討したい。法金剛院は、永禄十一年十二月二十一日に幕府奉行人（飯尾盛就・飯尾為忠）連署奉書によって寺領を安堵された(34)。これを二階堂中務大輔が違乱したことから、（永禄十二年）十一月十三日付で証文を基に、「任下知旨」せて飯川信堅と曾我助乗が奉書によって再度寺領を安堵した(35)。これとともに、織田信長の奉行人木下祐久が同日付けで副状を発給した(36)。ここには、「御代々御下知数通之證文之上」とあることから代々の安堵状と数通の証文を基に安堵されたこと、「於殿中、飯川肥後守殿、曾我兵庫頭殿を、被聞召分候事」とあることから裁許が殿中で行われたこと、信堅・助乗が義昭に上聞し、安堵されたことが確認できる。

しかし、訴訟を受理しない例が『言継』元亀元年三月二十日条に記されている。二条晴良が勧修寺晴右の家領であった加賀国井家荘を押領した。晴右の愁訴により、晴良の押妨を停めるよう女房奉書が出された。これに対して義昭は、「江州ニ御座之間、勧修寺ハ富田之武家（足利義栄）之儀、別而馳走、御所存之外也、二條殿ハ被捨御身体、越州ニ御下向、殊御元服以下之事、御馳走之間、不立入理非儀也」と回答する。晴右は、足利義輝暗殺の「永禄の政変」後に義昭が南都から近江に逃れていたときには、「富田之武家」＝「堺公方」の義栄に協力的で、対して晴良は義昭の元服に際して身を捨ててまでも越前に下向したことにより自分に功があったため、裁許することができないと回答した。証文を基にすれば勧修寺家の当知行地であることは明白だが、義昭は私情により恣意的に裁許を行わなかった。

以上の検討から、義昭政権は政治的機能を再興させ、京都の寺社や公家などから所領安堵や違乱された時には相論の裁許を提訴されており、幕府では殿中において提出された証文や請文を基に審議する。そして、義昭の裁決を得て奉行人奉書を発給し、京都の秩序安定に努めていた。幕府の安堵は、受給者にとって支配の拠り所として当知行の証判となることから、奉行人奉書を求めたことが考えられる。以上により、幕府の機構は機能していたといえる(37)。

3. 義昭政権と信長政権との関係

ここでは、京都において信長の文書も幕府の奉行人奉書と並行して発給されていることから、信長政権の京都支配について考察し、幕府との二重政権構造について検討する。

京都において政治に関する信長の文書が出されるのは、上洛してまもなくの永禄十一年十月九日に幕府奉行人連署奉書とともに御室門跡雑掌（仁和寺）に宛てて出されている。

〔史料1〕山城仁和寺宛て室町幕府奉行人連署奉書・織田信長朱印状（「仁和寺文書」『信長文書』一二四号）

①当御門跡領所々散在・同境内等事、任当知行之旨、弥可令全領知給之由、被仰出候也、仍執達如件、

永禄十一
十月九日　　秀雄《松田》（花押）
　　　　　　頼隆《松田》（花押）
御室御門跡雑掌

②当御門跡領所々散在・同境内等事、被任御下知之旨、御領知不可有相違之状如件、

永禄十一
十月九日　　弾正忠
　　　　　　信長（朱印）
御室御門跡雑掌
成多喜御房

史料1①は、義昭上洛後、最も早い時期における義昭政権の奉行人奉書である。ここに記された「被仰出」は言うまでもなく義昭を指し、仁和寺が幕府から寺領の安堵をうけたものである。②は同趣旨の信長の発給文書であるが、「被任御下知之旨」とあることから義昭の下知を承けて出されており、①の副状としての性格を有する形で出されたものである。この他にも京都における信長発給文書の多くは「任御下知之旨」となっており、奉行人連署奉書の副状として発給されており、義昭政権と信長政権による二重の安堵が行われていた(38)。

このような二重の安堵は、申請者の要請によるものであることが大原野神社の事例で確認できる。大原野神社の神主式部大輔は、永禄十一年十一月四日に幕府より奉行人連署奉書を得て社領を安堵された。しかし、これだけでは不安を感じたのか、ついで翌年四月十九日に信長から社領安堵の朱印状を得ている(39)。これは、幕府から安堵を得た半年後のことであり、信長の文書中に「任御下知之旨」とあることから、幕府の安堵に基づいて信長が朱印状を発給したことが確認できる。信長による再安堵の多くは、将軍の意志を汲んだ「朱印」の直状によってなされており、文書形式の点から従来の管領・山城守護にない信長の独自性がうかがわれる(補註1)。以上のことから、安堵がなされる場合には幕府から安堵がなされ、その「御下知之旨」に任せて信長の安堵状が発給されたこと、または幕府によって安堵された後に、受給者がさらに信長に安堵を求めたことで二重の安堵がなされていたことがわかる。

しかし、このような二重の安堵は、幕府よりも先に信長によってなされる場合もあった。元亀二年七月、曇華院領山城国大住荘について信長は、「御下知等明白」なため当知行として安堵し、直務支配とした(40)。ここでは「我等執申たる事」とあることから、信長が曇華院からの訴えを請けて、幕府よりも先に寺領を安堵していることがうかがわれる。しかし、その後、直務の院領に幕府は給人を付けた。信長は七月十九日付けの朱印状で幕府と相違があっては「外聞も如何」であることから、自らの判決と齟齬がないように上野秀政と三淵藤英を通して義昭へ通達した(41)。以上のことから、信長から義昭へ当知行により直務支配の安堵をしたことを通達していることが確認できる。信長の判決は当知行に基づいていることから、その決定を幕府も覆すことができなかったものと考えられ、信長の「執申」を承けて幕府においても一定の手続きを経て安堵の奉書が出されたと考えられる。このように信長の安堵の論拠は当知行で、幕府とは別に信長政権側で独自に当知行の調査を行って、理非を糺していた。

では次に、訴訟が信長の在城する岐阜へ持ち込まれた場合の信長の対応・認識について検討する。公家の山科言継は、御料所丹波新屋の貢租進納を斡旋するよう信長に依頼するため美濃へ下向した(42)。これに対して信長は、「京之（事脱カ）存間敷」と回答する。言継は翌日も交渉するが、信長はこの度の訴訟は勅使として来たのか、言継個人の用件で来たのかを尋ねた。言継は自分の訴訟であることを返答すると、さらにその翌日に信長は「只今者京面之儀、万事不存之間、春過上洛之刻、知行分可申付之、先其刻迄可堪忍之由」と返答する。このことから、信長は美濃にいる間は朝廷の勅使は別として、京都からの私の訴訟は受け付けない姿勢であることがうかがわれる。また、言継が率分銭の事に関して、上洛して妙覚寺にいる信長の許へ交渉に赴いた時には「織田弾正忠所へ罷向、烏丸一品（光康）、同弁（光宣）、万里小路（惟房）、同黄門（輔房）、予等也、各訴訟共也」とあることから裁許に応じており、同時に他の公家も訴訟に出向いていた(43)。

信長政権は幕府とは別に裁許を行っているが、これは実際に在地を支配する信長政権の奉行人によっても行われていた。織田家奉行人はどのような政治的役割を担っていたのかを、次の東寺への寺領安堵の事例から検討したい。

〔史料3〕東寺領上久世名衆（主カ）百性（姓）中宛木下秀吉書状写「東寺百合文書」（『大日本史料』十編之四、元亀元年八月十九日条、七三五頁）

就東寺領之儀、先度信長被出朱印候間、彼寺へ可致納所由、則折帋進候処、寄事双于今無沙汰由、不可然候、年貢諸成物等、如有来候、可寺納候、若於難渋者、可令鑓（譴）責候、為其折帋進候、恐々謹言、

元亀元　　　　木下藤吉郎
八月十九日　　　　秀吉

東寺領上久世
名衆（主カ）百性（姓）中

東寺は年貢を難渋している在地に対して、信長の部将である秀吉に信長の朱印状を証文として提示し、[44]進納を催促した。秀吉は東寺側の訴えに応じて、「若於難渋者、可令鑓（譴）責」とあることから、難渋に対して譴責することを通達している。このことから、領主は武力を背景とする譴責を信長政権に期待し、在地に年貢の進納を督促したものと解することができる。史料3には「下知」文言がなく、幕府奉行人奉書も出されておらず、「先度信長被出朱印」とあることから、秀吉は信長の朱印状を基に独自に裁許していることが確認できる。そのため、信長政権の奉行人は当知行の調査を行い、場合によっては在地に譴責使を派遣し、在地の秩序安定を図っていたといえる[45]。

この織田政権の奉行人による裁許には、誤判定もあった。元亀元年六月、永圓寺は違乱をうけたため、幕府に裁許を求めた。永圓寺は天文十七年に下知状を得ており、当知行は紛れなかったことから、永圓寺が勝訴した。その違乱した側は、「今度相語村井以下、雖被違乱」とあることから、信長政権の奉行人村井貞勝に語らって違乱しており、自己の支配を証明する偽文書か請文を提出し、貞勝から安堵を得て、これを基に違乱に及んだと考えられる[46]。

以上のことから、信長政権は京都において、安堵・裁許の要請に応じて当知行の審議を行い、当知行に基づいて室町幕府とは別に安堵や裁許を行っていた。それは、実際に在地支配を担当する織田家奉行人によっても行われていた。領主は義昭の下知状では支配の証文となるが違乱を防止することができないため、信長政権の奉行人が譴責使を入れることによって年貢進納や違乱停止を実現することができ、その効果を期待して信長政権にも安堵を求めたことが考えられる。このことは、一方の幕府奉行人奉書にこのような文言がないこともその証左といえる。

おわりに

以上、京都における足利義昭政権と織田信長政権との関係を、それぞれの政権の支配の実態を考察することによって検討してきた。義昭政権は幕府の機構を再興して畿内の軍事動員権を掌握し、また諸国に御内書を発給するなど将軍権力を再興させた。幕府の奉行人奉書は当知行の証文となるため、領主はこれを積極的に求めた。幕府は案件の処理を、奉行人を駆使して行っていたと考えられる。そのため、公家や寺社などの領主は幕府へ裁許を求めており、幕府の権威を支配と安全の保証として期待したものと捉えられる。このことから、政策決定や機能の面から見ると義昭政権は、信長政権の〝傀儡〟とは必ずしも言い切れず、幕府の機構は機能していたことが明らかとなった。

一方で、信長政権にも領主から裁許や安堵が求められており、信長は幕府とは別にこれらを審議して幕府に先んじて信長「朱印状」などの文書を発給した。その際の論拠としては、当知行に基づいて安堵・相論裁許がなされていた。これらは現地にいて在地支配を担当する織田家奉行人によってもなされており、さらに奉行人は譴責使を派遣するなど在地の秩序安定に努めていた。義昭政権と信長政権のどちらに安堵を求めるかは領主の判断で、両政権とも証文の調査を行い、当知行の原則に基づいて安堵している。そのため、領主の支配権安堵に際して齟齬はなかったと考えられる。その場合、義昭政権と信長政権は別々に機能しており、先に裁許をした場合や家臣が違乱した場合には相手方に通達し、違乱の停止を要求し合っていることから対立的ではなく、義昭政権と信長政権との関係は相互補完的であるといえる。

しかし、義昭は永禄十三年正月の「五ヵ条の条書」以降も信長の承認なしに諸国に御内書を発給し、信長との取り決めを一方的に破るなど、将軍権力の専制化を図った[47]。また、その一方で訴訟において恣意的に提訴を受理しないことがあったり、幕臣が寺領などを違乱していることなどから、信長から領主としての安全保護・治安秩序の安定の欠如として叱責をうけ、このことも対立の一因となったことが想定される(48)。

小稿では、京都の都市支配に重点を絞って「二重政権」について検討を行った。信長政権の当該期の京都支配について、脇田修氏は将軍を傀儡化した間接統治であったと結論付けた(49)。また、今谷明氏は管領や山城守護などの幕府成員として京都支配を行った、信長上洛以前の細川政権―三好政権と同様に間接統治であったと結論付けた(50)。しかし、以上の検討から、信長は幕府の役職に就かず独自の立場で京都支配を行っていたことから、両者の関係は対立や間接的ではなく、補完し合う複合的な〝連合政権〟であったといえる。義昭の将軍権力自体の問題や、幕府内の具体的な訴訟手続きについては詳論できなかった。今後の検討課題としたい(補註2)。

註

（1）室町幕府と織田政権との関係についての論説は、諸書の通史・概説書などで述べられており膨大な研究がある。三鬼清一郎編『織田・豊臣政権文献目録』（名古屋大学文学部日本史研究室、一九九九年三月）を参照されたい。両者の関係を論じた専論として、渡辺世祐「足利義昭と織田信長との関係に就いての研究」（『史学雑誌』二二―一、一九一一年）、藤木久志「織田信長の政治的地位について」（同『戦国大名の権力構造』吉川弘文館、一九八七年。初出一九七七年）、脇田修「織田政権と室町幕府」（同『近世封建制成立史論』東京大学出版会、一九七七年。初出一九七五年）、臼井進「室町幕府と織田政権の関係について―足利義昭宛の条書を素材として」（『史叢』五四・五五合併号、一九八五年）、石崎健治「足利義昭期室町幕府奉行人奉書と織田信長朱印状の関係について」（金沢学院大学美術文化部文化財学科年報『文化財論考』創刊号、二〇〇一年）、神田千里「織田政権の支配の論理」（同『戦国時代の自力と秩序』吉川弘文館、二〇一三年。初出二〇〇二年）などがある。「二重政権」は、「二頭政治」などとも表現されるが、ここでは「二重政権」と表記する。

このうち渡辺・臼井両氏の論文は、拙編著『足利義昭』（シリーズ・室町幕府の研究2、戎光祥出版、二〇一五年）に再録されている。

（2）近年の成果として、池上裕子『織豊政権と江戸幕府』（講談社、二〇〇二年）がある。池上氏は、義昭の立場を「手足を縛られたも同然で、飼い殺しの状態になっていく」とし、それへ反発したとされる。

（3）「仁和寺文書」奥野高広『増訂織田信長文書の研究』（吉川弘文館、一九八八年）第一四二号文書（以下、同書よりの引用は『信文』と略記し、文書番号を付す)。
(4) 「成簣堂文庫所蔵文書」『信文』二〇九号。
(5) 立花京子『信長権力と朝廷』(岩田書院、第二版、二〇〇二年)。立花氏は、信長は将軍と同等の権限を獲得したとし、幕府・朝廷を強圧したと論じた(初出一九九七年)。
(6) 特に足利義晴政権の研究が活況を呈しており、設楽薫「将軍足利義晴の政務決済と『内談衆』」(『年報中世史研究』二〇、一九九五年)や山田康弘『戦国期室町幕府と将軍』(吉川弘文館、二〇〇〇年)などの研究がある。訴訟制度や側近の活動などの検討から、戦国期においても幕府は厳然と機能していたとする。設楽氏の論文は、木下昌規編著『足利義晴』(シリーズ・室町幕府の研究3、戎光祥出版、二〇一七年)に再録されている。
(7) 奥野高広『足利義昭』(吉川弘文館、一九九〇年。初版、一九六〇年)。
(8) 奥野氏註(7)前掲書で、義昭政権を「傀儡政権」と表現している(一五八頁)。
(9) 神田千里氏は、註(1)前掲論文で「天下」について検討し、①将軍が体現し、将軍が主宰して秩序維持をはかっている領域、②京都、③戦国大名らの支配する「国」とは棲分けられた領域(京都・畿内)、④「輿論」を形成する公的な場であることを明らかにした。小稿では神田氏の指摘を踏まえるが、「移行期都市支配」を主題とする関係上、このうち特に②の「京都」を中心として論じることとする。
(10) 註(1)脇田氏前掲書、二四三頁。
(11) 『言継卿記』(続群書類従完成会、一九六七年)。以下、同書よりの引用は、『言継』と略記する。
(12) 義昭政権の幕府奉行人連署奉書は、『大日本史料』第十編之一〜十八(東京大学出版会。以下、『大日史』十―〇と略記する)と『信長文書』に収採されている。本書第Ⅰ部第一章に目録を附したので、参照願いたい。
(13) 今谷明『言継卿記』(そしえて、一九八〇年)。巻末に『言継』武家人名索引が附されている。本書第Ⅰ部第一章に一覧表を附したので、参照願いたい。
(14) 詳細は、金子拓「室町幕府最末期の奉公衆三淵藤英」(同『織田信長権力論』吉川弘文館、二〇一五年。初出二〇〇二年)を参照されたい。
(15) 註(1)脇田氏前掲書に詳述されている(二四七頁)。
(16) 『細川両家記』に、三好勢との抗争に際して細川藤孝・和田惟政・三淵藤英・上野秀政・伊丹親興・曾我乗助・池田勝正等が幕府軍として出陣していることが記されている。また、元亀三（一五七二）年正月に、信長は幕府軍の軍事動員を義昭に要請している（「前田家所蔵文書」『大日史』十―九、二八頁。『信文』三〇八号）。

(17)『言継』永禄十三年五月五日条に、「大名畠山尾張守（高政）、三好左京大夫（義継）」とある。

(18) 註（7）前掲書、一四三頁。

(19)「尋憲記」元亀四年二月二十二日条、『信文』三四〇号。奥野氏は御料所であることを指摘している（『信文』上巻、五七二頁）。

(20) 奥野氏は註（7）前掲書で、毛利氏は永禄十二年正月に周防国徳地村を御料所として進上、相良氏は元亀元年二月二十八日に上野豪為が黄金七十両の礼状を送っている、本願寺は永禄十二年四月五日に越中太田保の還附を命じている、ことなどを明らかにしている（一四四頁）。

(21)『言継』元亀二年十一月二日条によると、幕府は平野社領を押収し、幕臣の佐分玄蕃助に与えようとした。これに対して平野社務の吉田兼興は、女房奉書の発給を朝廷へ願い出た。翌三日に奉書が出され、社領の還附の勅が幕府へ発せられた。これを受けた幕府は、平野社（兼興）の非儀として、下知に背いたので兼興を成敗する意向を示した。この一件から、幕府は非儀を理由として社領を収公し得る権限があったといえる。

(22)「離宮八幡宮文書」（『大日史』十―一、二八一頁）。

(23)「光源院文書」（『大日史』十―一、九五九頁）。

(24)「川端道喜文書」（『大日史』十―一〇、一〇頁）。

(25)「狩野亨吉氏蒐集文書」（『大日史』十―一〇、三一三頁）。

(26)「金蔵寺文書」（『大日史』十―一、二九二頁）。

(27)「伊達家文書」（『大日史』十―二、七一七頁）。

(28)「大雲山誌稿」（『大日史』十―五、九六一頁）。

(29) この他、将軍義昭の施政として特徴的なものに、和平調停の御内書発給が挙げられる。義昭は大友氏・大内氏・毛利氏の豊芸調停と上杉氏・武田氏の甲越調停に御内書を発給している。豊芸調停は、「吉川家文書」（『大日史』十―一、七九一頁）など、甲越調停は、「上杉家文書」（『大日史』十―二、一九二頁）がある。この和平調停は、義輝の政策を継承したものと捉えられる。義輝の和平調停については、宮本義己「足利将軍義輝の芸・雲和平調停」（『政治経済史学』一〇二・一〇三、一九七四年）、同「足利将軍義輝の芸・雲和平調停―戦国期末期に於ける室町幕政」（『国学院大学大学院紀要』六、一九七五年）に詳細に論じられている（ともに、木下昌規編著『足利義輝』〈シリーズ・室町幕府の研究4、戎光祥出版、二〇一八年〉に再録されている）。
(30)「大原野神社文書」（『大日史』十―一、二六五頁）。
(31)「大原野神社文書」（『大日史』十―一、二六六頁）。
(32)「国上寺文書」（『大日史』十―一、五二五頁）。
(33)「実相院文書」（『大日史』十―三、六二三頁）。
(34)「法金剛院文書」（『大日史』十―一、四九四頁）。
(35)「法金剛院文書」（『大日史』十―三、五六五頁）。
(36)「法金剛院文書」（『大日史』十―三、五六五頁）。木下祐久については、谷口克広『織田信長家臣人名辞典』（吉川弘文館、一九九五年）を参照されたい。
(37) 義晴政権においては、京都の寺社や公家の訴訟を「政所沙汰」「御前沙汰」などによって処理されていたことが明らかにされている（註〈6〉山田氏前掲書参照）。小稿では、具体的なシステムについて詳細に検討することができなかったが、義昭政権においても一定の手続きを得て案件が処理されていることから、義晴政権との連続性を見出し得る。
(38) 石崎健治氏は註（1）前掲論文で、信長文書を「併行型添状」とし、将軍の政治的権威を奉戴したものであると提起した。
(39)「大原野神社文書」（『大日史』十―一、二六六頁）。
(40)「曇華院文書」（『大日史』十―六、五九五頁）。
(41)「曇華院文書」（『大日史』十―六、五九五頁）。ここでは「一色式部少輔懸組之趣候間、御糺明之上、道理之旨を以、御寺より御直務ニ落着候」とあることから、違乱したのは幕臣の一色藤長であることがわかる。
(42)『言継』永禄十二年十一月十二日条。この経過は『大日史』十―三、五五三頁にまとめられている。
(43)『言継』永禄十二年四月十三日条。これについての経過は『大日史』十―二、一二頁にまとめられている。烏丸は摂津の事、万里小路は禁裏御料所である山国荘と細川等の事で訴訟に訪れていた（十五日に、決着）。また、同十五日には若狭・丹波・摂津衆が数多訪れており、公事が取り乱れていた。このうち、禁裏御料所山国荘の争論は、宇津頼重が押領していた。御料所は直務とし、宇津に違乱停止を申し渡した。「立入家所持記」（『大日史』十―二、四一三頁）。
(44) 東寺は、永禄十二年四月二十一日（「東寺百合文書」『大日史』十―二、四三六頁。『信文』一七七号）と、同年閏五月二三日（「東寺文書」『信文』一八三号）の二度、信長から寺領を安堵されている。

(45) 織田家奉行人の譴責については、先に紹介した元亀二年十一月の平野社領をめぐる相論で、吉田兼興が「以濃州衆令責譴《（ママ）》事曲事」とあることから、信長の家臣によって譴責したことがうかがわれる（『言継』元亀二年十一月二日条）。

(46) 「国上寺文書」（『大日史』十―四、五一九頁）。このような信長政権の奉行人が関わった違乱は、幕府によって糺明されている。元亀二年十二月に明智光秀が三門跡領を違乱した際には、朝廷から幕府をして信長へ寺領を還付するよう女房奉書が出された（『言継』同年十二月十日条）。光秀はこの後、義昭に対して恭順の意志を表している（「神田孝平氏所蔵文書」『大日史』十―七、一九六頁）。

(47) この経過については、註（7）奥野氏前掲書、一八四頁以降に詳しい。

(48) 領主の危機管理については、藤木久志「領主の危機管理――領主の存在理由を問う」（『戦国史を見る目』校倉書房、一九九五年）に述べられている。

(49) 註（1）前掲書、二六一頁。

(50) 註（13）前掲書、二七七頁。

（補註1） 信長朱印状の文書の様式と機能から、三鬼清一郎氏は事実上は副将軍だったとし（同「織田政権の権力構造」『織豊期の国家と秩序』青史出版、二〇一二年。初出一九八一年）、山田康弘氏は実質的に山城守護だった可能性を指摘した（同「戦国期幕府奉行人奉書と信長朱印状」拙編著『足利義昭』戎光祥出版、二〇一五年。初出二〇〇八年）。また、石崎健治氏は信長朱印状を、幕府奉行人奉書と併行して発給されて奉書に添えられる「併行型添状」と位置付けた（同「足利義昭期室町幕府奉行人奉書と織田信長朱印状の関係について」金沢学院大学美術文化財学科年報『文化財論集』創刊号、二〇〇一年）。これらの点については、本書第Ⅱ部第一章で詳論した。

（補註2） 本章の元論文である拙稿「足利義昭政権と織田政権」（拙編著『足利義昭』戎光祥出版、二〇一五年。初出二〇〇三年）を著してから、本書第Ⅰ部第一章の論文（初出二〇〇三年）と本書第Ⅱ部第二章の論文（初出二〇一六年）を著して、義昭政権における訴訟手続きと相論裁許の過程を明らかにした。また、次章（第Ⅰ部第三章、新稿）で具体的に検討した。

第三章　足利義昭政権における相論裁許と義昭の「失政」

――伊勢神宮禰宜職相論の検討を中心として

はじめに

足利義昭は永禄十一年（一五六八）十月十八日に征夷大将軍に就任すると、旧来の幕臣を多く登用するなどして幕府を再興させて政治を行った(1)。幕府には所領安堵・特権免許・諸役免除や相論裁許などの案件が提訴され、幕府はそれらを裁決して政務を執り行った。幕府の意志決定方法は、案件を将軍が主宰して議決する「御前沙汰」と、政所で奉行人が合議によって裁決する「政所沙汰」による議決の二つの方法があった(2)。小稿では、主として前者に関わる義昭による意思決定について検討するものである。

元亀元年（一五七〇）末に伊勢神宮の禰宜が闕職となったことによって闕替職が行われ、翌年七月に朝廷でこの禰宜職をめぐる相論裁許が行われた。この相論については、神田裕理氏によって相論の経過と関白二条晴良を中心とした朝廷での裁許が具体的に検討されている(3)。しかし、ここでは幕府における意思決定過程については詳論されていない。そこで、小稿ではこの相論に幕府がどのように関わったのかを中心に考察を加え、幕府での裁許の事例を検討することで義昭政権における将軍直裁の意志決定と、織田信長が「異見十七ヵ条(4)」で非難した義昭の政治姿勢を明らかにすることを目的としている。なお、相論の経過は東京大学史料編纂所刊『大日本史料』（第十編之六、元亀二年七月十日条）にまとめられている。ここでの検討・引用史料は同書に拠った。適宜、参照願いたい。

1. 伊勢神宮禰宜職相論

元亀元年の末、伊勢神宮の三の禰宜松木房彦が死去したことで禰宜が闕職となったため、十二月二十九日に公家の柳原資定を神宮伝奏として闕替職が行われた。資定は、朝廷の女御勾当内侍に宛てて外宮の「十神主」度会貞幸を禰宜候補として推挙する書状を出し、朝廷へ奏上した。朝廷ではこれを請けて、翌年正月十四日に貞幸を禰宜職に補任することに決し、前年の十二月二十九日に日付を遡及させて口宣案が発給された。[5] ところがこれに対して、神宮側では「不用口宣無判禰宜等之事」（「東山御文庫」甲百二『大日史』⑥六〇四頁）とあることから、禰宜の判形がない朝廷からの一方的な補任であるとして、度会家松木党の松木貴彦・正彦・完彦・朝直・辰彦の五人と「祭主」の藤波康忠が松木堯彦を推挙する異議を申し立てた。このように、相論は神宮では度会貞幸を推す度会家と松木堯彦を推す松木党との争いだったが、朝廷ではそれぞれを推挙した伝奏の資定と「祭主」康忠との間で争われることとなった。

では、この相論に幕府はどのように関与したのだろうか。闕替職が行われる際には、朝廷から神宮との取り次ぎ役となる神宮伝奏が任命され、伝奏は神宮からの誰を推挙するのかの申し出を朝廷に奏上し、それを朝廷で審議して禰宜が補任されていた。本件では、この伝奏が『御湯殿上日記』元亀元年十二月二十九日条に「いせ《伊勢》のねきかハり《禰宜替》に「」もと〳〵《元々》よりしつそう《執奏》のよし、日野一位《柳原資定》におほせつけ《仰せ付け》られるへきよし、ふけ《武家》より申、御心えのよし文いつる」とあることから「武家」足利義昭からの推挙によって補任されており、幕府は闕替職の発端から関与していた。

〔史料1〕勾当内侍宛て柳原資定書状（「京都御所東山御文庫記録」甲百二『大日本史料』第十編之六、六〇二頁）

　　闕替職事　　　　資定《柳原》状

神宮外宮の三のねき《禰宜》けつたい《闕替》の事、わたらい《度会貞幸》のさたゆきに仰せつけられ候やうニと、ふけ《武家》よりとり《執》申され候、津《（摂津摂津守晴門）》のかミ一通まいり《（参）》候、このよしきと《（急度）》御ひろう《（披露）》候て、御事に仰せくた《（下）》され候へく候、かしく、

すけ定

勾当内侍との、御局へ

この史料から、貞幸の推挙は義昭から朝廷へ「執申」されており、それは幕府政所頭人の摂津晴門からの書状で行われたことが確認できる。[6]しかし、この推挙は「菊亭文書」（十四）に所収されている朝廷の女御長橋局宛て資定書状に、「これハいなは《（稲葉）》のいよのかミ《（伊予守一鉄）》申候につきて、わたらへ《（度会）》□□《（貞幸カ）》に仰つけられたきよし、ふけ《（武家）》よりとり《（執）》申され候」（『大日史』⑥六〇七頁）とあることから、神田氏は触れられていないが、実は織田信長の家臣である稲葉一鉄から幕府に要請された推挙だった。幕府では、評定の際に案件を披露した奉行人が担当奉行となって文書が発給されることから（拙稿b）、貞幸は織田権力を後ろ盾とすべく一鉄に働きかけ、一鉄から晴門に推挙され、晴門が義昭に披露したと考えられる。晴門が関与していることから、実際には「政所沙汰」にて裁決された案件が義昭に披露されて裁可された可能性も想定し得るが、いずれにしても幕府は一鉄からの要請を受け入れて貞幸・資定を支持していた。

ところが、これに神宮の「祭主」藤波康忠が、禰宜は松木堯彦がなるのが「筋目」であると異議を唱えた。神宮側の手続きとしては禰宜側から推挙して口宣案が下されて、これに祭主の副状が添えられるのが先例である。しかし、このたびはその手続きを経ないで朝廷から伝奏によって一方的に下されたので、これは貞幸の「申掠」した「非例」であると強く非難した。[7]この反駁をうけて義昭は、貞幸推挙を撤回して堯彦を推挙する決定を下すこととなった。

〔史料2〕伊勢神宮宮司宛て藤波康忠書状（「東山御文庫」甲八十二『大日本史料』第十編之六、六〇五頁）

猶々、朽木弥十郎《（輝孝）》殿以一札旨申下候間、可被成其心得候、

今度禰宜職就非例之儀、注進先以本望候、弥上意無御別儀儀、堯彦可申付由候間、被成其心得候、殊伝奏、摂津守《（摂津晴門）》殿可有御成敗之由、堅被仰出候、令存其趣、引付等之儀不可在之候、両宮禰宜中江、此等之旨可有下知候、委細山崎可申候間、不能一二候、恐々謹言、

二月十日　康忠判

宮司殿　祭主権大副

これによると、幕府の奉公衆朽木輝孝[8]から「弥上意無御別儀、堯彦可申付由候」と、義昭の「上意」は「無御別儀」これまで通り堯彦を推挙することに決し、さらに「殊伝奏、摂津守殿可有御成敗之由、堅被仰出候」と、先の貞幸の補任に関与した伝奏の資定と幕府の晴門を成敗する裁定をしたことが確認できる。ここには、堯彦推挙は「無御別儀」とあるが、実際には義昭は史料1の通りそれまでは貞幸を推挙していたことから、それを覆す決定を下した。康忠はこれを自らの正当性の裏付けとし、ここで神宮大宮司の大中臣満長にこのことを内宮・外宮両宮の禰宜に下知することを求めた。神宮側ではこれを請けて、「口宣併反故之様ニ候、於神宮前代未聞候」とあることから、貞幸の禰宜補任はいったん反故になった（『壬生家四巻之日記』二月二十日条『大日史』⑥六〇六頁）。

このような康忠の動きに対して一方の貞幸側は、度会常真が二月十九日付けで朝廷の小槻朝芳に宛てて、「殊権大副(康忠)殿被伺上意、利運之由、種々書札共候間、大方写進之候」（『壬生家四巻之日記』二月二十日条『大日史』⑥六〇六頁）と、康忠が義昭の「上意」をうかがって康忠の「利運」とした義昭の裁決がなされたこと等、これら一連の経過が記された康忠書状（史料2）の写を提出して「一廉(連)可有御糺明事候哉」と朝廷での裁許を求め、「口宣貞幸頂戴仕」とあらためて朝廷から貞幸を禰宜に補任する口宣案の発給を求めた。

康忠から異議を申し立てられ、義昭からも否定される形になった伝奏の資定は、朝廷の長橋局に次の①②③三通の書状を認めて自身の正当性を主張する。

①一通は、先に紹介した「菊亭文書」（十四）所収の長橋局宛て資定書状（『大日史』⑥六〇七頁）で、このたびの推挙は稲葉一鉄が幕府へ取り次いでなされたことであったと主張する。さらにここで、「昨日こんの大ゆふ(権大輔＝康忠)きたり候ま、、このやう(様)くハし(詳)く「　　」候へハ、かしこ(畏)まり入候よし申候て、ちき(直)に又かの「　　」(非議カ)候て申候事、くせ(曲)事にそんし(存知)

候」と、資定は康忠にこの経過を詳しく説明したことで康忠も一旦は承知したことである。そのため、このことについて異議を申し立てるのは「曲事」であると非難している。

②資定は康忠書状の案文を提出し、「さいしゆ《祭主》事ミふ《未補》にて、ハやく〳〵《早々》しや《社》家へさいしゆ《祭主》とかきくたし《書下》候事」と、康忠はまだ祭主に補せられていないのに、史料3にあるように「祭主」と署名していることは「曲事」であると非難している（「東山御文庫」甲百二『大日史』⑥六〇八頁）。

③資定は義昭から、「ふけ《武家》よりも、すけ定《資定》れうしくせ《聊爾曲》事」と非難されたが、幕府に「ふけ《武家》御しつそう《執奏》のおもむき《趣》、つのかミ一《摂津摂津守晴門》つう《通》のうへ《上》にて、ひろういたし《披露致》候へハ」と、執奏したのは晴門の書状に基づいていることを主張した。これによって「てんそう《伝奏》あやまり《誤》ならぬ事かと仰せのよし」と、責任は晴門にあり資定の誤った行動ではなかったと義昭の「仰せ」により擁護された。このことを朝廷に言上して、自らの正当性を主張した（「東山御文庫」甲百二『大日史』⑥六〇九頁）。

このような資定の弁明を請けて、幕府では「かいかう《開闔》まつたのふせんかミ《松田豊前守頼隆》に申候へハ、大かたふけ《武家》へ申候まゝ、まへ〳〵《前々》のつのかミ一《摂津守晴門》つう《通》、おなし《同》くしる《記》しをき《置》候ものとも、いつれもふけ《武家》の御め《目》にかけ候へよし、ふせんのかミ《豊前守》申候まゝ、御め《目》にかけ候ハん」（「東山御文庫」甲百二『大日史』⑥六〇九頁）とあることから、侍所開闔（長官）の頼隆が晴門やその他の証跡の提出を求めて、義昭の「御目」にかけてあらためて審議されることになった。この動きに対して康忠は史料2の義昭の裁定を論拠として、あらためて自らの正当性を主張する。

〔史料3〕伊勢神宮大宮司・外宮禰宜宛て藤波康忠書状（「東山御文庫」甲八十二『大日本史料』第十編之六、六一〇頁）

急度令啓候、仍禰宜職之儀、公方様堯彦神主仁可被仰付之由相極候之条、近日可被成宣下候、各存其趣、弥貞幸儀不可有許容候、今度非例之儀共、前代未聞候、雖然、存分相調候条満足候、猶雑掌下之時可申候条、不能詳候、恐々謹言、

祭主権大輔（副）
康忠判

卯月十二日

大宮司殿

外宮禰宜中

この史料は神宮の大宮司大中臣満長・外宮禰宜中宛ての康忠書状だが、ここに「公方様堯彦神主仁可被仰付之由相極候」とあることから、「公方様」義昭は堯彦を推挙することに決しており、貞幸の「非例」は「前代未聞」であるため堯彦への補任を促した。

貞幸は当然ながらこれに納得がいかず、再度、伝奏の家司真継久直に働きかけたようである。久直は五月八日付けで、大宮司の満長に貞幸を禰宜に補任するように要請している（「菊亭文書」十五『大日史』⑥六一一頁）。ここでは、「近日稲葉伊予守御代斎藤内蔵亮上洛之間」と、稲葉一鉄から名代として、元は幕府の奉公衆でこのときには一鉄の家臣となっていた斎藤利三（後に明智光秀の重臣となる）が上洛することを伝え、「尚以遅々候ハヽ、一段曲事たるへく候」と織田権力を後ろ盾として早く補任するように圧力をかけている。

これに対して、神宮側の満長は五月十四日付け出水大蔵丞・真継久直宛て書状（「東山御文庫」甲八十二『大日史』⑥六一二頁）で、「従上意様令遂御糺明儀候条、引付可相拘旨、朽木弥十郎殿を以被仰出候之条、不及了見、如此次第候」と、義昭が「御糺明」を遂げるため、神宮での「引付」すなわち裁許を留保することが朽木輝孝から伝えられた。これによって、満長は朝廷に判断を委ね、「伝奏様御書付被成下候者、則可相調候」とあらためて朝廷の神宮伝奏の「書付」を要請している。これを請けて、伝奏側では十九日に、「従伝奏飛脚以使僧」と使僧による飛脚で、「叡慮軽祭主［　］（非議カ）中候義、前代未聞之由被仰下候」と「叡慮」を軽んじているとして「祭主」を非難し、あらためて大宮司の満長に貞幸への補任を催促した（「菊亭文書」十四『大日史』⑥六一二頁）。満長はこの間のやり取りで資定・一鉄と康忠・

義昭との板挟みとなり、「迷惑千万候」「迷惑至極」と慨嘆している（「菊亭文書」十四『大日史』⑥六一二頁）。

このように、この相論は義昭の「御糺明」によって「相極」った幕府の裁定で解決されなかったことから、朝廷では関白の二条晴良を裁定者に任じて、「いかにもけんはう《（憲法）》にたつね《（尋）》きはめ《（究）》られ候」と、今までの経緯を一度白紙に戻してこれまでの慣例に基づいて一から審議されることになった（七月一日付け康忠宛て女房奉書「菊亭文書」十五『大日史』⑥六一三頁）。ここには「二てうとの《（二条殿）》より、くはうさま《（公方様）》へたつね《（尋）》まいらせられ候よし御申候へと、このやう《（様）》やもし《（柳原資定）》へない〳〵《（内々）》御物かたり《（語）》候てしかる《（可然）》へく候」とあることから、まずは晴良が義昭に意見を徴していることが確認できる。これに対して義昭は、「くはうさま《（公方様）》へたつね《（尋）》申され候、御かへり《（返）》事いまた候ハぬ」とあることから、晴良からの尋ねに返答しなかった。朝廷側は「うへさま《（上様）》ニハ、いくゑ《（幾重）》もよくきハめ《（究）》られ候てと、おほしめ《（仰せ示）》され候」とあることから、義昭に重々審議して熟慮するように伝えている様子が確認できる。

朝廷では、当事者の資定と康忠に証文の提出を求め、それに基づいて三問三答による弁論を訊くことが行われた。ここで注目すべき点は、「てんか《（天下＝義昭）》へ仰せあはせられ候ハんするとのゑひりよ《（叡慮）》にて候まゝ、せひ《（是非）》にをよひまいら《（及び参）》せ候」（長橋局宛て資定書状「東山御文庫」甲百二『大日史』⑥六一四頁）と、「叡慮」とあることから正親町天皇は義昭の意見をあらためて徴していることである。これに対して義昭は「おもむき《（趣）》かハり《（変わり）》まいらせ候ハぬ」「すけさた《（資定）》そんふん《（存分）》まきれなき《（紛れ無き）》よし《（由）》、文遣いたされ候」とあることから、これまでの考えと変わらず資定を支持すると伝えている。このことから、朝廷では義昭に再三にわたって意見を尋ねている様子が確認できる。しかし、ここでの義昭の返答は、以前には「御糺明」により禰宜を松木堯彦に補任するのが「利運」とする決定を朽木輝孝を介して康忠に伝えていたのが、ここでは再び貞幸を推挙していることからあらためて先の決定を覆している。資定はこれを論拠として、「公武の御さた《（沙汰）》、世にかくれ《（隠）》なき事にて候」と自らの正当性を主張する。

当事者の資定と康忠の対応として、証跡について資定は手日記と十八通の証文を提出したが、康忠は提出しなかった（『言継卿記』七月十日条）。康忠は証跡がないことから三問三答による弁論に懸け、禰宜職の補任は口宣案と祭主の副状が必要であることと、「公方さま《（義昭）》へ其御歎申入之処ニ、御きうめい《（糺明）》をなされ、つのかミ《（摂津守晴門）》れいなき《（例無）》事を申あくるゆへ《（上げる故）》、今にひつそく《（逼息）》仕候」と、義昭が糺明して摂津晴門を前例のないことを奏上したとして、責任を科して逼息させた。これにより、自分が勝訴したことになり正当性があると主張する（康忠初問状「菊亭文書」十五『大日史』⑥六一六頁）。これに対して、資定は十分な証跡を基に、祭主が副状を添えるのが慣例ではあるが、そもそも康忠は「祭主」に補任されていないこと、その祭主が「未補」の場合には勅許として行われた先例があることを主張して、康忠に対して反論する（『言継卿記』七月十日条）。一方、康忠は「又祭主ハ一家乍生祭主也」（『言継卿記』同日条）と、祭主は一家で世襲されていることから正式な手続きを経ないでも実質的に「祭主」であることを主張する。実際、康忠が祭主に正式に補任されるのはこの後の元亀三年九月十六日のことであるため（『歴名土代』『大日史』⑩一二二頁）、闕替職が行われた元亀元年末の段階では確かにまだ「未補」だった。

以上、証跡と当事者の弁明による三問三答を基に、七月十日に二条晴良邸で晴良を上卿として裁決が行われることになった。『言継卿記』によると、二条邸には甘露寺経元・中御門宣教・庭田重通・勧修寺晴豊・五辻為仲・中山親綱・飛鳥井雅敦・山科言継が招集され、摂関家の九条稙通と晴良の総勢十人の公卿により「評定」が行われた。結論としては、康忠は証跡が不十分で、貞幸補任の発端となった「祭主の副状の有無」が争点となって、資定が陳述した通り康忠は正式な「祭主」ではないことから康忠の主張は退けられて、「然者柳原理運之由、一同群儀也」と資定が勝訴することとなった。資定はこれを告げられて、「大慶満足落涙無是非者也」と、感涙を流した様子が記されている。

この結果は、七月十六日に幕府へ伝えられた。幕府では「諸侯之衆数多祗候、権大副康忠朝臣種々虚言非分言上之間、可有御成敗之儀也ト各被申云々」（『言継卿記』）とあり、幕臣たちは康忠を虚言・非分を主張したとして成敗すべきであると非難している。

その後の処置を確認しておこう。『壬生家四巻之日記』元亀三年七月四日条（『大日史』⑥六一三頁）によると、「去々年十二月廿九日補禰宜之処、故三位死去之砌、不及件案内罸之、令停止神事諸役事、相背勅定之段、其咎難遁者哉、然者為自今以後、急度可被仰出候歟」とあることから、これら一連の相論によって勅定に背いたことと、その間に貞幸が神事を執り行うことができなかったことを曲事として、朝廷は最初に異論を唱えた松木党の五人のうち四名（度会貴彦・正彦・完彦・辰彦）を解官する処罰を行っている（『壬生家四巻之日記』元亀三年十一月三日条『大日史』⑥六二八頁）。なお、この四名の解官が勅免によって赦されたのは、天正元年（一五七三）十月のことであった（『資定卿記』天正元年十月六日条『大日史』⑥六三一頁）。

では、これまでの相論の経過をまとめておきたい。この相論は元亀元年の末に伊勢神宮の三の禰宜松木房彦が死去したことで、その闕替職をめぐる争いだった。外宮の「十神主」だった度会貞幸は織田信長の家臣の稲葉一鉄に働きかけ、一鉄から幕府へ貞幸を推挙する申し入れがなされた。これを請けて義昭は、朝廷へ元からの神宮伝奏柳原資定をあらためて伝奏に補任するよう奏上し、併せて政所執事の摂津晴門を介して貞幸を禰宜に推挙した。朝廷は義昭からの申し出を受け入れて、資定を伝奏として元亀元年十二月二十九日付けで貞幸を禰宜に補任する口宣案が出された。

しかし、これに対して神宮の松木党の神主五人が異議を申し立て、「祭主」の藤波康忠に訴え出た。康忠は元亀二年正月二十五日に伊勢神宮の大宮司大中臣満長に、口宣案には祭主の副状が添えられるのが慣例であることから、これは資定と貞幸の「非例」であるとして否定し、代わりに松木堯彦を推挙する。康忠はこのことを幕府にも訴え出た。幕府ではこれを請けて義昭が「御紕明」を遂げて、堯彦が禰宜になるのが「利運」とする裁定を下して堯彦を推挙することとなり、貞幸補任に関与した晴門を「御成敗」として「逼息」させた。

なお、髙梨真行氏が明らかにした晴門の政治的活動の終期がこの時期と一致することから、晴門が政所執事から失脚する理由は、この禰宜職相論による「逼息」が直接の原因だったと考えられる。康忠の攻勢により、資定は朝廷と幕府に自らの正当性を主張する。これにより、幕府侍所開闔の松田頼隆から資定を擁護する義昭の仰せが伝えられ、関係文書を蒐集してあらためて裁許することが告げられた。

しかし、義昭は康忠を支持したことから、資定は幕府の裁定に同心しなかったために、相論は朝廷によって元亀二年七月十日に二条邸で裁許されることになった。朝廷では関白の二条晴良が上卿となり、当事者双方から証跡を提出させ、三問三答によって意見を尋ねた。また、その際には晴良から義昭に意見が求められ、さらに「叡慮」として正親町天皇からも意見が求められている点が注目される。資定は手日記と十八通の証跡を提出したが康忠は提出せず、また康忠は「祭主」に正式に補任されていなかったことから、三問三答でも資定の言い分が全面的に受け入れられ、資定が勝訴することとなった。

相論が混乱する大きな要因の一つとして、義昭の対応が挙げられる。義昭は稲葉一鉄からの申し出を請けて、貞幸を推挙した。しかし、①「祭主」藤波康忠の反駁を請けて松木堯彦を推挙することに決し、晴門を処罰して先の貞幸への推挙を撤回している。さらにその後、②資定の訴えをうけて再度裁定を覆し、朝廷での裁許において「叡慮」により意見を求められた際には再び貞幸を推挙している。以上により、義昭は一方の訴えを請けるごとに裁定を一転二転と覆していることから、実際に相論を混乱させた当事者は義昭であり、混乱を招く要因の一つとなっていた。この点について、神田裕理氏はまったく触れられていない。

このときの幕府の意志決定は、当初は政所執事の摂津晴門が貞幸を推挙する奉書を発給し、その後に責を問われて「御成敗」されていることから、政所での決議による推挙の可能性が高い。いずれにしても、義昭は当初は貞幸を推挙していたのが、①は義昭の近臣である奉公衆の朽木輝孝からの伝達であることから、義昭による直裁の「御前沙汰」だったと考えられ、ここで貞幸推挙を撤回して堯彦を支持した。しかし、後者②の裁定は幕府侍所の開闔で奉行人の松田頼隆が証跡を蒐集していることから、頼隆は「いつれもふけの御目にかけ候」と述べているが、実際には政所にて奉行人の合議による評定で裁決がなされたと考えられる。義昭は①の訴えを請けた際に充分な証跡の調査を行わずに、康忠の申し分を聞いて当初の貞幸推挙を撤回して堯彦を推したと考えられる。幕府では、これによってなされた義昭の「上意」に対し、②で資定を擁護するとともに、あらためて相論の当事者からの証跡を基に奉行人が評定を行い、義昭はその決定を請けて「上意」を修正したと考えられる。

義昭が晴良から意見を求められた際に即答しなかったのは、前例や証跡の審議に時間を要したためと、①②の別々の評議による意思決定による裁定を義昭が勘案したためと考えられる。この相論から、義昭政権では義昭主宰の「御前沙汰」と政所の奉行人による合議の「政所沙汰」は、別々になされていた様子をうかがい知ることができる。

この相論と永禄十二年に争われた禁裏大工物官職相論の検討を通して神田裕理氏[9]は、幕府と朝廷はそれぞれ相論に立ち入っておらず消極的だったことから、「相論裁許や案件処理において、それぞれ権限が及ぶ範囲や内容が明確に分かれていた」ことを指摘している（註3論文）。しかし、この神田氏の見解には大きな矛盾点があるといえる。すなわち、伊勢神宮禰宜職と禁裏大工物官職の任命権者は、本来は朝廷であることを看過してはならないだろう。そのため、権限・内容が明確に分かれているのであるならば、朝廷は義昭に意見を訊く必要性はなかったはずである。むしろ不明確だったからこそ、朝廷は再三にわたって義昭に意見を求めたと捉えるのが自然な解釈ではなかろうか。

これまでの研究で当該期の朝廷は、天正期における絹衣相論の事例から公平な裁判ができなかったことが実態としてあったと指摘されている[10]。この相論の検討を通してわかる朝廷の実態としては、このような本来は朝廷が行うべき人事権について自ら決定することができず、それを禰宜闕替職に当初から関与した義昭に委ねたといえる。その後も義昭は朝廷から「叡慮」として、「てんか《（天下）》」＝義昭に意見が求められている点が特に注目される。音頭を取るべき義昭が裁定を一転二転させたことでかえって混乱を招くことになり、最終的には朝廷が証跡と三問三答を基に公平に審議して裁許が行われた相論だった。

2. 永禄十二年正月「殿中掟書」と幕府の裁許

では、このような義昭と幕府に対して、信長はどのように思っていたのであろうか。ここで、信長が永禄十二年正月十四日に九ヵ条と、さらにその二日後に七ヵ条を追加した計十六ヵ条で定めた室町幕府「殿中御掟」（史料5）の内容を確認しておきたい。これは、義昭政権の政治体制を定めた「掟書」であり、袖判を捺していることから義昭も承認したものである。義昭政権は原則としてこの「掟書」に基づいて運営されることになった。

〔史料5〕室町幕府殿中掟書案（「仁和寺文書」『信文』一四二号文書）

御袖判（義昭）　殿中御掟

一、不断可被召仕輩御部屋衆・定詰衆・同朋以下、可為如前々事、
一、公家衆・御供衆・申次御用次第可有参勤事、
一、物番衆面々可有祗候事、
一、各召仕者御縁へ罷上儀、為当番衆可罷下旨堅申付、若於用捨之輩者、可為越度事、
一、公事篇内奏御停止之事、
一、奉行衆被訪意見上者、不可有是非之御沙汰事、
一、公事可被聞召式日、可為如前々事、
一、閣申次之当番衆、毎事別人不可有披露事、
一、諸門跡坊官・山門衆徒、医・陰輩以下猥不可有祗候、付、御足軽、猿楽随召可参事、

永禄十二年正月十四日　弾正忠判（信長）

追加

一、寺社本所領・当知行之地、無謂押領之儀、堅停止事、
一、請取沙汰停止事、
一、喧嘩口論之儀被停止訖、若有違乱之輩者、任法度旨、可有御成敗事、付、合力人同罪、
一、理不尽入催促儀、堅停止事、
一、直訴訟停止事、
一、訴訟之輩在之者、以奉行人可致言上事、
一、於当知行之地者、以請文上、可被成御下知事、

永禄十二年正月十六日　　弾正忠判

この「掟書」については臼井進氏が詳細に検討しており[11]、①殿中における日常の儀礼・行動・裁判のあり方を示した規範で、②将軍と召仕者のあるべき姿を示し、全体を通して幕府が有していた以前の規定の再興を信長が図ったことを明らかにした。ここではあらためて内容をまとめながら確認し、信長が幕府に求めた政治姿勢を検討する。

まず、①「公事式日の規定」七条目で公事が行われる式日を従前の幕府の式日に定めている。②「訴訟の手続き方法」追加の六条目では、訴訟案件を幕府に提訴する場合には奉行衆を通じて言上し、奉行人を経ない内奏を禁止している（五条）。また、直接の将軍への奏上を禁止していることが、五ヵ条目と追加の五ヵ条目に記されている。そのため、それ以外の幕臣については、③「祗候・請け取りの制限と申次の規定」以前からの通り、御部屋衆・定詰衆・同朋衆等の将軍に不断に召し仕える輩（一条）や惣番衆（三条）以外は御殿に上がってはならない（四条）。たとえ公家衆・御供衆であっても（二条）、諸門跡の坊官・山門衆徒・医者・陰陽師たちも御殿に祗候してはならない（九条）。請け取りの沙汰は停止し（追加二条）、催促をしてはならない（追加四条）。将軍に申次をする当番衆は、毎事別人である

こと（八条）。④［裁許方法の規定］訴訟を裁許する際は、当知行の安堵を行う場合は請文に基づいて判定を行うこと（追加七条）。奉行人の合議による政所の裁決について、義昭が奉行衆へ意見を諮問し、その回答に対して義昭は「是非」を言ってはならない（六条。義昭は評定衆の決定に従うこと）。⑤［押領・喧嘩・口論の禁止］寺社本所領や当知行の地は押領してはならない（追加一条）。喧嘩・口論は禁止する（追加三条）。

このように「掟書」の全十六ヵ条は、内容的に整理すると五つに分類することができる。このうち③が八ヵ条分ともっとも多いが、これは実際的には義昭に近づくことで個人的に人的関係を密にして癒着することを禁止し、さらに賄賂等を禁止していると捉えることができる。したがって、この「殿中御掟」は一見すると箇条書きのため一つ一つが独立しているように思われるが、実際にはそれぞれは密接に関係しており、幕府における一連の裁許の手続き方法を規定した「掟書」といえる。信長は、これによって義昭の恣意や贔屓偏頗を排除し、評定衆が証文に基づいて公平に裁許することを求めたと理解することができる。さらに、⑤では治安の保護を求めていることから、信長にとって幕府は「天下」における「静謐」をその主宰者として体現すべき存在でなければならず、それを求めていたと考えられる[12]。その秩序安定の基になるのが、恣意・贔屓偏頗を排除した公平性にあったといえる。その上で信長は、永禄十三年正月二十三日に五ヵ条からなる「条書」を義昭とともに定めるが（「成簣堂文庫所蔵文書」『信文』二〇九号）、この五ヵ条目で「天下」は「静謐」になったので義昭に朝廷へ奉仕することを求めている。

しかし、義昭は伊勢神宮禰宜職相論では裁定を一転二転させて、混乱を招く要因となっている。さらに、二条晴良と勧修寺晴右との加賀国井家荘相論では、恣意的な判断を下している。勧修寺家は、幕府からの代々の「御判」による安堵を得て加賀国井家荘を知行していた。ところが、ここを晴良が違乱したことから、晴右が提訴するに至った。『言継卿記』元亀元年三月二十日条によると、訴えを請けた朝廷は証文を基に「まきれなきたうちきやう《（紛れ無き当知行）》の事にて候を、二てう《（条）》殿中とられ候」として勧修寺家の知行権を認めて、晴良による違乱とした。朝廷はこのことを女房奉書で

「むろまちとの《室町殿》へよく申されへく候」と義昭に伝え、違乱停止の裁定を求めた。この女房奉書は山科言継に渡され、幕府へ伝えられた。言継は、摂津晴門と義昭側近の飯川信堅へ申し入れた。

　これに対して、義昭が上洛前の近江にいるときに晴右は一方の「堺公方」義栄を支持しており、晴良は身を捨ててまでも越前まで下向して義昭の元服の儀式を執り行った。このことから、「不立理非儀也、幾度雖被仰出、難応叡慮之間、其旨可申入之旨有之」と、「叡慮」であっても応じることができず、「不立理非儀」と裁許しないことを朝廷に伝えている。証文を基に裁許すれば、幕府の「御代々御判」を所持する晴右による当知行は明白なことから、義昭は自らに協力的だった晴良を支持して「裁許の公平性」に反した恣意的な判断を下したといえる。

　信長は、このようなことがないように「掟書」を定め、評定衆による議決が公平性を保つ基としたが、義昭は恣意的に裁許を行わなかったり、その決議を直裁によって覆したりしている。これらは信長からすると「掟書」違犯であり、「静謐」を乱す行為と認識したと考えることができる。

　これらのことから義昭は、確かに天正期における絹衣相論のように当該期の朝廷は実態として規律が乱れていた側面はあったにせよ、本来は朝廷の擁護者でなければならない立場にあるはずが「叡慮」に抵抗していることがわかる。そして、次節で検討するが、結果としてその訴訟案件が美濃にいる信長の許へ直訴される事態にまで発展する事案があったことから、信長からすればこの点も義昭の約諾違犯と考え、「異見十七ヵ条」で義昭を叱責して政治姿勢を正そうとしたと理解することができる。

3. 足利義昭政権におけるその他の相論裁許と信長の対応

　ここまで義昭政権の意思決定について、「御前沙汰」と義昭の「恣意」を中心的に検討してきたが、さらに「武家」

による裁許の実際について、その他の相論の事例と経過を考察して義昭の政治姿勢を明らかにし、義昭と朝廷・信長との関係について確認する。

【大工惣官職相論】　永禄十二年三月六日、禁裏御大工惣官職をめぐって相論がおこった[13]。幕府では綸旨と数通の奉行人奉書を所持していたことから、当知行として「公方大工」の右衛門定宗を棟梁と認定した。朝廷は「くせ《曲》事なる事」と認めず、「禁裏御大工」の木子六郎太郎宗久に惣官職を安堵するよう信長へ女房奉書が発給された。言継が勅使となって信長の許へ赴くが、それに対して信長は「此間武家与申結子細有之、又武命此段堅固之間」と、この間に義昭と取り決めがなされていることと義昭は惣官職を定宗にすることに固執しており、さらに「大工風情之儀、達而申入事如何之間、難申入」と返答して、この案件については関与しない意志を示して申し渡している。

六月十二日、宗久はあらためて定宗が惣官職を違乱していると主張する。言継は幕府の一色昭秀に提訴していたが、美濃へ下向していたため龍雲軒へ申し入れた。宗久と定宗も信長に裁定を求めてそれぞれ美濃へ下向し、朝廷からも「この事ありやう《有様》にのふなか《信長》としていけん《意見》申候やうに」と、信長から幕府に意見するように女房奉書が出される。

このことから、義昭は朝廷からの訴えを聞き入れず、朝廷では信長に義昭への執り成しと仲裁を求めていることが確認できる。これに対して信長は、この件に関与しない姿勢であることがうかがえる。

【耆波国任による殺害事件に関する近親者の処罰】　『言継卿記』永禄十二年五月二日条によると、耆波国任が座頭の千代一を殺害して逐電する事件が起こった[14]。これにより、翌三日に国任の父の天龍院覚辨が夫婦して幕府に召し捕らえられることとなった。七日に「覚辨夫婦、今日闔門《開闔》、飯尾右馬助《貞遙》所へ渡云々」とあることから、拘留を経て侍所へ身柄が引き渡された。二十日、覚辨の甥の若代紀右兵衛が山科言継の所に来て、朝廷から幕府へ赦免を願うように愁訴した。この訴えを請けて言継は、万里小路輔房と協議する。翌二十一日に通玄寺法最と曼殊院覚恕の両御所に出向き、内々に勅定として後奈良天皇の十三回忌を理由に赦免するよう申し入れ、了解を得ることとなった。言継はこれを幕府の女房衆の大蔵卿に申し入れた。

これに対し、幕府側は「則被披露、御思案之上各ニ被相尋、可有御返事之由有之」と、義昭へ披露して裁決を得て評議すると回答する。言継は二十三日・二十五日・二十八日と日をおきながら幕府へ催促に赴くが、「覚辨儀催促申之、未御談合無之」と評議がなされていないことから、事態は進展しなかった。言継は月が明けて閏五月三日に幕府を訪れるが、その間に評議がなされたようで、「重罪之間難被免之間、内々得其意可申入之由有之」と、国任の罪は重罪であることから覚辨夫婦がその罪を科され、その日の未の刻に処刑されることになった。このように、ここでも義昭は朝廷からの申し入れに対して聞き入れずに処罰を下していることが確認できる。

【寶菩提院領相論】『言継卿記』元亀元年三月十八日条によると、勅願所である西岡寶菩提院を福地某が闕所地として押妨した（『大日史』④二一四頁）。これに対し、朝廷は「為禁裏織田弾正忠ニ被仰出之様申入、則為御使予ニ可罷向之由申之」と、言継を「御使」として信長へ違乱停止を求めた。その後、言継は数度信長を訪ね、二十四日にも信長を訪問する。ここで言継は、「大方直ニ申、以村井委申」とあることから、申次の村井貞勝に詳細を伝えたようである。貞勝は「無案内之間、令糺明可申付云々」とあり、糺明すると返答している。

朝廷は四月五日に言継へ解決に向けての女房奉書を発給し、「よく〳〵のふなか《（信長）》に申とゝのへ《（調え）》られ候へく候」と、あらためて信長に糺明を求めた。寶菩提院側では、この前日に近江国北郡柏原にある末寺の成菩提院からも院主法印が上洛して、信長に掛け合っている。これを請けて、「及糺明者、可問答之覚語《（悟）》也」と四月十一日に双方の「問答」による「対決」が行われることとなった。しかし、福地は自分に理運がないことを悟ったのか、「雖然不及其儀、福地罷帰了」と、裁許を目前にして弁明することなく在所へ帰ってしまった。これにより、言継は信長に裁決を求めるが、十四日は「今日以外機嫌悪之由有之」と面会することができなかった。

その後、話が進展しないことから、言継は五月七日に寶菩提院の本寺である紀伊粉河寺に書状を出し、「為当寺衆中、被奏武家、於入眼者、可悦思食之由、内々叡慮候」と、幕府へ提訴することが「内々」の「叡慮」であるから、粉河寺から幕府へ提訴することを打診する。

以上により、この一件は寶菩提院の理運で決するかに思えたが、信長と幕府との間でお互いが様子見の状態になってしまい、さらにそれから半年後の十一月になっても解決されなかった。朝廷は十一月十二日に「霜台《織田弾正忠信長》へ為勅使可罷下之由有之」と、さらに二十五日にも「武家へ御使之事被仰之」と、言継を信長と幕府への勅使として派遣することを図った。しかし、言継は信長・幕府・朝廷の三者間の板挟み状態となり、事態が進展しないことについても心労が重なったようで、いずれも「故障候了」としてこれを断っている。なお、この事案のその後の経過は史料上判然としない。

【平野社領違乱相論】『言継卿記』元亀二年十一月二日条（『大日史』⑦九〇頁）によると、幕府が平野社の社領を押収して、奉公衆の佐分玄蕃助に宛行った。これに対して、社務の吉田兼興が内々に義昭側近の三淵藤英に申し入れたところ、「於被出女房奉書者、可申調之由申」とのことで、女房奉書が発給されたら対応するとの回答を得た。兼興は社領を護るために、山科言継へ訴え出て朝廷に提訴した。言継はこのことを翌三日に朝廷の女房衆の長橋局へ出向いて奏上し、勅許が下されて女房奉書が発給された。言継は女房奉書と自らの副状を兼興に直接渡し、さらに吉田兼右とともに女房奉書を携えて幕府の藤英に訴え出た。

その約五十日後に幕府の裁許が下され、十二月二十三日に藤英を介して結果が伝えられた。それによると、幕府の主張は①「第一雖神職、中臣祓以下神道聊不存第一」と、平野社側は神職にありながらも神道を第一儀としていない、②「次平野社木悉伐取野ニ成事、不知行之在所号当知行、以濃州衆令責讃《讃責カ》事曲事之間」と、平野社は在所の材木を悉く伐採して平地にし、不知行地を当知行の土地であると主張して、さらに義昭の「御下知」に背いてここに「濃州衆（美濃衆）」＝信長政権から譴責使を引導して自力救済により抵抗した。[15] これにより、義昭は「於兼興可有御成敗」と、兼興を成敗する裁決を下した。この案件もその後の経過やどちらの言い分が正しいのかなどの詳細は不明だが、ここでも義昭は朝廷からの女房奉書に従わず、自らの意志を通している様子が確認できる。

以上、本節では四件の訴訟案件の経過を明かにすることで、義昭と朝廷・信長との関係を確認した。幕府との訴訟の手続きとしては、安堵を求める側は朝廷に基本的には証文を提示して当知行権を主張して、公家を申次として披露し、女房奉書の発給を願い出る。当該期には、女房奉書は長橋局で作成されていたことが確認できる。これによって女房奉書が発給されると、申次の公家はそれに自らの副状を添えて、受給者へ渡される。また、申次の公家は勅使となり、女房奉書を一方の当事者である幕府へ伝達することも行われていた。これにより幕府で裁許されることとなるが、勧修寺家領相論およびここでの事例では、義昭はいずれも朝廷からの申し入れを拒否していることが確認できる。

もちろん、義昭は朝廷の擁護者だからといって、朝廷の申し出をそのまま鵜呑みにできない側面はあり、禁裏大工惣官職相論の事例のように証文がある者に対して異議を申し立てることもありえた。朝廷では事態を好転させるため、大工惣官職・寶菩提院領の事例ではさらに信長へ幕府への執り成しを願い出るが、信長はいずれも応対していない様子が確認できる。これらのことから、信長は京都の訴訟案件については消極的で、幕府にて公平な手続きに基づいて解決すべき問題と捉えていた様子がうかがえる。

おわりに

以上、小稿では元亀二年の伊勢神宮禰宜職相論を中心として、さらにその他の幕府における相論の裁許について検討してきた。

幕府の意志決定は、将軍の直裁による「御前沙汰」と、政所における奉行人の合議による「政所沙汰」の二つの方法がある。信長は永禄十二年の正月に「殿中御掟」によって幕府にて公平な裁許をする規範を定めたが、禰宜職相論の検討から、義昭は一方の訴えを請けるたびに決議を覆しており、そのことが混乱を招く要因となっていた。

信長は将軍義昭に「天下」の主宰者として「静謐」を具現化することを求め、さらにその上で永禄十三年正月の「条書」で朝廷を擁護することを求めた。しかし、これに対して実際の幕府では、義昭は天皇の「叡慮」に従わず朝廷からの申し出を拒否し、恣意的に裁許を行ったり、社領を押収してそれを奉公衆に宛行っているのが現状であった。そのため、訴訟案件が美濃にいる信長の許に直に提訴される事態が生じていた。これにより、信長は「異見十七ヵ条」で義昭を在地での「静謐」を乱しているとして叱責し、政治姿勢をあらためることを求めた。しかし、結果としてこれは義昭や幕臣の反感を招くきっかけとなり、両者が決裂するに至る一つの要因となったと考えられる。

註

（1）拙稿a「京都支配における足利義昭政権と織田信長政権」（本書第Ⅰ部第二章、初出二〇〇三年）・拙稿b「足利義昭政権の構造」（本書第Ⅰ部第一章、初出二〇〇九年）・拙稿c「総論　足利義昭政権の研究」（拙編著『足利義昭』戎光祥出版、二〇一五年。以下、『義昭論集』と略記）。

（2）山田康弘『戦国期室町幕府と将軍』吉川弘文館、二〇〇〇年。

（3）神田裕理「元亀年間の関白と将軍——元亀二年伊勢神宮禰宜職相論を中心として」（『十六世紀史論集』第四号、二〇一五年）。

（4）『尋憲記』元亀四年二月二十二日条（奥野高広『増訂織田信長文書の研究』吉川弘文館、一九八八年「第三四〇号文書」。以下、同書よりの引用は『信文』と略記して文書番号を付す）。なお、『大日本史料』からの出典については、「第十編之六」の場合は『大日史』⑥と略記して頁番号を付す。「京都御所東山御文庫記録」は、「東山御文庫」と略記する。なお、これら小稿で引用する『言継卿記』などの古記録は『大日史』に拠る。

（5）『壬生家四巻之日記』元亀元年十二月二十九日条（『大日史』⑥六〇一頁）。

豊受太神宮禰宜房彦闕替職事、度会貞幸被補任之様、可有申沙汰之由候也、恐惶謹言、

十二月廿九日　（摂津）晴門判

柳原（資定）殿人々御中

元亀二年正月十四日、禰宜職之事、去年十二月廿九日宣旨、禰宜等有申旨延引、今日令下知之、

元亀元年十二月廿九日　宣旨

豊受太神宮度会神主貞幸

宜転補同宮禰宜闕替、

蔵人権左少辨藤原（中御門）宣教奉

豊受太神宮権禰宜闕替職事、以度会貞幸可被補其職之由、室町殿御執奏之条、被宣下候了、祭主職未補之条、宣旨一通献之、

可被下知之状如件、

正月十四日　　左大史（小槻朝芳）判

（大中臣満長）大宮司殿

（6）髙梨真行「永禄政変後の室町幕府政所と摂津晴門・伊勢貞興の動向」（木下昌規編著『足利義輝』戎光祥出版、二〇一八年。初出二〇〇四年）。神田裕理氏は註（3）論文で、摂津氏は代々神宮方頭人を世襲し、神宮奉行として幕府と神宮の窓口となっていたことを指摘している。

（7）「東山御文庫」（甲八十二）正月二十五日付け神宮大宮司大中臣満長宛て祭主権大副藤波康長書状（『大日史』⑥六〇四頁）。

（8）朽木稙綱の庶子で、足利義輝のときに御部屋衆や申次役を務めており、義昭御内書の申次も務めている（群馬県立文書館所蔵「浦野安孫家文書」）。

（9）神田裕理「戦国末期の室町将軍と朝廷」（天野忠幸・片山正彦・古野貢・渡邊大門編『戦国・織豊期の西国社会』日本史史料研究会、二〇一二年）。

（10）堀新『織豊期王権論』（校倉書房、二〇一一年）、神田裕理『戦国・織豊期の朝廷と公家』（校倉書房、二〇一一年）、金子拓『織田信長〈天下人〉の実像』（講談社、二〇一四年）、神田千里『織田信長』（筑摩書房、二〇一四年）に詳しい。

（11）臼井進「室町幕府と織田政権との関係について」（『義昭論集』、初出一九九五年）。

（12）「天下」については、神田千里『戦国時代の自力と秩序』（吉川弘文館、二〇一三年）と註（10）著書に詳論されている。

（13）相論の経過は、『大日史』②一二四頁に記されている。註（9）神田論文。

（14）相論の経過は、『大日史』②四七八頁に記されている。大蔵卿については、木下昌規「将軍足利義昭の女房大蔵卿局をめぐって」

（『義昭論集』、初出二〇一〇年）に詳しい。

(15) 織田政権の譴責使は、「泣く子も黙る」存在として恐れられていた（下坂守『中世寺院社会と民衆』思文閣出版、二〇一四年。初出一九九五年）。

補論　書評 神田千里著『織田信長』

はじめに

現代社会に生きる我々が、過去の歴史上の人物に対してどのようなイメージを持つだろうか。例えば、ここでの主人公である「織田信長」。信長は天文三年（一五三四）五月に生まれ、本能寺の変で死去したのが天正十年（一五八二）六月のことであるから、今から四〇〇年以上も前の人物である。それから「信長」は歴史上の人物となり、桶狭間の合戦や長篠の戦いなど、彼が各国の戦国大名や一向一揆などの敵対勢力と繰り広げた激闘、安土城の築城・関所の撤廃・楽市楽座などの諸政策、「是非に及ばず」の言葉を残して横死した本能寺の変などの信長が行った数々の事績は人々によって語り継がれ、時を経てやがてそれらは「伝説化」され、戦国の乱世を平定して日本全国を征服する「天下統一」を目指した「英雄」と称されるようになった。

これらの出来事は歴史上の「定説」となり、学校教科書でも「『天下布武』の印判を使用して天下を武力によって統一する意志を明らかに」し、「伝統的な政治や経済の秩序・権威を克服して、関所などの撤廃など新しい支配体制をつくることをめざした」と説明されている（『詳説日本史B』山川出版社、二〇一四年）。彼が生存した中世から近世への移行期という時代背景・社会状況とも相俟って、「時代の反逆児」や「新たな時代への革命児」としてのイメージが定着しているといってよいだろう。しかし、それは「真の信長」を形容したものなのだろうか。歴史学が科学である以上、「定説」と見なされていることに対して常に批判的な目を向け、反証することが必要である。

本書の著者である神田千里氏は、このような信長の「伝説」によって装飾されたイメージを「信長の箱」と表現した。そして、その「箱」をリセットし、「箱」の中にある「真の信長」を見つけ出すこと、それが本書の課題であり目的であることが「はじめに」に記されている。著者は、まずはイメージを排除して虚心に史料と対話することで、「史実」を見出すことを第一義として本書を執筆されている。すでに著者は「一向一揆は浄土真宗による権力闘争」とする歴史的に形成されてきた「イメージ」に対して、そうではないとする「実像」を見出すことに成果を残されていることから、(1)むしろこのような「イメージ」に対して丹念に史料を分析し、そこから得られる結果によって崩すことには実績があり、長けているといっても過言ではないだろう。

本書では「信長の箱」を、①信長と将軍、②信長と天皇・公家、③「天下布武」の内実、④分国拡大の実態、⑤信長と宗教、⑥「革命児」信長の真実、の六つに分類し、それぞれ一章ごとに章立てして検証されている。それでは、以下で本書に則して論点を整理し、内容について若干検討を加え、甚だ微力ではあるが書評の責を果たしたいと思う。その前に、まず現在までの信長研究と本書の位置付けをしておきたい。

1．信長研究の歴史と本書の位置付け

近代以降の歴史学で、「織田信長」はどのように研究されてきたのだろうか。当該分野の研究文献については、三鬼清一郎氏が一九九八年三月に著した『織田・豊臣期研究文献目録』（名古屋大学文学部刊）があり、それまでの研究状況を確認することができる。それによると、信長や織田政権については、「基礎構造・権力構造」「天皇・朝廷」「一族・系譜」「政治過程」「岐阜城・安土城」「本能寺の変」「家臣」「宗教」「文書・記録」「一向一揆・本願寺・石山合戦と各地の一揆」などのテーマが設けられ、これまでは主として信長が行った政策や権力構造について研究されてきたと

いえる。また、近年では朝廷との関係や、家臣団の統制・文書様式・領国支配に関する研究が活況を呈している。[2] なお、現在までの信長研究は、日本史史料研究会編『信長研究の最前線』（洋泉社、二〇一四年）に総括されている。[補註1]

これらの研究の中で、「信長の箱」を見直す注目すべき研究は、内藤昌氏と藤本正行氏の研究である。内藤氏は建築史家だが、安土城の復元案を提示するに際して信長の家臣だった太田牛一が記した『原本信長記』の整理を行い、城の内部構造についてより正確な史料からの復元を試みた（『復元安土城』講談社、一九九四年）。

次いで、軍事史家の藤本正行氏がやはり『原本信長記』に基づいて、原史料を正確に読み解くことで桶狭間をはじめとした信長の合戦の実像を描き出し、従来語られてきたことと実際とは大幅に異なることを指摘した（『信長の戦国軍事学』ＪＩＣＣ出版局、一九九三年）。これによって『原本信長記』の重要性があらためて見直されることとなり、近年では『信長記』自体が主たる研究対象とされるようにもなった（金子拓『織田信長という歴史「信長記」の彼方へ』勉誠出版、二〇〇九年）。

さらに、信長研究において不可欠の研究書で、信長関係文書が網羅された奥野高広氏による『増訂織田信長文書の研究』（吉川弘文館、一九八八年）も、岐阜市で「信長学」が提唱され、原史料に基づく編纂があらためて行われており、より正確なオリジナルの史料から「リアル」な「信長」が基本となる史料からも求められるようになっている。[補註2]

その一方で、関連分野として信長と並び乱世を平定した「三英傑」と称される豊臣秀吉・徳川家康についても研究が深化されつつある。家康については、すでに一九七〇年代から江戸幕府によって形成された「徳川史観」によって史実が隠蔽・歪曲されていることが指摘され、これを排除して松平氏草創期からの権力形成に関する研究が行われてきた（新行紀一『一向一揆の基礎構造』吉川弘文館、一九七五年）。秀吉についても、近年ではやはり「徳川史観」で塗り替えられた「真の秀吉」について、実像を検証する研究が進展しつつある（山本博文・堀新・曽根勇二編『消された秀吉の真実』柏書房、二〇一一年）。

このような近年の研究状況の中で、本書が上梓された。信長の伝記としてそれまでの「信長像」を真正面から否定的に検証したのは、本書がはじめてと言ってよい。著者の神田千里氏は、日本中近世移行期の戦国社会における宗教と政治社会史を御専門とされ、これまで数多くの著書・論文を著されてこられたが[3]、信長を中心として論じた単行本としてはこれが初であり、書き下ろしとなっている。すでに本書に深く関わる研究として三本の論文と三冊の著書を執筆され、それ以外の著書の中でも関説されてこられた信長についての見解を、本書でひと括りにして根本から「信長」を見直されている点が大きな特色といえる。以下、内容について具体的に確認することとする。

2. 第一章「信長と将軍」と第三章「天下布武」

本書では、「信長と将軍」の関係は第一章に、「天下布武」については第三章に記されている。内容的に密接な関わりがあるため、まとめて記すこととする。ここでは、当該期の「将軍」をどのように捉えるのか、「将軍の権威の有無」が「信長の箱」を開ける重要な「鍵」であるといえる。

戦国期の幕府の実権は、管領の細川氏やその家宰だった三好氏に掌握されており、将軍は京都にいることができず近江などに流浪していた。その帰結がついには時の将軍足利義輝が謀殺される「永禄の政変」が起きるなどしたことから、従来は将軍は「権威のない」存在と考えられてきた。義昭と信長についても、義昭は信長に「擁立」されて上洛を遂げ、宿願だった征夷大将軍に就任することができ、信長のことを「御父」と尊称し、実際に永禄十三年（一五七〇）正月に五ヵ条の「条書」（「成簣堂文庫所蔵文書」『信長文書』二〇九号）で信長に「天下之儀」を委任したことから、再興された幕府は信長の「傀儡政権」となり、実権を与奪されたと考えられてきた。それに反発して義昭は実権を掌握することを謀ったために対立的な関係となり、両者は決裂することになったとされてきた。

しかし、著者は将軍の権威は「ある」とする立場に立ち、積極的に評価している。信長と義昭の関係は、前提となる上洛の経緯からあらためて検討されている。義昭が上洛を画策しているときに交戦状態にあった信長と美濃斎藤氏は、義昭の上洛要請をそれぞれ請けており、信長は上洛戦に「参陣」し「供奉」していることから、上洛の主体は義昭だったとする。さらにこの後に義昭は、信長が諸勢力と抗争したいわゆる「元亀の争乱」で、越前朝倉氏・近江浅井氏・比叡山延暦寺と信長との講和を実現させている。また、天正三年十月には安芸の毛利氏と備前浦上氏・宇喜多氏との和睦を実現させていることから、著者は将軍の権威はこれら「分国」の支配者である大名権力を超越する権威だったとする。ここで重要な点は、これらの講和はただ単に義昭が斡旋して要請しただけにとどまらず実現していることであり、著者の指摘通り、やはり将軍の権威は実態として存在し機能していたと考えざるをえないだろう。

著者は、このような「将軍の権威」は信長にとって必要だったとする。具体的には、浅井・朝倉氏との講和で信長は圧倒的に不利な状況にあり、それを克服するための講和だったことから「信長は義昭の権威に守られていた」としている。また、「元亀の争乱」では信長と義昭は一体となっていたとし、これらのことから従来「信長の箱」では対立的に捉えられていた両者の関係を、「義昭は信長の後ろ盾として大きな力をもっており、信長にとっては、そうした意味で大事な主君だった」とし、「君臣」の間柄にあって「友好的」な関係だったことを指摘している。

著者は、これまでの数々の業績の中でも、「信長の箱」のみにとどまらない「中近世移行期における最も大きい箱」といっても過言ではないほどの、「天下」についての概念を大きく覆した成果を残されている。すなわち、これまで「天下」は「日本全国」を指すとする「イメージ」が定着しており、疑う余地なくそう考えられてきたが、著者は既発表の［二〇〇二］論文で当該期の「天下」の用例を詳細に検討され[4]、さらに本書で「領域的には京都を含めた畿内周辺を指し、将軍が管掌する領域」と集約された。これによって、信長が「天下統一」のスローガンとした「天下布武」の意味が大きく見直されることとなった。「箱」では「日本全土を武力で統一する」ことと考えられてきたが、著者は「将軍の管轄する五畿内にその権威を再興することを目指した」と指摘した。これによって「信長は天下統一の野望を持っていた」とする頑強な「箱」は、ほころびを見せることとなった。近年では著者の指摘に基づき、至治の世において聖人君主が出現した際に現れる聖獣「麟麟」の「麟」の字を意匠とする信長の花押についても、この聖人君主は義昭を指すとする説も出されるに至っている(補註3)（高木叙子「天下人『信長』の実像Ⅰ」『湖国と文化』一四六、二〇一四年）。

3．第二章「朝廷との関係」

将軍との関係を失った信長は、地位を保つために天正三年に公家になる。著者はこれを「自然な選択」だったとする。信長と朝廷との関係については、信長は天正元年九月と同九年三月の二度にわたって正親町天皇に譲位を促しており、信長は軍事行軍である馬揃えを挙行して威圧し、勅封となっている東大寺正倉院を開封して蘭奢待を切り取っていること等から、天皇や朝廷を意のままに操りたいとする意図があり、関白・太政大臣・将軍の三職推任を強要し朝廷に対して圧力を加えたとして、両者は対立的な関係にあったとする見解がこれまでの「箱」だった（立花京子『信長権力と朝廷』岩田書院、二〇〇〇年）。信長はこれらのことを行って「伝統的権威」に立ち向かったとされ、朝廷はこれに反発して本能寺の変を引導したとする「朝廷黒幕説」も唱えられている（桐野作人『信長謀殺の謎』ファラオ企画、一九九二年。桐野氏はその後、協調説に転換している）。

この両者の関係についていては、すでに堀新氏により協調関係にあったことが明らかにされているが、著者は金子拓氏による最新の研究成果も取り入れつつ、「箱」をことごとく否定している。ここでは、①天正二年の絹衣相論と②同四年の興福寺別当職相論に着目し、信長の朝廷に対する姿勢を確認しておきたい。ここでの「鍵」は、「外聞」である。

この二つの相論で信長は、本来は朝廷で裁許されるべき案件を裁定しており、①で朝廷の政務を審議する五人の奉行を設置し、②では公家の処罰も行っていることから、朝廷の政治領域に介入して自らの統制下におこうとしたとする見解が出されていた。しかし、著者は両者間の対立的にみられていた「箱」を排除して検討を加えている。その結果、公家達は天皇の意向である「叡慮」を偽って「申し掠めて」相論していることから、朝廷では公平性を保って裁許することができず、信長は寺法に従って裁許してその公家達を処罰している。このことから著者は、天皇の威を借りた不正行為が横行することで天皇の「評判」は地に墜ちることになり、それは天皇を立てている信長の「面目」も失われることにもなるため、朝廷政治の腐敗を正そうとしたとする。ここでの「評判」と「面目」は一体のもので、「外聞」と言い換えることができる。

また、「叡慮」を掠めた公家を処罰していることから、天皇の権威を重んじていたとする。これら一連の過程で、本来ならば公家と寺家において裁許されるべき問題が信長に愁訴されたことから、信長は相論に「巻き込まれた」のであって、積極的な朝廷政務への介入ではなかったことを明らかにした。著者はこれらのことから、「信長にとってあるべき朝廷の姿は、天皇の権威が正当に保たれ、下々の者にまで敬意を払われるべきものでなくてはならなかった」とし、天皇のもとで従来からの慣行が遵守されることを求めたとする。

このような朝廷と信長との関係は、信長は官位を嫡子信忠に嗣がせようとしていることから権威を後ろ盾としており、馬揃えも軍事的な圧力ではなく、正親町天皇からの要望に応えていることから友好的だったとする。さらに、天正六年の荒木村重の謀叛に際してと同八年の石山合戦での本願寺との停戦勧告は、信長の奏上によって勅命で行われたことから、信長には天皇の権威が必要であり利用したとする。

それでは、信長は天皇の伝統的な枠組みや朝廷をどのように考えていたのだろうか。これは、幕府との関係とも共通する考え方だったといえる。すなわち、著者によると信長はそれぞれ上位の権威として存在を認め、伝統的な権威を重んじてかなり気を遣っていたとし、将軍は大事な「主君」で、天皇についても尊重し、さらに両者を合戦の講和に利用したとする。信長の上位の権威に求める姿勢は一貫しており、「あるべき姿」を希求している。それに応えられているか否かが「外聞」であり、それに応えられていないと「面目を失う」ことになって、人心が乖離していくことになるとする。これは、信長の政治姿勢・理念を反映したものといえ、重要な指摘である。

4．第四章「天下統一」の野望

信長の性格は、イエズス会の宣教師ルイス・フロイスが記した『日本史』（松田毅一・川崎桃太訳、中央公論社）に「きわめて戦を好み、軍事的修練にいそしみ」とあり、実際に多くの勢力と戦ったことから、「好戦家」と考えられてきた。そのため、信長は領国拡大の野望を持ち、大名を打倒するために他国に侵攻したと考えられてきた。さらに、旧体制の幕府を倒して、諸国の大名を次々と滅ぼすことで天下統一を目指し、「革命児」として新しい国家の創造を目指したと考えられてきた。

これに対して著者は、毛利氏と武田氏との合戦について検討し、信長の合戦の実態を明らかにしている。毛利氏との合戦では、そもそもの発端は国衆の浦上氏と宇喜多氏との境目の紛争で、それが大名同士の合戦に発展したことを明らかにされた。また武田氏との合戦でも、信長は武田領国との境にある東美濃岩村の遠山氏に対して軍勢を派遣したことと、同盟関係にあった三河の徳川家康と武田氏が抗争し、三河国衆の菅沼氏・奥平氏の動向から合戦に至ったことを明らかにした。そのため、毛利氏・武田氏との合戦の発端は大名同士の〝国盗り〟合戦ではなく、当初は双方の勢力圏の境界における国衆同士の「境目」紛争、すなわち「国郡境目相論」だったことを明らかにしている。

また、信長は毛利氏とは三つの外交ルートで和平交渉を試みていることから打倒を目的としておらず、共存を図っていたとする。武田氏との抗争では、家康に高天神城攻めにおいて、城方からの降伏を受け入れずに徹底した城攻めを行い、これによって援軍を出せない勝頼の「天下面目」を失わせる策を提言している。この武田氏との抗争で、信長は家康の同盟者として行動し、結果として武田氏の滅亡と甲斐・信濃平定は勝頼の敗勢が生み出した政治的な情勢による面が大きく、最初から武田領を奪取して自らのものにしようとする意図はなかったとする。

これらのことから著者は、信長の合戦の実態は「国衆たちは情勢によって境を接する大名双方のどちらにでも味方する存在である。その彼らを政治交渉や、政治状況の創出によってひきつけることが戦争の内実であり、戦闘はそのための情報操作の性格を強く帯びることになるのである」とする。

以上の検討によってここで得られた「鍵」は、「国衆の動向」「外聞」「大名との共存」であるといえる。著者はこれらの検討を基に、「紛争の帰趨を決定するのは評判であり、それに左右される味方との信頼関係」で、「戦争は敵を物理的に滅ぼす方法である以上に、評判を創出する情報操作の手段」であるとし、信長だけにはとどまらない戦争の本質を述べている[5]。その具体例の一つとして、秀吉が毛利氏との勢力圏の境目付近における備前・美作・播磨で籠城衆に対して行った皆殺し作戦による大量処刑も、政治状況を動かすための情報操作の一環としての強面の戦術だったことを指摘している。

5. 第五章「諸宗教との関係」

ここでは、信長は比叡山の焼き討ちや一向一揆の討伐など旧来の仏教徒に対して弾圧を加え、新しく伝来した宗教であるキリスト教を保護したことが、信長の革新性をあらわす「箱」とされてきた。著者は仏教徒への弾圧について、①一向一揆との石山合戦、②比叡山の焼き討ち、③安土宗論、の三点を検討されている。これまで一向一揆や島原の乱に関する著書を数多く著してこられた著者の最も専門とする分野である。しかし、ここでのページ数は四〇頁ほどで、全体の六分の一しかなく文量は多くない。この点については、前著があるためにここでの詳論を避けたものと思われる。しかし、ここでは前著の要点が凝縮され簡潔に記されている。

①一向一揆との抗争については、「箱」では民衆と権力との非妥協的闘争とされ、信長はそれを打倒することで「武士」「侍」による強固な「統一政権」の樹立を図ったとされてきた。しかし著者は、この抗争によって信長は本願寺教団の解体を図って弾圧したわけではなかったことを明らかにしている。その背景としては、本願寺は三好三人衆や朝倉氏・浅井氏・六角氏・武田氏と姻戚関係や政治的な関わりを持っており、本願寺自身も将軍を頂点とした幕府体制の一員だったことから、諸国の大名と友好関係にあり、常に交渉を保っていたことを明らかにした。そのため、本願寺は大名や義昭との関係があることから信長に「仕掛けた戦争」であり、政治状況から単純化された単なる既存の宗教勢力との対立ではなかったとする。また、伊勢長島と越前の一向宗徒に対する無差別的な殺戮については、宗教弾圧ではなく戦国大名の合戦で見られる軍事的な殲滅作戦だったとする。

②比叡山については、戒律が乱れて不法が横行していたことから、信長以前にも足利義教が将軍による制裁として焼き討ちを行っており、信長も再三にわたって浅井・朝倉氏との中立性を求めて降伏を勧告していたことから、それに抵抗したのは比叡山で、結果として仏法の道に反した者に対する制裁が行われたとする。

③の安土宗論については、宗論を仕掛けた日蓮宗側が負けるように仕組まれた宗論だったとする。宗論では負けた側は衆目の中で袈裟をはぎ取られる暴力的な屈辱が与えられることから「自力救済」の行為であり、信長はこれによって日蓮宗の教義を否定したり教団の勢力を削ぐことを意図しておらず、宗論を挑んで他宗派を攻撃する「自力救済」を否定することが目的だったとする。

一方のキリスト教については、畿内のイエズス会自体もまだ弱小団体で、特に他宗派と比べて優遇されていたわけではないとする。信長の宗教観としては、イエズス会の『日本通信』とフロイス『日本史』の史料批判を行いつつ、信長は各宗派のそれぞれの教義・信仰を尊重し、すべての信仰を優劣のないものとする立場だったとする。以上により、信長は新しい宗教を優遇して旧来の宗教を弾圧する意図はなかったことを明らかにしている。

6. 第六章「『革命児』信長の真実」

ここでは、信長の人間性について家臣との関係を通して検討している。信長のイメージは、実際に信長に接したフロイスが「規律や家臣の忠告には少ししか、或いは殆ど全く従わず」と記したことなどから、独断を旨として家臣の忠告を聞かない自由闊達な「天才児」としてのイメージが定着しているといってよいだろう。また、領土拡張の野望を抱いて自己中心的に合戦を繰り広げ、家臣の人材登用も適材適所において起用し、非情だが合理的な人遣いと考えられてきた。

しかし著者は、信長が家臣である羽柴秀吉の進言や佐久間信盛の言い分を聞いている事実や、著名な柴田勝家に言い渡した「越前国掟」においても理を主張すればそれに随うことが宣言されていることに着目し、実際には家臣の進言や抗弁にも耳を貸していることを明らかにした。そして、織田家中にも当該期の戦国大名の家中に見られる「一味同心（一揆の団結）」に支えられる当主と家臣との「合議」が存在していたことを見出している。

また、人目をはばからない「うつけ」だった信長は、「外聞」を基に「異見十七ヵ条」で義昭を叱責し、高天神城攻めを契機として武田勝頼を追い込み、さらに信盛を追放する際にも「一天下の面目」を失い評判を失墜させたことを理由にしていることから、世間の評判を重視していたとする。戦場でも、時として足に傷を負いながら劣勢の先頭に立って士気を鼓舞し、家康に対して戦中の「心労」や諸卒の「苦労」に気遣いなどしていることから、著者は「常識に富んでいた「大人」であり、狡猾な政治家」として、新しい「信長像」を提示している。

それでは、信長が目指したことは何だったのであろうか。著者によれば、信長は家中において当主と家臣による「合議」を重んじており、また、将軍や大名との関係においても協調と共存を目指していたとする。この点については、他大名との通交における文書も非常に丁重で、義昭を追放した後も安芸の毛利輝元に対して将軍のことは大名たちとの相談に従って天下のあり様を決めたいと述べていることから、将軍家を中心とする秩序が「天下」だったとする。これは、大名たちにとっての「天下の秩序」の観念に基づいており、このような「合議」を重視する考え方は当時の人々には何ら違和感のない行動だったとする。

7. 本書のまとめと特色

以上、全六章にわたる本書の内容を五点に整理して要点をまとめてきた。これまでの検討によって、どのような「箱」の中の「真の信長」が導き出されただろうか。

信長は、伝統的な権威との関係については、①将軍や天皇を自明の権威として尊重していた、②「天下統一」事業といえる大名との合戦は国衆の動向からの「国郡境目相論」で、信長は大名との「共存」を志向しており、将軍を中心とした大名との合議による「天下」の秩序回復を目指していた、③そのため、彼がそのスローガンとしていた「天下布武」は全国制覇の意志の表明ではなく畿内平定であり、将軍の秩序の回復だった、④宗教的な権威についても、一向一揆との抗争や比叡山の焼き討ち・安土宗論は旧来の伝統的な宗教の弾圧ではなく、また新しく伝来したキリスト教に対しては特別に保護したわけではなかったことを明らかにされた。

これらのことから著者は、信長の「革新性」と全国制覇の「野望」からなる「箱」は疑わしいことを明らかにした。著者は「箱」の中にいる「本当の信長」を、〝世間の評判に敏感で「外聞」に気を遣う老獪な常識をわきまえた「大人」

の政治家〟と評価した。これにより、「革命児」信長の革新性をあらわす諸政策・政治的な動向はことごとく否定され、信長は当時の社会に則した現実的な政治家だったことが明らかにされた。

本書の最大の特徴は、史料を通して当時の人々の目線や認識、それによって形成される戦国社会の視点から信長のことを考究した点にある。通常、伝記や人物の評伝は事績を出自・生い立ちから時系列に沿って叙述するのが一般的だが、本書は各章ごとにテーマを設定して詳論しているのが特徴的である。よって、一章ごとが一つの論文といってもよい内容となっている。

また、エピソードや逸話がまったくと言っていいほど記されていないのが特徴的である。例えば、青年期の信長を表すのに必ず引き合いに出される「うつけ」についても、わずかに一ヶ所のみ記されているだけで、有名な父信秀の葬儀の際に位牌へ抹香を投げつけたこと等の具体的な事柄はまったく記されていない。これは、このようなエピソードは人間性が表されるが、それが「人物像」となり「イメージ」に繋がることであるといえるため、著者はあえてそれらを排除してより客観性をもって「真」の人物像を抽出しようとした姿勢の表れであることがうかがえる。本書の姿勢は史料に基づき、信長の実際の政策を通してその中から信長の意思を読み取り、リアルな信長を見出すことを目的としていることにある。

そのため、引用する史料についても厳密に史料批判を行い、また最も新しい自治体史である『愛知県史』を活用するなど新しい史料も積極的に利用している。特に前者について特筆すべき点として、イエズス会関係の史料では我々は翻訳された史料を引用することが一般的だが、著者は原文にあたって自ら翻訳されて「王侯」の解釈や、フロイスの『日本史』とイエズス会の『日本通信』ではどちらがより正確か、史料の成立の背景までをも検討してそこから改竄の可能性を見出すなど、厳格に史料批判を行っている。

本書によって得られた「信長は革新的ではない」とする見解は、すでに脇田修氏や池上裕子氏によってもこれまでに指摘されてきたことではあった。[6] 脇田氏と池上氏は、主として信長による検地や宛行・安堵といった所領政策から革新性を否定した。そういった点では信長は「中世的」だったといえ、著者の見解と結論的には一致しているといえる。池上氏の「信長像」も、「英雄視する後世の評価を再考した、新しい等身大の信長像」として新聞誌などで注目された（東京新聞、二〇一三年七月二十八日）。それでは、著者の見解との相違点はどこにあるのであろうか。それは、①将軍の権威の有無と、②信長の合戦の実態、③信長の専制性、の三点にあるといえる。池上氏は、義昭は信長に依存しており、信長の合戦も領国拡大の意図があり、大量の虐殺も自らに反抗する勢力に対する見せしめで、家臣は信長の命に従う専制的な政治体制だったと考えられている。

①について著者は、将軍の権威を積極的に評価している。これは、「信長の箱」の最も大きな「鍵」といえる。著者は「天下」の語義を詳細に検討され、「天下布武」を将軍のために「畿内に武を布く」ことだったことを明らかにされた。これは将軍の権威を前提としているため、今後の大きな論点となるところだろう。評者も両者の関係は協調する関係だったと考えているが、それよりもさらに踏み込んだ議論である。著者が本書で明らかにした通り、将軍の権威は上洛運動や大名間の和平調停・畿内平定戦で実態として機能し、京都追放後も義昭は政局の中心にいて信長包囲網を形成していることからも、将軍の権威はあったと考えるのが妥当だろう。そもそもの義昭を信長の「傀儡」とする「箱」についても、それは将軍の権威を前提としていることであるため、実際には矛盾した見解だったといえる。それに、「性急」（フロイス『日本史』）な性格の信長からすれば、「傀儡」などと回りくどいことをせずに「天下」を獲ればよかったのであり、この矛盾点も著者の「共存」を「鍵」とすれば整合的に理解することができる。

②については、信長は「当知行の安堵」を前提としており、上洛後の畿内平定戦で大和の松永久秀が投降した際に義昭は赦さない方針だったが、信長の取り成しで赦免されてそれまでの知行地が安堵されている。信長に「天下統一」のための領国拡大の野望があったとするならば、久秀の所領を没収したはずである。この点の矛盾も、著者の「共存」

に基づく論理で理解することができる。

③については、幕府・朝廷・宗教・家中の「合議」と、著者の指摘通りに信長が旧来の秩序を重んじる政治思想をもっていたとするならば、恣意性をもって専制的に政権運営はしなかったと考えることができる。実際、信長はそれを行った義昭を「外聞」に基づいて叱責し、京都から追放していることから、上位にあっても恣意的に権力を行使すれば「面目」を失って「世間の評判」は失墜することになり、支持を失うことになるといえる。よって、著者の指摘は充分に首肯しうるが、政治理念だけではなく実際の政権運営から検討することが今後の課題となるだろう。

8．本書で得られた信長の「鍵」とそれを踏まえた補足・課題点

本書を通して著者によって示された「信長の箱」を解く「鍵」は、①将軍・天皇・宗教・大名など既存の勢力の存在を是認し、上位の権威を尊重して時として政治的に利用する、さらに②幕府・朝廷・仏教は本来のあるべき秩序を遵守すること、そのため武家については③将軍を中心として大名との「合議」による「天下」秩序を回復し、家臣とも「合議」によってあり様を決めようとしていた、④将軍義昭の叱責、公家の処罰、国衆・家臣団の統制は「外聞」に基づいていた、の四点に集約することができる。これらはいずれも矛盾なくそれぞれに整合性があることから、信長の政治理念として通底していた姿勢だったと理解することができる。

それでは、著者の示した「鍵」によってさらにいくつかの「箱」を開けることができそうなので、この「鍵」を基に本書の課題点も含めていささか私見を述べさせていただきたい。

【足利義昭との関係】義昭との関係で最も重要な史料は、永禄十三年正月の「条書」である。五ヵ条からなるこの「条書」の第四ヵ条目に「天下のことは、何様にも信長に任せ置かれる」とあることから、義昭は信長に「天下之儀」を

委任している。そのため、「箱」ではこれは信長の「押し付け」であり義昭は「承認せざるをえなかった」とされ、「信長は将軍権限の全てを委任させ、義昭の傀儡化に成功した」と考えられてきた。さらに、これと同日に諸国の大名や国衆へ発令された上洛要請は、その実例とされてきた（註（2）橋本政宣氏著書）。

これらについては、義昭と信長の関係を従来のそれとするのか、協調関係とするのかで捉え方がまったく異なる。著者は後者の立場に立ち、この「条書」は双方によって「約諾されたもの」とする。この指摘はきわめて重要である。著者は信長に委任された「天下の儀」とは具体的に何だったのかは議論されていないが、「異見十七ヵ条」の内容から信長は実権を掌握しておらず、限定されたものだったとする。

なお、これについて、近年では金子拓氏によって「天下静謐執行権」であるとする見解が出されている。評者も義昭と信長は協調関係にあり、この条文からは「将軍権限」のすべてとは読み取れないことから、著者の見解と同様に「限定的なもの」で、「委任」されたのは「天下における成敗権」だったと考えている。そこで注目される史料として、（永禄十二年）二月八日付けの越後上杉謙信宛て足利義昭御内書がある。ここで義昭は謙信に対し、甲斐の武田信玄と和睦して「いよいよ天下静謐の馳走は、信長に相談すべきことが肝要である」と申し送っている（「上杉家文書」『信長文書』一四八号参考）。この史料から、義昭は「条書」の一年前に信長に「天下静謐権」を委任していたと考えられることから、著者の指摘通り双方がすでに「約諾」していたことを「条書」によって取り決めたと考えることができる。

また、諸国の武家への上洛要請についても義昭と信長の思惑は一致し、実際に各国の武家を将軍に供奉させて将軍と大名による「合議」体制の形成を意図して発せられた、と理解することができる。

【「天下人」の概念規定】　さらに金子拓氏によって、信長は「天下静謐権の執行者」となったことで「天下人」になったとする見解が出されている。著者はこの「天下人」の概念については、「五畿内の領主であり、諸国の大名との和睦により平和の実現をめざす存在」と述べており、両者の見解は分かれている。著者はその役割の一つとして、「惣無事令」を挙げている。

「惣無事令」は、藤木久志氏が詳論された豊臣秀吉が全国の大名に対して発令した武力行使による私戦の停止令で、秀吉はこれに違犯した小田原北条氏を攻めていることからも、武力による制裁とは表裏をなすものである（『豊臣平和令と戦国社会』東京大学出版会、一九八五年）。戦国期の将軍も、足利義輝と義昭が大名間の和平調停を行っていることから武家の棟梁たる征夷大将軍の重要な職権の一つであり、信長も九州の島津氏・大友氏や東国において停戦令を出している。著者は「天下を「まず取り鎮めた」織田信長もまた、天下人として義昭の役割を引き継いだ」とする。しかし、ここで留意しなければならない点は、足利将軍も秀吉も「将軍」「関白」という公権力の裏付けがある「公儀」として「惣無事令」を発令していることである。著者は、「天下人」の定義として領域的に「天下」を管掌したから「天下人」となったとするが、これについては信長が天正元年七月に「天下を取り鎮めて」から同三年十月に「公家」になるまでのギャップと、「公儀」との関連、織田政権の成立の時期とも相まって、「天下人」の定義をなお慎重に議論する余地があるだろう。

【「大名間和平調停」について】足利将軍は大名間和平調停を行っている。信長と朝倉氏・浅井氏との江濃越講和について著者は、「なぜ義昭が講和を主導したのかはともかく」とするが、実は著者はこの後に答えを出しているのである。著者は触れられていないが、講和の経過が具体的に記されている『尋憲記』には、信長の主張として浅井との「国郡境目相論」であることを述べていることが記されている。(7)とすると、確かに義昭は朝倉に人質を差し出していることから信長側の立場で行動していることは間違いないが、大名間の国郡境目相論を裁定したとすると必然性が認められるのである。また、ここで義昭が朝倉氏に対して人質を差し出していることも、義昭と信長は一体だったことを裏付けているといえる。

なお、この講和では高野山へ遁世する覚悟で交渉に臨んだのは「義昭」としている。これまでの研究では、堀新氏や谷口克広氏によって交渉にあたった二条晴良とされてきた。評者も、講和の主体は義昭であり晴良は「名代」だったことから、義昭と考えている。

【「天下静謐」と将軍の権威】信長と義昭は、信長が「異見十七ヵ条」を呈出して義昭の失政を責め、甲斐の武田信玄が西上し、本願寺―浅井・朝倉氏による信長包囲網に呼応して、義昭が蜂起したことによって決裂する。信長は「君臣」の間柄であることから愁訴し、さらに義昭追放後も毛利氏との帰洛交渉に応じていることから、著者は信長は義昭を主君として立てて「君臣」の関係を強調した臣下の立場を堅持しつつ、「将軍の力が必要だった」とするが、大名間和平調停以外ではなぜ必要だったのかについては具体的に触れられていない。今後の論点となるところだろう。

評者は、その一つの「鍵」として「将軍は、「天下」（＝畿内）において静謐を実現・維持する存在」で、それが「天下人」だと考えている。その証左として、足利将軍はそれを可視的に京都の人々に「平和である」ことをアピールすることを行っている。例えば、義昭は上洛後の畿内平定戦の後に、少数の供を随えただけで御座所を移座している。これは、将軍の武威によって周囲に敵対勢力がおらず「静謐」な状態であり、軍勢を率いないほぼ丸腰の状態でも安全であることを周囲に知らしめる可視的な効果があったと考えられる。義輝の「永禄の政変」や義昭の「本圀寺合戦」も、このような状況で生じたといえ、評者は本能寺の変の際に信長が小姓衆だけで宿泊していたことも、「天下人」として平和な状態で安全であることを誇示する表現の一つだったと考えている。

また、幕府の必要性については、著者は信長の将軍・幕府との共存の思想と講和における利用の政治的側面から説明された。これも「天下静謐」と関連していると考えられる。すなわち、幕府がないと無政府状態となってしまい、実際に義昭・信長の上洛以前に公家領は「三好方」や「武家」による押領が行われ違乱されていた（『言継卿記』永禄十二年三月三日条）。それは「静謐」を乱す行為であるため、やはり「天下静謐」を実現するためには幕府が必要だった。その延長が、大名への同盟の勧告「惣無事令」に繋がると考えられる。

【「異見十七ヵ条」の年代比定】これまで信長と義昭の齟齬を直接的に示す史料である「異見十七ヵ条」（『尋憲記』元亀四年二月二十二日条『信長文書』三四〇号）は、元亀三年九月と考えられてきた。著者はこれを天正元年正月に比定している。評者も元亀の段階ではまだ義昭と信長は政治的に協調関係にあったことから著者と同じ見解であり、これを一つの契機として義昭と幕臣は信長と対戦する意志を固めて二月に蜂起したと考えている。(補註4)

【「世間の評判」と将軍追討の大義名分】著者は、「世間の評判」は国衆の趨勢を決する要素で、信長は将軍や朝廷、さらには家臣にも求めた実利性と政治理念を表す重要な要素として説明されている。これにもう一つ、「大義名分」となる要素であることを指摘しうる。すなわち、義昭との抗争において「君臣」間の「臣」である信長が「御所巻き」の慣習があったにしても「主君」の義昭に弓を引くことになる。信長は「異見十七ヵ条」を流布させて義昭の非議を責めて喧伝することによって「世間の評判」を後ろ盾にし、これを「大義名分」としたと考えることができる。義昭は追放される時に京都の町民から「貧乏公方」と嘲笑されて「天下の面目」を失っており、信長の義昭追放は京都町人からも容認されている。

【「天下統一」について】信長の「野望」については、義昭との関係や大名との「合議」による体制の「天下」から、非常に説得力のある説明がなされている。しかしその後、柴田勝家が「天下一統」を表明しており（「書簡弁証文集」『信長文書』補二〇八号）、彼らは戦場で戦功を挙げれば恩賞として所領が宛行われるため、前線で戦っている部将や兵士達は眼前の敵対勢力を打倒する目的をもって戦闘している。信長も、封建君主としてそれらの欲求に領主の責務として応える義務がある。

信長は他国の大名との共存を図り、他領を奪取せずとも義昭に諭したように恩賞は自らの土地から与える覚悟であって、さらに主君と家臣の思惑が相違しているのは当然であるとしても、実態として家臣にまで拡大した「天下一統」の認識をどのように整合的に理解するのかが今後の重要な課題と考えられる。

おわりに

以上、これまで本書の要点をまとめて若干の私見を述べさせていただいた。著者が示された「鍵」によってこれまでの矛盾点も整合的に理解できるようにもなり、かつ多くの新しい論点も提示された。これにより、本書はこれからの信長研究の大きな分岐点となることは間違いないといえる。

著者は、これまで「革命児」とされてきた信長について、「伝統の遵守ではなく破壊こそが進歩を生む」「新たな社会秩序は旧来のそれの破壊から生まれる」として、「信長の箱」は十八世紀の近代科学の出現以降の所産として根底から否定した。著者は信長のことを、「気質は寛大で策略に長け、生来の知慮を備えているので絶えず日本人の心を掴」んでいたとするフロイスの人物評と、本書における検討から「人心収攬を重要なものと心得ており、絶えず当時の常識や、民衆の動向に気を配っていた」現実的な政治家として評価した。本書による「信長像」は、史料を基にしてそれを通して当時の人々の目線から見た戦国社会に生存していた「真の信長」といえ、今までにない新しい「信長像」を提示したことに成功しているといってよい。そこには、かつて「うつけ」と周囲から嘲笑され、カリスマ性をもって専制的に「天下統一」に邁進した「革命児」の姿はない。そういった意味では、著者こそが「英雄信長」からすると「反逆児」であり、「革命児」といえるかもしれない。

以上、評者の能力不足もあり、要点をコンパクトにまとめることができず長文になってしまった。それは、本書の内容がたいへん充実したもので、これまで縷々述べてきたように重要な論点が多岐にわたっているためである、と言い訳をさせていただきつつ、ここに擱筆する。なお末筆ながら、浅学の評者は著者の意図を充分に読み切れておらず、また内容的に誤認や曲解している箇所も多々あることと思う。この点については、御寛恕を願う次第である。

（筑摩書房、二〇一四年一〇月刊、筑摩書房、全二三七頁、価格八〇〇円＋税）

註

（1）神田千里『一向一揆と真宗信仰』（吉川弘文館、一九九一年）、同『一向一揆と戦国社会』（吉川弘文館、一九九八年）。

（2）朝廷との関係については、橋本政宣『近世公家社会の研究』（吉川弘文館、二〇〇二年）・堀新『織豊期王権論』（校倉書房、二〇一一年）・神田裕理『戦国・織豊期の朝廷と公家社会』（校倉書房、二〇一一年）・金子拓『織田信長〈天下人〉の実像』（講談社、二〇一四年）。家臣団については、谷口克広氏による『織田信長家臣人名辞典』（吉川弘文館、一九九五年）や『信長の天下布武への道』（吉川弘文館、二〇〇六年）・『信長の親衛隊』（中央公論新社、一九九八年）をはじめとした一連の研究。文書様式については、石崎健治「足利義昭期室町幕府奉行人奉書と織田信長朱印状の関係について」（『文化財論考』第一号、二〇〇一年三月）・山田康弘「戦国期幕府奉行人奉書と信長朱印状」（『古文書研究』第六五号、二〇〇八年）など。領国支配については、戦国史研究会編『織田権力の領域支配』（岩田書院、二〇一一年）がある。なお、三鬼氏による『目録』以降の文献については、信長資料集編集委員会編『信長関係文献目録』（岐阜市歴史博物館、二〇一一年）もあるので、併せて参照願いたい。

（3）註（1）以外の著書として、『戦国乱世を生きる力』（中央公論新社、二〇〇二年）・『土一揆の時代』（吉川弘文館、二〇〇四年）・『島原の乱』（中央公論新社、二〇〇五年）・『宗教で読む戦国時代』（講談社、二〇一〇年）があり、本書に特に深く関わる著書として『信長と石山合戦』（吉川弘文館、一九九五年）・『一向一揆と石山合戦』（吉川弘文館、二〇〇七年）と、論文①「織田政権の支配の論理に関する一考察」（『東洋大学文学部紀要』第五十五集、史学科編第二十七号、二〇〇二年）・②「中世末の『天下』について」（『武田氏研究』第四二号、二〇一〇年）・③「中世の宗論に関する一考察」（大隅和雄編『仏法の文化史』吉川弘文館、二〇〇三年）がある（三本の論文は、①③は改題と②は改稿のうえ、『戦国時代の自力と救済』吉川弘文館、二〇一三年に収録されている）。

（4）前著の註（3）①論文では、①将軍が体現し維持すべき秩序、②京都、③「国」を管轄する大名の領域ではない、京都・畿内など「国」と棲み分けられた領域、④広く注目を集め「輿論」を形成する公的な場で、将軍が管掌する領域だったことを明らかにしている。

（5）ここで想起されるのが、西洋のプロシアの軍人クラウゼヴィッツが記した『戦争論』（岩波文庫）における戦争の定義である。クラウゼヴィッツによれば、「戦争とは政治的行為であるばかりでなく、外交であり、彼我双方の政治交渉の延長であり、政治とは異なる手段を用いた政治交渉の遂行である」とし、戦争は政治の所産であると説いている。さらに、戦争においては政治的要素が軍事的要素よりも重要で、戦争は政策のための手段にすぎないとしている。よって、戦争は政治に従属するのであって、その最終決着方法が軍事的解決であると説いている。つまり、合戦とは政治交渉の所産であるといえる。信長からすると、後世の軍人が説いた戦争の原理は、人類の抗争の摂理を説いたものとして首肯され、著者が説いた信長の戦争の行動原理とも合致しているとみることができる。

（6）　脇田修『織田政権の基礎構造』（東京大学出版会、一九七五年）・『近世封建制成立史論』（東京大学出版会、一九七七年）、池上裕子『織田信長』（吉川弘文館、二〇一二年）。

（7）　『尋憲記』十二月十三日条に、「是より此方ハ信長存知、是より是ハ浅井存知と候」「信長方より持候城々、浅井方より持候城々、いつれ《（何れ）》ハわり《（割）》、いつれ《（何れ）》ハ持候て、いつく《（何く）》よりいつく《（何く）》迄と候て、さしつ《（指図）》出候て」「人質をかわし《（交）》相調由候也」「一、北郡浅井知行分者三分一程、三分二者信長存知させられ候、一、山門者不同心申候条、綸旨、御内書、御下知、信長誓帋已下被調遣之候キ」とあり、人質を取り交わして城割りと領域の境界を定めたことで講和が成立している。

（補註1）　本章の元になる論稿を二〇一五年に著してから、日本史史料研究会編『信長研究の最前線』2（洋泉社、二〇一七年）が刊行された。

（補註2）　信長資料集編集員会から、『信長史料集』第一巻（岐阜市歴史博物館、二〇一五年）が刊行されている。

（補註3）　信長の花押と足利将軍の花押に関する論考として、石崎健治「織田信長『麟』字型花押の含意」（『日本歴史』第六六四号、二〇〇三年）がある。石崎氏は足利将軍との連続性を指摘し、この花押は「麟」字と足利様の融合型として、信長は室町幕府の政治構造に対して一定の範囲内で敬意を払いつつ、室町幕府を引き継いで「天下統一」を達成するという意識が読み取れるとしている。

（補註4）　義昭が信長に「御逆心」して蜂起する要因については、本書第Ⅱ部第三・四章で詳論した。

第Ⅱ部　織田信長と足利義昭の政治・軍事的関係

第一章　織田信長と足利義昭の軍事的関係について

はじめに

小稿は、室町幕府最末期における織田信長と最後の将軍である足利義昭との軍事的関係について検討するものである。これまで両者の関係については、義昭は信長によって政治的に利用され、幕府は信長の「傀儡政権」となったと考えられてきた(1)。義昭は信長に反発して自己の権力強化を謀り、元亀元年（一五七〇）からの「元亀の争乱」で諸国の大名と連繋して信長打倒の包囲網を形成して対立した、とされてきた(2)。その結果として両者は並び立つことができなくなり、旧来の政治体制である幕府は「革命児」信長によって必然的に滅ぼされることになった、とされているのが通説的な見解だった(3)。

両者の関係がこのように認識されてきた根拠には、重要な史料が二点存在する。一つは、信長と義昭が永禄十二年（一五六九）正月十四・十六日付けで定めた「幕府殿中御掟(4)」である。そしてもう一つは、永禄十三年正月二十三日付けで双方が加判して締結した五ヵ条の「条書(5)」である。「天下」を獲るために義昭を「擁立」した信長は、義昭にこれらを押し付けて承認させ、「掟書」によって幕府を規制するとともに、義昭から将軍権限の全てを委任させて「将軍の代行」となり、幕府を自己の統制下に置いて「傀儡化」する意図があったと考えられてきた(6)。

「義昭政権傀儡化説」の根拠となったこの二点の史料のうち、前者については臼井進氏によって幕府が有していた従前の規定を再興することを意図したものであり、双方の約諾だったとして強要説が否定されている(7)。小稿では後者の五ヵ条の「条書」のうち「天下之儀」委任について記された第四ヵ条目の「条文」に着目して検討を加え、「元亀の争乱」での元亀元年における信長包囲網を中心として信長と義昭の軍事的関係について再考するものである。

1. 永禄十三年正月「五ヵ条条書」における「天下之儀」委任

永禄八年五月十九日、室町幕府第十三代将軍足利義輝が三好義継・松永久通・三好三人衆（三好長逸・三好宗渭・石成友通）等によって弑逆される「永禄の政変」が起こった。義輝の弟で大和興福寺一乗院の門跡だった義昭（当時は覚慶）は、幽閉の後に近江・若狭・越前へ落ち延びてから、永禄十一年九月二十六日に尾張・美濃・伊勢を領有する信長の助勢を得て上洛を遂げた。そして、三好勢を征討して畿内を征圧した後の十月十八日に、第十五代征夷大将軍に就任する。

従来、義昭の上洛は「天下布武」を標榜して「天下統一」すなわち日本全国の征服を目指していた信長に、上洛するための大義名分として利用されたとされてきた。[8]しかしこれについては、神田千里氏によって当該期における「天下」とは京都を中心とした畿内周辺で、将軍が主宰する領域だったことが明らかにされた。[9]その上で、「天下布武」は日本全国を統一して覇権を確立することではなく、将軍による秩序の回復を目指していたことだったと指摘した。義昭と信長の上洛は、当該期の人々には義昭の上洛に信長が「供奉」したと認識されていた。[10]そのため、上洛の主体は義昭だったのである。

信長と義昭の関係は、義昭は信長を「武勇天下第一」と称えて「御父」と尊称している。[11]永禄十二年正月五日に、義昭は御座所としていた本圀寺を三好三人衆等の勢力に襲撃されたが、この時に信長は美濃から単騎早駆けで救援に駆け付けている。したがって両者は「将軍権力」をめぐって政治の実権を争う関係ではなく、義昭にとって信長は第

一の「家臣」であり、信長にとって義昭は命を懸けて護るべき「主君」だったのである。(12)

信長と将軍就任後の義昭との関係において最も重要な史料は、永様十三年正月二十三日付けで締結された全体で五ヵ条からなる「条書」である。この「条書」は、信長から日乗上人と明智光秀を介して義昭に提示され、義昭が袖判を捺したことによって承認されている。

〔史料1〕足利義昭・織田信長条書（「成簣堂文庫所蔵文書」『信長文書』第二〇九号文書）

［黒印］（印文、義昭宝）

条々

一、諸国へ以御内書被仰出子細有之者、信長ニ被仰聞、書状を可添申事、

一、御下知之儀、皆以有御棄破、其上被成御思案、可被相定事、

一、奉対公儀、忠節之輩ニ雖被加御恩賞・御褒美度候、領中等於無之ハ、信長分領之内を以ても、上意次第ニ可申付事、

一、天下之儀、何様ニも信長ニ被任置之上者、不寄誰々、不及得上意、分別次第可為成敗之事、

一、天下御静謐之条、禁中之儀、毎事不可有御油断之事、

已上

永禄十参

正月廿三日　（朱印）

日乗上人

明智十兵衛尉殿

このうち特に重要なのは、「天下之儀」について記された第四ヵ条目である。ここに「天下之儀、被置任信長」と

あることから、従来はこの「天下之儀」は将軍が有する権限と理解され、その全てが「信長に任し置かれた」すなわち「義昭は天下の政権をすべて信長に委任してしまい」「信長は義昭から将軍の権限を委任させた」と考えられてきた[13]。さらに、信長はこれと同日付けで二十一ヵ国におよぶ諸国の大名や国衆等に対して上洛を命じていることから併せて解釈され[14]、将軍が有する大名への命令権の与奪を謀り、この上洛要請に従わなかった越前の朝倉義景を討伐するために利用したと理解されてきた[15]。

また、この後の二月三十日に信長が上洛した際には公家の出迎えをうけており、本来ならば「地下人」の身分で昇殿できない信長が参内して正親町天皇に拝謁するなどしている。これらのことから信長の立場が変化したとして、信長は将軍と同等の権限を獲得して「将軍の代行」になったと考えられてきた[16]。義昭は「将軍」の専権事項として、①京都を中心とした「天下」における支配権と②軍事権、③栄典の授与、④大名間の和平調停権、⑤公帖の発給を実効性のある権限として行使していた[17]。しかし、これらについて信長は侵犯して「傀儡化」していないことから、「条書」によって「将軍の権限」全てを委譲させ、将軍と同等の権限を獲得して代行者となったわけではない。

この「条文」は、「天下のことは、どのようにも信長に任せ置かれたので、相手が誰であっても、義昭の上意を得ないで、信長の分別による判断次第で成敗する」と解釈できる。「天下」については、既述の通り神田千里氏によって領域的には京都を含めた畿内周辺を指し、将軍が管掌する領域だったことが明らかにされている。これまでは、従前の「天下之儀」を「将軍の権限」とする見解が規定概念として自明のこととされ、当該期における「天下」の実態が思慮されてこなかったといえる。よって、必然的にこの「条文」で信長に「任せ置かれ」委任されたのは「将軍権限」の全てではなく、「天下」における「成敗」に関する限定された権限だったと考えられる。この点については、「天下静謐」を詳細に検討された金子拓氏によってもすでに同様の指摘がなされている[18]。金子氏は、「条文」を単独で解釈すると「天下」を維持する役割が信長に任せ置かれたのであり、信長に委任されたのは軍事指揮権とさらには第一条に見られる外交権で、信長の判断で成敗する「天下静謐」を維持する役割だったと指摘した。筆者は基本的には金子氏の見解と同じ意見である。以下、ここでは信長に委任された「天下静謐」を維持するために、「成敗」する権限を「天下静謐維持権」とする。

信長はこの「条書」を締結することによって軍事権を請け負い、その一方で幕府には「殿中御掟」で本来の機能である「天下」における諸権利の保証・秩序維持の役割を規定して、軍事と政務の役割分担を志向していたと考えられる[19]。では、金子氏の指摘に留意しつつ、次に信長の畿内方面における軍事行動について、「元亀の争乱」を事例として義昭との軍事的関係を検討する。

2.「元亀の争乱」の展開

「条書」締結後の「天下」における最大の合戦は、元亀元年から信長と朝倉義景・浅井長政・本願寺・三好三人衆・阿波三好家等との間で争われた「元亀の争乱」である。元亀年間における信長包囲網は、元亀元年に形成された第一次と、元亀四年の第二次に分けられるが、小稿では前者について検討する。

本題に入る前にその前提として、争乱の展開を整理しておきたい。事の発端は①元亀元年四月からの若狭武藤氏討伐に起因する。②信長はこれを名目として越前の朝倉義景征討を図ったとされ、近江の浅井長政が信長を裏切ったことから、信長はいわゆる「金ヶ崎の退き口」によって撤退し、そして③「姉川の合戦」へと展開する。④この朝倉・浅井氏の動向をうけて、三好三人衆等の勢力と大坂の本願寺が摂津・河内方面で蜂起する。これに対して信長が出陣したところ⑤朝倉・浅井氏が再度蜂起し、比叡山に陣を据えて近江・山城の国境へ進軍して京都に侵攻する。義昭はこれらを扇動したとされ、さらに周辺で一揆が起きるなど、信長は完全に包囲されることになった。信長は朝倉・浅井勢に備えて志賀へ出陣して、両軍と対峙する（「志賀の陣」）。そしてこの年の暮れに、近江浅井氏・美濃織田氏・越前朝倉氏の間で「江濃越一和」が成立して争乱が終結することになった。それでは以上の各交戦について、信長と義昭の軍事的関係について検討する。

若狭武田氏討伐と越前侵攻

「条書」後に初めて信長が軍事行動を展開するのは、永禄十三年四月二十日に京都から出陣した若狭の武藤友益討伐である。これについては、東京大学史料編纂所が刊行した『大日本史料』（第十編之四）の稿文に「信長、朝倉義景ヲ討タントス、是日、京都ヲ発シテ、若狭ニ下ル」とあり、最新の研究でも従来の定説通りに越前の朝倉義景を討伐するための名目だったと理解されている。[20]

しかし実際には、信長が毛利元就に宛てた朱印状に「若狭之国端ニ武藤与申者、企悪逆之間、可致成敗之旨、為上意被仰出之間、去四月廿日出馬候」（「毛利家文書」『信文』二四五号）とあることから、義昭は信長に若狭の武藤氏を「成敗」するために「上意」として下知を下し、信長は義昭の命を承けて出陣したのである。『言継卿記』（四月二十日条）に「松永山城守《（久秀）》ハ罷立、摂州池田筑後守《（勝正）》人数三千計有之、公家飛鳥井中将《（雅敦）》、日野《（輝資）》等被立了」とあることから、信長は大和守護・摂津守護の久秀・勝正と将軍に奉公する武家昵近公家衆を含めた幕府軍を率いて出陣する。出陣に際して信長は、正親町天皇へ「出陣御暇乞」のために参内しており、朝廷では三月二十八日に内侍所で千度祓いと石清水八幡宮で法楽の戦勝祈願が行われていることから（『言継卿記』）、「公儀」の軍隊として出陣した。

若狭では、これ以前から国衆が守護の武田派と隣国の朝倉派に分裂しており、武田家当主の元明が朝倉義景に拉致されるなど支配が安定していなかった。武田家中では義輝の時にも、将軍へ内紛の調停を願い出ることが行われている。[21] 武田氏は先代の義統が義昭の妹婿であることから姻戚関係にあり、上洛前に義昭を庇護するなど義昭とは親しい間柄にあった。したがって、武藤の「悪逆」を看過して武田家中の内紛を放置しておけば若狭の国衆が朝倉方に属する可能性があり、これは谷口克広氏が「武藤ごとき」「小者」（註6著書）と評したが問題はそれだけにとどまらず、武藤攻略は若狭一国規模の形勢を左右する局地戦だったといえる。実際に『言継卿記』にはこの後の十月二十二日に「若州武田五郎（元実）・武藤（友益）・栗屋右京亮等敵ニ成、ガラガラ城、山形孫三郎持之、責落」とあり、義昭に背いて「敵」となっていることが確認できる。また、大軍を率いて出陣したことについては朝倉攻めが目的だったためとされているが、それは結果を知る後世の後付け的な評価であり、実態としてこれは「公儀」の軍隊として将軍の威勢を示すためだったと考えられる。

以上のことから、この軍事行動は信長による義景討伐のための出陣ではなく、主体は義昭で「将軍」の「公儀」の軍隊による武藤「成敗」が直接的な目的だったことは明らかといえる。義昭は武藤を「成敗」するために「条文」に基づいて信長へ幕府軍の軍事指揮権を委任したのである。さらにその根拠として、近年発見された「三宅家文書」に次の注目すべき文書が所収されている。

〔史料2〕細川藤孝・飯川信堅・曽我助乗宛て明智光秀書状（「三宅家文書」熊本県立美術館『信長からの手紙』展示図録、二〇一四年）

令態啓上候、仍今日午刻、至熊川（若狭国）着仕候、此表相替儀無御座候、武田家老中当地迄罷出候、信長越境爲迎如此候、越州口并北郡（近江国）何も以別条之子細無之候、珍説於在之者、不寄夜中可申上候、此等之趣、宜預御披露候、恐々謹言、

明智十兵衛尉
光秀（花押）

卯月廿日（永禄十三年）

細川兵部太輔（藤孝）殿
飯川肥後守（信堅）殿

曽我兵庫頭（助乗）殿

この史料は、先陣として出陣した明智光秀が若狭と近江の国境にある熊川（福井県三方上中郡）まで軍を進め、若狭や越前・近江北郡の形勢を義昭側近の藤孝・信堅・助乗に報せ、「宜預御披露」とあることから、義昭へ報告した披露状である。これによると光秀は、まだ朝倉・浅井氏に動きはなく、もし何かがあった場合には夜中でも緊急に報告すると述べている。

また、これにあわせて武田氏の家老が信長を国境まで出迎えに来ていることが確認できる。そのため、この軍事行動は武田氏の家老と歩調を合わせた出陣であり、信長の目的は「越州」朝倉氏・「北郡」浅井氏の動向を警戒しながらも、武田氏に抵抗する武藤氏討伐だったことは間違いない。武藤の「悪逆」は、武田氏への上洛要請に関わって家中で諍いがあったとも考えられる。戦略を越前侵攻に転換したのは、武藤等の若狭の国衆が義景と連繋したことによって挟撃されることになり、派生的に生じた結果だったといえる。実際に信長は毛利元就に「彼武藤一向不背之処、従越前加筋労候」（『信文』二四五号）と、越前から圧力が加えられたために攻めたと述べている。したがって、朝倉攻めは結果論だったのである。

なお付言すると、義景の蜂起は、武藤氏が信長を挟撃するために義景へ後巻を要請したことが主たる要因と考えられるが、義景は上洛前の義昭を永禄九年九月から同十一年七月まで二年間にわたって保護し、この間に義昭の元服式で「管領代」となり加冠役を務めて執り行ったにもかかわらず、永禄十三年正月二十三日付けの諸大名等への上洛要請で実際には召集されていない。そのため、義昭政権の枠組みから外されたことに対し反発して起こした軍事的示威行動だったとも考えられる[22]。また、ここで信長の妹婿で同盟関係にあった近江の浅井長政が朝倉方に寝返り信長に離反して蜂起する。このことを信長がなかなか信じなかったことについて、従来は信長の油断・慢心と理解されてきた。しかし、信長からすると、若狭武藤氏討伐に長政が叛意するのは道理のないことで、本心から理解できなかったと考えられる。そして、史料2から若狭出陣の時点ですでに朝倉氏に同調して離反する動向を示していたことが確認できる。

以上により、義昭は武藤を「成敗」してこの若狭国内における武田家中の分裂を収拾するために、信長へ軍事指揮権を委任して幕府軍を派兵したことは明白である。この抗争ではさらに近江の長政と六角承禎が蜂起したことにより、信長は四月二十八日に「金ヶ崎の退き口」で撤退する。この時に信長を逃がすために幕府軍の勝正が殿を努め、若狭からは幕府奉公衆の沼田弥太郎と、近江からは朽木元綱が引導していることが確認できる（『継芥記』『寛永諸家系図伝』）。若狭計略において、信長と幕府軍は一体となっていた。

姉川合戦と幕府軍の軍事権

若狭計略の敗退直後に、信長は軍勢を立て直して再起をかける。そして信長・徳川家康の連合軍と義景・長政連合軍との間で、元亀元年六月二十八日に近江国浅井郡野村・三田村（滋賀県長浜市）を流れる姉川で戦われたのが、著名な「姉川の合戦」である。義昭は「金ヶ崎の退き口」による敗戦後に、信長を補完するため自らの出馬を表明し、さらに畿内の幕臣や江南の勢力に軍事動員をかけている(23)。信長はこの時に、美濃の遠藤胤俊・慶隆へ対して次の「天下布武」朱印状によって出陣を命じている。

〔史料3〕遠藤胤俊・同慶隆宛て織田信長朱印状（「武藤文書」『信長文書』第二三三号文書）

尚以人数之事、分在よりも一廉奔走簡《（肝）》要候、次鉄炮之事、塙九郎左衛門尉《（直政）》・丹羽五郎左衛門尉《（長秀）》かたより可申候、
別而馳走専用候、

江州北郡ニ至而可相働候、来月廿八日以前、各岐阜迄可打寄候、今度之儀天下之為、信長為、旁以此時候間、人数之事、不撰老若於出陣者、忠節可為祝着候、依働訴訟之儀、可相叶之状如件、

五月廿五日　　信長（朱印）

遠藤新右衛門尉（胤俊）殿
遠藤新六郎（慶隆）殿

ここで信長は、遠藤氏に対して「天下之為、信長為」に、「分在」すなわち所領の分限に応じた軍役以上に、一層奔走して領内から老若を問わずできるだけ兵力となる人数を集めるように命じている。語義として「天下」は、神田氏が指摘された畿内周辺といった領域的な概念のみならず、実際には「将軍」そのものを指すことがある。ここでは「天下之為、信長為」と並記されていることから、出馬する「将軍」義昭と信長のために出陣して「忠節」を尽くすことを求めて軍勢催促しているといえる。

信長は老若を限らず必死になって軍勢を招集していることから、この合戦に挑む覚悟のほどがうかがい知れる。以上により、姉川の合戦はこの他の信長の合戦とは峻別する必要性があるであろう。そこで、『大日本史料』『信長文書』で「元亀三年」とされている次の文書と併せて検討する。

〔史料4〕松永久秀等宛て織田信長朱印状案（「願泉寺文書」『大日本史料』第十編之四、元亀三年七月十九日条、二〇二頁。『信長文書』第三二八号文書）

来七月七日、郷（江）北至小谷表相働候、不違即刻（時）、不撰老若、可打立候、仍而取出（砦）相構候間、鋤・鍬以下可令持候、為其廻文指遣候、果而朝倉・浅井可及一戦候、時節見合伐懸可討果候、仍如件、

元亀三

七月朔日　信長

松永弾正（久秀）殿

郷南

国衆中

この文書は「元亀三」の年号が記されているため、元亀三年とされてきた。しかし、元亀三年七月の段階で松永久秀は信長と敵対していることから、信長が敵方勢力である久秀に軍勢催促することはあり得ない。信長と久秀が友好的な関係にあって、かつ信長が七月に朝倉・浅井勢と交戦状態にあるのは元亀元年のことである。信長は姉川合戦の後に、六月二十八日付けで細川藤孝へ宛てて「横山楯籠候《（者脱カ）》共、種々詫言申候へ共、可討果覚悟候、可為今明日之間候（「津田文書」『信文』二四一号）と、浅井勢が立て籠もる横山城を一両日中に攻めることを報せている。史料4は老若を限らず兵力を召集している史料3と内容的にも合致することから、信長は浅井攻めのために久秀に出陣を要請したと考えられる。そのため、この史料は元亀元年に比定した方が妥当である。信長は元亀三年七月にも浅井氏を攻めていることから、伝来の過程で年代が誤って書き込まれたか、あるいはこの文書は写しのため書写する際に誤記か加筆されるなど、年紀は後筆の可能性が高いと考えられる。

信長は朝倉・浅井氏との交戦の発端となった若狭武田氏の元実に対しても、六月六日付け朱印状で「可為御動座旨候」と義昭の「御動座」を報せて参陣することを要請している（「尊経閣文庫文書」『信文』二三四号）。結果としてこの合戦で義昭は出馬しなかったが、戦後に信長が義昭へ戦勝を報告した書状には「誠為天下大慶不過之候」（「津田文書」『信文』二四一号）とあり、合戦の勝利は「天下」＝義昭にとっても「大慶」であると述べている。

ここで信長が述べている「天下之為」「為天下大慶」とは、何を意味するのであろうか。端的に結論を言えば、この合戦も本来の主体は義昭であり、若狭計略から幕府軍が撤退した敗戦での将軍権威を挽回するための合戦だったと考えられる。そのため兵士達の士気を上げるためにも征夷大将軍である義昭は自らの出馬を表明し、信長にとっては義景・長政に二度敗戦することは絶対に許されず、まさに負けられない必ず勝たなければならない合戦だった。信長は老若を限らず武器として農具の鋤・鍬を持たせても必死になって軍勢を召集し、必勝の覚悟を持って臨んだ合戦だったといえる。

よって姉川の合戦は、領国拡大の「野望」をもって義景・長政打倒を目論んだ信長が「しかけた」合戦ではなく、義昭に敵対して「天下静謐」を乱す勢力を「成敗」するための将軍権威の威信をかけた「天下之為」の合戦だったのである。ここでも信長と義昭は、朝倉・浅井討伐に際して一体となっていた。

本願寺・四国三好勢との合戦

これまでの、若狭・近江における義昭・信長と義景・長政の抗争に呼応して、元亀元年七月二十一日に幕府の管領家だった細川氏「惣名」の信良と三好三人衆等の勢力が、摂津で挙兵して義昭方の野田・福島（大阪府大阪市）を攻めた。これに対して義昭は、『細川両家記』に「御所様より尾張之信長へ注進有けれハ、則美濃・尾張・三河三ヶ国可相触、可有上洛旨、御請」とあることから、信長に出陣を要請する。信長はこれに応じて自らの勢力圏から軍勢を召集して出陣した。さらに義昭は河内守護の畠山昭高に防戦の備えを命じ、昭高を介して紀伊国の根来寺衆や和泉国に軍事動員している。義昭は三好三人衆・阿波三好家とは上洛前から対立していたことから、そもそもこの抗争は義昭と三好勢との合戦であって、信長は義昭の軍事動員に応じて出陣したのである。

幕府軍は信長をはじめとして、畠山昭高・三好義継・松永久秀・遊佐信教や奉公衆などによる三万人の軍勢で出陣し、さらに義昭自らも出馬する。『細川両家記』によると、義昭は和田惟長・池田勝正・伊丹親興の守護や茨木佐渡守・塩川・有馬・畠山・和泉国衆等の軍勢を糾合して中島・天満森に陣取り、九月二日に細川藤賢の居城である中島城に入城する（『足利季世記』）。これによって義昭は、畿内の守護勢力と奉公衆・守護を介した根来衆・和泉国衆等による幕府軍と、信長軍による総勢六万の軍勢を率いており（『尋憲記』）、さらには三河の徳川家康にも出兵を促している（「武田文書」『大日本史料』第十編之四、元亀元年九月十四日条、八八三頁）。

このときの幕府軍については、「邪魔な軍隊」と評価されている。[25] しかし、『尋憲記』や『原本信長記』『当代記』

などに拠ると義昭の守護・奉公衆の軍勢は一万五〇〇〇人、これに根来・雑賀衆一万五〇〇〇人が加わって幕府軍は三万人程の兵力だった。『足利季世記』『細川両家記』によると、信長軍は美濃・尾張・三河・遠江衆による軍勢で三万人と記されている。そのため総勢六万人の幕府・信長連合軍のうち半数は幕府軍であるため、守護や畿内近国からこれだけの軍勢を軍事動員し得た義昭の将軍権威を侮ることはできないであろう。実際に信長軍が近江に移動してから、幕府軍は摂津で本願寺・三好三人衆等の勢力と対峙して京都侵攻を防いでいることから、その軍事力を看過することはできない。畿内における守護等の勢力は、義昭に敵対する勢力の京都侵攻を阻止する防衛線として厳に機能していたのである。

　ところが、この合戦に際して大坂の本願寺が、「大坂謀叛、一揆発」（『言継卿記』九月十二日条）とあることからも、義昭に謀叛を起こして蜂起する。本願寺側の史料である證念《下間頼総》書状写には「今度対当寺《本願寺》、信長謀叛之儀、重々曆《歴》然候、然間上意《義昭》彼信長与有御一味、此方へ被及御儀《義》絶候」（「勧修寺文書」『大日本史料』第十編之四、元亀元年九月十二日条、八六二頁）とあることから、義昭と信長は「御一味」で一体化していた。本願寺は「近年信長依権威、爰許へたいし《対》、度々難題いま《今》に其煩やます《止まず》候」（「西願寺文書」十月七日付け坊主衆・門徒中宛て顕如書状『大日本史料』第十編之四、八六一頁）のため信長に敵対したことから、信長と「御一味」の義昭は本願寺と「御義絶」することになった。これに対して本願寺は、加賀四郡の公方御料所と幕臣の知行分を押領して義昭に敵対し（同右「勧修寺文書」證念書状）、本願寺法主の顕如は「大坂より諸国へ悉一き《揆起》をこり候へと申ふれ《触》候由沙汰候」（『尋憲記』九月六日条）と諸国の門徒に蜂起を促して、檄文を発給して強硬に抵抗する（「明鏡寺文書」『大日本史料』第十編之四、八六〇頁）。

　本願寺蜂起に対して義昭は、『御湯殿上日記』九月十八日条に「ふけ《武家》よりおさか《大坂》の一き《揆起》おこり候ハぬやう《様》、おほせいた《仰せ出》されて候へのよし《由》、一位の大納言《烏丸光康》して申さるゝ」とあることから、勅命によって本願寺との講和を図る。朝廷からは次の勅書が認められて、本願寺との講和のために公家の烏丸光康・柳原淳光・正親町実彦と門跡の聖護院道澄が勅使として派遣されるこにになった。

〔史料5〕大坂本願寺顕如宛て正親町天皇勅書案（『言継卿記』元亀元年九月二十日条）

今度大樹天下静謐のため出陣候、信長同前の処、一揆をおこし《(起)》、敵対のよし其聞候、不相応の事、しかるへからす候、早々干戈を相休候へき事肝要候、存分候ハヽ、仰出され候へく候、猶両人に仰含候也、

本願寺僧正とのへ

ここで義沼は「天下静謐」のために出陣し、信長も「同前」と述べられていることが注目される。この間に義昭は九月十四日付けで三河の徳川家康にも出陣を要請しており、和戦両様の対策を講じている。ここでは「此節、家康遂参陣、抽軍忠者、可悦喜候、織田弾正忠無用通申由候へ共、先々任約諾旨、不移時日、著《(着)》陣頼思召候」（『武田文書』）とあることから、信長は「無用」と反対している。そのため家康に対する軍事動員は、義昭の裁量によって行われた。

以上のように、義昭は「天下静謐」を乱す敵対勢力である三好三人衆等の勢力を討伐するために、信長や畿内の守護、さらには信長が「無用」と言った家康にも出陣を要請し、自らも出馬した。義昭は本願寺と「御義絶」しても「天下静謐」のために信長と「御一味」となり、軍事行動を共にして一体化することを選択する。そのため、三好勢討伐のために信長の軍事力を利用したといえる。このように摂津における抗争は元もとは義昭と三好三人衆等との合戦であり、義昭の軍事動員に信長が応じたことから義昭は本願寺と「御義絶」して敵対することになり、戦端が開かれた合戦だった。「天下静謐維持権」を委任された信長は、この義昭と三好勢との抗争にいわば〝巻き込まれた〟のである。

「義昭・信長包囲網」の形成

本願寺に呼応して朝倉・浅井氏が「然者三人衆任堅約之旨」（『歴代古案』〈元亀二年〉正月二十二日付け山崎吉家書状）せて南近江の坂本まで出兵し、京表の青山・勝軍山にまで軍を進めて京都の伏見・鳥羽・山科を放火した。これによ

って、幕府・信長連合軍は三好三人衆等・本願寺勢と朝倉・浅井勢に挟撃されることとなった。さらに近江では一揆が蜂起して、朝倉・浅井勢と合わせて三万におよぶ勢力となり、九月二十日には信長の重臣である森可成が討ち取られる劣勢となった（『言継卿記』）。そのため義昭と信長は摂津に畠山・三好・松永・遊佐等の幕府軍を残して京都に帰洛し、信長は朝倉・浅井勢に備えるためにあらためて京都から信長軍を率いて近江へ出陣した。

なお、信長の近江での戦線は「志賀の陣」と称されて著名であるが、摂津に残された幕府軍の戦線についてはこれまで着目されてこなかったことから名称がない。小稿では「摂津の陣」としておきたい。京都周辺では朝倉・浅井勢が山城修学寺や一乗寺にまで侵出して所々を放火するが、これを奉公衆が撃退している。そして、西岡や宇治でも一揆が起こったことから幕府は徳政令を出して対処し、かつ奉公衆と織田軍の部将の木下秀吉・菅屋長頼等が協同して鎮圧にあたっている（『言継卿記』十月二十日・二十二日条）。

一方の「摂津の陣」では、蜂起した本願寺が十月一日に中島に着陣する。十月三日付け證念書状に「茨木之城者、以調略令合《（降）》参候、京都へ被討立候者、一統ニ可相働之由候」（「三浦講中文書」『大日本史料』第十編之五、元亀元年十月一日条、三頁）とあることから、三好勢を支援するために義昭方の茨木城を調略によって降伏させ、「一統」して京都に攻め入ることを謀っている。この動向に対して信長も、『原本信長記』（巻三）に「三好為三・香西越後守両人者、御身方に参、調略可仕之旨」とあることから、三好方を調略によって切り崩しにかかっている。『尋憲記』八月晦日条に「為三・カウサイ・鹽田・ワク・細川惣名殿、此方へ帰参」とあることから、三好三人衆の一人である三好宗渭の弟の為三と香西元成や細川信良等を調略して、味方に寝返らせることに成功している。

信長と本願寺は、それぞれの敵方勢力に対して激しい調略合戦を展開する。ここで、信長は三好三人衆勢への調略と「志賀の陣」近江への出兵・近江と京都の一揆の鎮圧、義昭は本願寺との講和と京都における一揆の鎮圧・「摂津の陣」の備え・徳政令の発布を行い、両者は包囲網を打開するために相互に補完し合いながら協調して戦略を展開している。

このように、信長と義昭は「御一味」となって、三好三人衆勢・本願寺と朝倉・浅井勢・一揆によって包囲されたことから、義昭が扇動して信長包囲網を形成したとする見解はまったくもって妥当ではない。むしろ、義昭も包囲されたのである。最終的にこの時の抗争は、年末に「江濃越一和」等の講和が各勢力と成立したことによって終結することとなった。ここで義昭は、織田・朝倉・浅井氏三者の大名間和平調停を行っている。

おわりに

以上、小稿では永禄十三年正月「条書」第四ヵ条目の「条文」について検討し、「元亀の争乱」における第一次信長包囲網を中心として信長と義昭の軍事的関係について考察してきた。従来この争乱における信長包囲網は、義昭が扇動して形成されたと考えられてきた。しかし実際は、もともとは若狭における武田家中の分裂を、義昭が敵対勢力を「成敗」して「静謐」にするため、信長へ幕府軍の軍事指揮権を委任して派兵した軍事行動に端を発する争乱だった。そして、それに対して義昭政権の枠組みから外された朝倉・浅井氏が蜂起し、さらに上洛前から義昭に敵対していた三好三人衆等の勢力が連動して蜂起した摂津における抗争へと発展する。信長は「金ヶ崎の退き口」での敗退による将軍権威の失墜から、その威信回復を懸けて朝倉・浅井氏と近江国の姉川で合戦し、さらに三好勢との抗争では義昭と「御一味」になり、両者は一体となって「天下静謐」のために軍事行動を展開した。義昭は三好勢を討伐して「天下静謐」のために本願寺との関係が「御義絶」しても信長と「御一味」になることを選択しており、そのために信長の軍事力を利用したと捉えることができる。信長と義昭はそれぞれ「志賀の陣」と「摂津の陣」に分かれて相互補完的に協同して戦線を展開していた。信長と義昭は対立関係にはなく、軍事の側面でも協調関係にあったのである。

以上のことから、「元亀の争乱」は義昭の「天下静謐」のための合戦であり、永禄十三年正月「条書」の第四ヵ条目の「条文」で「天下静謐維持権」を委任された信長は、いわばこの抗争に巻き込まれたのであった。そのため元亀元年における信長包囲網は義昭によって形成されたのではなく、さらに他国の大名を打倒して領国の拡大化を謀った「信長の野望」に関わる合戦でもなかったのである。義昭は「天下静謐」を実現化させるためには、信長の強大な軍事力と優れた軍事の指揮・統率能力が必要であり、そのために「条文」で信長へ「天下静謐維持権」を委任することを承認し、その後は積極的に利用したといえる。よってこれは信長に押し付けられたのでなく、相互の承認によって締結された約諾だったと考えられる。「天下静謐」は征夷大将軍である義昭の軍事動員権と、信長に委任された軍隊を指揮・統率して敵対勢力を「成敗」して維持する役割とが一体となることによって実現されていた。

しかし義昭は、元亀三年八月に本願寺と信長との和睦の仲介を武田信玄に依頼しており（「本願寺文書」『顕如上人御書札案留』『大日本史料』第十編之十、元亀三年八月十三日条、六一頁）、信長に委任していた「天下静謐維持権」を信玄に託す動向を示した。[26]これによって両者の間に齟齬が生じて、結果として義昭は信長に対して「御逆心」して蜂起することになるのであった。

註

（1）「傀儡政権説」は戦後歴史学において、奥野高広『足利義昭』（吉川弘文館、一九六〇年）、脇田修「織田政権と室町幕府」（『織田政権の基礎構造―織豊政権の分析Ⅰ―』東京大学出版会、一九七七年。初出一九七五年）、桑田忠親『織田信長』（秋田書店、一九七九年）等によって論じられたことによって定説として決定付けられた。これに対して筆者は、義昭政権の実態を検証することによって協調関係にあったことを明らかにした（「京都支配における足利義昭政権と織田信長政権」本書第Ⅰ部第二章、初出二〇〇三年。「足利義昭政権の構造」本書第Ⅰ部第一章、初出二〇〇八年。ともに拙編著『足利義昭』シリーズ・室町幕府の研究2、戎光祥出版、二〇一五年にも収録。以下、『義昭論集』と略記）。その後、協調説は山田康弘『戦国時代の足利将軍』（吉川弘文館、二〇一一年）・神田千里（「織田政権の論理に関する一考察」『戦国時代の自力と救済』（吉川弘文館、二〇一三年。初出二〇〇三年）・同『織田信長』（筑摩書房、二〇一四年）によっても論じられ、現在「傀儡政権説」「信長・義昭対立史観」は否定されつつある。

（2）註（1）奥野氏・脇田氏・桑田氏など。近年では、信長の勢力拡大に対して周辺の勢力が反信長同盟を形成したとされている（池上裕子『織田信長』吉川弘文館、二〇一二年。註（1）山田氏著書など）。

（3）近年の高等学校検定教科書で信長は、「伝統的な政治や経済の秩序・権威を克服して、関所の撤廃など新しい支配体制をつくることをめざした」（『詳説日本史B』（山川出版社、二〇一四年）と説明され、「信長革命児史観」に基づいて学校教育が行われてきた。

（4）「仁和寺文書」（奥野高広『増訂織田信長文書の研究』（吉川弘文館、一九八八年）一四二号文書。以下『信文』と略記し、文書番号を付す）。なお、引用史料の多くは『大日本史料』第十編之四（東京大学史料編纂所）に拠る。

（5）「成簣堂文庫所蔵文書」（『信文』二〇九号）。以下、「五ヵ条条書」は「条書」と、第四ヵ条目は「条文」と略記する。

（6）註（1）奥野氏・脇田氏・桑田氏などと、立花京子『信長権力と朝廷』（岩田書院、二〇〇〇年。初出一九九七年）・谷口克広『信長と将軍義昭』（中央公論新社、二〇一四年）。

（7）臼井進「室町幕府と織田政権の関係について」（拙編著『義昭論集』、初出一九九五年）。

（8）註（1）奥野氏・桑田氏・脇田氏など。

（9）神田氏は註（1）二〇〇三年論文で「天下」の用法を詳細に検証し、「天下」とは①将軍が体現し維持すべき秩序、②京都、③「国」を管轄する大名の領域ではない、京都・畿内など「国」と棲み分けられた領域、④広く注目を集め「輿論」を形成する公的な場であり、将軍が管掌する領域だったことを明らかにした。さらにこれらを、註（1）二〇一四年著書で「領域的には京都を含めた畿内周辺を指し、将軍が管掌する領域」と集約された。

（10）註（1）拙稿［二〇〇八］、神田氏［二〇一四］。

（11）太田牛一『原本信長記』（「池田家本」影印本、福武書店、一九八五年）。

（12）信長は、義昭とは「君臣」と述べている（「細川家文書」『信文』三六四号）。

（13）高木傭太郎「織田政権期における「天下」について」（藤木久志編『織田政権の研究』吉川弘文館、一九八五年。初出一九八〇年）・橋本政宣『近世公家社会の研究』（吉川弘文館、二〇〇二年。初出一九八二年）・註（2）池上裕子氏など。

（14）『二条宴乗日記』元亀元年正月十五日条（『信文』二一〇号）。註（1）池上氏は、「条書」によって将軍が有する大名を動員する権限を獲得し、「触状」で行使したとする。註（6）谷口氏は、「禁裏・幕府という古来の権威を操ることによって諸国の大名たちを支配していこうとしたのである」と述べ、その目的は①将軍を傀儡化して、幕府の実権を握る②朝廷の保護者という立場に立つ③朝廷および幕府の権威を利用して、諸国の大名に対する支配権を掌握することだったとする。

(15) 註（13）橋本氏は、「同年正月に発した条書・触状で示したところの、諸大名等の将軍への従属性に制限を加え、信長権力の位置と威勢を示す」名目具現のための儀式であり、「信長のそれらの意図が、元亀元年三月の段階で達成された」と評価した。

(16) 註（6）立花氏は「三月一日は信長の天下静謐執行権獲得の日であり、同時に将軍代行の地位にたった日」で「ここに、義昭の傀儡化が完成する」と述べ、「天下静謐執行権」は天皇から朝敵を討伐する権限を与えられたとする。

(17) 拙稿「足利義昭政権の研究」（拙編著『義昭論集』総論）。

(18) 金子拓『織田信長〈天下人〉の実像』（講談社、二〇一四年）。

(19) 幕府の政務については、拙稿「京都における織田信長の相論裁許と室町幕府」（本書第Ⅱ部第二章、初出二〇一七年）で述べた。小稿は、二〇一六年十一月に開催された白山史学会第五十四回大会創立70周年記念特別企画「織田信長像再考」において、「足利義昭と織田信長の軍事的関係について」と題して報告した内容を改題したものである。報告後、永禄十三年「条書」について検討された川元奈々「足利義昭・織田信長政権の訴訟対応と文書発給」（『ヒストリア』第二五九号、二〇一六年）が著わされた。川元氏も信長と義昭は役割分担を取り決めたとする見解を示している。なお、この点については拙著『足利義昭と織田信長』（戎光祥出版、二〇一七年）で詳論した。

(20) 註（6）谷口氏・註（2）池上氏は、信長の「しかけた戦争」とする。天野忠幸氏は、「本当の目的である朝倉義景を攻める」と述べている（『三好一族と織田信長』戎光祥出版、二〇一六年）。註（1）山田氏は、義昭の「上意」を朝倉氏討伐を正当化する根拠とした、としている。

(21) 若狭武田氏と足利将軍との関係については、水藤真『朝倉義景』（吉川弘文館、一九八一年）・註（1）山田氏著書に、武田家中の分裂については、功刀俊宏「織田権力の若狭支配」（戦国史研究会編『織田権力の領域支配』岩田書院、二〇一一年）・同「足利義昭・織田信長による若狭武田氏への政策について」（『白山史学』第五三号、二〇一七年）に詳しい。

(22) 戦国期以前より将軍は、「二十一屋形」と称される複数の在京大名たちに支えられる（註〈1〉山田氏）、「天下諸侍御主」（「河田文書」〈永禄八年〉六月二十四日付け河田長親・直江政綱宛て安見宗房書状〈天野忠幸編『戦国遺文』三好氏編、参考九三号、東京堂出版、二〇一四年〉）だった。信長と義昭もその体制を再興させることを構想していたとも考えられる（註〈19〉拙著〔二〇一七〕）。

（23）（元亀元年）六月十八日付け畿内御家人中宛て細川藤孝・三淵藤英・一色藤長連署状（「武徳編年集成」『大日本史料』第十編之四、元亀元年六月二十日条、五二五頁）。

（24）（元亀元年）八月二日付け畠山昭高宛て御内書（「細川文書」『大日本史料』第十編之四、元亀元年八月二日条、六九一頁）。

（25）註（6）著書で谷口氏は、幕府軍は「邪魔な軍隊」で、信長は「将軍親征など必要としていなかった」「義昭が戦場に出なければならない理由など見当たらない」と述べている。

（26）義昭は、元亀四年二月十三日に信長に「御逆心」（「細川家文書」『信文』三六〇号）して蜂起した後に、信玄へ「天下静謐」の馳走を求める御内書を発給している（「大槻文書」『大日本史料』第十編之九、元亀三年五月十三日条、一九六頁）。

対当家可抽忠節由、翻法印〔宝〕言上、慥被聞召訖、寔無二覚悟、最感悦候、然者無親疎通進誓詞、存知其分、弥忠功肝要、急度及行、天下静謐之馳走、不可有油断事専一候、猶一色駿河守（昭秀）可申候也、

（元亀四年）五月十三日　（花押）（足利義昭）

（武田信玄）法性院

この史料は、鴨川達夫氏によって元亀四年に比定されている（『武田信玄と勝頼』岩波書店、二〇〇七年）。

第二章　京都における織田信長の相論裁許と室町幕府

はじめに

永禄十一年（一五六八）十月十八日に室町幕府第十五代征夷大将軍に就任した足利義昭は、旧来からの幕臣を多用するなどして義昭政権を発足させ幕府を再興した。[1]これにより、幕府には所領・特権安堵や諸役免除、相論裁許などが求められた。義昭に「供奉」して上洛した織田信長は、[2]それまで畿内を征圧していた三好三人衆（三好長逸・同宗渭・石成友通）の勢力を征討すると、義昭を警固するために、丹羽長秀・佐久間信盛・木下秀吉・明院良政・村井貞勝の五人の部将・吏僚と五千人の兵士を駐留させて、居城地の美濃に帰国する。[3]京都に残し置かれた彼らにも訴訟案件が提訴されたことから、信長の奉行として政務も執り行うようになった。

これまで両者の関係性については、主として文書の様式から幕府における信長の位置づけや、義昭政権の「傀儡化」について議論されてきた。[4]小稿では、京都における信長の相論裁許の実際を検討して、信長の所領政策の実態と幕府との関係の一端を明らかにすることを目的としている。

1．信長による公家領の調査と幕臣の違乱

幕府が再興されたことで、文書を得て利益を得る受益者から幕府に、知行権と諸権利関係の安堵などが求められた。

幕府では、申請の際に政所へ提出された請文や証文の確認と審議が、奉行人によって行われた。この「政所沙汰」を経て、将軍の裁可「御下知」を得たあとに奉行人連署奉書が発給された。すでに幕府によって安堵がなされていた場合には、「御代々御下知之旨」の文言が記される。以後は義昭もこの「御代々」に加わることになるため、将軍就任後に求められた安堵は、それまでの歴代将軍によって認められた権益の継承を求めた、代替わりによる継ぎ目の安堵ということができる。この安堵が行われたあとに、所領の領有権や諸権利関係をめぐって相論が起きるようになる。

　中世においては複数の裁定機関があり、訴人の選択によってそれぞれへ提訴されていたことから[5]、幕府のみならず信長側にも安堵や相論裁許が求められることとなった。『言継卿記』永禄十二年四月十三日条に[6]、「織田弾正忠所へ罷向、烏丸一品(光康)、同弁(光宣)、万里小路(惟房)、同黄門(輔房)、予(山科言継)等也、各訴訟共也」とあることから、信長が上洛した際に宿所としていた妙覚寺へ、多くの公家が訴訟に訪れていることがわかる。さらにその二日後の十五日条には、「烏丸父子(光康・光宣)、万里小路亜相(惟房)、予等妙覚寺織田弾正忠所へ罷向、若州、丹州、摂州衆数多罷出、公事之儀取乱云々」とあることから、公家だけではなく諸国衆も出向いており、取り乱れるほど訴訟が持ち込まれている様子が確認できる。

　信長は、この前月となる三月三日に、一斉に公家所領の調査を行っている。『言継卿記』(同日条)には、「織田弾正忠、公家中知行分少々可申付之間、各手日記可調之由、旧冬申之間、卅余人之分、明印〔院〕(良政)ニ自万里小路被渡之」とあることから、実際にはそれ以前の永禄十一年の冬にも調査が行われており、公家三十余人分の証跡が惟房から信長の右筆の明院良政に渡されている。しかし、このときは「不相届云々、仍重申」とのことで不調に終わったため、今回あらためて調査が行われた[7]。これをうけて言継は、「予、四条、薄(橘以継)等之分調之」と、実弟の以継や四条家の証跡を差し出している。九日には徳大寺公惟が信長へ目録を調えて提出し、安堵を求めている。四月に「取乱」れた信長による裁許は、実際にはこの三月の所領調査に基づいてなされたものであった。

　再度、四月十五日に言継らが信長の宿所へ赴いた際には、「烏丸ハ摂州知行分之儀也、万里・予ハ率分之儀也」「又万里ハ禁裏御料所山国、小野、細川等之儀也」（『言継卿記』同日条）とあり、烏丸光康・光宣は摂津国の所領、万里小路惟房と言継は関所の率分銭、さらに惟房は禁裏御料所の回復を信長に求めている。この時に言継は山科家の知行分として、①山城国内蔵寮率分、②同国山科東庄（大宅郷・四宮河原）・西庄（野村郷・西山郷）、③摂津国溝杭、④河内国御厨屋、⑤美濃国革手郷久徳、⑥尾張国井上庄、⑦飛騨国柄真庄松橋郷の七ヶ所の回復を求めた[8]。

また、四条家は①山城国洛外柳原敷地、②同国二条敷地、③同国粟田口、④同国犂鼻四町地、⑤摂津国利倉庄、⑥美濃国真桑庄の六ヶ所を[9]、以継は①山城国学館院領、②同国井手庄、③河内国中振郷、④諸国牛公事（山城国・丹波国以外が不知行）、⑤伊勢国射和白粉の公事の五ヶ所を不知行地として回復を求めた。

ここで注目すべき点は、山科家と四条家の所領である。山科家領のうち②の山科東・西両庄は「自天文十七年（一五四八）武家御押領」とあり、さらに四条家領は、①から⑤までいずれも「以上近年三好方押領、去年公方衆違乱」とあることから、信長が調査した時には、公家領は「三好方」や「公方衆」によって押領・違乱されていたことがわかる。このことは、京都において幕府が機能する必要性を端的に表しているといえる。すなわち、そもそも幕府は所領・特権の安堵を行って支配と秩序の安定を保障する機関である。しかし、義昭の系統である義晴系の将軍家が三好権力によって京都を逐われている間に、堺を御座所とした「阿波（平島）公方」系の義栄政権の「公方衆」や「三好方」の「武家」勢力、つまり秩序の安定を実現するはずの幕府方の勢力によって、公家領の押領が行われているのが現状だった。そのため、三好権力を征討し、新しく将軍に就任して「天下」の主宰者となった義昭と、義昭によって再興された幕府には、秩序の回復と安定の実現化が求められた[10]。信長にも所領・特権安堵や相論裁許等の案件が持ち込まれたのは、このような「公方衆」や「三好方」による「押領」の停止が求められたことによる。

実際に、『言継卿記』永禄十一年九月三十日条には、「尾州衆破却、乱妨如無之為体云々」と記されており、また『多聞院日記』同年十月十日条には「尾張衆取々社参了、奈良中堅被申付間、穏便也」とあることから[11]、上洛した信長軍は京都や大和国内において破却や乱妨をせず、「穏便」な様子だったことが確認できる。その背景に自力救済による受給者の求めに応じた禁制の発給があったとしても、信長が「天下」に静謐をもたらす存在として、それまでの三好権力とは一線を画する権力であることを示す意図があったと考えられる。

四月十三日に信長の宿所で「取乱」れていた公事の案件は、その二日後の『言継卿記』同月十五日条に「大概相調」と記されていることから、信長の裁許によって解決されたことが確認できる。これらのうち、烏丸家の摂津国における所領と、惟房が請け負った禁裏御料所の山城国山国荘については、関連史料が確認できることから、さらに具体的な様相を知ることができる。

烏丸家は、すでにこれ以前の永禄十二年正月二十一日付け信長朱印状によって、摂津国上牧の地を「任御下知之旨」せて安堵されており（「烏丸家文書」『信文』一四五号）、四月十五日の妙覚寺における裁許直後の四月十九日にも、あらためて朱印状によって所領を安堵されている（「烏丸家文書」『信文』一六九号）。後者の安堵は、「大概相調」の一環であったことは時期から見て明白であろう。さらにその後も、（永禄十二年）八月十五日付け判物（「烏丸家文書」『信文』一九四号）と、元亀二年（一五七一）九月十七日付け朱印状（「烏丸家文書」『信文』二九六号）によって、たびたび所領を安堵されている。

禁裏御料所の山城国山国荘については、次の史料から、信長による裁許の結果が通達されていることが確認できる。

〔史料1〕立入宗継宛て明智光秀等連署状（「立入文書」『信長文書』一六五号）

禁裏御料所山国庄之事、数年宇津右近大夫（頼重）押領仕候、今度信長遂糺明、宇津ニ可停止違乱之由申付、両御代官へ信長以朱印申渉〔渡〕候、如前々、為御直務可被仰付之由、御収納不可有相違候、宇津かた（方）へも堅申遣候、此等之旨可有御披露候、恐々謹言、

木下藤吉郎

（永禄十二年）四月十六日

秀吉（花押）
丹羽五郎左衛門尉
長秀（花押）
中川八郎右衛門尉
重政（花押）
明智十兵衛尉
光秀（花押）

立入左京亮（宗継）殿

この史料によると、「数年宇津右近大夫押領仕候」とあることから、山国荘は宇津頼重によって押領されていたことが確認できる。頼重は丹波の国衆で、上洛による畿内平定戦で義昭に従った。「数年」とあることから、頼重の押領は実際には義昭・信長の上洛以前から行われていたことがわかる。朝廷は信長の公家領調査に際して、このことを信長に訴え出た。これに対して信長は、「今度信長遂糺明」とあることから、直接裁許したことが確認できる。これによって、一方の頼重に対しても、「宇津かたへも堅申遣候」とある通りに、同月十八日付けで「禁裏御料所山国庄枝郷所々、小野、細川、如先規、自禁中可被仰付候旨、信長以朱印被申渉〔渡〕候、聊不可有御違乱候」（「立入文書」『信文』一六六号）と、史料1と同じ織田家奉行人の光秀・重政・長秀・秀吉が連署状によって違乱停止を通達している。なお、「信長以朱印被申渉〔渡〕候」とあることから、朱印状が発給されたことが確認できる。そのため、この連署状は信長朱印状の副状といえ、訴人と違乱停止を命じる相手の両方に裁許の結果が通達されたことがわかる。

その後この相論は、『御湯殿上日記』永禄十二年四月十七日条に「山くに（国）、のふなか（信長）、しゆはん（朱判）〔印〕まいり（参）候て、御しきむ（直務）にもと（元）のこと（如）くまいる（参）、めてたし」とあることから[12]、無事に解決している様子が確認できる。このように、烏丸家領や禁裏御料所の相論は具体的に解決していることから、その他の公家領についても、信長の裁許によって「大概」は「相調」い解決されたと考えられる。

信長による公家所領の調査は、その後もたびたび行われている。『言継卿記』永禄十三年二月二十八日条には、「自徳大寺《(公継)》、日乗上人頼織田朱印所望之間、可申調云々」とあり、公継は日乗上人を取り次ぎとして信長に朱印状の発給を求めた。信長はこれを契機として、三月六日に日乗上人と明智光秀に公家領の調査を行わせている（『言継卿記』）。その際には、「公家衆知行分之事被尋之、令分別可申付之由有之、罷向人数、柳原《(資定)》、三条亜相《(実澄)》、中山《(孝親)》、四辻《(季遠)》、予《(山科言継)》、万里《(惟房)》黄門、持明院《(基孝)》、甘露寺《(経元)》、庭田中将《(重保)》、五辻《(為仲)》、中院《(通勝)》、薄《(橘以継)》等也、知行分之事、少々書付之」とあることから、公家衆は信長の宿所に出向いて所領の書付を提出していることがわかる。ここには「分別」とあることから、先年の調査の遺漏分を確認することが目的と考えられ、公家衆はそれを踏まえて「少々」申告している。

このように、信長は上洛後、永禄十一年冬・永禄十二年三月・永禄十三年三月と毎年ごとに公家領の調査を行い、「武家御押領」による違乱を停止させて、所領の回復と秩序の安定化に努めていたことが確認できる。

2. 曇華院と大慈光院領における相論

これまでの検討の通り、禁裏御料所や公家領の多くは、「公方衆」「三好方」の「押領」によって違乱されていた。ここでは権門寺院領について、曇華院と大慈光院を例に検討する。

曇華院は山城国嵯峨に所在し、京都七門跡のうち、大聖寺・宝鏡寺に次いで三位に列せられる臨済宗の門跡寺院である。創建は、足利義満が母の第二代将軍足利義詮夫人智泉聖通尼（順徳天皇の皇孫四辻宮尊雅王の娘）を開基として、三条東洞院の高倉宮跡に瑞雲院通玄寺を建立したことに始まる。智泉聖通尼が境内東に曇華庵を結んで隠遁し、のち応仁・文明の大乱による焼失を経て、通玄寺と曇華庵が合併して曇華院となった。智泉聖通尼以降は、将軍家の息女が住持に就くのが慣例となっていたが、当該期には、後奈良天皇の皇女で正親町天皇妹宮の聖秀女王が入寺していた。

大慈光院は、御土御門天皇の第一皇女が幼少の頃から丹波に住し、二尊院で出家して「大慈光院宮」となり創建された寺院である。住持は「岡殿」と呼称された。両寺とも関連文書は内閣文庫所蔵の「曇華院殿古文書」に伝来し、『信長文書』や『大日本史料』に一部が翻刻されていることから、これによって所領形態の一端をうかがい知ることができる(13)。ここでは、曇華院の①山城国大住荘、②摂津国潮江荘・難波村と、大慈光院の③丹波国佐伯荘における所領について検討する。

山城国大住荘については、永禄十二年四月二十日付けで「当御知行之処」により、信長が朱印状で当知行安堵した（「曇華院文書」『信文』一七一号）。時期的に見て、四月十五日の「公事取乱」の際になされた裁許の結果と考えて大過なかろう。ここには「去年錯乱以来年貢不納」と記されていることから、永禄十一年九月末からの畿内平定戦における「錯乱」によって、年貢納入が滞っていたことがわかる。これに対して、信長は「所詮向後為御直務一円ニ可被仰付候」として、大住荘一円を曇華院の直務支配として安堵した。ところが、それから一年の間に義昭側近の一色藤長によってこの所領が違乱されたことから、曇華院は信長に提訴した。

〔史料2〕山城国大住荘三ヶ村名主百姓中宛て武井夕庵書状（「曇華院文書」『大日本史料』第十編之四、元亀元年三月二十二日条、二〇九頁）

当所之儀ニ付而、曇花院殿様と一色式部少輔殿被仰事如何之由、従信長少輔殿へ御尋候、御下知・朱印之旨、不可有相違之由候、乍去少輔殿御断之条、尚被聞召届御寺納之儀可被仰付之処、俄御下国之間遅々候、早々可相究候間、御年貢同入組共ニ、可被拘置候、少も於他納者、可為二重成候、我等御使之事候間、為届令申候、恐々謹言、

夕庵

（永禄十二年）
十月十七日　爾云（花押）

大住庄三ヶ村

名主御百姓中

この史料2によると、「従信長少輔殿へ御尋候」とあることから、ここで信長は藤長に直接問い糺したうえで、幕府からの「御下知」と以前に自らが発給した朱印状に基づいて、曇華院の当知行を認定する裁定を下した。これに対して藤長は「御断之条」と抵抗しており、信長が藤長に曇華院への年貢納入を仰せ付けるところだったが、信長が美濃へ「俄御下国」したために「遅々」することとなった。夕庵はここで、早々に糺明を遂げるので、その間の年貢拘置を名主・百姓中に指示している。(補註1) そして、信長はあらためて次の朱印状を発給した。

〔史料3〕山城曇華院宛て織田信長朱印状（「曇華院文書」『信長文書』一一五号）

城州大住庄之儀、一色式部少輔（藤長）相搆付而、被遂御糺明之処、当院雑掌被申分明鏡之条、如前々、森林跡幷南・東跡職等之事、御家来之上者、為守護不入之知〔地〕、一円可有御直務、不可有他之妨者也、仍状如件、

永禄十参

三月廿二日　信長（朱印）

（聖秀女王）
曇花院殿

雑掌御中

ここで信長は藤長の違乱に対して、「当院雑掌被申分明鏡之条、如前々」と、先の朱印状に基づいて、曇華院の一円知行地としてこれまでの通り直務支配を安堵した。この信長朱印状には、同日付けで明智光秀・中川重政・丹羽長秀・木下秀吉の織田家奉行人連署状が副状として発給されており（「曇華院殿古文書」『信文』二一五号参考）、そこでは大住荘三ヶ村の名主・百姓中に対して「御寺様より御理之段無紛候間」と、大住荘が曇華院に安堵されたことが通達され

ている。さらに同月二十八日には、現地の奉行人の木下秀吉と信長の側近で右筆の武井夕庵が連署状によって、大住荘名主・百姓中に宛てて曇華院への年貢進納を指示し、「地下申懸之由、無是非候、一切許容あるへからす候、若何かと候者、交名を書付、注進可申候」と、違乱された場合にはこれを排除して違乱した者の名を知らせるように通達している（「曇華院文書」『信文』二一七号）。これによって問題は一応解決された。

ところが、足利義昭がここに「御給人」を付したことから、再び違乱されることとなった。これに対して信長は、七月五日付けで「我等執申たる事候条、自然相違之趣ニ候てハ、外聞も如何候間、被入御耳」と、信長の裁許に反し、幕臣によって違乱が再発しては「外聞」に支障をきたすため、事情を義昭の「被入御耳」れて将軍の命によって違乱を止めさせるように、明智光秀と義昭側近の上野秀政に宛てて書状を送っている（「曇華院文書」『信文』二八九号）。さらに信長は、再び秀政と三淵藤英に宛てて次の書状を発給した。

〔史料4〕上野秀政・三淵藤英宛て織田信長書状案（「曇華院文書」『信長文書』二九〇号）

曇花院殿御領大住庄之事、御給人を被付候由相聞候、実儀之外驚入候、去年之春候歟、一色式部少輔（藤長）懸組之趣候間、御紏明之上、道理之旨を以、御寺より御直務ニ落著〔着〕候、然而無幾程如此可有之段ハ歎敷候、殊更信長別而執申たる条、若相違候てハ、外聞も無是非候、無異儀〔議〕之様ニ御馳走簡〔肝〕要候、向後之為候者、具御申所仰候、恐々謹言、

（元亀二年）七月十九日　　信長御判

上野中務太輔（秀政）殿

三淵大和守（藤英）殿

「去年之春」は史料2の永禄十三年三月を指しており、既述の通り信長は、このとき藤長と曇華院の相論を裁許し、曇華院の当知行を認定して一円を直務支配とした。しかし、ここではそれから「幾程」も経たないうちに「御給人」を付したことは「歎敷」く、「実儀之外驚入」ると慨嘆したことを述べている。これをうけて翌日の七月二十日には、

大住荘の名主百姓中に宛てて秀吉と夕庵による連署状が発給され（「曇華院文書」『信文』二九〇号参考）、「殿様御申沙汰候て、曇花院殿様御直務ニ被仰定、御下知・御朱印明白候、然而御給人を被付之由候、定う（上）へ（義昭）様ハ被知召まし（間敷）く候歟、殿様より公方様へ当庄之儀無相違之様ニと御申之事候間」と、信長から義昭へ申し入れがなされたことを在地に通達している。

なお、この「御下知」は、主として政所で奉行人である評定衆が議決（「政所沙汰」）によって発給する奉行人連署奉書を指すことから、以前の永禄十三年三月の相論（史料2）は、評定衆が裁定して奉書を発給したと考えられる。この奉行人奉書は、正式には将軍の上裁を経て将軍の「御下知」を奉じる形で発給されるが、「定うへ様ハ被知召ましく候歟」とあることから、義昭政権においても従来の幕府と同様に、「政所沙汰」と、将軍が主宰して決議される「御前沙汰」は別々になされていたことがうかがい知れる。信長は裁許の結果を、今度は側近を介して直接義昭に奏上している。この相論は、再び信長によって直裁された。

しかし、その後にここの代官となった木津春松が違乱に及んだ。春松は九月十五日付けで信長方の夕庵に宛てて、「然者御替地可被仰付由、殿様御意候間、致返上候、向後之儀不可致競望候、此等之通、可然様可預御取成候」と、信長に当該地を返上するかわりに替地を求める放状を差し出している（「曇華院文書」『大日本史料』十編四、二一〇頁）。これをうけて夕庵と義昭側近の三淵藤英は、大住荘の名主・百姓中に、この二日後の同月十七日付け連署状で「無異儀木津方放状を信長へ被進之候、聊無別条候」と、信長に放状を伝えたことを通達している（「曇華院文書」『大日本史料』第十編之四、二一〇頁）。ここに幕府方の藤英が関わっていることから、義昭の関与も想定される。以上のように山城国大住荘の例は、幕臣の違乱を信長が裁許した相論だった。

では続いて、同じ曇華院領である摂津国潮江荘について、次の史料で確認しておきたい。

〔史料5〕伊丹親興宛て織田信長朱印状（「曇華院文書」『信長文書』一七四号）

摂州潮江庄散在・同国難波村之事、為曇華院殿御領、其方代官被申由候、然而去年分年貢、百姓等寄事於一円不納之旨候、不可然候、別而被馳走可有進納事簡〔肝〕要候、聊不可有疎略候、恐々謹言、

（永禄十二年）四月廿日　　信長（朱印）

伊丹兵庫助（親興）殿

宛所となっている伊丹親興は、義昭・信長による畿内平定の上洛戦で義昭に帰属して、摂津の守護に任じられた。本圀寺合戦では義昭を救援するために真っ先に駆け付けており、さらに天正元年（一五七三）二月に義昭が信長に対して蜂起した時にも義昭に従っていることから、義昭の重臣となった一人である。これによると、潮江荘と難波村は親興が代官を務めていたが、去年分の年貢を納入しなかったため、信長から年貢進納を命じられている。

以上の二例から、曇華院領は第一節で検討した公家領と同様に、幕府方の「武家」勢力によって「押領」されていたことがわかる。

ではさらに、大慈光院領の丹波国佐伯荘の相論を検討する。大慈光院は長年ここを寺領として知行しており、永禄十一年十一月九日にも幕府に安堵を求めている（『言継卿記』）。しかし、代官を務めていた義昭側近の細川藤賢は、大慈光院の下司と思われる内藤貞弘に年貢を追納せず違乱に及んだことから、大慈光院はこれを信長に訴えた。その経過は『言継卿記』永禄十二年四月二日条に記されている。

織田信長為使木下藤吉郎、岡殿（大慈光院）へ参之間、予参、丹州之御知行佐伯南北両庄、細川右馬頭（藤賢）雖為御代官、内藤五郎（貞弘）不相渡之、然者内藤、木下相添進之、御代官可被仰付之由申之、於近所両人種々加問答、自両庄八十石可進納之由申定了、

これによると、内藤は秀吉を帯同し、信長の権力を後ろ盾として藤賢に代官の交替をせまった。秀吉は信長の「使」として内藤とともに赴き、原告の内藤と被告の藤賢の両人に「問答」させて意見を訊いている。[補註2]その結果、秀吉は大

慈光院の理運とする裁定を行い、毎年十一月に八〇石の請米を定納することを取り決め、藤賢に年貢進納を指示している[14]。これによって大慈光院は幕臣の押領を排除することに成功しており、言継は「御浦山敷事也」と感想を述べている（『言継卿記』四月二日条）。以上のことから、信長政権がこのような訴えをうけた際には織田家奉行人が信長の「使」として下向し、相論を裁許していることが確認できる。このように、権門寺院の所領も公家領と同様に、その多くは幕臣によって違乱されていた。

これまで曇華院と大慈光院の寺領について、①山城国大住荘、②摂津国潮江荘・難波村と③丹波国佐伯荘の支配形態を確認してきた。これらを総括すると、いずれにも共通する点を二点指摘しうる。一点目としては、③は四月二日付けで、①②は四月二十日付けで信長の朱印状が発給されていることである。前月の三月三日に信長が公家の所領調査を行ったあと、③では家臣の秀吉を派遣しており、彼らは状況を検分して裁定している。また、四月十三日に「各訴訟」に訪れた者のなかには権門寺院も加わっており、①②はこの時の「取乱」れた公事に含まれていたと考えられる。よって、これらはいずれもその日付けから、四月十五日に信長によって一斉に相論裁許された際の安堵といえる。

次に二点目としては、①は一色藤長、②は伊丹親興、③は細川藤賢と、いずれも義昭政権の幕臣によって違乱されていることである。さらに、②③は代官だった点が注目される。このことからは、さらに次の二点の可能性を指摘しうる。まず第一に、親興と藤賢は義昭の重臣であることから、曇華院・大慈光院が他勢力からの押領を防いで年貢納入を確実なものにするため、義昭政権の有力な幕臣を代官に任じ、幕府を後ろ盾としたことが考えられる。ところが、結果としてその幕臣が年貢進納をせず違乱に及んだ。このように、幕府の勢力を所領支配に招き入れることは、他者からの押領を排除することが担保される代わりに、権力を背景として、彼らが実力行使によって違乱に及び押領する可能性を有していたといえる。

第二に、すでに染谷光広氏と臼井進氏によって指摘されているが[15]、義昭が寺社領へ代官職を斡旋した可能性である。通常、幕臣への代官職補任は幕府御料所において行われる。しかし、信長が義昭を叱責した「異見十七ヵ条」の第十五条に「御代官職被仰付」とあることから、もともと畿内に所領を有していない室町幕府が、所領宛行の代わりに幕府御料所のみならず、②③のように権門寺院領の代官職を斡旋した可能性が考えられる。なお、この点については第四節で詳述する。

いずれにしても、以上により、当該期の公家・権門寺院領の多くは「武家」勢力によって「押領」されており、それは信長上洛後の再興された幕府の幕臣によっても行われていたことがわかる。そのため、本来は幕府が行うべき秩序維持の役割を、信長が相論を直接裁許して担い、このような違乱を停止することで在地の秩序回復に努めていたのだった。

3. 信長による幕臣への違乱停止

これまでの検討から、公家・寺院領は「公方衆」「三好方」の幕府方勢力や、義昭政権の幕臣である宇津頼重・一色藤長・伊丹親興・細川藤賢などによって「押領」されていたことが明らかになった。このような幕府方勢力や幕臣による違乱は、詳しくは次節で検討するが、幕府に提訴しても幕臣に有利な裁定が下される可能性があることから、信長側に提訴されたと考えられる。ここでは、幕臣による違乱と信長の相論裁許について、さらに妙智院の事例を検討する。

〔史料6〕山城天龍寺妙智院策彦周良宛て織田信長黒印状、同院領西院百姓宛て木下秀吉・武井夕庵連署状（「妙智院文書」『信文』三三四号・三三五号）

①西院之内院領安弘名事、相違ニ付、委細承候、本懐之至候、自今已後為御直務、院納不可有相違候、仍菓子箱・舟皿・室盆贈給候、令拝受候、塗色已下不尋常間、自愛候、度々御懇情大慶候、猶夕庵（武井）可申候、恐惶敬白、

（元亀三年）九月十九日　　信長（黒印）

妙智院
尊報

②西院之内妙智院策彦（周良）東堂御寺領分安弘名之事、殿様より被仰付、御寺へ可為御直納之旨、被成御印判上ハ、年貢・諸公事物、又無不法・懈怠可致其沙汰候、石成（友通）方へも右之分被仰出候間、聊以不可有別条候、指出之儀相調候て、妙智院納所へ可渡進候、或者隠田、或者上田迄、薄地ニ替、恣々族於有之者、可被処厳科候、此旨従両人可申之由候、恐々謹言、

九月廿日　　夕庵
爾云（花押）
木下藤吉郎
秀吉（花押）

西院之内妙智院領
百姓中

妙智院は、①の信長黒印状によって、「自今已後為御直務、院納不可有相違候」と、西院之内院領安弘名の直務支配を安堵された。ここで妙智院は、贈答品として菓子箱・舟皿・室盆を献上しており、「猶夕庵可申候」とあることから、信長側近の武井夕庵を取り次ぎとして信長に披露したと考えられる。①のみを見ると通常の寺領安堵のようだが、この背景については、②の秀吉・夕庵連署状によって具体的に知ることができる。ここには「殿様より被仰付」「被成御印判」とあることから、②は本所宛ての①をうけて発給された在地宛ての文書であり、日付も一日違いであることから、②は①の副状として発給された連署状であるといえる。ここには「石成（友通）方へも右之分被仰出候間、聊以不可

有別条候」とあることから、友通が妙智院領の違乱に及んでいたことが確認できる。

信長は妙智院の訴えをうけて相論を裁許し、妙智院の寺領であると裁定して、その結果を友通にも通達した。秀吉・夕庵はそれに基づいて、当該地の百姓中に「御寺へ可為御直納之旨」「年貢・諸公事物、又無不法・懈怠、可致其沙汰候」と、妙智院への年貢・諸公事の進納を指示している。その後、妙智院は天正元年十二月にも、織田家奉行人の明智光秀と村井貞勝から寺領安堵の連署状を発給されている（『信文』三三六・三三七号）。なお、ここを違乱した友通は賀茂社領も違乱しており、本件同様に信長が裁許して違乱停止を命じられている。(17)

このような幕臣による違乱は、さらに他所でも確認することができる。曇華院領大住荘を違乱した一色藤長は、「御下知・御朱印」によって安堵されていた山城国多賀枇杷荘の「大多喜知行分」を違乱しており、「御分別専用候」と、秀吉によって違乱停止を通達されている（「高橋氏所蔵文書」『信文』一三七号参考）。また、信長は山城南西部に所在する勝竜寺城主の細川藤孝に、元亀三年九月三日付け朱印状によって、山城国葛野郡革嶋荘に拠る土豪の革嶋一宣を与力として配属した（「革嶋文書」『信文』三三三号）。ところが、藤孝が革嶋氏の所領を違乱したことから、革嶋氏は信長家臣の滝川一益を取次として信長に提訴した。

〔史料7〕山城革嶋一宣・同秀存宛て織田信長朱印状、細川藤孝宛て滝川一益書状（「革嶋家文書」『信文』三三九号・三三九号参考）

①貴方へ遣候知行、自何方違乱候共、不可被許容候、尚滝川（一益）可申候、恐々謹言、

九月廿八日　　信長（朱印）

革嶋越前守（一宣）殿

革嶋市介（秀存）殿

②芳墨拝領候、仍革嶋知行之儀申聞候、如此申拵候段、失面目候、然者重而朱印遣候条、自然猥ニ彼知（ママ）へ不謂儀

被申懸候ハヽ、可有成敗之由候、其分可被仰付候、恐々謹言、

滝川左近

一益（花押）

九月廿八日

細兵《（細川兵部大輔藤孝）》様

尊報

①で信長は革嶋氏に所領を安堵しているが、「自何方違乱候」とあることから、違乱をうけた革嶋氏からの訴えを裁許した結果であることが確認できる。②で一益は藤孝に違乱停止を命じており、止めない場合には「面目」を失うため、信長の命により「成敗」することを伝えている。このように、信長は幕臣の違乱に対して「成敗」する実効性を有していたことから、違乱された側は信長に訴えたといえる。なお、「成敗」や実地の検分・年貢の受け渡し等を履行するために現地へ派遣される信長の「使」（＝「上使衆」『今井宗久書札案留』『信文』一九八号）は、賀茂社に関する史料の『岡本保望上賀茂神社興隆覚』に「此時分ハ、皆々子共迄なき《（泣）》申候ニ、かずさ《（上総）》殿《（織田信長）》之衆と申候へハ、子共なき《（泣）》や《（止）》み申候ほと、こわかり《（恐）》申候」とあることから、「泣く子も黙る」存在として恐れられていた様子が確認できる。(18)

以上のことから、信長による裁定は曇華院領大住荘の相論で明らかにした通り、「我等執申」によって幕府へ披露されるとともに、違乱停止を命じる相手方に対しては、信長が織田家奉行人を「上使衆」として派遣し、その履行を求めた。この「上使衆」には「泣く子も黙る」ほどの「成敗」を加える譴責使としての役割があり、信長の裁定は厳しい実効性を持つものだった。信長に所領・特権安堵や相論裁許が求められた内実には、このような幕府との関係による政治的な背景があった。そして、義昭は「殿中掟」に違犯したとして、最終的に「異見十七ヵ条」で信長に叱責されることになるのである。

4.「異見十七ヵ条」にみる義昭の所領政策

信長は、義昭政権が発足してまもなくの永禄十二年正月十四・十六日付けで、義昭の承認を得て全十六ヵ条からなる「室町幕府殿中御掟」（「仁和寺文書」『信文』一四二号）を定めた。この追加第一ヵ条には「寺社本所領・当知行之地、無謂押領之儀、堅停止事」とあり、寺社領の押領を停止している。そのため、これまで検討してきた幕臣による違乱は、この条規に違犯する行為である。このような幕臣による違乱を、信長はどのように思っていたのであろうか。それは、「異見十七ヵ条」からうかがい知ることができる。結論からいえば、信長は義昭の幕臣に対する所領政策に起因していると思っていたと考えられる。この点についても染谷氏・臼井氏によって指摘されているが、[19]「異見十七ヵ条」の関連条目を整理して、これまで述べてきたことと照合しながら、より具体的に違乱が行われる背景を検討する。

この「異見十七ヵ条」は、信長が義昭の失政を叱責した史料として著名であるが、このうち第三・五・七・十五条（以下、③⑤⑦⑮と略記する）が義昭の所領政策に該当する条文である。まずは③と⑦を併せて検討する。

③一、諸唯〔侯〕衆方々、御伴申、忠節無油断輩ニハ、似合ニ不被宛行、今ニ指者ニもあらさるニハ、被加御扶助候、

左様ニ候てハ、忠不忠も不入ニ罷成候、諸人ノをもわく（思惑）不可然存候事、

⑦一、無恙致奉公、何之罪も御座候ハねとも、不被加御扶持、京都ニ堪忍不届者共、信長ニたより（頼）候て、歎申候、定私言上候者、何とそ御あわれミ（憐）も可在之かと存知候ての事ニ候、且者、不便ニ存知、且ハ公儀御為と存候間、御扶持之儀申上候へ共、無御許容候、余ニかたき（固）御意候間、其身ニ対しても無面目候、観世与左衛門（国弘）・古田可兵衛尉・上野紀伊（豪為）守類之事、

これによると、義昭は「忠節無油断輩」や「無恙致奉公」している幕臣に対して、何の罪もないのにそれに見合う

扶持を宛行っておらず、「指者ニもあらさる」者に対しては「御扶助」を加えていた。そのため、義昭の「御扶助」は「忠不忠」に基づくものではなく、義昭の気に召すか否かの恣意に基づいて宛行われており、安定性を欠く不公平な状況だった。「御扶持」を与えられなかった幕臣は、信長に頼って嘆いて愁訴した。信長は「不便」に思い、「公儀御為」であるとして義昭に言上したが、義昭は「余ニかたき御意」で頑なに「無御許容」く聞き入れなかった。

では、このように「御扶持」を加えられなかった幕臣はどのような行動を起こしたのであろうか。ここでは「京都ニ堪忍不届者」として、観世・古田・上野が「信長ニたより歎申」している。あるいは、このために窮乏した幕臣が自力救済の措置として、「押領」を行ったと考えられる。

また、「御扶持」を加える場合には、⑮に「御とのい（宿直）ニ被召置候若衆ニ、御扶持を被加度思召候者、当座之何成共可有御座候処、或御代官職被仰付、或非分公事被申次候事、天下之ほうへん（褒貶）沙汰限存候事」とあることから、当座の措置として代官職を補任したり、非分の公事を課すことが容認されていた。第二節で具体的に検討した摂津国潮江荘・丹波国佐伯荘における伊丹親興・細川藤賢への代官職補任には、このような背景があったと考えられる。

この非分の公事賦課と補任された代官の年貢押領は、領主からは違乱として提訴されることになる。これに対する義昭の措置は、⑤で確認することができる。

⑤一、賀茂之儀、石成（友通）ニ被仰付、百姓前等御糺明候由、表向ハ御沙汰候て、御内儀者御用捨之様ニ申触候、惣別か様之寺社方御勘落、如何ニ存候へ共、石成堪忍不届之由、令難儀旨候者、先此分ニ被仰付、御耳をも被伏、又、一方之御用ニも被立様ニと存之処、御内儀如此候者、不可然存候事、

幕府に提訴された相論は裁許が行われ、「表向」は「御沙汰」の通りとして証文に基づいて違乱と裁定される。ところが、実際には幕臣の「難儀」を救うための措置として内々に「御用捨」され、義昭は引き続き幕臣による違乱を「御耳を伏して」黙認した。ここで信長は、賀茂社と大徳寺との相論における友通の違乱を事例として挙げているが、

第二節で検討した曇華院領の大住荘における一色藤長によるたびたびの違乱も、このことが背景となっている可能性が高い。幕臣に違乱された側が幕府に提訴しても、結果として違乱停止が実現されないことから、信長へ提訴するに至ったといえる。つまり、信長に所領・特権の安堵や相論裁許が求められた政治的背景には、このように幕府へ「執申」して「異見」を唱える存在として、信長の必要性が高まったことがあったのだった。いずれにしても、義昭政権の幕臣は結果として、義昭から恩賞を得られなかった者も、代官職に補任された者も、実力行使の自力救済によって「押領」の違乱に及んでいた。

以上のことから信長は、幕臣の「押領」による違乱によって在地の秩序が乱される原因は、義昭の所領政策にあると考えていたと思われる。信長はこのようなことがないように、細川藤賢に領知を宛行うよう細川藤孝に義昭への奏上を進言したり（「塚原周造氏所蔵文書」『信文』二七九号）、あるいは直接一色藤長の所領を安堵したりしている（「高橋氏所蔵文書」『信文』一三七号）。また、義昭に対しても、すでに永禄十三年正月二十三日の「五ヵ条条書」（「成簣堂文庫所蔵文書」『信文』二〇九号）の三ヵ条目で、「奉対公儀、忠節之輩ニ雖被加御恩賞・御褒美度候、領中等於無之ハ、信長分領之内を以ても、上意次第ニ可申付事」として、信長の領国内から義昭の上意によって幕臣に所領を宛行うことを約諾している。従来は、実際にこの約諾が実行された形跡が確認できないことから、信長の人気取りの方便と考えられてきた[20]。しかし、ここで看過してはならないのは、「上意次第」とあることである。つまり、信長にその覚悟はできていたことは間違いないが、実際には義昭が「上意」を下さなかったため、実行されなかったと考えられる。京都近郊に幕府の御料所が少なかったことは、すでに先学によって明らかにされている[21]。そのため義昭は「異見十七ヵ条」⑮に記されているように、代官職を安堵することによってその職分を所領の替わりに宛行い、非分の公事を課すことを黙認していたのである。

おわりに

以上、永禄十一年九月の上洛以降の織田信長による京都における相論裁許を検討し、室町幕府との関係について述べてきた。幕府を再興させた義昭は、幕臣に対して所領宛行の替わりに代官職を補任し、非分の課役を賦課することを黙認した。幕臣の代官職補任は、寺社側にとっては両面性を有することとなる。すなわち、幕臣が代官となることによって幕府を後ろ盾にすることができ、他勢力からの違乱を排除することができる利点があるため、曇華院領などの事例からも明らかなように、寺社側も積極的に受け入れたと考えられる。しかしその一方で、幕臣が年貢を押領して違乱に及ぶ負の側面があった。また、義昭の恩賞・褒美は「忠不忠」によるものではなく恣意によって行われたことから、窮乏した幕臣は自力救済の措置として、実力行使によって「押領」の違乱に及んでいた。

これら幕臣による違乱を幕府に提訴しても、表向きは訴人の主張が認められるが、裁定は内々に破棄され、義昭にも黙認されてしまっていた。そのため、相論は信長に訴えられることとなる。これらは在地における秩序を乱す行為であるため、信長は義昭に対して、信長領からの所領の提供などを進言した。しかし、義昭はこれを聞き入れず、信長から叱責されることとなった。結果として、幕臣は信長によって自力救済が否定されることになるため、信長への反感を強めていったと考えられる。その一方で、義昭から恩賞を得られなかった者たちは信長に安堵を求め、信長との主従関係が形成されることとなり、信長が「天下」の主宰者として台頭する礎になったといえる。義昭の所領政策は破綻して幕臣が分裂することとなり、このような義昭の失政は信長との対立を招き、幕府滅亡の一因になったといえる。

註

(1) 拙稿「足利義昭政権の構造」(本書第Ⅰ部第一章。拙編著『足利義昭』シリーズ・室町幕府の研究2、戎光祥出版、二〇一五年〈以下、『義昭論集』と略記〉。初出二〇〇九年)。
(2) 拙稿「京都支配における足利義昭政権と織田信長政権」(本書第Ⅰ部第二章。『義昭論集』、初出二〇〇三年)、神田千里『織田信長』(筑摩書房、二〇一四年)。
(3) 拙稿「織田政権の京都支配における奉行人についての基礎的考察」(本書第Ⅲ部第二章。初出二〇一五年)。
(4) 石崎健治「足利義昭期室町幕府奉行人奉書と織田信長朱印状の関係について」(『文化財論考』一、二〇〇一年)、山田康弘「戦国期幕府奉行人奉書と信長朱印状」(『義昭論集』、初出二〇〇八年)、脇田修「織田政権と室町幕府」(『織田政権の基礎構造』東京大学出版会、一九七七年。初出一九七五年)、染谷光広「織田政権と足利義昭の奉公衆・奉行衆との関係について」(藤木久志編『織田政権の研究』吉川弘文館、一九八五年。初出一九八〇年)・臼井進「室町幕府と織田政権との関係について」(『義昭論集』、初出一九九五年)などがある。なお、史料引用の奥野高広『増訂織田信長文書の研究』(吉川弘文館、一九八八年)は、『信文』と略記して文書番号を付す。
(5) 山田康弘『戦国期室町幕府と将軍』(吉川弘文館、二〇〇〇年)。
(6) 新訂増補『言継卿記』(続群書類従完成会、一九六七年)。
(7) このときの不調の原因として、信長が美濃へ帰国する際に京都に「残置」いた木下秀吉の不手際があった。『言継卿記』永禄十二年三月二十五日条には「禁裏御料所率分九人之分、旧冬織田弾正忠朱印、殊武家之御下知雖有之、木下藤吉郎逐上之間」とあることから、率分銭のことに関しては幕府の奉行人連署奉書が前年の冬に発給されていたが、秀吉が「逐上」したために伝達されなかったことがわかる。これにより、言継らは「重朱判所望」と、あらためて信長朱印状の発給を求めている。なお、この問題については、川元奈々氏が小稿で述べる曇華院の相論も含めて、「足利義昭・織田信長政権の訴訟対応と文書発給」(『ヒストリア』二五九、二〇一六年)で関説している。
(8) 言継は、義昭が征夷大将軍に補任された直後の十月二十日に、山科七郷のうち大宅郷・野村・西山等の所領回復を求めた女房奉書の発給を得て、幕府と信長に交渉している(『言継卿記』)。
(9) 四条家は、朝廷から永禄十一年十一月九日付けの二条堀川・柳原・犂鼻等の敷地と粟田口・角社等の所領回復を求める女房奉書を得て、幕府に愁訴している(『言継卿記』永禄十一年十一月九日条)。

(10)「天下」については、神田千里氏によって、将軍が主宰する京都を中心とした畿内周辺の領域であることが明らかにされている（「織田政権の論理に関する一考察」『戦国時代の自力と秩序』吉川弘文館、二〇一三年。初出二〇〇二年）。

(11)『多聞院日記』（臨川書店、一九七八年）。

(12)『御湯殿上日記』（続群書類従完成会、一九五八年）。

(13)曇華院関係文書を読む会（代表鍛代敏雄氏）での輪読の成果による。内閣文庫「曇華院殿古文書」の全体像については、北爪寛之「国立国会図書館所蔵「曇華院殿古文書」文書目録」（『栃木史学』二七、二〇一三年）を参照願いたい。大慈光院宮の母（勧修寺房子）と、聖秀女王の祖母（勧修寺藤子）が姉妹であり、このような血縁関係もあって、大慈光院文書の一部が曇華院に伝わったと思われる。なお、曇華院領大住荘の相論については、村礒良美氏が武井夕庵の役割を検討するうえで関説している（「織田信長の家臣統率」『史艸』五四、二〇一三年）。

(14)この相論では、次の裁決が下された（「曇華院文書」『大日本史料』第十編之二、永禄十二年四月二日条、一五一頁）。

丹波国内姫宮岡御所様御領所之事、信長依御助言、定納八拾石之請米ニ相定候、然者毎年十一月中ニ可致運上候、若少も於無沙汰〔者脱カ〕、可有御改易候、一言之違乱不可有之候、仍請文所如件、

永禄十二

卯月四日　　内藤五郎

貞弘（花押）

御雑掌

(15)前掲註（4）染谷・臼井論文。

(16)『尋憲記』元亀四年二月二十二日条（内閣文庫所蔵、未翻刻。『信文』三四〇号）。

(17)大徳寺相論については、竹本千鶴「織田政権の奉行人と京都支配」（『書状研究』一五、二〇〇一年）で詳論されている。

(18)下坂守「岡本保望上賀茂神社興隆覚」（『中世寺院社会と民衆』思文閣出版、二〇一四年。初出一九九五年）。

(19)前掲註（4）染谷・臼井論文。

(20)渡辺世祐「足利義昭と織田信長との関係に就いての研究」（『義昭論集』、初出一九一一年）。

(21)幕府の御料所については、桑山浩然『室町幕府の政治と経済』（吉川弘文館、二〇〇六年）、奥野高広『足利義昭』（吉川弘文館、一九六〇年）に詳しい。

（補註１）　本章の元になる拙稿「京都における織田信長の相論裁許と室町幕府」（『日本歴史』第八二八号、二〇一七年）では、史料２を『信長文書』を参照して「元亀元年ヵ」とした。大住荘に関する論文として、川元奈々氏が「足利義昭・織田信長と京郊の在地社会」（『都市文化研究』第一九号、二〇一七年）と「足利義昭・織田信長政権の訴訟対応と文書発給」（『ヒストリア』第二五九号、二〇一六年）を著して、この史料を永禄十二年に比定した。史料２に記された「俄下国」を勘案すると、十月に信長が在京していて「俄に」美濃へ下国するのは、（端裏書）永禄十二年十月十七日付け正親町天皇宸筆女房奉書案に「信長にわか《(俄に)》に帰国のよし、おとろきおほしめし《(驚き思し召し)》候」（『大日本史料』第十編之三、永禄十二年十月十七日条、四三五頁）とあることから、史料２の記述と合致するため、川元氏の指摘通り永禄十二年に比定できる。

ちなみに、前年の永禄十一年は九月二十六日に入京して、畿内平定と義昭が将軍に就任した後の十月二十六日に美濃へ下国している（『原本信長記』巻二）。永禄十二年は上記の通りであり、『多聞院日記』永禄十二年十月十九日条に「信長、十二《(二)》日ニ上洛、十六《(七)》日ニ上意トセリアイテ下了」とある。

翌年の元亀元年は八月二十日から「元亀の争乱」の「摂津の陣」に出陣しており、朝倉・浅井氏の蜂起により、次いで「志賀の陣」へ出陣している（『原本信長記』巻三。本書第Ⅱ部第一章、拙著『足利義昭と織田信長』戎光祥出版、二〇一七年）。元亀二年は九月十二日に比叡山を焼き討ちして、二十日に美濃へ下国している（『原本信長記』巻四）。元亀三年は七月十九日から近江浅井氏攻めで出陣して、九月十六日に美濃へ下国している（『原本信長記』巻五）。

以上により、史料２は川元氏も指摘している通り永禄十二年に比定できるため、ここでは元の拙稿をあらためて、史料の配列も修正した。いずれにしても、大住荘の曇華院領における幕府方勢力による違乱は、①義昭の側近である一色藤長と②義昭が寺社領に「御給人」を付したことによって二度起こったとする論旨に変わりはない。

（補註２）　本章の元になる拙稿［二〇一七］では、『言継卿記』に記された「近所」を係争地として、「現地に赴いて実地を検分した」としたが、岡殿や細川藤賢の邸宅の「近所」の可能性もあるため、ここではあらためた。

第三章　足利義昭政権滅亡の政治的背景

はじめに

室町幕府の第十五代征夷大将軍足利義昭は、元亀四年（一五七三）二月十三日に織田信長に「御逆心」して蜂起する[1]。信長は幕府の「傀儡化」を謀り、それに反発した義昭は越前の朝倉義景・近江の浅井長政・大坂の本願寺・大和の松永久秀・甲斐の武田信玄等と連繋し、信長包囲網を形成して「元亀の争乱」を主導したと考えられてきた[2]。

これまで元亀四年における信長包囲網については、武田信玄の軍事行動を中心として検討されてきた。鴨川達夫氏は、信玄が義景と本願寺の要請に応じて、信長と同盟関係にあった徳川家康の領国である遠江・三河へ侵攻し、信長領国の美濃へ西上したことによって信長包囲網が形成されたことを明らかにし[3]、この点はさらに柴裕之氏によって検討が深められた[4]。近年では、義昭と信長は協調関係にあったことが明らかになっている[5]。谷口克広氏も当初は「義昭暗躍説」だったが、「協調説」を取り入れた上で本願寺と松永久秀がフィクサーとなって形成されたとして自説を転換していることからも[6]、義昭の関与は否定されたといえる状況にある。そのため義昭蜂起の前提が成り立たなくなったことから、あらためて義昭が信長に対して「御逆心」する政治的背景について検討する必要性があろう。

結果として義昭は蜂起するが、直接的な理由としては、信長が義昭の政治姿勢を糺した「異見十七ヵ条」に対する反発が挙げられる。この年代については、奥野高広氏・谷口氏をはじめとしてほぼ全ての研究者が元亀三年九月に比定している[8]。結論として、義昭の蜂起は信長に対する反発で、個人的な動機として理解されてきた。これまでは、信玄の動向、義昭蜂起の理由、いずれも個別に論じられてきたため整合性に欠け、また「異見十七ヵ条」を九月に比定した場合に蜂起するまでの約半年をどのように理解するのかなどの課題が残る。

これに対しては、柴氏が元亀三年末から翌年正月の間であることを明らかにし、同時期における三方ヶ原合戦で信長の同盟者である家康が敗退したことに義昭は衝撃をうけて、反信長陣営に転じたとの指摘はある。[9] しかし、幕府内部の状況や、畿内の政情における義昭の政治的位置については考慮されていない。

小稿では義昭政権滅亡の政治的背景について、「天下静謐」を鍵にして①諸勢力との関係、②幕府内部の状況、③畿内における諸勢力との関係、の三点に分けて具体的に検討する。なお、室町幕府は義昭が京都から追放され、備後国鞆に御座所を移して以降も「鞆幕府」として機能していたとする指摘がある。[10] 筆者は、京都の室町に開かれて中央政権として機能した「室町幕府」と、鞆において主として儀礼的な側面で残存した「鞆幕府」とは権力構造がまったく異なることから、同質的に捉えていない。そのため、義昭が信長から京都を追放されて中央政権としての機能を喪失した段階をもって「室町幕府」の滅亡と考えているが、ここでは将軍として「天下」[11]を管掌して主宰し、室町幕府を主導した義昭による政治権力を「義昭政権」とする。

1．元亀末年における「信長包囲網」の形成

甲斐の武田信玄は元亀三年十月三日に甲府から出陣して、天竜川を南下して遠江に向けて進軍し、三河・遠江を領有していた徳川家康の領国へ侵攻を開始する。十一月末には二俣城（静岡県浜松市）を攻略し、そして十二月二十二日に三方ヶ原の合戦で家康を撃破すると、さらに東三河へと軍勢を進めた。年明けの正月三日には、徳川方の菅沼定盈が守備していた野田城（愛知県新城市）を包囲するに至る。

この軍事行動は「西上作戦」と称されて著名であるが、目的については①上洛説や、②遠江征圧のための局地戦説、あるいは③上洛のための信長討伐説などの諸説が存在する。[12] 近年では、朝倉義景・大坂本願寺などの反信長陣営に主将として引っ張り出されたことによる信長打倒説が鴨川達夫氏によって提唱された。また、柴裕之氏は足利義昭政権の成立と今川領国への侵攻という中央との政治動向の展開上に起因することを指摘している。[13] 筆者は基本的に鴨川氏の見解と同意見である。ここでは主に鴨川氏の説に基づいて、さらに近江における情勢を踏まえて信玄出馬と信長包囲網の展開について検討する。

この信玄の西上は計画されていたのではなく、当初は越後侵攻が予定されていた。ところが信玄は越後へ向けて北上するのではなく、京都方面への「西上作戦」に政策を転換して家康の領国へ侵攻する。これについては、本願寺法主顕如の（元亀三年）十二月三日付けの信玄宛て書状[14]に、「仍如御兼約、遠州表御出馬之儀尤珍重候」とあることから、信玄の遠江出馬は本願寺との「兼約」に因るものだったことが確認できる。また信玄は義景に、「依大坂・貴辺御催促、如此信長為当敵、動干戈所御分別之事[15]」と述べていることから、鴨川氏の指摘通り本願寺・義景の「御催促」に応じて、「当敵」信長の討伐を目的として軍事行動を起こしたといえる。

信玄と本願寺・義景はそれぞれが姻戚関係にあった。[16] 義景と本願寺は元亀元年から信長と抗争していたが、なぜこれまで反信長戦線に加わっていなかった信玄に出馬を「御催促」したのであろうか。この点についてもすでに鴨川氏によって指摘されているが、近江の形勢が強く関係していたと考えられる。信長は元亀三年七月二十一日から浅井久政・長政の小谷城を攻めており、義景は救援のために七月二十五日から出陣していた（『原本信長記』）。長政の（元亀三年）九月五日付け書状[17]には「随而甲州信玄、当廿日以前、至遠州表、出馬相究候、誓紙等被相越、厳重様子候」とあり、信玄から長政へ遠江出馬が伝えられ、誓紙が届けられていることが確認できる。そのため信玄の遠江侵攻は、義景・本願寺とさらには長政と連繫した上での出陣であり、長政の状況から信長を挟撃するための後詰として出馬を要請されたことが理由として考えられる。

次に本願寺について確認しておきたい。本願寺は元亀元年九月に蜂起してから、信長とは敵対関係にあった。信玄の遠江侵攻後の（元亀四年）正月十七日付け信玄宛て顕如書状案には「随而四ヶ国《（三河・遠江・尾張・美濃）》門下之族可致其働由申越候、於様子者頼充《（下間）》可申入候、聊無如在候」（『顕如書札案』八二号）とあり、信玄からの求めに応じて信長・家康領国の一揆を扇動することを約諾している。本願寺は信長を打倒するため、義景・長政と連繋して信玄に出馬を働きかけたといえる。

さらに、信玄が出馬を決意する一因として、比叡山延暦寺との関係が考えられる。この点についても鴨川氏・橋本政宣氏によって検討されているが[18]、あらためて確認しておきたい。信玄は天台座主の曼殊院覚恕により、「僧正」となっている[19]。信玄が元亀四年正月十一日付けで義昭側近の上野秀政に宛てた書状に「至于遠州・参州両国、家康押妨神社仏閣諸仏物・害民事利欲心、恣振逆威条、前代未聞之次第也、然而信玄起一挙之義兵[20]」とあることから、遠江・三河侵攻は神社・仏閣・諸仏物を押妨して「逆威」を振るう家康討伐のためであると述べている。信長については「抑信長企逆乱、山上山下焼亡」「偏仏法王法破滅、天魔破旬変化也」とあり、天台宗の「僧正」信玄からすれば「逆乱」を企てて比叡山を焼き討ちした「天魔」でまさしく仏敵だった。二人を「信長・家康以下之凶徒」「悪逆無道」と、仏法と王法をも破滅する悪逆無道の凶徒として強く非難している。

比叡山は、顕如の（元亀三年）十二月二十八日付け信玄宛て書状に「従義景以山門大蔵院被申越之趣」（『顕如書札案』七九号）とあり、義景が本願寺へ比叡山の大蔵院を派遣していることから、義景・本願寺と連繋していたことが確認できる。そのため信玄は彼等からの働きかけに応じて挙兵したといえ、これによって信長包囲網が形成されたのだった。ここまではこれまで指摘されてきたことを確認する形になったが、鴨川氏・橋本氏の見解を積極的に評価したい。

この間において、義昭の関与はまったくうかがえない。義景・長政・本願寺・延暦寺にとっては、信玄が出馬したことによって信長包囲網を形成することに成功したため、この時点で義昭は必要なかったといえる。しかし義景・長政・

信玄と宗教勢力も加わった信長打倒のいわばこの「大名連合」にとって、義昭を必要とする事態が生じることとなった。それは、これまで中核の役割を果たしていた義景が、十二月三日に雪を理由として越前へ撤退したことによって、包囲網の一角が崩れたためである。[21] 義景の撤退に顕如は、「就中江北表御帰国之儀、兼而御催促之筈相違、又者天下外聞等無其曲由候」（『顕如書札案』八六号）と述べている。本願寺は実際には信玄と同様に義景の「御催促」に応じて協調したのであり、その「御催促」した義景が帰国することは外聞に関わることであると非難している。信玄も、「御手之衆過半帰国之由驚入候、各労兵勿論候、雖然、此節信長滅亡時刻到来候処[22]」と、兵士の慰労に理解を示すが、信長を滅亡させる好機での帰国に「驚入」ったとして強く非難している。

信玄は出馬を「御催促」した義景が撤退したことで、信長包囲網の中核として「大名連合」の新たな盟主が必要になったため、義昭の擁立を謀ったと考えられる。正月十一日付け上野秀政宛て書状で、「請静天下旨趣」として「早信長・家康以下之凶徒等、可致誅戮之旨、賜　御下知」「可致天下静謐之功旨、宜被達公聞」（「理性院文書」註20）と、義昭に「凶徒」である信長・家康を誅戮して「天下」を静めるための「御下知」を求めている。これにより信玄は義景と連繋した信長討伐から、義昭に信長を「天下静謐」を乱す存在として成敗する「御下知」を求め、蜂起を促すことに政策を転換したといえる。柴氏は義景の撤退には触れず、三方ヶ原合戦の勝利が反信長連合を勢いづかせ、織田氏を排除し義昭を盟主として「天下静謐」に努めることになったと指摘している。

しかし、実際には合戦の勝利に勢いづいた積極的な行動ではなく、盟主義景と信長が近江から撤退して本来の後詰の目的を失った信玄が、信長と戦う大義を得る必要性が新たに生じたために義昭を擁立することに政策を転換した消極的な行動だったと考えられる。

永禄十一年（一五六八）十月十八日に第十五代将軍に就任した義昭は、義昭政権を発足させて幕府を再興させた。義昭が「天下」の主宰者として、かつ「天下諸侍御主」（「河田文書」『戦―三』参考九三号）として征夷大将軍に君臨し続けるためには、敵対勢力を征圧して「天下静謐」にすることが必要だった。そのためには敵対勢力を撃退するだけの強大な軍事力を保持することが必須の条件であり、義昭は信長に大きな期待を寄せた。信長もそれを承知し、義昭と信長は永禄十三年正月二十三日に締結した「五ヵ条の条書」（「成簣堂文庫所蔵文書」『信文』二〇九号）の四ヵ条目で「天下之儀、何様ニも信長ニ被任置之上者、不寄誰々、不及得上意、分別次第可為成敗之事」と、「天下」において「誰々に寄らず成敗する権限」を信長に「任せ置いた」のは、その表れだったと考えられる。[23]

しかし、義昭は『兼見卿記』元亀四年三月七日条[24]に「弾正忠信長、自大樹(義昭)被補御敵」とあるように、信長を「御敵」として成敗の対象とした。信玄は義昭の擁立に成功したといえ、武田軍は「以公儀御威光信玄も令上洛者[25]」とあることから「公儀」の軍隊となり、信長を「天下静謐」を乱す敵として成敗する正当性を得る。以上により、義昭は反信長戦線の「大名連合」に呼応して蜂起することを決意するに至ったと考えられる。

2. 幕府における幕臣の分裂、信長排撃の動向

義昭の蜂起について信長は、（天正元年）十二月二十八日付けで陸奥の伊達輝宗に宛てた朱印状で「甲州武田・越前朝倉已下諸侯之妄人一両輩相語申、妨公儀、被企御逆心候」（「伊達家文書」『信文』四三〇号）と述べていることから、信玄・義景をはじめとした「諸侯之妄人」等が「相語申」し、義昭を扇動したことを請けて「御逆心」を企てたと考えていたことが確認できる。信玄・義景以外の「諸侯」とはいったい何者なのであろうか。禁裏で記された『御湯殿上日記』元亀三年四月十六日条には、「のふなか(信長)人衆・諸公(侯)の物とも、南方わかゐのしろ(若江城：三好義継)おもて(表)へちんたち(陣立)のよし(由)さた(沙汰)あり」とある。『兼見卿記』同日条には「至河州表出陣、佐久間(信盛)・芝田(勝家)・明智(光秀)・細兵(細川兵部大輔藤孝)・三太(三淵大和守藤英)・上中(上野中務大輔秀政)・池田(勝正)・和田(惟長)、弐万許在之云々、松永衆籠城キサイ(騎西)各取詰云々」とあることから、「諸侯」は義昭に諸々の

ことを直接的に進言できる藤孝・藤英・秀政等の幕臣で、義昭の側近だったといえる。

それでは、義昭は信長をどのように思っていたのかを確認しておきたい。義昭が「天下静謐」のために信長を必要としていたことは既述した。永禄十二年正月五日に義昭が三好三人衆等の勢力に襲撃された本圀寺合戦で、美濃から単騎早駆けで駆け付けた信長は、まさに一番の忠臣とも言い得る家臣だった。信長にとっても義昭は、命を懸けて護るべき主君だったといえる。[26] 義昭は信長のために元亀三年八月には信玄を仲介して本願寺との講和を図ったり（「本願寺文書」『信文』三三〇号）、三方ヶ原合戦の後には信長と信玄との講和を図っている（『甲陽軍鑑』）。義昭と信長は協調関係にあり、この時点においても義昭はまだ信長に対して「御逆心」する意志はなかったと考えられる。

当該期の政治状況は、キリシタン関係史料によって具体的に知ることができる。彼らの信心たる信仰に関わることについては、仏教徒に対する痛烈な批判など主観的な見解が反映されることが多い。しかし政治状況については、自らが経験したことや周辺で話されていたことが客観的に書き留められたとして、史料的な価値は高いとされている。それと江戸期に熊本藩が編纂した『細川家記』に基づいて確認しておきたい。同書は『明智軍記』などを参照した記事もあり、全面的に信用を置けない側面はある。しかし幕府の内情について、文書史料の欠を補う内容が多分に記されている。そのため傍証的な考察になるが、ここでは両史料に基づいて確認しておきたい。

『日本西教史』[27]には、義昭は信長の潔白で公正な所行に感じ入り離反しないつもりでいたと記されている。しかし、「サレド宮廷ノ重臣等ハ、信長ノ支配ニ愈々堪フルコト能ハズ」とあることから、信長の支配に不満を抱いた幕府の重臣たちが存在していた。さらに「公方ヲシテ彼ト断然交ヲ断タシメン事ヲ謀レリ、即チ彼等ハ公方ヲ説得シテ」とあることから、彼らが信長と断交することを義昭に説得したことが確認できる。その結果、義昭は「両者ノ離間ヲ策セル家臣等ノ巧言ニ、公方ガ耳ヲ傾ケ」とあり、『イエズス会日本年報』[28]にも「公方様は信長を嫉む者より、全然彼と断つ様扇動せられた」とあることから、「信長を嫉む」家臣に扇動されて、「巧言」を請けて蜂起を決意するに至ったのである。これは先の伊達輝宗宛て信長朱印状とも合致することから、それを具体的に裏付けたものといえる。また、（元亀四年）二月二十六日付けの藤孝宛て信長朱印状に「然者奉公衆内不聞分仁躰、質物之事被下候様にと申候」（『細川家文書』『信文』三六二号）とあることから、奉公衆で信長に抵抗する者が人質を差し出すことを要求していることが確認できる。

では、「信長を嫉み」義昭に「巧言」した「宮廷の重臣等」「家臣等」「諸侯」「奉公衆内不聞分仁躰」は、誰だったのであろうか。このうち、首謀者的な役割を果たした者として第一に考えられるのが、信玄との外交を担当した上野秀政である。『イエズス会年報』①には「信長はウヘノトノ（上野殿）を以て、その主たる責任者と認めたり」とあることから、信長は義昭蜂起の内実は上野を中心とした幕臣による謀叛と考えていた。

上野氏は幕府の御供衆・奉公衆に列せられる家柄で、前代の義輝に信孝が側近として仕えていた[29]。以下、『言継卿記』に拠ると、秀政も「御供衆」として義昭に近侍していた（永禄十一年十月二十二日条）。政治的活動としては、義昭側近の一色藤長と山科家領の回復について言継と折衝しており、禁裏御料所率分銭のことについて和田惟政と交渉役を務めている（永禄十一年十月二十日・同二十一日条）。また、「奉公衆一色式部少輔（藤長）、同駿河守（昭秀）、上野中務大輔（秀政）等、摂州へ出陣云々」（元亀二年九月二十四日条）とあることから、幕府の奉公衆として軍事的活動も行っている。『イエズス会年報』①によると「上野殿を訪問せり、この人は今信長と等しく他に並ぶ者」がなく、「この人は公方様に対し大いなる勢力を有し、彼の命のほかは行はざりしを以て、大いに信長を憤らしめたり」と言い表されていることから、義昭の信頼を得て幕府で信長に比肩し得るほどの権勢を誇っていた様子が確認できる。秀政が義昭の寵愛を得ていたことについては、『細川家記』に「寵臣」とあり、「出頭第一」になっていたことが記されている。

それでは、なぜ秀政は信長に対して討伐を志すほどの強い反感を抱いたのであろうか。

一つには、比叡山焼き討ちに対する非難があげられる。秀政は信長の比叡山焼き討ちを信玄と同様に強く非難しており、信長排斥を主張して義昭の面前で擁護派の細川藤孝と激論を交わしている（『細川家記』）。秀政は義昭政権において信玄との外交を担当しており、「理性院文書」（註20）に信玄から秀政に宛てた文書の写しが伝わっているほか、実際に義昭の使者として三方ヶ原合戦後に信長・家康と講和することを伝えるために信玄の許へ派遣されている（『細川家記』『甲陽軍鑑』）。秀政と信玄は共に比叡山焼き討ちを強く非難していることから同志といえ、外交交渉を通じて信長を共通の敵とする認識を共有したと考えられる。

二つ目として、所領問題があったと考えられる。詳細は本書の第Ⅱ部第二章にて詳論したので、ここでは簡潔に述べる[30]。信長が義昭に提示した「異見十七ヵ条」に拠ると、義昭の「御扶持」は「忠・不忠」に基づくものではなく、気に召すか否かの恣意によって行われていた。「御扶持」を与えられなかった幕臣は、信長に「歎申」している。一方、義昭からの恩賞は幕府の御料所が欠乏していたことから、代官職への補任や、非分の課役を賦課することが黙認されることによって充当されていた。充分な恩賞を与えられなかった者も、義昭から代官職に補任された者も、結果的に自力救済による他領への違乱におよんでいた。これらは旧来の領主から押妨・違乱として提訴されることになるが、義昭は「御耳を伏して」聞き入れなかった。そのため幕府に提訴しても違乱が止まないことから、信長へ提訴するに至る。そして信長から「執申」して義昭に「異見」され、政治姿勢が糾弾されることとなった。幕臣にとっては自力救済を信長から停止されたため、反感を強めることになったと考えられる。このように義昭の所領政策が破綻していたことによって、幕府の内部は信長に反感を抱く者と、信長に頼る者とに分裂する状況が生じていた。

実際に秀政は義昭から松尾神社領を宛て行われたが、訴えられて領有権を放棄している[31]。一色藤長も曇華院の寺領を違乱し、信長が曇華院の「理運」と裁定したことに対して「御断」と抵抗している[32]。『細川家記』によると、秀政は三方ヶ原の合戦後に講和のために信玄の許へ下向した後に、信玄と信長を比較して、「信長は数ヶ国を討ち従え給えども、公領は少なく、御家人の領知も微々たるゆえ、清信（秀政）をはじめ、信長を恨むもの多きところに、信玄よりは数々の贈物等これあり」と、領国を拡大していた信長に比して、幕臣は領知が少ないことから信長への恨みをつのらせ、それと比べて数々の贈物を献上する信玄に肩入れするようになった様子が記されている。

さらに三つ目として、京都支配における「二重政権」を解消し、政治権力を幕府に一元化させて将軍権威を高めることを図ったと考えられる。秀政は義昭の側近として仕える一方で、織田家奉行人とともに連署して所領安堵の案件を処理し、在地の支配に関与している[33]。幕府との交渉で齟齬が生じた場合など、公家等は美濃の信長の許へ直接政治交渉に赴いたり（註5拙稿ａ・ｂ）、あるいは信長からの「執申」によって義昭へ「異見」されることを目の当たりにしていた（「異見十七ヵ条」）。比叡山焼き討ちのことで義昭の御前で激論した時には、「中務《秀政》申けるは、信長、去秋山門を焼亡し、悪逆無道奢侈僭上して、君の上に立たんとするの底意面に顕はる、早く誅伐然るへしと云」（『細川家記』）とあり、将軍権威を蔑ろにする存在として義昭に信長の誅伐を進言している。

秀政は将軍権威の危機感を抱き、信長をかつての三好長慶のように脅威に感じた可能性が考えられる。そのため、秀政は将軍側近として義昭への権力の一元化と、在地の支配を執り行う奉行として信長との矛盾の解決を図ったと考えられる。結果として義昭は、この幕府における「信長を嫉む者」の「巧言」を請けたことが蜂起を決意するに至る一因になったと考えられる。

このような将軍と側近との密接な関わりは、義輝の時から存在していた。義輝は上野信孝を重用したことにより三好長慶との対立を招いて、このことが京都から追放される一因となったり、摂津晴門を政所執事にするために伊勢氏を排除するなどしている[34]。義輝は第三代将軍義満でさえ介入できなかった政所の掌握に成功し、将軍直裁によって幕府政治が執り行われるようになっていった。近年の研究では、永禄八年五月十九日の義輝弑逆事件である「永禄の政変」は、近臣の排除を求めた「御所巻」だったとする指摘がある[35]。将軍と近臣による幕政運営は義昭以前からも問題となっていたのである。

義昭の蜂起に対して信長は、人質を差し出すことや剃髪して丸腰で出頭すること等を条件として提示し（『イエズス会年報』②）、幕府側から提示された「十二ヵ条理」を受諾することを告げて最大限に譲歩している[36]。さらに義昭を追放した後も複数回に亘って京都召還を図っていることから、幕府を滅ぼす意図はなかったと考えられる[37]。信長は二条御所を包囲するが、戦後の元亀四年四月二十八日付けで「猶自分《（今）》以後、対信長不可存逆心之儀候[38]」と、幕臣から信長に「逆心」しないようにとの起請文を差し出させていることからも、これは信長による幕臣の排斥を求めた「御所巻」だったといえる。この時には勅命によって講和が結ばれるが、以上のことからも幕臣排斥を求めて二条御所を開城させるための、信長からの要請だったと考えられる。そのため義昭と信長の抗争は、実際には幕臣と信長との争いだったのである。

3．畿内における政治情勢

では最後に、松永久秀を中心に畿内の情勢について検討する（補註1）。永禄十一年九月の上洛戦後、大和では久秀が「和州一国ハ久秀可為進退」（『多聞院日記』十月二日条）として、義昭から支配権が認められていた。久秀は義昭政権を後ろ盾として、筒井氏らの国人衆に対して圧力を加えて次第に勢力を強めていった。元亀元年四月の若狭武藤征伐に幕府軍の一隊として出陣し、「元亀の争乱」では信長と三好三人衆との講和を実現させるなど、義昭政権と協調していた[39]。ところが、元亀二年六月四日に三人衆と与んで河内高屋城に拠る守護の畠山昭高を攻めて、義昭に離反する軍事行動を起こした（『尋憲記』）。

これについて天野忠幸氏は註（8）著書で、義昭が久秀と敵対していた筒井順慶に、六月十一日に養女を嫁がせて姻戚関係を結んで、久秀を「義昭幕府」から「切り捨てた」ことを理由として指摘した。また、この背景には「元亀の争乱」における阿波三好家と義昭・信長の和睦後に篠原長房が毛利領へ侵攻したため、義昭・信長と毛利氏との同盟関係に亀裂が生じたことの責に因ることを指摘した。さらにこのことが義昭の失政として信長によって非難されるところとなり、両者の間に軋轢が生じて対立する要因となった可能性を指摘した。

しかし実際には、久秀はこの婚姻の一ヶ月前の五月十日に昭高家中の安見右近丞を多聞山城へ招いて謀殺し（『言継卿記』）、五月十二日には安見氏の交野城を攻めている（『多聞院日記』）。五月三十日には三人衆が高屋城の昭高を攻めるが（『多聞院日記』）、これに三好義継と松永久通が連繋しており、義昭政権からは昭高を救援するために摂津守護の和田惟政が出陣している[40]。そしてこの河内における抗争後の六月十一日に、義昭は順慶へ養女を嫁して同盟関係を築いたのである（『多聞院日記』）。したがって、この婚姻政策によって久秀が「切り捨てられた」のではなく、久秀が河内に侵攻して義昭政権に反抗したため、義昭は久秀の反勢力である順慶を明確に自らの陣営に位置づけたのだった。

また、毛利氏との関係については、（元亀二年）五月二十六日付け信長宛て毛利元就・輝元連署状（「柳沢文書」『戦―三参考一一六号）によると、元亀元年の年末に講和が結ばれて以降に、長房は「京都御宥免」と号して備前の浦上宗景と連繋して毛利領との境目へ侵攻したことが記されている。これに対して元就と輝元は、義昭から「被成御下知候之様」に信長へ「御助言」を歎願している。そのため講和によって亀裂は生じておらず、かえって両者は長房を共通の敵として連繋を強めており、逆の効果がもたらされていたのである。このことから、講和が久秀を切り捨てて失脚させた直接的な原因とは考えられない。

それでは義昭と協調していた久秀は、なぜ離反することになったのであろうか。その一因として、大和と山城の国境における義昭とのせめぎ合いが影響したと考えられる。久秀はこの後の十月十一日に、普賢寺城（京都府田辺市）へ入城してから真木嶋城（京都府宇治市）を攻めている（『言継卿記』）。これに先だって、『元亀二年記』五月朔日条に「細兵、三和、其外山城ニ知行有之衆、悉至普賢寺表出陣」とあることから、義昭はこの普賢寺へ細川藤孝・三淵藤英や奉公衆を派兵している。つまり、義昭と久秀は普賢寺をめぐってせめぎ合いを展開していたのである。久秀は義昭政権に属しながら、阿波三好家との関係も背景として、大和の支配権強化を図って山城国境まで勢力を強めたと考えられる。しかしこの動向に対して義昭が警戒感を抱き、備えとして奉公衆を派遣するなど境目の防衛体制を強化したことによって、軍事的緊張関係が急激に高まることとなった。

このせめぎ合いは、久秀が離反してから本格的な抗争へと発展する。山城国相楽郡の木津城（京都府木津川市）に拠る木津氏は、義昭へ人質を差し出しており（『多聞院日記』七月三日条）、木津に「同心」して大和超昇寺が久秀に敵対する（『多聞院日記』八月十日条）。対して久秀は、『尋憲記』十月十五日条によると義継や阿波三好家の十河・篠原等と木津を攻めており、元亀三年八月二十八日にも木津攻めを行っている（『年代記抄節』）。この間に義昭・信長は石成友通に木津を宛て行っており[41]、両者は国境において勢力争いを展開する。

久秀は元亀二年五月初めの交野攻めで義昭に背く動きをしていることから、実際にはこの時点で既に阿波三好家と連繋していた可能性が考えられる。久秀は元亀元年末の和平調停で実娘を信長の養女として差し出し、信長と三好三人衆との講和を実現させ、義昭・信長包囲網を解いて窮地を救う役割を果たしながらも、その一方で阿波三好家との関係を築くことに成功した。久秀はおためごかし的に両者の間を取り持ちながら、結果的に漁夫の利を得る形となり、両勢力を後ろ楯にして大和の支配権強化を図ったと考えられる。それに対して義昭は警戒感を抱いたのである。

それではなぜ義昭はこのような軍事的緊張関係が高まりつつあり、久秀が阿波三好家へ離反するか否かの微妙な時期に、久秀が完全に敵対するきっかけを作ってしまったのであろうか。その理由として、義昭は大和の支配を確実なものにするため「危険性を分散」したと考えられる[42]。つまり、義昭政権から離脱するかの動向を示した久秀に対し、反勢力だった順慶を自らの陣営に位置付けることによって、どちらの勢力が義昭から離反しても影響力を保持することを図ったと考えられる。これにより義昭は、結果として大和国を永禄十一年の上洛以降ずっと義昭政権の勢力下に置き続けることに成功している。

義昭は畿内各国に守護を補任して「天下」を管掌していたことから、義昭政権から離脱した久秀は「天下」において孤立化することとなった。久秀は義昭政権に対抗するために、「元亀の争乱」における講和を足がかりにして阿波三好家と同盟する。そして三好三人衆と協調して摂津・河内へ本格的に侵攻し、摂津守護の和田惟政を討ち取り、かつて三好長慶が居城を据えて畿内政治の中心地としていた高槻の奪回を図る（『多聞院日記』九月一日条）。久秀は義昭政権に対抗するため、三好権力の再興を謀ったと考えられる。これに対して義昭は、細川京兆家「惣名」の信良（昭元）に細川家が代々任官した「右京大夫」の官途と「昭」の偏諱を与えることによって義昭政権に位置づけ、防衛に努めている（『兼見卿記』十二月十八日条）。

久秀は盟主としていた義昭と昭元を相次いで喪失したことによってさらに畿内で孤立化したため、次の方策として守護家との連繋を画策する。元亀三年閏正月四日には、畠山昭高と遊佐信教が義昭に背くとの風聞があり、四月十三日には細川昭元も連繋するとの風説が流れている（『多聞院日記』）。義昭は昭高・信教と信教の母に対しても「三好・松永は敵」と非難して、自らに離反しないように宥めている(43)。

しかし昭元と義継は、（元亀三年）四月十四日付け十ヶ寺衆宛て下間正秀書状に「細川殿与三好左京兆御間無事之儀、此中種々御扱共有之、昨日十三、既双方人質并誓紙等執替、悉以一途相極候」（「誓願寺文書」『戦―三』参考一二一号）とあることから、お互いに人質と誓紙を交換して同盟する。そして摂津守護の伊丹親興が信長の扱いを「不審」であるとして、和田惟長と姻戚関係を結んで親類となり、義継に内通して蜂起する動きを見せていることが記されている。久秀と義継は、細川昭元を再び盟主として畿内守護との連繋を謀った。

この同盟はすぐに破棄されて昭元・昭高・信教・親興・惟長は離反しなかったが、三好為三と香西元成は義継へ寝返った（『年代記抄節』四月十三日条）。義昭と久秀は境目における紛争のみならず、「天下」において細川京兆家や守護家を自らの陣営に引き付けるための駆け引きを行い、激しい勢力争いを展開する。各守護もいつ義昭に敵対するか不分明で、五月二日には義景から義継へ遣わされた密使が捕らえられて一条戻橋で炙り殺しにされるなど（『年代記抄節』五月十四日条）、「天下」は緊張を内包した不安定な情勢だった。義昭は元亀三年二月十日に山城の淀に城を築き（『兼見卿記』）、三月二十一日から京都において信長の邸宅を造営する（『原本信長記』）。さらに五月八日に山岡景友を山城守護に補任したのは（『兼見卿記』）、これらに対する備えだったと考えられる。この信長第造営について谷口克広氏は註（6）c著書で信長のご機嫌取りと述べているが、実際には畿内情勢と密接に関わる政略だったといえる。

義昭は、以上の情勢により結果としてそれまでの協調路線から信長排撃へ政策を転換し、元亀四年二月十三日に蜂起する。信長に対して「御逆心」を最終的に決断する契機となったのは、『年代記抄節』に「武家へ、信長ヨリ、為御異見、十七箇条一書進上、是ヨリ御中《(仲)》悪クナリ候」とあり、「天正元年癸酉正月ヨリ室町殿ト信長ト御中悪シキ故」とあることから、元亀三年十二月に「異見十七ヵ条」が呈出されたことによって仲違いが生じたからとみて大過ない。

義昭を取り巻く情勢は、「都」周辺の畿内では久秀が義昭政権に対抗して三好権力の再興を謀っており、「鄙」の東側では義景・長政・信玄と本願寺・比叡山も加わった信長打倒の「大名連合」が形成されていた。長政からは「都鄙之一途不可有時日候(44)」と、信長討伐の好機として「都」と「鄙」が一途になって蜂起することを促されている。さらに幕府内においても、秀政を中心とした信長排撃を主張する幕臣が信長の討伐を進言していた。また、『尋憲記』二月十五日条によると、京都周辺の山本・礒谷・金蔵坊・山岡・多田野・塩河や伊丹親興が「手を返して」久秀に帰参して蜂起したことにより、義昭は牢人となって丹波へ逃れたと考えられていた。つまり、この時点において義昭は「天下」において完全に孤立化する状況が生じており、その上で信長から「異見十七ヵ条」が提示されていたのである。

誰しも負ける合戦はしないものである。義昭は義景・信玄・長政や幕臣からの「巧言」を請けて、「鄙」における「大名連合」と、「都」周辺における「守護連合」とを自らが紐帯となり結び付けることによって、「今程諸口可然時節無之候間[45]」と、勝機を見込んで蜂起するに至った。義昭がこの時期に蜂起を決断する背景には、さらに越前に撤退していた義景の出馬が確約できたためと考えられる。[46]義昭はこれらの政情を総合的に判断したうえで、信長に対して「御逆心」したといえる。『尋憲記』二月二十日条には、「将軍ハ十四日ニ当坊《(方カ)》へ御一味、信長御テキ《(敵)》ニフセラレ候ト有」とあり、『日本西教史』には「彼ハミヨシンド《(三好殿)》及ビダサンドノ《(弾正殿、松永久秀)》ト同盟ヲ結ビシガ」とあることから、蜂起した翌日にそれまで敵対関係にあった久秀と同盟して「御一味」となっている。

『年代記抄節』には、摂津の池田知正・丹波の内藤如安・塩河・宇津頼重・下田を幕府の御番衆に任じ、知正を御供衆に加えていることが記されており、（元亀四年）三月七日付け信長黒印状（「細川家文書」『信文』三六四号）には頼重も御供衆に加えたとある。義昭は守護・国衆を幕府の役職に補任するなどして自らの陣営強化を図った。さらに「当城堅固相踏」「此節当家一大事儀候間」として、決戦に備えて城（二条御所）の防備を堅めて小早川隆景や浦上宗景にも参陣を求めている。[47]これにより「天下」における孤立状況から踵を返して、今度は信長を孤立化させる包囲網を形成したのであった。

おわりに

以上、これまで足利義昭が織田信長に「御逆心」して義昭政権が滅亡に至る政治的背景について検討してきた。元亀末年における信長包囲網は、朝倉義景が浅井長政を救援するために本願寺や延暦寺と連繫し、さらに武田信玄に信長を挟撃する後詰として出馬を「御催促」したことによって形成された。義景・本願寺と姻戚関係にある天台宗の「僧正」信玄は、延暦寺との関係もあって「仏敵」の「凶徒」信長と家康を「誅戮」するために出陣する。しかし出馬を要請した義景が撤退したことから、信玄は信長に不満を抱く幕臣と協調して、義昭に信長を「天下静謐」を乱す存在として成敗する「御下知」を求めることに政策を転換する。

『甲陽軍鑑』『細川家記』によると、信玄と信長は義昭に対して相手を非難する喧伝合戦を展開している。義景の撤退によって信玄は信長討伐の「大名連合」の盟主として義昭擁立に政策を転換し、信長は同盟的な関係を一方的に破棄して家康領国へ侵攻した信玄を強く非難する。義昭から討伐の「上意」を得ることは、すなわち「公儀」の軍隊となることである。そのためこの信玄と信長の喧伝合戦は、まさしく義昭から「天下静謐」を乱す敵を「成敗」するための「上意」を得るための抗争だった。

周囲の政治状況から孤立化する事態が生じた義昭は、個々に形成された「大名連合」と「守護連合」を自らが紐帯となることによって、勝機を見込んで信長に対して「御逆心」する。元亀四年の信長包囲網は、義景による本願寺・信玄への「御催促」、信玄と幕臣による義昭擁立運動、そして幕臣からの「巧言」も受けて「異見十七ヵ条」呈出後の義昭が紐帯となっての「大名連合」と「守護連合」の糾合と、段階をおって展開されたものであった。したがってこの時の包囲網は、本願寺・松永久秀が主導したり、元亀三年九月を端緒として形成されたのではない。義昭は自らを取り巻く政治情勢を総合的に判断した上で、勝機を見込んで「御逆心」するに至ったのである。

その中核として今まで信長に委任していた「天下静謐」を維持する役割（「天下静謐維持権」）を期待したのが信玄だった。あるいは、ここでも信長包囲網によって信長が討たれて自らもこれまでの将軍と同様に京都を逐われる最悪の事態を回避する備えとして、信玄に「危険性を分散」したとも考えられる。義昭の（元亀四年）五月十三日付け信玄宛て御内書に「天下静謐之馳走、不可有油断事専一候」（「大槻文書」『戦—武』四〇四九号）とあり、それまで信長に委任していた「天下静謐維持権」を、信長に替わって信玄に託す動向を示した。しかし、それは信玄が死去した後のことであり、結果として義昭は信長によって京都から逐われ、義昭政権は滅亡することになるのであった。

註

（1）足利義昭の蜂起は、（元亀四年）二月二十六日付け浅井長政書状（「勝興寺文書」、『大日本史料』第十編之十四、天正元年二月二十六日条、一四五頁）に、「将又当月（二月）十三日公方（足利義昭）様被立御色、義景（朝倉）・拙身（浅井長政）江被成下御内書候」とあることから、二月十三日であることが判明している。この蜂起は、（元亀四年）二月二十三日付け織田信長黒印状（「細川家文書」、奥野高広『増訂織田信長文書の研究』〈吉川弘文館、一九八八年〉第三六〇号文書。以下『信文』と略記し、文書番号を付す）に「御逆心」とある。なお、小稿で引用する『甲陽軍鑑』『尋憲記』『年代記抄節』『元亀二年記』は、『大日本史料』第十編に拠る。

（2）「傀儡政権論」「対立史観」の代表的な研究として、奥野高広『足利義昭』（吉川弘文館、一九六〇年）、桑田忠親『織田信長』（角川書店、一九六四年）、脇田修『織田信長』（中央公論新社、一九八七年）が挙げられる。元亀年間における信長を中心とした畿内における抗争は、「元亀の争乱」と称されている。信長包囲網は、元亀元年と同四年の二回形成されている。前者については、別稿で述べた（「織田信長と足利義昭の軍事的関係について」本書第Ⅱ部第一章。初出二〇一七年）。小稿では後者について検討する。ここでは「元亀の争乱」は前者を指すこととする。

（3）鴨川達夫a『武田信玄と勝頼』（岩波書店、二〇〇七年）・b「元亀年間の武田信玄」（『東京大学史料編纂所研究紀要』第二二号、二〇一二年）。

（4）柴裕之a「戦国大名武田氏の遠江・三河侵攻再考」（同『戦国・織豊期大名徳川氏の領国支配』岩田書院、二〇一四年。初出二〇〇七年）・b「足利義昭政権と武田信玄」（『日本歴史』第八一七号、二〇一六年）。

（5）拙稿a「京都支配における足利義昭政権と織田信長政権」・b「足利義昭政権の構造」（ともに本書第Ⅰ部に収録で、拙編著『足利義昭』シリーズ・室町幕府の研究2、戎光祥出版、二〇一五年にも収録。初出二〇〇三年・二〇〇九年）。山田康弘『戦国時代の足利将軍』（吉川弘文館、二〇一一年）。神田千里『織田信長』（筑摩書房、二〇一四年）。

（6）谷口克広氏はa『織田信長合戦全録』（中央公論新社、二〇〇二年）では「義昭暗躍説」だったが、b『信長の政略』（学研パブリッシング、二〇一三年）では「協調説」に転じ、c『信長と将軍義昭』（中央公論新社、二〇一四年）では「本願寺顕如が呼びかけた信長包囲網」とし、さらにd『信長の外交』（祥伝社、二〇一五年）では「信長包囲網の黒幕」として本願寺と松永久秀がフィクサーだったと述べている。

（7）『尋憲記』元亀四年二月二十二日条（『信文』三四〇号）。

（8）前掲註（1）・（2）奥野氏、前掲註（6）谷口氏著書、前掲註（5）山田氏著書、池上裕子『織田信長』（吉川弘文館、二〇一二年）、

天野忠幸『三好一族と織田信長』（中世武士選書31、戎光祥出版、二〇一六年）など。東京大学史料編纂所『大日本史料』（第十編之十）も、元亀三年九月日（六一頁）とする。

（9）　前掲註（4）柴氏b論文。前掲註（5）神田氏は、天正元年正月に比定している。筆者は、太田牛一『原本信長記』（池田家本、福武書店、一九八〇年）「巻六」（元亀四年）に「去年十七ヶ条を捧げ御異見の次第」とあることから元亀三年のことで、『当代記』（史籍雑纂、国書刊行会、一九一一年）に「此冬、信長十七ヶ条之以書付、義昭へ被遂諫書」、『細川家記』（石田晴男ほか編『綿考輯録』出水叢書、汲古書院、一九八八年）に「十二月、義昭公、信長より諫書十七ヶ条を呈せられる」とあることから、十二月だったと考えている。

（10）　「鞆幕府」については、藤田達生「「鞆幕府」論」（『芸備地方史研究』第二六八・二六九号、二〇一〇年）。儀礼については、水野嶺「足利義昭の栄典・諸免許の授与」（前掲註〈5〉拙編著『足利義昭』、初出二〇一三年）。

（11）　「天下」については、神田千里氏が前掲註（5）著書で「領域的には京都を含めた畿内周辺を指し、将軍が管掌する領域」であることを明らかにしている。

（12）　①は、渡辺世祐『武田信玄の経綸と修養』（新人物往来社、一九七一年。初版は一九二八年）、奥野高広『武田信玄』（吉川弘文館、一九五九年）、柴辻俊六『信玄の戦略』（中央公論新社、二〇〇六年）、平山優『武田信玄』（吉川弘文館、二〇〇六年）など。②は、高柳光寿『三方原之戦』（春秋社、一九七七年。初版は一九五八年）、須藤茂樹「武田信玄の西上作戦」（『武田氏研究』第三号、一九八八年）など。③は、磯貝正義『武田僧玄』（新人物往来社、一九七〇年）、染谷光広「武田信玄の西上作戦小考」（『日本歴史』第三六〇号、一九七八年）、谷口克広『信長の天下布武への道』（吉川弘文館、二〇〇六年）など。

（13）　前掲註（3）鴨川氏・前掲註（4）柴氏。なお、小笠原春香氏が西上作戦説や局地戦説といった従来の説には囚われない視点から議論すべきであることを指摘している（「武田信玄の外交と戦争」平山優・丸島和洋編『戦国大名武田氏の権力と支配』岩田書院、二〇〇八年）。

（14）　「顕如上人御書札案留」（真宗史料刊行会『大系真宗史料』文書記録編四「宗主消息」〈法藏館、二〇一四年〉、第七十四号文書。以下『顕如書札案』と略記し文書番号を付す）。

（15）　（元亀三年）十一月十九日付け武田信玄条目「徳川黎明会所蔵文書」（柴辻俊六・黒田基樹編『戦国遺文』武田氏編、第三巻〈東京堂出版、二〇〇三年〉第一九九〇号文書。以下『戦―武』と略記して、文書番号を付す。天野忠幸編『戦国遺文』三好氏編、第三巻〈東京堂出版、二〇一五年〉は、『戦―三』とする）。

(16) 信玄の正室である三条の方と、本願寺法主顕如光佐の正室である教光院如春尼は、ともに三条公頼の娘のため姉妹である。顕如の子息の教如光寿と義景の息女は婚姻していることから、本願寺は信玄・義景と姻戚関係にあった(水藤真『朝倉義景』吉川弘文館、一九八一年)。
(17) 島若狭入道・同四郎左衛門尉宛て浅井長政書状写(「島記録」『大日本史料』第十編之九、元亀三年七月十九日条、三〇五頁)。
(18) 前掲註(3)鴨川氏b論文、橋本政宣「正親町天皇宸筆写の武田信玄書状」(『書状研究』第一七号、二〇〇四年)。
(19) (元亀三年)七月二十六日付け天台座主曼殊院覚恕宛て信玄書状(「曼殊院文書」『戦―武』第一九二六号)。
(20) 「理性院文書」「京都御所東山御文庫記録」『甲陽軍鑑』(『戦―武』第二〇一三号)。真偽については、前掲註(3)鴨川氏a著書、前掲註(18)橋本氏、前掲註(6)谷口氏c著書に詳論されている。筆者も、内容的に正文と考えている。
(21) 前掲註(16)水藤氏、前掲註(18)橋本氏。撤退の理由には他にも、①信玄の出馬を警戒した信長が十月十六日に美濃へ撤退したことによって、当初の目的だった長政救援が達成されたことや、②上杉謙信が十月に富山城を攻略したことへの備え、③四ヶ月におよぶ長陣で同盟国の近江で刈田・狼藉ができず兵站確保の問題、④「大雪」の前に信長を挟撃するつもりが信玄の行軍が遅足であり、⑤信玄が義景に十一月十九日付け条目で、「至来年五月、御張陣之事」(「徳川義親氏所蔵文書」『戦―武』第一九九〇号)と通告してきたことなど、これらを総合的に判断した上でこの年内に軍を引き上げたと考えられる。
(22) (元亀三年)十二月二十八日付け義景宛て信玄書状(「伊能家文書」『戦―武』二〇〇七号)。
(23) 「天下静謐」を維持するために成敗する役割を委任したことは、金子拓『織田信長〈天下人〉の実像』(講談社、二〇一四年)によって指摘されている。筆者は前掲註(2)拙稿で「天下静謐維持権」とした。
(24) 『兼見卿記』(史料纂集、八木書店)。なお、『言継卿記』は続群書類従完成会、『多聞院日記』は「続史料大成」臨川書店、『御湯殿上日記』は『続群書類従』に拠る。
(25) (元亀四年)五月十七日付け岡国高宛て信玄書状(「荒尾家文書」『戦―武』第一七一〇号)。
(26) 『原本信長記』。信長は、義昭とは「君臣」と述べている(「細川家文書」『信文』三六四号)。
(27) 『日本西教史』(太陽堂書店、一九二五年)。
(28) 『イエズス会日本年報』(雄松堂書店、一九七五年)一五七三年四月二十日(和暦、三月十九日)付けフランシスコ・カブラル宛てフロイス書翰(以下、四月二十日付け書翰は『イエズス会年報』①、同年五月二十七日(和暦、四月二十六日)付けフランシスコ・カブラル宛てフロイス書翰は『同』②と略記する)。なお、前掲註(26)とも『大日本史料』に一部翻刻がある。

(29) 上野信孝の活動は、長節子「所謂『永禄六年諸役人附』について」(『史学文学』四巻一号、一九六二年)に記されている。
(30) 拙稿「京都における織田信長の相論裁許と室町幕府」(本書第Ⅱ部第二章。初出二〇一七年)。
(31) 元亀三年十二月一日付け松尾神社社家神方中宛て上野秀政放状「松尾神社文書」(『大日本史料』第十編之十、三六六頁)。
(32) (元亀元年)十月十七日付け山城国大住荘三ヶ村名主御百姓中宛て武井夕庵書状(「曇華院文書」『信文』二一九号)。
(33) 元亀三年十月十八日付け上野秀政・嶋田秀満・村井貞勝連署状(「妙心寺文書」『信文』三四三号)。
(34) 前掲註(8)天野氏著書、髙梨真行「永禄政変後の室町幕府政所と摂津晴門・伊勢貞興の動向」(木下昌規編著『足利義輝』シリーズ・室町幕府の研究4、戎光祥出版、二〇一八年。初出二〇〇四年)。
(35) 山田邦明『戦国の活力』(小学館、二〇〇八年)、柴裕之「永禄の政変の一様相」(註〈34〉木下氏『足利義輝』。初出二〇一六年)。
(36) (元亀四年)二月二十九日付け細川藤孝宛て織田信長朱印状(「細川家文書」『信文』三六二号)。
(37) 金子拓編『織田信長の見た「夢」』(『新発見――週刊日本の歴史』戦国時代③、朝日新聞社、二〇一三年)、稲葉継陽「織田信長研究の最前線」(『Kumamoto 地方経済情報』五三、二〇一六年)、前掲註(5)神田氏も幕府との共存を志向していたとする。
(38) 一色藤長・上野秀政・一色孝秀・飯川信堅・曽我助乗・松田頼隆・飯尾昭連・池田一狐連署起請文(「和簡礼経」『信文』三七一号)。
(39) 「元亀の争乱」での三好三人衆との講和では、久秀と篠原長房が人質を取り交わしている(『尋憲記』十一月二十一日条)。久秀からの人質は「十一になる広橋腹の子にて候也」とあることから、久秀と公家の広橋国光の娘(保子)との子だった。その子を「城州の娘を、信長の養子に候て、四国の三好所へ祝言の由申し候」とあることから、信長の養女にして政略結婚させている。この子は、もとは久秀が上洛戦の際に信長の子息へ「祝言」として、信長に差し出した人質だった(『多聞院日記』永禄十一年九月二十九日条)。
(40) (元亀二年)六月六日付け渡辺重他二名宛て松永久秀書状(「信貴山文書」『戦―三』第一五九八号)。
(41) 元亀三年正月二十六日付け石成主税助(長信、友通ヵ)宛て信長所領宛行状(『昭和五十七年古典籍下見展観大入札会目録』『信文』補一二六号)に、「山城之内普賢寺、皆一識(職)」が「任御下知之旨」せて「任領知不可有相違之状」されている。
(42) 山田康弘氏が前掲註(5)著書で指摘した「将軍存立の仕組み」の一つで、将軍家は特定の大名に支えられた場合、その勢力が没落すると共倒れになる危険性がある。それを回避するために、複数の大名に支えられる体制を構築したとする「仕組み」である。
(43) 「相州文書」(『大日本史料』第十編之八、二四七頁)。

（44）（元亀四年）二月十六日付け伊勢七郎左衛門尉宛て長政書状（「近衛家文書」『大日本史料』第十編之十四、一四四頁）。
（45）（元亀四年）二月十九日付け足利義昭御内書（「牧田茂兵衛氏所蔵文書」『大日本史料』第十編之十四、一四三頁）。
（46）義景の出馬については、（元亀四年）二月二十七日付け信玄宛て顕如書状案（『顕如書札案』八七号）に「雖然廿六日可為出馬由」とある。
（47）（元亀四年）三月二十二日付け聖護院道澄宛て義昭御内書（「徳富猪一郎氏所蔵文書」『大日本史料』第十編之十四、二六七頁）。
（補註1）　本章の元になる拙稿「足利義昭政権滅亡の政治的背景」（『戦国史研究』第七四号、二〇一七年）を著して以降、松永久秀については、天野忠幸『松永久秀と下克上』（平凡社、二〇一八年）・同編『松永久秀』（宮帯出版社、二〇一七年）、金松誠『松永久秀』（シリーズ・実像に迫る9、戎光祥出版、二〇一七年）が刊行されている。

補論　足利義昭の蜂起と「天下静謐」をめぐる抗争

はじめに

元亀年間の織田信長を中心とした畿内における抗争は、「元亀の争乱」と称されている。通説的には、信長の権力伸張に危機感を抱いた勢力が反信長同盟を結成し、信長に対抗したと理解されてきた[1]。この「信長包囲網」は、元亀元年（一五七〇）と同末年の二回形成され、その中心的な役割を担ったのが足利義昭だったとされる[2]。義昭は、永禄十二年（一五六九）正月に幕府の行動を規制する「殿中御掟」を定め[3]、翌年正月には五ヵ条の「条書」[4]を押し付けて将軍権力の与奪を謀る信長に対して反発し、諸国の大名に御内書を発給して信長包囲網を形成したと考えられてきた。

筆者は、信長と義昭は政治的にも軍事的にも協調関係にあって、「元亀の争乱」における第一次信長包囲網は義昭に敵対する勢力との合戦であり、実際には義昭が包囲される対象で「義昭・信長包囲網」だったことを明らかにした[5]。その政治的背景には、永禄十一年九月の義昭・信長の上洛以前から足利将軍家が分裂し、「朽木武家」と四国を勢力基盤とする「阿波公方」・三好三人衆（三好長逸・同宗渭・石成友通）等との抗争があり、第一次包囲網はその延長線上に展開された争いで結成されたのだった[6]。信長は「条書」の第四ヵ条目で「天下静謐維持権」を義昭から委任されたことから[7]、この抗争にいわば〝巻き込まれる〟形で加わることになった[8]。

第一次包囲網については政治状況を明らかにした。ここでは第二次包囲網について、「天下静謐」をめぐる各勢力の動向や最終局面における情勢について、さらに検討を加えて明らかにしたい。

1．元亀末年における「信長包囲網」と朝倉義景

先に筆者は、元亀末年の信長包囲網は越前の朝倉義景・近江の浅井長政・大坂の本願寺・甲斐の武田信玄によって形成されたことを明らかにした[9]。信玄はそれまでの畿内における抗争に関与していなかったが、義景と本願寺からの要請を承けて出馬することになった[10]。

その政治的背景は、近江で信長が元亀三年七月二十一日から小谷城の浅井久政・長政を攻めており、義景は救援のために七月二十五日から出陣していた[11]。近江浅井氏と隣国の越前朝倉氏は同盟的な関係にあったことから、義景は小谷城を攻めている信長を挟撃するための後詰めとして、信玄に出馬を要請したと考えられる。さらに、元亀二年九月に信長が天台宗の総本山である比叡山延暦寺を焼き討ちしたことから、同宗の「僧正」である信玄は「仏敵」の信長を討伐するために出馬を決意するに至った[12]。信玄は十月一日に甲府を出陣し、信長と同盟関係にある徳川家康の領国遠江へ侵攻する。この諸勢力の動向に関して義昭は御内書を発給したと考えられてきたが、実際には義昭の政治的関与はまったくうかがえない[13]。信玄が出馬したことで信長包囲網の形成が成功したため、義景・長政・本願寺・延暦寺にとって義昭は必要なかったといえる。そのため拙稿では、この時点での第二次信長包囲網は義昭が主導していなかったことを明らかにした（註5拙稿b）。

しかし、宗教勢力も加わった信長打倒の「大名連合」にとって、義昭を必要とする事態が生じることになった。それは、中核的な役割を果たしていた義景が十二月三日に雪を理由として越前へ撤退したことで、信長包囲網の一角が崩れたためである[14]。（元亀四年）二月二十七日付け信玄宛て顕如書状によると、越前への使者が「当春及度々大雪、人馬通路難叶様候由候[15]」と報告していることが確認できる。信玄も当初は越後遠征を計画していたが、「寒気」を理由とし

て出陣を取り止めていた[16]。そのため、元亀三年末は秋口から寒気が強く、越前では年明け二月の時点でたびたび大雪が降って人馬が通交できないほどの状況となっていた。従来は、このことが義景撤退の原因と考えられてきた[17]。

義景の撤退について信玄は、「御手之衆過半帰国之由驚入候、各労兵勿論候、雖然、此節信長滅亡時刻到来候処[18]」と、兵士の慰労に理解を示すが、信長を滅亡させる好機での帰国に「驚入」ったとして非難している。このことから、信長打倒の好機に天候を理由として撤退した義景の武将としての器量や資質に問題があるとされてきた[19]。

しかし、義景の状況を勘案すると、義景は七月から近江に出陣していたことから、撤退の時点ですでに五ヶ月にもおよぶ長陣となっていた。義景は九月から長政等と信玄の出馬を促していることからも、おそらくは本格的な「冬将軍」の到来前に信長との決戦を想定して、信玄に出馬を「催促」したと考えられる。ところが、信玄の進軍が遠江まで二ヶ月かかっていることから、結果として鈍足で遅かった。

また、信玄は義景に十一月十九日付け条目で、「至来年五月、御張陣之事」（「徳川義親氏所蔵文書」『戦―武』一九九〇号）とし、信長とは来年五月に陣を張って決戦すると通告している。したがって、秋口の決戦を意図した義景とは、戦略上で乖離が生じていた。さらに、越前の隣国である越中では八月から上杉謙信が侵攻し、十月に富山城を攻略している[20]。そのため、義景はそれに備える必要もあった。五ヶ月におよぶ長陣で、同盟関係にある近江国内では軍事物資・兵粮確保のために乱取りや刈田狼藉を行うこともできず、雪の影響で越前からの兵站の途絶による物資の欠乏も考慮した上での撤退だった。義景はこれらの政治情勢を総合的に判断した上で、越前へ撤退したのである。したがって、武将としての器量や資質など義景の人間性に問題があったわけではなく、きわめて戦略的な判断だったといえる。

また、「当敵」の信長は九月上旬から信玄が出馬する動向を示したことで、備えとして九月十六日に虎御前山に木下秀吉を残し美濃へ帰国する（『原本信長記』巻五）。これにより、とりあえずは信長軍による小谷城攻めの陣を解くことができたため、信玄の到着を待たずともこの時点で義景の長政を救援する所期の目的は達成されていたのだった。

しかし、信玄からすると、出馬を「催促」した義景が撤退したため、信長攻撃のための美濃侵攻の大義名分がなくなり、退くに退けない状況が生じることとなった。信玄は、信長包囲網の中核として「大名連合」の新たな盟主が必要になり、義昭の擁立を謀ったと考えられる。

信玄は、幕府の内部に比叡山焼き討ちと所領の問題から信長に反感を抱く幕臣がいることを承知していたようで、義昭が「出頭第一」と言い表されるほどに重用し[21]、その首謀者とも言いうる義昭側近の上野秀政と連繫して義昭に蜂起を促したと考えられる[22]。結果的に、義昭は義景の撤退後に信玄が主導したこの反信長戦線の「大名連合」に呼応し、元亀四年二月十三日に「御逆心」して蜂起することになった[23]。

2.「天下静謐」と諸大名

それではここで、義昭と信玄との間における「天下静謐」について検討しよう。義昭の「分国」の大名との外交については、永禄十三年正月二十三日付けで信長と締結した五ヵ条の「条書」（『信文』二〇九号）で、信長と外交権を共有することが取り決められている。その第一条目に「諸国へ以御内書被仰出子細有之者、信長ニ被仰聞、書状を可添申事」とあり、義昭が諸国の大名へ御内書を発給する場合には、信長が副状を添えると規定している。これは「天下静謐」と密接に関わることであった。すなわち、「五ヵ条条書」と同日付けで二十一ヶ国におよぶ諸国の大名・国衆に発給された上洛要請では、「禁中修理、武家御用、其外為天下弥静謐、来中旬可参洛候条、各有上洛、御礼被申上、馳走肝要候」とあり[24]、信長は大名・国衆に禁中の修理と武家御用、さらには「天下」をますます静謐にするため来月の二月中旬に上洛し、将軍義昭に御礼を申し上げることが肝要であると述べている。

「天下静謐」は、信長が上洛戦を展開して畿内を平定し、義昭が将軍に就任して「当家再興」されたことで達成された[25]。信長は、さらなる「天下静謐」のために、信長だけでなく諸国の大名・国衆が参洛して義昭に供奉することが必要であると考えていたことが確認できる。

信長は「天下」の政治への関与には消極的で、美濃居住を基本としていた[26]。信長が美濃に帰国していた永禄十二年正月五日、義昭が御座所としていた京都六条にある本圀寺を三好三人衆等の四国三好勢に襲撃されている。このことから、将軍義昭を警固するためには自らだけではなく諸勢力の参洛供奉が必要であると考え、それを志向していたと思われる。信長は「五ヵ条条書」の第四条目で、「天下之儀、何様ニも信長ニ被任置之上者、不寄誰々、不及得上意、分別次第可為成敗之事」と、「天下」において静謐を乱す者を「成敗」する権限を委任されたことから[27]、第一条で義昭と外交権を共有して諸国の諸勢力と連繋し、「天下諸侍御主」である将軍を大名・国衆等との連合によって支え、さらなる「天下静謐」の達成を政治的目標としていたと考えられる[28]。

信玄との間では、義昭が上洛する以前から越後の上杉謙信との講和が求められていた[29]。義昭は「当家再興」のために両者が講和し、それを達成させた上で参洛供奉することを求めた。諸大名が上洛するためには、「分国」の「静謐」が必須の条件だった。かつて、信長も義昭が近江にいる永禄八年の時点から上洛供奉を要請されており[30]、美濃斎藤氏との和与のために義昭の意を承けた細川藤孝が下向して両者間の講和交渉を行っている[31]。この濃尾講和は一度は達成され、信長は永禄九年八月二十二日に上洛のため美濃へ進行するが、三好三人衆に与した斎藤龍興の軍勢に攻撃されて上洛計画が失敗したことがあった。そのため、信長自身も上洛のためには「分国」における大名間の講和は必須の条件だったことを痛感し、周知していたと考えられる。

義昭が将軍に就任した翌年の永禄十二年、義昭と信長は謙信へ智光院頼慶を使者として派遣し、越甲講和の実現を図っている。

〔史料1〕越後上杉謙信宛て足利義昭御内書・直江景綱宛て織田信長書状（「上杉家文書」『信文』一四八号）

①今度凶徒等令蜂起処、則織田弾正忠（信長）馳参、悉属本意于今在洛候、次越甲此節令和与、弥天下静謐馳走、信長可相談儀肝要、為其差下智光院（頼慶）候也、

（永禄十二年）二月八日　（足利義昭）（花押）

上杉弾正小弼（謙信）とのへ

②就越甲御間和与之儀、被成御内書候、此節有入眼、公儀御馳走簡（肝）要候、別而可被取申事、於信長可為快然候、猶御使僧可有漏脱候、恐々謹言、

二月十日　信長（花押）

直江大和守（景綱）殿

史料1は、「本圀寺合戦」の後に発給された文書である。この合戦は、これまで信長が美濃に帰国したことから、その留守を衝いて四国三好勢が蜂起したと考えられてきた[32]。しかし、信長は十月二十六日に帰国していることから、二ヶ月後に起きた合戦である。そのため、信長が帰国したことで蜂起したわけではない。実際には大和の松永久秀が十二月二十四日に美濃へ下向していることから、この時機を見計らっての蜂起だったといえる。久秀は、時期的におそらく信長へ年末・年始の御礼をするために下向したと考えられる。三好三人衆等は久秀が大和から離れた直後の十二月二十八日に蜂起し、三好義継・久秀方の池田丹後守が守将だった和泉の家原城を攻めて（『細川両家記』）、義昭のいる本圀寺を包囲している。このことからも、久秀の留守を衝いた蜂起だったことは明らかである。

背景としては、義昭の上洛以前から三好三人衆は義継・久秀と対立していたことから、その留守に義継・久秀が支持する義昭を包囲するに至ったといえる。よって、本圀寺合戦は三好三人衆・四国三好勢と信長との合戦ではなく、足利将軍家と三好政権の分裂に端を発する久秀・義継・義昭の抗争だったのである[33]。

このとき美濃にいた信長は、単騎早駆けで義昭の救援に駆け付けたことが『原本信長記』（巻二）に記されている。

①に記された「今度凶徒等令蜂起」は三好三人衆等の蜂起、「則織田弾正忠馳参」は上記のことを指している。四国三好勢の襲撃に対し、義昭は摂津守護の池田勝正・伊丹親興と義継、さらには奉公衆による幕府軍を指揮して敵勢を撃退した。信長が美濃から義昭を救援するために急遽上洛したときは、四国三好勢が退散した後だった。義昭はこのとき、「上意被寄御馬、御自身被切懸候」[34]とあることから、軍勢を指揮して自ら切り懸かって応戦した様子が伝えられている。結果として敵勢を撃退することに成功し、「入洛已後、至当城雖馳上逆徒等、及一戦悉討果、弥天下属本意」[35]と、敵勢を討ち果たしたことによって「天下」はますます「本意」に属したと述べている。

史料1が発給される背景には以上のような情勢があり、畿内周辺には今だに反義昭勢力の四国三好勢が残存していたことから政情は不安定だった。信長は、自身が美濃へ帰国していても義昭を警固する兵力が必要であると思っていたと考えられる。そのために信長は越甲講和を実現させ、さらに翌年正月には二十一ヶ国におよぶ諸国の大名・国衆に上洛して将軍義昭に供奉することを求めたと考えられる[36]。

さらにここで注目すべきは、①で義昭は謙信に「弥天下静謐馳走、信長可相談儀肝要」と、「天下静謐」について信長と相談して馳走することが肝要であると述べていることである。これまで、義昭の信長への「天下静謐」を維持する役割の委任は、永禄十三年正月の「五ヵ条条書」と考えられてきた[37]。しかし、実際にはさらにその一年前の段階で、信長が「天下静謐」を維持する役割を担っていたことが確認できる。また、『細川両家記』によると「最前四国衆（三好勢）上洛あるべき由有りますの時は、御所方へ信長方参会候て談合の時は、阿州衆出張候て、何れの所へ成るとも、時日を移さず則出合い、一戦にて勝負すべき由候」とあり、四国の三好勢が上洛して攻めてきたときには信長は何処へも即時に駆け付けて合戦することを約諾している。これらのことから、義昭は永禄十三年正月に締結された「条書」のすでに一年前には、信長へ「天下静謐維持権」を委任していたと考えられる。

3．義昭・信長・信玄と「天下静謐」

義昭・信長による越甲講和は、その後も継続して行われている。史料1の二ヶ月後には使者として派遣した智光院が帰洛していないことから、義昭と信長から安否気遣いと和与を求める文書が謙信と景綱に宛てて発給されている。[38]さらに、信長は元亀三年七月二十七日付けの謙信宛て書状で、「越・甲御間和与可然之旨」「天下之儀御馳走所希候」（「保阪潤治氏所蔵文書」『信文』三三一号）と謙信に宛てて書状を送っている。ここには、「貴辺之儀多年申通候、信玄亦無等閑候」と、信長は謙信と多年にわたって親交があり、信玄もまた同様であると述べている。この時点において信長は、信玄と友好的な関係だったことが確認できる。

この間に畿内では、「元亀の争乱」第一次包囲網で義昭は信長と「御一味」だったことから、信長と敵対的な関係にある大坂本願寺と「天下静謐」のために「御義絶」して敵対する。[39]「姉川の合戦」などの諸戦の末、第一次包囲網は元亀元年の末にかけて諸勢力との講和が取り結ばれ、争乱は終息に向かって動き始めた。本願寺との対立では、青蓮院門跡尊朝法親王が本願寺の法主である顕如へ講和を打診し、十一月十三日に顕如が受諾したことで和議が成立した。[40]義昭は、さらに信長と本願寺を講和させるため、元亀三年八月に仲介者として武田信玄に調停を依頼した。

〔史料2〕某宛て武田信玄書状（「津金寺文書」『信文』三三〇号参考）

態令啓札候、従京都為御使節、大和淡路守・竹田梅咲下国、貴寺・信長和平儀、信玄可致媒介之旨、被仰出候、雖斟酌候、申述候、被応将軍（義昭）之命、尤ニ候、依御報、以使可申候之趣、冝（宜）令洩申給候、恐々謹言、

八月十三日　　　信玄（花押）

この史料には関連する文書があり、『顕如上人御書札案留』所収の（元亀三年）九月十日付け信玄宛て顕如書札案に「就

信長当寺和平之儀、為武家《（義昭）》被下置御使者、信玄可有入魂趣、被仰出由候」とあることから、史料2に記された「貴寺」は本願寺であることが確認できる。義昭は信長と本願寺との和平のために、信玄の許へ京都から大和淡路守・竹田梅咲を派遣した。信玄は信長と本願寺との間を仲介し、「将軍之命」として本願寺に講和を求めた。信玄の正室と顕如の正室は公家の三条公頼の娘で姉妹のため、血縁関係にあった。信長ともこの時点ではまだ友好的な関係だったことから、信玄は両者の中間的な立場にあって仲介者として適格だったのである。

この時機に義昭がこれを行ったのは、三好勢の攻勢に対する備えだったと考えられる。元亀三年五月に三好義継と松永久秀は義昭に離反し、四国三好勢と再び集結してかつての「三好政権」を再興させようとしていた[41]。そして、その盟主として管領家の細川昭元を擁立する動きをみせ、摂津国の守護だった和田氏や河内国守護の畠山氏とその家臣の遊佐氏等といった、畿内における守護家の連合を画策していた[42]。これに、第一次包囲網で義昭が「御義絶」し、四国三好勢とは同盟的な関係にあった本願寺が加わることも想定されるため、義昭はその防衛策として本願寺と信長の講和を図ったと考えられる。

このような大名間和平調停は、既述の通り永禄十三年正月の「五ヵ条条書」第一条によって信長と協調して行うことが取り決められていた。また、「天下静謐」に密接に関わることであるため、本来は「天下静謐維持権」を委任されていた信長が行うべきである。しかし、信長が当事者でありその対象となるため、義昭は第三者として中間的な立場にある信玄に仲介を任せたと考えられる。

義昭がこの時機に信玄に両者の講和を任せた理由として、幕府を存続させるために「危険性を分散」したことが考えられる。これは、山田康弘氏が提起した幕府存立のための「仕組み」の一つである[43]。すなわち、幕府が特定の大名に依存した場合、その勢力が没落すると共倒れになってしまうため、それを回避するために複数の勢力で支えられる体制を築く必要があった。この場合でも、三好権力・本願寺に、さらに朝倉・浅井勢が加わって信長との全面戦争が勃発したとして、信長が敗北した場合の最悪の事態に備えるため、信玄に「危険性を分散」した可能性が考えられる。そのため、義昭は「天下静謐」をより確実なものとし、さらに信長の敗北で自らも共倒れとなる最悪の事態を回避するためにも、信玄に「天下静謐」を維持する役割を託したと考えられる。義昭は「天下静謐」を維持するため、信玄を仲介者として本願寺と信長を和睦させて両者間の長年の抗争を終結させることを図った。

しかし、これは「五ヵ条条書」に違犯することであり、信長にとっては想定外のことだったと考えられる。義昭から委任されていて本来は自らが副状を発給して行うべき「天下静謐」維持の役割が信玄に移行し、信玄から本願寺との講和を仲介されたことで、信玄と立場が入れ替わって逆転する現象が生じることになった。つまり、信玄と謙信との講和を義昭と推進していた自分が、信玄から本願寺との講和を調停されたのである。これによって信長がこれまで委任されていた「天下静謐」維持の役割が喪失することになり、「天下静謐維持権」を義昭に剥奪されたと思ったことが考えられる。そのため信長は、義昭に呈出した「異見十七ヵ条」にも、信長の副状なしに「諸国へ御内書を遣わされ」ることは「最前の首尾相違に候」と、「条書」の約諾に違犯する行為として義昭を叱責している(44)。

この両者の思惑の違いは、信長と信玄との「天下静謐維持権」をめぐる直接的な抗争へと発展する。まさにこれは、義昭の「上意」と「天下静謐」の「御下知」の独占化をめぐる抗争でもあった。信長は、信玄が出馬した四日後の十月五日付けで信玄に宛てて発給した書状で、「甲・越和与之儀、申噯候趣、都鄙可為其聞候き」（註〈16〉「酒井利孝氏所蔵文書」）と、自らが「甲・越和与」の大名間和平調停を請け負う存在であることは「都鄙」で知れ渡っているとして優位性を示している。さらに、「然而於御出馬者、外聞如何之由、及其理候急、御同心之条、大慶不少候」と、越後への侵攻を取り止めた信玄に対して、甲・越の講和交渉を引き続き行っているにもかかわらず、越後に「御出馬」することは「外聞」に関わることだが、停戦の「理」に「同心」して出馬を取り止めたことは「大慶」と述べている。この時点で、信長は信玄に対して友好的な姿勢を示していることが確認できる。

ところが、越後侵攻を取り止めた鉾先が自らに向けられ、僚友である徳川家康の領国の遠江に侵攻することになった。このことに対して信長は、（元亀三年）十一月二十日付けの謙信宛て書状で「就越・甲和与之儀、被加上意之条」と、将軍義昭が和与の「上意」を下したにもかかわらず、それに背いた信玄の所行は「不知侍之義理、只今不顧都鄙之嘲哢次第、無是非題目」（『歴代古案』『信文』三五〇号）で、侍の「義理」を知らない所業であることから「都鄙」で「嘲哢」され、それは当然のことだと憤慨している。内容的には検討を要するが、『甲陽軍鑑』に所収された文書で両者はあからさまに相手を激しく非難しあう喧伝合戦を展開する。[45] 義昭から討伐の「上意」を得ることは、すなわち「公儀」の軍隊となることである。そのため、この信長と信玄の喧伝合戦は、まさしく義昭から「天下静謐」を乱す敵を「成敗」する「上意」を得るための抗争だった。信玄は上野秀政との政治交渉を通して幕府の内情をよく把握していたと考えられ、かねてからの信長に対する幕臣の「嫉み」[46]による分裂状況を利用し、秀政と「同心」することに成功する。『日本西教史』によると、義昭は当初「信長の潔白にして、かつ公正なる所行」に感じ、当初は疑心を散じていた。しかし、「家臣等の巧言」に義昭は「耳を傾けて」と記されていることから、信長を「静謐」を乱す存在として「成敗」することに政策を転換する。義昭は、『兼見卿記』元亀四年三月七日条に「弾正忠信長、自大樹《（将軍義昭）》被補御敵」とあることからも、信長を明確に「御敵」として「成敗」の対象とした。これにより、武田軍は「以公儀御威光信玄も令上洛者」[47]とあることから「公儀」の軍隊となり、信長を「天下静謐」を乱す敵として成敗する正当性を得ることになった。信玄は義昭の擁立に成功し、「上意」を独占して「天下静謐」を乱す信長を成敗する「御下知」を得ることとなった。

義昭は信長に委任した「天下静謐維持権」を再び自らが掌握し、次第に形成されつつあった本願寺・義景・長政・信玄の「大名連合」による信長包囲網と、それまで自らを討伐するために義継・久秀が画策していた「守護連合」へ、信長と袂を分かつことで鞍替えする。そして、「都」を中心とした西側に展開された「守護連合」と、東側の「鄙」における「大名連合」と、それぞれに形成されつつあった連合を自らが結び付ける紐帯となり蜂起する。[48]

これによって第二次信長包囲網は、当初は義景が中核的な役割を果たして形成された「大名連合」だったが、義景の撤退によって崩壊寸前の状況から、信玄が義昭の擁立に成功したことで立て直され、さらに義昭が「守護連合」とも同盟したことで「都」と「鄙」が一体となった信長包囲網として再編されることになった。この義昭の「御逆心」は、「御一味」となり一体化していた義昭と信長の協調関係が崩れた瞬間といってよいだろう。義昭は「御内書」を発給し、「天下静謐」のための「御下知」を下す。

〔史料3〕一色藤長宛て大坂本願寺顕如書状案（『顕如上人文案』上松寅三『石山本願寺日記』下巻）

御内書謹拝見候、仍今度武田大膳大夫入道（信玄）、朝倉左衛門督（義景）言上之条、意趣不存候、天下静謐之儀、御下知可有候哉、相応之儀疎意不可有之通、披露可有候、恐々謹言、

五月廿二日　　御判行無之

一色式部少輔（藤長）殿

この史料は、義昭からの「御内書」に対する顕如の返書である。ここで顕如は義昭側近の藤長に宛てて、義昭が「天下静謐」の「御下知」を下すことに対し、疎意なく同心する意志を示していることが確認できる。義昭と信長の対立は、自らの敵対勢力を「成敗」することで「天下静謐」を実現化させる義昭と、義昭から「天下静謐」を維持するために反抗勢力を「成敗」する役割を委任された信長との、「天下静謐」そのものをめぐる直接的な対決へと発展する。最終的に、信長は「誰々」に寄らず、「上意」を得ずに義昭を「成敗」することになるのだった。信長と締結した「五ヵ条条書」の第四条目は、義昭自らが「成敗」の対象となる正当性をも内包した諸刃の条文だったのである。

4．義昭の蜂起と信長の対応――二条御所の「御所巻」と幕府存続

義昭は、以上の情勢により結果として信長排撃へ政策を転換し、元亀四年二月十三日に蜂起する。信長に対して「御逆心」する契機となったのは、『年代記抄節』に「武家へ、信長ヨリ、為御異見、十七箇条一書進上、是ヨリ御中（仲）悪クナリ候」とあることから、元亀三年十二月に呈出された「異見十七ヵ条」とみて大過ないであろう[49]。義昭が蜂起するのはその二ヶ月後だが、その背景には義景の出馬が確約できたためと考えられる[50]。

この義昭の蜂起に対する信長の対応は、「細川家文書」で具体的に知ることができる（以下、いずれも細川藤孝宛て信長文書）。（元亀四年）二月二十三日付け黒印状によると、「塙（直政）差上、御理申上候処、上意之趣、条々被成下候、一々御請申候」（『信文』三六〇号）とあることから、信長は使者として直政を派遣した。義昭から「条々」が下されて、信長はそれを逐一請けることを藤孝に告げている。この「条々」は十二ヵ条あり（二月二十九日付け書状『信文』三六三号）、このうちの一つは、「然者奉公衆内不聞分仁体、質物之事被下候様ニと申候」（二月二十六日付け朱印状『信文』三六二号）とあることから、奉公衆のうちの聞き分けのない者が、信長に人質を差し出すことを要求したものだったことが確認できる。

ここで、信長は「上意何以難背候間、領掌仕候」と、義昭の上意に背く意思はないとして了承している。三月七日付け黒印状（『信文』三六四号）には、「雖然君臣間之儀候条、深重ニ愁訴申候之処、被聞食直候間、実子を進上申候」とあり、信長は義昭とは「君臣」の間柄であることから深重に愁訴して、人質となる実子を差し出している[51]。しかし、義昭は「信長を嫉む者」より断交するよう「扇動」され、人質を送り返している（『イエズス会年報①』）。これによって和平交渉は決裂し、信長は出陣することとなった。

信長は、三月二十九日に上洛して四月二・三日に洛外を放火し、四日に四条西陣から上京を焼き討ちする（『御湯殿上日記』）。上洛してから洛外を放火するまでの間に、義昭の御座所である二条御所を包囲して再度講和を図っている。『イエズス会年報』②によると、

信長は四日間引続き公方様と平和の交渉をなし、種々の人を以て温和にして敬意を表せる言を伝へ、公方様、若し可なりと認めば、彼及び其子は頭を剃り、少しも武器を帯びずして彼に謁見すべし、而して彼は公方様の地位を回復することの外、考へたることなく、之が為め辛苦したるが故に、之を維持することの外、望む所なし、

とある。信長は義昭に対して温和に、そして敬意を表しながら四日間にわたって講和の交渉を行い、父子（子は信忠カ）で剃髪して丸腰で謁見する恭順の意思を表し、義昭の「公方」としての地位を保全して幕府を維持することが本望であると述べ、義昭に全面的な降伏を申し出ている。

義昭は信長に包囲され、上京焼き討ちの圧力をかけられながらも籠城戦を選択して信長に抵抗した。ではなぜ、義昭は信長相手に籠城戦を選択したのだろうか。

籠城戦は原則として、後詰めの救援が駆け付けてくる見込みがあるときに行うのが定石である。『イエズス会年報』①に「公方様は信長の敵一同と共謀し居りしが、今や越前の御屋形が多数の兵士を率ゐ、香西（元成）・三好殿（義継）及び三人衆と共に近江の国に攻め来たらんことを期待せり」とあることから、「大名連合」と「守護連合」の勢力が参陣するのを期待したためと考えられる。『日本西教史』によると、このとき義昭は二条御所を枕に討ち死にする覚悟であり、それに対して信長は「公方ノ頑冥ナルヲ知リ、遂ニソノ滅亡ニ陥ルノ已ヲ得ザルヲ見テ涕泣クセリトイフ」とあることから、落涙して嘆いた様子が伝わっている。

義昭が講和を受け入れなかったことから、洛外も放火されることになった。上京焼き討ちに際しても信長は、「此上にても可為上意次第之旨被懸御扱候へ共、無許容之間、不被及御了簡、翌日又御構を押、上京御放火候」（『原本信

長記』巻六）とあることから、あらためて義昭に講和を求めている。しかし、「無許容」のため上京も焼き討ちすることとなった。

この信長の軍事行動は、蜂起した義昭の追討を目的としたものと理解されてきた[52]。二条御所の籠城戦は、最終的には朝廷からの勅命講和で決着するが、これは義昭が朝廷へ願い出たとする説と、信長が勅命講和を求めたとする説の二説ある[53]。従来は、義昭が圧倒的に不利な状況にあり、『原本信長記』に「爰ニ而難抱被思召、可有御和談之旨上意候」とあることから、籠城に耐えられなくなった義昭からとする説が有力だった。

信長の二条御所包囲は、『尋憲記』二月二十八日条に「信長ヲ御テキニ被臥候哉、是上意ニハ不存有御存知候、則水〔三〕淵（藤英・藤孝）兄弟ハ不存儀候、其外内衆仕事候条、悉以可致成敗トテ、人数五千計有之由也」とあることから、義昭を討伐するための軍事行動ではなく、「内衆」の「成敗」を目的としたものだったことが確認できる。そのため、二条御所包囲は『原本信長記』に「御構を押」とあることからも、まさしく御所を包囲して幕臣の排斥を求めた信長の「御所巻」だったといえる[54]。

実際、勅命を承けてこの後に講和が結ばれるが、和平調停に際して信長家臣の林秀貞・佐久間信盛・柴田勝家・滝川一益と、義昭側近の一色藤長・上野秀政・一色昭秀・飯川信堅・曽我助乗・松田頼隆・飯尾昭連・池田一狐が四月二十八日付けで起請文を取り交わしている（『和簡礼経』『信文』三七一号）。ここで幕臣は、信長に対して「今度信長御和平之上者、一切不可有御違変候間、各請乞申候、猶以自今以後対信長不可存逆心之儀候」と、信長に「逆心」しないことを誓った起請文を差し出している。これによって信長の「御所巻」は達成されたため、信長は義昭の将軍としての地位と幕府を温存させて軍勢を退いている。したがって、信長には義昭を追討したり幕府を滅ぼす意図はなかったと考えられる[55]。

幕府の存続については、元亀四年七月に義昭を京都から追放した後、信長は安芸毛利氏と義昭帰洛の交渉を行っている。毛利氏は、信長との全面戦争を回避するため義昭の毛利領国下向を拒み、天正元年（一五七三）九月に信長へ義昭の受け入れを要請する（『大日本古文書』「毛利家文書」三三一号）。これに対して、信長は「同心」している。また、毛利輝元が十月二十八日付けで一色藤長に宛てた書状に、「仍就御入洛之御儀、対信長申遣之候之条、於被成御許容」[56]とあることから、信長は義昭の「御入洛」を「御許容」している。信長と毛利氏は、堺に羽柴秀吉と安国寺恵瓊をそれぞれの使者として派遣し、両者の仲介役として日乗上人も交えて十一月五日に具体的な交渉を行っている[57]。さらに、（天正二年）正月十六日付け佐々木承禎宛て義昭御内書に「今度信長頻可帰洛由、雖差越使申[58]」とあることから、信長はその後も引き続き「頻」りに義昭に帰洛することを働きかけていることが確認できる。

また、『イエズス会年報』②に「更に内裏の第二子を挙げて公方様と為し、細川殿及び山城を招きて兵士を与え、之を留めて守備に充てん事を決したり」とあることから、信長は皇族将軍と細川昭元・松永久秀によって刷新した幕府を再興することも構想していた。信長には義昭追放後も、幕府を滅ぼす意図はなかったと考えられる。

勅命講和については、『兼見卿記』四月五日条に、二条晴良・三条西実澄・庭田重保が勅使として、信長が本陣としていた知恩院へ遣わされたことが記されている。ここで、「両三人委細申談了」とあることから、勅使の三人が信長と詳細を談合していることが確認できる。そして、『御湯殿上日記』四月七日条に、「世上の事かふけへ《（にカ）（武家）》くわんはく《（関白）》・三てう《（三条）》大納言・にわた《（庭田）》三人御つかゐ《（御使）》にまいら《（参）》せらる、のふなか《（信長）》御事によりて、御心え候との御事にて候」と、義昭へ勅使が派遣されて講和を促している。そのため、信長との事前交渉の後に義昭の許へ勅命講和がなされており、これまでの経緯や信長に幕府を滅ぼす意図がなかったことからすると、信長からの申し出だったと考えられる。

義昭は勅命を承けて信長と講和するが、「公儀右之不被休御憤」（『原本信長記』）により七月三日に再度蜂起する。『イエズス会年報』②には「この和平は聊も確実恒久なるものにあらず、越前及び三人衆の救援を得るまで、唯々一時免れんが為なりし」とあり、義昭は信長に降伏することは考えていなかった様子がうかがえる。周辺の勢力は依然として残存していたことから、義昭にとって勅命講和受諾は後詰めの参陣を待つための時間稼ぎだったのである。その中核として期待したのが、信玄だったと考えられる。この間の（元亀四年）五月十三日付けで義昭が信玄に宛てて発給した御内書には、「天下静謐之馳走、不可有油断事専一候」（「大槻文書」『戦―武』四〇四九号）とあり、「天下静謐維持権」を委任していた信長に替わって信玄に託す動向を示した。しかし、それは信玄が死去した後のことであった。

最終的に義昭は信長によって真木嶋城を包囲され、義昭は七月十八日に京都を追放されて室町幕府が滅びることになった。『原本信長記』にはそのときの様子として、「貧乏公方」「哀成有様目も当られす」とあり、幕府は「御自滅」したと筆者の太田牛一は述べている。

おわりに

永禄十一年（一五六八）十月十八日、義昭は征夷大将軍に就任すると、義昭政権を発足させて幕府を再興させた。義昭が「天下」の主宰者として、かつ「天下諸侍御主」（「河田文書」『戦―三』参考九三号）として征夷大将軍に君臨し続けるためには、敵対勢力を征圧して「天下静謐」にすることが必要だった。そのためには敵対勢力を撃退するだけの強大な軍事力を保持することが必須の条件で、義昭は「御父」信長に大きな期待を寄せた（『原本信長記』）。

義昭にとって、本圀寺合戦で美濃から単騎早駆けで駆け付けた信長は、まさに一番の忠臣とも言いうる家臣で、信長にとって義昭は命を懸けて護るべき主君だったといえる。そのため、義昭と信長は「五ヵ条の条書」（『信文』二〇九号）の四ヵ条目で、「天下」において「誰々に寄らず成敗する権限」を信長に「任せ置いた」のは、その表れだったと考えられる。義昭と信長は協調関係にあり、三方ヶ原合戦の後に義昭は信長と信玄との講和を図っていることから、この時点でも信長に対して「御逆心」する意志はなかったと考えられる。しかし、周囲の政治状況から孤立化する事態が生じた義昭は、個々に形成された「大名連合」と「守護連合」を自らが紐帯となることで、勝機を見込んで信長に対して「御逆心」する。その中核として期待したのが、自らに蜂起を促した信玄だったと考えられる。

　この義昭の動向に対して信長は、二条御所を「御所巻」し、京都を放火して圧力をかけながら、義昭に「巧言」した幕臣を排斥することを図った。結果として、義昭は勅命講和を受諾して降伏し、義昭側近も信長に「対信長不可存逆心」との起請文を差し出したことで、信長の「御所巻」は奏功した。依然として周辺の勢力は温存していたことから、義昭は信長に替わる「天下静謐維持権」を託す存在として、再び信玄に期待を寄せた。しかし、それは信玄が死去した後のことで、結果として義昭は信長に京都から逐われ、室町幕府は滅亡することになるのであった。

　義昭追放の後にも信長は「頻り」に義昭に帰洛を求めており、さらに皇族将軍を奉戴することで幕府再興を構想していたことからも、信長には幕府を滅ぼす意図はなかったと考えられる。そして、備後国鞆に落ち延びた義昭を奉戴した安芸毛利氏と決裂したことから、信長は義昭が棄て置いた「天下」を自ら管掌することで、「天下人」になるのであった。

註

（1）「元亀の争乱」について池上裕子氏は、「元亀元年は、信長の勢力伸長に危機感を抱いた勢力が信長と戦う姿勢を明確にし、反信長同盟結成結成へと動いた年である」「ここから天正元年秋まで、信長は苦しい対応を余儀なくされる」と述べている（同『織田信長』吉川弘文館、二〇一二年）。
（2）脇田修氏は、「これだけの信長包囲網は、自然にできたのではない。義昭がその綱のもとをしめていたのであった」と述べている（同『織田信長』中央公論新社、一九八七年）。また、桑田忠親氏は、義昭は諸国の目ぼしい大名に密書を送り、「一大包囲作戦」を展開したと述べている（同『織田信長』秋田書店、一九七九年。初出一九六四年）。谷口克広氏は、「信長包囲網の進展」に「その勢力の中心には将軍義昭があった」「将軍義昭を中心とする本願寺・松永・三好」とし、「反信長包囲網は、義昭の策動に乗って次第に大きくなる。ついには武田信玄も、反信長の動きを始めた」と述べている（同『織田信長合戦全録』中央公論新社、二〇〇二年。同『信長の天下布武への道』吉川弘文館、二〇〇五年)。

(3) 永禄十二年正月十四・十六日付け「殿中御掟案」(「仁和寺文書」、奥野高広『増訂織田信長文書の研究』吉川弘文館、一九八八年、第一四二号文書。以下、同書は『信文』と略記し、文書番号を付す)。

(4) 永禄十三年正月二十三日付け足利義昭・織田信長条書(「成簣堂文庫所蔵文書」『信文』二〇九号)。

(5) 元亀元年の第一次信長包囲網については、拙稿a「織田信長と足利義昭の軍事的関係について」(本書第Ⅱ部第一章。初出二〇一七年)で、元亀三年の第二次包囲網については、拙稿b「足利義昭政権滅亡の政治的背景」(本書第Ⅱ部第三章。初出二〇一七年)で述べた。信長と義昭の関係については、拙著『足利義昭と織田信長』(中世武士選書40、戎光祥出版、二〇一七年)でまとめて述べた。

(6) 明応二年(一四九三)に起こった「明応の政変」を機に、足利将軍家は第十一代将軍の義澄系(「朽木武家」「江州大樹」)と第十代義稙系(「堺武家」「堺大樹」)の「天下将軍御二人」(『祇園執行日記』天文元年七月二十八日条)に分裂する事態が生じることになった。後者は、学術上「堺幕府」と称されている(今谷明『戦国期の室町幕府』講談社、二〇〇六年。初出一九七五年)。なお、小稿では三好長慶が確立した政治権力を「三好政権」とし、長慶死後に分裂した勢力を「三好権力」とする。摂津を本拠地にした三好本宗家と四国を勢力基盤とした三好三人衆を区別して、後者を「四国三好勢」と記すことがある。

(7) 永禄十三年正月「五ヵ条の条書」第四ヵ条については、金子拓氏が『織田信長〈天下人〉の実像』(講談社、二〇一四年)で、条文を単独で解釈すると「天下」を維持する役割が信長に任せ置かれたのであり、信長の判断で成敗して「天下静謐」を維持する役割が委任されたと述べられている。筆者も基本的には同意見であり、「信長に委任された「天下静謐」を維持するためにそれを乱す敵を「成敗」する権限」を、註(5)拙稿aで「天下静謐維持権」と定義した。

(8) 註(5)拙稿aで、第一次包囲網は義昭の「上意」を承けて若狭武藤氏「成敗」に出陣し、さらに「天下」のために近江の姉川で越前朝倉氏・近江浅井氏と合戦し、これに連動して蜂起した四国三好勢・大坂本願寺を「天下静謐」のため「成敗」しようと摂津へ出陣したことを明らかにした。

(9) 第二次信長包囲網も義昭によって形成されたと考えられてきたが、鴨川達夫氏によって朝倉義景や武田信玄等により形成されたことが明らかにされている(a『武田信玄と勝頼』〈岩波書店、二〇〇七年〉・b「武田氏滅亡への道」〈『山梨県史』通史編2中世、山梨県、二〇〇七年〉・c「元亀年間の武田信玄」〈『東京大学史料編纂所研究紀要』第二二号、二〇一二年〉)。鴨川氏の説は、柴裕之氏によっても補強されている(a「戦国大名武田氏の遠江・三河侵攻再考」〈『戦国・織豊期大名徳川氏の領国支配』岩田

書院、二〇一四年。初出二〇〇七年〉・b「足利義昭政権と武田信玄」〈『日本歴史』第八一七号、二〇一六年〉）。

谷口克広氏も、当初は註（2）著書で義昭が「策動」したとして「義昭主導説」だったが、鴨川氏の説を踏まえた上でその後に自説を転換し、「信長包囲網の黒幕」として本願寺がフィクサーで、西上の野望に目覚めた信玄を焚きつけて信長包囲網の軍事的中核に位置づけたとした。さらに、義昭の挙兵は側近ではない「奉公衆」の摂津の池田知正・伊丹親興、河内の三好義継・松永久秀がフィクサーだったと述べている（同『信長と将軍義昭』中央公論新社、二〇一四年。『織田信長の外交』祥伝社、二〇一五年）。筆者は註（5）拙稿bで、義景が本願寺に「催促」していることから、本願寺ではなく義景が主導したことを明らかにした。

(10)（元亀三年）十一月十九日付け武田信玄条目に、「依大坂《本願寺》・貴辺御催促、如此信長為当敵、動干戈所御分別之事」とあり、本願寺と義景から「御催促」されたことで信長を「当敵」として出陣したことが確認できる（「徳川黎明会所蔵文書」、柴辻俊六・黒田基樹編『戦国遺文』武田氏編、第三巻、東京堂出版、二〇〇三年。第一九九〇号文書。以下、同書は『戦―武』と略記し、文書番号を付す。なお、天野忠幸編『戦国遺文』三好氏編、第三巻、東京堂出版、二〇一五年は『戦―三』とする）。

(11) 太田牛一『原本信長記』（池田家本影印、福武書店、一九七五年）。なお、『細川両家記』『年代記抄節』『尋憲記』は東京大学史料編纂所刊『大日本史料』第十編（東京大学出版会）に、『多聞院日記』は臨川書店刊「続史料大成」、『言継卿記』・『兼見卿記』（「史料纂集」）は続群書類従完成会刊、『御湯殿上日記』は続群書類従完成会刊「続群書類従」に拠る。

(12) 元亀四年正月十一日付け上野秀政宛て武田信玄書状写に、「抑信長企逆乱、山上山下滅亡」「偏仏法王法破滅、天魔破旬変化也」（「理性院文書」「京都御所東山御文庫記録」『戦―武』第二〇一三号）とある。

(13) 管見の限り、御内書は確認できない。なお、義昭文書については、拙稿「足利義昭政権論」（拙編著『足利義昭』戎光祥出版、二〇一五年〈以下、『義昭論集』と略記〉）に付した「足利義昭文書目録」を参照願いたい。

(14) 水藤真『朝倉義景』吉川弘文館、一九八一年。

(15)（元亀四年）二月二十七日付け武田信玄宛て顕如書状案（『顕如上人御書札案留』（真宗史料刊行会『大系真宗史料』文書記録編四「宗主消息」法藏館、二〇一四年、第七十四号文書。以下『顕如書札案』と略記し、文書番号を付す）。

(16)（元亀三年）九月二十六日付け杉浦壱岐法橋・長延寺宛て信玄書状（「尊経閣文庫所蔵文書」『戦―武』第一九五七号）に、「漸及寒気候間、至于越後長陣不叶候」とある。この越後侵攻取り止めに対し、信長も信玄に宛てた（同年）十月五日付け書状で、「双方使者通路信・越《信濃・越後》堺目向雪候間、不自由之故」（「酒井利孝氏所蔵文書」『信文』補一三〇号）と、信玄と謙信双方の使者が往還する信濃・越後の境目は、降雪期に入ると通路が不自由になるほどの積雪であると述べている。
(17) 註（14）水藤氏著書、橋本政宣「正親町天皇宸筆写の武田信玄書状」（『書状研究』第一七号、二〇〇四年）。
(18) （元亀三年）十二月二十八日付け義景宛て信玄書状（「伊能家文書」『戦―武』第二〇〇七号）。
(19) 桑田忠親氏は、註（2）著書で「義景のばかさかげん」と表現している。
(20) 上杉謙信の動向については、池享・矢田俊文『増補改訂版 上杉氏年表』（高志書院、二〇一三年）に詳しい。
(21) 『細川家記』（石田晴男他編『綿考輯録』汲古書院、一九八八年）。
(22) （元亀四年）正月十一日付け上野秀政宛て信玄書状（「理性院文書」『戦―武』第二〇一三号）で、「請静天下旨趣」として「早信長・家康以下之凶徒等、可致誅戮之旨、賜　御下知」「可致天下静謐之功旨、宜被達公聞」と、義昭に信長・家康の凶徒を誅戮して「天下」を静めるための「御下知」を求めている。そのため、信玄は義景と連繋した信長討伐から、義昭に信長を「天下静謐」を乱す存在として成敗する「御下知」を求め、蜂起を促すことに政策を転換したといえる。「天下」については、神田千里氏が「領域的には京都を含めた畿内周辺を指し、将軍が管掌する領域」であることを明らかにしている（同『織田信長』筑摩書房、二〇一四年）。
(23) 足利義昭の蜂起は、（元亀四年）二月二十六日付け浅井長政書状に「将又当月十三日公方様被立御色、義景・拙身江被成下御内書候」（「勝興寺文書」、東京大学史料編纂所刊『大日本史料』〈東京大学出版会〉第十編之十四、天正元年二月二十六日条、一四五頁）とあることから、二月十三日であることが判明している。この蜂起は、（元亀四年）二月二十三日付け織田信長黒印状（「細川家文書」『信文』三六〇号）に「御逆心」とある。
(24) 『二条宴乗日記』元亀元年正月十五日条（『信文』二一〇号）。
(25) 『原本信長記』に「天下属シ御存分ニ」と記され、『年代記抄節』に近江・山城・摂津・和泉・河内・大和・丹波・播磨・伊勢が「将軍属御手候国」と記されている。神田千里氏は註（22）著書で、当該期の「天下」の語義を明らかにした上で、信長が標榜した「天下布武」の内実は「将軍の管轄する五畿内にその権威を再興することを目指した」ことだったと指摘した。
(26) 公家の山科言継が訴訟のために美濃へ下向した際には、「京之存（事脱カ）間敷」（『言継卿記』永禄十二年十一月十二日条）と述べ、その翌々日も「只今者京面之儀、万事不存之間」と回答している。また、「制札打之、一切公事訴訟停止也、自陣注進之外不可申聞云々」と制札まで立てて陣中からの注進以外は対応しないとしていることから、京都の支配には消極的だったことがうかがえる。
(27) 註（7）金子氏著書、拙稿a。
(28) 「天下諸侍御主」は、（永禄八年）六月二十四日付け河田長親・直江政綱宛て安見宗房書状（「河田文書」『戦―三』二一―参考九三号）

に記されている。幕府は本来的には将軍と大名の連合で成り立っていたことが、山田康弘氏『戦国時代の足利将軍』（吉川弘文館、二〇一一年）・神田千里氏註（22）著書で述べられている。

（29）義昭は、当初は越後上杉氏と相模北条氏との講和を求めていた（〈永禄九年〉三月十日付け長尾景勝宛て義秋御内書「上杉家文書」『新潟県史』第八三四号文書）。それから、甲斐武田氏を含めた越相甲三ヶ国の講和を求めている（〈永禄十年〉二月二十四日付け上杉謙信宛て義秋御内書「上杉家文書」『新潟県史』第九五六号）。

（30）（永禄八年）十二月二十一日付け和田惟政宛て義秋御内書に、「尾州等之儀、弥馳走肝要候」（「和田家文書」）とある。その政治情勢については、久保尚文「和田惟政関係文書について」（拙編著註〈13〉『義昭論集』、初出一九八四年）と、拙稿c「足利義昭政権の研究」（同『義昭論集』、二〇一五年）に詳論されている。

（31）尾張と美濃の情勢については、加藤彰彦「織田信長の美濃侵攻・統一と足利義秋の上洛」（『駒沢史学』第六十九号、二〇〇七年）に詳しい。註（5）拙著・註（30）拙稿cと、新稿の本書第Ⅲ部第一章でも述べたので参照願いたい。

（32）『愛知県史』（資料編十一、織豊編一、愛知県、二〇〇三年）。

（33）註（5）拙著で詳論したので、参照願いたい。

（34）（永禄十二年）二月二十七日付け上杉謙信宛て三木良頼書状（『上杉家文書』『大日本古文書』、東京大学出版会、一九七一年。第五四一号文書。なお、『吉川家文書』『毛利家文書』も同様とする）。

（35）（永禄十二年）正月十三日付け吉川元春宛て義昭御内書（『吉川家文書』第八一号）。

（36）註（7）金子氏著書、註（5）拙著に詳論されている。

（37）註（7）金子氏著書。

（38）（永禄十二年）卯月七日付け上杉謙信宛て義昭御内書・直江景綱宛て信長書状（「上杉家文書」『信文』一六〇号）。

（39）證念（下間頼総）書状写に「上意《（義昭）》彼信長与有御一味、此方へ被及御儀《（義）》絶候」（「勧修寺文書」『大日本史料』第十編之四、元亀元年九月十二日条、八六三頁）とあり、『言継卿記』元亀元年九月二十日条に記された本願寺への勅書には「今度大樹《（将軍義昭）》天下静謐のため出陣候、信長同前の処」とある。これらのことから、義昭は「天下静謐」のために信長と敵対的な関係にある大坂本願寺と「御義絶」し、信長もまた「天下静謐」のために義昭と協調して出陣したことが確認できる。

（40）（元亀元年十月晦日）下間頼総宛て青蓮院門跡尊朝法親王書状（「青蓮院文書」『大日本史料』第十編之五、元亀元年十月晦日条、八二二頁）。

(41) 元亀三年の畿内における政情については、註(5)拙稿b・拙著で詳論した。
(42) (元亀三年)四月十四日付け十ヶ寺衆宛て下間正秀書状に「細川殿与三好左京兆御間無事之儀、此中種々御扱共有之、昨日十三、既双方人質并誓紙執替、悉以一途相極候」(「誓願寺文書」『戦―三』参考一一一号)とあり、お互いに人質と誓紙を交換して同盟していることが確認できる。
(43) 註(28)山田康弘氏著書。
(44) 『尋憲記』元亀四年二月二十二日条(『信文』三四〇号)。
(45) 酒井憲二『甲陽軍鑑大成』(汲古書院、一九九四年)。内容は史料の真偽も含めて、註(9)谷口氏著書に詳論されている。
(46) 『日本西教史』(太陽堂書店、一九二五年)。
(47) (元亀四年)五月十七日付け岡国高宛て武田信玄書状(「荒尾家文書」『戦―武』第一七一〇号)。
(48) (元亀四年)二月十六日付け伊勢七郎左衛門尉宛て浅井長政書状に、「都鄙之一途不可有時日候」(「近衛家文書」『大日本史料』第十編之十四、元亀四年二月二十二日条、一四四頁)。
(49) 「異見十七ヵ条」(『信文』三四〇号)は、註(5)拙稿bで元亀三年十二月に年代比定した。
(50) (元亀四年)二月二十七日付け信玄宛て顕如書状案(『顕如書札案』第八七号)に「雖然廿六日可為出馬由」とある。
(51) 『イエズス会日本年報』一五七三年四月二十日(和暦、三月十九日)付けフランシスコ・カブラル宛てフロイス書翰に、「其一女を人質として近江の国まで送り」とある(以下、四月二十日付け書翰は『イエズス会年報』①、同年五月二十七日(和暦、四月二十六日)付けフランシスコ・カブラル宛てフロイス書翰は『イエズス会年報』②と略記する)。
(52) 谷口克広氏は註(9)著書[二〇一四]で、「将軍御所攻撃」と述べている。
(53) 奥野高広氏は「義昭は天皇にすがり信長に無条件降伏した」(同『足利義昭』吉川弘文館、一九六〇年)と述べ、桑田忠親氏も註(2)著書で「信長にたいする和議の勧告を朝廷に奏請し、正親町天皇の綸旨をたまわった」としている。藤井讓治氏も「孤立した二条城の義昭は、やむなく禁裏に斡旋を依頼し、七日、信長と和平した」とする(同『天下人の時代』吉川弘文館、二〇一一年)。
　これに対し、神田千里氏は註(22)著書で、信長は和睦を申し入れて京都の領主である義昭に対して京都への放火で圧力をかけ、これに屈して和睦したと述べている。今谷明氏は、信長が朝廷に調停を求めて正親町天皇の「竜の袖にすがった」としている。一方、勅命講和を詳細に検討した堀新氏は、京都が戦火に巻き込まれるのを恐れた朝廷が、自発的に勅使を送って講和を仲介したとしている（「織田信長と勅命講和」同『織豊期王権論』校倉書房、二〇一一年。初出二〇〇一年）。谷口克広氏は『信長の政略』（学研パブリッシング、二〇一三年）で堀氏の説を支持しながらも、義昭が将軍御所に籠もって執拗に抵抗していたことから、信玄の西上が気がかりな信長が天皇権威を利用して正親町天皇に講和を依頼したという可能性を指摘しているが、註（9）著書［二〇一四］では「天皇を動かしたのはもちろん信長である」としている。

(54)「御所巻」については、清水克行「『御所巻』考」（同『室町社会の騒擾と秩序』吉川弘文館、二〇〇四年）で述べられている。この信長による二条御所包囲が「御所巻」だったことは、すでに神田千里氏が註（22）書著で指摘しているが、その目的については触れられていない。

(55) 金子拓編『織田信長の見た「夢」』（『新発見！週刊日本の歴史』戦国時代③、朝日新聞社、二〇一三年）、稲葉継陽「織田信長研究の最前線」（『Kumamoto 地方経済情報』五三、二〇一六年）も指摘している。註（22）神田氏も、共存を志向していたとする。

(56)（天正元年）十月二十八日付け一色藤長宛て毛利輝元書状（『別本士林証文』『大日本史料』第十編之十八、三一〇頁）。

(57)（天正元年）十二月十二日付け山縣就次・井上春忠宛て安国寺恵瓊自筆書状（『吉川家文書』第六一〇号）。

(58)（天正二年）正月十六日付け佐々木承禎宛て足利義昭御内書（「織田文書」『大日本史料』第十編之十八、三一五頁）。

第Ⅲ部　永禄・元亀期における織田信長政権の京都支配

第一章　織田信長発給文書と義昭政権

はじめに

足利義昭は永禄十一年（一五六八）十月十八日に室町幕府の第十五代征夷大将軍に就任すると、旧来の幕臣を登用するなどして義昭政権を発足させた(1)。義昭に「供奉」して上洛した「分国」の大名である織田信長は(2)、以後「天下」における政治に関わるようになった(3)。これによって再興された幕府は、義昭と信長による「二重政権」や「二重権力」等と称されている(4)。実際に義昭・信長の上洛以後、幕府の公文書である奉行人連署奉書と信長の朱印状が発給されていた。この政治体制においては、原則として幕府奉行人奉書と信長の朱印状が同時に出されるのが基本形で、信長朱印状に義昭の上意を承ける「任御下知之旨」などの文言が記されることから、信長自身は独自の判断ではなく副状として朱印状を発給していたと考えられてきた(5)。

信長の政治的位置については、この朱印状から検討され、三鬼清一郎氏は「信長は管領の奉ずる将軍家御教書に近い形の朱印状を発給」したとして、「この限りでは、事実上は義昭の副将軍であった」と位置付けた(6)。さらに山田康弘氏は、信長朱印状は幕府からの上意下達による守護遵行状と同様であり、かつ奉行人奉書を補完する副状の機能をもっていたとして、《畿内の実力者》信長は実質的に「山城守護」であったとする可能性を指摘した(7)。

このように、信長は幕府の政治体制に位置付けられるとする見解の一方で、石崎健治氏は幕府とは下達関係や遵行関係は存在せず並列的に位置し、将軍家御教書や施行状・遵行状などの幕府の執達体系に信長朱印状を位置付けるのは不適切であるとして、奉行人奉書と同一趣旨について同時期に併行発給して奉書の実効性を補完する「併行型添状」と定義した。そして、義昭側に付随する室町将軍の伝統的権威を一部奉戴しながらも、室町幕府的政治秩序からは一定の距離を置こうとしたと論じた。(8) 池上裕子氏も石崎氏の見解を支持して、京都・畿内の政治的秩序に身を置きながらも、副将軍や管領になることを断って、独自の地歩を築こうとしたと述べた（註2著書）。

以上のことから、上洛後の信長については主として文書の様式等から検討され、信長は「御下知」に基づいて奉行人奉書の副状として朱印状を発給しており、それには奉書を補完する役割があって、両者が一束となることで奉行人奉書の機能が十全に発揮されていたと考えられてきた。しかし、結論的には義昭の上意を奉じる幕府の一構成員としての立場だったのか、あるいは幕府とは距離を置く独自の権力だったのか、議論は大きく二つに分かれている。

古文書学に基づいた精緻な分析は、両者の関係性を考察する上においてきわめて重要なのは当然なことだが、これまでは様式に重点が置かれて「将軍家御教書」「守護遵行状」「並行型添状」といったように画一的に論じられ、より具体的な発給手続きや信長文書の実質的な機能については充分に検討されてこなかったといえる。そこで小稿では、永禄・元亀期の京都を中心とした「天下」における信長発給文書を検討し、実際に信長朱印状がどのように機能していたのかの実態の側面から考察する。特に当該期において特徴的な「御下知」文言を有する信長朱印状を中心として検討し、信長と幕府との関係について考察する。なお、小稿に関わる信長発給文書については、本章末に表としてまとめた。(9) ここではNo.を記したので、出典などについて適宜参照願いたい。

1．織田信長の上洛と「天下」における信長発給文書の概要

ここでは、信長発給文書の時期的な特徴や変遷・内容・傾向などについて検討する。上洛時からの発給状況に則し

て、①上洛前後の政情、②禁制、③所領・特権安堵、④相論裁許の概要について述べる。

信長が畿内方面に宛てて発給した最初期の文書は、義昭の上洛運動に関して出された次の文書である。

〔史料1〕大和柳生宗厳宛て織田信長朱印状（「柳生文書」『信文』補五三号、表1－№7）

御入洛之儀、不日可致供奉候、此刻御忠節肝要候、就其対多聞、弥御入魂専一候、久秀（松永）父子不可見放之旨、以誓紙申合候之条、急度可令加勢候、時宜和伊（和田伊賀守）可有演説、猶佐久間右衛門尉（信盛）可申候、恐々謹言、

十二月一日（永禄十年）　　　信長（朱印）

柳生新左衛門尉（宗厳）殿
御宿所

この史料には、同日付けで同内容の文書がほかに二点存在している（表1－№5・6）。このうち興福寺宛てのものが「柳生文書」に残されていることから、柳生宗厳は大和の寺社や国人等と信長との間を取り次ぐ役割を担ったと考えられる[10]。信長は上洛の経路として、永禄十一年九月に上洛した際の東海道を西上して近江から入京する行程と、伊勢を経由し大和から北上して入京する行程の二つを計画していた[11]。ここで信長は宗厳に対し、義昭に「供奉」して上洛することを伝え、義昭に「忠節」を尽くすことが肝要であると述べている。

さらに、史料1の政治的背景としては、それ以前に「天下」を勢力下に治めていた三好氏の動向が強く関係していた[12]。足利将軍家を京都から追放して、「天下」において独自の覇権を確立した三好長慶が永禄七年七月に死去した後に、三好政権は「阿波公方家」の足利義栄を擁する三好三人衆（三好長逸・三好宗渭・石成友通）と、長慶の後嗣で三好家当主の義継・松永久秀の二つの勢力に分裂したことによって崩壊する[13]。久秀は義栄政権から排斥されたため、もう一方の将軍家「朽木武家」である義昭派の勢力と連繫することを謀る[14]。

義昭の上洛要請に応じた信長は、東海道筋における美濃斎藤氏と近江六角氏が義栄政権に与したことから、南都か

らの上洛経路を確保するためにも大和の勢力と協調する必要性が生じることになった。以上の政情によって、信長と久秀の利害関係が一致したことから両者は連繋することとなり、永禄九年に上洛計画が具体化された[15]。しかし、このときは斎藤龍興と六角承禎の抵抗に遭って失敗に終わる[16]。そして、信長はその後の永禄十年九月に美濃を攻略して、あらためて史料1で「久秀《（松永）》父子不可見放之旨、以誓紙申合候」とあることから、久秀の安全を保障したうえで味方として加勢する約諾を誓紙で取り結んで同盟的な関係を築き、翌年九月七日に上洛のため出陣することとなった[17]。

上洛に際しては、寺社などの所領主や郷村から安全確保のために禁制が求められたのみならず、朝廷からも九月十四日付けで正親町天皇の綸旨が発給されて、信長に「静謐」の実現化が求められた[18]。

それではここで、義昭・信長上洛以前の三好権力による「天下」の支配について確認しておきたい。公家の山科言継が記した『言継卿記』（永禄十二年三月三日条）によると[19]、「武家御押領」「近年三好方押領」「去年公方衆違乱」とあることから、公家等の多くの所領は「三好方」や「公方衆」の「武家」勢力によって「御押領」や「違乱」が行われていた[20]。幕府は本来的には「公儀」として諸権利を保障し、相論を裁許するなどの利害調停を行う機関であり、秩序の安定と「静謐」を実現化させる役割を担っていた[21]。ところが、その主体であるはずの幕府方の勢力によって、乱されているのが現状だった。そのため、もう一方の武家勢力である義昭・信長には「御押領」「違乱」を抑止することが求められた。

これを承けて信長は、「諸勢洛中へ入候てハ、下々不届族も可在之哉」の「御思慮」を加えて、「猥儀」がないように洛中・洛外に警固を仰せ付けたことが『原本信長記』（巻一）に記されている[22]。信長軍は「尾州衆破却、乱妨如無之為体云々」（『言継卿記』九月二十日条）とあることから、京都では破却や乱妨を行わず整然としていた様子が確認できる。これによって信長は、京都の人々に「御押領」「違乱」を行う三好権力によるそれまでの幕府方勢力とは一線を画し、「静謐」を実現化させる権力であることを印象付ける効果を図ったと考えられる[23]。

『原本信長記』（巻一）によると、信長は七月二十五日に越前へ義昭を迎える使者を派遣して、上洛のための具体的な行動を起こす[24]。八月七日には妹が嫁いで同盟関係にあった近江国佐和山の浅井長政の許に出向き、七日間逗留して近江南郡の領主で観音寺城主の六角承禎に「天下所司代」就任を提示して協力を要請する。しかし、承禎は応じなかった。信長は美濃に義昭を迎え入れてから、九月七日に軍勢を率いて京都へ向けて出陣した。この軍事行動に合わせて禁制が求められ、八月に近江（表1－№15・16・21・22）、次いで九月には京都方面に宛てて発給された（表1－№23）。

禁制は、受給者が領域の安全を確保するために、寄せ手の軍勢が侵攻する前にその統率者へ積極的に働きかけることによって発給された[25]。信長の上洛に際しても、イエズス会の宣教師が記した『日本耶蘇会年報』に「（上洛の）遙かに前より越前及び尾張の国に到り、公方様《義昭》及び上総殿《織田上総介信長》より特許状を得、軍隊都に入る時、其寺院何等害を被らず、又之を宿舎とせざらんことを計り、之が為め一萬クルサドを消費せり、彼等は大に安堵し、喜んで其寺院に帰り[26]」とあることから、義昭・信長軍によって侵攻される恐れのある寺院は、越前にいる義昭と尾張の信長それぞれの許に下向し、金銭を納入して安全が保障された「特許状」を獲得している様子が確認できる。この「特許状」は、性格からして禁制と考えて間違いないだろう。

では、禁制の発給手続きについて、具体的に次の史料で確認しておきたい。

〔史料2〕山城清水寺成就院宛て楠正虎書状（「成就院文書」『信文』補二七号）

猶々、取乱候て、委不申得候、かしく、

御寺制札事承候、尋申候て調進之候、御一書内少々取退候、それハ非別儀候、調にくき儀との事候、又御寺之儀ハ、日本名寺にて候、此制札むさと調申候、今夜いそき《急ぎ》の状を百余したため《認め》候て、其段かき《書き》申候間、殊無正体候、定案を取、写こされ《越され》候ハんまゝ、不及是非候、急候て如何申候哉、恐々謹言、

楠河内守

（元亀元年）七月廿七日　　正虎（花押）

成就院

御返報

この史料は、奥野高広氏によって「元亀の争乱」の際に発給されたとして、元亀元年（一五七〇）に比定された文書である。[27]文書の発給者は信長の右筆の楠正虎（長諳）で[28]、清水寺成就院は正虎を取り次ぎとして信長に「制札」を求めた。その際には、「御一書」とあることから受給者側があらかじめ禁止事項を記した原案を提出していることが確認できる。

基本的に信長の禁制は次の史料3のように三ヵ条からなるが、記載事項に若干の差異が生じて異同がみられるのは、このように受給者からの要請に違いがあったためと考えられる。しかし、発給者はそれを全面的に禁止事項に反映するのではなく、「調にくき儀」によって「少々取退」とあることから、内容を判断した上で記載事項の選別がなされていた。ここには、「今夜いそき（急ぎ）の状を百余したため（認め）候」「無正体候」とあることから、正虎は制札発給の要請を請けたときに右筆として多数の文書を執筆していたことが注目される。正虎はこの後の八月十八日付けで成就院に「当寺制札事、調進之候」（「成就院文書」『信文』補二八号）と、制札の準備ができて発給したことを伝えている。以上のような手続きを経て、禁制が発給された。

〔史料3〕山城大徳寺宛て織田信長禁制（「大徳寺文書」『信文』一一一号、表1－No.30）

禁制　　紫野大徳寺同門前

一、当手軍勢濫妨・狼藉之事、

一、陣取、放火之事、

一、伐採竹木之事、

右条々、於違犯之輩者、速可処厳科者也、仍執達如件、

永禄十一年九月日　　弾正忠（朱印）

この「天下」における信長の禁制は、書止文言が上意を承けて発給される奉書に用いられる「仍執達如件」となっており、特異な様式であることが特徴的といえる[29]。これは、義昭に「供奉」してそれまで「天下」を征圧していた三好権力を征討して「天下静謐」を実現するための上洛だったことから、軍事行動の主体は義昭だったことによると考えられる[30]。そのため、上洛軍は信長の軍勢というだけではなく、実際的には「当家再興」のための足利将軍家の軍隊としての性格があったのである。また、将軍が主宰する領域の「天下」において軍事行動を展開する意識を反映したためと考えられる[31]。なお、この点については次節で述べる。

義昭と信長が九月二十六日に上洛した後に、所領主や受益者から所領・特権安堵や諸役免除などの既得権益の保障が求められた。

〔史料4〕山城忍頂寺宛て足利義昭御内書・義昭側近連署副状・織田信長朱印状（「寿泉院文書」『信文』一四九号、表1－No.62）

①当寺儀、任代々判形旨、為祈願所間、寺領已下守護不入事、不可有相違候、然者弥可抽祈祷精誠儀肝要、猶藤孝（細川）・元綱（中沢）可申候也、

二月十五日（永禄十二年）　　（花押）（足利義昭）

忍頂寺住僧中

②当寺事、被任御代々御判之旨、為祈願所之間、寺領已下守護不入之段、不可有相違之旨、被成御内書候、猶得其意可申之由、被仰出候、向後弥可被抽御祈念之丹誠事、肝要存候、恐々謹言、

二月十五日（永禄十二年）　　藤孝（細川）（花押）

忍頂寺住僧御中

③御祈願所忍頂寺総寺領之事、任御内書・御下知之旨、如先規為守護不入、可被全領知之状如件、

元綱《（中沢）》（花押）

永禄十二

二月十六日　　信長朱印

摂州

当寺住僧中

永禄十一年十月十八日に征夷大将軍に就任した義昭は、①で「代々判行旨」とあることから、「代々」の歴代将軍の安堵に基づいて守護不入地として忍頂寺の寺領を安堵した。忍頂寺はそれまでの将軍によって認められてきた権益の継承を、新将軍となった義昭に求めた[32]。よって、義昭による安堵は代替わりによる継ぎ目の安堵だったといえる[33]。また、実際には永禄十一年十二月十六日付け大覚寺宛て信長朱印状に「以当知行之筋目、被成御下知上者」（「大覚寺文書」『信文』一三四号、表1－№54）とあることから、義昭による安堵は先判に基づいた当知行安堵だったことが確認できる。

幕府による所領安堵は、文明八年八月二十四日付けの幕府法で「就当知行、申請安堵、御判并奉書等事、堅致糺明之、領知無相違之旨、召置訴人請文、可伺申之[34]」と、御判・奉書等と請文を提出して安堵を申請することが定められて以来、規範となっていた。義昭政権においても、文書を受給して利益を得る受益者は知行権を証明する証文と既得権の継承と保護を要請する請文を幕府に提出して安堵を求めた[35]。

①を承けて発給された②は、義昭側近の細川藤孝・中沢元綱の連署状である[36]。このうち藤孝の幕府における役職は御供衆で奉公衆であることから、②は幕府の政所における奉行人で構成される評定衆からの発給ではない[37]。また、書

止文言が「恐々謹言」と書状様式で、幕府奉行人連署奉書で用いられる「仍執達如件」や「如件」の奉書・判物様式ではないため、それらとは異なる様式の文書である[38]。

①に「猶藤孝・元綱可申候也」とあり、通常これは御内書の作成者や将軍に案件を披露する取り次ぎ役の申次などで、御内書に添えられる副状の発給者である。藤孝と元綱は義昭の申次を務め、①を承けて②の副状を発給したと考えられ、忍頂寺が二人を取り次ぎとして義昭への「披露」を求めた可能性が高いといえる[39]。忍頂寺はこれ以前の永禄十一年十二月二十四日に奉行人奉書を得て、すでに寺領を安堵されていた[40]。義昭は①であらためて政所を経ない将軍直裁の「御前沙汰」で寺領を安堵する御内書を発給し、それに義昭側近の元綱・藤孝が連署して副状を発給した。このように、義昭政権では「御前沙汰」による御内書・副状の発給と、「政所沙汰」による奉行人奉書の発給があり、従来の幕府と同様に別々の意思決定方法で政権が運営されていたことが確認できる[41]。

③信長朱印状は、①②と宛所と内容が同じで日付けも近いことから、ここに記された「任御内書・御下知之旨」は①②を指していると考えて間違いなかろう。後述するが、「御下知」は将軍からの直接の命令と、将軍の「御下知」を奉じた幕府奉行人連署奉書を表す二つの意味がある。ここでは「御内書・御下知」と並記されているため、信長は政所の奉行人が発給する正式な連署奉書ではなくても、義昭の意志を汲んだ文書を「御下知」と認識していたといえる。

所領安堵に際して信長は、阿弥陀寺の寺領安堵で「任御下知之旨、無別儀由候条、然上者信長疎略有間敷儀候間[42]」とあり、愛宕権現尾崎坊への寄進分に対して「任公方御下知之旨、信長折帋［調進ヵ］之条」と山城外畑村の名主・百姓中に年貢進納を命じていることからも[43]、義昭政権の「御下知」に基づいて「折帋」である朱印状を発給していた[44]。この「任御下知之旨」文言をもつ信長朱印状は、表1によると永禄十一年十月から同十二年三月までの間に集中して発給されていたことが確認できる（№42～99）。

それぞれの知行分が確定されると、次に領有権をめぐる相論が生じて訴訟が提訴されるようになる[45]。信長は相論を裁許すると、所領安堵とともに違乱停止を命じた。

ここで注目すべきは、永禄十二年三月から同年五月に集中して裁許が行われていることが確認できることである。京都における信長政権による裁許は、表4に一覧表にした（表4－No.3～10）。その背景としては、『言継卿記』永禄十二年三月三日条によると、信長は公家に対して「手日記」の提出を求めて所領調査を行っており、四月十三日には信長が宿所として妙覚寺に「各訴訟共也」と各々の所領主が訴訟のために訪れていることが確認できる。このときには「公事之儀取乱云々」（『言継卿記』四月十五日条）と、訴訟が取り乱れるほど多くの公家・寺社や国衆が訪れた。これに対して信長は、「大概相調了」（『言継卿記』同日条）とあることから、一斉に裁許して多くの案件に裁定を下した。表1のNo.67～86の所領安堵も、この時になされたと考えられる。信長はこれに前後して、永禄十一年の冬・同十二年三月・同十三年三月と、毎年ごとに所領調査を行っていることが確認できる[46]。

このようにして発給された信長文書は、史料4③のように付年号で「信長」の実名書に「天下布武」の朱印が捺され、「如件」の書止文言が記される直状様式の判物が多いのが特徴的である（表1参照）。

「天下」における信長朱印状は、年代が下るにしたがって減少傾向にあり[47]、そして天正期に至る。その理由としては、幕府によって所領・特権安堵や相論裁許・諸役免除が行われるようになり、支配が安定化したことが考えられる。また一方で、信長は京都に邸宅を構えず「分国」の美濃居住を基本とし、『言継卿記』（永禄十二年十一月十四日条）に「只今者京面之儀、万事不存」とあることから、京都支配には消極的な姿勢だったことが確認できる。当該期において「天下」と「分国」は棲み分けられた領域だったことから、信長も当時の社会通念に基づいてそれぞれを分けて考えていたと思われる[48]。そのため、京都を中心とした「天下」における政治は、本来の主宰者である将軍義昭が幕府を主導して執り行うことを図っていたと考えられる[49]。その規範として、永禄十二年正月の「殿中御掟」で本来の幕府における訴訟手続きを復活させ[50]、さらに義昭との間で政治と軍事の役割分担を取り決めるため翌年正月に「五ヵ条の条書」を締結したと考えられる。[51]実際に信長朱印状は、元亀期になると他国の大名との外交で発給される点数が増加し、[52]「天下」においては減少傾向にあった。この点からも、信長は上洛して「天下」を獲るために義昭を大義名分として利用したわけではないことは明らかといえる。

永禄・元亀期の信長文書で特に特徴的なのは、史料4③のように「御下知」の文言をもつ朱印状が確認できることが挙げられる。[53]それが完全に消滅するのは、元亀四年二月十三日に義昭が信長に「御逆心」し蜂起して以降である。[54]実際に天正元年十二月十四日付けの仁和寺宛て朱印状では、「従何方判形有之共、前後令棄破之上者、雖為誰々知行内、一職御直務不可有相違之状如件」（「仁和寺文書」『信文』四二八号、表2－№16）と、これまでの歴代将軍の「御判」を含めた「判形」による安堵状を棄破して、新たに所領安堵している。[55]

また、「禁制」の形式も変化しており、書止文言が「仍執達如件」から「如件」に変わるのは義昭の蜂起を境としてである。[56]信長は七月二十日に義昭を京都から追放して、義昭が「棄て置」いた「天下」を自ら収拾して掌握する。[57]義昭政権の幕臣は義昭に従って下向する者と、京都に残って信長に従う者とに分裂する。後者について信長は、所領を安堵して主従関係を構築することによって自らの配下に組み込んだ。[58]幕府が消滅したことによって権限が信長に一元化され、「二重政権」は解消されることになった。

なお、この間には禁制・所領安堵・相論裁許以外にも、徳政免除（表1－№123・126・127・128・156）・精銭条規（表1－№64・66）・贈答返書（表1－№116・124・143・171・174・176・181）などの文書を発給していた。これらの中には、実際には「御下知」文言を有していない直状も多数発給されている。[59]

信長は、元亀四年七月二十八日に元号を「天正」に改元する。天正期は明智光秀と村井貞勝に京都支配が委ねられることになり、やがて貞勝による単独支配体制へと移行する。[60]それでは次節以降、幕府との関係を中心に検討しよう。

2. 信長発給文書と室町幕府

(1)「天下」の領域概念と信長の禁制

禁制は、受給者が所領の安全を確保するため、寄せ手の軍勢の統率者へ積極的に働きかける自力救済によって求めることにより発給された[61]。畿内方面では、信長の上洛に合わせて永禄十一年八月から近江に発給された（表1－№15・16・21・22）。次いで九月以降は、山城・摂津・大和・河内・播磨へと三好勢の征討と勢力圏の拡大に比例して順次発給されていった（表3参照）。信長が一時期に集中して禁制を発給したのは、この上洛による畿内平定戦のときと、天正元年八月と同三年九月の越前国侵攻、さらに同十年三・四月の信濃・甲斐侵攻に際してである。国郡境目での局地戦ではなく、その国の国主を征討する一国規模の攻略戦において一時期に集中して発給された[62]。

この畿内方面における信長の禁制には、様式的に他の年代・地域には見られない大きな特徴がある。それは、通常の禁制は書止文言が判物様式の「如件」であるのに対し、史料3のように上意を承けて発給される奉書で用いられる「仍執達如件」となっていることである。この様式の禁制は、『信長文書』によると二十八点確認することができる（表3参照）。初見は永禄十一年八月日付けの近江国の成菩提院と多賀社宛て禁制（「成菩提院文書」「多賀神社文書」『信文』九六・九七号、表1－№15・16）で、終見は史料6の元亀三年三月日付け摂津長遠寺宛て（「長遠寺文書」『信文』三一三号、表1－№154）である。そのため、義昭が上洛してから京都を逐われるまでの期間、つまりは室町幕府が中央政権として機能していた期間と完全に一致していることが認められる。

さらに、表4によると、発給範囲は山城が一八点と最も多く、その周辺国の近江・摂津・河内・大和・播磨に限られている。これは、『年代記抄節』に「将軍属御手候国」として記された「近江・山城・摂津・和泉・河内・大和・丹波・

播磨・伊勢」とほぼ合致する。このうち、近江の南郡と伊勢は信長が直接的に領国化していた「分国」であるが、当該期にそれ以外で発給された信長禁制は奉書様式の書止文言を有していた。実際に、永禄十一年八月から天正元年七月までの期間でそれ以外の地域（近江・伊勢）に出された禁制では、いずれも「仍下知如件」となっている（表3、『信文』一九七・二三九・二四二・三四五・補一九七号）。また、義昭が蜂起した元亀四年二月以降の禁制も「仍下知如件」となっている（表1－№180・185・188・189）。このことから、義昭との強い関係がうかがえる特殊な様式の禁制といえる。

このことに着目した依藤保氏と水野嶺氏は、その範囲と期間から信長の領国外で発給する禁制はすべて「仍執達如件」で、義昭の意を奉じた「奉書」であると両者同様の見解を示した[63]。依藤氏は、辞書の定義から「執達」自体に上意を承ける意味があるとして信長禁制を「奉書」と規定し、信長は義昭を奉じていたことから、主人たる義昭の意を奉じて通達したと述べている。また、水野氏は禁制とさらに制札・条規も加えてこれらを「執達禁制」と規定し、それは義昭と信長との親密な信頼関係が成立していた上で、将軍の意を奉じて軍事行動を展開する幕府勢力圏において、第三者の目に触れる禁制と制札にこの書止文言を意図的に使用することで、信長は対外的に義昭を奉じる立場を示し続けたとしている。

古文書学上、「仍執達如件」の書止文言をもつ奉書の場合、通常は上意を承けた「被仰下」「被仰出」や「任御下知之旨」などの文言が記されるが、それがない場合は発給者が自らの意思を直接伝える直状と定義されている[64]。筆者も信長のほかの地域や同時期における禁制と比較して勘案すると、義昭政権が確立している間の山城を中心とした畿内の「天下」周辺だけと時期的・地域的にも極めて限定的に発給されていることから、依藤・水野両氏の見解と同様に義昭との関係に基づいたものであるとする点では基本的には同意見である。

しかし、実際問題として信長が義昭の上意を奉じた可能性については、上洛戦において信長は義昭に先行して陣を進めており、敵対勢力を征討した後に義昭を迎え入れている[65]。そのため発給手続きとして、禁制を申請する者が後方にいる義昭に発給を求め、それから義昭が前方にいる信長に「下知」を下して、信長がその上意を承けてから禁制が発給されるということは、現実的に考え難いと言わざるを得ない。

また、先述の通り上洛以前に義昭のいる越前と美濃の信長にそれぞれ禁制を求めて受給者が下向した事例や、信長は領国内において居住を求めるキリスト教徒に対して永禄十二年四月八日付けで「ゴシュイン（御朱印）」を発給し、「更に信長は公方様に対し、自分は〝シュイン〟（朱印）を伴天連に授けたから、殿も〝セイサツ〟（制札）なる允許状を彼に授与されるがよい、と言わしめた」（フロイス『日本史』第八十六章）とあることから、義昭の意を奉じてからではなく先行して直接制札を発給していることが確認できる。さらに、実際に義昭の上意を奉じて幕府の奉行人が発給した禁制と、信長禁制は様式が異なっていることが認められる。

〔史料5〕室町幕府禁制（「松尾神社文書」『大日本史料』第十編之一、永禄十一年九月二十九日条、一三四頁）

禁制　　山城国松尾社境内谷山田

一、軍勢甲乙人等乱入狼藉事、
一、剪採山林竹木事、付放火事、
一、相懸非分課役事、付陳〔陣〕取事、
右条々、堅被停止訖、若有違犯之輩者、速可被処厳科之由、所被仰下也、仍下知如件、
永禄十一九月廿九日　前信濃守神宿禰（諏訪晴長）（花押）
散位平朝臣（松田頼隆）（花押）

この幕府の禁制と信長禁制とを比較すると、①「被仰下」の義昭の「仰」文言の有無、②書止文言が「仍下知如件」となっている点で差異が認められる。したがって、信長禁制を義昭の上意を奉じて発給された禁制とすることは適切ではない。

しかし、このうち一点だけ上意を承けた文言を有する禁制が確認できる。

〔史料6〕摂津長遠寺宛て禁制案（「長遠寺文書」『信文』三一三号、表1－№154）

摂州尼崎内市場巽長遠寺法花寺、建立付条々、

一、陣執并対（帯）兵具出入停止之事、

一、矢銭・兵粮米不可申懸之事、

一、徳政免許之事、

一、敵方不可撰之事、

一、棟別并臨時之課役免除之事、

一、不可伐採竹木之事、

右任御下知之旨、不可有相違者也、仍執達如件、

元亀参年三月日　弾正忠（信長）朱印

全体で五ヵ条からなるこの禁制には、「任御下知之旨」とあることから、義昭の「御下知」を承けた形で発給されている。これについて奥野高広氏は「「御下知の旨」とあることから将軍義昭の禁制も出された」と述べており、これを義昭の命ではなく先行して幕府が発給した禁制としている（『信文』三一三号解説）。「仍執達如件」の信長禁制の中でこのような上意を表す文言をもつ禁制は、管見の限りこの一点だけである。そのため、むしろ例外的な事例だが、本来的にはこのような禁制が奉書様式の禁制といえる。「御下知」は既述の通りすでに発給された奉書を指すことがあるため、奥野氏の指摘も否定できない。しかし、三ヵ条目に徳政を免除する事項があることから、幕府の政策を承けた一環でこの禁制が発給されたと考えられる[66]。

信長は、ほかにも大徳寺に宛てて徳政を免除した元亀元年十一月日と同三年四月二十五日付け朱印状で「仍執達如

件」の書止文言を用いているが（「大徳寺文書」『信文』二六一・三一八号、表1－№126・155）、これらには禁制と同様に「任御下知之旨」の文言は記されていない。

以上のことから、信長禁制に「被仰出」や「御下知」などの上意を表す文言がない限り、信長は義昭の上意を承けないで自らの意思・判断によって独自に直状として禁制を発給したといえる。[67]しかし、確かに両氏が指摘した通り、時期的・地域的にも義昭政権が確立している期間に信長が領有する「分国」以外の「天下」において発給されていたのは間違いのないことである。そのためこれらの点を加味すると、先に指摘した通り上洛戦の主体は義昭であったことと、自らの支配領域の「分国」ではない将軍の主宰する領域である「天下」において軍事行動を展開することの、信長の意識を反映して発給された奉書様式を踏襲した直状だったと考えられる。[68]

この点をさらに補強するものとして、寄宿停止について併せて考えておきたい。これは、寺社の坊舎などの家屋を兵士が宿舎として使用することを禁止したものである。幕府が再興されたことで、「畿内平治シテ、公方家京都御安坐ナレハ、大名小名参ツドヒテ」諸国の軍勢は「洛中洛外ニ充満」（『重編応仁記』）することになった。『日本西教史』によると「公方ノ宮殿ハ既ニ焼滅シタレハ、寺院中ノ最モ著大ナルモノヲ選ミ、カワドノヲシテ仮リニ此ニ在ラシメ、其他ノ寺院ニ兵士ヲ宿セシメタレトモ」とあるように、[69]将軍御所が再建される前であることから寺院が宿舎として利用された。しかし、兵士が宿泊すると乱妨狼藉を働かれる可能性が高いことから、寺社からは「釈徒ハ由来寺院カ兵士ノ営舎タルコトナキヲ以テ諫メタリ」（『日本西教史』同）と寄宿停止が求められた。

幕府から上京室町や阿弥陀寺・清水寺成就院・若宮八幡宮に宛てて発給された禁制では「寄宿事」の条項が追加され、本能寺にも十二月二十一日付けで寄宿停止の幕府奉行人連署奉書が発給されている。[70]

山城妙顕寺は、永禄十一年十二月日付けで信長から、「公方様被成御下知」（「妙顕寺文書」『信文』一三九号、表1－№57）として寄宿停止の朱印状が発給されている。さらに、信長は翌年四月二十日付けで再度朱印状を発給しており

（「妙顕寺文書」『信文』一七六号、表１－№83）、ここには「御内書・御下知之旨」とあることから、義昭の御内書と義昭の「御下知」を承けた幕府奉行人連署奉書に基づいて寄宿を停止している。

また、阿弥陀寺は（永禄十二年）正月十八日付けで信長の家臣である森可成の書状と、十月九日付けの細川藤孝・明院良政・木下秀吉による連署状で、「当寺寄宿等之事、任御下知之旨、御免除不可有相違」と、寄宿を免除されている（「阿弥陀寺文書」『信文』補七八・七五号）。このような寺院に寄宿する場合には、（元亀元年）十二月二日付け稲葉一鉄書状に「拙者宿ニ付て、公方様・信長へも其御断申候[71]」とあることから、「天下」の領主である義昭と主君の信長それぞれから寄宿する許可を得る必要があった。

以上のことから、信長はやはり京都を中心とした「天下」は「分国」とは異なる将軍の管掌する領域との認識を明確に持っており、奉書様式の禁制や寄宿停止を命じる文書はそのことを反映していると考えられる。したがって、書止文言が「仍執達如件」の信長禁制は義昭との身分関係や上意下達の意思伝達系統に基づいて発給されたものではなく、寄宿停止の事例からも「天下」の領域概念に基づいた信長の意識を反映して発給された直状だったと考えられる。信長は美濃を居城地にしており、京都に邸宅を構えず帰国していることからも、「天下」の支配には消極的だったといえる。[72]「天下」は諸国の大名が支配する「分国」とは棲み分けられた、将軍が管掌する領域だったのである。

（２）幕府奉行人連署奉書と信長朱印状

上洛戦によって、それまで「天下」を支配下に置いていた三好権力の勢力を征討して「天下静謐」が実現化すると、[73]所領主から義昭と信長に安堵が求められた。その最も早い時期の文書は、上洛して間もなくの永禄十一年十月九日付けで仁和寺に宛てて発給された次の史料である。

〔史料７〕山城仁和寺宛て幕府奉行人連署奉書・織田信長朱印状（「仁和寺文書」『信文』一二四号、表－１№42）

①当御門跡領所々散在・同境内等事、任当知行之旨、弥可令全領知給之由、被仰出候也、仍執達如件、

永禄十一

十月九日　　秀雄《松田》（花押）

　　頼隆《松田》（花押）

御室御門跡雑掌

②当御門跡領所々散在・同境内等事、被任御下知之旨、御領知不可有相違之状如件、

永禄十一　　弾正忠

十月九日　　信長（朱印）

御室御門跡《任助法親王》雑掌

成多喜御房

①幕府奉行人連署奉書と②信長朱印状は日付けと宛て所が同じであることから、まとめて出された文書と考えられている。[74] ①は、幕府の政所において奉行人による「評定衆」の合議である「政所沙汰」で議決され、そのことが義昭に上聞されたうえで、義昭の上裁を経て「仰出」を承けた形で発給された。このような奉行人奉書と一束の信長朱印状は、史料7の他に表1によると、前掲史料4：忍頂寺宛て（No.62）、後掲史料8：久我家宛て（No.44）・史料9：天龍寺宛て（No.43）・史料15：禁裏御料所諸役安堵（No.46）・史料10：賀茂荘宛て（No.89）・史料26：革嶋氏宛て（No.102）、大原野神社宛て（No.79）の七例で合計八例が確認できる。

基本的に、内容と宛て所は奉行人奉書と同じで、付け年号で同日付けか、奉書を承けて発給されることから近接した数日後に発給された。時期的には永禄十一年十月から元亀元年四月の期間で、特に史料7・8・9・15の四点は永禄十一年十月中に集中して発給されており、史料10と大原野神社（No.79）の事例は後から、史料26は先行して発給されていることが確認できる。

署名については、当初「弾正忠信長（朱印）」や「弾正忠（朱印）」のように官途が記されていたが（表1－No.42・44・46・54・56）、永禄十一年十二月（No.57）以降は禁制や条規を除いて「信長（朱印）」の実名書のみとなる。

このうち、奉書の内容の細則となる所領の詳細が記された事例も確認できる。公家の久我晴通は、㋐永禄十一年十月十三日付けで幕府奉行人の松田頼隆・同秀雄から、「城州築山下司・公文分事、可被遂御糺明之子細在之条、年貢・諸公事物等、堅可相拘候」（「久我文書」『信文』一二六号参考）との連署状を得ている。これは在地の名主百姓中宛てで、ここでは裁定が下されるまでの間の年貢拘置を指示する処分制限がなされていることから、(75) 相論裁許と違乱停止を求めたことが確認できる。そのため晴通は、義昭が上洛して早々に違乱されていた山城国久我荘の回復を幕府に願い出て安堵を求めたと考えられる。

次いで、㋑同年十月二十日付けで幕府奉行人の諏訪俊郷・松田頼隆の連署奉書で、「城州久我庄内森分事、為旧領之上者、退他妨、如先々対彼雑掌可致其沙汰由」（「久我文書」『信文』一二六号参考）と所領を安堵されている。記載されている所領に差異が求められるが、㋐の七日後であることから裁定の結果とも考えられる。信長はこれを承けて、㋑と同日付けで次の朱印状を発給した。

〔史料8〕久我晴通宛て織田信長朱印状写（「久我文書」『信文』一二六号、表1－No.44）

久我殿御知行分事、

一、久我上下庄・樋瓜入組・所々散在、本役・加地子分一職之事、

一、同所森分之事、

一、東久世庄築山一職之事、

一、大藪庄寺庵・御被官人・名主等一職之事、

一、勢田分直務之事、

依御旧領、無紛如此被成御下知上者、悉以一円全可有領知事、肝要存之状如件、

永禄十一年十月廿日　　　　織田弾正忠

信長御朱印

ここには久我家の知行分として五ヶ所が記されている。このうち二ヶ所目の「森分」は㋑に、三ヶ所目の「東久世庄築山」は㋐の奉行人奉書に記された場所である。

久我荘や東久世荘・大藪荘は「一職」が安堵されており、久我家の所領だった「旧領」は「被成御下知」れたので、悉く「一円」知行することが安堵された。(76) 池上氏は「裁定者はあくまでも義昭であるが、実力者で強大な武力を有する信長の保証によって、違乱排除、領知保全がより確実」になったとして、「知行分を長く確実に保持するためには奉行人奉書と信長朱印状の両方をもつことが必要」との根強い考え方があり、「京都・畿内方面において信長と幕府とは補完関係にあった」と述べた（註2著書）。

また、受給者が幕府の奉行人奉書を得た後に信長へ朱印状を求め、後から異なる日付けで発給された事例を確認することができる。大原野神社は、永禄十一年十一月四日付け幕府奉行人連署奉書で社領を安堵されていた。(77) その後、永禄十二年四月十九日付けで「当社領之事、任御下知之旨」として、信長からも朱印状を得ている（「大原野神社文書」『信文』一七〇号、表1－№79）。大原野神社は日付からして、永禄十二年三月三日に通達されて行われた信長の所領調査と同年四月十三日の「公事之儀取乱」とその二日後の「大概相調」の際に、信長の許へ先に得た奉行人奉書を持参して安堵を求めたと考えられる。したがって、大原野神社をはじめとして信長に安堵を求めた公家・寺社や国衆などの所領主は、先に幕府から得た所領安堵の奉行人奉書を証文として信長に安堵を求め、信長はこれに基づいて内容を審議した上で朱印状を発給したといえる。

信長朱印状に記された「御下知」文言は義昭からの直接の命ではなく、先に発給された奉行人奉書や義昭の側近が

発給した御内書の副状を表すことがあった。そのため、結果として受給者側には幕府の奉行人奉書と信長の朱印状がまとめて伝来することとなり、「御下知」文言が記された朱印状が多数発給されたのだった。

以上のことから、奉行人奉書と信長朱印状がまとまって伝来したとしても、(a)同時期に発給されたものと、(b)日付が異なって、受給者が幕府から奉行人連署奉書を得た後に、それを証文として信長に差し出して所領安堵や相論裁許・違乱停止の朱印状を求めたもの、さらには詳細は後述するが、(c)信長が先行して朱印状を発給し、幕府へ「執申」して後から奉行人奉書が発給されるなど、それぞれ異なる手続きによって発給されていた。では次にこのような信長朱印状はどのような役割があったのか、具体的に発給手続きと様式・機能について検討する。

（3）信長朱印状の様式と機能

これまで幕府の奉行人連署奉書と一束の信長朱印状について検討してきた。このように幕府から先行して文書が発給された後に、受給者がそれを基にして守護などに安堵を求めることは、古文書学上「遵行手続の当事者主義」と定義されている。[78]すなわち、幕府の将軍や管領から上意として守護に宛てた文書「将軍家御教書（御判御教書・管領奉書[79]）」が発給されて所領安堵などの決定事項が伝えられ、守護はこの上意を承けてさらに守護代へ「守護遵行状」（あるいは守護施行状[80]）によってその旨を下達する。そして守護代から受給者へ宛てて「守護代遵行状」が発給された。

応仁・文明の乱以後は管領奉書が発給されなくなり、変わって将軍の上意を奉じた幕府の奉行人が連署して発給する「奉行人連署奉書」がその機能を継承した。[81]受給者は幕府からの文書を獲得した後に、それを守護さらに守護代に示すことによって、将軍の上意である「御下知」が受益者を介して間接的に下達されていった。これによってその都度個別に「御下知」を奉じた文書を獲得する手続きがなされた。所領が押領によって違乱されたり、領有権をめぐって相論などが生じた場合に、受給者は相手方へ獲得した文書を示すことによって所領の保全がなされた。幕府への文書の申請と発給、守護以下への上意の下達、権利の主張、文書の保管までの一連の行動は、文書を受給したことによって利益を得る受益者が主体となって行っていた[82]。このような受益者の自力救済による能動的な行動によって、幕府の文書は効力が発揮された。

実際、『大乗院寺社雑事記』文亀元年五月二十六日条に「公方御奉書ハ雖成之、守護遵行無之、仍無其実者也」とあり、奉書が発給されても守護による遵行がなければ無実化されると記されている。そのため、幕府による文書発給はあくまでも権利の保障だけであり、受益者がさらに守護や守護代からも文書を獲得することによって上意が下達され、奉書の内容が十全に効力を発揮する補完がなされていた。山田康弘氏は信長朱印状も同様にこの遵行・執達体系に位置付けられるとして、信長は実質的に山城国を支配する「山城守護」だったとする可能性を指摘した（註7）。

通常、「御下知之旨」は将軍の「下知」であるため、義昭からの直接の命令を表しているとされる。奥野高広氏は「将軍義昭の指令」としており、池上裕子氏は「決定や命令」としている[83]。あるいは、史料4②のように幕臣の連署状に「被仰出」の文言があることから義昭の仰せを奉じた奉書を指し、義昭の意志が幕府奉行人や義昭側近等の幕臣を媒介して間接的に伝えられて文書に表されていた。両者を石崎健治氏は総体的に捉え、「将軍を頂点とする室町幕府政権の意思を、抽象的にあるいは総体的に指標するもの」であると指摘し、信長は「形式上にせよ義昭に象徴される室町将軍の政治的権威を奉戴する形態をとっている」と論じた。

以上のことから、通説的には(a)「御下知」文言をもつ信長文書は将軍義昭からの命を奉じて発給されたとされ、(b)信長は独自に朱印状を発給せず、奉行人奉書と一束で発給するのが基本形で、幕府奉行人奉書を補完する「副状」としての役割があったと理解されてきた[84]。

確かに信長にとっては義昭と「君臣」の関係にあるため、上位者で「主君」の義昭の意志を奉じる立場にあった[85]。実際に信長は義昭から「仰下」されたことを、「仰下之通、何以存知仕候」と承っていることからも[86]、義昭の上意を承けていることが確認できる。

しかし、ここで問題なのは、(a)について「御下知之旨」は「将軍義昭の指令・決定・命令」で、信長はそれを直接奉じていたのかである。これについて、石崎氏は下達関係や遵行関係は存在せず並行発給だったとしており、対して山田氏は上意を奉じた文書として上意下達の執達系統に基づいていたとの見解を示している。では、この点について天龍寺の寺領安堵の事例から検討する。

〔史料9〕室町幕府奉行人連署奉書・織田信長朱印状（「天龍寺周悦文書」『信文』補五六・五七号、表1－No.43）

①城州伏見庄内瑞祐首座跡職事、任伏見殿《貞敦親王》補任之旨、田畠・山林・資財等、可被全領知之由、所被仰下也、仍執達如件、

永禄十一年十月十二日　散《松田秀雄》　位（花押）

左兵衛尉《諏訪俊郷》（花押）

周悦首座

②城州伏見庄瑞祐首座跡職事、任公方御下知之旨、田畠・山林并資財等、一円ニ全可被領知者也、仍執達如件、

永禄十一

十月十二日　信　長（朱印）

周悦首座

この史料は、山田氏が信長家臣の関連する一連の文書も含めて守護遵行状に近いとする論拠にした文書である。②の信長朱印状は①と同内容・同日付け・同じ宛所であり、「任公方御下知之旨」とあることから①を承けて発給されたものである。様式的には、上意を承けた文言が記されて、書止文言が「仍執達如件」のため「奉書」といえる。[87]

したがって、山田氏が指摘したとおり、義昭の「下知」を承けて発給した文書といえる。しかし、このような「御

下知之旨」文言と「仍執達如件」の書止文言を有する奉書様式の信長朱印状は、管見の限りでは他に元亀三年四月日付けの長福寺宛て朱印状（「長福寺文書」『信文』三二〇号、表1－№157）と史料6：長遠寺宛て禁制（表1－№154）の三例しか確認できない。そのため、むしろ例外的な事例といえる。「仍執達如件」の信長文書は先述の通り主として将軍が管掌する領域である「天下」における禁制で用いられた書止文言であるが、禁制以外にはこの史料9②も含めて五例の朱印状で確認することができる（表1－№102・127・145・155）。しかし、これらには禁制と同様に「被仰出」や「御下知之旨」などの、上意を表す文言が記されていないのが特徴的であるといえる。

以上のことから信長は、実際には上意を表す文言も記された奉書様式の朱印状と、記されていない様式の二種類を発給していた。また、これとは逆に「御下知之旨」の文言は記されているが、書止文言が直状形式の「如件」となっている判物様式の朱印状が多数確認できる[88]。

ここで、これまで検討してきたことを踏まえて信長朱印状の様式を整理すると、【一型】「御下知之旨」が記されて、「仍執達如件」の書止文言を有する奉書様式（史料9：天龍寺〈表1－№43〉・長福寺〈表1－№157〉・史料6：長遠寺宛て禁制〈表1－№154〉の三点）、【二型】上意を表す文言がなく、「仍執達如件」の書止文言（史料3などの禁制と、表1－№102・127・145・155の四点）、【三型】「御下知之旨」が記されて、直状形式「如件」の書止文言の判物様式（史料10：賀茂荘中宛て〈表1－№89〉・史料11：妙心寺〈表1－№168〉の事例を含めて二十四点）、【四型】上意を表す文言がなく、書止文言が「如件」となっている直状の判物（史料15：禁裏御料所率分銭〈表1－№46〉の事例を含めて二十八点）があり、さらに五型として「恐惶敬白」「恐々謹言」などの書状様式（史料26：曇華院〈表1－№188〉を含めて五十八点）や、六型として「候也」「者也」（表1－№53・55）もあることから六類型に分類できる。

傾向としては、奉行人奉書と一束の朱印状は主として永禄十一年十月に集中して発給され（表1－№42・43・44・46）、「御下知」文言をもつ朱印状は永禄十一年十月から翌年三月まで（表1－№45～99）、それ以降は直状の判物・書状の発給（表1－No.100～187）に分類することができる。ただし、この間も奉書様式や「御下知」の朱印状・直状をそれぞれ発給していたことから一律ではなく、信長は同時期に複数の様式の文書を発給していたのだった。

それでは、あらためて今までの研究で指摘されてきた信長朱印状の様式について確認しておきたい。代表的な見解としては、(a)三鬼清一郎氏が指摘した、管領が発給する「将軍家御教書」に近いとする説、(b)石崎健治氏の幕府とは下達・遵行関係は存在せず、「併行型添状」だったとする説、(c)山田康弘氏の幕府との関係において「守護遵行状」と同様であり、「副状」としての機能があったとする指摘など、様々に定義されてきた。そのため意見が分かれているのが現状である。しかし、結論的には形式的との指摘もあるが義昭の「御下知」を奉じて朱印状を発給しており、機能的には幕府文書を補完する「副状」だったとして一致している。[89]

(a)については、将軍家御教書の様式が上意を奉じる文言に「仍執達如件」の書止文言で、書下年号・日下に官途名で書判（花押）が一行書きされるのに対して、信長はこれに該当する様式の文書を発給していないことから、[90]すでに石崎氏・山田氏によって否定されている。信長は管領や副将軍といった役職就任の推薦を辞退しており、実際に幕府の上位者として畿内の守護や他国の大名に対して下達文書を発給していない。そのため、蓋然性がない。[91]

(b)については、池上裕子氏は支持しているが、山田氏によって信長朱印状は当該期の「慣習」である「遵行手続の当事者主義」に則って執達系統に属して発給されていたとして否定されている。しかし、これについて詳細は後述するが、史料15の禁裏御料所率分銭（表1－No.46）に関する文書は奉行人奉書と同日付けで並行して発給されたといえ、さらに史料27：革嶋氏の所領安堵（表1－No.102）の事例では奉行人奉書に先行して発給され、信長から幕府に「執申」して奉行人奉書が後から発給されている事例も確認できる。したがって並行や先行して発給される場合があったことから、実際には幕府と下達や遵行関係にない朱印状も発給していた。

(c)「守護遵行状」としての性格については、通常は幕府から守護宛ての文書が発給されるが、ここで重要なのは幕府から信長宛ての下達文書が確認できないことである。そのため文書の形式上では、直接的には信長に命が下されていない。本来であれば註79・93のように幕府が信長宛ての奉書を発給し、それを承けて信長は守護代に宛てて遵行状を発給すべきだが、史料9の天龍寺は本所宛てとなっていることからも発給手続きと様式は異なっているといえる。さらに山田氏が論拠とした史料9の事例は、確かに幕府の下達系統に属する「守護奉行人奉書」と同じ様式で[92]、「御下知之旨」文言を有して書止文言が「仍執達如件」の奉書様式である。

しかし、この天龍寺の事例を除いて、信長朱印状の多数を占める「如件」の直状形式の判物と守護遵行状とは、様式からも基本的な性格が異なることに留意する必要性があるといえる[93]。信長朱印状の形式が六類型あることからも、これらを一律に論じることには慎重でなければならない。大原野神社の事例で確認したように、幕府の奉行人奉書と信長朱印状がまとまって伝来したとしても、それは受益者から所領保全のための自力救済による能動的な行動に基づいて朱印状の発給を求められたことに因るのであった。受益者が証文として義昭政権の文書を示したため、結果として信長朱印状に「御下知」すなわち奉行人奉書を指し示す文言が記載されたといえる。信長の所領を安堵する朱印状の発給手続きとしては、義昭の上意を奉じた「奉行人奉書」を承けて、間接的に義昭の意思を奉じて朱印状を発給したといえ、形式的には山田氏が指摘したとおり「遵行手続の当事者主義」に基づいて執達系統に属していたといえる。しかし所領政策の実態としては、上意下達によって将軍義昭の意思を奉じたというよりも、受益者の求めに応じた「当知行安堵」の性格が強かったと考えられる。

この点について、春日神社の社領安堵の事例から確認しておきたい。

〔史料10〕山城賀茂荘中宛て朱印状（「賀茂郷文書」『信文』一八八号、表1－№89）

①上山城賀茂庄田畠并山林竹木等事、為社領於当知行分者、如先々不可有相違、次以落来田畠毎年四百石宛令運上之、為軍役百人宛可致陣詰云々、被聞食訖、弥可抽忠勤之由、被仰出候也、仍執達如件、

永禄十二
四月十日　　　　　　俊郷（諏訪）（花押）
　　　　　　　　　　貞遙（飯尾）（花押）
当庄中

②上山城賀茂庄之事、任御下知之旨、如前々不可有相違之状如件、
永禄十弐
七月十日　　　　　　信長（朱印）
賀茂庄中

奥野高広氏の『信長文書』解説によると、上山城の賀茂荘は現在の京都府相楽郡賀茂町で大和の外郭地帯に位置しており、中世では春日神社領であった。奥野氏は、①で春日神社は幕府から賀茂荘の田畠と山林竹木を「当知行」として安堵されていたが、賀茂荘は隠していた田畠を上京した信長によって摘発されたことから、この文書によって毎年四百石を定納することが取り決められたと指摘している。ここでは、幕府が春日神社に「如先々」く、社領を「当知行」安堵していることが確認できる。その三ヶ月後に信長は②の朱印状を発給して、「任御下知之旨」せて「如前々」く社領を安堵している。②の「御下知」は、①と宛所が同じで内容的にも「如先々」と①に対応していることから、この「御下知」は①の奉行人奉書を指していると考えて間違いなかろう。

したがって、ここで信長は、先に幕府によってなされた安堵に基づいて当知行安堵したのだった。春日神社は①で幕府から認められた「四百石運上」の取り決めを、さらに信長から②の朱印状で安堵を得ることによって保障と実効性を確実にすることを図ったと考えられる[94]。

また、この他の事例としては、永禄十二年四月二十一日付けの東寺宛て信長朱印状に「被帯御代々御判・御下知、

当知行之上者」（「東寺百合文書」『信文』一七七号、表1－№84）とあることから、東寺は「代々御判・御下知」を証文として信長に安堵を求めた。信長はそれに基づいて「当知行」と判定して寺領を安堵した。さらにその後、東寺は重ねて朱印状を求め、永禄十二年閏五月二十三日付けで「以御下知当知行之上者」（「東寺文書」『信文』一八二号、表1－№87）との朱印状を得ている。これには木下秀吉の副状があり、「被帯御代々御判・御下知、以当知行旨、信長朱印被出候」（「東寺文書」一八二号参考）とある。そのため信長は、先代までの幕府によってなされた安堵に基づいて当知行安堵したのだった。したがってこの東寺の事例での「御下知」は、義昭からの直接の下知ではない。

以上のことから、信長は所領安堵に際して受益者から差し出された義昭政権のみならず歴代将軍やそれまでの政権によって発給された「当知行」の証文を確認し、それに基づいて当知行安堵していたのであった。これまで「原則として幕府奉行人奉書と信長朱印状は同時に発給されていた」と考えられてきたが、義昭の「御下知」を表す文書は管見の限り二十六点で、奉行人奉書と一束の信長朱印状は八例だけである。さらに、このうち同時期に発給されたのは五例だけである。この五例は永禄十一年十月から翌年二月までに発給され、「御下知」を有する朱印状は永禄十三年三月までに集中して発給されていた。

したがって、これは上洛当初に行われた措置であり、将軍義昭の指令・決定・命令を奉じた上意下達によって朱印状を発給したというよりも、実際には受益者からの求めに応じて発給した判物様式の直状の性格が強かったといえる。

（4）「御下知」文言をもつ信長朱印状の類型化

それでは、あらためてここで上意を表す「御下知」文言に着目し、信長朱印状をさらに類型化して発給手続きなどについて検討しておきたい。管見の限りでは、A「任御内書・御下知之旨」、B「被任御下知之旨」、C「被成御下知」、D「被任御代々御判・御下知之旨」、E「任綸旨并御代々御下知之旨」の五類型が確認できる。[95]また「御下知」は記されていないが、将軍の「御判」文言を有する事例として、F「任御代々御判之旨」が確認できることから、六類型に分類できる。これらをさらに分類すると、A・B・Cの義昭「御当代」の「御下知」か、[96] D・E・Fの「御代々」の歴代政権が記されるかの大きく二つに分けることができる。

A「任御内書・御下知之旨」は、「二重政権」体制を象徴的に表す事例だが、管見の限りでは史料4：忍頂寺（表1—No.62）と山城妙顕寺（表1—No.83）の二例しか確認できない。そのため事例としては多くない。様式はいずれも付年号に「信長」と実名書で朱印が捺され、「如件」の書止文言である。妙顕寺も忍頂寺と同様に義昭の御内書と奉行人奉書が発給されたと考えられるが、管見に触れない。

B「被任御下知之旨」は十二例あり、最も多い事例である（表1—No.42・43・45・50・56・60・78・79・89・90・93・168）。様式はAと同様に付年号に実名書・朱印で署判され、史料9の天龍寺宛て（No.43）は「仍執達如件」の書止文言だが、それ以外の多くは「如件」である。幕臣の一色藤長宛て（No.56）が「恐々謹言」、公家の烏丸光康宛て（No.90）が「恐惶謹言」の書状様で、それぞれ花押が記されて宛所に脇付けが付されていることから、丁重な書式である点が注目される。[97] では、この文言をもつ文書の発給手続きについて、妙心寺の事例で確認しておきたい。

〔史料11〕妙心寺宛て織田信長朱印状、矢部光佳書状案・上野秀政等連署状（「妙心寺文書」『信文』三四二号、表1—No.168）

①当寺領城州壬生西五条田・諸塔堂・祠堂・買得之田畠・寄進分所々散在等之事、不混自余、任御下知之旨、永全可有寺納之状如件、

元亀三

十月七日　信長（朱印）

妙心寺

②□□□□□〔当寺領城州カ〕壬生西五条田・同諸塔頭領所々散在等之事、依為勅願所、不混自余、被成御朱印候条、別而各御馳

走候而、任当知行之旨、寺納候様、御入魂専一存候、為其一筆令啓候、尚言〔参カ〕上之刻、可申述候、恐惶謹言、

元亀三　　　　　　　　　　　矢部善七郎

　十月七日　　　　　　　　　　光佳判

　上野中務大輔（秀政）殿

　嶋田但馬守（秀満）殿

　村井民部少輔（貞勝）殿

　　　人々御中

③壬生之内西五条田妙心寺領之事、任御下知・御朱印之旨、前々如有来、無他妨可寺納事、肝要候、若於他納者、

可被加御成敗候、仍折紙之状如件、

元亀三　　　　　　　　　　上野中務大輔

　十月十八日　　　　　　　　秀政　判

　　　　　　　　　　　　嶋田但馬守

　　　　　　　　　　　　　秀満　同

　　　　　　　　　　　　村井民部少輔

　　　　　　　　　　　　　貞勝　同

　　名主百姓中

信長は①の朱印状で、「御下知」を承けて妙心寺の寺領を安堵した。②の発給者は信長側近の矢部光佳だが、光佳は①の副状として②を発給し、現地の織田家奉行人村井貞勝・嶋田秀満と幕臣で義昭側近の上野秀政に宛てて通達している。これを承けて貞勝・秀満と秀政は連署して③を発給し、①②とまとめて妙心寺に伝達した。これによって寺

領が安堵され、在地の名主・百姓に妙心寺への年貢進納が指示された。②の宛所が京都にいる奉行人達であるため、現地の貞勝・秀満と秀政が妙心寺から寺領安堵の求めを請けて、信長へ朱印状の発給を取り次いだ。②に「尚言〔参カ〕上之刻」とあり、光佳は上洛した際に申し述べると伝えていることから、①②は美濃から発給されたと考えられる。(98)

この「御下知」には、次の三点の可能性が考えられる。一点目は、①の信長朱印状に「御下知之旨」とあり、②では「任当知行之旨」とあることから、妙心寺はこれまで検討してきたようなこれ以前に幕府から発給された奉行人奉書を証文として差し出して安堵を求めたと考えられる。二点目としては、義昭側近の秀政が関与していることから、事前に義昭に上聞された上で、義昭から「下知」が下されたことも想定される。秀政はそのことを貞勝・秀満に伝え、信長に報された可能性がある。三点目としては、③に「任御下知・御朱印之旨」とあることからこの時に奉行人奉書も発給され、そのことが信長に伝えられて①の朱印状が発給され、奉行人奉書と朱印状がまとめて伝達されたとも考えられる。いずれにしても寺領安堵について織田家奉行人と義昭の側近が協調して行っており、その折衝を経て信長に朱印状発給が求められたことが確認できる。

妙心寺やそれ以外で奉行人奉書は確認できないが、奉行人奉書と一束の事例としては、史料7：仁和寺（№42）・史料9：天龍寺（№43）・史料10：賀茂荘（№89）、大原野神社（№79）の四例が確認できる。このうち、既述の通り天龍寺の事例は書止文言からも奉書といえる。

C「被成御下知」については、史料8の久我晴通（表1－№44）と大覚寺宛て（表1－№54）・の二例が確認できる。先述の通り久我晴通は奉行人奉書と一束であり、大覚寺の事例では幕府が当知行安堵したことを承けて朱印状が発給された。ここの書止文言はいずれも「如件」で、様式的には晴通宛てが書下年号に官途・実名書、大覚寺宛てが付年号に官途・実名書である。

次に、D「被任御代々御判・御下知之旨」とE・Fは、「御代々」とあることからも歴代将軍の御内書と、それまでの政権によって発給された「御下知」である奉行人奉書を指しているといえる。では、その実例として次の史料で検討しよう。

〔史料12〕大慈院宛て織田信長朱印状（「大慈院文書」『信文』一七五号、表1－No.82）

清光院私領并代官敷地今町、同買得田畠地子銭、被任御代々御下知之旨、当知行之上者、不可有相違之状如件、

永禄十弐

四月廿日　　　　　　　　　　信長（朱印）

当院雑掌

清光院は私領・代官敷地と買得した田畠からの地子銭徴収権を、「御代々」の歴代政権が発給した「御下知」である奉行人奉書によって安堵されていた。それを「当知行」の証文として信長に差し出して安堵を求めた。信長は「不可有相違」と、これに基づいて朱印状を発給した。このように信長の安堵は「御代々御下知之旨」に任せて、「当知行」安堵していたことが確認できる。

この当知行安堵については、既述の通り幕府も同じ手続きによって安堵していた。そのため、意志決定方法は信長と同じであることから、両者の間に矛盾や齟齬はなく、かつ否定する差したる必要性もないことからそれぞれの意思決定はそのまま受け入れられて遵守された。

また、信長は幕府の奉行人奉書だけではなく、F「任御代々御判之旨、不可有相違」（「真正極楽寺」『信文』一四七号、表1－No.61）とあるように歴代将軍の御内書や、E「任綸旨并御代々御下知之旨」（「八瀬童子文書」『信文』一五九号、表1－No.71）、「御代々帯綸旨・御下知、当知行之上者」（「清和院文書」『信文』一七八号、表1－No.85）とあることから、綸旨も当知行を証明する論拠と判定していた。

さらに、このような幕府や朝廷からの文書だけではなく、「本寺証文」も認定していた。これは、所領安堵でなく

住持職安堵に関する事例だが、永禄十二年四月十五日付け摂津西蓮寺宛て朱印状に「本寺一通之旨」（「西蓮寺文書」『信文』一六八号、表1－№77）とあり、同二十五日付け佐久間信盛副状に「西蓮寺住持職事、任本寺証文旨、寺務不可有異儀通、御朱印之上者」（「西蓮寺文書」『信文』一六八号参考）とあることから、信長は「御下知」にかかわらず「本寺証文」に基づいて既得権を安堵していることが確認できる。信長朱印状は幕府とは関わることなく独自に発給されていた。そのため信長朱印状は、幕府文書に比肩する領有権や既得権を保障する証文として機能していたといえる。

以上のことから、受益者が安堵を得る場合には幕府の歴代将軍による御内書やそれまでの政権が発給した奉行人奉書のみならず、綸旨でも本寺証文でも「当知行」や既得権が認められたことを示す証文を提出して自己の権益を主張すればよかったのであり、これらを論拠として信長に安堵を求めた。信長はこれを請けて、本来あるべき秩序に基づいてそれを承認する形で安堵の朱印状を発給していたのであった。まさしくそれは、「忩劇」「錯乱」「大乱」の「乱已前」の状態に秩序を回復することを図った政策だったといえる[99]。

その際に、受益者が謀書を提出して安堵を求めたと考えられる事例が確認できる。

〔史料13〕「勧修寺文書」（『大日本史料』第十編之五、元亀元年十月十五日条、五十八頁）

勧修寺門跡領加賀国郡家庄代官職事、対下間上野（頼充）可被仰付之段、織田弾正忠信長執申之旨依言上、雖被成奉書、非事実之段分明之上者、所詮為直務、如先々可被全領知之由、所被仰下也、仍執達如件、

元亀元年十月十五日　右馬助（飯尾昭連）（花押）
左衛門尉（飯尾為忠）（花押）

当門跡雑掌

この史料によると、信長が幕府に先行して本願寺の下間頼充に加賀国郡家荘の代官職を安堵し、そのことを幕府に「執申」して上聞されたことが確認できる。幕府ではこれを承けて「被成御奉書」とあることから、後掲史料27：革嶋氏（表

1－№102）の所領安堵と同様に奉行人奉書が発給されたと考えられる。

しかし、もともと当該地は門跡寺院の勧修寺が直務支配していたことから、幕府に証文と請文を提出して訴えたようである。幕府であらためて証文を精査して審議が行われ、信長が「執申」したことは「非事実」と事実ではないことが「分明」であると判定し、先に発給した奉書を撤回して勧修寺の直務支配を安堵した。おそらく、頼充は証文として謀書などを信長に提出して代官職を競望し、信長は誤判定したと考えられる。これにより、信長の「執申」を幕府は一度了承したものの、結果として信長の決定は否定されることとなった。

以上のことから、信長の朱印状を得たと考えられる領有権を主張した受益者に対して、権利を侵害された側が幕府に所領を違乱されたとして提訴した。幕府であらためて審議され、信長の決定は「非事実」で誤判定として無効が通達されていることが確認できる。

謀書については、『原本信長記』（巻十二）天正七年十月朔日条に、「山崎之者、先年惟任（光秀）・村井（貞勝）両人の前にて一果候公事を、致謀書、御直奏仕候、村井ニ御尋之処、右之果口言上候」とあり、山崎の者が「謀書」を提出して裁許していることが確認できる。[100]また、永円寺と常磐井宮の相論では、永円寺領を常磐井宮が徳政と号し奉書を棄破して違乱におよんだことから幕府に提訴された。[101]幕府はこれを請けて「被遂糺明、淵底既及右筆方評判、去天文十七年被成御下知、于今当知行無相違之処、今度村井（貞勝）相語以下、雖被違乱、無謂之趣被仰出之」と、右筆による証文の判定を経て審議が行われた。結果として、先に発給された天文十七年の奉書に基づいて永円寺の当知行が認められた。常磐井宮は「村井相語」とあることから、織田家奉行人の村井貞勝に謀書を提出して信長政権から安堵を得たと考えられる。

このような謀書による誤判定が行われた背景として、信長政権は「天下」においては新興勢力であることが要因の一つと考えられる。すなわち、義昭政権は飯尾氏・松田氏・諏訪氏などの前代から法曹官僚として幕府に仕えていた家柄の奉行人が組織されて審議に対処していた。彼らには代々受け継がれた「賦」や「伺事」などの裁許記録も有しており、代々訴訟手続きを受け継いできたことから、家職として訴訟沙汰には精通しており長けていたといえる[102]。それに比べ、信長は上洛してからわずか数年足らずで、京都を中心とした畿内の「天下」においては新興勢力であることから、信長政権は精査に要する経験値が充分ではなく審議が緩かったことが考えられる。あるいはそのことを受益者は悟った上で、幕府とは別にあらかじめ信長に安堵を求めて朱印状を獲得し、さらにそれを「当知行」が認定された証文として幕府に提出し、奉行人奉書を求めたことも想定される。史料13は以上のことを顕著に表す事例だったと考えられ、信長が幕府に先行して行った安堵を、幕府であらためて審議し直された上で否定されている。

しかしながら、本願寺の誤判定や「村井相語」の事例から、信長政権によってなされた意思決定は実態的に知行権や既得権を主張する証文として奉行人奉書に比肩して効力を発揮していたことが確認できる。信長も幕府も受益者から差し出された証文を基に当知行安堵していたことから判定方法は同じであり、それぞれが意思決定した結果は明らかな誤判定がない限り矛盾や齟齬はなかった。そのため、相手方の判定結果を否定することができず、また誤判定でない限りはそれを否定する差したる必要性もないため、奉行人奉書と信長朱印状は「当知行」を認定した証文としてそれぞれ効力を発揮していたのであった。

このような「二重の安堵」が行われる政治的背景としては、前代までの細川京兆家や三好氏との抗争によって将軍が京都から追放されたことも踏まえて、義昭と信長の関係が破綻して、義昭が京都から追放されるか、あるいは信長が義昭から追討される事態に備え、それ以降においても既得権を維持し続けるためにそれぞれ両者へ安堵を求めたとも考えられる。そのため、受益者の自力救済によって行われたことであり、一概に「遵行手続の当事者主義」に基づく上位下達の遵行関係だったと規定するのは、慎重でありたい。また、「二重政権構造」は信長が義昭政権を「傀儡化」したことで現出した政治体制ではないことは、このことからも明らかであるといえる。

以上のことから、信長朱印状の「御下知」には㋐将軍義昭の直接の「御下知」と、㋑義昭の上意を奉じた奉行人奉書、㋒代々の政権によって発給された奉行人奉書の三種類があった。さらに、書止文言に着目すると、奉書様式の「仍執達如件」と直状で判物形式の「如件」、さらに「恐々謹言」などの書状様式に分けられる。信長朱印状のうち、上意を表す「御下知」文言をもち、「仍執達如件」を書止文言とした文書は禁制一点を含めて三点あるが（表1－No.43・154・157）、これは義昭からの直接の下達で奉書として考えられる。それ以外の直状の「如件」は、「当知行」を保障する「安堵状」の性格が強かったといえる。そのため、義昭の直接の命である奉書の「御下知」と、信長の直状に記されるそれまでの政権にとって先行発給された「御下知」とは峻別する必要性がある。

（5）「副状」としての信長朱印状について

次に、信長朱印状はこれまで(b)「奉行人奉書の副状（添状）として機能していた」と指摘されてきたことから、この点について検討する。

「副状」とは、上島有氏によって「上皇・天皇・将軍などの高貴な人の意を承って、文書を作成した侍臣・右筆などが別に文書を副えて、それを発給したことを伝える書状形式の文書」とされ、新田英治氏によって「御内書の内容を反復、もしくは敷衍して、御内書の趣旨を相手に徹底させるために、御内書に副えられた書状」と定義されている。[103]また、御内書のみならず、将軍の側近である内談衆が奉行人奉書に併せて副状を発給することも行われていた。[104]室町幕府の場合は、本来的には史料4：忍頂寺の寺領安堵の事例で確認できるように、将軍の御内書に「猶某可申候也」と記され、将軍への取り次ぎを務めた某氏の「申次」が副状を発給していた。または、御内書の執筆者などが受給者に対して、発給までの経過や御内書の趣旨が説明された書状を添えて発給していた。

義昭と信長の場合における典型的な例としては、「分国」の大名との外交文書で確認することができる。[105]

〔史料14〕越後上杉輝虎宛て足利義昭御内書・直江景綱宛て織田信長書状（『上杉家文書』『信文』一六〇号）

①就甲越無事儀、去々月相副使僧智光院（頼慶）申遣候、未帰洛候、如何趣候哉、重而至信越境目差下使節、双方之儀、
可相究候、其已前率爾之於出勢者、不可然候間、遣飛脚候、猶信長可申候也、
卯月七日（永禄十二年）　（花押）
上杉弾正少弼（輝虎）とのへ

②輝虎（上杉）与信玄（武田）御間之儀付、去々月被成御内書候、其使者于今無帰洛候条、重而以御内書被差遣飛脚候、無一途已
前自然於出勢者、不可然候、何篇御存分可申償之間、被加思慮候様、可被執申事簡（肝）要候、恐々謹言、
卯月七日　信長（花押）
直江大和守（景綱）殿

この史料では、①に「猶信長可申候也」とあり、①と②は日付が同じで、内容も先に派遣した使者の帰洛を促し、越後の上杉輝虎と甲斐の武田信玄との越甲講和を求めていて同じであることから対応関係にあり、②の信長書状は先の定義の「御内書の内容を反復・敷衍している」に合致しているといえる。様式的にも史料4②と同じで書止文言が「恐々謹言」になっており書状形式であることから、明白に②は①の副状といえる。

この史料14②や史料4②は、本来的な副状の様式である。しかし、これまで「副状」とされてきた「御下知」文言を有する信長朱印状とは、様式が明らかに異なっている。では、「副状」とされてきた奉行人奉書と一束の信長朱印状について、禁裏御料所率分銭の事例からあらためて検討する。

〔史料15〕上下京中宛て室町幕府奉行人連署奉書案・禁裏御料所諸本所雑掌中宛て織田信長朱印状案（『言継卿記』永禄十一年十月二十一日条、『信文』一二七号、表1－No.46）

①禁裏御料所諸役等事、自然於致無沙汰輩者、可被加御成敗之条、令存知之、可致其沙汰之由、所被仰出之状如件、
永禄十一　頼隆（松田）判

十月廿一日　　　　　　俊郷（諏訪）判

上下京中

②禁裏御料所諸役等之儀、如先規、被任御当知行之旨、為御直務可被仰付之状如件、

永禄十一　　　　　　　織田弾正忠

十月廿一日　　　　　　信長朱印

諸本所雑掌中

この史料は、石崎健治氏が註（8）論文で「並行型添状」と定義した文書である。①②とも冒頭に「禁裏御料所諸役等」とあり、日付けも同じであることから相関関係にあるといえる。②で信長は「御当知行」であるとして、禁裏御料所の諸本所雑掌中に「如先規」く直務支配を安堵している。①の奉行人奉書では、義昭の「仰出」を奉じて上京・下京に対して諸役を納めることを命じ、「無沙汰」の輩には「成敗」を加えると通達している。②には幕府からの「任御下知之旨」の文言がなく、書止文言も判物様式の「如件」であることから直状である。史料15は『言継卿記』に記された史料のため、①と②は一束であることがわかる。しかし、②は直状の判物のため、これだけを単独で見ると幕府との関係は認められない。

この文書が発給された経緯を『言継卿記』で確認すると、「今朝早旦可参武家、昨夕之御返事、可催促申之由候間、参申入之処、織田所へ、以上野中務大輔（秀政）、和田伊賀守（惟政）両使被仰出之処、則御返事ニ御請之折紙調進之、同御下知被相添被渡下之」（永禄十一年十月二十一日条）とある。言継はこの日の早旦に幕府へ行き、禁裏御料所の諸役等のことについて「御下知」の発給を求めた。これを請けて秀政と惟政から、信長の許へ使者が派遣された。折り返し信長から「御請之折紙」が発給され、これに「御下知」が添えられていることから、信長が奉行人奉書に先行して文書を発給していることが確認できる。

しかし、②には上意を奉じた文言もなく様式的には直状の判物であることから、「御請之折紙」は幕府からの「上意」ではなく朝廷からの求めを「御請」したと考えられる。そのため②は奉行人奉書と同日付けで内容的に対応関係にあっても、同時期に別々に並行して発給されたといえる。さらに本来的な奉行人奉書は、註（32）のように本所に宛てて「仍執達如件」の書止文言で書下年号に官途書・花押が一行書きで署判されて所領を安堵する連署奉書と、在地に対して書止文言が「如件」で付年号に実名書された年貢進納を指示する連署状が発給されて受給者にまとめて伝達される。②は本所宛てで①は在地宛てであることから、②は上意を奉じた文言がなく書止文言も奉書形式ではないが、本所に宛てて発給される本来の奉行人奉書の機能を果たしているといえる。したがって、②は奉行人奉書の副状と見なすことはできない。また、一束の場合でも既述の通り史料10のように日付けが大幅に異なって後日に発給された例や、「御下知」文言が含まれていない例も確認できる。これらは一律に奉行人奉書の「副状」と見なすことはできない。

以上のことから、「信長自身は独自の判断で朱印状を発給するのではなく、幕府奉行人奉書と信長の朱印状が出されるのを基本形としており、奉行人奉書を補完する役割を有する副状だった」とする見解については、史料15の例から並行発給された事例も確認できる。そのため史料の残存状況から多寡を論じるのは慎重でありたいが、むしろ一束になっている事例は管見の限りでは八例しか確認できず、その半分は永禄十一年十月に集中して発給されたものであるため、上洛当初に見られた措置だったといえる。

ではここで、これまで検討してきた「天下」における信長朱印状の発給過程を整理しておきたい。上洛当初は、受益者が新将軍義昭が発足させた義昭政権から安堵を得るために信長に「執申」を依頼するなどし、幕府奉行人奉書と併せて信長の朱印状が発給されて添えられた。あるいは②既得権をより確実にするために、幕府の歴代政権から得た御内書や奉行人奉書による安堵を信長に示すことで朱印状の発給を求めたと考えられる。また、③信長の永禄十二年三月における所領調査などに際して、これらの幕府から得た安堵状を示すことで、信長は「任御下知之旨」せて朱印状を発給し当知行安堵された。そして、④受益者が安堵を得る過程において、幕府から信長へ直接案件が告げられ、信長はそれを奉じて朱印状を発給したと考えられる。この手続きによって発給された信長朱印状は「遵行手続の当事者主義」に基づいて発給され、幕府によって安堵された内容を補完する役割があったと考えることができる。

しかし、この間も信長は「御下知」に関わらず受益者から差し出された証文に基づいて独自に「当知行」していることから、「信長は独自に朱印状を発給していなかった」とする見解は妥当性を欠き、かつ「副状」と定義することは適切ではない。また、詳細は後に述べるが義昭政権の幕臣による違乱が横行しており、信長朱印状はそれを停止する機能を果たしたことからも、むしろ幕府の決定事項を遵行せず否定する役割も果たしていたのだった。信長朱印状の様式や発給手続きは多様性があることから、一律に定義することは慎重を要する必要性がある。

それでは、なぜこのような「二重の安堵」が行われたのであろうか。この点について政治的背景を勘案すると、応仁の乱以来足利家は二派に分裂し、明応の政変を契機として幕府の実権は細川京兆家が掌握しており、さらに細川家の権力闘争に乗じて家宰だった三好家が台頭して三好長慶が覇権を確立した(106)。そのため一方の政権から安堵を得ても、それが京都から逐われてしまうことや、あるいは一方の権力が没落した場合に安堵状の効力が喪われる事態が生じることとなった。信長と義昭の関係においても、両者の協調関係が崩れて義昭が京都から逐われたり、もしくは信長が追討されて没落する事態に備えて、既得権を保持し続けるためにそれぞれから安堵を得たと考えられる。そのため「御下知」に基づく「遵行手続の当事者主義」によって上意を奉じる機能を果たしたが、その一方で否定する役割を果たしていた。また、次節で検討するが信長の「成敗」による違乱停止の実効性を期待したためであったことも要因として考えられる。

3．相論裁許と京都支配における織田家奉行人の政治的役割

信長の朱印状は相論裁許の結果として発給され、それによって所領安堵された事例を多数確認することができる[107]。幕府における裁許は、取り次ぎを介して証文と請文を提出して提訴される。政所で奉行人による評定衆がそれを基に、右筆による謀書の判定、当事者による三問答、絵図との照合などの手続きを経て裁定された[108]。

信長政権の場合も、幕府における相論裁許と同様に訴人が知行権を主張する論拠となる証文を提出して、訴えを起こすことから始められた。その際に提出する証文は、既述の通り幕府から発給された「御判」「御下知」の御内書・奉行人奉書のみならず、「綸旨」「本寺証文」などの「当知行」や既得権を証明する文書であれば認定された。実際のところ、このような幕府や朝廷が発給した公文書に拠らずとも、何かしらの論拠を示せれば「当知行」が認められており、信長は「御下知」にかかわらず単独で朱印状を発給して独自に当知行安堵を行っていた（表1－№46・51・52・53・63・67・80）。その事例として、「寺領之儀、任当知行」（『西芳寺縁起』『信文』一三〇号、表1－№51）や、「任当知行」（「慈照院文書」『信文』一五一号、表1－№63）、「当知行無相違」（「誓願寺文書」『信文』一五七号、表1－№67）など、「御下知」文言をもたない朱印状を多数確認することができる。したがって、当知行地であることをたとえ「謀書」であっても何かしらの論拠で主張してそれが認定されれば、幕府からの文書でなくても当知行安堵されていた。

訴訟案件を受理すると、信長は在地に年貢拘置の処分制限を通達し、訴人と違乱を働く押領者それぞれに使者を派遣して当事者を呼び出す。そして、理非を糺す問答を行った。

〔史料16〕南禅寺領名主百姓中宛て大津長治折紙（「鹿王院文書」『信文』一四四号、表4－№2）

南禅寺塔頭竜華院領之儀、一卜軒為俗体競望之段、不謂之条、罷出様体可申明之旨、為信長及両度雖被立御使者、

不参決時者、掠給御下知之段、曲事歴然之間、任当知行之旨、年貢銭・地子銭等之事、如先々対彼院代可沙汰渡、万一於難渋者可令譴責旨、為我等可申付旨候、仍折帋如件、

永禄十二年
正月十九日　　大津伝十郎
長治（花押）
当地所々
名主百姓中

南禅寺は塔頭の竜華院領を、出家の身分でありながら俗体として寺領を競望する一卜軒に違乱された。一卜軒は幕府の足軽衆だったことが、染谷光広氏によって指摘されている。(109) 南禅寺は当該地を先に幕府から得た「御下知」に基づいて「当知行」していたことから、これを論拠として信長に訴えた。理非を糺すために信長は、違乱を働いた当事者である一卜軒に「罷出様体可申明」と、信長の許に罷り出て事情を説明するよう両度にわたって使者を派遣した。しかし一卜軒はこれに応じなかったことから、このまま問答に来ない場合は「御下知」を掠めた「曲事」は「歴然」であるとして、当該地の名主百姓中に竜華院への年貢銭・地子銭の進納を命じた。もし難渋した場合は厳しく「譴責」することが、信長家臣の長治から通達されている。

また、山城国大住荘における曇華院領を一色藤長が違乱した相論では、「曇花院殿様より一色式部少輔（藤長）殿被仰事如何之由、従信長少輔殿へ御尋候」(110)と、信長が訴えを請けて藤長に子細を尋ねていることが確認できる。そして「双方之躰御糺明之処、御寺様より御理之段無紛候間、御朱印被進之候」(111)とあることから、信長は訴人と違乱した者それぞれ当事者双方の主張を聞き取り相論を「御糺明」した上で裁定し朱印状を発給した。(112)

基本的にはこのような過程で裁許されていたが、家臣を派遣して検分を行う場合もあった。大慈光院は丹波国佐伯荘を知行しており、義昭が征夷大将軍に任じられた直後の永禄十一年十一月九日に幕府へ安堵を求めていることが確

認できる（『言継卿記』同日条）。しかし、代官を務めていた義昭近臣の細川藤賢が大慈光院の下司と思われる内藤貞弘に年貢を進納せず違乱におよんだことから、これを信長に訴えた。

〔史料17〕『言継卿記』永禄十二年四月二日条（表4―No.4）

織田信長為使木下藤吉郎、岡殿（大慈光院）へ参之間、予参、丹州之御知行佐伯南北両庄、細川右馬頭（藤賢）雖御代官、内藤五郎（貞弘）不相渡之、然者内藤、木下相添進之、御代官可被仰付之由申之、於近所両人種々加問答、自両庄八十石可進納之由申定了、

これによると、貞弘は秀吉を帯同して信長の権力を後ろ盾として藤賢に代官の交替をせまったことが確認できる。秀吉は信長の「使」として内藤と共に「近所」に赴いて、原告の貞弘と被告の藤賢の両人に「問答」させて意見を訊いている[113]。その結果、大慈光院の理運とする裁定が下され、毎年十一月に八十石の請米を定納することが取り決められて、藤賢に毎年の年貢進納を指示している[114]。以上のことから、信長は訴えを請けて相論を裁許する際には家臣を派遣し、彼らによって状況の検分が行われている様子も確認できる。

このようにして裁許した後に信長は、㋐受益者に朱印状を発給して所領を安堵した。あわせて㋑現地で政務を執り行う家臣の奉行人にも裁定の結果が通達され、㋒押領を行った相手には違乱停止が命じられた。織田家奉行人はこの㋐㋑㋒三通の朱印状を受け取ると、副状を添えて受益者に渡し、当該地の名主・百姓中に年貢進納が指示された[115]。違乱停止を命じられた押領者は、結果が通達されると領有権を放棄する放状を差し出した。

〔史料18〕花山院家輔宛て織田信長朱印状・正覚院弥阿弥放状（「古文書纂」）（『信文』一六七号、表1―No.76・表4―No.8）

①一条之道場屋敷半分南方・同門藪共花山院殿御分、可有覚悟候、永不可有相違之状如件、

永禄十二

卯月十四日　信長（朱印）

花山院殿《家輔》
　雑掌

②信長殿御朱印之旨まかせ上使給候間、せひにおよはす、さいめのき畏存候、於向後違乱申間敷候、為其一筆如
　此候、恐々謹言、
　　永禄十二　　　　　　　　　　　　　　　正覚院
　　　卯月廿一日　　　　　　　　　　　　　　弥阿弥（花押）
　　　　花山院殿御内
　　　　　堤新丞殿
　　　　　　御宿所

公家の花山院家輔は、一条之道場屋敷半分南方と同門藪を正覚院弥阿弥に違乱されたことから、これを信長に提訴した。信長は相論を裁許し、花山院家の所領を安堵する裁定を下して①の朱印状を発給した。その結果が信長から「上使」によって伝達され、弥阿弥は「於向後違乱申間敷候」と記した②の放状を「一筆」認めて家輔へ差し出した。

ここで注目されるのが、「上使」の役割である。奥野高広氏は、「幕府の上使衆」としている（「法金剛院文書」『信文』補一七号解説）。弥阿弥は「阿弥」号を称していることから幕府の同朋衆だったとも考えられ、家輔は幕臣による違乱を信長に提訴した可能性も想定される。よって幕府の関係も否定できないことから、「上使」は〝幕府からの使者〟と考えることもできる。

しかし、①の朱印状では幕府からの「御下知」等の上意を示す文言が確認できず、また日付けが信長が永禄十二年四月十五日に宿所としていた妙覚寺で行った一斉裁許の前日の十四日であることからすると、時期的にこの時の「大概相調」の一環だったと考えられる。そのため、裁許の結果を伝えて朱印状を渡した「上使」は、史料17に記された「使」

と同様に信長から派遣された家臣だったと考えられる。[116] 信長は「取乱」れるほど多数の訴訟案件を一斉に裁許するために家臣を「上使」「使」として派遣し、係争地の状況を確認するなどして対処したと考えられる。

では、この「上使」や「使」と言い表され現地において政務を執り行った織田家奉行人は、どのような政治的役割を担ったのであろうか。さらに具体的に摂津国堺における相論裁許の事例で検討する。

〔史料19〕河内牧郷名主百姓中宛て今井宗久折紙案（『今井宗久書札案留』『信文』一九八号、表4―No.14）

以折帋令申候、仍野尻備後守殿就御借銭之儀、度々催足（促）雖申候、于今御難渋之事候、然者其通信長へ得御意候処、彼御知行押置可被下旨候、為其坂井右近（政尚）□（尉）・木下藤吉郎（秀吉）従上使衆以折帋令申候、於他納者、可為二重成候、恐々、

（永禄十二年）九月十六日

牧郷名主百姓中

堺の商人で幕府御料所の代官を務めていた今井宗久は、義昭・信長の上洛の際に多くの会合衆が三好権力に与同して彼らに抵抗したのに対して、芥川城へいち早く名物の茶器である松島の壺や紹鴎茄子などを献上して恭順の意志を示した。[117] 信長が堺に対して二万貫の矢銭を賦課した時もこれに応じて、信長と会合衆との仲介役を果たした。[118]

これらによって、摂津国住吉郡に二千二百石の領知を宛行われ、[119] 堺近郊にある摂津五ヶ庄の塩・塩合物の徴収権や淀過書船の利用権を得るなど、[120] 信長との関係を背景として堺における優位性を築いた。史料19では、野尻備後守に借銭の返済を催促したが難渋して解決しないため、宗久は信長に提訴した。信長はそれを「御意」と同意し、「上使衆」である信長家臣の政尚と秀吉から「折帋」が発給された。この政尚と秀吉は、宗久の提訴を信長に取り次ぐ役割を果たしたと考えられ、彼らは信長の裁定結果である朱印状が発給されるまでの間に、当該地の名主百姓中に対して処分制限の「折帋」を発給した。宗久はこの「折帋」を係争地の名主百姓中に示して、年貢の拘置を指示している。

また、宗久は堺五ヶ庄の内の天王寺善珠庵分についても、摂津国守護の池田勝正が「于今不被相渡」と押領したこ

とから信長に提訴している。[121]その結果、丹羽長秀から勝正へ「急□（度）無異儀（議）今井方へ被渡置候」と、宗久へ打ち渡すことが求められている。勝正は義昭・信長の上洛に際して義昭陣営に降り、摂津国の守護に補任された（『足利季世記』『細川両家記』）。その後、元亀元年四月の若狭武藤氏征伐に出陣するなど、軍事上の政略において義昭政権を支える重要な役割を果たしている。[122]信長は義昭の重臣である守護に対し幕府に「執申」して違乱停止を命じることができる存在として、受益者から期待されていたことが確認できる。宗久はこのような信長の権力を背景として、積極的に支配権の強化に努めた。

以上のように、信長の家臣で現地の政務を執り行った織田家奉行人は、訴訟案件を信長へ取り次ぐ役割を務めていた。信長は受益者から提出された証文や当事者双方による「問答」、「上使」を派遣して状況を検分するなどした結果を基に公平性を保って裁許を行っていた。これは、義昭の恣意的な裁許とは正反対の対応だったといってよい。なお、義昭政権の裁許については、次節で述べる。相論の結果は、朱印状が発給されて織田家奉行人に通達される。その際に、相手方が裁定結果に応じず「難渋」した場合には「成敗」することが厳しく命じられた。

〔史料20〕柴田勝家・坂井政尚宛て織田信長書状案（「愛宕山尾崎坊文書」『信文』二二七号、表1－No.104・表4－No.22）

愛宕権現御供料外畑林（村）事、不可有異儀（議）之旨、去年御下知并朱印遣候処、丹波国広田之渡部太郎左衛門尉与申者令違乱之由、無是非次第候、兼而被申届、寺務無別儀之様可被相達候、其上ニも不停止違乱候者、可為成敗候、恐々謹言、

（元亀元年）五月七日　信長在判

柴田修理亮（勝家）殿

坂井右近（政尚）殿

愛宕権現の尾崎坊は外畑村を社領として知行していたが、ここを丹波国広田の渡部太郎左衛門が競望して違乱し

た。[123]尾崎坊はすでに「去年御下知并朱印遣候」とあることから前年に幕府の奉行人奉書と信長朱印状を得ており、これを論拠として提訴した。信長は尾崎坊の知行権を認めて、その結果を勝家と政尚に通達した。ここで信長は「不停止違乱候者、可為成敗候」と、太郎左衛門が違乱を止めない場合は成敗することを勝家と政尚に命じている。[124]勝家と政尚は主に山城よりも西部において奉行としての活動が確認でき、[125]堺に対して要脚の進納を指示している。

〔史料21〕和泉堺西荘惣中宛て織田家奉行人連署状（「岡本良一氏所蔵文書」『信文』補一八号）

尚以、来十五日以前於不相澄者、可有御成敗之由、以外御腹立、可被得其意候、
今度之御用脚一円難渋、無是非候、依之、為催促可罷下旨、被仰出候、一両日中可令下着候、早々用意肝要候、
先為案内申候、恐々謹言、

柴田修理亮
勝家（花押）
坂井右近尉
政尚（花押）
森三左衛門尉
可成（花押）
蜂屋兵庫頭
頼隆（花押）
佐久間右衛門尉
信盛（花押）

（永禄十二年）
卯月一日

堺
両庄惣中

勝家と政尚は他の織田家奉行人等と共に堺に対して要脚を賦課したが、堺は「一円難渋」した。勝家等は信長が「催促」を「被仰出」れたとして、一両日中に堺へ下着する予定であることをこの連署状によって報せ、それまでに要脚を用意しておくことを伝えている。なおこの「一円難渋」に信長は「以外御腹立」で、十五日までに進納しない場合は「御成敗」すると通達した。このように信長政権による「御成敗」は、幕府による裁許が「表向き」のことで「内儀」は「御用捨」された（「異見十七ヵ条」表1－No.173）のに対して、厳しい実効性を有していた[126]。

以上、ここまで信長政権の相論裁許について検討してきた。信長は訴人が論拠として提出した証文を基に、当事者双方の問答や係争地の状況を確認したうえで裁定を下していた。ここで注目されるのが、信長から「使」として派遣される「上使衆」である信長家臣の政治的役割である。彼らは京都近郊に駐留し、①訴訟を信長に取り次ぎ、②実地の検分や、③係争地についての当事者の問答、④裁定結果の通達、⑤譴責使として「成敗」を行うなど、現地で政務を執り行う信長政権の奉行として、在地において違乱を停止させ秩序を安定させるための役割を果たしていた。彼らによる譴責は、文字通り「泣く子も黙る」（『岡本保望上賀茂神社興隆記』）と恐れられるほどの厳しい実行力を有していた[127]。

信長は上洛すると、永禄十一年の冬・同十二年三月・同十三年三月と毎年ごとに所領調査を行っており、かつての「三好方押領」や「公方衆違乱」などのような三好権力や幕府方勢力による「武家御押領」が、義昭政権によっても行われて「静謐」が乱されていないかの確認をしている。信長は幕府に「殿中御掟」を遵守することを求めたが、結果として幕臣による違乱は止まず、「執申」して義昭に「異見」した[128]。最終的にはこのことが義昭との間に確執が生じる一因となったと考えられる[129]。次にこの幕臣による違乱の実態について検討する。

4. 幕臣による違乱と相論裁許

永禄・元亀期の「天下」における信長の相論裁許は、本文末の表4によると管見の限り三十七例確認できる。このうち特に注目すべきは、幕臣による違乱が多いことである。[130]義昭・信長の上洛以前から、幕府方勢力による「公方衆違乱」「武家御押領」が頻繁に行われていたことは既に述べた。それは再興された幕府の義昭政権においても行われていた。ここでは相論が幕府でどのような手続きによって裁許されるのかについて、信長政権との関係から検討する。

〔史料22〕足利義昭側近連署奉書「法金剛院文書」（『大日本史料』第十編之三、永禄十二年十一月十三日条、五六四頁）

法金剛院并開山塔法命寺領所々散在年貢地子銭等事、山本号令代官、二階堂中務大輔彼代官職雖申給之、證文為分明者、任御下知旨、為直務全寺納、弥可被抽御祈祷精誠由、被仰出候、恐々謹言、

（永禄十二年）
十一月十三日　　曽我兵庫頭
　　　　　　　　　助乗（花押）
　　　　　　　飯川肥後守
　　　　　　　　　信堅（花押）

当住
　珠栄坊

法金剛院と開山の塔頭である法命寺の寺領を、山本某が代官と号して年貢・地子銭を押領した。[131]史料中に「二階堂中務大輔彼代官職雖申給之」とあることから、二階堂が代官だったことが確認できる。この連署状の発給者である信堅と助乗は義昭の側近で、「任御下知旨」せて義昭が「為直務全寺納」することを「被仰出」されたとして寺領安堵

を通達している。二階堂氏は第九代将軍義尚に評定衆として仕えていた近臣として著名である。[132]中務大輔も「元亀の争乱」で義昭が「摂津の陣」に出陣した際には「御留守」として京都に残り、義昭側近の三淵藤英や大館晴忠などと将軍第の二条御所を守備しており（『言継卿記』元亀元年八月三十日条）、義昭に仕えていたことが確認できる。

史料22に先行して発給された（永禄十二年）十月十六日付け柴田勝家書状によると、「法金剛院領法命寺分之儀、任御代々御下知之旨、至去年当知行無紛之処ニ、二階堂殿御違乱之由、不及覚悟候」（「法金剛院文書」）とあることから、法金剛院・法命寺はこれまで「御代々」の歴代政権によって寺領を安堵されて当知行していたが、ここを二階堂が違乱したことが確認できる。

さらに、この史料と同日付けで発給された信長の家臣である木下祐久書状には、[133]「今度二階堂殿被申掠、違乱之族候へ共、於殿中、飯川肥後守殿・曽我兵庫頭殿を、御代々御下知数通之證文之上、被聞召分候事、珍重候」と記されている。祐久はこの後の十二月二十二日にも法金剛院珠栄坊に宛てて書状を発給しており、ここには「以飯川肥後守殿達上聞候処、如前々不可有異儀旨上意候、可御心易候」（「法金剛院文書」）とあることから、法金剛院はこれまでの「御代々」の政権によって発給された「御下知」である奉行人奉書を数通証文として提出し提訴した。これを請けて「殿中」（幕府）において信堅が義昭へ「上聞」し、義昭が「如前々不可有異儀」と法金剛院の寺領を当知行安堵する「上意」を下したことが確認できる。

この相論に信長家臣の勝家と祐久が関与していることから、法金剛院は幕臣である二階堂の違乱を信長政権へ訴えたと考えられる。織田家奉行人からさらに義昭の側近を取り次ぎとして、義昭に直接申し入れがなされた。このことに対して義昭は、将軍直裁の「御前沙汰」によって「御代々御下知」の証文に基づいて相論を裁許し、法金剛院の当知行安堵の裁定を下した。これにより、奉行人奉書でなく義昭側近の信堅と助乗が義昭の上意を奉じた連署状を発給して、裁定の結果が法金剛院に通達された。

このような手続きを経て、提出された証文に基づいて多くは「当知行」と判定されて、所領主に所領安堵の文書が発給された。そして違乱した相手には、違乱停止が通達された。しかし、信長が義昭の政治姿勢を糺した「異見十七ヵ条」（『尋憲記』『信文』三四〇号、表1－No.173）によると、義昭政権においてそれは「表向」のことであり、「内儀」は「御用捨」されて義昭は「御耳を伏して」押領を黙認していたことが確認できる。[134] その背景には、幕府はもともと御料所が少なかったことから、「奉公」に対する「御恩」として宛行う所領が欠乏していた。そのための代替の措置として、義昭政権においては代官職の補任や押領を黙認することによって充当されていた。史料22の法金剛院領を押領した二階堂も、義昭から代官職を斡旋されて補任されたと考えられる。結果として、その二階堂が年貢・地子銭を法金剛院に進納せず押領して違乱におよんだのであった。

以上のように義昭の所領政策は破綻しており、幕府に提訴して相論が裁許され奉書によって所領が安堵されたとしてもそれは「表向」のことであって、義昭政権は自らの安堵を自ら遵守せず、押領を「御耳を伏して」「御用捨」し、違乱を黙止するという機能不全に陥っていた。

幕府の政務を司る政所は、伊勢氏が独占化して第三代義満さえも介入することができないほどの確固たる行政組織が成り立っていた。しかし、将軍家と三好氏との抗争の過程で伊勢氏が没落して以降は政治的機能を低下させ、将軍が幕府を独裁化する傾向が強くなり、将軍による恣意的な政権運営がなされる事態が生じるようになっていた。[135] 信長が永禄十二年正月十四・十六日付けで義昭に呈出して制定された「殿中御掟」（表1－No.58）は、従来の幕府機構を再興させることを意図していたのみならず、まさにこのようなことを抑止することを意図し、公平性を期すために取り決められたと考えられる。[136] さらに信長は義昭の政治姿勢を糺し、行政上の欠陥を是正して本来の幕府の機能を再興することを求めるために「異見十七ヵ条」を提出したと考えられる。しかし、結果としてかえってそのことが両者の対立を決定付ける大きな要因の一つとなったのであった。

信長はこのような幕臣による違乱が生じないよう具体的な政策として、自らの「分国」内から幕臣へ所領分与を提案して取り決めたのが、永禄十三年正月二十三日に締結された「五ヵ条の条書」（表1－No.96）の第二条目だったと考えられる[137]。この条文について従来は行われた形跡が確認できないとされ、人気取りの方策と考えられていた[138]。しかし実際には、細川藤賢と一色藤長に所領安堵している事例が確認できる。

〔史料23〕細川藤孝宛て織田信長朱印状（「塚本周造氏所蔵文書」『信文』二七九号、表1－No.138）

細川右馬頭藤賢身上之儀付、御内書之旨、致頂戴候、連々奉対公儀無疎略候、然間於信長も不存等閑候、此節領知已下如前々、無相違之様ニ可被加上意之事、簡〔肝〕要存候、此等之趣可有御披露候、恐々謹言、

（元亀二年）六月四日　　信長（花押）

細川兵部太〔大〕輔殿（藤孝）

藤賢は細川典厩家の当主で、摂津国欠郡に所在した中嶋城の城主である。義昭の兄である第十三代将軍の義輝（前名は義藤）に仕えて、「藤」の字を偏諱されている。永禄八年五月に起こった「永禄の政変」によって義輝が謀殺された後は松永久秀に従い、義昭が上洛すると出仕して義昭に仕えた。「元亀の争乱」における「摂津の陣」では、義昭を中嶋城に迎え入れて大坂本願寺に対峙する軍事上重要な役割を果たした[139]。

この史料によると、藤賢の「身上」のことについて、義昭から信長へ「御内書」が発給されたことが確認できる。これに対して信長は、藤賢は「連々奉対公儀無疎略候」と「公儀」に対して忠節であることから、「然間於信長も不存等閑候」と信長も等閑ないとして同意し、「此節領知已下如前々、無相違之様ニ可被加上意之事、簡〔肝〕要存候」と所領を前々の如く「無相違之様」に義昭が「上意」を加えて安堵することが「簡要」であると述べている。これは、文末に「此等之趣可有御披露候」とあることから、藤孝を申次として義昭へ「御披露」することを求めた披露状で、実質的に義昭に宛てて発給された書状である。

この史料23の事例は、義昭の「御下知」を奉じて信長の「分国」から所領を宛て行った事例ではないが、ここから義昭が信長に幕臣の所領のことについて相談していることが確認でき、信長と義昭は軍事や政治的な関係だけではなく、所領政策も協調して行っていたのであった。

また、別の事例としては、義昭の側近である一色藤長は山城国多賀枇杷荘の大多喜知行分を違乱したことから、「殊御下知・朱印有事候」と当該地は奉行人奉書と信長朱印状によって大多喜が所領安堵されている所であるため、「被止御違乱可然候」と違乱停止を通達されている（七月十日付け藤長宛て秀吉書状「高橋氏所蔵文書」『信文』一三七号参考）。そして、（永禄十一年カ）十二月十六日付けの藤長宛て朱印状（「高橋氏所蔵文書」『信文』一三七号、表1－No.56）には「其方御知行方之儀、被任御下知之旨、可有領知之事簡（肝）要候」とあることから、義昭の「任御下知之旨」せて信長が藤長の所領を安堵していることが確認できる[140]。これは「条書」の第二条を反映した義昭からの直接の「御下知」と考えられ、信長は藤長に対して所領を安堵している。史料23のような義昭から信長への御内書による通達を承けて、幕臣に所領が安堵された事例の一つと考えられる。

また、このような幕臣による違乱ばかりではなく、幕府自体も押領を行っていたことが確認できる。『言継卿記』元亀二年十一月二日条によると、幕府が平野社領を押収して佐分玄蕃助に宛行ったことから、社務の吉田兼興が提訴した[141]。内々に三淵藤英に申し入れたところ、「於被出女房奉書者、可申調之由申」と返答され、女房奉書が発給されてから対処することが告げられる。兼興は翌日に朝廷から女房奉書の発給を得て、あらためて幕府に提訴した。しかし藤英から「神道聊不存第一」と、平野社は神道を疎かにしていると責められる。さらに、「次平野社木悉伐取野ニ成事、不知行之在所号当知行、令違背御下知、以濃州衆令責譴（譴責カ）事曲事」と、不知行地を当知行の地であると主張して木を伐取し、「御下知」に背いたことは「曲事」であると叱責され、「於兼興可有御成敗」と逆に「御成敗」すると責められた。この幕府の押領に対して兼興は「濃州衆」によって「譴責」し、信長権力を背景として抵抗していることが注目される。これに関する信長朱印状は確認できないが、信長はこのような訴えを承けて裁許の後に朱印状を発給していたと考えられる。そしてこれら一連の過程と相論の結果が、信長から幕府へ「執申」して「異見」されたといえる。信長朱印状は幕府の奉行人奉書の「副状」としての機能だけではなく、むしろそれを否定する機能と役割をも果たしていたのであった。

このように義昭政権の所領政策は破綻しており、幕府に提訴して当知行安堵されても違乱停止の実効性がないことから、幕府に「異見」する存在として信長に期待が寄せられたと考えられる。これまで信長朱印状は義昭政権の傀儡化を表す事例や、あるいは「副状」として補完的な役割が重視されて論じられてきた。しかし、実態としては幕府方勢力の違乱に対抗する措置として、受益者の自力救済による強い働きかけがあって発給されていたといえる。信長の裁定は「上使衆」による厳しい譴責を伴う実効力があり、信長は義昭に「異見」する存在として、かつ信長の裁定に基づく織田家奉行人の譴責は係争地において厳しい成敗を行う実行力として、信長政権は幕府に対置する裁定機関として認識されていた。その保障をする信長朱印状は、知行権を主張する論拠として幕府の公文書である奉行人奉書と同等に機能していたのであった。

義昭政権においても前政権と同様に幕臣による違乱は頻りに行われていたことから、このようなことが行われないように信長が京都から本国の美濃へ帰国する際に幕府へ申し入れがなされている。

〔史料24〕（永禄十二年）四月十六日付け一色藤長宛て塙正勝・大津長治連署状（「天龍寺周悦文書」『信文』補六六号）

伏見悦首座事、信長度々被出朱印、別而無疎略仁候条、下国之以後、自然非分之儀申懸之族雖在之、弥無別儀様、諸事御馳走所仰候、信長堅被申付候条、如此候、恐々謹言、

（永禄十二年）
四月十六日

大津伝十郎
長治（花押）

塙九郎左衛門尉
　正勝（花押）

一色式部少輔（藤長）殿
　まいる御宿所

この史料に「信長度々被出朱印」とあるように、信長は天龍寺に対して永禄十一年十月十二日付けで史料9（表1－№43）の朱印状を発給して寺領を安堵している。信長は美濃へ下国するに際して、家臣の塙正勝と大津長治に「非分之儀」を申し懸ける族がいるとしても、これまでの安堵に別儀がないよう「諸事御馳走」することを堅く申し付け、そのことが正勝・長治から幕府に伝えられた。このことから、信長が京都にいない間の京都における治安維持を家臣に申し付け、さらに義昭側近の藤長に通達されていることが確認できる。あるいは、天龍寺は幕府方の勢力による違乱をたびたび受けており、これまで検討してきたように信長に朱印状を求めたとも考えられる。

ではさらに幕臣の違乱について、三淵藤英による観世元頼が領有する所領の違乱について検討する。

〔史料25〕観世元頼宛て織田信長朱印状（「法政大学能楽研究所」『信文』補一二七号、表1－№150・表4－№31）

勧修寺郷之事、一円ニ吾分ニ被下之旨、御下知明白候間、朱印をも遣候シ、三淵（藤英）放状も令一見候、然而三淵かたより竹木を申懸、家来を構、人夫を猥ニ申付候由、太不可然候、其通三淵へ具申送之条、不可有異儀候、政所をも早々還住尤候、地下へも可申聞候、向後者猶以彼郷内之侍等をも其ニ可任覚悟事簡（肝）要候、仍状如件、

元亀参
　正月廿八日　　信長（朱印）
　観世小次郎（元頼）殿

観世元頼は、観世家の役者で遙本の作者として知られている。[142] 義昭の将軍就任の際に能を披露し、その功もあって

所領を安堵された[143]。この史料によると、元頼は勧修寺郷を「一円ニ吾分ニ被下之旨、御下知明白候」とあることから、幕府から奉行人奉書を得て知行していた。信長もこれに基づいて「朱印をも遣候シ」と、これ以前に朱印状を発給していることが確認できる。

ここには「三淵《（藤英）》放状も令一見候」とあることから、元頼は奉行人奉書を得た後に藤英によって所領を違乱され、そのことを信長に訴えて朱印状を得たと考えられる。信長は相論を裁許して元頼に所領安堵の朱印状を発給し、藤英に違乱停止を通達して放状を差し出させた。ところが藤英は「竹木を申懸、家来を構、人夫を猥ニ申付」けて再び違乱におよんだ。元頼はこのことを信長に提訴し、信長は「太不可然候、其通三淵へ具申送之条、不可有異儀候」と、藤英の違乱は「太不可然」であるとして違乱停止を通達すると述べている。

藤英は細川藤孝の実兄で、天正元年七月に義昭が信長に対して二度目に真木嶋城で蜂起した際には、二条御所を守備した義昭の側近である[144]。元頼の所領を違乱したほかにも、塩合銭の未進[145]や、伏見稲荷の押領[146]、山城般舟三昧院領を押領[147]するなど度々違乱におよんでいることが確認できる。

このような幕臣による違乱は、藤英と同じく義昭側近の一色藤長による既述の山城国多賀枇杷荘の大多喜知行分[148]や曇華院領大住荘[149]・細川藤孝による革嶋氏所領の違乱[150]・上野秀政の松尾神社領[151]、御供衆の細川輝経の天王寺寺務職[152]など、多数確認できる。さらに幕府の奉行人で侍所所司（開闔）を務める飯尾貞遙の広隆寺[153]、摂津国守護の伊丹親興の曇華院領塩江荘[154]・同国守護の池田勝正による堺五ヵ庄の違乱[155]、元は三好三人衆方の勢力だった石成友通の大徳寺領賀茂郷[156]・安宅信康の相国寺[157]など、多数確認できる。

これらを総括すると、義昭政権の幕臣による違乱は、義昭の側近、幕府の要職者や守護など政権の中枢を担う義昭の近臣や重臣、三好権力から義昭に従った者たち、さらには幕府による社領押収など、前代と同様に「武家御押領」が頻繁に行われていたことが確認できる[158]。

5. 信長による義昭への「異見」と「執申」文言を有する信長文書

幕臣によって所領を違乱された所領主が信長政権に提訴して訴訟が受理されると、信長によって裁許された。裁定の結果、所領主の知行権が認められて幕臣の違乱と判定されると、信長から押領者へ違乱停止の通告と幕府へ「執申」によって申し入れがなされた。

曇華院は寺領の山城国大住荘を一色藤長に違乱されたことから、信長に提訴した[159]。信長は永禄十三年三月二十二日付け朱印状によって、曇華院の当知行を認めて藤長の違乱と裁定した（「曇華院文書」『信文』二一五号、表1－98・表4－№19）。信長はこのようなことがないように、義昭の側近に書状を発給して幕臣の違乱停止を求めている。

〔史料26〕上野秀政・明智光秀宛て織田信長書状（「曇華院文書」『信文』二八九号、表1－№88）

曇花院殿御領山城大住之事、可為御直納之由申究、并境内無煩様ニ御下知等明白候、然而御女儀故、下々六借相妨之由聞候、不可然候、我等執申たる事候条、自然相違之趣ニ候てハ、外聞も如何候間、被入御耳、毎時無異儀〔議〕之様ニ馳走候者、可為祝着候、恐々謹言、

（永禄十三年）七月五日　信長（花押）

上野（秀政）中務太輔殿

明智（光秀）十兵衛尉殿

信長は当該地を「御下知等明白」であることから、曇華院の「御直納」として寺領を安堵した。そのことを「我等執申」と、信長が執りなして幕府へ申し上げた事であり、「相違」しては「外聞」に関わるため「御耳」に入れられて馳走することを求めている。これは、義昭側近の秀政と光秀に宛てた書状で、信長が敬語を使う上位者は将軍義昭

であることから、側近を介して義昭の「御耳」に入れることを求めた披露状といえる。

さらにその後、義昭はここに再び「御給人」を付したことから、信長は七月十九日付けで秀政と三淵藤英に宛てて義昭に違乱停止を求める同内容の書状を発給している（「曇華院文書」『信文』二九〇号、表1－141）。ここには「去年之春候歟、一色式部少輔（藤長）懸組之趣候間、御糺明之上、道理之旨を以、御寺より御直務ニ落着候」とあり、藤長が違乱したことから「去年之春（永禄十三年三月）」に裁許して、道理に基づいて落着した。ところが「御給人を被付候由相聞候」と、幕府が御給人を付したとの訴えを請けた。このことについて信長は「実儀之外、驚入候」「然而無幾程、如此可有之段ハ、歎敷候」と、先の裁許から程なくして違乱におよんだことを驚き入り歎かわしいと慨嘆している。

これには、七月二十日付けで当該地の名主百姓中に宛てて処分制限を通達した、信長家臣の木下秀吉と武井夕庵の連署副状がある（「曇華院文書」『信文』二九〇号参考）。ここには「当庄之儀、殿様御申沙汰候て、曇花院殿様御直務ニ被仰定、御下知・御朱印明白候」と記されており、「御申沙汰」とあることから信長が裁許して朱印状を発給し、曇華院の直務支配と裁定した。ここに記された「御下知」は、曇華院が「道理」の証文として提出した㋐前代までの政権によって発給された寺領安堵の奉行人奉書、または㋑上洛後に曇華院が受給した義昭政権の奉行人奉書、もしくは㋒永禄十三年三月の相論裁許後に発給された奉行人奉書が考えられる。㋒の場合は信長が裁許後に幕府へ「執申」し、それを受けて発給されたとも考えられる。

いずれにしても、続けて「然而御給人を被付之由候、定うへ（上）（義昭）様ハ被知召ましく候歟、殿様より公方様へ当庄之儀、無相違之様ニと御申之事候間、定不可有別儀候」とあり、「当庄」に「御給人」が付けられたことから、そのことを「うへ様」義昭は知らなかったからであろうかとして、「殿様」信長から「公方様」義昭へ相違がないように「御申」されたことが伝えられている。以上のことから、ここでは相論裁許を信長が執り行い、裁定の結果が義昭へ上聞されることが「執申」だったと確認できる。

このような信長の「執申」は幕府への「異見」とされており、信長は所領主から幕臣による違乱を幕府に「異見」して停止する存在として期待された。信長が義昭の政治姿勢を糺して呈出した「異見十七ヵ条」（表1―No.173）によると、若狭国安賀荘の代官職について粟屋弥四郎が提訴したのを信長が幕府に「種々執次」いだことや（八ヵ条目）、恙なく奉公して何の罪もないのに「不被加御扶持」だったことから「信長ニたより《頼》、歎申」したため信長が不便に思い、且つ「公儀御為」に義昭に「御扶持之儀申上」げたこと（七ヵ条目）、さらに賀茂社領を石成友通に宛行ったことによって相論となったこと（五ヵ条目）など、様々な案件が信長から「異見」されていることが確認できる。

以上のような幕臣が関係した相論だけではなく、他の案件についても信長には幕府へ「異見」して取り次ぐ役割が期待された。『言継卿記』永禄十二年四月三日条によると、「武家御奉書右衛門ニ惣官職被仰付候」とあることから、幕府は奉書を発給して右衛門定宗を禁裏御大工惣官職に仰せ付けた[160]。朝廷では定久を惣官職に任じていたことから、定久は「為禁裏織田ニ可被仰出」と、定宗が惣官職を違乱したとして信長から幕府へ「異見」してあらためて補任されるように朝廷へ訴え出た。朝廷では同年六月二十五日付けで山科言継に宛てて女房奉書が発給され、ここには「ゑもん《右衛門》に御下知をなされ候、きこしめ《聞し召》され候、この事ありやう《有様》にのふなか《信長》としていけん《異見》申候やう《様》に、おほせくだ《仰せ下》されれ候へく候」（『同記』六月二十六日条）とある[161]。

さらには、朝廷では上洛当初からこのような役割を信長に求めていたことが、公家所領の回復を求めた事例で確認できる。山科言継は、義昭が征夷大将軍に補任された直後の永禄十一年十月二十日に、家領の山科大宅郷・野村郷・西山郷などの旧領回復を幕府に請願するために、朝廷の長橋局に申し入れて女房奉書の発給を求めた（『言継卿記』同日条）。これを請けて、同日付けで「むろまち《室町》殿へ申され候へく候」と、幕府に回復を求めた内容の女房奉書（飛鳥井雅敦・広橋国光宛て）と、「むろまちとの《室町殿》へとり《執》申、さた《沙汰》候やう《様》にと、をたのたん正《織田弾正忠信長》によく〳〵おほせ《仰せ》つた《伝え》へられ候へく候」と、信長に幕府へ「執申」して合力と助言を求める女房奉書（飛鳥井雅敦宛て）の二通が発給された[162]。このことから

所領安堵の主体は幕府で、信長は義昭に直接「執申」して意見する存在として期待されていたことが確認できる。(163)

また、これとは逆に幕府を通して信長に申し入れがなされることも行われていた。『言継卿記』元亀二年十二月十日条によると、明智光秀が三門跡領を比叡山延暦寺領と号して押領した。朝廷では同日付けで言継に宛てて、「このよしのふなか《（信長）》におほせつけ《（仰せ付け）》られ候て、へちきなく《（別儀）》申つけ候やう《（様）》に、むろまちとの《（室町殿）》へ御心え候て、申され候へく候」との女房奉書が発給された。言継がこれを幕府へ持参して申し入れたところ、申次を務めた飯川信堅の返事は「此儀、于今遅々、御油断至也」「只今以御内書可被仰出」「先被成勅書可被仰出」と、この件については油断があって遅々したことであり、御内書を発給するがその前に勅書を先に発給するよう回答された。結果として翌日に信長に宛てて違乱停止を求める綸旨が発給され、美濃へ勅使が派遣されている。

これは信長家臣の光秀による門跡寺院領の違乱停止を求めて、幕府を介して信長に執り申すことが行われた事例であるが、その過程において幕府は「御油断」し政務が「遅々」していた状況を確認することができる。あるいは、光秀は幕臣としての立場もあったことから、義昭が「御耳を伏して」黙認した事例とも考えられる。いずれにしろ、幕府に提訴しても政務が滞って解決されないため、即時性を求めて信長に訴えたとも考えられる。

幕府の裁許はこのように「御油断」して「遅々」することがあったことから信長に裁許が求められ、さらに幕府へ「執申」ことが行われるようになったと考えられる。幕府と信長は所領主等からの求めに応じて、それぞれが「執申」ことによって協同して案件処理に対処し、理非を糺す相互の確認が行われ補完がなされていた。このことが「二重政権」構造が現出した背景であり、内実であったといえる。(164)

以上のことから、信長は上洛当初から幕府に「異見」する存在として期待され、幕府が決定したこと等に対して撤回することなどを申し入れる際に「執申」ことが求められた。

このようにして行われた信長から幕府への「執申」は、実際に幕府奉行人奉書や義昭の御内書でも具体的な文言として確認することができる。管見の限りでは先述の史料13「勧修寺文書」の他に三点確認できる。それでは、所領安堵や相論裁許以外でどのような場合に「執申」が行われたのかを検討する。

〔史料27〕革嶋一宣宛て織田信長朱印状・幕府奉行人連署奉書（「革嶋家文書」（『信文』二二五号、表1―No.102）

①越前諸浦之事、聚賊船可令成敗由、尤神妙候、依之城州西岡革嶋在所・同名勘解由左衛門分・同月よみ分・同内蔵助・右衛門分之儀、任忠節之旨、被還附候上者、永領知不可有相違者也、仍執達如件、

元亀元

卯月廿三日　　信長（朱印）

革島（一宣）越前守殿

②越前国諸浦事、集兵船構要害、可抽紛骨云々、尤神妙、然者於忠節者、任被信長執申之旨、城州西岡知行分儀、可被仰付之条、可存知其旨之由、被仰出候也、仍執達如件、

元亀元

四月廿三日　　頼隆（松田）（花押）

俊郷（諏訪）（花押）

革島越前守殿

①は「元亀の争乱」の発端となった若狭武田氏討伐と、それに連動して義昭に対して蜂起した越前の朝倉義景攻めの際に発給された文書である[165]。山城国西岡の土豪である革嶋一宣はこの合戦に出陣し、「兵船」を集め要害を構える敵方を成敗する戦功を挙げた[166]。それに対して信長は①を発給して所領を宛て行った。信長はこのことを義昭へ「執申」し、幕府から②の奉行人連署奉書が発給された。

この若狭・越前侵攻は、元々は義昭による若狭武藤氏征伐を目的とした公儀の軍隊による軍事行動だったことか

ら、[167]信長は永禄十三年正月二十三日に締結された「五ヵ条条書」(表1－No.96)で義昭から「天下静謐維持権」を委任された者として、その委任権者で本来の主体である義昭に報告したものと考えられる。

①は書止文言が「仍執達如件」となっているが、本文中に上意を表す文言が記されていないことから、書下年号・付年号と官途書・実名書の違いはあるにしても、様式的には禁制と同じである。②と同日付けのため、①は②の奉行人奉書と一束で発給されたと考えられる。したがって、従来の見解に基づくならば「信長朱印状は義昭の「御下知」をうけて出され、信長自身は独自の判断で朱印状を発給するのではなかった」のが原則とされているため、①の信長朱印状は②の副状ということになる。しかし、発給手続きとしては信長が幕府に先行して革嶋氏の所領安堵を決定して朱印状を発給していることから、主体性は信長にあったと考えられる。幕府の政所における奉行人の評定衆が信長から「執申」されたことを審議して、さらに義昭の裁可を経たうえで②が発給された。そのため奉行人奉書と一束であっても、これを奉書の副状と位置付けることには検討を有する必要性がある。内容が軍事に関わることであり、書止文言が奉書様式で「御下知」文言が無い禁制と同じ様式であることから、この事例は義昭から委任されて公儀の軍隊を率いる軍事的関係性に基づいたものだったといえる。

「元亀の争乱」に際しては、三好三人衆の一人である三好宗渭(政康・政勝)の弟の三好為三の所領安堵でも「執申」が行われている。元亀元年四月三十日から信長が若狭・越前の北陸方面へ出陣すると、義昭の敵対勢力だった三好三人衆が四国から畿内に向けて蜂起する。これに対して義昭は信長に出陣を求め、信長は姉川の合戦後に摂津に向けて出陣した。[168]大坂本願寺は信長に敵対していたことから、信長と「御一味」の義昭に「御義絶」されたため蜂起する。[169]義昭も自ら大坂へ出陣するが、朝倉義景と浅井長政が三好三人衆との「任堅約之旨」せて蜂起したことから、[170]義昭と信長は越前朝倉氏・近江浅井氏と四国三好勢・大坂本願寺の勢力に完全に包囲されることになった。この戦中において、信長と四国三好勢は相手方に対して激しい調略合戦を展開する。信長は為三に対して、「去程ニ三好為三・香西越後守両人者、御身方参、調略可仕之旨、粗言上候」（『原本信長記』巻三）と、味方になるよう調略を謀っていることが確認できる。この過程を経て発給されたのが次の書状である。

〔史料28〕明智光秀宛て織田信長判物（「福地源一郎氏所蔵文書」『信文』二三六号、表1―№110）

為三（三好）榎並表へ執出ニ付てハ、任彼本知之旨、榎並之事、為三申付候様ニあり度候、然者伊丹（親興）近所ニ、為三へ遣候領知在之条、相博可然候、無異儀（議）之様ニ、伊丹へ可被了簡事肝要候、恐々謹言、

（元亀元年）六月十六日　信長（花押）

明智十兵衛尉殿（切封ウハ書）

信長は為三を調略するために本領安堵を条件として、本知である摂津国豊島郡榎並を還附することを図り、当該地が摂津守護伊丹親興の所領の近くのため、親興に領知を振り替える「相博」することを諒承するよう、光秀に通達している。これについては、信長は義昭から上洛戦の褒賞として勧められた管領や副将軍の幕府における上位の役職を辞退しており、且つ親興とは直接的な主従関係にないことから、親興に対しての命令権を保持していなかったことに因ると考えられる。そのため、光秀を通して将軍義昭に申し入れを行い、義昭から摂津守護の親興に命が下されることを求めたと考えられる。これにより、義昭から次の御内書が発給された。

〔史料29〕三好為三宛て足利義昭御内書（「狩野亨吉氏蒐集文書」『大日本史料』第十編之四、元亀元年九月二十日条、八九五頁）

舎兄下野守（宗渭）跡職并自分当知行事、信長任執申旨、可存知事肝要候、猶光秀可申候也、

七月晦日　（足利義昭）（花押）

一任斎（三好為三）

この史料から、義昭は信長からの史料28の「執申」を請けて、為三の所領を安堵したことが確認できる。当然ながら義昭は、史料27の革嶋一宣の所領安堵における信長「執申」と同様に、光秀を通して信長からの要求が報されたと考えられる。

史料28の書札礼は朱印ではなく花押が据えられ、書止文言が書状様式の「恐々謹言」であることから信長が他の家臣に宛てて発給する様式と比べて丁重である。内容的に義昭への披露状で親興への指示を求めたものであることから、光秀の幕臣としての政治的立場に基づいたためと考えられる。光秀はこのような政治的交渉において、信長と義昭との間を円滑に取りなすことが期待されたのだった(171)。軍事権と所領宛行・安堵は封建制の原則として密接不可分であることから、このように前線で信長が義昭に委任された幕府軍も含めた軍事を統率する指揮官として先決し、事後報告的に義昭へ「執申」されたと考えられる。義昭も信長に軍事権を委任したことから、当然ながら拒否する最終決定権を有していたわけであるが、信長と協調して背反することなく受け入れたと考えられる。結果としてこれにより為三を義昭陣営に寝返らせることに成功し、信長からも元亀元年九月二十日付けで「接（摂）州手（豊）嶋郡之事、令扶助候」と、朱印状によって所領を安堵されている（「福地源一郎氏所蔵文書」『信文』二四九号、表1－No.116）。

以上、これまで信長から幕府への「執申」について、軍事的関係における事例を検討してきた。史料27・28は、いずれも「五ヵ条の条書」で締結された「天下静謐維持権」の委任に基づいて、「天下静謐」を乱す敵対勢力を「成敗」するために戦われた「元亀の争乱」の戦時中に行われた特異な「執申」の事例であったといえる。したがって、これらは双方の約諾に基づいたものであり、信長の義昭「傀儡化」を表す事例とは考えられない。

この他の「執申」の一例は、京都における信長邸の建設に際して行われている。『兼見卿記』元亀三年三月二十一日条によると、「此義為武家御所可被仰付之旨被仰出也」とあり、『原本信長記』（巻五）に「従公儀御普請可被仰付之旨候、御勘酌雖被数ヶ度候、頻上意之事候間、被応御諚候キ」とあることから、義昭が主導して建設されたことが確認できる。従来このことは、信長に対する御機嫌取りと評価されている[172]。しかし実際は、大和の松永久秀が離反したことにより山城との国境における軍事的緊張関係が急激に高まったことから、信長の京都常駐を含意しての畿内防衛の備えの政策と考えられる。信長は、上京武者小路にある公家の徳大寺公維の屋敷地を申請し、村井貞勝と嶋田秀満が奉行となって普請が行われた。

〔史料30〕某宛て幕府奉行人連署奉書（「古文書纂」『大日本史料』第十編之八、元亀三年三月二十一日条、三七五頁）

今度御敷地事、織田弾正忠信長依被申請之、為替地慈徳寺并境内等一円可被存知之旨、信長被執申之趣、被聞召入訖、弥可令進止給候由、所被仰下也、仍執達如件、

元亀三正月廿五日　　豊前守（松田頼隆）（花押）

左兵衛尉（諏訪俊郷）（花押）

信長は屋敷地の替地として、境内を含めた慈徳寺の敷地一円を幕府に「執申」して申請した。義昭はこのことを「被聞召入訖」と了承したことから、替地を了解することを命じる奉行人奉書が発給された。

このように、所領の相論や軍事関係以外にも信長から「執申」が行われていたことが確認できる。「執申」については「傀儡化」を表す事例とされてきたが[173]、近年では室町幕府最末期の研究が進展して将軍と守護との関係において行われていたことが明らかとなっている[174]。そのため、信長は特異ではなかったことが指摘されている。ここでの検討の結果として、信長から義昭への「執申」は㋐幕臣による違乱の停止を求めるために信長が義昭へ上聞して「異見」する際に行われる、㋑「五ヵ条の条書」の第四条の「条文」を反映したものであり、「天下静謐維持権」を請け負った信長が義昭に上聞する軍事権に付随するもの、㋒その他として義昭からの京都における信長邸新造の要請に対してなされた措置、などで行われていた。このうち、特に㋑㋒は所領に関することであるため、「天下」における領知の宛行権や進止権は、その主宰者として「将軍」義昭が管掌していたことが確認できる。また、㋐は受益者からの要請

などを信長が請けたことによる「異見」であり、軍事や所領に関わる㋑㋒とではそれぞれ性格がまったく異なっており、一律に論じるべきではないといえる。

おわりに

以上、これまで「天下」における信長発給文書を検討して、幕府との関係について考察した。これまで「原則として幕府奉行人奉書と信長の朱印状が同時に出されるのが基本形で、信長朱印状に義昭の上意を承ける「任御下知之旨」の文言が記されることから、信長自身は独自の判断ではなく副状として朱印状を発給していた」と考えられてきた。

しかし、実際は現在確認できる奉行人奉書と一束の信長朱印状は八例だけで、このうち四例が上洛当初の永禄十一年十月に発給されたものであった。「御下知」を承けて発給されることについては、この文言が記される信長朱印状は永禄十一年十月から同年十二月まで集中して発給されていたことが確認できる。したがって、「同時に出されるのが基本形で副状」だったわけではなく、信長自身は独自の判断で朱印状を発給していたのだった。

時期的な発給状況を整理すると、上洛当初は受益者から奉書の効果を十全に発揮するため補完することが求められたと考えられる。これは、これまで指摘されてきた信長朱印状の性格である。すなわち、受益者は幕府から安堵を得てそれを信長に示すことによって並行的に、あるいは幕府から信長に案件が伝えられて、義昭の「御下知」を直接奉じた奉書や「遵行手続の当事者主義」に基づいて副状としての役割をもつ朱印状が発給された。従来は信長が幕府を傀儡化したために二重の安堵が行われるようになったと考えられてきたが、実際には一方の権力が没落しても領有権を永続的に確保するために両者から安堵を得ることが求められたと考えられる。また、信長は「天下」においては新興勢力であることから審議に関する経験値が充分ではなかったことから、「謀書」によって信長から安堵を得て、それを証文として幕府に提出して安堵を求めたことが背景としてあったと考えられる。

幕府からの安堵の後に所領紛争が生じることとなり、相論が提訴された。しかし、義昭は所領政策として幕臣の押領・違乱を「御耳を伏して」黙認したために、幕府による相論裁許は「表向」のことであり内儀は「御用捨」された。また、幕府では政務が遅々してなかなか裁許されない側面もあった。幕府は自らが行った安堵を自ら履行しないという機能不全に陥っていた。さらに、義昭は恣意的な政治運営を行ったことから、義昭政権の所領政策は破綻していたのだった。そのため相論は、信長に提訴されることになった。

信長は、「忩劇」「錯乱」「大乱」以前の状態に秩序を回復することを政治的課題としていたことから、本来は「分国」の大名で京都支配には関与しない消極的な政治姿勢であるが、相論を裁許することとなった。その際に幕府から発給された奉行人奉書が証文となり、信長は「御下知」文言を記した朱印状を発給していた。信長による裁定は、織田家奉行人が「上使衆」として係争地に派遣されて、「泣く子も黙る」ほどの厳しい譴責や成敗が行われる実効性があった。信長は、幕府に「執申」して義昭に「異見」する存在として期待されたことも背景としてあったのである。したがって、信長朱印状は奉行人奉書の効果を補完する役割を果たしていたが、その一方でそれを否定する機能も果たすようになったのであった。

信長は外聞を非常に重視していたことから、[175]幕府に対する非難は義昭の「臣」で幕府を支えている自らの外聞にも支障をきたすことである。「天下静謐」のために「天下布武」を標榜して幕府を再興させたにも関わらず、幕臣によってそれが乱されていることは信長にとって黙止し難いことだったと考えられる。

信長はこのようなことがないように「五ヵ条の条書」によって義昭との間で政治と軍事の役割を分担することを締結し、「幕府殿中御掟」によって政務の規範を定めたと考えられる。そして義昭に訓戒として「異見十七ヵ条」を呈出したが、[176]結果としてそれは義昭との対立を招く一因となったのであった。

註

(1)　再興された幕府については、拙稿a「足利義昭政権論」(本書第Ⅰ部第一章。初出二〇〇九年)・b「京都支配における足利義昭政権と織田信長政権」(本書第Ⅰ部第二章。初出二〇〇三年)・c「足利義昭政権の研究」(拙編著『足利義昭』戎光祥出版、二〇一五年。以下、『義昭論集』と略記)で述べた。拙稿以後の研究としては、川元奈々「将軍足利義昭期における幕府構造の研究」(『義昭論集』、初出二〇一〇年)・木下昌規「京都支配から見る足利義昭期室町幕府と織田権力」(同『戦国期足利将軍家の権力構造』岩田書院、二〇一四年。初出二〇一一年)・水野嶺「足利義昭の栄典・諸免許の授与」(『義昭論集』、初出二〇一三年)などがある。

(2)　明治・大正期における近代歴史学の黎明期から、信長は上洛して「天下統一」(日本全国平定)するための大義名分に、義昭を「奉戴」し政治的に利用したと考えられてきた。主な研究として、渡辺世祐「上洛前の足利義昭と織田信長」(『義昭論集』、初出一九一八年)、徳富蘇峰『近世日本国民史』(民友社、一九一八年。のち講談社学術文庫より、一九八〇年に再刊)、田中義成『織田時代史』(明治書院、一九二四年。のち講談社より、講談社学術文庫として一九八〇年に再刊)が挙げられる。

これらは、いわば「信長革命児史観」と「義昭傀儡化説」の端緒となり、両者の関係性を決定付けて以後の歴史学における「定説」になったといえる。しかし、実際には義昭に「供奉」した上洛であり、主体は義昭だった(註〈1〉拙稿a・c、神田千里『織田信長』筑摩書房、二〇一四年)。「天下」と「分国」については、神田千里「織田政権の支配に関する一考察」・同「中世末の『天下』について」(ともに同『戦国時代の自力と秩序』吉川弘文館、二〇一三年に収録。初出二〇〇二年・二〇一〇年)、池上裕子『織田信長』(吉川弘文館、二〇一二年)で論じられている。

(3)　当該期における「天下」は、高木傭太郎氏によって「京都を中心とするある種の伝統的な秩序構造を内包した「社会領域」」だったことが指摘された(「織田政権期における「天下」について」藤木久志編『織田政権の研究』吉川弘文館、一九八五年。以下、『織田政権論集』と略記。初出一九八〇年)。さらに神田千里氏によって、①将軍が体現し維持すべき秩序、②京都、③「国」を管轄する大名の領域ではない、京都・畿内など「国」と棲み分けられた領域、④広く注目を集め「輿論」を形成する公的な場であり、将軍が管掌する領域、であったことが明らかにされている(註2〔二〇〇二〕)。神田氏は、さらにこれらを「領域的には京都を含めた畿内周辺を指し、将軍が管掌する領域」と集約した(註2〔二〇一四〕)。

(4)　両者の関係については、『日本の歴史』(中央公論社。永原慶二『下剋上の時代』一九六五年、杉山博『戦国大名』一九六七年、林屋辰三郎『天下一統』一九六六年)・『日本の歴史』(集英社。池上裕子『戦国の群像』一九九二年、熱田公『天下一統』一九九二年)・『日本の歴史』(講談社。久留島典子『一揆と戦国大名』二〇〇一年、池上裕子『織豊政権と江戸幕府』二〇〇二年)・『日本の歴史』

（小学館。山田邦明『戦国の活力』二〇〇八年）・『日本中世の歴史』（吉川弘文館。池享『戦国大名と一揆』二〇〇九年、堀新『天下統一から鎖国へ』二〇一〇年）・『日本近世の歴史』第一巻（吉川弘文館。藤井讓治『天下人の時代』、二〇一一年）・岩波講座『日本歴史』第十巻、近世一（岩波書店、二〇一四年）などの通史や概説書などで述べられてきた。

戦後歴史学における義昭・信長の代表的な研究として、奥野高広『足利義昭』（吉川弘文館、一九六〇年）・同『増訂織田信長文書の研究』（吉川弘文館、一九九八年）、桑田忠親『織田信長』（秋田書店、一九七九年。初出一九六四年）・同『流浪将軍 足利義昭』（講談社、一九八五年）、脇田修「織田政権と室町幕府」（『近世封建制成立史論』東京大学出版会、一九七七年。初出一九七五年）・同『織田信長』（中央公論社、一九八七年）、山田康弘『戦国時代の室町将軍』（吉川弘文館、二〇一一年）、谷口克広『信長と将軍義昭』（中央公論新社、二〇一四年）が挙げられる。

（5）染谷光広氏は、「原則として、幕府奉行人奉書と信長の朱印状が同時に発給されている二重構造の政治であった」と論じた（「織田政権と足利義昭の奉公衆・奉行衆との関係について」『織田政権論集』。初出一九八〇年）。池上氏は註（2）著書で、信長朱印状は義昭の「御下知」をうけて出され、「信長自身は独自の判断で朱印状を発給するのではなく」、「幕府奉行人奉書と信長朱印状が出されるのを基本形」としていたと述べた。

（6）三鬼清一郎「織田政権の権力構造」（同『織豊期の国家と秩序』青史出版、二〇一二年。初出一九八一年）。

（7）山田康弘「戦国期幕府奉行人奉書と信長朱印状」（『義昭論集』、初出二〇〇八年）。

（8）石崎健治「足利義昭期室町幕府奉行人奉書と織田信長朱印状の関係について」（金沢学院大学美術文化財学科年報『文化財論集』創刊号、二〇〇一年）。

（9）本章末に、『信長文書』を基にして作成した「天下」における信長発給文書一覧表を掲載した。表1として永禄・元亀期の発給文書を、表2として天正期の発給文書をまとめた。

（10）奥野高広氏は、八月二十一日付け柳生宗厳宛て信長書状（「柳生文書」『信文』九四号、表1－No.3）を永禄十一年に比定している。また、臼井進氏は「織田信長の上洛経路」（『日本歴史』第七八五号、二〇一三年）で永禄九年に、村井祐樹氏は「幻の信長上洛作戦」（『古文書研究』第七八号、二〇一四年）で永禄十年に比定している。この冒頭に「雖未申通令啓候」とあり、宗厳との初信であることが確認できることから、史料1よりも以前でなければならない。

また、この信長書状の副状である八月二十六日付け柳生宗厳宛て佐久間信盛副状に、「仍信長上洛之儀、江州《六角承禎》就表裏先延引候」（「柳生文書」『信文』九四号参考）とあることから、近江六角氏が義昭に離反した後でなければならない。この政治情勢によって、義昭が御座所としていた近江国矢島を退座して若狭へ下向するのは永禄九年八月二十九日のため、『信文』九四号文書はこれ以降となる。よって、翌年の永禄十年八月二十一日に比定するのが妥当である。なお、この信盛副状も奥野氏は永禄十一年に比定しているが、冒頭に「未申通候」と初信であることが確認できるため、同様に永禄十年に比定したほうがよいだろう。

(11) 永禄九・十年の上洛計画については、註（10）臼井氏・村井氏の論文に詳しい。註（1）拙稿ｃと拙著『足利義昭と織田信長』（戎光祥出版、二〇一七年）でも述べた。実際に、八月二十六日付け柳生宗厳宛て佐久間信盛副状に、「雖然久秀（松永）申談、諸口調次第、至南都可罷上之旨候」（「柳生文書」『信文』九四号参考）とあり、久秀と連繋して南都（大和）から北上して入京する経路を計画していたことが確認できる。

(12) 三好長慶は、信長に先行する最初の「天下人」とされ、「プレ統一政権」とも評価されている（今谷明・天野忠幸監修『三好長慶』宮帯出版社、二〇一三年。天野忠幸『増補版 戦国期三好政権の研究』清文堂出版、二〇一五年）。

(13) 小稿では、長慶が確立した政治権力を「三好政権」として、長慶死後に分裂した勢力を「三好権力」とする。または、摂津を本拠地とした長慶の跡を嗣いで義昭に従った義継の三好本宗家と区別して、四国を勢力基盤としたことから「四国三好勢」とする。分裂の背景には、松永久秀と三人衆に与した筒井順慶との大和の支配権をめぐる抗争もあったと考えられる。三好長慶から大和国の支配権を認められて勢力を伸張した久秀に対して、順慶は三人衆に与して抵抗した。この政治情勢については、註（11）拙著で述べた。

(14) 従来、義昭は三好政権によって幽閉されたと考えられてきた（註〈4〉奥野氏著書［一九六〇］）。しかし実際には、（永禄八年）五月二十二日付け松永久通宛て覚慶（足利義昭）書状に「霜台（松永弾正小弼久秀）以誓紙不可有別儀由候間、令安堵候」（「円満院文書」、天野忠幸編『戦国遺文　三好氏編』第二巻「一一五三号文書」、東京堂出版、二〇一三年）とあることから、誓紙を差し出して保護していることが確認されている（天野忠幸「織田信長の上洛と三好氏の動向」『日本歴史』第八一五号、二〇一六年。同『三好一族と織田信長』戎光祥出版、二〇一六年）。

(15) 註（10）臼井氏・村井氏の論文のほか、註（1）拙稿ｃ・註（11）拙著でも述べた。

(16) 信長は永禄九年八月二十二日、上洛のため美濃の国境に出兵するが、斎藤龍興に撃退される。そのときの様子として、（永禄九年）閏八月十八日付け氏家直元・竹摂尚光・日根野弘就・安藤定治連署状に「去八日未明ニ織上（織田上総介信長）敗軍仕候、川へ逃入、没溺水候者共不知数候、残党於川際少々討候、兵具已下捨候為躰、前代未聞ニ候」（「中島文書」『愛知県史』資料編十一、織豊一〈愛知県、二〇〇三年〉五一六号文書）とある。

濃尾講和が破綻したのは、（永禄九年）閏八月二十六日付け足利義秋御内書に「就尾州矢止儀、人質事同心感悦処、信長乱入儀驚入候」（「中島文書」『愛知県史』五一七号）とあることから、信長が人質を差し出す約諾事項に違約して美濃へ「乱入（侵攻）」したためであることが確認できる。これにより氏家直元等の美濃斎藤氏側は、「織上《信長》天下之嘲弄不可過之候」（「中島文書」『愛知県史』五一六号）と、信長のことを酷評している。なお、美濃侵攻については、註（1）拙稿c、加藤彰彦「織田信長の美濃侵攻・統一と足利義秋の上洛」（『駒沢史学』第六十九号、二〇〇七年）、柴裕之「足利義昭の「天下再興」と織田信長」（戦国史研究会編『戦国期政治論集』西国編、岩田書院、二〇一七年）に述べられている。近江については、註（10）で柳生宗厳宛て信長書状・佐久間信盛副状の年次比定に関して述べた。ここで信長は、近江六角氏の抵抗に遭って延期することになったと述べている。なお、これらの点を加味すると、同時並行的に行われた美濃と伊勢侵攻は領国拡大のための政策ではなく、上洛経路を確保するための布石だったとも考えることができる。

（17）上洛に際して信長は、近江国の甲賀諸侍中と音信を通じ（表1－№9）、さらに佐治為次や永原重康といった国衆の所領を安堵している（表1－№10・11）。これにより東海道からの経路が確保され、上洛が実現した。

（18）『経元卿御教書案』（『信文』上巻、一五一頁）。

入洛之由既達叡聞、就其京都之儀、諸勢無乱逆之様可被加下知、於禁中陣下者、可令召進警固之旨、依天気執達如件、

九月十四日　左中弁《甘露寺》経元

織田弾正忠殿

綸旨と併せて経元は、信長と信長の右筆である明院良政に宛てて同日付けで副状を発給している（『信文』所収）。

（19）新訂増補『言継卿記』（続群書類従完成会、一九六七年）。なお、本章で引用した史料は以下の通り。ルイス・フロイス『日本史』（松田毅一・川崎桃太訳、中央公論社、一九八二年）、『大乗院寺社雑事記』（竹内理三編、続史料大成、臨川書店、一九七八年）、新訂増補『兼見卿記』（金子拓・遠藤珠紀校訂、史料纂集、八木書店、二〇一四年）、『重編応仁記』『細川両家記』（史籍集覧）。

（20）これについては、拙稿d「京都における織田信長の相論裁許と室町幕府」（本書第Ⅱ部第二章に所収。初出二〇一七年）に詳論したので参照願いたい。

（21）領主の危機管理については、藤木久志「領主の危機管理」（同『戦国史を見る目』校倉書房、一九九五年）に述べられている。

（22）太田牛一『原本信長記』（影印本、福武書店、一九七五年）。

（23）信長が使用した印判の印文「天下布武」は註（4）の各概説書などで、日本全国を武力によって制圧する「天下統一」の意思

表示とされてきた。しかし、註（4）神田千里氏によって「天下」の当該期における社会通念が明らかにされてから、大きく見直されることになった。神田氏は「将軍の管轄する五畿内にその（将軍）権威を再興することを目指した」ことだったと指摘した。信長は上洛してから京都における静謐の実現化に努めていることから、このことがさらなる「天下布武」に込められた信長の意志であって、「天下静謐」を実現化させることが政治的な目標だったと考えられる。

(24) 上洛戦の経過については、註（1）拙稿c・註（11）拙著で詳論した。

(25) 峰岸純夫「戦国時代の制札」（同編『古文書の語る日本史』第五巻「戦国・織豊」、筑摩書房、一九八九年）・同「戦国時代の制札」（駒澤大学『史学論集』第二十三号、一九九三年）。信長の禁制については、菊地登「信長の禁制について」（『日本史研究』第一三七号、一九七三年）・田中雅明「織田信長禁制の実効性に関する一考察」（『駒沢史学』第五五号、二〇〇〇年）・丸島和洋「織田信長禁制の礼銭禁止文言をめぐって」（『古文書研究』第七四号、二〇一二年）などがある。なお、本文末に表3として、年代・地域・書止文言によって信長禁制を分類した一覧表を付した。ここでは『信長文書』を基にして作成し、文書番号のみを記した。出典については同書、永禄・元亀期については表1を参照願いたい。

(26) 欧文材料第七号釈文、一五六九年六月一日附けパードレ・ベルショール・デ・フィゲイレド宛てパードレ・ルイス・フロイス書翰（『大日本史料』第十編之一、永禄十二年正月五日条〈七六三頁〉、東京大学出版会、一九二八年）。

(27) 「元亀の争乱」における「信長包囲網」は、元亀元年の第一次と元亀末年の第二次がある。第一次信長包囲網については、拙稿e「織田信長と足利義昭の軍事的関係について」（本書第Ⅱ部第一章に所収。初出二〇一七年）を、第二次については拙稿f「足利義昭政権滅亡の政治的背景」（本書第Ⅱ部第三章に所収。初出二〇一七年）・拙稿g「足利義昭の蜂起と信長の対応」（新稿、本書第Ⅱ部補論）で詳論した。なお、註（11）拙著も参照願いたい。

(28) 楠正虎（長諳）の事績については、谷口克広『織田信長家臣人名辞典』（吉川弘文館、第二版、二〇一〇年。以下、『信長家臣辞典』と略記）、右筆・文書については、安土城考古博物館『信長文書の世界』（二〇〇〇年）、信長の家臣になる以前の活動については、註（14）天野氏の著書・論文に詳しい。

(29) 特異な様式については、依藤保「奉書文言としての「仍執達如件」」（『歴史と神戸』第五十五号、二〇一六年）・水野嶺「織田信長禁制にみる幕府勢力圏」（『織豊期研究』第十八号、二〇一六年）で明らかにされている。

(30) 上洛の主体が義昭だったことについては、註（2）を参照のこと。

(31) 「天下」の領域については次節で詳論するが、註（11）拙著でも述べた。

（32）忍頂寺は永禄十一年十二月二十四日付けで、本所と在地宛ての幕府奉行人奉書を得て既に寺領を安堵されている（第Ⅰ部第一章〔史料3〕「寿泉院文書」『大日本史料』第十編之一、永禄十一年十二月二十四日条、五〇四頁）。

（33）代替わりの安堵については、註（1）拙稿a・註（11）拙著で述べた。

（34）『中世法制史料集』第二巻「室町幕府法」（岩波書店、一九五七年）、【二七〇】「就当知行申給安堵御判并奉書等事」。

（35）これ以外にも所領安堵として、烏丸光康は「今度依御忠儀、被改被進之任御下知之旨」（「烏丸家文書」『信文』一六九号、表1－№78）と、義昭から「御忠儀」によって所領を安堵され、信長はその「御下知」を承けて朱印状を発給していることが確認できる。また、二条晴良が勧修寺晴右の加賀国井家荘を押領した際には、晴右は義昭の上洛前に「富田之武家」を支持していたが、一方の晴良は義昭の元服式のために粉骨して越前まで下向したことから、義昭は相論を拒否している（註〈1〉拙稿b、本書第Ⅰ部第二章）。また、信長が義昭の政治姿勢を糺した「異見十七ヵ条」（『尋憲記』元亀四年二月二日条『信文』三四〇号、表1－№173・表4－№36）には、「忠」「不忠」にかかわらず、義昭の贔屓偏頗によって「御扶助」「御扶持」「恩賞」が宛て行われていたことが確認できる（註〈20〉拙稿d、本書第Ⅱ部第二章）。このように、義昭政権の所領政策は義昭との親疎関係に基づいて行われることがあった。

（36）義昭の側近については、註（5）染谷論文で述べられているが、元綱の役職は不明である。今谷明・高橋康夫共編『室町幕府文書集成』奉行人奉書篇（思文閣出版、一九八六年）では、元綱の同族と考えられる中澤光俊が義輝の幕臣として活動していたことが確認できる。

（37）通常の幕府奉行人連署奉書は、註（32）本書第Ⅰ部第一章〔史料3〕の様式の本所と在地宛て二種類の文書である。染谷氏は註（5）論文で、奉公衆は義昭の直轄軍を形成し、申次を勤め、御部屋衆や御供衆としても活動していたと述べている。ここからさらに川元奈々氏は註（1）論文で、『言継卿記』から奉公衆は御部屋衆・御供衆・申次・御走衆を含む総体であったとして、「奉行人奉書とは別に、義昭の政治的意志を伝えるために、奉書によって発給された一連の文書」を「奉公衆判物」と提起した。しかし、奉公衆は本来将軍に軍事奉公する直轄軍であり、各役職についても『言継卿記』（永禄十二年二月二十六日条）に「今日武家（義昭）御供衆細川右馬頭（藤賢）・大館左衛門佐・上野紀伊守（豪為）、御同朋万阿弥等也、伊勢三郎（貞興）八才幼少之時非御供、只烏帽子にて祗候也、御走衆安威兵部少輔（藤備）・真下式部少輔（晴秀）・本郷治部少輔（信能）・同大蔵少輔・朽木左兵衛尉（成綂）・後藤治部少輔（広綱）、御書奉行松田左衛門大夫・同主計允（秀雄）両人等也」と別個に記されていて本来は別々の役職であることから、これらの義昭側近を「奉公衆」に一括りに総体として捉えるのは検討を要する。ここでは義昭の側近によって連署で発給された御内書の副状を「足利義昭側近連署副状」とし、御内書がなく単独の奉書の場合は「側近連署奉書」と呼称する。

（38）この様式の文書について、相田二郎氏は「奉行人奉書」（『日本の古文書』岩波書店、一九四九年）とし、奥野高広氏は「室町幕府奉行連署奉書」、石崎健治氏は「御内書に添付された添状」と定義している。安芸毛利氏などの「分国」の大名との外交文書で、義昭の御内書に上野信恵・一色藤長などの義昭側近が連署して発給する副状に見られる様式である（「吉川文書」『大日本史料』第十編之一、永禄十二年正月十三日条、七九一頁）。

豊州間和与之儀、対元就・輝元申遣処、今度討果凶徒等、少々逃退四国之由候、然者退治此節候間、閣私意趣、抽忠節候様、異見肝要、委細聖護院（道増）門跡可有演説候、猶信恵（上野）・藤長（一色）可申候也、

（永禄十二年）正月十三日　（花押）（足利義昭）

吉川駿河守（元春）とのへ

豊州御間和与之儀、被対奥州父子（毛利元就・輝元）被仰出候、仍被成御内書候、此節被閣私意趣、四国逃籠御敵御退治之儀、被廻計策、被抽戦功候様、被加異見者、可被悦思食之由候、委細聖護院御門跡可有御演説旨、猶得其意可申由候、恐々謹言、

（永禄十二年）正月十三日　藤長（一色）（花押）

信恵（上野）（花押）

吉川駿河守殿

史料14のように、信長も越後の上杉謙信などとの外交において同じ様式の副状を発給している。

（39）具体的な発給手続きの過程については、註（1）拙稿a（本書第Ⅰ部第一章）で述べた。

（40）註（32）永禄十一年十二月二十四日付け忍頂寺宛て幕府奉行人奉書（本書第Ⅰ部第一章〔史料3〕「寿泉院文書」）。

（41）註（1）拙稿a（本書第Ⅰ部第一章）・註拙稿h「足利義昭政権における相論裁許と義昭の『失政』」（新稿、本書第Ⅰ部第三章）も参照願いたい。

（42）（永禄十二年）十二月十七日付け伊藤実元・伊藤実重・落合長貞連署状（「阿弥陀寺文書」『信文』二〇五号）。本書第Ⅲ部二章の拙稿i「京都支配における織田家奉行人についての基礎的考察」（初出二〇一五年）において、落合長貞・中村良政等を註（28）谷口克広氏の著書『家臣人名辞典』に基づいて「信長側近」としたが、同書には記載がなく誤りのため本書では修正した。しかし、この文書から信長の意志を奉じる近臣としての活動は認められるといえる。

(43)　（元亀元年）十月二十五日付け山城外畑村名主百姓中宛て丹羽長秀折紙（「愛宕山尾崎坊文書」『信文』二二七号参考）。〔史料20〕と関連している。

(44)　「下知」について神田千里氏は註（2）［二〇〇二］論文で、「御下知」文書の宛所と内容から将軍の関与すべき裁定で、①寺社本所領の安堵と、②諸大名への和睦命令が将軍の権限として執り行われていたことを明らかにした。義昭の下知をうけてその意向を相手方に伝えるもので、信長は将軍の権威を背負っていたと指摘している。

(45)　上洛後の「天下」における信長政権関係の相論については、本文末に表4としてまとめた。信長家臣の違乱も含めて、三十七件が確認できる。

(46)　毎年ごとの所領調査については、註（20）拙稿d（第Ⅱ部第二章）で述べた。

(47)　表1によると、永禄十一年はNo.42～57（このうち禁制を除くと、十四点。以下同じ）、同十二年はNo.59～95（三十六点）、元亀元年はNo.98～131（三十二点）、同二年はNo.132～147（十六点）、同三年はNo.148～172（二十点）、同四年はNo.174～189（十二点）である。

(48)　「天下」と「分国」については、註（2）の神田氏と池上氏の著書を参照願いたい。

(49)　「天下」の政治については、註（11）拙著で詳論した。

(50)　永禄十二年正月十四・十六日付け室町幕府殿中御掟案（「仁和寺文書」『信文』一四二号、表1－No.58）。臼井進氏は「室町幕府と織田政権との関係について」（『義昭論集』、初出一九九五年）で、信長からの押しつけではなく旧来の室町幕府の訴訟の在り方を踏まえて幕府機能の再興を目指したものだったことを明らかにした。

(51)　永禄十三年正月二十三日付け足利義昭・織田信長条書（「成簣堂所蔵文書」『信文』二〇九号、表1－No.96）。註（27）拙稿e（本書第Ⅱ部第一章）と註(11)拙著で、政治と軍事の役割分担を取り決めた約諾だったことを明らかにした。川元奈々氏の「足利義昭・織田信長政権の訴訟対応と文書発給」（『ヒストリア』第二五九号、二〇一六年）でも述べられている。

(52)　外交権については、永禄十三年正月「五ヵ条の条書」（「成簣堂所蔵文書」『信文』表1－No.96）の第一条目に「諸国へ以御内書被仰出子細有之者、信長ニ被仰聞、書状を可添申事」とあり、信長と義昭は共有していることが確認できる。さらに第四条目で「天下之儀、何様ニも信長ニ被任置之上者、不寄誰々、不及得上意、分別次第可為成敗之事」と、信長に「誰々」に寄らずとも信長の「分別次第」で「成敗する」権限を委任した（「天下静謐維持権」）。信長はこれらによって「天下静謐」の役割を請け負い、甲越や豊芸講和などの大名間和平調停を推進した。このことについては、金子拓『織田信長〈天下人〉の実像』（講談社、二〇一四年）、註（27）拙稿e（第Ⅱ部第一章）・註（11）拙著に述べられている。

(53)「御下知」文言をもつ信長朱印状は、表1によると永禄十一年十月から同十三年三月まで確認でき（No.42～99）、間をおいて元亀三年十月が終見である（史料11：妙心寺宛て朱印状、No.168）。信長はこの間に独自に朱印状を発給して「当知行安堵」している（No.46・51・52・53・63・67・80）。

(54)（天正元年）二月二十六日付け勝興寺宛て浅井長政書状に、「将又当月十三日公方（義昭）様被立御色」（「勝興寺文書」『大日本史料』第十編之十四、天正元年二月二十六日条、一四五頁）とあることから、義昭が蜂起したのは二月十三日だったことが確認できる。

(55) 義昭を京都から追放した後の元亀四年七月日付け長福寺宛て朱印状（「長福寺文書」『信文』三七九号、表1－No.186）や大覚寺宛て黒印状写（「諸家文書纂」『信文』三八〇号、表1－No.187）で、「当知行」に基づいて寺領を安堵している。ここでは「御下知」の文言は消滅している。

(56) 義昭が元亀四年二月十三日に蜂起した後の禁制は、次のように書止文言が「如件」に変化している（「離宮八幡宮文書」『信文』三六五号、表1－180）。

禁制　　大山崎惣庄中

定

一、当手軍勢、甲乙人乱妨・狼藉事、

一、陣取、放火之事、

一、山林竹木伐採事、

一、矢銭・兵粮米等相懸事、

一、新儀非分之族申懸事、

以上、

右条々、令堅停止訖、於若違犯輩者、速可処厳科者也、仍如件、

元亀四年癸酉三月日　御朱印（信長）

(57) 義昭の京都退座と「天下」の掌握について信長は、毛利輝元に宛てて（天正元年）七月十三日付け書状写で「況天下被棄置上者、信長令上洛取静候」（「太田荘之進氏所蔵文書」『信文』三七七号）と、義昭が「捨て置いた」ので自らが「取り静めた」と述べている。

(58) 信長は、天正元年七月十日付けで細川藤孝に「今度被対信長被抽忠節候、誠神妙至候」（「細川家文書」『信文』三七五号、表1－183）と、忠節を尽くしたことによって「桂川西地」を「一識［職］」宛行った。さらに、同年十一月二十八日付けで正実坊

掟運（「建勲神社文書」『信文』四二三号、表2－No.10）・上野豪為（「五十川清氏所蔵文書」『信文』四二四号、表2－No.11）・信濃兵部丞（「国立国会図書館所蔵文書」『信文』四二五号、表2－No.12）・荒川晴宣（「加藤定利氏所蔵文書」『信文』補一四〇号、表2－No.13）・梅松軒（「佐藤行信氏所蔵文書」『信文』四二七号、表2－No.15）などの所領を「当知行」安堵している。

彼らは、幕府滅亡後に「京都奉行」として政務を担当した明智光秀に付属されたと考えられている。（註〈5〉染谷論文・註〈1〉拙稿a、本書第Ⅰ部第一章）。高柳光寿氏は、光秀を「近畿管領」と称している（同『明智光秀』吉川弘文館、一九五八年）。なお義昭に従った幕臣については、藤田達生「「鞆幕府」論」（『芸備地方史研究』第二六八・二六九号、二〇一〇年）・木下昌規「鞆動座後の将軍足利義昭とその周辺をめぐって」（同『戦国期足利将軍家の権力構造』岩田書院、二〇一四年）で詳論されている。

(59)　永禄十三年四月から義昭を追放する天正元年七月に至るまで朱印状から「御下知」文言が減少する（表1－No.100～188）。

(60)　村井貞勝については、本書第Ⅳ部（拙稿j「村井貞勝発給文書の基礎的考察」第一章〈初出二〇〇二年〉、同k「村井貞勝の政治的役割」〈改題、初出一九九七年〉第二章、同l「村井貞勝の「下代」の政治的役割」〈改題、初出二〇〇八年〉第三章）で詳論した。

(61)　信長禁制の発給手続きについては註（25）の他に、大和興福寺大乗院の尋憲（関白二条晴良の実弟）が越前まで禁制の発給を求めて下向した際に記した『越前国相越記』で具体的に知ることができる（「山田竜治家文書」『福井県史』資料編三、中近世一、福井県、一九八二年）。なお、伴五十嗣郎・幾田活治「大乗院門跡尋憲筆『越前国相越記』」（『福井市立郷土博物館々報』復刊第一号、一九七四年）に解題が記されて全文が翻刻されている。

(62)　越前侵攻は朝倉氏討伐、信濃・甲斐は武田氏討伐を目的としており、上洛戦ではそれまで「天下」を勢力下に置いていた第十四代将軍義栄と三好権力による義栄政権を征討することを目的としていた。これらの一覧については、表4を参照願いたい。

(63)　註（29）依藤氏・水野氏の論文。

(64)　新田英治「室町幕府文書」（『概説古文書学』古代・中世編、吉川弘文館、一九八三年）。山田康弘氏も註（7）論文で、「仍執達如件」の書止文言はふつうは「奉書」だが、仰を承った文言がない場合は直状形式の文書と評価されるべきであるとする見解を示している。

(65)　上洛戦の経過については、註（11）拙著を参照願いたい。

(66)　元亀元年の徳政については、下村信博「元亀元年徳政と織田信長」（『織豊期研究』第七号、二〇〇五年）に詳論されている。神田千里氏も註（2）［二〇〇二］論文で、「天下一同の徳政」は将軍による徳政であり、「国」「私」の大名による徳政や地頭による在地徳政とは異なることを明らかにしている。

(67)　奉書とした場合には、その発給主体は上位者の義昭ということになるため、文書名も「室町幕府禁制」としなければならなくなる。さらに、禁制以外にも「仍執達如件」の書止文言が記された信長朱印状は、全て奉書と定義しなければならない。このように仮定すると、逆に「御下知」文言は記されているが「如件」の書止文言を有する直状形式の信長文書をどのように整合的に位置付けるかなどの問題点が残る。

(68)　さらに依藤・水野両氏が触れられていない信長禁制の特殊性として、様式が挙げられる。史料3の信長禁制の様式は、書下年号で日下に差出名「信長」の実名書が無く官途のみが記されて、「弾正忠（朱印）」と一行書きされる様式（書下年号＋官途書（花押）＋書止文言「仍執達如件」）であるが、これは主として本所宛てに発給される将軍の上意を承けて発給される幕府奉行人奉書の様式である（註32）。この点からも、奉書の様式を踏襲した特殊な禁制だったといえる。また、信長は「弾正忠」の官途を永禄十一年八月の近江宛て禁制から使用し始めていることが注目される。官途は当該期においてはすでに形骸化していたことが指摘されている。しかし、信長は地方官の「尾張守」から、京都において検断を執り行う「弾正台」の官途を上洛に際した禁制で用いていることからも、「天下」に「静謐」をもたらすことの意志を表していると考えられる。信長の家系では代々「弾正忠」の官途を使用していたことからも、適格であったといえる。これらの点については、註（11）拙著にて詳論した。

(69)　『日本西教史』「欧文材料第三号釈文」（『大日本史料』第十編之一、永禄十一年十月十四日条、二二一頁）。

(70)　永禄十一年十月七日付け上京室町宛て禁制（「京都上京文書」『大日本史料』第十編之一、永禄十一年十月七日条、二〇〇頁）、同年十月十日付け阿弥陀寺宛て禁制（「阿弥陀寺文書」『同』、十月十日条、二〇五頁）、同年十一月三日付け清水寺成就院宛て禁制（「成就院文書」『同』、十一月三日条、二六三頁）、同年十二月十九日付け若宮八幡宮宛て禁制（「若宮八幡宮文書」『同』、十二月十九日条、四八七頁）、同年十二月二十一日付け本能寺宛て幕府奉行人連署奉書（「本能寺文書」『同』、十二月二十九日条、二五九頁）。

(71)　「妙蓮寺文書」（『大日本史料』第十編之五、元亀元年十月四日条、二二頁）。註（66）下村信博氏は、「同寺を宿所とした一鉄が、将軍足利義昭・信長に、同寺の祠堂銭が徳政令適用を免除されるように申請したと理解できよう」と解釈している。さらにこのことから、「妙蓮寺が法華宗寺院であるにもかかわらず、祠堂銭の徳政免除を認められたのは、信長の部将に宿所を提供している代償としてであった」と述べている。

(72)　明智光秀が三門跡領を押領したことから、信長に違乱停止を求める綸旨が発給されて山科言継が美濃に派遣された。それに対して信長は「制札打之、一切公事訴訟停止也、自陣注進之外不可申聞云々」（『言継卿記』元亀二年十二月十六日条）と回答し、制札を立てて公事訴訟を一切停止して陣からの注進で軍事に関わること以外は聞かない、とする対応を示している。このことからも信長は義昭と政治・軍事の役割分担を志向していたことが窺われる。

（73）信長は永禄十三年正月「五ヵ条条書」（「成簣堂文庫所蔵文書」表1－No.96）の五ヵ条目で、「天下御静謐」と述べている。武田信玄の（元亀元年）四月十九日付け徳川家康宛て書状に「就于信長御上洛、御同心御劬労察候、然而洛之内外静謐之由珍重候」（「白崎良弥氏所蔵文書」『大日本史料』第十編之四、元亀元年二月三十日条、一四二頁）とあり、「分国」の大名からも「天下静謐」と認識されていた。

（74）この信長朱印状については、「はじめに」でも記したように「原則として幕府奉行人奉書と信長の朱印状が同時に出されるのが基本形で、信長朱印状に義昭の上意を承ける「任御下知之旨」の文言が記されることから、信長自身は独自の判断ではなく副状として朱印状を発給していた」と考えられてきた（註〈5〉染谷氏・池上氏）。しかし、この中には後述するが「御下知」文言を有せず信長が奉書と並行して発給した事例（〔史料14〕禁裏率分銭安堵、表1－No.46）や、あるいは奉行人奉書の数ヶ月後に発給された事例（〔史料10〕賀茂荘宛て（表1－No.89）・大原野神社宛て（表1－No.79））、さらには先行して信長朱印状が発給され、信長から幕府へ「執申」して奉行人奉書が後から発給される場合もあった（〔史料26〕革嶋氏宛て、表1－No.102）。したがって、信長は独自の判断で朱印状を発給しており、奉行人奉書とまとめて発給することは上洛当初に行われたことであって基本形ではなかったといえる。

（75）石井良助『中世武家不動産訴訟法の研究』（至文堂、一九三八年）。訴訟が決着するまで対象となる論所・論物の処分を制限したり、第三者に寄託するなどして所有権等の移転がないようにされた。

（76）このような所領が記された安堵状は、書下年号であることが特徴的である。他にも永禄十二年十月十五日付け伊勢貞倍宛て信長安堵状案（「伊勢文書」『信文』二〇〇号、表1－No.93）や、元亀三年正月二十六日付け石成友通宛て朱印状（『昭和五十七年十一月古典籍下見展覧大入札会目録』『信文』補一二六号、表1－No.149）がある。

（77）「大原野神社文書」（『大日本史料』第十編之一、永禄十一年十一月四日条、二六五頁）。同日付けの「大原野社領同坊領目録」もあり、これには大原野神社領が書き上げられている。

（78）河音能平「日本前期中世（十一世紀～十六世紀）における文書の機能と伝来の諸形態」（同『世界史の中の日本中世文書』文理閣、一九九六年。初出一九八七年）、上島有「南北朝時代の申状について」（『日本古文書学論集』第七巻（中世Ⅲ）、吉川弘文館、

一九八六年。初出一九七六年）・同「室町幕府文書」（『概説古文書学』古代・中世編、吉川弘文館、一九八三年）、註（7）山田氏論文など。

(79)「将軍家御教書」は、将軍から発給される花押が捺えられた「御判御教書」か、あるいは管領が将軍の意思を奉じて発給する「管領奉書」である。三鬼清一郎氏は註（6）論文で、これを論拠として信長を「実実上は幕府の副将軍だった」と位置付けた。この様式の事例として、次の文書がある（「醍醐寺文書」『概説古文書学』古代・中世編、吉川弘文館、一九八三年）。

三宝院雑掌申美濃国帷庄事、先度被施行之処、不事行云々、甚無謂、為禁裏御料一円之地、多年当知行之処、号有地頭分、大宅八郎濫妨云々、不日止彼妨、可被沙汰付雑掌、更不可有緩怠之状、仍執達如件、

左衛門督（斯波義将）（花押）

康応元年六月十七日

土岐大膳大夫（康行）殿

この史料は、室町幕府第三代将軍の足利義満が美濃国帷庄における大宅八郎の濫妨停止を守護の康行に命じた文書である。発給者の義将は義満政権の管領を務めており、将軍義満の命を奉じて守護に下達した。したがって、管領奉書の将軍家御教書である。これについて石崎健治氏と山田康弘氏は信長朱印状と様式を比較して、①書下年号と付年号、②官途書と実名書、③宛て所の点で異なることから、将軍家御教書ではないとして否定した（註7・8）。筆者も同意見であるが、まずその前提として信長は義昭からの管領・副将軍就任の勧めを辞退しており（『原本信長記』巻一）、幕府における上位の役職に就いていないため、政治的な立場の上からも成り立たない。また、信長はこの史料のように守護に直接違乱停止を命じていないことからも、「管領」とするには否定的である。

(80) 守護が幕府からの上意を守護代へ下達する場合、御判御教書を奉じた場合は「守護遵行状」となり、管領奉書を奉じた場合は「守護施行状」となる。

(81) 今谷明「管領代奉書の成立」（同『守護領国支配機構の研究』法政大学出版局、一九八六年。初出一九七五年）、上島有「室町幕府文書」（『日本古文書学講座』第四巻（中世Ⅰ）、雄山閣、一九八〇年）。

(82) 一連の経過については、註（7）山田氏論文に詳論されている。

(83) 註（4）奥野氏『信文』補遺一二八頁、註（2）池上氏著書。

(84) 石崎氏・山田氏以外にも、奥野高広氏が「幕府の公文書に信長の公文書が副えられることにより、一層の効果が期待された」とし、脇田修氏は「一般に、上洛直後に発給された公家・寺社への安堵状を見るならば、幕府奉行人奉書が出されるとともに、信長の

「添状」が付けられることが多い」と述べ（註4）、池上裕子氏も「副状」としている（註2）。

（85）信長は（天正元年）三月七日付け細川藤孝宛て黒印状（「細川家文書」『信文』三六四号、表1－No.179）で、義昭との関係を「君臣間之儀」と述べている。

（86）（元亀二年）八月十四日付け細川藤孝宛て判物（「革嶋文書」『信文』補二九号、表1－No.142）で「条々被仰下之通、何以存知仕候」と、信長は義昭から仰せ下された「条々」を承っていることが確認できる。

（87）上意を承けた文言が記されて、書止文言が「仍執達如件」で、付年号に実名書の様式は、今谷明氏が指摘した「管領代」の茨木長隆が発給した次の「管領代奉書（添状）」と同じ様式といえる（「誓願寺文書」。同「管領代奉書の研究」『守護領国支配機構の研究』法政大学出版会、一九八六年。初出一九七五年）。

誓願寺雑掌申当寺門前小河々上事、勧修寺家相談進止云々、然上者、千本閻魔堂外諸勧進所并在家再興儀、任公方御下知旨、堅被停止之上者、宜致存知之由候也、仍執達如件、

天文八
十二月廿四日　　長隆（茨木）（花押）
小河一町中

発給者の長隆は摂津の国衆で、細川京兆家の当主で管領を務めた細川晴元に従い、奉行人として京都支配も執り行った。この史料には同日付けの幕府奉行人連署奉書（松田頼康・飯尾貞広）があり、それを承けて発給されたものである。今谷氏は「かかる管領代添状が幕府奉行人連署奉書と比肩して効力を主張し、奉行人奉書の実効を補完する体制」だったと指摘した。なお、「管領代」について疑義が唱えられたことから、今谷氏はその後「守護奉行人奉書」と修正している（同『言継卿記』そしえて、一九八〇年）。

（88）「如件」の書止文言の朱印状については、表1を参照願いたい。「御下知」の朱印状については、神田千里氏が註（2）［二〇〇二］論文で宛て所を①寺社本所、②大名、③幕臣等のその他に分類している。

（89）註（84）石崎氏・山田氏・奥野氏・脇田氏・池上氏が「副状」としている。

（90）既述の通り主として禁制がこの様式に該当するが、上意を表す文言が記されていない。信長朱印状の多くは付年号に実名書であることから、禁制以外には確認できない様式である。

（91）信長は管領や副将軍に就くことを辞退しており、幕府の要職に就任していない（『原本信長記』・『言継卿記』）。かつ、守護や

幕臣に軍事動員などを要請する場合は、義昭の近臣へ上聞を求める披露状を発給して申し入れがなされていた（「実相院文書」『信文』三〇八号、表1－No.148）。

中嶋・高屋表調儀之子細候間、為行柴田修理亮（勝家）差上候、御出勢之儀被仰出、各無弓（油）断可被相働事簡（肝）要候、為天下候間、各軽々与出陣可然存候、此等之旨可被達上聞候、恐々謹言、

（元亀三年）正月廿一日　　信長（朱印）

飯河肥後守（信堅）殿

曽我兵庫頭（助乗）殿

義昭はこれを承けて、守護・幕臣へ下達することが行われていた（これについて、軍事的関係については註（27）拙稿e（本書第Ⅱ部第一章）で、相論裁許については註（20）拙稿d（本書第Ⅱ部第二章）で詳論した）。したがって、実際に信長は幕府の上位者として守護・幕臣に下達することを行っておらず、また彼らとは直接的な主従関係にないことから命を下す立場にもなかったといえる。

（92）　註（87）天文八年十二月二十四日付け守護奉行人奉書（茨木長隆）「誓願寺文書」。

（93）　註（79）の将軍家御教書（管領奉書）の宛て所である美濃国守護の土岐康行が、上意を奉じて守護代に発給した守護遵行状は次の史料である（「醍醐寺文書」）。

三宝院雑掌申美濃国帷庄事、任御教書之旨、止大宅八郎妨、下地於可被沙汰付雑掌之状、如件、

康応元年六月廿七日　　大膳大夫（土岐康行）督（花押）

多治見三河入道（道甚）殿

ここに記された「任御教書」は、註（79）を指している。註（79）と併せて特徴を記すと、①守護に宛てて直接発給されている、②先行して発給された「任御教書」の将軍家御教書を承けて発給された、③書止文言が「如件」、④書下年号、⑤官途書で書名、⑥守護代に宛てて遵行状を発給、の六点が挙げられる。山田康弘氏が註（7）論文でこれと同様と指摘した史料9と比較すると、②が信長朱印状の場合は「任御下知之旨」となっていることと、信長朱印状の多くが③の「如件」とする点で同様といえるが、それ以外は異なっている。むしろ様式的には、註（87）の「守護奉行人奉書」と同じである。したがって、守護遵行状と信長朱印状とは基本的な様式は異なっているといえる。

（94）　この「四百石運上」が、実際に取り決められたことが次の文書で確認できる（「賀茂郷文書」『信文』一八九号）。

猶以定納四百石宛ニ相定候也、以上、

城州賀茂庄之内、自先々落来候田畠、雖為少分、任御下知旨、賀茂売買之舛にて毎年四百石宛可運上、并軍役百人宛可有陣詰之由、得其意候、聊不可有如在事肝要候、恐々謹言、

木下藤吉郎
秀吉（花押）

四月十四日

明智十兵衛
光秀（花押）

賀茂庄中

(95) A「任御内書・御下知之旨」（表1－No.62・83）、B「被任御下知之旨」（表1－No.42・43・45・50・56・60・78・79・89・93・94・168）、C「被成御下知」（表1－No.44・54・57）、D「被任御代々御判・御下知之旨」（表1－No.74・84）、E「任綸旨并御代々御下知之旨」（表1－No.71・85）、F「任御代々御判之旨」「御代々御下知之旨」（表1－No.61・82・95）。

(96) 御供米の社納を安見右近丞に督促することを幕府に求めた永禄十二年二月日付け石清水八幡宮御殿司請文（「菊大路文書」『大日本史料』第十編之二、永禄十二年二月是月条、九六三頁）に、義昭の治世期が「当御代」と記されている。

(97) （元亀元年）五月十六日付け大館上総介宛て信長書状（「牧田茂兵衛氏所蔵文書」『信文』二七八号、表1－No.137）も、実名書に花押で署判され、書止文言が「恐々謹言」で脇付けが記されて丁重な様式であることが確認できる。他にも花押が記された書状は多数確認できるが、内訳としては幕臣・守護・守護代宛て（表1－No.103・110・120・122・129・137・138・139・141・142・147・158・170・178）、国衆宛て（表1－No.105・111・124・125・129・133・134・136・143）、寺社・公家等宛て（表1－No.65・116・135）が確認できる。内容は主に戦況の報告・指示、音信・贈答返書である。

(98) 信長朱印状の発給手続きと織田家奉行人については、拙稿1「京都支配における織田信長朱印状と織田家奉行人の政治的役割」（新稿、本書第Ⅲ部第三章）で詳論した。併せて参照願いたい。

(99) 「忩劇」は、永禄十一年十一月二十一日付け山城国北岩倉郷名主百姓中宛て幕府奉行人連署奉書（「実相院文書」『大日本史料』第十編之一、永禄十一年十一月二十一日条、二九六頁）に記されている。「錯乱」は、永禄十二年四月二十日付け曇華院宛て信長朱印状（「曇華院文書」『信文』一七一号、表1－No.80）に「去年錯乱」とある。「大乱」は、永禄十一年十二月吉日付け関藤五郎等連署状（「離宮八幡宮文書」『大日本史料』第十編之一、永禄十一年十二月三日条、三〇九頁）に「今度大乱」とある。信

長は天正三年八月の越前平定後に定めた「越前国掟」（『原本信長記』巻八、『信文』五四九号）の四ヵ条目で、「京家領之儀、乱已前於当知行者可還附」と定めていることから、戦後の復興政策として争乱以前の状態に秩序を回復することを政治的課題としていたことが確認できる。これは京都でも同様であったと考えられる。

（100）註（60）拙稿k（本書第Ⅳ部第二章）の旧稿［一九九七年］論文で、当史料を引用して幕府が滅亡した後の天正元年七月以降、村井貞勝と明智光秀が京都専任の奉行になってからは、京都における裁許に信長は彼らに権限を委譲して関与していなかったと述べた。しかし、この史料の続きには、「山崎之者、先年維任・村井両人の前にて一果候公事を、致謀書、御直奏仕候、村井ニ御尋之処、右之果口言上候、曲事之旨御掟候て、御成敗」とあることからまったく無関係ではなく、彼らの裁許に不服がある場合には直接信長に提訴していることが確認できる。基本的には彼ら現地の奉行人に委任されており、彼らが裁許して「一果候公事」について信長は訴えを請け、貞勝に理非を尋ねたうえで「曲事」と裁定を下して成敗している。

このような上級の裁判権については、「越前国掟」（『原本信長記』巻八、『信文』五四九号）の三ヵ条目に「公事篇之儀、順路憲法たるべし、努々贔屓偏頗を不存可裁許、若又、双方存分不休におゐてハ、以雑掌我々に相尋、可落着事」と規定されている。また「甲斐・信濃宛て国掟」（『原本信長記』巻十五、『信文』九八五号）の四ヵ条目には「公事等之儀、能々念を入令穿鑿、可落着事」とあり、全条文のまとめとして「右、定外於悪扱者、罷上直訴訟可申上候也」と定められている。基本的には従来の道理である「憲法」に基づいて裁許し、落着しない場合には信長が裁許するとしている。

（101）元亀元年六月十九日付け永円寺住持順覚御房宛て幕府奉行人連署奉書（「国上寺文書」『大日本史料』第十編之四、元亀元年六月十九日条、五一九頁）。

（102）幕府の訴訟手続きについては、註（1）拙稿a（本書第Ⅰ部第一章）・註（41）拙稿h（本書第Ⅰ部第三章）で詳論した。

（103）上島有「添状」（『国史大辞典』吉川弘文館、一九八七年）、新田英治「南北朝‐戦国期の武家文書」（『概説古文書学』古代・中世編、吉川弘文館、一九八三年）。

（104）将軍の側近である内談衆が奉行人奉書の副状を発給していたことについて、第十二代将軍足利義晴については設楽薫「将軍足利義晴の政務決裁と「内談衆」」（『年報中世史研究』第二〇号、一九九五年）、義昭については註（1）拙稿a（本書第Ⅰ部第一章）を参照のこと。

（105）このような「分国」の大名との外交文書は、永禄十三年正月の「五ヵ条条書」（「成簣堂所蔵文書」、表1‐№96）の第一条と第四条に基づいたものである。註（52）を参照のこと。〔史料14〕はこれらに基づいて発給された文書であった。実際に、信長が伊勢北畠具教等の二十一ヵ国におよぶ諸国の大名・国衆に宛てて、「天下弥静謐」のために参洛して将軍義昭に「御礼」を申し上げることを求めている（『二条宴乗日記』元亀元年正月十五日条『信文』二一〇号、表1－№97）。つまり、大名・国衆等が参洛して将軍に供奉する本来の幕府を再興させるためには「分国」の「静謐」は必須の条件であり、それが達成化されることによって上洛が可能となる。義昭と信長はその実現化を図ったと考えられる。なお、これらについては註（27）拙稿e（本書第Ⅱ部第一章）と註（11）拙著を参照願いたい。また、「天下静謐」については、註（52）金子拓氏の著書にも詳論されている。

(106)　註（14）天野氏著書、註（11）拙著。

(107)　信長政権の相論裁許については、表4で一覧表にしてまとめた。管見の限り、三十七例確認できる。

(108)　義昭政権の裁許手続きについては、註（1）拙稿a（本書第Ⅰ部第一章）と註（41）拙稿h（本書第Ⅰ部第三章）を参照願いたい。

(109)　染谷氏は註（5）論文で信長により訴えられたとするが、南禅寺から提訴された訴訟を信長が裁許した案件だったといえる。

(110)　（永禄十二年）十月十七日付け山城大住荘三ヶ村名主御百姓中宛て武井夕庵書状（「曇華院文書」『信文』二一九号）。なお、曇華院の相論については、註（20）拙稿d（本書第Ⅱ部第二章）で述べた。また、川元奈々氏が註（51）論文と「足利義昭・織田信長と京都の在地社会」（『都市文化研究』第十九号、二〇一七年）で詳論している。なお、拙稿dの初出論文では当該文書を『信長文書』『大日本史料』を参照して「元亀元年ヵ」としていたが、川元論文を基に本書では訂正した。

(111)　（永禄十三年）三月二十三日付け山城大住荘三ヶ村名主御百姓中宛て明智光秀・中川重政・丹羽長秀・木下秀吉連署副状案（『曇華院文書』『信文』二一五号参考）。

(112)　永禄十二年十一月十五日付け伊勢弘泉坊真円宛て朱印状案（「賜蘆文庫文書」『信文』二〇三号）によると、伊勢の常智院良慶は金子を貯えていたが、紛失したことから相論となった。これについて信長は「然間遂糺明為可決理非、双方可越之由申送之処」と、理非を決する糺明のために弘泉坊と覚弘院の双方を呼び出した。弘泉坊は「其方事即時ニ令上国、数日逗留、覚弘院かたへも度々雖申遣候、至今日不来候」とあることから即時に信長の許に来訪したが、覚弘院は来なかった。信長は「然上者不論理非、如法式、汝弘泉任理運候、覚弘院儀永加成敗之条」と、弘泉坊の理運とする裁定を下して、覚弘院を「成敗」することに決した。このように信長の相論裁許は、双方を呼び出して理非を糺すことが行われた。また、裁定は取り次ぎの裁量によって有利に働くことが、法隆寺の相論で明らかにされている。半田実「織田信長側近一雲斎針阿弥に関する一研究」（『日本歴史』第五四九号、一九九四年）・金子拓「法隆寺東寺・西寺相論と織田信長」（同『織田信長権力論』吉川弘文館、二〇一五年。初出二〇〇七年）。

(113)　註（20）拙稿d（本書第Ⅱ部第二章）の旧稿（初出二〇一七年）では、「近所」を係争地である丹波国佐伯荘としたが、秀吉は「岡殿へ参」とあることから京都における大慈光院の邸宅の「近所」とも考えられるため、訂正しておきたい。

(114)　永禄十二年四月四日付け大慈光院雑掌宛て内藤貞弘判物（「曇華院文書」『大日本史料』第十編之二、永禄十二年四月二日条、一五二頁）で、毎年十一月に八十石の請米を定納することが取り決められている（註〈20〉拙稿d、本書第Ⅱ部第二章を参照のこと）。

(115)　木下秀吉が広隆寺の寺領を安堵した次の書状で、幕府の奉行人である飯尾貞遙が寺領を違乱したことから、信長によって裁許されて朱印状が発給されたことが確認できる（「広隆寺文書」『信文』一八〇号、表4－No.10）。

惣寺中へも此よし可被仰候、
太秦之儀、飯尾右馬助（貞遙）方へ信長朱印雖被遣候、当寺へ去年朱印被遣之条、其筋目毛頭不可有相違之由、飯右馬へ重々被相断候、朱印ニも其通文言ニ被入書候間、可御心安候、去年当寺へ被進之候朱印少も相違有間敷候、尚以面拝可申候、恐々謹言、

（別筆）「天正二」
五月十七日木下藤吉郎
秀吉（花押）

広隆寺
侍者御中

ここで秀吉は、広隆寺に去年遣わした信長朱印状と相違がないとすることを伝えている。「去年」については、「飯尾右馬助方へ信長朱印雖被遣候」とあることから、貞遙にも信長朱印状が発給されていることが確認できる。これにより「去年」に朱印状が発給されて一度広隆寺の寺領が安堵された。しかし、「飯右馬へ重々被相断候」とあることから貞遙によって違乱され、広隆寺は去年発給された朱印状を証文として差し出して、あらためて信長へ提訴した。信長は相論を裁許して、貞遙に違乱停止を指示する朱印状を発給したと考えられる。その際には、広隆寺から求められた「文言」を「其通」に貞遙への朱印状に「重々」書き入れたことを広隆寺に伝えている。広隆寺にも裁定結果の寺領を安堵する朱印状が発給され、この史料はその副状と考えられるが、信長朱印状は管見に触れない。秀吉は広隆寺からの訴えを請けて信長へ取り次ぎ、信長からの裁定結果の朱印状を受け取って、この史料を副状として広隆寺に発給したと考えられる。なお、奥野高広氏は永禄十二年に比定している。また、（永禄十二年）七月八日付けで発給された信長家臣の毛利良勝・同長良・武井夕庵連署状（「広隆寺文書」『信文』一八七号）に「任御下知之旨、信長朱印去年雖被進之候、猶重御朱印申調遣候」とあり、信長は去年に一度「任御下知之旨」せて朱印状を発給し、さらに再び朱印状を発給したことが確認できる。この連署状も副状と考えられるが、やはり信長朱印状は管見に触れない。

(116)　（元亀二年）六月十三日付け猪子高就宛て信長朱印状（「猪子文書」『信文』二八一号）には、「下輪川西、川東ニ一揆等隠居之由候、

急度為上使罷越遂糺明、雖誰々家来、可生害候」とある。元亀二年五月に伊勢・長島一向一揆が蜂起したことに対して、信長は猪子高就を「上使」として派遣し、一揆ならば誰の家来であっても生害するように命じている。したがって、信長が派遣した家臣を「上使」と表していることが他の史料からも確認できる。

(117)『原本信長記』(巻一)永禄十一年十月二日条に「今井宗久是又無隠名物松嶋ノ壺《ツボ》、并紹鴎茄子《ナスビ》進献」とあり、宗久が茶器を献上していることが確認できる。

(118)会合衆の抵抗は、次の史料で確認できる(「末吉文書」『信文』上巻、一五四頁。豊田武『堺』所収)。

織田上総介近日馳上候其聞、其元於御同心者、双方示合出向領堺〔界〕、可防之候、為御相談如此候、恐惶謹言、

堺会合等〔衆カ〕

平野庄年寄御衆中

(119)宗久については『堺市史』続編、第五巻(堺市、一九七四年)に「今井宗久書札案留」が所収されており、活動の詳細を知ることができる。なお、柴辻俊六「織田政権下の堺と今井宗久」(同『織田政権の形成と地域支配』戎光祥出版、二〇一六年。初出二〇一三年)に目録が掲載されている。また、宗久については、朝尾直弘「織豊期の堺代官」(同『将軍権力の創出』岩波書店、一九九四年。初出一九七二年)・堀新「織田政権と堺」(『比較都市史研究』第六巻二号、一九八七年)でも詳論されている。

(120)摂津五ヶ庄の塩・塩合物の徴収権については(永禄十二年)八月十二日付け塩座衆等宛て今井宗久奉書案(「今井宗久書札案留」『信文』一九三号)、淀過書船の利用権については(永禄十二年)六月八日付け淀過書廻船中宛て飯川信堅折紙案(「今井宗久書札案留」『信文』一八六号)で確認できる。

(121)(永禄十二年)十一月十一日付け池田勝正宛て丹羽長秀折紙案(『今井宗久書札案留』『信文』一九九号)。

(122)「元亀の争乱」については、註(27)拙稿e(本書第Ⅱ部第一章)を、守護の軍事的役割については註(11)拙著を参照のこと。

(123)(年未詳)六月十日付け長岡藤孝宛て織田信長折紙案(「愛宕山尾崎坊文書」『信文』三七六号附録、表2-No.328)に、「渡辺太郎左衛門と云もの、無故下司職と哉ん号之、令違乱候間、曲事候旨申付、これも競望止」とある。なお年代については、細川藤孝が元亀四年七月十日付け信長朱印状(「細川家文書」『信文』三七五号、表1-No.183)によって桂川西地の「一職」支配を宛行われ、細川から長岡へ改姓して以降である。

(124)この相論については、関連する次の丹羽長秀書状案がある(「愛宕山尾崎坊文書」『信文』二二七号参考)。

態以折帋申候、仍外畑村就下司職之儀、貴所御構之由沙汰之限候、尾崎坊之儀者、御下知・御朱印在之上、向後於競望者、

堅可為曲事候、為其如此候、恐々謹言、

卯月廿日　　　　丹羽五郎左衛門尉
　　　　　　　　　　長秀
　　渡辺太郎左衛門尉殿
　　　　　　御宿所

太郎左衛門は、尾崎坊の訴えを請けて信長への取り次ぎを務めたと考えられる長秀から違乱停止が通達された。この史料と〔史料20〕の時系列は判然としないが、長秀書状案は受益者に発給された信長朱印状の副状と考えられ、史料20に「去年御下知并朱印遣候処」とあるのは、ここに記された「御下知・御朱印」と考えられる。そのため、太郎左衛門はこの文書で一度違乱停止を命じられたにも関わらずその翌年にも再び違乱し、史料20で信長から「成敗」と強く叱責されたと考えられる。いずれにしても信長は先に尾崎坊へ朱印状を発給しており、太郎左衛門が社領を違乱したことから史料20の朱印状を発給した。

(125)　織田家奉行人が連署して文書を発給する際には柴田勝家・坂井政尚・蜂屋頼隆・森可成（〈永禄十二年〉三月二日付け摂津多田院宛て奉行連署状「多田院文書」『信文』一五四号）等と丹羽長秀・明智光秀・木下秀吉・中川重政（〈永禄十二年〉四月十六日付け立入宗継宛て明智光秀等連署披露状「立入文書」『信文』一六五号）等の二つ組み合わせがあり、主に西部と東部にそれぞれ分かれて活動していたと考えられる。これについては、註（42）拙稿ｉ（本書第Ⅲ部第二章）で明らかにした。柴田等については、次の史料で確認できる（「本興寺文書」『信文』一四六号）。

態以飛脚申候、仍尼崎本興寺之儀、拙者寺之事候間、陣取、其外万之御用捨所仰候、則信長へ申入候処、無別儀候間、弥以頼存候、
恐々謹言、

（永禄十二年）
正月廿四日　　　　　　（飛鳥井）雅敦
　（勝家）
柴田修理亮殿
　（頼隆）
蜂屋兵庫助殿
　（可成）
森三左衛門尉殿
　（政尚）
坂井右近尉殿

公家の飛鳥井雅敦は、氏寺である摂津国尼崎の本興寺の保護を勝家等に願い出ている。ここに「陣取、其外万之御用捨」を「則信長へ申入候」とあることから、禁制も含めて信長に先に申し入れていることが確認できる。これに対して信長は「無別儀候」と、

了承している。雅敦はそれに基づいてさらに勝家等に保護を求め、自力救済に奔走した。

(126) 幕府の相論裁許と「異見十七ヵ条」（表1－№173）による叱責については、註（20）拙稿d（本書第Ⅱ部第二章）で詳論した。

(127) 史料は、下坂守『中世寺院と社会と民衆』（思文閣出版、二〇一四年。初出一九九五年）に全文が翻刻されている。信長政権による「譴責」については、註（20）拙稿d（本書第Ⅱ部第二章）で述べた。

(128) 「殿中御掟」と「五ヵ条の条書」による役割分担については、註（27）拙稿e（本書第Ⅱ部第一章）と註（11）拙著、幕臣の違乱と「異見十七ヵ条」については註（20）拙稿d（本書第Ⅱ部第二章）で述べた。

(129) 最終的にはこのことが義昭との間に齟齬が生じる一因となったと考えられる（註〈20〉拙稿d、本書第Ⅱ部第二章）。

(130) 表4の信長政権による相論裁許三十七件のうち、二〇件が幕臣による違乱である（№2・4・6・7・10・12・13・15・17・19・20・26・28・29・31・33～37）。明智光秀の違乱は幕府に提訴されていることから、ここに含めた。これについての詳細は、註（42）拙稿e（本書第Ⅲ部第二章）を参照のこと。

(131) この相論についての関係文書は、「法金剛院文書」（『大日本史料』第十編之三、永禄十二年十一月十三日条、五六四頁）に所収されている。

(132) 足利義尚の側近として二階堂政行が仕えており、義尚は政行も含めた側近に幕政を委ねたことが知られる（長江正一『三好長慶』吉川弘文館、一九六八年）。

(133) 木下祐久は、織田家の氏神である越前織田剣神社との取り次ぎを務めている〈天正元年〉霜月四日付け織田大明神寺社中宛て祐久判物「織田剣神社」『信文』四一六号参考）。なお、詳細な事績については、註（28）谷口氏の『信長家臣辞典』に詳しい。

(134) 「異見十七ヵ条」（『尋憲記』元亀四年二月二十二日条、『信文』三四〇号、表1－173・表4－№36）の第五ヵ条目に、「表向ハ御沙汰候て、御内儀者御用捨」「御耳をも被伏」とある。義昭の所領政策については、註（20）拙稿d（本書第Ⅱ部第二章）で詳論した。

(135) 義昭の恣意的な政権運営については、註（41）拙稿h（本書第Ⅰ部第三章）・註（20）拙稿d（本書第Ⅱ部第二章）で詳論した。

(136) 永禄十二年正月「殿中御掟」（「仁和寺文書」、表1－№58）による幕府機構の再興については、註（50）臼井氏の論文で明らかにされている。これを基にして裁許の規範を定めたことについては、註（41）拙稿h（本書第Ⅰ部第三章）で述べた。

(137) 「五ヵ条の条書」（表1－№96）の第三ヵ条目に「奉対公儀、忠節之輩ニ雖被加御恩賞・御褒美度候、領中等於無之ハ、信長分領之内を以ても、上意次第ニ可申付事」とあり、恩賞として宛て行う所領がない場合には、義昭の上意次第で信長が「分国」の領内から所領を提供することを取り決めている。
(138) 註（58）高柳氏の著書などで、人気取りの方策と考えられてきた。
(139)「元亀の争乱」における「摂津の陣」の展開については、註（11）拙著で詳論した。
(140) 一色藤長宛て書状では、宛所が「一色式部少輔殿御宿所」となっていて脇付が付されており、丁重な様式である点が注目される。註（97）も参照のこと。
(141) 幕府による寺社領の押収については、神田千里氏が註（2）［二〇〇二］論文で「自ら御料所とする場合もあった」とし、将軍の権限の一つであったと述べている。
(142) 観世元頼については、江口文恵「勧修寺文書に見る観世小次郎元頼の領地安堵」（『能学研究』第三四号、二〇〇九年）で詳論されている。ここでは前代の三好政権との関係についても述べられている。
(143) 永禄十一年十月二十四日付け織田信長朱印状（「法政大学能楽研究所所蔵文書」『信文』補一二〇号、表1－№47）。
(144) 三淵藤英の政治的活動については、金子拓「室町幕府最末期の奉公衆三淵藤英」（同『織田信長権力論』吉川弘文館、二〇一五年。初出二〇〇二年）に詳論されている。
(145)（永禄十二年）八月十七日付け三淵藤英宛て今井宗久書状案（『今井宗久書札案留』『信文』一九五号、表4－№13）。
(146) 元亀二年二月六日付け飛鳥井雅教宛て女房奉書（「京都御所東山御文庫記録」『大日本史料』第十編之五、元亀二年二月六日条、九一七頁）。
(147)『御湯殿上日記』元亀三年十月三日条。
(148)（年未詳）七月十日付け一色藤長宛て木下秀吉書状（「高橋氏所蔵文書」『信文』一三七号参考、表4－№37）。
(149) 永禄十三年三月二十二日付け山城曇華院宛て織田信長朱印状（「曇華院文書」『信文』二一五号、表1－№98・表4－№7）。
(150)（元亀三年）九月二十八日付け細川藤孝宛て滝川一益副状（「革嶋文書」『信文』三三九号参考、表4－№34）。
(151) 元亀三年十二月三日付け松尾社家神方中宛て木下秀吉書状（「松尾月読社文書」『大日本史料』第十編之十、元亀三年十二月三日条、三六六頁。表4－№35）。
(152) 元亀二年十二月十九日付け天王寺宛て正親町天皇勅書（「四天王寺文書」『大日本史料』第十編之七、元亀二年十二月十九日条、一八〇頁）。
(153)（永禄十二年）五月十七日付け広隆寺宛て木下秀吉書状（「広隆寺文書」『信文』一八〇号、表4－№10）。

(154)（永禄十二年）四月二十日付け摂津伊丹親興宛て織田信長朱印状（「曇華院文書」『信文』一七四号、表1－No.81・表4－No.7）。

(155)（永禄十二年）摂津池田勝正宛て丹羽長秀奉書案（『今井宗久書札案留』『信文』一九二号、表4－No.12）。

(156)「異見十七ヵ条」第五ヵ条（『尋憲記』『信文』三四〇号、表1－173・表4－No.36）。

(157) 永禄十二年十二月日付け山城相国寺宜竹軒宛て織田信長朱印状（「慈照院文書」『信文』二〇八号、表1－95・表4－No.17）。

(158) これら義昭政権の幕臣による違乱については、註（20）拙稿d（本書第Ⅱ部第二章）・註（5）染谷氏・註（50）臼井氏の論文で述べられている。

(159) 曇華院の相論については、註（20）拙稿d（本書第Ⅱ部第二章）で詳論した。註（111）の川元氏の論文も参照願いたい。

(160) 永禄十二年三月二十六日付け幕府奉行人（諏訪俊郷・松田頼隆）連署奉書に「禁裏御大工惣官職事、帯綸旨并数通御下知、任当知行之旨、去年被成奉書」「弥棟梁右衛門定宗可致存知之由、所被仰下也」（『言継卿記』永禄十二年十一月一日裏文書、『大日本史料』第十編之二、永禄十二年三月二十六日条、一二四頁）とあることから、定宗は綸旨と数通の奉行人奉書を証跡として差し出し、これに基づき義昭政権は「当知行」と判定して定宗を禁裏御大工惣官職を安堵した。義昭政権の相論裁許については、本件も含めて本書第Ⅰ部第三章で述べた。なお、禁裏御大工惣官職相論については、神田裕理「戦国末期の室町将軍と朝廷」（『戦国・織豊期の政務運営と公武関係』日本史史料研究会、二〇一五年。初出二〇一一年）に詳論されている。

(161) 言継も副状を発給して、信長に証文に任せて定宗に仰せ付けるように依頼されていることが、次の史料で確認できる（『言継卿記』永禄十二年六月二十六日条）。

就御大工惣官職之儀、女房奉書如此候、任代々證文之旨、憲法ニ可被仰付候、右衛門尉罷下候由候間、重被仰出候也、恐々謹言、

六月廿五日　言継

織田弾正忠殿

(162) 言継はこの二通の女房奉書を幕府と信長それぞれの許に持参して、所領回復を願い出た。十月二十一日付け明院良政宛て言継書状に、「仍知行分名字地、大宅・野村・西山地頭職之事、此間貴所、飯田御両所頼入申、自弾正忠殿《（信長）》以御執申、為上意被返付候様ニ頼存候」「此度知行分於被仰付者、可為一家断絶候間、偏霜台《（弾正忠信長）》可為御合力候」「尚々、一重ニ貴所頼申候事候間、急度霜台上意へ御申所仰候」（『言継卿記』永禄十一年十月二十一日条）とあり、信長から幕府へ「執申」して所領が回復されることを懇願している様子が確認できる。このように、信長は幕府へ申し入れる際に「執申」して「合力」することが求められた。

(163) この他の事例として、『言継卿記』元亀元年三月一日条によると、「久我入道《（愚庵宗久）》渡御、右大将《（久我通俊）》御侘言之儀、信長執申之間、尚内々

御取合頼入」（『公卿補任』）とあり、勅勘された公家の久我通俊が宥されるよう信長に憑って、信長から「執申」すことを求めていることが確認できる。

（164）これまで信長は義昭政権を傀儡化したことによって権力の二元制が生じて「二重政権」構造が現出したと考えられてきたが、以上の検討からも受益者から求められたことによって信長が京都の政治に関わるようになったことが明らかであるといえる。

（165）従来「元亀の争乱」は、信長が「天下統一」を目指した領国拡大のための合戦だとされてきたが、註（27）拙稿e（本書第Ⅱ部第一章）・註（11）拙著で義昭の「天下静謐」のための合戦だったことを明らかにした。

（166）奥野高広氏の『信長文書』解説（上巻、三七六頁）によると、革嶋氏は永禄十二年正月の本圀寺合戦で三好三人衆に加勢したため、所領を没収された可能性が指摘されている。この合戦によって、旧地が回復されたとする。そのため、失地回復を図って「一所懸命」に「為天下」の合戦に奮戦したと考えられる。なお、註（8）で石崎健治氏は、①戦時中において応急的・臨時的に発給されたものであり、②「条書」で「天下之儀」を信長に任せたことから、政務全般は信長に委任されており、その一環として武士に対する所領給付は既に信長の専権事項となっていた、とする二つの可能性を指摘している。

（167）註（27）拙稿e（本書第Ⅱ部第一章）・註（11）拙著で、若狭・越前侵攻は元々は義昭による若狭武藤氏征伐を目的とした公儀の軍隊による軍事行動だったを明らかにした。併せて参照願いたい。

（168）姉川の合戦の政治・軍事的背景については、註（27）拙稿e（本書第Ⅱ部第一章）・註（11）拙著で述べた。

（169）本願寺の下間頼総（證念）は、義昭と信長は「御一味」と述べている（「勧修寺文書」證念書状写、『大日本史料』第十編之四、元亀元年九月十二日条、八六三頁）。

（170）四国三好勢と義景・長政の「堅約」については、（元亀二年）正月二十二日付け河田長親宛て吉崎吉家書状写（『歴代古案』、『大日本史料』第十編之四、元亀元年九月二十日条、九〇〇頁）に記されている。

（171）永禄十三年正月二十三日付け「五ヵ条条書」（表1－No.96）の宛所も、明智光秀（と日乗上人）である。信長と義昭との間で事前の政治交渉があったことは想定されるが、光秀は信長からの「条書」を受け取ってから義昭に披露し、義昭は承認したうえで印を捺した。このように両者の間を取り持つことが光秀の政治的役割だったと考えられる。

（172）信長邸の造営については、『大日本史料』（第十編之八、元亀三年三月二十一日条、三七三頁）の稿文に「義昭、権大納言徳大寺公維ノ武者小路ノ第ヲ収メテ、織田信長ニ与ヘ、廷臣・諸将士ヲシテ、之ヲ造営セシム」とあることから、義昭が主体であると考えられてきた。谷口克広氏は註（4）著書で、「信長に対する御機嫌取り」と評価している。『兼見卿記』元亀三年三月二十一日条に、「信長徳大寺殿御屋敷可有普請之旨相定云々」とあり、『原本信長記』（巻五）にも「迚も細々御参洛之条、御座所無之候てハ如何之由候て、上京むしやの小路にあき地□《（のカ）》坊跡在之を、御居住に可被相構之旨、被達上聞候之処、尤可然之由被仰出」とあることから、建造については信長からの申し出で幕府に造営の許可を「執申」したことが確認できる。その政治的な背景としては、大和の松永久秀が義昭に背いて蜂起して畿内の守護連合を形成する動きがあり、軍事的緊張関係が急激に高まったことから、信長の京都常駐を図る畿内の備えの政策だったと考えられる。これについては、註（27）拙稿e（本書第Ⅱ部第一章）と註（11）拙著で述べた。

（173）「執申」については従来「傀儡化」を表す事例とされ、近年においても石崎健治氏が註（8）の論文で、信長の権力が強大化したことによって両者の関係性が「信長の強い要請があれば、義昭がその意向に沿って奉行人奉書を発給せざるを得ない両者の権力関係」になったと述べている。

（174）近年では室町幕府最末期の研究が進展して、将軍と守護との関係において行われていたことが明らかとなっている。「執申」について検討した木下昌規は、義昭・信長以前の義稙・義晴・義輝期から大内義興・六角定頼等との関係において確認できることを明らかにしている（「戦国期室町幕府奉行人奉書にみる「執申」の文言をめぐって」『義昭論集』、初出二〇〇五年）。また、註（7）の山田氏の論文でも義昭・信長以前から行われており、従来の関係に基づいた慣習だったことが明らかにされている。

（175）「外聞」については、佐々木潤之介「信長における「外聞」と「天下」について」（『織田政権論集』、初出一九七五年）、註（2）神田氏の著書［二〇一四］に詳しい。

（176）「異見十七ヵ条」の「訓戒状」とする見解については、岩沢愿彦「織田信長・豊臣秀吉の訓戒状管見」（『日本大学人文科学研究所研究紀要』第四一号、一九九一年）に述べられている。

表1　永禄・元亀期の京都における織田信長関係文書目録

No.	年月日	文書名	内容	概要	書止文言	署判	宛所	脇付	所在	出典	備考
1	（永禄七年）十二月二十日	織田信長書状写	御内書返書・馬進上	「今度御内書被成下候、忝奉存候、寔生前大事不可過之候」	恐惶謹言	織田三介信長	大館左衛門佐殿	人々御中	山城	『古簡雑纂』『信文』五二号	
2	（永禄九年）十二月五日	織田信長書状	御内書返書（「御入洛」受諾）	「就御入洛之儀、重而被成下御内書候」「度々如御請申上候、上意次第不日成共御供奉之儀、無二其覚悟候」	恐々敬白	信長（花押）	細川兵部太（大）輔（藤孝）殿		山城	「高橋義彦氏所蔵」『信文』六〇号	奥野高広氏は、永禄八年に比定。村井祐樹氏は、永禄九年に比定。
3	（永禄十年）八月二十一日	織田信長書状	上洛の儀に付き	「仍松少（松永弾正小弼久秀）与連々申談事候、今度公儀江御断之段、達而可言上半候」	恐々謹言	信長（花押）	柳生新左衛門尉（宗厳）殿	御宿所	大和	「柳生」『信文』九四号	佐久間信盛副状あり。谷口克広・臼井進氏は、永禄九年に比定。奥野高広氏は同十一年に、村井祐樹氏は同十年に比定。
4	永禄十年十一月九日	正親町天皇綸旨案	御料所申し付け	「古今無双之名将、弥可被乗勝之□〔条〕為勿論」	悉之以状	右中弁（勧修寺）晴豊（花押）	織田尾張守殿		山城	「経元卿御教書案」『信文』上巻：一一六頁	
5	（永禄十年）十二月一日	織田信長朱印状	上洛に付き松永久秀と申合わせ	「御入洛之儀、不日可致供奉候」「就其対多聞（久秀）、弥御入魂専一候」「久秀父子不可見放旨、以誓紙申合候条」	恐々謹言	信長（朱印）	興福寺御在陣衆御中		大和	「柳生」『信文』八二号	「時宜和伊（和田伊賀守惟政）可有演説、猶佐久間右衛門尉（信盛）可申候」
6	（永禄十年）十二月一日	織田信長朱印状	上洛に付き松永久秀と申合わせ	「御入洛之儀、不日可致供奉候」「就其対多聞（久秀）、弥御入魂専一候」「久秀父子之儀、不可見放旨、以誓紙申合候条」	恐々謹言	信長（朱印）	岡因幡守殿	御宿所	大和	「岡」『信文』八三号	「時宜和伊（和田伊賀守惟政）可有演説、猶佐久間右衛門尉（信盛）可申候」
7	（永禄十年）十二月一日	織田信長朱印状	上洛に付き松永久秀と申合わせ	「御入洛之儀、不日可致供奉候」「就其対多聞（久秀）、弥御入魂専一候」「久秀父子、不可見放之旨、以誓紙申合候之条」	恐々謹言	信長（朱印）	柳生新左衛門尉（宗厳）殿	御宿所	大和	「柳生」『信文』補五三号	「時宜和伊（和田伊賀守惟政）可有演説、猶佐久間右衛門尉（信盛）可申候」
8	（永禄十年）十二月五日	織田信長朱印状	綸旨・女房御奉書返書		恐惶敬白	信長（朱印）	万里小路大納言（惟房）殿	人々御中	山城	「熱田神宮所蔵」『信文』補一一七号	
9	（永禄十一年）四月八日	織田信長朱印状	贈答返書	「殊太刀・馬祝着候」	恐々謹言	信長（朱印）	甲賀諸侍御中		近江	「山中」『信文』八七号	「猶和田伊賀守（惟政）可有演説候」

10	永禄十一年四月二十七日	織田信長朱印状	所領宛行		仍状如件	織田尾張守信長（朱印）	佐治美作守（為次）殿		近江	『佐治家乗』『信文』八八号	
11	永禄十一年四月二十七日	織田信長条書	所領安堵等		事	織田尾張守信長（花押）	永原越前守（重康）殿		近江	「護国寺」『信文』八九号	
12	（永禄十一年ヵ）六月日	織田信長判物	違乱停止		かしく	信長（花押）	（蘆浦観音寺）		近江	「蘆浦観音寺」『信文』九一号	
13	（永禄十一年）七月二十九日	織田信長書状	形勢報告	「公方様御入洛之儀肯申之条、隣国除其妨、一和之儀申合候」	恐々謹言	信長（花押）	上杉弾正小弼（謙信）殿	進覧之候	越後	「志賀槙太郎氏所蔵」『信文』九二号	
14	（永禄十一年）八月二日	足利義昭御内書写	上洛供奉	「入洛之儀被仰出候之処、則信長可供奉旨候」	候也	（花押影）	甲賀諸侍中		山城	「大野与右衛門氏所蔵」『信文』九三号	臼井進氏は義昭御内書に修正し、永禄九年に比定。奥野高広・村井祐樹氏は、同十一年に比定。
15	永禄十一年八月日	織田信長禁制	禁止事項条々	①陣取・放火、②濫妨・狼藉、③伐採、山林・竹木	仍執達如件	弾正忠（花押）	柏原成善提院		近江	「成善提院」『信文』九六号	
16	永禄十一年八月日	織田信長禁制	禁止事項条々	①濫妨・狼藉、②陣取・放火、③伐採竹木、相懸非分課役	仍執達如件	弾正忠（朱印）	多賀大社并町		近江	「多賀神社」『信文』九七号	
17	（永禄十一年）九月十四日	正親町天皇綸旨案	京都乱逆停止・禁中警固申し付け	「就其京都之儀、諸勢無乱逆之様可被加下知」「於禁中陣下者、可令召進警固之旨」	依天気執達如件	左中弁（甘露寺）経元	織田弾正忠殿		山城	「経元卿御教書案」『信文』上巻：一五一頁	「入洛之由既達叡聞」
18	（永禄十一年）九月十四日	万里小路惟房書状案	禁中警固申し付け	「京都之儀、禁中御警固以下堅固被申付候者」	謹言	（万里小路）惟房	織田弾正忠殿		山城	「経元卿御教書案」『信文』上巻：一五二頁	「猶明院（良政）可被申候、巨細磯谷両人仰含候也」、明院宛て書状案あり
19	（永禄十一年）九月二十一日	織田信長書状案	近江形勢報告	「仍去七日御入洛、至江南令着陣候」	恐々謹言	信長	直江大和守（景綱）殿		越後	「蕪木」『信文』九八号	
20	永禄十一年九月二十二日	織田信長条書	臨時課役禁止等		不可有承引事	弾正忠（朱印）	百済寺		近江	「百済寺」『信文』九九号	
21	永禄十一年九月日	織田信長禁制	禁止事項条々	①濫妨・狼藉、②放火、③廻船違乱	仍執達如件	弾正忠（花押）	沖島		近江	「沖島共有」『信文』一〇一号	
22	永禄十一年九月日	織田信長禁制案	禁止事項条々	①濫妨・狼藉、②陣取・放火、③伐採竹木	仍執達□□〔如件〕	弾□□〔正忠〕	永源寺		近江	「永源寺」『信文』一〇二号	

23	永禄十一年九月日	織田信長禁制	禁止事項条々	①濫妨・狼藉、②陣執・放火、③非分之族申懸	仍執達如件	弾正忠（朱印）	（京都上京）		山城	「京都上京」『信文』一〇三号	
24	永禄十一年九月日	織田信長禁制	禁止事項条々	①濫妨・狼藉、②陣執・放火、③非分之族申懸	仍執達如件	弾正忠（朱印）	吉田郷		山城	「吉田」『信文』一〇四号	
25	永禄十一年九月日	織田信長禁制写	禁止事項条々	①濫妨・狼藉、②陣取・放火、③伐採竹木	仍執達如件	弾正忠朱印	八瀬		山城	「八瀬童子」『信文』一〇六号	
26	永禄十一年九月日	織田信長禁制	禁止事項条々	①濫妨・狼藉、②陣執・放火、③伐採竹木・非分之族申懸	仍執達如件	弾正忠（朱印）	四条あまへ		山城	「余部」『信文』一〇七号	
27	永禄十一年九月日	織田信長禁制	禁止事項条々	①濫妨・狼藉、②陣取・放火・非分課役、③伐採山林・竹木	仍執達如件	弾正忠（朱印）	賀茂社領境内六郷		山城	「賀茂別雷神社」『信文』一〇八号	
28	永禄十一年九月日	織田信長禁制	禁止事項条々	①濫妨・狼藉、②陣取・放火、③伐採竹木・非分申懸	仍執達如件	弾正忠（朱印）	若王子并［　］		山城	「若王子神社」『信文』一〇九号	
29	永禄十一年九月日	織田信長禁制	禁止事項条々	①濫妨・狼藉、②伐採山林・放火、③矢銭・兵粮米	仍執達如件	弾正忠（朱印）	大山崎		山城	「離宮八幡宮」『信文』一一〇号	和田惟政副状あり（『信文』上巻：一九五頁）
30	永禄十一年九月日	織田信長禁制	禁止事項条々	①濫妨・狼藉、②陣執・放火、③伐採竹木	仍執達如件	弾正忠（朱印）	紫野大徳寺同門前		山城	「大徳寺」『信文』一一一号	
31	永禄十一年九月日	織田信長禁制	禁止事項条々	①濫妨・狼藉、②陣取・放火、③伐採竹木・非分申懸	仍執達如件	弾正忠（朱印）	妙心寺		山城	「妙心寺」『信文』一一二号	
32	永禄十一年九月日	織田信長禁制	禁止事項条々	①濫妨・狼藉、②陣取・放火、③伐採竹木・非分申懸	仍執達如件	弾正忠（朱印）	南禅寺同門前		山城	「南禅寺」『信文』一一三号	
33	永禄十一年九月日	織田信長禁制	禁止事項条々	①濫妨・狼藉、②陣執・放火、③伐採竹木・非分之族申懸	仍執達如件	弾正忠（朱印）	新知恩院		山城	「新知恩院」『信文』一一四号	
34	永禄十一年九月日	織田信長禁制	禁止事項条々	①濫妨・狼藉、②放火・殺生、③伐採山林・竹木	仍執達如件	弾正忠（朱印）	清水寺同門前		山城	「成就院」『信文』一一五号	
35	永禄十一年九月日	織田信長禁制	禁止事項条々	①濫妨・狼藉、②陣執・放火・寄宿、③伐採竹木	仍執達如件	弾正忠（朱印）	東寺同境内		山城	「東寺百合」『信文』一一六号	
36	永禄十一年九月日	織田信長禁制	禁止事項条々	①濫妨・狼藉、②陣執・放火・伐採竹木、③矢銭・兵粮米	仍執達如件	弾正忠（朱印）	嵯峨郷清涼寺		山城	「清涼寺」『信文』一一七号	

37	永禄十一年九月日	織田信長禁制	禁止事項条々	①濫妨・狼藉、②矢銭・兵粮〔米脱ヵ〕・非分、③陣取・放火・伐採竹木・田畠荒	仍執達如件	弾正忠（朱印）	西八条遍昭〔照〕心院并境内		山城	「大通寺」『信文』一一八号	
38	永禄十一年九月日	織田信長禁制	禁止事項条々	①濫妨・狼藉、②陣取・寄宿・放火、③非分之族申懸	仍執達如件	弾正忠（朱印）	本能寺		山城	「本能寺」『信文』一一九号	
39	永禄十一年九月日	織田信長禁制	禁止事項条々	①濫妨・狼藉、②陣取・放火、③伐採竹木・非分申懸	仍執達如件	弾正忠（朱印）	妙伝寺		山城	「妙伝寺」『信文』一二〇号	
40	永禄十一年九月日	織田信長禁制	禁止事項条々	①濫妨・狼藉、②陣取・寄宿・伐採竹木、③放火・矢銭・兵粮〔米脱ヵ〕	仍執達如件	弾正忠（朱印）	妙顕寺		山城	「妙顕寺」『信文』一二一号	
41	永禄十一年九月日	織田信長禁制	禁止事項条々	①濫妨・狼藉、②陣執・放火、③伐採竹木	仍執達如件	弾正忠（朱印）	尼崎本興寺并寺中		摂津	「本興寺」『信文』一二二号	
42	永禄十一年十月九日	織田信長朱印状	寺領安堵	「被任御下知之旨」	状如件	弾正忠信長（朱印）	御室御門跡雑掌成多喜御房		山城	「仁和寺」『信文』一二四号・『大日史』①1（一二〇四頁）	幕府奉行人連署奉書あり（『信文』一二四号参考：同日付け）
43	永禄十一年十月十二日	織田信長朱印状	寺領安堵	「任公方御下知之旨」	仍執達如件	信長（朱印）	周悦首座		山城	「天龍寺周悦」『信文』補五六号	幕府奉行人連署奉書あり（『信文』補五七号）
44	永禄十一年十月二十日	織田信長朱印状写	所領安堵	「被成御下知上者」	状如件	織田弾正忠信長御朱印	久我殿（宗入）御知行分		山城	「久我」『信文』一二六号	幕府奉行人連署奉書あり（『信文』一二六号参考：十月十三・二十日付け）
45	永禄十一年十月二十日	織田信長朱印状	所領安堵	「任御下知之旨」	状如件	信長（朱印）	観世彦右衛門尉（宗拶）殿		山城	「法政大学能楽研究所所蔵」『信文』補一一九号	
46	永禄十一年十月二十一日	織田信長朱印状写	諸役安堵	「任御当知行之旨」	状如件	織田弾正忠信長朱印	諸本所雑掌中		山城	『言継卿記』『信文』一二七号・『大日史』①1（一二三七頁）	幕府奉行人連署奉書・和田惟政副状あり（『信文』一二七号参考：同日付け）
47	永禄十一年十月二十四日	織田信長朱印状	所領目録	「前々以前筋目、被仰付」	状如件	信長（朱印）	（観世小次郎（元頼））		山城	「法政大学能楽研究所所蔵」『信文』補一二〇号	
48	永禄十一年十月日	織田信長禁制	禁止事項条々	①濫妨・狼藉、②陣取・寄宿・放火、③矢銭・兵粮米	仍執達如件	弾正忠（朱印）	大和法隆寺		大和	「菅孝次郎氏所蔵」『信文』一二八号	

49	永禄十一年十月日	織田信長禁制	禁止事項条々	①濫妨・狼藉、②陣取・放火、③伐採竹木	仍執達如件	弾正忠（朱印）	永原		河内	「志紀長吉神社」『信文』一二九号	
50	永禄十一年十月日	織田信長判物写	地子・諸役・諸公事免許	「任御下知之旨」	状如件	信長御判	四座中		山城	「吉田」『信文』補一二号	
51	永禄十一年十一月二十四日	織田信長朱印状写	寺領安堵	「任当知行」	状如件	信長御朱印	嵯峨西山西芳寺		山城	「西芳寺縁起」『信文』一三〇号	
52	永禄十一年十一月日	織田信長朱印状	代官坊・被官人・竹木寺分安堵	「如前々」	状如件	信長（朱印）	左高香禅坊		近江	「土佐堀田」『信文』一三三号	
53	（永禄十一年ヵ）十一月二十八日	織田信長朱印状	所領安堵	「任当知行之旨」	候也	信長（朱印）	観世彦右衛門（宗拶）		山城	「法政大学能楽研究所所蔵」『信文』補一二一号	
54	永禄十一年十二月十六日	織田信長朱印状	寺領安堵	「当御知行之筋目、被成御下知上者」	仍状如件	弾正忠信長（朱印）	大覚寺御門跡（尊信）雑掌		山城	「大覚寺」『信文』一三四号	
55	永禄十一年十二月十六日	織田信長朱印状写	所領宛行		者也	信長朱印	沢与助		近江	「中村不能斎採集」『信文』一三五号	正月二十一日付け信長朱印状（『信文』一三六号）
56	（永禄十一年）十二月十六日	織田信長朱印状	所領安堵	「被任御下知之旨」	恐々謹言	織田弾正忠信長（朱印）	一色式部少輔（藤長）殿	御宿所	山城	「高橋氏所蔵」『信文』一三七号	
57	永禄十一年十二月日	織田信長朱印状	寄宿・非分課役等免除	「公方様被成御下知候上者」	状如件	信長（朱印）	妙顕寺同境内		山城	「妙顕寺」『信文』一三九号・『大日史』①1（五二七頁）	
58	永禄十二年正月十四・十六日	室町幕府殿中掟案	殿中御掟九ヵ条・追加七ヵ条		事	弾正忠判	御袖判（足利義昭）		山城	「仁和寺」『信文』一四二号	
59	永禄十二年正月十九日	織田信長条規案	条規条々		仍状如件	信長朱印	堅田中		近江	「堅田村旧郷士共有」『信文』一四三号	
60	永禄十二年正月二十一日	織田信長朱印状	所領安堵	「被任御下知之旨」	状如件	（朱印）	当地名主百姓中		摂津	「烏丸家」『信文』一四五号	
61	永禄十二年正月二十六日	織田信長朱印状	義昭第造営替地・寺領安堵・非分課役・寄宿停止	「任御代々御判之旨」	状如件	信長（朱印）	真如堂蓮光院		山城	「真正極楽寺」『信文』一四七号	
62	永禄十二年二月十六日	織田信長朱印状案	寺領安堵	「任御内書、御下知之旨」	状如件	信長朱印	摂州当寺住僧中		摂津	「寿泉院」『信文』一四九号・『大日史』①1（九三六頁）	足利義昭御内書・幕府奉行人連署奉書あり（二月十五日付）

63	永禄十二年二月日	織田信長朱印状	寺領安堵	「任当知行旨」	状如件	信長（朱印）	当院雑掌		山城	「慈照院」『信文』一五一号	
64	永禄十二年三月一日	織田信長精選条規案	選銭条規		仍所被定置如件	弾正忠在判	天王寺境内		摂津	「四天王寺」『信文』一五二号	
65	（永禄十二年）三月五日	織田信長書状	贈答返礼		恐々謹言	信長（花押）	本能寺御坊		山城	「本能寺」『信文』一五五号	
66	永禄十二年三月十六日	織田信長精選追加条々	選銭条規		事	弾正忠（朱印）	上京		山城	「京都上京」『信文』一五三号	
67	永禄十二年三月日	織田信長朱印状	寺領安堵	「当知行無相違」	状如件	信長（朱印）	京都誓願寺住持泰翁長老		山城	「誓願寺」『信文』一五七号	丹羽長秀副状あり
68	永禄十二年三月日	織田信長禁制	禁止事項条々		仍執達如件	弾正忠（朱印）	刀田山鶴林寺		播磨	「鶴林寺」『信文』一五八号	
69	永禄十二年三月日	織田信長朱印状	所領安堵		状如件	信長（朱印）	矢嶋同名中		近江	『影印古文書選』『信文』補六四号	
70	永禄十二年三月日	織田信長禁制	禁止事項条々		仍下知如件	弾正忠（朱印）	志賀郡伊香立		近江	「伊香立村共有」『信文』補六五号	
71	永禄十二年四月五日	織田信長朱印状写	商売安堵	「任綸旨并御代々御下知之旨」	仍状如件	信長御朱印	八瀬童子中		山城	「八瀬童子」『信文』一五九号	
72	（永禄十二年）四月七日	織田信長朱印状	宇智郡明け渡し		恐々謹言	信長（朱印）	金剛峯寺惣分沙汰所中		紀伊	「高野山恵光院」『信文』一六一号	三好義継家臣金山信貞文書あり（一六一号参考）
73	永禄十二年四月七日	織田信長朱印状	所領安堵		状如件	信長（朱印）	本郷治部少輔（信富）殿		若狭	「若狭本郷」『信文』一六二号	
74	永禄十二年四月十日	織田信長朱印状写	社領安堵	「被任御代々御判・御下知之旨」	状如件	信長御朱印	松梅院		山城	「北野神社古文書」『信文』一六四号	
75	（永禄十二年）四月十三日	織田信長朱印状	年貢進納指示		状如件	信長（朱印）	西岡灰方公文		山城	「曇華院」『信文』一七二号	関連文書あり（一七三号）
76	永禄十二年四月十四日	織田信長朱印状	所領安堵		状如件	信長（朱印）	花山院（家輔）殿雑掌		山城	「梅戸在治氏所蔵」『信文』一六七号	正覚院弥阿弥放状あり（一六七号参考）
77	永禄十二年四月十五日	織田信長朱印状	寺務安堵		仍如件	信長（朱印）	西宮眼阿弥陀仏		摂津	「西蓮寺」『信文』一六八号	佐久間信盛副状あり（一六八号参考）
78	永禄十二年四月十九日	織田信長朱印状	所領安堵	「今度依御忠儀」「任御下知之旨」	状如件	信長（朱印）	烏丸殿雑掌		山城	「烏丸家」『信文』一六九号	

79	永禄十二年四月十九日	織田信長朱印状	社領安堵	「任御下知之旨」	状如件	信長（朱印）	大原野神社式部大輔との		山城	「大原野神社」『信文』一七〇号・『大日史』⑩1（二六八頁）	幕府奉行人連署奉書あり（永禄十一年十一月四日付）
80	永禄十二年四月二十日	織田信長朱印状	所領安堵	「当御知行之処」	恐々謹言	信長（朱印）	曇花院殿雑掌		山城	「曇華院」『信文』一七一号	
81	（永禄十二年）四月二十日	織田信長朱印状	年貢進納指示		状如件	信長（朱印）	伊丹兵庫助（親興）殿		山城	「曇華院」『信文』一七四号	
82	永禄十二年四月二十日	織田信長朱印状	寺領安堵	「被任御代々御下知之旨、当知行之上者」	状如件	信長（朱印）	当院雑掌		山城	「大慈院」『信文』一七五号	
83	永禄十二年四月二十日	織田信長朱印状	寺領安堵	「任御内書・御下知之旨」	状如件	信長（朱印）	妙顕寺		山城	「妙顕寺」『信文』一七六号	
84	永禄十二年四月二十一日	織田信長朱印状	寺領安堵	「被帯御代々御判・御下知、当知行之上者」	状如件	信長（朱印）	東寺雑掌		山城	「東寺百合」『信文』一七七号	
85	永禄十二年四月日	織田信長朱印状	寺領安堵	「御代々帯綸旨・御下知、当知行之上者」	状如件	信長（朱印）	当院雑掌		山城	「清和院」『信文』一七八号	
86	永禄十二年四月日	織田信長朱印状写	所領安堵	「如前々」	状如件	信長朱印	猪飼野佐渡守殿・猪飼野孫右衛門尉殿		近江	「高須」『信文』一七九号	
87	永禄十二年閏五月二十三日	織田信長朱印状	寺領安堵	「以御下知当知行之上者」	状如件	信長（朱印）	東寺雑掌		山城	「東寺」『信文』一八二号	木下秀吉副状あり（一八二号参考）
88	（永禄十二年）七月五日	織田信長書状	相論裁許		恐々謹言	信長（花押）	上野中務太輔（秀政）殿・明智十兵衛尉（光秀）殿		山城	「曇華院」『信文』一八九号	「境内無煩様ニ御下知等明白候」「我等執申たる事候条」
89	永禄十二年七月十日	織田信長朱印状	寺領安堵	「任御下知之旨」	状如件	信長（朱印）	賀茂庄中		山城	「賀茂郷」『信文』一八八号	幕府奉行人連署奉書あり（一八八号参考：四月十日付け）
90	（永禄十二年）八月十五日	織田信長書状	所領安堵	「任御下知」「任当知行」	恐惶謹言	信長（花押）	烏丸殿	人々御中	山城	「烏丸家」『信文』一九四号	
91	（永禄十二年）九月十五日	織田信長朱印状	年貢進納指示		状如件	信長（朱印）	灰方右衛門尉殿		山城	「小泉安次郎氏所蔵」『信文』一七三号	
92	永禄十二年九月日	織田信長朱印状	住持安堵	「任先規」	状如件	信長（朱印）	相国寺		山城	「相国寺」『信文』補一二三号	
93	永禄十二年十月十五日	織田信長安堵状写	所領安堵	「被任御下知之旨」	状如件	信長	伊勢因幡入道（貞倍）殿		山城	「伊勢」『信文』二〇〇号	
94	永禄十二年霜月日	織田信長朱印状	所領安堵	「任御下知之旨」	状如件	信長（朱印）	大沢橘大夫との		山城	「仏光寺」『信文』二〇四号	

95	永禄十二年十二月日	織田信長朱印状	所領安堵・違乱停止	「任御代々御下知之旨、当知行無紛」	状如件	信長（朱印）	宜竹軒雑掌		山城	「慈照院」『信文』二〇八号	
96	永禄十三年正月二十三日	足利義昭・織田信長条書	五ヵ条条書		事	（朱印）	［義昭袖判］（黒印）		山城	「成簣堂文庫所蔵」『信文』二〇九号	
97	（永禄十三年）正月二十三日	織田信長書状写	上洛要請	「禁中御修理、武家御用、其外為天下弥静謐、来中旬可参洛候条」	恐々謹言	信長	（二十一ヶ国大名・国衆）		21ヵ国	「二条宴乗日記」元亀元年正月十五日条『信文』二一〇号	
98	永禄十三年三月二十二日	織田信長朱印状	相論裁許		仍状如件	信長（朱印）	曇花〔華〕院殿雑掌御中		山城	「曇華院」『信文』二一五号	織田家奉行人連署状あり（二一五号参考）
99	永禄十三年三月日	織田信長朱印状写	所領安堵	「帯御下知之条、以当知行之筋目」	状如件	信長朱印	蘆田五郎（忠家）殿		丹波	『寛永諸家系図伝』『信文』二二〇号	
100	（永禄十三年）四月十九日	織田信長書状案	押妨停止		恐々	信長	山名入道（韶凞）殿	進覧之候	但馬	『今井宗久書札留』『信文』二二三号	「今井宗久・長谷川宗仁差下候」
101	（永禄十三年）四月十九日	織田信長書状案	違乱停止		恐々	信長	太田垣土佐守（輝延）殿・八木但馬守（豊信）殿・垣屋播磨守殿・田結庄左馬助殿		但馬	『今井宗久書札留』『信文』二二四号	「為其今井宗久・長谷川宗仁差下候」
102	元亀元年四月二十三日	織田信長朱印状	領知宛行		仍執達如件	信長（朱印）	革島越前守（一宣）殿		山城	「革島」『信文』二二五号	室町幕府奉行人連署奉書あり（二二五号参考「任被信長執申之旨」）
103	（元亀元年）五月四日	織田信長書状	紀州・同根来寺馳走		恐々謹言	信長（花押）	畠山左衛門督（昭高）殿	進覧之候	河内	「名古屋城天守閣所蔵」『信文』補二六号	
104	（元亀元年）五月七日	織田信長折紙案	相論裁許	「去年御下知并朱印遣候処」	恐々謹言	信長在判	柴田修理亮（勝家）殿・坂井右近（政尚）殿		山城	「愛宕尾崎坊」『信文』二二七号	丹羽長秀関連書状あり（二二七号参考「御下知・御朱印在之上」）
105	（元亀元年）五月八日	織田信長書状	家中安堵		恐々謹言	信長（花押）	永原飛騨守殿		近江	「榊原」『信文』二二八号	五月二日付け黒印状あり「贈答返書」『信文』二二九号

106	元亀元年五月十五日	織田信長安堵状案	所領安堵	「如前々」	状如件	信長	蒲生左近衛大夫（賢秀）殿・同忠三郎（賦秀）殿		近江	『蒲生文武記』『信文』二二三〇号	
107	元亀元年五月十五日	織田信長朱印状写	所領目録		状如件	信長御朱印	蒲生左近衛大夫（賢秀）殿・同忠三郎（賦秀）殿		近江	『氏郷記』『信文』二二三一号	
108	（元亀元年）五月十七日	織田信長朱印状写	所領安堵		仍状如件	信長朱印	永田刑部少輔（景弘）殿		近江	『武家雲箋』『信文』二二三二号	
109	（元亀元年）六月六日	織田信長朱印状	参陣催促		恐々謹言	信長（朱印）	武田五郎（信方ヵ）殿		若狭	「尊経閣文庫」『信文』二二三四号	
110	（元亀元年）六月十六日	織田信長判物	所領宛行指示		恐々謹言	信長（花押）	明智十兵衛（光秀）殿		摂津	「福地源一郎氏所蔵」『信文』二二三六号	関連文書No.117、「信長任執申旨」の義昭御内書あり（「狩野亨吉氏所蔵」『大日史』④八九五頁）
111	（元亀元年）六月十九日	織田信長書状写	近江形勢	①濫妨・狼藉、②陣取・放火、③伐採竹木	恐々謹言	信長花押	近江修理大夫殿	人々御中	近江	『士林証文』『信文』二二三八号	
112	元亀元年六月二十日	織田信長禁制案	禁止事項条々		仍下知如件	信長在判	菅浦		近江	「菅浦」『信文』二二三九号	
113	元亀元年六月二十六日	織田信長黒印状	所領宛行		状如件	信長（黒印）	久徳左近衛〔尉脱ヵ〕殿		近江	『集古文書』『信文』二二四〇号	
114	（元亀元年）六月二十八日	織田信長書状案	近江形勢		恐々謹言	信長	細川兵部大輔（藤孝）殿		山城	「津田」『信文』二二四一号	「此等之趣、可有御披露候」
115	元亀元年六月日	織田信長禁制案	禁止事項条々	①濫妨・狼藉、②陣取・放火、矢銭、③伐採竹木・酒飲仕出	仍而下知如件	信長在判	菅浦		近江	「菅浦」『信文』二二四二号	
116	（元亀元年）九月七日	織田信長書状	鉄砲贈答返書		恐々謹言	信長（花押）	巻〔槙〕尾寺衆徒中		和泉	「大宮市某氏所蔵」『信文』二二四八号	
117	元亀元年九月二十日	織田信長朱印状案	所領宛行		恐々謹言	信長朱印	三好一任斎（為三）		摂津	「福地源一郎氏所蔵」『信文』二二四九号	関連文書No.110
118	元亀元年九月日	織田信長朱印状	諸事安堵		如件	信長（朱印）	大津近松寺内顕証寺		近江	「本願寺」『信文』二二五〇号	
119	元亀元年九月	織田信長判物写	渡舟馳走安堵		状如件	信長判	江口村船頭中		摂津	『摂津名所図絵』『信文』二二五一号	

120	（元亀元年）十月二日	織田信長書状	志賀の陣形勢報告・摂津の陣備え		恐々謹言	信長（花押）	遊佐［　］		河内	「保阪潤治氏所蔵」『信文』二五二号	
121	元亀元年十月六日	織田信長朱印状	所領安堵		状如件	信長（朱印）	青地千世寿殿		近江	「青地」『信文』二五三号	
122	（元亀元年）十月十五日	織田信長書状	摂津の陣戦功褒賞		恐々謹言	信長（花押）	伊丹兵庫頭（親興）殿		摂津	「伊藤孝太郎氏所蔵」『信文』二五四号	
123	元亀元年十月日	織田信長朱印状	徳政免除		状如件	信長（朱印）	料所平野庄中		摂津	「末吉」『信文』二五五号	
124	（元亀元年）十一月二十四日	織田信長書状	贈答返書		恐々謹言	信長（花押）	波多野右衛門大夫殿		丹波	「弘文荘旧蔵文書」『信文』二五八号	
125	（元亀元年）十一月二十四日	織田信長書状写	若狭形勢報告返書		恐々謹言	信長（花押）	本郷治部少輔（信富）殿		若狭	「本郷」『信文』二五九号	「尚（矢部）善七郎可申候」
126	元亀元年十一月二十九日	織田信長朱印状	徳政・諸役免除		状如件	信長（朱印）	馬場喜讃		近江カ	「順慶寺」『信文』二六〇号	
127	元亀元年十一月日	織田信長朱印状	徳政免除		仍執達如件	信長（朱印）	大徳寺		山城	「大徳寺」『信文』二六一号	
128	元亀元年十一月日	織田信長朱印状案	徳政・諸役免除		状如件	信長朱印	賀茂郷銭主方社人・同惣中		山城	「賀茂別雷神社」『信文』二六二号	木下秀吉副状あり（二六二号参考：十一月二十五日付け）
129	（元亀元年）十二月二日	織田信長書状	戦功褒賞		恐々謹言	信長（花押）	永田刑部少輔（景弘）殿		近江	「永田」『信文』二六三号	「尚八郎右衛門尉（中川重政）可申候」
130	（元亀元年）十二月十二日	織田信長書状写	比叡山講和	「自今已後奉帯公儀、於無疎略之旨、信長不可存別儀候」	恐々謹言	信長在判	一色式部少輔（藤長）殿・曽我兵庫助（頭）（助乗）殿		山城	『伏見宮御記録』『信文』二六四号	「比旨可被仰聞候旨、可有御披露候」
131	元亀元年十二月十五日	織田信長朱印状写	所領安堵		状如件	信長朱印	山岡対馬守（景佐）殿		近江	『記録御用所本古文書』『信文』二六六号	
132	元亀元年十二月日	織田信長禁制	禁止事項条々	①寄宿停止、付竹木伐採、②祠堂物安堵、「御代々任御下知之旨」	仍執達如件	弾正忠（朱印）	本能寺		山城	「本能寺」『信文』二六七号	
133	（元亀二年）正月二日	織田信長書状	近江形勢・戦功褒賞		謹言	信長（花押）	久徳左近兵衛尉殿		近江	「神田孝平氏所蔵」『信文』二六九号	「猶木下藤吉郎可申候」
134	（元亀二年）正月二日	織田信長書状	近江形勢・戦功褒賞		恐々謹言	信長（花押）	堀次郎（秀村）殿		近江	「神田孝平氏所蔵」『信文』二七〇号	「猶藤吉郎可申候」

135	（元亀二年）二月三日	織田信長書状	誠仁親王へ進物献上		恐々敬白	信長（花押）	日乗上人御坊		山城	「末吉」『信文』二七二号	
136	（元亀二年）二月二十五日	織田信長書状	近江形勢指示		謹言	信長（花押）	樋口三郎兵衛（直房）殿・藤吉郎（木下秀吉）殿		近江	「織田」『信文』二七三号	
137	（元亀二年）五月十六日	織田信長書状	近江形勢問い合わせ返書		恐々謹言	信長（花押）	大館上総介殿	進之候	山城	「牧田茂兵衛氏所蔵」『信文』二七八号	
138	（元亀二年）六月四日	織田信長書状	領知安堵問い合わせ返書		恐々謹言	信長（花押）	細川兵部太〔大〕輔（藤孝）殿		山城	「塚原周造氏所蔵」『信文』二七九号	「細川右馬頭藤賢身上之儀付、御内書之旨、致頂戴候」
139	（元亀二年）六月十二日	織田信長書状	喧嘩問い合わせ返書		恐々謹言	信長（花押）	細川兵部太〔大〕輔（藤孝）殿		山城	「横畠」『信文』二八〇号	「御内書謹致頂戴候、喧嘩之次第被仰聞候」
140	元亀二年七月五日	織田信長朱印状写	請米・新知指示		状如件	信長朱印	朽木弥五郎（元綱）殿		近江	『記録御用所本古文書』『信文』二八八号	
141	（元亀二年）七月十九日	織田信長書状案	相論裁許		恐々謹言	信長御判	上野中務太輔（秀政）殿・三淵大和守（藤英）殿		山城	「曇華院」『信文』二九〇号	「一色式部少輔（藤長）懸組之趣候間」「殊更信長別而執申たる条」
142	（元亀二年）八月十四日	織田信長判物	御頭書諒承	「条々被仰下之通、何以存知仕候」	恐々謹言	信長（花押）	細川兵部大輔（藤孝）殿		山城	「革島」『信文』補二九号	「明智二申含候」「可有御披露候」
143	（元亀二年）八月十八日	織田信長書状	贈答返書		恐々謹言	信長（花押）	熊谷治部丞（直之）殿		若狭	「浜田勝次氏所蔵」『信文』二九四号	
144	元亀二年九月十七日	織田信長朱印状	所領安堵		状如件	（朱印）	烏丸殿雑掌		山城	「烏丸家」『信文』二九六号	「摂州之内上牧之事」
145	元亀二年九月二十七日	織田信長朱印状	相論裁許		仍執達如件	信長（朱印）	田中御門跡（長清）雑掌		山城	「石清水」『信文』二九九号	佐久間信盛・木下秀吉関連文書あり（二九九号参考）、裁許通達あり（No.153）
146	元亀二年十月十四日	織田信長朱印状案	勝龍寺城普請		仍如件	信長朱印	細川兵部太〔大〕輔（藤孝）殿		山城	「米田氏所蔵」『信文』三〇二号	
147	（元亀二年）十一月朔日	織田信長書状	政所職安堵		恐々謹言	信長（花押）	伊勢三郎殿		山城	「本法寺」『信文』三〇六号	「尚（武井）夕庵可申候」
148	（元亀三年）正月二十一日	織田信長朱印状	河内形勢		恐々謹言	信長（朱印）	飯河肥後守（信堅）殿・曽我兵庫頭（助乗）殿		山城	「尊経閣文庫所蔵」『信文』三〇八号	「御出勢之儀被仰出」

149	元亀三年正月二十六日	織田信長朱印状	所領目録	「任御下知之旨」	状如件	信長（朱印）	石成主税助（友通）殿		山城	『昭和五十七年古典籍下見展目録』『信文』補一二六号	
150	元亀三年正月二十八日	織田信長朱印状	相論裁許	「御下知明白候間」「三淵放状も令一見候」	仍状如件	信長（朱印）	観世小次郎（元頼）殿		山城	「法政大学能楽研究所所蔵」『信文』補一二七号	
151	（元亀三年）正月晦日	織田信長朱印状	薬師派遣		恐々謹言	信長（朱印）	あし浦観音寺		近江	「観音寺」『信文』三一〇号	「（松井）友閑ニ腫物出候間」：武井夕庵副状あり（三一〇号参考）
152	（元亀三年）三月三日	織田信長朱印状写	近江形勢		恐々	信長朱印	永田刑部少輔（景弘）殿		近江	『武家事紀』『信文』三一一号	
153	元亀三年三月二十一日	織田信長朱印状案	相論裁許		恐々謹言	御朱印信長	御牧摂津守殿		山城	「田中家」『信文』三一二号	関連文書あり（No.145）
154	元亀三年三月日	織田信長禁制案	禁止事項条々	「任御下知之旨」	仍執達如件	弾正忠朱印	摂州尼崎内市場巽長遠寺法花寺、建立付条々		摂津	「長遠寺」『信文』三一三号	
155	元亀三年四月二十五日	織田信長朱印状	寺領安堵		仍執達如件	信長（朱印）	紫野大徳寺		山城	「大徳寺」『信文』三一八号	
156	元亀三年四月日	織田信長朱印状案	徳政免除		状如件	信長朱印	賀茂銭主・同惣中		山城	「賀茂別雷神社」『信文』三一九号	「猶木下藤吉郎（秀吉）可申届之状」
157	元亀三年四月日	織田信長朱印状	寺領安堵等条々	「任御代々御判之旨、今度被成下御下知之上者」	仍執達如件	弾正忠（朱印）	（長福寺）		山城	「長福寺」『信文』三二〇号	
158	（元亀三年）六月八日	織田信長書状写	城警固指示		恐々謹言	信長（花押）	高屋連署中		河内	『伊予古文書』『信文』三二三号	「義継・久秀前〔所〕行不能分別候」
159	（元亀三年）六月二十三日	織田信長朱印状	寺領安堵		恐惶敬白	信長（朱印）	大徳寺	尊答	山城	「大徳寺」『信文』三二四号	「猶友閑可申候」：松井友閑副状あり（三二四号参考）
160	（元亀三年）六月二十七日	織田信長朱印状	北郡早船で放火指示		恐々謹言	信長（朱印）	沖島惣中		近江	「島村沖島共有」『信文』三二六号	「中川八郎右衛門（重政）可申候」
161	元亀三年六月日	織田信長朱印状	大仏殿再興		仍状如件	信長（朱印）	東大寺本願清玉上人御房		大和	「東大寺」『信文』三二七号	

162	元亀三年七月朔日	織田信長朱印状案	軍勢催促		仍如件	信長	松永弾正（久秀）殿・郷南国衆中		大和	「願泉寺」『信文』三三八号	年号は誤記ヵ。内容から、元亀元年に比定できる（本書第Ⅱ部第一章）
163	元亀三年七月三日	織田信長朱印状	大坂往還不審者搦取		状如件	信長（朱印）	細川兵部太〔大〕輔（藤孝）殿		山城	「米田氏所蔵」『信文』三三九号	
164	元亀三年九月三日	織田信長朱印状	細川藤孝与力		状如件	信長（朱印）	河〔革〕嶋越前守（一宣）殿		山城	「革島」『信文』三三三号	
165	（元亀三年）九月十九日	織田信長黒印状	相論裁許		恐惶敬白	信長（黒印）	妙智院	尊報	山城	「妙智院」『信文』三三四号	「猶夕庵可申候」：木下秀吉・武井夕庵副状あり（三三五号）
166	（元亀三年）九月二十八日	織田信長朱印状	相論裁許		恐々謹言	信長（朱印）	革嶋越前守（一宣）殿・革嶋市介（秀存）殿		山城	「革島」『信文』三三九号	「尚滝川（一益）可申候」：滝川一益副状あり（三三九号参考）
167	元亀三年九月日	織田信長条書	禁止事項条々		状如件	（朱印）	金森		近江	「善立寺」『信文』三四一号	
168	元亀三年十月七日	織田信長朱印状	寺領安堵	「任御下知之旨」	状如件	信長（朱印）	妙心寺		山城	「妙心寺」『信文』三四二号	矢部光佳、上野秀政・嶋田秀満・村井貞勝副状あり（三四二号参考）
169	元亀三年十月日	織田信長禁制	禁止事項条々	①陣執、②伐採竹木、③国役	仍下知如件	（朱印）	西庄永明寺		近江	「永明寺」『信文』三四五号	
170	元亀三年十一月十三日	織田信長書状写	所領安堵返書	「安宅神太郎（信康）事被仰聞候」	恐々謹言	信長（花押）	「封紙ウハ書」曽我兵庫頭（助乗）殿		山城	『古簡雑纂』『信文』三四六号	
171	（元亀三年）十一月十八日	織田信長黒印状写	贈答返書		恐惶敬白	信長黒印	本願寺	回報	河内	「本願寺」『信文』三四九号	「委曲大坂肥前法橋申含候」
172	元亀三年十一月日	織田信長朱印状	所領安堵	「如前々可為領知候」	状如件	信長（朱印）	狛左京亮（秀綱）□〔殿〕		山城	『古文書纂』『信文』三五二号	柴田勝家副状あり（三五二号参考）
173	（元亀三年十二月日）	異見十七ヵ条	異見条々		事、以上	（信長）	（足利義昭）		山城	『尋憲記』元亀四年二月二十二日条『信文』三四〇号	奥野高広氏は、元亀三年九月に比定。
174	（天正元年）正月十五日	織田信長黒印状	贈答返書		恐々謹言	信長（黒印）	狛左馬進殿		山城	『古文書纂』『信文』三五七号	

175	（天正元年）二月二十三日	織田信長黒印状	畿内形勢	「公儀就御逆心」	恐々謹言	信長（黒印）	「端裏ウハ書」細川兵部太〔大〕輔（藤孝）殿		山城	「細川家」『信文』三六〇号	
176	（天正元年）二月二十四日	織田信長黒印状	贈答返書		恐惶謹言	弾正忠信長（黒印）	大徳寺	尊答	山城	「大徳寺」『信文』三六一号	
177	（天正元年）二月二十六日	織田信長朱印状	畿内形勢	「奉公衆内不聞分仁躰、質物之事被下候様にと申候」	恐々謹言	信長（朱印）	「封紙ウハ書」細川兵部大輔（藤孝）殿		山城	「細川家」『信文』三六二号	
178	（天正元年）二月二十九日	織田信長書状	畿内形勢		恐々謹言	信長（花押）	「端裏ウハ書」細川兵部太〔大〕輔（藤孝）殿		山城	「細川家」『信文』三六三号	
179	（天正元年）三月七日	織田信長黒印状	畿内形勢	「雖然君臣間之儀候条」「実子を進上申候」	恐々謹言	信長（黒印）	「端裏ウハ書」細兵（細川藤孝）殿		山城	「細川家」『信文』三六四号	
180	元亀四年三月日	織田信長禁制案	禁止事項条々		仍如件	御朱印	大山崎惣庄中		山城	「離宮八幡宮」『信文』三六五号	
181	（天正元年）六月五日	織田信長黒印状	贈答返書		恐々謹言	信長（黒印）	大徳寺	廻鱗	山城	「大徳寺」『信文』三七二号	柴田勝家副状あり（三七二号参考）
182	元亀四年七月朔日	織田信長朱印状	寺領安堵		状如件	信長（朱印）	竹生嶋年行事		近江	「竹生寺」『信文』三七四号	「猶磯野丹波守（員昌）可申届之状」
183	元亀四年七月十日	織田信長朱印状	所領宛行		状如件	信長（朱印）	細川兵部太〔大〕輔（藤孝）殿		山城	「細川家」『信文』三七五号	
184	元亀四年七月吉日	織田信長条書写	地子銭・諸役免許等条々		者也	信長	村井長門守（貞勝）		山城	『当代記』『信文』補一三四号	
185	元亀四年七月日	織田信長朱印状	陣執・地子銭等免除等条々		仍下知如件	弾正忠（朱印）	上京		山城	「京都上京」『信文』三七八号	
186	元亀四年七月日	織田信長朱印状	寺領安堵	「当知行之上者」	仍状如件	弾正忠（朱印）	（長福寺）		山城	「長福寺」『信文』三七九号	
187	元亀四年七月日	織田信長黒印状写	寺領安堵	「任当知行之旨」	状如件	信長御黒印	大覚寺御門跡（尊信）雑掌御坊		山城	『諸家文書纂』『信文』三八〇号	
188	元亀四年七月日	織田信長禁制	禁止事項条々	①濫妨・狼藉・陣取、②矢銭、③寺領違乱	仍下知如件	弾正忠（朱印）	和州西京薬師寺		大和	「薬師寺」『信文』三八一号	
189	元亀四年七月日	織田信長条書写	寄宿・陣取・課役免除等条々		仍所仰定如件	弾正忠朱印	（洛中上京）		山城	『聞集録』『信文』補一三三号	

表2　天正期の京都における織田信長発給文書目録

No.	年月日	文書名	内容	署判	宛所	脇付	書止文言	所在	出典	備考
1	元亀四年七月日	織田信長条書写	寄宿・陣取・地子銭等免除	弾正忠朱印	（洛中上京）		仍所定如件	山城	『聞集録』『信文』補一三三号	
2	元亀四年七月吉日	織田信長条書写	地子銭・諸役免除等条々	信長	村井長門守（貞勝）		者也	山城	『当代記』『信文』補一三四号	
3	（天正元年）九月七日	織田信長黒印状	贈答返書	信長（黒印）	大覚寺（尊信）殿	尊報	恐惶敬白	山城	「林」『信文』四〇五号	
4	（天正元年）九月八日	織田信長書状	越前・近江形勢報告・贈答返書	弾正忠信長（花押）	妙智院	回鱗	恐惶謹言	山城	「妙智院」『信文』四〇六号	「猶（武井）夕庵可申候」
5	（天正元年）九月十一日	織田信長書状	越前・近江形勢報告・贈答返書	信長（花押）	岡周防守殿		恐々謹言	大和	『集古文書』『信文』四〇七号	
6	（天正元年）十月二十一日	織田信長朱印状	大和形勢	信長（朱印）	賀茂惣中		謹言	山城	「賀茂郷」『信文』四一四号	
7	（天正元年）十一月十二日	織田信長黒印状	贈答返書	信長（黒印）	長岡兵部大輔（細川藤孝）殿		候也	山城	「細川家」『信文』四二〇号	
8	天正元年十一月十三日	織田信長朱印状	陣取・寄宿免許	信長（朱印）	堺津引接寺		状如件	和泉	「正法寺」『信文』四二一号	
9	天正元年十一月十六日	織田信長朱印状	寺領安堵	信長（朱印）	真如堂三位公		状如件	山城	「真正極楽寺」『信文』四二二号	「永禄十二年正月相究任朱印之旨」
10	天正元年十一月二十八日	織田信長朱印状	所領安堵・目録	信長（朱印）	正実坊		状如件	山城	「建勲神社」『信文』四二三号	「任当知行之旨」
11	天正元年十一月二十八日	織田信長朱印状	所領安堵	信長（朱印）	上野紀伊守（豪為）殿		状如件	山城	「五十川清氏所蔵」『信文』四二四号	「任本知之旨」
12	天正元年十一月二十八日	織田信長朱印状	所領安堵・目録	信長（朱印）	信濃兵部丞とのへ		状如件	山城	「国立国会図書館所蔵」『信文』四二五号	「任当知行之旨」
13	天正元年十一月二十八日	織田信長朱印状	所領安堵・目録	信長（朱印）	荒川治部少輔（晴宣）殿		状如件	山城	「加藤定利氏所蔵」『信文』補一四〇号	「任当知行之旨」
14	（天正元年）十二月四日	織田信長黒印状	贈答返書	信長（黒印）	慈照寺		謹言	山城	「光源院」『信文』四二六号	
15	天正元年十二月十四日	織田信長朱印状	所領宛行	信長（朱印）	梅松軒		状如件	山城	「佐藤行信氏所蔵」『信文』四二七号	
16	天正元年十二月十四日	織田信長朱印状	寺領宛行・目録	信長（朱印）	御室雑掌成多喜御房		状如件	山城	「仁和寺」『信文』四二八号	「縦何方判形有之共、前後令棄破之上者」
17	天正元年十二月日	織田信長朱印状	寺領安堵・陣取寄宿免除	信長（朱印）	摂州富田庄之内普門寺		仍状如件	摂津	「竜安寺」『信文』四三一号	「任先規之旨」
18	天正元年十二月日	織田信長朱印状	寺領安堵	信長（朱印）	当所惣中		状如件	山城	「賀茂別雷神社」『信文』四三二号	「任当知行之旨」
19	（天正二年）正月六日	織田信長朱印状案	贈答返書	御朱印	本圀寺	御返報	恐恐謹言	山城	『本圀寺年譜』『信文』四三三号	

20	天正二年正月日	織田信長朱印状	寄宿免除	信長（朱印）	上京中		状如件	山城	「京都上京」『信文』四三八号	
21	天正二年正月日	織田信長禁制案	禁止事項条々	信長御朱印	和州法隆寺		者也	大和	「法隆寺」『信文』四四〇号	
22	（天正二年）四月三日	織田信長朱印状	大坂形勢	信長（朱印）	筒井房（順慶）		恐々謹言	大和	「古文書纂」『信文』四四八号	
23	（天正二年）四月九日	織田信長黒印状	贈答返書	信長（黒印）	松尾左衛門佐殿・松尾社務（東相房）		候也	山城	「東」『信文』四四九号	「猶矢部善七郎（光佳）可申候也」
24	（天正二年）四月二十日	織田信長黒印状	贈答返書	信長（黒印）	大徳寺		恐々謹言	山城	「大徳寺」『信文』四五〇号	
25	天正二年四月二十五日	織田信長黒印状	東大寺諸役免除	信長（黒印）	嶋田但馬（秀満）・山岡対馬（景佐）		状如件	大和	「薬師院」『信文』四五一号	「任先規之旨」
26	（天正二年）七月十四日	織田信長印判状写	大坂形勢	信長御印	保田佐助〔左介〕（知宗）殿		恐々謹言	河内	「古案」『信文』四五六号	「遊佐（信教）事可相果候由尤簡〔肝〕要」「柴田可申候」
27	（天正二年）七月二十三日	織田信長黒印状	大坂形勢	信長（黒印）	荒木信濃守（村重）殿		謹言	摂津	「徳富猪一郎氏所蔵」『信文』四五九号	
28	（天正二年）七月二十四日	織田信長黒印状	大坂形勢	信長（黒印）	筒井順慶		□□（候也ヵ）	大和	「古文書集」『信文』四六一号	「猶九郎左衛門尉（塙直政）可申□□」
29	（天正二年）七月二十八日	織田信長黒印状	贈答返書	信長（黒印）	不動院		謹言	近江	「多賀神社」『信文』四六二号	
30	（天正二年）七月二十九日	織田信長黒印状	畿内形勢	信長（黒印）	「端裏ウハ書」明智殿		謹言	丹波	「細川家」『信文』四六三号	
31	（天正二年）八月三日	織田信長黒印状	大坂形勢	信長（黒印）	長岡兵部太〔大〕輔（藤孝）殿		恐々謹言	山城	「細川家」『信文』四六四号	「委細塙（直政）可申候」
32	（天正二年）八月五日	織田信長朱印状	大坂形勢	信長（朱印）	長岡兵部大輔（藤孝）殿		恐々謹言	山城	「細川家」『信文』四六五号	「委細九郎左衛門尉（塙直政）可申候」
33	（天正二年）八月九日	織田信長黒印状	伊勢形勢・贈答返書	信長（黒印）	本郷治部少輔（信富）殿		恐々謹言	若狭	「本郷」『信文』四六八号	
34	天正二年八月十三日	織田信長朱印状	地子銭・諸役免許	信長（朱印）	（福正寺）		者也	近江	「福正寺」『信文』四六九号	「尚木下・明智両人より可申者也」
35	（天正二年）八月十七日	織田信長黒印状	大坂形勢	信長（黒印）	長岡兵部大輔（藤孝）殿		恐々謹言	山城	「細川家」『信文』四七〇号	
36	（天正二年）九月二十二日	織田信長黒印状	戦功褒賞	信長（黒印）	長岡兵部大輔（藤孝）殿		恐々謹言	山城	「細川家」『信文』四七三号	
37	（天正二年）九月二十四日	織田信長黒印状	戦功褒賞	信長（黒印）	長岡兵部大輔（藤孝）殿		恐々謹言	山城	「細川家」『信文』四七四号	
38	天正二年十月八日	織田信長印判状	所領宛行	信長（印）	赤沢〔　〕		状如件	河内ヵ	「東京美術倶楽部所蔵目録」『信文』補一四九号	
39	天正二年十月二十二日	織田信長朱印状	寺領安堵	信長（朱印）	宝鏡寺殿雑掌		状如件	山城	「宝鏡寺」『信文』四七六号	「従先々守護使不入」

40	天正二年十月二十二日	織田信長朱印状	寺領安堵	信長（朱印）	宝鏡寺殿雑掌		状如件	山城	「宝鏡寺」『信文』四七七号	「従先規守護使不入」
41	天正二年十一月十日	織田信長朱印状写	違乱停止	信長朱印	法隆寺東寺惣中		仍状如件	大和	「法隆寺」『信文』四八二号	
42	（天正二年）十一月十一日	織田信長黒印状	贈答返書	信長（黒印）	長岡兵部大輔（藤孝）殿		候也	山城	「細川家」『信文』四八三号	
43	天正二年十一月十一日	織田信長朱印状	所領安堵	信長（朱印）	賀茂瑞川軒		状如件	山城	「五島美術館所蔵」『信文』四八四号	
44	天正二年十一月日	織田信長禁制	禁止事項条々	信長（朱印）	金戒光明寺		仍下知如件	山城	「金戒光明寺」『信文』四八五号	
45	（天正二年）十二月十五日	織田信長朱印状	贈答返書	信長（朱印）	金剛峯寺衆徒中・同在陣衆中		恐々敬白	紀伊	「高野山」『信文』四九一号	「猶柴田修理亮（勝家）可申候」
46	天正三年正月十日	織田信長朱印状	押妨停止	信長（朱印）	寺社本所雑掌中		仍状如件	山城	「立入」『信文』四九三号	
47	天正三年三月二十二日	織田信長朱印状	大坂形勢指示	信長（朱印）	長岡兵部大輔（藤孝）殿		状如件	山城	「細川家」『信文』五〇一号	
48	（天正三年）三月日	織田信長朱印状写	徳政新法	信長朱印	雑掌中		仍状如件	山城	『北野天満宮史料』『信文』補一五二号	
49	天正三年三月日	織田信長朱印状写	禁止事項条々	信長（朱印）	住吉郷平野荘		状如件	摂津	「末吉」『信文』五〇二号	
50	（天正三年）四月十四日	織田信長黒印状	贈答返書	信長（黒印）	青蓮院（尊朝法親王）殿	御報	恐惶謹言	山城	「大賀」『信文』五〇四号	「猶明智十兵衛尉（光秀）可申候」
51	（天正三年）四月十八日	織田信長黒印状	贈答返書	信長（黒印）	成多喜御坊		恐々謹言	山城	「仁和寺」『信文』五〇六号	
52	（天正三年）五月十五日	織田信長黒印状	長篠形勢	信長（黒印）	長岡兵部太輔（藤孝）殿		謹言	山城	「細川家」『信文』五〇九号	「猶吉左右追々可申送候」
53	（天正三年）五月二十日	織田信長黒印状	長篠形勢	信長（黒印）	長岡兵部太輔（藤孝）殿		謹言	山城	「細川家」『信文』五一〇号	「猶追々吉左右可申送候」
54	（天正三年）□（五）月二十一日	織田信長朱印状	長篠形勢	信長（朱印）	長岡兵部太輔（藤孝）殿		謹言	山城	「細川家」『信文』五一一号	「九□（郎）左衛門（塙直政）可申候」
55	（天正三年）五月二十六日	織田信長黒印状	長篠形勢	信長（黒印）	長岡兵部太輔（藤孝）殿		恐々謹言	山城	「細川家」『信文』五一二号	
56	（天正三年）六月二日	織田信長朱印状	寺領安堵	信長（朱印）	勧修寺（聖信）御坊中		状如件	山城	「郷浩氏所蔵」『信文』補八九号	「明智（光秀）可申之状」
57	（天正三年）六月七日	織田信長印判状写	贈答返書	信長印判	筒井順慶御坊		恐々謹言	大和	『黄薇古簡集』『信文』五一四号	「委曲南□助申渉之通」
58	天正三年六月七日	織田信長朱印状写	内藤・宇津誅罰	信長朱印	川勝大膳亮（継氏）殿		仍状如件	丹波	『記録御用所本古文書』『信文』五一五号	「明智十兵衛（光秀）被指越候」
59	（天正三年）六月九日	織田信長黒印状	長篠勝利・贈答返書	信長（黒印）	賀茂社民部丞殿・紀伊守殿		謹言	山城	「賀茂別雷神社」『信文』五一六号	「今度於三州敵悉討果、弥天下可為静謐候」

60	天正三年六月十七日	織田信長朱印状写	内藤・宇津誅罰	信長朱印	小畠左馬助とのへ		状如件	丹波	「小畠」『信文』五二〇号	「明智十兵衛尉(光秀)差越了」：光秀副状あり(五二一号)
61	天正三年七月十二日	織田信長朱印状	所領替地	(朱印)	村井長門守(貞勝)殿		状如件	山城	「久我」『信文』五二五号	「任当知行」
62	(天正三年)八月五日	織田信長判物写	鞠道弟子沓・袴成敗	信長花押	飛鳥井大納言(雅教)殿		者也	山城	「京都御所東山御文庫記録」『信文』五二七号	「御代々綸旨・院宣・奉書并室町殿文書等披見之候」
63	(天正三年)八月六日	織田信長判物写	戦功褒賞	信長在判	北条河内殿		者也	河内	(所蔵者未詳)『信文』五二八号	「委細明智日向守(光秀)可申者也」
64	(天正三年)八月十三日	織田信長黒判状写	贈答返書	信長(黒印)	狛左馬進(秀綱)殿		謹言	山城	「小林」『信文』五三〇号	所領目録あり(五三〇号参考)
65	(天正三年)八月十七日	織田信長朱印状	越前形勢報告	信長(朱印)	村井長門守(貞勝)殿		謹言	山城	「泉」『信文』五三三号	
66	(天正三年)八月十七日	織田信長朱印状写	越前形勢	信長朱印	赤松弥八郎殿		恐々謹言	播磨	「三浦」『信文』補一六〇号	
67	(天正三年)八月二十二日	織田信長印判状写	越前形勢報告	信長	村井長門守(貞勝)殿		謹言	山城	『古文書纂』『信文』五三五号	
68	(天正三年)九月三日	織田信長黒印状	陣中見舞い贈答返書	信長(黒印)	青蓮院(尊朝法親王)殿	尊報	恐惶敬白	山城	「大賀」『信文』五三七号	
69	(天正三年)九月十一日	織田信長黒印状写	陣中見舞い贈答返書	信長黒印	賀茂社中		謹言	山城	「賀茂別雷神社」『信文』五四三号	「猶惟住(丹羽長秀)可申候」
70	(天正三年)九月十六日	織田信長黒印状	鉄砲玉贈答返書	信長(黒印)	抛筌斎(千宗易)		謹言	和泉	「不審庵所蔵」『信文』五四五号	「猶原田備中守(直政)可申候也」
71	(天正三年)九月十八日	織田信長黒印状	陣中見舞い贈答返書	信長(黒印)	勧修寺大納言(晴右)殿		恐々謹言	山城	「総見寺」『信文』五四六号	
72	(天正三年)十月朔日	織田信長朱印状	萩野悪右衛門退治	信長(朱印)	片岡藤五郎とのへ		者也	丹波	「新免」『信文』五五七号	「為可退治維任日向守(光秀)差遣候」
73	(天正三年)十月四日	織田信長黒印状	越前・加賀・播磨・丹波形勢	信長(黒印)	長岡兵部大輔(藤孝)殿		恐々謹言	山城	「米田藤十郎氏所蔵」『信文』五五八号	
74	(天正三年)十月五日	織田信長朱印状写	条目・誓詞理赦免	信長朱印	本願寺		状如件	摂津	『南行雑録』『信文』五五九号	
75	(天正三年)十月五日	織田信長黒印状写	条目理赦免	信長黒印	三好山城守(康長)殿		恐々謹言	摂津	『南行雑録』『信文』五六〇号	「条目宮内卿(松井友閑)所迄被申越候」
76	(天正三年)十月五日	織田信長書状写	大坂佗条目・誓紙了承赦免	信長	宮内卿法印(松井友閑)		謹言	摂津	『南行雑録』『信文』五六一号	「三好山城守(康長)其分可申聞候」：本願寺宛て友閑・康長起請文あり(五六一号参考)
77	(天正三年)十月八日	織田信長黒印状	播磨・丹波形勢	信長(黒印)	長岡兵部大輔(藤孝)殿		恐々謹言	山城	「細川家」『信文』五六三号	「維任(光秀)かたよりも具申越候」
78	(天正三年)十月九日	織田信長黒印状	播磨・丹波形勢	信長(黒印)	長岡兵部大輔(藤孝)殿		恐々謹言	山城	「細川家」『信文』五六四号	「先刻具維任(光秀)注進候」

79	天正三年十月十八日	織田信長朱印状	社領安堵	信長（朱印）	田中（長清）殿		仍状如件	山城	「石清水」『信文』五六七号	「任去永禄十二年并元亀二年之朱印」
80	天正三年十月二十日	織田信長朱印状	社領安堵	信長（朱印）	泉州五社府中神主		仍状如件	和泉	「泉井上総社」『信文』五六八号	今井宗久副状あり（五六八号参考「御朱印之儀ニ付、原田備中守（直政）殿令直談、申調進之候」）
81	天正三年十月二十三日	織田信長朱印状	寺領安堵	信長（朱印）	河州天野山来金剛寺		仍状如件	河内	「金剛寺」『信文』五七〇号	「任当知行之旨」：原田直政副状あり（五七〇号参考）
82	（天正三年）十一月六日	織田信長朱印状	所領宛行	信長（朱印）	勧修寺入道（尹豊）殿		状如件	山城	「勧修寺家」『信文』補一六九号	
83	（天正三年）十一月六日	織田信長朱印状	所領宛行	信長（朱印）	勧修寺大納言（晴右）殿		状如件	山城	「勧修寺家」『信文』補一七〇号	
84	（天正三年）十一月六日	織田信長朱印状	所領宛行	信長（朱印）	勧修寺弁（晴豊）殿		状如件	山城	「勧修寺家」『信文』補一七一号	
85	（天正三年）十一月六日	織田信長朱印状	所領宛行	信長（朱印）	山科左衛門督（言経）殿		状如件	山城	「京都染織会館所蔵」『信文』補一七二号	
86	天正三年十一月六日	織田信長朱印状	新知宛行	信長（朱印）	若王寺〔子〕		状如件	山城	「若王子神社」『信文』五七五号	
87	天正三年十一月六日	織田信長朱印状	新知宛行	信長（朱印）	入江（三時知恩寺）殿雑掌		状如件	山城	「近衛家」『信文』五七六号	
88	天正三年十一月六日	織田信長朱印状	新知宛行	信長（朱印）	曇花院雑掌		状如件	山城	「曇華院」『信文』五七七号	
89	天正三年十一月六日	織田信長朱印状	新知宛行	信長（朱印）	宝鏡寺殿雑掌		状如件	山城	「宝鏡寺」『信文』五七八号	
90	天正三年十一月六日	織田信長朱印状	新知宛行	信長（朱印）	南御所雑掌		状如件	山城	「宝鏡寺」『信文』五七九号	
91	天正三年十一月六日	織田信長朱印状	新知宛行	信長（朱印）	仁和寺（入道仁助親王）殿		状如件	山城	「仁和寺」『信文』五八〇号	
92	天正三年十一月六日	織田信長朱印状	新知宛行	信長（朱印）	勧修寺（聖信准三后）門跡		状如件	山城	「勧修寺」『信文』五八一号	
93	天正三年十一月六日	織田信長朱印状	新知宛行	信長（朱印）	大覚寺（尊信）殿		状如件	山城	「大覚寺」『信文』五八二号	
94	天正三年十一月六日	織田信長朱印状	新知宛行	信長（朱印）	実相院		状如件	山城	「実相院」『信文』五八三号	
95	天正三年十一月六日	織田信長朱印状	新知宛行	信長（朱印）	近衛（前久）殿		状如件	山城	「近衛家」『信文』五八四号	
96	天正三年十一月六日	織田信長朱印状	新知宛行	信長（朱印）	一条（内基）殿		状如件	山城	「一条家」『信文』五八五号	
97	天正三年十一月六日	織田信長朱印状	新知宛行	信長（朱印）	花山院（家輔）殿		状如件	山城	「梅戸在治氏所蔵」『信文』五八六号	

98	天正三年十一月六日	織田信長朱印状写	新知宛行	信長朱印	正親町頭中将（実彦）殿		状如件	山城	『正親町家庄園領知事』『信文』五八七号	
99	天正三年十一月六日	織田信長朱印状	新知宛行	信長（朱印）	官務（壬生朝芳）殿		状如件	山城	「壬生」『信文』五八八号	
100	天正三年十一月六日	織田信長朱印状	新知宛行	信長（朱印）	猪隈（兼利）殿		状如件	山城	「顕本寺」『信文』五八九号	
101	天正三年十一月六日	織田信長朱印状	新知宛行	信長（朱印）	祭主（藤波慶忠）殿		状如件	山城	「下郷共済会所蔵」『信文』五九〇号	
102	天正三年十一月七日	織田信長朱印状	新知宛行	信長（朱印）	五［御］霊殿代		状如件	山城	「近衛家」『信文』五九一号	
103	天正三年十一月七日	織田信長朱印状	新知宛行	信長（朱印）	青蓮院（尊朝法親王）殿		状如件	山城	「青蓮院」『信文』五九二号	松井友閑関連文書あり（五九二号参考）
104	天正三年十一月七日	織田信長朱印状	新知宛行	信長（朱印）	鷹司殿雑掌		状如件	山城	「極楽寺」『信文』五九三号	
105	天正三年十一月七日	織田信長朱印状	新知宛行	信長（朱印）	西洞院（時通）殿		状如件	山城	「若林書林所蔵」『信文』五九四号	（包紙）「此朱印ハ楠木長菴〔諳〕、此義馳走、（武井）夕庵・（松井）友閑・村井長門守（貞勝）・原田備中守（直政）等也、正親町中納言亭ニて村長・原備両人シテ被相渡候」
106	天正三年十一月七日	織田信長朱印状	新知宛行	信長（朱印）	在富（勘解由小路）		状如件	山城	「土御門」『信文』五九五号	
107	天正三年十一月七日	織田信長朱印状	新知宛行	信長（朱印）	在侑（土御門）		状如件	山城	「土御門」『信文』五九六号	
108	天正三年十一月七日	織田信長朱印状	新知宛行	（朱印）	上御蔵立入左京入道（宗継）		状如件	山城	「立入」『信文』五九七号	
109	天正三年十一月七日	織田信長朱印状	新知宛行・目録	信長（朱印）	（内侍所刀自等宛て）		状如件	山城	「立入」『信文』五九八号	
110	天正三年十一月七日	織田信長朱印状	新知宛行・目録	（朱印）	（院庁官宛て）		状如件	山城	「森潤三郎氏所蔵」『信文』五九九号	
111	天正三年十一月七日	織田信長朱印状	新地宛行	信長（朱印）	藤右衛門佐（高倉永孝）殿		状如件	山城	「高倉家旧蔵」『信文』補一七三号	
112	天正三年十一月七日	織田信長朱印状	新地宛行	信長（朱印）	妙法院（常胤法親王）殿		状如件	山城	『妙法院史料』『信文』補一七四号	
113	天正三年十一月九日	織田信長朱印状	当郷赦免・禁止事項条々	（朱印）	今井郷惣中		状如件	大和	「称念寺」『信文』六〇〇号	
114	天正三年十一月九日	織田信長朱印状	寺領安堵	（朱印）	道明寺		仍状如件	河内	「道明寺」『信文』六〇一号	「当知行等」
115	天正三年十一月十日	織田信長朱印状写	社領安堵	御朱印	北野松梅院		状如件	山城	『北野神社古文書』『信文』六〇二号	

116	天正三年十一月十七日	織田信長朱印状	所領宛行	（朱印）	田辺与左衛門尉とのへ		状如件	近江	「田辺」『信文』六〇四号	
117	天正三年十一月十七日	織田信長朱印状	所領宛行	（朱印）	箕浦次郎右衛門とのへ		状如件	近江	「箕浦」『信文』六〇五号	
118	（天正三年ヵ）十二月朔□〔日〕	織田信長朱印状写	所領振り替え	（朱印）	惟任日向守（明智光秀）とのへ		候也	山城	『秋田藩採集文書』『信文』補一七五号	「伊勢因幡（貞知）分之事、右京大夫女房衆へ遣之候」「村井（貞勝）かたへも其通申付候」
119	（天正三年）十二月十三日	織田信長書状写	贈答返書	信長	松浦肥前守殿		恐々謹言	和泉	『松浦文書類』『信文』六一三号	「将又、身上之事、細六（細川六郎昭元）申分在之由ニ候」「猶柴田（勝家）可申候」
120	（天正三年）十二月十五日	織田信長黒印状	泉涌寺造営申し付け	信長（黒印）	中山前大納言（孝親）殿・庭田大納言（重保）殿・勧修寺大納言（晴右）殿・甘露寺中納言（経元）殿		恐々謹言	山城	「泉涌寺」『信文』六一四号	「此等之旨宜令奏達給候」
121	（天正三年）十二月二十八日	織田信長黒印状	多武峯寺領安堵	信長（黒印）	青蓮院（尊朝法親王）殿		恐々謹言	山城	「青蓮院」『信文』六一七号	「猪原田備中守（直政）可申候」
122	天正三年十二月二十八日	織田信長朱印状	寺領安堵	（朱印）	多武峯惣分老若中		状如件	大和	「青蓮院」『信文』六一八号	
123	（天正四年）正月二十八日	織田信長黒印状	贈答返書	信長（黒印）	別所小三郎（長治）殿		恐々謹言	播磨	「秦」『信文』六二一号	
124	（天正四年）正月二十九日	織田信長朱印状写	丹波形勢指示	朱印	川勝兵衛大輔（継氏）殿		候也	丹波	『記録御用所本古文書』『信文』六二三号	「逆徒等可討伐候、猶惟任（光秀）可申候也」
125	天正四年正月日	織田信長禁制	禁止事項条々	（朱印）	播州網干		仍下知如件	播磨	「播磨網干郷」『信文』六二四号	
126	（天正四年）三月三十日	織田信長黒印状	贈答返書	信長（黒印）	聖護院（道澄）殿		恐々謹言	山城	『古文書纂』『信文』六三〇号	「委曲二位法印（武井夕庵）可申候」
127	（天正四年）四月二日	織田信長黒印状	贈答返書	（黒印）	慈照寺		謹言	山城	「光源院」『信文』六三三号	
128	（天正四年）四月三日	織田信長朱印状	大坂形勢指示	（朱印）	惟任日向守（光秀）とのへ・長岡兵部大輔（藤孝）とのへ		候也	山城	「細川家」『信文』六三四号	「坊主以下用ニも立候者を八、不可赦免候」
129	（天正四年）四月五日	織田信長朱印状	大坂兵粮入停止	信長（朱印）	平野庄惣中		状如件	摂津	「末吉」『信文』六三六号	
130	（天正四年）四月二十二日	織田信長黒印状	戦功褒賞	信長（黒印）	蒲生忠三郎（賦秀）とのへ		也	近江	『杉本志賀文書』『信文』六三七号	
131	（天正四年）四月二十八日	織田信長朱印状	覚条々	信長（朱印）	塩川伯耆守（国満）殿・安東（平右衛門）とのへ		事	摂津	「中山寺」『信文』六三八号	
132	（天正四年）五月二日	織田信長黒印状	竹釘申遣	信長（黒印）	筒井順慶		候也	大和	「塚本」『信文』六三九号	
133	（天正四年）五月八日	織田信長黒印状写	大坂形勢	黒印	村［　　］（村井貞勝）		謹言	山城	『宣教卿記』天正四年五月八日条『信文』補一七九号	

134	（天正四年）五月九日	織田信長朱印状	天王寺城普請	（黒印）	平野庄中		候也	摂津	「末吉」『信文』六四〇号	「委曲申含蜂屋兵庫助（頼隆）差越候」
135	天正四年五月二十三日	織田信長朱印状	戦功褒賞	（朱印）	谷野大膳亮（衛好）とのへ		候也	丹波	「谷城址保管」『信文』六四一号	
136	天正四年五月日	織田信長禁制	禁止事項条々	（朱印）	紀伊国大田		仍下知如件	紀伊	「紀伊太田」『信文』六四三号	
137	（天正四年）六月四日	織田信長黒印状写	大坂形勢指示	信長御黒印	荒木摂津守（村重）殿		謹言	摂津	『古簡雑纂』『信文』六四四号	
138	（天正四年）六月十六日	織田信長黒印状	大坂形勢指示	（黒印）	荒木摂津守（村重）殿		謹言	摂津	「佐藤行信氏所蔵」『信文』六四五号	
139	（天正四年）六月二十八日	織田信長黒印状	大坂形勢指示	（黒印）	長岡兵部大輔（藤孝）殿		謹言	山城	「細川家」『信文』六四七号	
140	（天正四年）六月二十九日	織田信長黒印状	大坂形勢指示	（黒印）	筒井順慶		謹言	大和	「岡本」『信文』六四八号	「為上使村井（貞勝）差越候」
141	（天正四年）六月二十九日	織田信長判物写	南都相論	信長（花押影）	烏丸大納言（光康）殿・飛鳥井大納言（雅教）殿		謹言	山城	『古典籍入札展目録』『信文』補一八〇号	
142	（天正四年）七月九日	織田信長朱印状	大坂形勢指示	信長（朱印）	沼間任世・寺田又左衛門尉とのへ・松浦安大夫とのへ・佐野在城衆中		候也	和泉	『古文書纂』『信文』六四九号	「猶佐久間（信盛）可申候也」
143	天正四年七月二十七日	織田信長朱印状	油座安堵	（朱印）	江州建部油座中		候也	近江	「福原氏」『信文』六五四号	「任先規之旨」
144	（天正四年）七月二十九日	織田信長黒印状	贈答返書・戦功褒賞	（黒印）	長岡兵部大輔（藤孝）殿		謹言	山城	「細川家」『信文』六五五号	「委曲福富（秀勝）可申候也」
145	（天正四年）八月二十二日	織田信長黒印状	大坂形勢指示	（黒印）	長岡兵部大輔（藤孝）殿		候也	山城	「細川家」『信文』六五六号	
146	（天正四年）九月二日	織田信長書状写	絹衣相論	信長	三宝院（義演）殿		恐々謹言	山城	「輪王寺」『信文』六五七号	「任本寺之法渡・同先規之旨」。青蓮院尊朝法親王関連文書あり（六五七号参考）
147	（天正四年）九月十日	織田信長朱印状	大坂形勢指示	信長（朱印）	長岡兵部大輔（藤孝）殿・稲葉伊予守（貞通）殿・羽柴筑前守（秀吉）殿		恐々謹言	山城	「大坪」『信文』六五九号	
148	（天正四年）九月十二日	織田信長朱印状	備前形勢指示	信長（朱印）	小寺藤兵衛（政職）殿		謹言	播磨	「花房」『信文』六六〇号	「猶荒木（村重）可申候」
149	天正四年十月二十九日	織田信長朱印状	寺領安堵・目録	（朱印）	正覚院住持		状如件	近江	「東南寺」『信文』六六八号	
150	（天正四年）十一月九日	織田信長朱印状	上山城出口普請	信長（朱印）	上山城諸侍中		候也	山城	「蜂須賀」『信文』六七〇号	「猶仙千代（万見重元）・久太郎（堀秀政）可申候也」
151	（天正四年）十一月十日	織田信長黒印状	贈答返書	信長（黒印）	赤松孫三郎殿		恐々謹言	播磨	「広瀬」『信文』六七一号	「猶委曲佐久間（信盛）可申候」

152	天正四年十一月十一日	織田信長朱印状写	棟別・段銭免除等条々	御朱印	木村治郎左衛門尉とのへ		候也	近江	「河路左満太氏所蔵」『信文』六七二号	
153	天正四年十一月十三日	織田信長朱印状	寺領安堵	（朱印）	宝鏡寺殿代		状如件	山城	「宝鏡寺」『信文』六七三号	
154	天正四年十一月十九日	織田信長朱印状	新知宛行	（朱印）	烏丸（光康）殿		状如件	山城	「烏丸家」『信文』六七五号	
155	天正四年十一月十九日	織田信長朱印状	新知宛行	（朱印）	花山院（家輔）殿		状如件	山城	『古文書纂』『信文』六七六号	
156	天正四年十一月十九日	織田信長朱印状	新知宛行	（朱印）	竹田法印（定加）		状如件	山城	「東京国立博物館所蔵」『信文』六七七号	
157	天正四年十一月十九日	織田信長朱印状	所領安堵	（朱印）	当寺（東大寺）衆徒中		状如件	大和	「東大寺」『信文』六七八号	「如先々」
158	天正四年十一月二十二日	織田信長朱印状	新知宛行	（朱印）	大学（覚）寺（尊信）殿		状如件	山城	「大覚寺」『信文』六八〇号	
159	（天正四年）十一月二十二日	織田信長黒印状	贈答返書	信長（黒印）	御牧勘兵衛殿		候也	山城	「御牧」『信文』補一八一号	
160	（天正五年）二月十日	織田信長朱印状	河内・和泉形勢	（朱印）	長岡兵部大輔（藤孝）殿		候也	山城	「細川家」『信文』六八三号	「畿内衆ハ不苦候、惟任（光秀）・荒木（村重）とも此分申付候」
161	（天正五年）二月十一日	織田信長朱印状	和泉形勢	（朱印）	長岡兵部大輔（藤孝）殿		候也	山城	「細川家」『信文』六八四号	
162	（天正五年）二月二十三日	織田信長黒印状写	戦功褒賞	（御黒印）	長岡兵部大輔（藤孝）殿		候也	山城	「細川家」『信文』六八六号	堀秀政副状あり（六八六号参考「御状具令披露候」）
163	（天正五年）二月二十六日	織田信長朱印状	贈答返書	信長（朱印）	松田豊前守（頼隆）とのへ		候也	山城	「建勲神社」『信文』補一八三号	「尚針阿（針阿弥）可申候也」
164	天正五年二月日	織田信長禁制	禁止事項条々	（朱印）	大田村		仍下知如件	紀伊	「大田」『信文』六八八号	
165	（天正五年）三月十五日	織田信長黒印状	和泉形勢	（黒印）	長岡兵部大輔（藤孝）とのへ・惟任五郎左衛門尉（長秀）とのへ・滝川左近（一益）とのへ・惟任日向守（光秀）とのへ		候也	山城	「細川家」『信文』七〇〇号	「猿帰候て、夜前之様子具言上候」「又一若を差遣候」
166	（天正五年）三月十五日	織田信長朱印状	紀伊形勢	（朱印）	鈴木孫一（重秀）とのへ・栗村三郎大夫とのへ・嶋本左衛門大夫とのへ・宮本兵部大夫とのへ・松田源三大夫とのへ・岡崎三郎大夫とのへ・土橋若大夫とのへ		候也	紀伊	「土橋」『信文』七〇一号	「猶小雑賀向在陣者共可申候也」
167	（天正五年）三月十六日	織田信長黒印状	在陣見舞贈答返書	（黒印）	等持院		恐々謹言	山城	「妙智院」『信文』七〇二号	

168	（天正五年）三月二十日	織田信長黒印状	在陣見舞贈答返書	信長（黒印）	賀茂社惣中		也	山城	「賀茂別雷神社」『信文』七〇三号	「猶惟住（長秀）申也」
169	天正五年三月日	織田信長禁制	禁止事項条々	（朱印）	泉州松尾寺		仍下知如件	和泉	「松尾寺」『信文』七〇五号	
170	（天正五年）四月九日	織田信長朱印状写	当官（右大将・右大臣）辞官	信長朱印	頭右中弁（広橋兼勝）殿		也	山城	「総見寺」『信文』七〇七号	
171	（天正五年四月九日）	織田信長消息案	当官（右大将・右大臣）辞官	龍之朱印信長	勾当内侍とのへ	申給へ	候	山城	「総見寺」『信文』七〇八号	
172	（天正五年）四月十七日	織田信長黒印状	在陣見舞贈答返書・住吉城普請申し付け	信長（黒印）	沼間越後入道（任世）殿		候也	和泉	「養教寺」『信文』七〇九号	
173	（天正五年ヵ）四月二十二日	織田信長朱印状	和泉一国一揆対応指示	信長（朱印）	柴田修理亮（勝家）とのへ		状如件	和泉	「畠山義昭氏所蔵」『信文』補九四号	
174	（天正五年）五月八日	織田信長黒印状写	大坂形勢	黒印	「　」（村井貞勝）		謹言	山城	『宣教卿記』五月八日条『信文』補一七八号	
175	天正五年五月十日	織田信長朱印状	指出隠田申し付け	（朱印）	津田利右衛門尉とのへ		候也	山城	「森」『信文』七一二号	「以先々代官筋目」
176	（天正五年）五月十六日	織田信長朱印状	雑賀成敗	（朱印）	宮郷・中川郷・南郷三組物中		候也	紀伊	「太田」『信文』七一三号	
177	（天正五年）五月十六日	織田信長黒印状写	小寺政職戦功褒賞	信長公御黒印	荒木摂津守（村重）とのへ		候也	摂津	「黒田」『信文』七一四号	荒木村重関連文書あり（七一四号参考「先日之御注進状、早々至安土致言上候処、対政職被成御書候」）
178	（天正五年）五月十九日	織田信長朱印状	雑賀成敗	（朱印）	大田源三大夫殿		候也	紀伊	「太田」『信文』七一五号	
179	（天正五年）六月五日	織田信長黒印状	矢蔵申し付け	（黒印）	長岡兵部大輔（藤孝）とのへ		候也	山城	「細川家」『信文』七一九号	
180	天正五年六月二十四日	織田信長朱印状写	相続安堵	（御朱印）	大神宮北監物大夫とのへ		候也	紀伊	『伊勢古文書集』『信文』七二一号	
181	天正五年六月日	織田信長掟書	安土山下町中定書	（朱印）	安土山下町中		者也	近江	「近江八幡市所蔵」『信文』七二二号	
182	天正五年七月十日	織田信長朱印状写	新知宛行・目録	（朱印）	狛左京亮（秀綱）とのへ		候也	山城	「小林」『信文』七二三号	
183	（天正五年）閏七月九日	織田信長朱印状	所領安堵	（朱印）	沢とのへ		候也	大和	「沢氏古文書」『信文』七二四号	「猶滝川左近（一益）可申候也」
184	（天正五年）八月十七日	織田信長黒印状	和泉形勢	（黒印）	筒井順慶□		候也	大和	「島田」『信文』七三一号	
185	（天正五年）九月二十二日	織田信長朱印状	大和形勢	（朱印）	岡周防守□		候也	大和	『集古文書』『信文』七三六号	
186	（天正五年）十月二日	織田信長感状	戦功褒賞	（信長）	与一郎（細川忠興）殿		かしく	山城	「細川家」『信文』七三八号	堀秀政副状あり（七三八号参考「御折紙具令披露候処、則御自筆之被成御書候」）

187	（天正五年）十月二日	織田信長黒印状	戦功褒賞	（黒印）	長岡兵部大輔（藤孝）殿		候也	山城	「細川家」『信文』七三九号	堀秀政副状あり（七三八号参考「御折紙具令披露候処、則御自筆之被成御書候」）
188	（天正五年）十月二十日	織田信長朱印状	大坂形勢	（朱印）	筒井順慶		候也	大和	「某氏所蔵」『信文』七四〇号	
189	（天正五年）十月二十日	織田信長朱印状写	美作形勢	信長朱印	江見九郎次郎（為久）殿	御宿所	也	美作	「記録御用所本古文書」『信文』七四一号	「惟任日向守（光秀）可申也」
190	天正五年十一月二十二日	織田信長朱印状写	所領還付	信長公御朱印	久我（季通）殿		状如件	山城	「久我」『信文』七五〇号	「任去永禄十一年十月廿日朱印之旨」
191	天正五年十一月二十三日	織田信長朱印状	所領宛行	（朱印）	鷹司殿		状如件	山城	「鷹司家判物類」『信文』補一八九号	
192	天正五年十一月二十七日	織田信長朱印状	社領宛行	右大臣兼右近衛大将平朝臣（朱印）	（松尾神社）		状如件	山城	「松尾神社」『信文』七五一号	
193	天正五年十一月二十八日	織田信長朱印状	所領宛行	（朱印）	土御門治部大輔（有脩）とのへ		状如件	山城	「土御門」『信文』七五二号	「任当知行之旨」
194	（天正五年）十二月五日	織田信長朱印状写	戦功褒賞	信長公御朱印	小寺官兵衛尉（孝高）とのへ		候也	播磨	「黒田」『信文』七五四号	「猶羽柴筑前守（秀吉）可申候也」堀秀政副状あり（七五四号参考）
195	天正五年十二月五日	織田信長判物写	戦功褒賞	信長華押	岡本但馬守殿江・福田孫八郎江	岡本御陣所	候也	播磨	「上房郡川面村誌」『信文』七五五号	「猶羽柴筑前守（秀吉）可申候也」
196	天正五年十二月五日	織田信長判物写	播磨戦功褒賞	信長花押	赤木蔵人（忠房）とのへ		仍状如件	播磨	「赤木義夫氏所蔵」『信文』補一九〇号	
197	（天正六年）正月十九日	織田信長朱印状	贈答返書	（朱印）	山名宮内少輔（豊国）殿		候也	但馬	「吉田」『信文』七五七号	「猶宮内卿（松井友閑）法印可申候也」
198	（天正六年）三月四日	織田信長朱印状	丹州出馬道路広作申し付け	（朱印）	長岡兵部大輔（藤孝）殿		謹言	山城	「細川家」『信文』七五八号	
199	（天正六年）三月二十一日	織田信長朱印状写	別所小三郎敵同意	信長公御朱印	小寺官兵衛尉（孝高）とのへ		候也	播磨	「黒田」『信文』七五九号	「猶羽柴（秀吉）可申候也」堀秀政副状あり（七五九号参考）
200	（天正六年）三月二十二日	織田信長朱印状	美作形勢	（朱印）	草刈三郎左衛門尉（景継）とのへ		候也	美作	「草刈家証文」『信文』七六〇号	「猶蜂須賀（正勝）可申候也」
201	天正六年四月日	織田信長禁制	禁止事項条々	（朱印）	天王寺境内		仍下知如件	摂津	「四天王寺」『信文』七六五号	
202	天正六年五月二十六日	織田信長朱印状写	所領安堵・諸公事免許	信長朱印	柳芳軒		候也	山城	『雑録』『信文』七六六号	村井貞勝副状あり（七六六号参考）
203	（天正六年）六月十八日	織田信長黒印状	西国形勢指示	（黒印）	荒木摂津守（村重）殿		謹言	摂津	「釈」『信文』七六七号	
204	（天正六年）七月三日	織田信長黒印状	贈答返書	（黒印）	法隆寺東寺惣中		者也	大和	「法隆寺」『信文』七六九号	
205	（天正六年）九月六日	織田信長朱印状写	備前形勢指示	朱印	小寺官兵衛尉（孝高）とのへ		候也	播磨	「黒田」『信文』七七五号	

206	（天正六年）九月二十五日	織田信長黒印状	贈答返書	（黒印）	賀茂社中		候也	山城	「賀茂別雷神社」『信文』七七八号	「猶惟住（長秀）可申候也」
207	（天正六年）十月二十五日	織田信長黒印状	摂津形勢	信長（黒印）	長岡兵部大輔（藤孝）殿		候也	山城	「細川家」『信文』七八七号	「猶委曲松井（康之）可申候也」「其付宮内卿法印（松井友閑）・万見仙千世（重元）遣之、并又惟任日向守（光秀）□〔申ヵ〕含置候き」
208	（天正六年）十一月四日	織田信長朱印状	河内形勢伺い	信長（朱印）	多羅尾常陸介（綱知）殿・野間左吉（康久）殿・池田丹後守（数正）殿		候也	河内	「山本丈二氏所蔵」『信文』補一九三号	「仙千代（万見重元）・久太郎（堀秀政）差越候」
209	（天正六年）十一月十日	織田信長朱印状写	贈答返書・大坂往還成敗	信長御朱印	金剛峯寺老若衆中		恐々謹言	紀伊	『古文書集』『信文』七九〇号	
210	（天正六年）十一月十四日	織田信長黒印状	出陣贈答返書	信長（黒印）	青蓮院（尊朝法親王）殿	進之候	恐々謹言	山城	「大賀」『信文』七九三号	
211	（天正六年）十一月二十日	織田信長黒印状	摂津形勢	信長（黒印）	長岡兵部大輔（藤孝）殿		候也	山城	「細川家」『信文』七九四号	
212	（天正六年ヵ）十一月二十二日	織田信長黒印状	鷹司家継嗣了承	信長（黒印）	二条（晴良）殿	人々御中	恐々謹言	山城	『鷹司家判物類』『信文』補九六号	
213	（天正六年）十一月三十日	織田信長黒印状	注進返礼	信長（黒印）	長岡兵部大輔（藤孝）殿		候也	山城	「細川家」『信文』七九七号	「猶々惟任（光秀）相談時宜」
214	天正六年十一月日	織田信長禁制	禁止事項条々	（朱印）	上牧郷		仍下知如件	山城	「烏丸家」『信文』七九八号	
215	天正六年十一月日	織田信長禁制	禁止事項条々	（朱印）	塩川領中所々		仍下知如件	摂津	「中山寺」『信文』七九九号	
216	（天正六年）十二月十二日	織田信長朱印状	大坂形勢	信長（朱印）	長岡兵部大輔（藤孝）殿・長岡与一郎（忠興）殿		候也	山城	「細川家」『信文』八〇〇号	
217	（天正六年）十二月十五日	織田信長朱印状写	所領安堵	信長朱印	根来寺在陣衆中		恐々謹言	紀伊	『紀伊続風土記』『信文』八〇一号	「猶柴田修理亮（勝家）可申候」
218	（天正六年）十二月十九日	織田信長黒印状	在陣贈答返書	信長（黒印）	法隆寺東寺諸進		謹言	大和	「法隆寺」『信文』八〇二号	松井友閑副状あり（八〇二号参考）
219	天正六年十二月日	織田信長禁制	禁止事項条々	信長印判	吉野金峯山寺		仍下知如件	紀伊	『古文書録』『信文』八〇六号	
220	（天正七年）正月十二日	織田信長黒印状	摂津番替指示・禁裏鯨進上	信長（黒印）	長岡兵部大輔（藤孝）殿		候也	山城	「細川家」『信文』八〇七号	
221	（天正七年）正月十二日	織田信長黒印状	摂津番替指示	信長（黒印）	長岡与一郎（忠興）殿		候也	山城	「細川家」『信文』八〇八号	
222	（天正七年）正月二十八日	織田信長印判状写	播磨形勢指示	信長	赤松左京大夫（広秀）殿	進之	候	播磨	『武家事紀』『信文』八一〇号	
223	（天正七年）二月二日	織田信長朱印状	摂津形勢指示	信長（朱印）	中川瀬兵衛尉（清秀）とのへ		候也	摂津	『昭和十年三月旧大名並某家蔵品入札目録』『信文』八一一号	

224	（天正七年）二月十四日	織田信長黒印状	年頭贈答返書	信長（黒印）	賀茂社刑部少輔殿・紀伊守殿		謹言	山城	「賀茂別雷神社」『信文』八一二号	
225	天正七年二月十八日	織田信長判物写	所領宛行	信長（花押）	知恩院浩誉上人御房		仍而如件	山城	「華頂誌要」『信文』補一九八号	
226	（天正七年）二月二十二日	織田信長判物写	備前形勢	信長判	中嶋新左衛門殿		仍筆〔執〕達如件	備前	「備藩国臣古証文」『信文』八一三号	
227	（天正七年）二月二十六日	織田信長黒印状	贈答返書	信長（黒印）	法隆寺東寺諸進		謹言	山城	「法隆寺」『信文』八一四号	「猶針阿（針阿弥）可申候」織田信定副状あり（八一五号）
228	天正七年二月日	織田信長掟書写	掟書条々	信長朱印	和州法隆寺		者也	大和	『斑鳩古事便覧』『信文』八一六号	
229	（天正七年）三月十日	織田信長黒印状	贈答返書・相論裁許	（黒印）	法隆寺東寺惣中		候也	大和	「法隆寺」『信文』八一八号	針阿弥副状あり（八一八号参考）
230	（天正七年）三月二十五日	織田信長黒印状	出馬贈答返書	信長（黒印）	賀茂社中		候也	大和	「賀茂別雷神社」『信文』八一九号	「尚惟住五郎左衛門尉（長秀）可申候也」
231	天正七年三月二十八日	織田信長朱印状	堺南北馬座安堵	（朱印）	当座人		候也	和泉	「末吉」『信文』八二〇号	
232	天正七年三月日	織田信長条書	百姓還住等条々	（朱印）	摂州名塩		者也	摂津	「摂津名塩村」『信文』八二一号	
233	（天正七年）四月十三日	織田信長朱印状	丹波形勢	（朱印）	矢野孫三郎殿		候也	丹波	『昭和四十一年展覧入札目録』『信文』八二二号	「惟任（光秀）相談」
234	天正七年四月十七日	織田信長朱印状	所領安堵	信長（朱印）	三宝院（義演）殿		状如件	山城	「大渓見夫家」『信文』補二〇一号	
235	天正七年四月日	織田信長禁制	禁止事項条々	（朱印）	和州西京薬師寺		仍下知如件	大和	「薬師寺」『信文』八二三号	
236	（天正七年）五月二十八日	織田信長黒印状	安土宗論結果通達	信長（黒印）	村井長門守（貞勝）殿		候也	山城	「知恩院」『信文』八二九号	「猶矢部善七郎（家定）・針阿弥可申候也」
237	（天正七年）五月二十八日	織田信長朱印状	安土宗論結果通達	信長（朱印）	教蓮社聖誉（貞安）		候也	山城	「知恩院」『信文』八三〇号	
238	（天正七年）六月十二日	織田信長朱印状写	相論裁許	信長朱印	筒井順慶		候也	大和	「法隆寺」『信文』八三一号	松井友閑・針阿弥連署状あり（八三一号参考）
239	天正七年十月十四日	織田信長朱印状写	油座安堵・諸公事免許	信長御朱印	建部油座中		候也	近江	「福原」『信文』八四四号	「重而被成御朱印候也」
240	（天正七年）十月十七日	織田信長黒印状	贈答返書	（黒印）	法隆寺東寺		候也	大和	「法隆寺」『信文』八四二号	「猶針阿（針阿弥）可申候也」
241	（天正七年）十月二十三日	織田信長朱印状	年貢進納指示	信長（朱印）	塩川伯耆守（国満）とのへ		候也	摂津	「石清水」『信文』八四六号	「猶菅屋九郎右衛門尉（長頼）可申候也」
242	天正八年二月二十六日	織田信長朱印状	寺領安堵	信長（朱印）	多武峯惣中		候也	大和	「青蓮院」『信文』八四九号	「先年朱印成訖」
243	（天正八年）三月十七日	織田信長覚書	石山合戦終結	（朱印）	（大坂本願寺）		事	摂津	「本願寺」『信文』八五二号	

244	（天正八年）三月十七日	織田信長起請文	石山合戦終結誓詞	信長（花押）	庭田大納言（重保）殿・勧修寺中納言（晴豊）殿		謹言	摂津	「本願寺」『信文』八五三号	血痕あり
245	（天正八年）三月十七日	織田信長朱印状案	本願寺講和	信長朱印	近衛（前久）殿		恐々謹言	山城	「本願寺」『信文』八五五号	
246	天正八年三月日	織田信長禁制	禁止事項条々	（朱印）	摂州塚口		仍下知如件	摂津	「興正寺」『信文』八五六号	
247	天正八年三月日	織田信長禁制	禁止事項条々	（朱印）	摂州西宮		仍下知如件	摂津	「西宮神社旧蔵」『信文』八五七号	
248	天正八年三月日	織田信長禁制写	禁止事項条々	（信長）	摂州湯山		仍下知如件	摂津	『集古文書』『信文』補九九号	
249	（天正八年）閏三月二日	織田信長朱印状	加賀国寺領還付	信長（朱印）	本願寺		謹言	摂津	「本願寺」『信文』八五八号	松井友閑宛て関連文書あり（八五四号）
250	（天正八年）閏三月十一日	織田信長印判状写	大坂赦免	信長	佐久間右衛門尉（信盛）とのへ		候也	摂津	『南行雑録』『信文』八五九号	「宮内卿法印（松井友閑）可申候也」
251	（天正八年）閏三月十一日	織田信長印判状写	大坂赦免	信長	佐久間甚九郎（定栄）殿		候也	摂津	『南行雑録』『信文』八六〇号	「猶宮内卿法印（松井友閑）可申候也」
252	（天正八年）閏三月十一日	織田信長印判状写	大坂赦免	信長	九鬼右馬允（嘉隆）とのへ		候也	摂津	『南行雑録』『信文』八六一号	「猶宮内卿法印（松井友閑）可申候也」
253	（天正八年）閏三月十一日	織田信長印判状写	大坂赦免	信長	羽柴藤吉郎（秀吉）とのへ		候也	摂津	『南行雑録』『信文』八六二号	
254	（天正八年）閏三月十一日	織田信長朱印状写	大坂赦免	信長朱印	柴田修理亮（勝家）とのへ		候也	摂津	『南行雑録』『信文』八六三号	
255	（天正八年）閏三月十一日	織田信長印判状写	加賀国寺領還付	信長	本願寺		謹言	摂津	『南行雑録』『信文』八六四号	
256	天正八年閏三月日	織田信長朱印状写	大坂・京都往還安堵	朱印	（宛所欠）		候也	不明	「京都御所東山御文庫記録」『信文』八六六号	
257	（天正八年）四月四日	織田信長朱印状	大坂赦免	信長（朱印）	長岡兵部大輔（藤孝）殿・中川瀬兵衛尉（清秀）殿		候也	摂津	「昭和十年旧大名并某家蔵品入札目録」『信文』八六七号	
258	（天正八年）五月二十三日	織田信長朱印状	大坂赦免	（朱印）	当地惣中		候也	紀伊	「本願寺」『信文』八七〇号	
259	（天正八年）五月二十五日	織田信長黒印状	贈答返書	信長（黒印）	善法寺（尭清）		候也	山城	「石清水」『信文』八七一号	「猶宮内卿法印（松井友閑）可申候也」
260	（天正八年）六月二十三日	織田信長朱印状	大坂赦免	信長（朱印）	「切封ウハ書」「佐右（佐久間右衛門尉信盛）・宮法（宮内卿法印松井友閑）」		候也	摂津	「本願寺」『信文』八七三号	
261	（天正八年）七月二日	織田信長朱印状	贈答返書	信長（朱印）	本願寺		謹言	摂津	「本願寺」『信文』八七六号	「猶宮内卿法印（松井友閑）可申候也」
262	（天正八年）七月十七日	織田信長掟書	掟書条々	（朱印）	（本願寺教如光寿）		事	摂津	「本願寺」『信文』八七七号	

263	天正八年七月十七日	織田信長起請文	誓詞	信長（花押）（血判）	本願寺新門主（教如光寿）		仍起請如件	摂津	「本願寺」『信文』八七八号	
264	（天正八年）七月十八日	織田信長朱印状	大坂形勢指示	信長（朱印）	筒井順慶		候也	大和	「和田信夫氏所蔵」『信文』八七九号	
265	（天正八年）七月二十日	織田信長朱印状案	大坂形勢	信長御朱印	近衛（前久）殿		恐々謹言	山城	「近衛家」『信文』八八〇号	
266	（天正八年）七月二十七日	織田信長黒印状写	大坂形勢	信長御黒印	庭田大納言（重保）殿・勧修寺中納言（晴豊）殿		謹言	山城	『日々記』天正十年紙背『信文』八八一号	
267	（天正八年）八月一日	織田信長黒印状	大坂形勢	信長（黒印）	矢部善七郎（家定）殿		候也	摂津	「飯野保氏所蔵」『信文』八八二号	
268	（天正八年）八月二日	織田信長黒印状	贈答返書	信長（黒印）	本願寺		穴賢々々	摂津	「本願寺」『信文』八八三号	「猶宮内卿法印（松井友閑）可申候也」
269	（天正八年）八月十二日	織田信長書状案	豊薩講和	信長	近衛（前久）殿		恐惶謹言	山城	「島津家」『信文』八八五号	「被仰含伊勢因幡守（貞知）、可被差下事専一候」島津義久宛て信長書状あり（八八六号）
270	（天正八年）八月十三日	織田信長黒印状	丹後宛行入国	信長（黒印）	長岡兵部大輔（藤孝）殿		候也	丹後	「細川家」『信文』八八七号	
271	（天正八年）八月十六日	織田信長黒印状	贈答返書	信長（黒印）	本願寺		穴賢々々	摂津	「本願寺」『信文』八八八号	「猶宮内卿法印（松井友閑）可申候」
272	（天正八年）八月二十一日	織田信長黒印状	居城普請申し付け	信長（黒印）	長岡兵部太〔大〕輔（藤孝）殿		謹言	丹後	「細川家」『信文』八八九号	「則惟任（光秀）がたへも朱印遣之候間」
273	（天正八年）八月二十二日	織田信長黒印状	丹後形勢指示	信長（黒印）	長岡兵部大輔（藤孝）殿・惟任日向守（光秀）殿		候也	丹後	「細川家」『信文』八九〇号	
274	（天正八年）八月二十四日	織田信長朱印状	佐久間父子放逐	信長（朱印）	筒井順慶		候也	大和	「小田栄一氏保管」『信文』八九二号	
275	天正八年八月日	織田信長朱印状案	寺領安堵・臨時課役免除	御朱印	当寺雑掌		状如件	山城	「天竜寺」『信文』八九三号	
276	（天正八年）九月五日	織田信長朱印状写	佐久間信盛・定栄父子誅伐	御朱印	泉州諸侍中		也	和泉	「尊経閣所蔵」『信文』補一〇〇号	「堀久太郎（秀政）承にて相触也」
277	（天正八年）九月八日	織田信長黒印状	重陽贈答返書	信長（黒印）	本願寺		穴賢々々	摂津	「本願寺」『信文』八九六号	「猶宮内卿法印（松井友閑）可申候」
278	天正八年九月二十一日	織田信長朱印状	寺領安堵	信長（朱印）	金剛峯寺惣中		候也	紀伊	「高野山」『信文』八九七号	
279	（天正八年）十月二十四日	織田信長黒印状	贈答返書	信長（黒印）	本願寺		穴賢々々	摂津	「本願寺」『信文』九〇一号	「猶宮内卿法印（松井友閑）可申候也」松井友閑副状あり（九〇一号参考）
280	天正八年十一月七日	織田信長朱印状	寺領安堵	（朱印）	観音寺		候也	近江	「観音寺」『信文』九〇二号	長谷川秀一・野々村正成連署副状あり（九〇二号参考）
281	天正八年十一月十三日	織田信長朱印状	所領安堵	信長（朱印）	花山院宰相（家雅）殿		状如件	山城	『古文書纂』『信文』九〇三号	

282	（天正八年）十一月二十七日	織田信長黒印状	贈答返書	信長（黒印）	箸尾宮内少輔（為綱）殿		候也	大和	「松平定安氏所蔵」『信文』九〇四号	「猶針阿（針阿弥）申候也」
283	（天正八年）十二月二十九日	織田信長黒印状	歳暮贈答返書	信長（黒印）	本願寺		穴賢々々	摂津	「本願寺」『信文』九〇八号	「猶宮内卿法印（松井友閑）可申候也」
284	天正九年正月二十三日	織田信長朱印状写	左義長指示	信長御朱印	惟任日向守（光秀）とのへ		候也	山城	「士林証文」『信文』九一一号	
285	天正九年正月二十五日	織田信長朱印状写	諸役免許等条々	御朱印	安井清右衛門（定次）		也	河内	「安井」『信文』九一二号	
286	天正九年正月二十九日	織田信長朱印状写	社領安堵	信長御朱印	熊野新宮神主堀内新次郎（氏善）とのへ		候也	紀伊	「堀内」『信文』九一四号	
287	天正九年三月五日	織田信長朱印状	丹後給人宛行	信長（朱印）	長岡兵部太［大］輔（藤孝）とのへ		候也	丹後	「細川家」『信文』九一五号	
288	天正九年三月日	織田信長朱印状	参詣安堵	（朱印）	（本願寺）		者也	紀伊	「本願寺」『信文』九一七号	
289	天正九年四月二十日	織田信長朱印状	所領宛行	（朱印）	森乱法師（成利）とのへ		候也	近江	「尊経閣文庫」『信文』九二〇号	
290	（天正九年）六月十六日	織田信長朱印状	在城慰労	信長（朱印）	善常房（宮部継潤）		候也	近江	「宮部」『信文』九三〇号	
291	（天正九年）七月二十八日	織田信長黒印状	八朔祝儀返書・丹後形勢指示	信長（黒印）	長岡兵部大輔（藤孝）殿		候也	丹後	「細川家」『信文』九三五号	
292	天正九年八月十七日	織田信長朱印状	「天下一」許可・諸公事免許	（朱印）	（畳指石見新四郎宗珍）		候也	山城	「伊阿弥家文書集」『信文』九三七号	羽柴秀吉関連文書あり（九三七号参考）
293	（天正九年）八月二十日	織田信長黒印状	中国形勢指示	信長（黒印）	羽柴藤吉郎（秀吉）とのへ		候也	備前	「沢田義厚氏所蔵」『信文』九三八号	
294	天正九年八月二十二日	織田信長朱印状	多賀大社檀那安堵	（朱印）	不動院		候也	近江	「多賀大社」『信文』九三九号	「任最前朱印之旨」
295	（天正九年）八月二十三日	織田信長黒印状	丹後形勢指示	信長（黒印）	長岡兵部大輔（藤孝）殿		候也	丹後	「細川家」『信文』九四〇号	「於様体者惟日（光秀）申聞候き」
296	（天正九年）九月四日	織田信長朱印状	丹後所領安堵指示	信長（朱印）	長岡兵部大輔（藤孝）殿		候也	丹後	「細川家」『信文』九四一号	「預置惟任日向守（光秀）」＝関連文書あり（九四三号）
297	天正九年九月四日	織田信長朱印状	丹後所領安堵指示	信長（朱印）	長岡兵部大輔（藤孝）殿		候也	丹後	「細川家」『信文』九四二号	関連文書あり（九四五号）
298	天正九年九月七日	織田信長朱印状	丹後所領安堵指示	信長（朱印）	惟任日向守（光秀）殿		候也	丹後	「細川家」『信文』九四三号	関連文書あり（九四一号）
299	（天正九年）九月七日	織田信長朱印状	所領宛行	（朱印）	亀井新十郎（茲矩）とのへ		候也	出雲	「亀井」『信文』九四四号	
300	（天正九年）九月十日	織田信長朱印状	所領安堵指示	信長（朱印）	長岡兵部大輔（藤孝）殿・惟任日向守（光秀）殿		候也	丹後	「細川家」『信文』九四五号	関連文書あり（九四二号）
301	（天正九年）九月十一日	織田信長朱印状	高野山惣分働褒賞	信長（朱印）	根来寺弥勒院・池上坊・岩室坊・□□□（愛染院）		候也	紀伊	「八代」『信文』九四八号	「尚佐兵衛佐（織田信張）可申入候也」

302	（天正九年）九月十六日	織田信長黒印状	丹後形勢指示	信長（黒印）	長岡与一郎（忠興）とのへ		候也	丹後	「細川家」『信文』九四九号	
303	（天正九年）九月十六日	織田信長黒印状	丹後形勢指示	信長（黒印）	長岡兵部大輔（藤孝）殿		候也	丹後	「細川家」『信文』九五〇号	
304	天正九年九月二十三日	織田信長朱印状写	所領目録	御朱印	松梅院		候也	山城	「北野神社古文書」『信文』九五一号	
305	（天正九年）九月二十四日	織田信長黒印状写	出雲・伯耆形勢指示	信長御黒印	長岡兵部太〔大〕輔（藤孝）殿		候也	丹後	「細川家」『信文』九五二号	「羽柴藤吉郎（秀吉）折紙到来」
306	（天正九年）九月二十七日	織田信長朱印状	備中形勢指示	（朱印）	庄市助とのへ		候也	備中	「岡山県古文書集」『信文』九五三号	「羽柴（秀吉）申次第可抽忠節事」
307	（天正九年ヵ）十一月十五日	織田信長朱印状	伯州相働褒賞	（朱印）	播州衆在陣中		候也	播磨	「桑原羊次郎氏所蔵」『信文』補一〇一号	
308	天正九年十一月十二十七日	織田信長朱印状	所領安堵	（朱印）	飯道寺		状如件	近江	「徳川家判物并朱黒印」『信文』補二三一号	
309	天正九年十二月七日	織田信長朱印状写	寺領安堵	信長御朱印	大乗院（尋憲）		状如件	大和	『多聞院日記』十二月十日条『信文』補一〇四号	
310	天正九年十二月十八日	織田信長黒印状写	贈答返書	信長御黒印	大乗院（尋憲）殿		穴賢々々	大和	『多聞院日記』十二月二十日条『信文』補一〇五号	
311	（天正十年）正月四日	織田信長朱印状写	紀伊形勢指示	信長朱印	生地太郎左衛門殿・勢〔贄〕川治部丞殿		候也	紀伊	『紀伊続風土記』『信文』九六二号	
312	天正十年二月二十八日	織田信長朱印状	法度安堵	信長（朱印）	関山国師（慧玄）門徒中		状如件	山城	「妙心寺」『信文』九七〇号	
313	（天正十年）三月二日	織田信長印判状写	伊勢遷宮祭主罷越指示	信長	春長軒（村井貞勝）		候也	山城	「下郷共済会所蔵」『信文』九七四号	
314	（天正十年）三月二十五日	織田信長黒印状	在陣贈答返書	信長（黒印）	久我大納言（季通）殿		穴賢々々	山城	「大阪城天守閣所蔵」『信文』九七九号	「猶信濃兵部丞可申候也」
315	（天正十年）三月二十八日	織田信長黒印状	在陣贈答返書	信長（黒印）	等持院		恐々謹言	山城	「妙智院」『信文』九八一号	
316	（天正十年）四月四日	織田信長黒印状	贈答返書	（黒印）	上京中		候也	山城	「京都上京」『信文』一〇〇四号	
317	（天正十年）四月四日	織田信長黒印状	贈答返書	信長（黒印）	理性院		謹言	山城	「理性院」『信文』一〇〇五号	
318	（天正十年）四月十日	織田信長黒印状	在陣贈答返書	信長（黒印）	梶井（最胤法親王）殿		穴賢々々	山城	「三千院」『信文』一〇〇九号	
319	（天正十年）四月十日	織田信長黒印状写	在陣贈答返書	信長黒印	青蓮院（尊朝法親王）殿		穴賢々々	山城	「水口」『信文』一〇一〇号	

320	天正十年四月十二日	織田信長黒印状	贈答返書	信長（黒印）	九条（兼孝）殿	御報	恐々謹言	山城	「九条家」『信文』補二三二号	
321	（天正十年）四月十五日	織田信長黒印状	東国形勢報告	信長（黒印）	長岡兵部大輔（藤孝）殿		候也	丹後	「細川家」『信文』一〇一三号	
322	（天正十年）四月二十日	織田信長黒印状	贈答返書	信長（黒印）	吉田右衛門督（兼和）殿		候也	山城	「大坂城天守閣所蔵」『信文』補二三三号	「尚乱法師（森成利）可申候也」
323	（天正十年）四月二十四日	織田信長朱印状	中国形勢指示	信長（朱印）	一色五郎殿・長岡兵部大輔（藤孝）殿		謹言	丹後	「細川家」『信文』一〇一五号	「猶惟任日向守（光秀）可申候也」
324	（天正十年）四月二十五日	織田信長黒印状	贈答返書	信長（黒印）	本願寺		穴賢々々	紀伊	「本願寺」『信文』一〇一六号	「猶宮内卿法印（松井友閑）可申候」
325	（年未詳）正月二十七日	織田信長朱印状	年頭祝儀返書	信長（朱印）	一色左京大夫殿	進覧候	恐々謹言	丹後	「服部尚彦氏所蔵」『信文』補一〇七号	
326	（年未詳）五月十八日	織田信長黒印状	贈答返書	信長（黒印）	越智玄蕃とのへ		候也	大和	「斎藤堅之氏所蔵」『信文』補九一号	
327	（年未詳）六月二日	織田信長朱印状	贈答返書	信長（朱印）	三好孫九郎とのへ		候也	摂津ヵ	「成簣堂古文書」『信文』補二四〇号	
328	（年未詳）六月十日	織田信長折紙案	違乱停止通知	信長	長岡兵部大輔（藤孝）殿		恐々謹言	山城	「愛宕山尾崎坊文書」『信文』三七六号附録	
329	（年未詳）六月二十六日	織田信長書状	贈答返書	信長	青蓮院（尊朝法親王）殿		穴賢々々	山城	弘文荘『日本の古文書』『信文』補二四一号	
330	（年未詳）七月三日	織田信長書状	贈答返書	信長	九条（兼孝）殿		恐々謹言	山城	「九条家」『信文』補二四二号	
331	（年未詳）十月二十三日	織田信長黒印状	贈答返書	信長（黒印）	薬師寺衆徒中		候也	大和	「薬師寺」『信文』八二四号	「猶針阿（針阿弥）可申候也」
332	（年未詳）十月二十四日	織田信長書状	物語返書	信長	近衛（前久）殿	御報	恐々謹言	山城	「大東急記念文庫所蔵」『信文』補二四三号	
333	（年未詳）十一月十四日	織田信長黒印状	贈答返書	信長（黒印）	和州西京薬師寺		候也	大和	「薬師寺」『信文』八二五号	
334	（年未詳）十一月二十六日	織田信長黒印状写	贈答返書	信長黒印	黒谷（金戒光明寺性誉法山）上人		謹言	山城	『黒谷誌要』『信文』補二四四号	
335	（年未詳）十一月二十七日	織田信長朱印状	相論裁許	信長（朱印）	近衛（前久）殿		恐々謹言	山城	「陽明文庫所蔵」『信文』補一〇二号	
336	（年未詳）十二月一日	織田信長印判状写	家来成敗	信長	越智玄蕃頭殿		可申付候	大和	『南行雑録』『信文』補四八号	
337	（年月日未詳）	織田信長書状	相論裁許	信長	青蓮院（尊朝法親王）殿		かしく	山城	『桃山武将真蹟展』図録『信文』九六一号	「猶自春長軒（村井貞勝）方使者差越候間」

338	（年月日未詳）	織田信長黒印状	贈答返書	（黒印）	九条（兼孝）殿		かしく	山城	「九条家」『信文』補二四五号	
339	（年月日未詳）	織田信長印判状写	贈答返書	信長印	寺田又左衛門殿・松浦安大夫殿		候也	和泉	『岡田家系図』『信文』補二四六号	「猪堀久太郎（秀政）可申候也」
340	（天正五年）九月二十七日	織田信長朱印状	戦況指示	（朱印）	江見［九郎二郎為久殿］		候也	美作	「美作江見」『信文』七三七号	「万端羽柴申次第」
341	天正九年四月十六日	織田信長朱印状	所領宛行	（朱印）	溝口金右衛門（定勝）とのへ		候也	若狭	「溝口」『信文』九一九号	
342	（年未詳）六月二十二日	織田信長黒印状	贈答返書	（黒印）	金剛寺惣中		候也	河内	「金剛寺」『信文』九二一号	「猪森乱法師（成利）可申候也」、同内容黒印状あり（『信文』九二二・九二三号）

表3　織田信長禁制目録

年	宛所（国）
天文二十三年	尾張（補一〇八）
天文二十四年	尾張（補四九）
永禄元年	尾張（二六・補五一）
永禄三年	尾張（二八）
永禄四年	尾張（補一一二）、美濃（二九）
永禄六年	尾張（三四・三八）
永禄七年	尾張（補七）
永禄十年	美濃（七〇～七三・七五・八一）、近江（補六五）
永禄十一年	美濃（九五）、近江（九六・九七・一〇一・一〇二）、山城（一〇三・一〇四・一〇六～一一一）、摂津（一一二）、大和（一一八）、河内（一一九）
永禄十二年	伊勢（一九七）、播磨（一五八）
元亀元年	近江（二三九・二四二）、山城（二六七）
元亀二年	尾張（三〇一）、三河（補一四五）
元亀三年	近江（三四五）、山城（三一三）
天正元年	山城（三六五）、大和（三八一）、越前（三八四・三九一～三九六）、伊勢（四一八）
天正二年	山城（四八五）、大和（四四〇）
天正三年	越前（五五一・五五三～五五六・補一六四～一六七）、加賀（五五二）
天正四年	播磨（六二四）、紀伊（六四三）
天正五年	紀伊（六八八）、和泉（七〇五）
天正六年	山城（七九八）、大和（八〇六）、摂津（七六五）
天正七年	大和（八一六・八二三）
天正八年	摂津（八五六・八五七・補九九）
天正十年	信濃（九八六～九九九：一四点）、甲斐（一〇〇〇～一〇〇三、一〇一七～一〇四七：三五点）、某（一〇四八～一〇五〇：三点）

※『信長文書』を基に作成したもので、番号は同書の文書番号である。

表4　織田政権の裁許一覧

No.	年月日	訴人	案件	違乱者	文書名	出典	関連文書	備考
1	（永禄十一年）十二月十六日	今井宗久	公事	武野新五郎	大和松永久秀宛て和田惟政・好斎一用・中川重政・木下秀吉連署状	「坪井鈴男氏所蔵」（『信文』一三八号）		
2	永禄十二年正月十九日	南禅寺	南禅寺塔頭竜華院領競望	一ト軒	山城南禅寺領名主百姓中宛て大津長治折紙	「鹿王院」（『信文』一四四号）		
3	（永禄十二年）三月二十三日	北野神社	丹波国船井郡十一村処分制限		丹波国船井郡十一村名主百姓中宛て嶋田秀順折紙	「北野神社」（『信文』一五六号）		
4	永禄十二年四月二日	大慈光院	丹波国佐伯荘	細川藤賢		『言継卿記』同日条		
5	（永禄十二年）四月十三日	禁裏御料所	山城国灰方郷年貢進納指示	灰方通能	山城灰方通能宛て織田信長朱印状	「小泉安次郎氏所蔵」（『信文』一七三号、表1-No.90）	関連文書あり（『信文』一七二号、表1-No.75）	
6	（永禄十二年）四月十八日	禁裏御料所	山城国山国荘違乱停止	宇津頼重	摂津宇津頼重宛て明智光秀・中川重政・木下秀吉・丹羽長秀連署状	『古簡雑纂』（『信文』一六六号）	関連文書あり（『信文』一六五号）	
7	（永禄十二年）四月二十日	曇華院	摂津国塩江荘・難波村年貢進納指示	伊丹親興	摂津伊丹親興宛て織田信長朱印状	「曇華院」（『信文』一七四号、表1-No.81）		
8	永禄十二年四月二十一日	花山院家輔	花山院家領（一条之道場屋敷半分南方・同門敷カ）	正覚院弥阿弥	山城花山院御内堤新丞宛て正覚院弥阿弥放状	『古簡雑纂』（『信文』一六七号参考）	関連文書あり（『信文』一六七号、表1-No.76）	
9	（永禄十二年）五月十四日	天龍寺	末寺相論	相国寺	山城天龍寺妙智院宛て明智光秀・村井貞勝・武井夕庵連署状	「天龍寺」（『信文』補七三号）		
10	（永禄十二年）五月十七日	広隆寺	寺領安堵通達	飯尾貞遙	山城広隆寺宛て木下秀吉書状	「広隆寺」（『信文』一八〇号）		
11	（永禄十二年）八月十五日	烏丸光康	摂津国上牧押坊	入江	山城烏丸光康宛て織田信長朱印状	「烏丸家」（『信文』一九四号、表1-No.89）	関連文書あり（『信文』一六九号、表1-No.78）	
12	（永禄十二年）八月八日	今井宗久	摂津国堺五ヶ荘代官職押領	池田勝正	摂津国池田勝正宛て丹羽長秀奉書案	『今井宗久書札案留』（『信文』一九二号）	関連文書あり（『信文』一九九号）	
13	（永禄十二年）八月十七日	今井宗久	塩合物過料銭違乱停止	三淵藤英	山城三淵藤英宛て今井宗久書状案	『今井宗久書札案留』（『信文』一九五号）	関連文書あり（『信文』一九三号）	
14	（永禄十二年）九月十六日	今井宗久	借銭催促	野尻備後守	河内牧郷名主百姓中宛て今井宗久書状案	『今井宗久書札案留』（『信文』一九八号）		上使衆坂井政尚・木下秀吉
15	（永禄十二年）十月十六日	法金剛院	法金剛院領法命寺分違乱	二階堂中務大輔	山城池上・太秦・常磐名主百姓中宛て柴田勝家書状	「法金剛院」（『大日史』永禄十二年十月十三日条、③五六四頁）		

16	（永禄十二年）十一月四日	妙心寺	山城横路分違乱年貢拘置指示	梶井門跡三千院応胤法親王	山城横路分名主百姓中宛て松井友閑・好斎一用・佐久間信盛連署状	「退蔵院」（『信文』補七六号）		
17	永禄十二年十二月日	相国寺	相国寺宜竹軒領六角高倉四町町地子銭違乱	安宅信康	山城相国寺宜竹軒宛て織田信長朱印状	「慈照院」（『信文』二〇八号、表1－No.94）		
18	永禄十三年三月十八日	寶菩提院	寺領押妨	福地某		『言継卿記』（『大日史』元亀元年三月二十四日条、④二一四頁）		「勅願所之間、為禁裏織田弾正忠ニ被仰付」
19	永禄十三年三月二十二日	曇華院	山城国大住荘違乱	一色藤長	山城曇華院宛て織田信長朱印状	「曇華院」（『信文』二一五号、表1－No.97）	関連文書あり（表1－No.80・140・141）	
20	永禄十三年四月十日	東寺	東寺八幡宮領山城国下久世荘押妨	明智光秀	幕府奉行人松田秀雄・飯尾昭連宛て禅識披露状	「東寺百合」（『大日史』同日条、④二六〇頁）		
21	（永禄十三年）四月十九日	今井宗久	石見銀山押領停止	山名韶熙他四名	但馬山名韶熙宛て織田信長書状案	『今井宗久書札案留』（『信文』二二三号、表1－No.99）	関連文書あり（『信文』二二四号、表1－No.100）	
22	（元亀元年）五月七日	愛宕権現尾崎坊	愛宕権現御供料外畑村違乱	渡辺太郎左衛門	柴田勝家・坂井政尚宛て織田信長折紙案	「愛宕山尾崎坊」（『信文』二二七号、表1－No.103）	関連文書あり（『信文』二二七号参考、三七六号）	
23	（元亀元年）六月十九日	永円寺	永円寺領武者小路常磐井宮敷地違乱	常磐井宮	永円寺住持順覚宛て室町幕府奉行人連署奉書	「国上寺」（『大日史』同日条、④五一九頁）		「村井（貞勝）相語」
24	元亀二年七月十日	度会貞幸・柳原資定	伊勢神宮禰宜職相論	松木堯彦・藤波康忠		「壬生家四巻之日記」（『大日史』同日条、⑥六〇〇頁）	関連文書あり（「菊亭文書」）	稲葉一徹が度会貞幸を推挙
25	元亀二年九月二十七日	石清水八幡宮	山城国狭山郷違乱	御牧摂津守	山城石清水八幡宮祠官田中長清宛て織田信長朱印状	「石清水」（『信文』二九九号、表1－No.145）	関連文書あり（『信文』二九九号参考、三一二号表1－153）	
26	元亀二年十月日	廬山寺	廬山寺領違乱	明智光秀	甘露寺経元宛て某書状	「廬山寺」（『大日史』同日条、⑦八六頁）		「山もんのまつ寺とかうし、あけちいらん候」
27	元亀二年十一月九日	泉涌寺	山城泉涌寺領西九条違乱	木下秀吉	勧修寺晴右宛て女房奉書	『言継卿記』		
28	元亀二年十一月二日	平野社	平野社領押収	幕府（佐分玄蕃助に宛行）		『兼見卿記』		吉田兼興が美濃衆により譴責
29	元亀二年十二月十日	曼殊院・章連院・妙法院	三門跡領違乱	明智光秀	織田信長宛て綸旨	『言継卿記』	関連文書あり（『大日史』⑦一九五頁）	

30	元亀二年十二月十日	朝廷	禁裏御料所近江国船木荘違乱	丹羽長秀・中川重政・永田正貞・九里高雄	山科言継宛て女房奉書	『言継卿記』		
31	元亀三年正月二十八日	観世元頼	山城国勧修寺郷違乱	三淵藤英	山城観世元頼宛て織田信長朱印状	「法政大学能楽研究所」（『信文』補一二七号、表1－No.150）	関連文書あり（『信文』補一二〇号、表1－No.47）	
32	（元亀三年）七月四日	大徳寺	大徳寺祠堂領違乱	「奉行共違乱」	山城大徳寺聚光院宛て稲葉一鉄書状	「大徳寺」（『信文』三二五号参考）	関連文書あり（『信文』三二五号）	
33	（元亀三年）九月二十日	天龍寺妙智院	山城国西院年貢進納指示	石成友通	山城天龍寺妙智院領同国西院百姓中宛て木下秀吉・武井夕庵連署状	「妙智院」（『信文』三三五号）	関連文書あり（『信文』三三四号、表1－No.165）	
34	（元亀三年）九月二十八日	革嶋一宣・同秀存	革嶋家領違乱	細川藤孝	山城革嶋一宣・同秀存宛て織田信長朱印状	「革嶋家」（『信文』三三九号、表1－No.166）	関連文書あり（『信文』三三九号参考）	
35	元亀三年十二月三日	松尾神社	松尾神社領違乱	上野秀政	山城松尾社家神方中宛て木下秀吉書状	「松尾月読社」（『大日史』元亀三年十二月三日条、⑩三六六頁）	関連文書あり（『大日史』同日条）	三淵藤英放状・幕府奉行人連署状あり
36	（元亀三年十二月日）	賀茂神社	賀茂神社境内地	石成友通	足利義昭宛て異見書写	『尋憲記』（『信文』三四〇号、表1－No.173）	関連文書あり（『信文』三二五参考）	
37	（年未詳七月十日）	大多喜知行分	近江国多賀枇杷荘違乱	一色藤長	山城一色藤長宛て木下秀吉書状	「高橋氏所蔵」（『信文』一三七号参考）		

※出典の『大日史』は、『大日本史料』第十編（東京大学史料編纂所刊）の略である。丸付き数字は、巻数を表す（第十編之三＝③）。

第二章　京都支配における織田家奉行人の基礎的考察

はじめに

尾張・美濃を領する戦国大名の織田信長は、永禄十一年（一五六八）九月二十六日に室町幕府の次期征夷大将軍となる足利義昭に「供奉」して上洛を遂げた。信長はこれ以降京都の支配に関与するようになる。織田信長政権の京都支配については、主に織田家奉行人の木下秀吉・明智光秀・村井貞勝を中心として論じられてきた。この内、貞勝については筆者も含めて松下浩氏・村磯良美氏・木下昌規氏・谷口克広氏などによって論じられ、ほぼその全容が明らかにされていると言っていい研究状況にある。貞勝は天正元年（一五七三）七月に信長が義昭を京都から追放した後に「天下所司代」に任じられたとされ、これまでの研究においてもそれ以降について検証したものがほとんどである。

しかしその一方で、信長の上洛当初からの支配の変遷については充分に検討されているとはいえない状況にある。新攻地における征服過程を明らかにすることは、権力の浸透を考察する上において重要であるといえる。信長は本拠地が美濃にあることから、京都には奉行人を駐留させて間接的な支配を行っていた。この織田家奉行人は一人ではなく複数人置かれ、彼らは時に連署によって文書を発給して共同で政治を行っていた。ここではこれら奉行人関係文書について基礎的な考察を行い、信長政権による領国支配の進展過程の一端を明らかにすることを目的としている。なお、天正元年七月に室町幕府を滅ぼして以後の京都支配については第Ⅳ部で述べる。ここでは、それまでの政治的展開について検討する。

1．織田信長政権の京都支配における奉行人関係文書の概要

織田信長政権の関係文書は、奥野高広氏の『増訂織田信長文書の研究』によって概要を知ることができる。また、上洛してからの史料については『大日本史料』第十編が刊行されており、周辺の政治状況も含めて当該期の概況を把握することができる。織田家奉行人は単独でも文書を発給しているが、複数人の連署による連署状も発給している。奉行人関係文書の概要を把握するために、年代・発給者・宛所・書止文言・内容を記したのが、本文末に掲載した「織田家奉行人関係文書目録」である。なお、小稿では京都支配についての検討であるため、京都とその周辺地域に関する文書を列挙し、連署状を「表Ⅰ」とし、それを基にした連署者の個別発給文書を記したのが「表Ⅱ」である。

この表Ⅰによると、織田家の奉行人は天文年間から連署で礼銭に関する裁許・所領宛行などを行っており（表Ⅰ－№1）、信長の尾張一領国期よりその活動が確認できる。京都において連署状が発給されるのは永禄十一年十月十八日（表Ⅰ－№8）からで、終見は（天正三年）七月七日（表Ⅰ－№62）である。これ以後は村井貞勝が専任となって単独で支配を担うようになり、連署状も貞勝の下代によって発給されるようになる（本書第Ⅳ部第一章・第三章）。様式としては、書止文言が「恐々謹言」「謹言」が大半を占めていて書状形式となっており、上意を承けて「仍執達如件」の書止で発給される室町幕府奉行人連署奉書とは基本的な性格が異なっている。また、短期間のうちで発給者が入れ替わっていることが特徴として挙げられる。これは、幕府のように法曹官僚としての奉行人制とそれによって発給される文書の様式が調えられていなかったためと考えられる。署名順も一定ではなく前後していることから、織田家中における家臣間の地位や序列・席次によるものとは考えられず、比較的この点に関しては厳格でなかったといえる。

発給者は、木下秀吉・丹羽長秀・嶋田秀順・村井貞勝・明院良政・明智光秀・中川重政・好斎一用・和田惟政・日

乗上人・武井夕庵・森可成・佐久間信盛・松井友閑・細川藤孝・塙直政・松田秀雄・柴田勝家・滝川一益・上野秀政・成田杉長盛・岩弥三吉勝・金森長近・今井宗久・楠正虎（長諳）等々であり、彼ら多数が奉行として京都支配に関与していたことが確認できる。このうち、細川・和田・松田・三淵・上野（表Ⅰ－№7・12・13・24・25・38・42・43・44・51）等は室町幕府の幕臣であることから、信長政権との共同統治を反映して織田家奉行人と共に政治的活動を行ったためといえる。また、明院・武井・楠（表Ⅰ－№7・8・22・24・27・33・38・40・50）は信長の右筆であることから、側近として直接信長の命を承けて現地の奉行へ伝達する役割があったと考えられる。成田・岩弥・金森等（表Ⅰ－№54）の発給文書が少ない者は、一時的な関与であったといえる。また、日乗上人（表Ⅰ－№31・36・37）は信長の家臣ではないが、信長の上洛以前から朝廷との繋がりがあるため、上洛して間もなくで朝廷との関係が構築できていない段階において信長が交渉役として利用したと考えられ、幕府との交渉も行っている。

これらの人物を捨象すると木下・丹羽・嶋田・村井・明智・中川・好斎一用・森・佐久間・塙・柴田・滝川が残ることになり、実際に表Ⅱの単独発給も含めて文書点数が多く確認できることから、彼らが中心的に実務を担っていた。特徴的なことは、嶋田・村井以外の多くは軍率部将であることを指摘し得る。さらに彼らは、表Ⅰを一瞥すると連署者に多少の入れ代わりは見られるが、①木下・丹羽・中川・明智等（表Ⅰ－№19・21・32・34）によるものと、②柴田・坂井・森・蜂屋等（表Ⅰ－№6・9・14・15・16・17）によるものとの二つのグループに大別できる。

このように、京都は朝廷・幕府が所在して寺社や商工業者などが集中して存在する政治・経済上重要な都市だったことから、信長は多くの家臣を京都に派遣・駐留させて京都支配を行っていた。なお、信長政権の京都支配は、本書第Ⅳ部第一章で指摘したが永禄十一年九月末に上洛してから天正元年七月の幕府滅亡までの複数の部将等による共同統治期、天正元年七月から同三年までの明智光秀と村井貞勝を専任の奉行とした二人体制（「京都両代官」）期、天正三年以降の貞勝単独支配期の三期に時期区分することができる。では、次にこれらについて具体的に検討する。

2. 永禄・元亀期の織田家奉行人

上洛当初の織田家奉行人

織田信長は足利義昭に供奉して、本国の美濃から近江攻略を経て九月二十六日に入京した。義昭は清水寺に入り、信長は東福寺に陣所を構えて、ここから五万の兵力を率いて足利義晴―義輝―義昭系（朽木武家）の将軍家に対抗する三好三人衆（三好宗渭・同長逸・石成友通）を討伐するために摂津・河内方面へ侵出する。義昭と信長は三好長慶の居城だった摂津の芥川城へ入城して、畿内の平定戦を行った。信長はさらに和泉国堺に進軍して軍事征圧する一方で、『多聞院日記』永禄十一年十月十日条には「京ヨリ細川兵部大輔（藤孝）、和多〔田〕伊賀守（惟政）公方方ノ両大将、佐久間（信盛）織田尾張守方大将、以上二万ほとにて、西京招提寺辺へ打越了」とあることから、大和には佐久間信盛を派遣して征圧を行っている。その間に河内の三好義継や大和の松永久秀等の諸勢力が芥川城へ「御礼」に赴き、畿内は平定されることとなった。

これによって、義昭が畿内に守護を補任し、「天下属御存分」（『原本信長記』巻一）して「天下」は将軍となる義昭が支配する領域となった。畿内周辺は「静謐」となり、この平和状態は大和興福寺多聞院の僧侶によって「昔も如此一時ニ将軍御存分ハ無之事歟、希代勝事也」（『多聞院日記』十一年十月六日条）と讃えられている。

義昭と信長は『言継卿記』十月十日条に「今日自芥川、武家御上洛云々、六条本圀寺江被移御座云々」とあることから摂津から再度入京して、義昭は本圀寺を御座所とした。ここへ翌日には葉室頼房・菊亭晴季や聖護院道澄などの公家や寺社「僧俗数十人」が「御礼」のために訪れている。信長は清水寺を本陣として、信長の許にも「諸家御礼者群集」している。この時に申次として信長への取り次ぎ役を務めたのが、明院良政である。明院は信長の右筆だったことから、上洛戦にともなう禁制や在京時における信長の文書を作成するために信長が帯同したと考えられる。事務的な吏僚であることから自らも文書を発給し、政治にも関わるようになったといえる。実際には京都の公家と上洛前から交渉を行っており、信長の上洛に際して京都の治安維持と禁中の警固を依頼されている（表Ⅱ－№8）。

公家の山科言継は、山科家領の回復と禁裏率分銭のことで再興された幕府と信長の許へ出向いた。以下、言継が記した『言継卿記』によると、永禄十一年十月二十一日付けで明院に宛てて出された言継の書状が記されており、「織田物書明院所へ書状遣之」とあることから、山科家領の回復に関する書状が明院に渡されている様子が確認できる（表Ⅱ－№10・11）。ここには「尚々、一重ニ貴所頼申候事候間、急度霜台《（織田弾正忠信長）》・上意へ御申所仰候」とあることから、明院は言継から信長と、さらには幕府への取り成しを強く依頼された。これによって、同日付けで幕府奉行人奉書と信長の朱印状が発給されている。

翌年の三月三日には、信長が公家領を回復するために公家から証跡となる手日記などを徴した際に、明院が交渉の窓口を担当している。このように、明院は右筆として信長の側近くに仕え、所領の安堵に関わる事務的なことを行っていることから、上洛当初の信長の事務官僚として務めていた様子が確認できる。明院はその後、村井貞勝等と光源院のことについて、永禄十二年正月十九日に幕府奉行人の摂津晴門・飯尾貞遙・松田頼隆から地子銭などの去り渡しを求められており（表Ⅰ－№13）、さらに阿弥陀寺に寄宿免除の連署状を発給していることから（表Ⅰ－№24）、他の右筆とは異なり京都に残留している様子が確認できる。

また、のちに信長政権の京都支配を単独で担うようになる村井貞勝は天文期より信長の奉行としての活動が確認でき（表Ⅰ－№1・4）、上洛戦後の永禄十一年十月五日条に「織田雑掌村井」（『言継卿記』）と記されていて、義昭の参内時の衣服の調達について言継と折衝している。

木下秀吉・丹羽長秀・中川清秀・明智光秀による連署者の性格について

明院良政・村井貞勝以外の主要な織田家奉行人は、信長が美濃へ帰国する際に『多聞院日記』永禄十一年十一月二十二日条に「京ニハ尾州ヨリ、佐久間（信盛）、村井（貞勝）、ニワ（丹羽）五郎左衛門（長秀）、明院（良政）、木下藤吉（秀吉）、五千計ニテ残置了」とあることから、五千人の兵力と五人が「残置」かれたことが確認できる。彼らの政治上の役割については、『朝倉記』に「信長洛中辺土為成敗、佐久間・村井・森三左衛門（可成）・丹羽・御長（菅屋長頼）ヲ居置ク」とあり「成敗」とあることから、軍率の部将として京都に駐留されたと考えられる。

政治的な背景としては、畿内周辺にはまだ義昭・信長に対抗していた三好三人衆等の勢力が残存していることから、その備えのために兵力とともにそれを率いる部将として残留されたと考えられる。実際に、三人衆は敵対していた松永久秀が永禄十一年十二月二十四日に美濃へ下国すると、蜂起して久秀方の城を攻めてから義昭の本圀寺を包囲している。信長は急ぎ早馬で単騎で上洛する切迫した状況となった。このことから信長は貞勝を奉行として、義昭を護るために二条御所を建設して三好勢の反抗に備えた。御所の造営が完了すると、信長は「天下定目被仰付」（『原本信長記』巻二）て美濃へ帰国している。

このように、信長は京都から離れる際に、部将に諸事を任せて美濃へ帰国していることが確認できる。『重編応仁記』には「同五月十一日（四月二十一日の誤）、信長御暇賜テ、濃州岐阜エ帰城有り、二条ノ御所警固ノ為ニ、木下藤吉郎秀吉ヲ京都ニ残シ置カレケリ」とあることからも、基本的には義昭を警固する役割だったといえる。このことは、『言継卿記』元亀元年（一五七〇）九月二十一日条に「自南方明智十兵衛（光秀）、村井民部少輔（貞勝）、柴田修理亮（勝家）等上洛、御城之御番云々」とあり、光秀・貞勝・勝家等が上洛して義昭の二条御所を護衛していることからも確認できる。

信長の京都支配における基本方針としては、言継が訴訟のために美濃へ出向いた際、『言継卿記』永禄十二年十一月十二日条に「信長京之存（事脱カ）間敷之由有之故云々」とあり、元亀二年十二月十六日条には「製（制）札打之、一切公事訴訟停止也、自陣注進之外不可申聞云々」とあることから、信長は美濃にいる間は公事訴訟の一切を停止する制札を出して京都の政務をみず、陣中からの注進以外は応対しない姿勢を示していることから、京都支配に消極的な様子が確認できる。信長は、基本的には「天下」の主宰者たる将軍義昭が再興された幕府を主導して支配することを意図していたと考えられる。しかし、この言継の事例や『言継卿記』永禄十二年三月十五日条に「妙覚寺織田弾正忠宿所へ罷向、若州・丹州・摂州衆数多罷出、公事之儀取乱云々」とあるように、上洛早々から信長側へ安堵や訴訟の案件が持ち込まれた。織田政権側はそれへの対応が求められるようになり、京都支配を展開することとなった。そのため、彼らは軍率の部将でありながら、政務的な諸事を執り行う奉行として政治的な活動を行うようになったといえる。

これによって、京都に「残置」かれた五人は実務を担当するようになり、連署状を発給するなどして政治を行った。信長が永禄十一年十月二十六日に美濃へ帰国してからの連署状の初見は（同年）十二月十六日（表Ⅰ－No.12）で、秀吉・清秀・好斎・惟政が大和の松永久秀に相論裁許のことについて通達している。また、翌年の四月十六・十八日には秀吉・長秀・清秀・明院が相論裁許に関して丹波の宇津頼重に違乱停止を通達しており（表Ⅰ－No.19・21）、永禄十三年三月二十二日・四月十六日にも連署している（表Ⅰ－No.32・34）。また、このうち秀吉は、この間の永禄十二年四月十四日に光秀と連署しており（表Ⅰ－18）、同年十月九日には明院・細川藤孝と阿弥陀寺に寄宿の免除をしている（表Ⅰ－No.24）。これら秀吉・光秀を中心とした連署状は、元亀元年四月十六日まで確認できる（表Ⅰ－No.34）。

この四人の中で、史料上もっとも多く活動が確認できるのが木下秀吉である。秀吉の奉行人としての京都支配については、註（1）文献の染谷光広氏・臼井進氏の研究がある。秀吉は、臼井氏が後に信長が家臣に付与した「領域支配者（一職支配者）の前提」となる支配権者だったと述べたように、中心的に活動しているといえる。表Ⅰ・Ⅱによると、永禄十一年十月十八日（表Ⅰ－No.8）から（元亀三年）十二月二日（表Ⅱ－No.92）まで京都の支配に関与していることが確認でき、永禄十二年二月には秀吉の家臣の蜂須賀正勝が幕府の義昭側近の一色藤長・飯河信堅と光源院の弔料について協議しており（表Ⅱ－№15）、『言継卿記』同年三月二十五日条には禁裏御料所率分銭のことや、同年四月には大慈光院の代官職をめぐる相論に関与している。これらの事案への関与は、他の奉行人と較べると多いといえる。

秀吉の発給文書の傾向は、永禄期は十点（表Ⅰ－№8・12・18・19・21・24、表Ⅱ－№22・24・25・42）だったのが元亀元年には五点（表Ⅰ－№32、表Ⅱ－№53・60・61・62・64）となり、翌二年には三点（表Ⅰ－№40、表Ⅱ－№77・78）と減少している。代わって、近江・若狭・越前に関する文書が九点（表Ⅰ－№34・56、表Ⅱ－№48・49・55・58・65・107・111）と増加していく。このことから、京都支配から次第に関与しなくなっていくことが確認できる。

その背景としては、（元亀元年）十月二日付け河内遊佐信教宛信長書状に「向近江□（置カ）丹羽（長秀）・木下（秀吉）已下も令渡湖候間」（『保坂潤治氏所蔵文書」『信文』二五二号）とあることから近江に派遣されており、（元亀二年）正月二日付けの秀吉宛て信長朱印状（「神田孝平氏所蔵文書」『信文』二六八号）で近江における商人の往還停止を命じられており、同日付けで信長から近江の久徳左近兵衛尉（「神田孝平氏所蔵文書」『信文』二六九号）や堀秀村（「神田孝平氏所蔵文書」『信文』二七〇号）に出された感状に「猶木下藤吉郎可申候」とあり秀吉が申次を務めていることから、近江で活動していることが確認できる。さらに、表Ⅱ－№65で信長から砦の備えを指示されていることからも、秀吉は次第に京都から離れるようになって元亀期には近江で活動するようになっていった。

しかし、秀吉は京都からまったく離れたわけではなく、稲葉一鉄と一揆鎮圧にあたり徳政に関する政務を行っている（表Ⅱ－№61・62・64・77・92）。また、元亀元年末には『言継卿記』十二月八日条に「木下藤吉郎所へ此町衆、一条町衆等呼之、昨日之火出物之事糺明云々、一条町僧善周出之云々、同月行事両人伐首、則焼跡ニ曝之三日云々」とあることから火事の出火者を糺明し、その責任として月行事も打ち首にして処罰し、治安に関することを行っている。

秀吉の次に多く政治的活動をしているのが、丹羽長秀である。長秀は、上洛してすぐの永禄十一年十一月に近江で村井貞勝と検地を行っている（表Ⅰ－№10・11）。長秀はこの後に再度入京し、翌年の正月十日には山城の遍照心院に

「先度信長寄宿免除之朱印」に任せて寄宿免除を行っている（表Ⅱ－№13）。さらに、永禄十二年十一月に摂津守護の池田勝正に違乱停止を伝えるなどしていることから（表Ⅱ－№28・40）、その後も畿内での政治的活動が確認できる。

このほか、近江・丹波（表Ⅱ－№19・47・66・67・73）などでも活動していることから、秀吉と較べると各地に移動することが多かったようである。また、長秀は中川重政と行動することが多く、表Ⅰ－№23・30などで連署しており、柴田勝家へ所領安堵により在地に対して領主へ年貢進納することを通達している。重政は、元亀年間から近江に分封されたことで、（元亀元年）十二月二日付け近江永田景弘宛の信長書状（「永田文書」『信文』二六三号）に「猪八郎（中川）右衛門可申候」とあることから、近江で中次を務めて政治的活動をしている。元亀三年六月には、信長が近江に出陣する際に沖島惣中へ敵側の浦に放火を命じ、快速船を用意させ軍事行動を命じている朱印状に「尚々、於様躰者、中川八郎右衛門（重政）可申候」（「島村沖島共有文書」『信文』三二六号）とあることから、やはり近江での活動が確認できる。なお、秀吉・長秀・重政と明智光秀は連署することが多いが、光秀については第三節で述べることとする。

以上、ここでは木下秀吉・丹羽長秀・中川重政・明智光秀の連署者の性格について検討してきた。このうち、秀吉が史料上最も多く政治的な活動をしていることが確認できることから、京都に「残置」かれることが多かったと考えられる。秀吉は元亀期から近江計略に向かうため、次第に京都での活動が減少している。これは他の部将にも共通することである。長秀と重政はともに活動することが多く、近江・若狭・摂津・丹波と畿内周辺で活動している。そのため、京都に「残置」かれることが多かった秀吉と各地に転戦した長秀・重政とは若干役割が異なっているといえる。元亀元年からは近江で浅井氏・朝倉氏との抗争が激化してくることから秀吉も前線に配置されるようになり、次第に京都から離れるようになっていった。彼ら軍率の部将と代わって京都支配を担うようになるのが、嶋田秀順・原田直政・村井貞勝の吏僚たちだったといえる。

佐久間信盛・柴田勝家・坂井政尚・森可成・蜂屋頼隆による連署者の性格について

ここでは、佐久間信盛・柴田勝家・坂井政尚・森可成・蜂屋頼隆の連署者について検討する。信盛を除いた四人は上洛して間もなくの永禄十一年十月十二日付けで連署によって禁制を発給している（表Ⅰ－No.6）。そのため、信長本隊とは別に禁制を発給していることから別動隊として軍事活動しており、上洛当初からこの四人は一部隊となって行動していることが確認できる。『原本信長記』（巻一）には、彼らが先陣として活動している様子が記されている。

一方の佐久間信盛は、上洛戦で山城から摂津・河内方面に進軍した信長とは離れ、幕府の和田惟政・細川藤孝と大和に侵攻しており、寺社などに対して矢銭を賦課している（『多聞院日記』永禄十一年十月十日条）。なお、この矢銭の具体的な受け取りについては、織田吉清・跡辺秀次・奥村秀正・志水長次が行っていることが確認できる（表Ⅰ－No.5）。このように、信盛が信長や勝家等の四人と離れて大和で活動する背景としては、上洛以前から大和の松永久秀や柳生宗厳と通交していることから（表Ⅱ－No.7）、大和侵攻を円滑に行うために信長が人的な繋がりによる連繫を期待してのものと考えられる。実際に信盛は、同年十一月二十七日には久秀の老臣竹内秀勝から礼銭の受け取りに関しての連絡を受けている（「法隆寺文書」『信文』一二三号参考）。このことから、信長政権は大和侵攻に際して矢銭と礼銭を賦課し、それらの徴収を久秀が行って信盛等へ渡されていたことが確認できる。

信盛はこののち河内に移動し、翌年の二月には勝家・頼隆・可成・政尚の四人と合流しており（表Ⅰ－No.15）、翌月には幕府の和田惟政等と連署によって多田院に用脚の安堵をしている（表Ⅰ－No.16）。信盛はその後も摂津に残ったようであり、四月二十五日に西蓮寺の住持職を安堵している（表Ⅱ－No.21）。また、八月には和泉堺北荘に難渋している諸役の納付を命じている（表Ⅱ－No.33）。

このように、信盛は大和・摂津・和泉を中心として活動するが、この後に元亀元年七月には近江に出陣している（表Ⅱ－No.51）。信盛は近江侵攻の戦功によって、元亀二年十二月に信長から近江で所領を宛行れている（表Ⅱ－No.79）。

翌年の正月には南近江で一向宗徒に起請文の差し出しを求めており（表Ⅱ－№80）、これによって「元亀の起請文」が提出された。しかし、信盛は元亀三年四月に勝家・滝川一益・明智光秀と連署によって河内の片岡弥太郎に軍勢催促していることから、その後も河内方面で活動している様子が確認できる（表Ⅰ－№45）。以上、信盛は大和・摂津・和泉・近江で活動していたといえる。

柴田勝家は、表Ⅰ－№6で可成・政尚・蜂屋頼隆と禁制を発給し、表Ⅰ－№14で公家の飛鳥井雅敦から摂津尼崎の本興寺の寺領安堵を依頼されている。さらに三月には摂津多田院（表Ⅰ－№16）、元亀元年三月には近江長命寺（表Ⅱ－46）、同年五月には勝家・政尚は信長から愛宕での違乱停止を命じられており（表Ⅰ－№35）、元亀三年四月に信盛・滝川一益・明智光秀と河内の片岡弥太郎に城の備えを命じていることから（表Ⅰ－№45）、勝家も信盛と同様に畿内近国を移動しており、このことから単独で京都の行政に携わるのは表Ⅱ－№29・38ときわめて少なかった。一方、元亀三年に山城郊外の狛氏を与力に組み入れるなどしており（表Ⅱ－№91）、秀吉等と比較すると軍政に関わることが多かったといえる。

また、可成と政尚は表Ⅰ－№15で信盛・勝家や野間等を加えた総勢八人で摂津において連署状を発給している。なお、可成と政尚は表Ⅰ－№3で尾張時代より連署で違乱停止を行っており、この連署制の萌芽を確認することができる。可成と政尚も他の部将と同様に近江の前線へ配置され、可成は元亀元年九月二十日に、政尚は同年十一月二十六日に近江浅井氏・越前朝倉氏との抗争において近江で戦没している。この連署者は、河内・摂津・大和・近江に多数出陣していることから、殊に軍事的な性格が強かったといえる。

以上、ここでは柴田勝家等の連署者について検討してきた。彼らは文書の宛所が主に河内・摂津・近江などであることから、京都の周辺地域で活動していたと考えられる。連署については永禄十二年四月一日で終わり（表Ⅰ－№17）、その十五日後の四月十六日に秀吉等が連署によって政治的活動を行っていることから（表Ⅰ－№19）、谷口克広氏が註〈8〉著書で指摘された通りこれを境にして京都支配の担当が入れ替わったといえる。内容としては軍事に関わることが多いことから、部将としての性格が強いといえる。この多くが近江に所領を与えられていることが、近江の分封体制について検討された谷口氏によって明らかにされている（註〈13〉）。この近江への部将の分封は、畿内周辺でのこれまでの戦功を信長に褒賞されたためといえるが、それは同時に近江浅井氏・越前朝倉氏への備えのために敵対勢力の前線へ配置することを意図して行われたと考えられる。

それ以外の織田家奉行人

ここでは、木下等・柴田等以外の奉行人について検討する。表Ⅰ・Ⅱ中で複数活動が確認できるのは松井友閑（表Ⅱ－№86・87）・武井夕庵（表Ⅰ－№22・33・38・40・50、表Ⅱ－№27・57・82）・楠正虎（表Ⅱ－№50・52）・大津長治（表Ⅰ－№20、表Ⅱ－№14・34）などである。ここでの特徴としては、夕庵・正虎は信長の右筆であり、友閑や長治などは信長の側近であることである（註〈8〉谷口氏著書）。そのため、彼らは信長の直接の命を現地の奉行に伝達する役割を担っていたと考えられる[補註1]。また、彼らは継続した政治的な活動は確認できず文書も単発的な発給であることから、一時的な政治への関与であることが挙げられる。いずれも信長の近臣だったことから、信長の直接の命を伝達する役割だったと考えられる。

しかし、これらと比較して嶋田秀満はもっとも多く政治的活動が確認できるため、京都に在駐していたと考えられる。秀満は天文年間から佐久間信盛・村井貞勝と連署で礼銭に関する争論裁許に関わっていることから（表Ⅰ－№1）、早くから奉行として活動していることが確認できる。『原本信長記』（巻一）によると、義昭の上洛に際して貞勝と共に迎えに行っており、その後も表Ⅰ－№46・51で連署状を発給しているため共同で活動することが多かったといえる。

小括

これまで永禄・元亀期における織田家奉行人について考察してきた。上洛当初は柴田等が連署状を発給していたが、永禄十二年の四月半ばを境として木下等と担当が入れ替わっている様子が確認できる。主担当は木下秀吉等の連署者で、柴田勝家等は軍事活動の性格が強く河内・摂津・和泉・近江など京都周辺での活動が確認できる。これは、先述の通り『多聞院日記』等の記録から軍率部将としての性格を確認することができるが、幕府滅亡後の天正二年に比定される次の史料によっても確認することができる。

〔史料1〕大和柳生宗厳・同厳勝宛て柴田勝家書状（「柳生文書」『信文』補一四三号、表Ⅱ－№108）

先度者、於多聞様躰承候、然者十市方（遠長）へ御入魂由尤候、弥無御油断、諸事御馳走肝要候、随而殿様（信長）御用之儀候て、御下向之儀、応而可為御上洛候、我等為番手被残置候、殿様御上洛次、其表へ可打越候間、万御才覚可為本望候、
恐々謹言、

柴田修理亮
勝家（花押）

五月十六日
柳生但馬守（宗厳）殿
柳生新二郎（厳勝）殿
御宿所

この史料から、信長は帰国する際に柴田を備えの「番手」として「残置」いていることが確認できる。このように、基本的には織田家奉行人は軍率の部将として京都に「残置」かれたといえる。しかし、信長政権側へ所領安堵や相論裁許などの案件が持ち込まれたことで、部将達は奉行として政治的活動を行うようになったと考えられる。渉外担当は木下等の部将が行い、嶋田・村井等の吏僚は発給文書が少ないため普段は事務方を担当していたと考えられ、役割

分担されていたと思われる。

特徴的なこととしては、秀吉は東寺（表Ⅱ－No.24・25・53）・広隆寺（表Ⅱ－No.22・64）、長秀は賀茂社（表Ⅱ－No.69・70）、友閑は大徳寺（表Ⅱ－No.86・87）、夕庵は曇華院（表Ⅰ－No.33・38・40、表Ⅱ－No.57）と、ある程度奉行によって寺社の担当が分かれている様子がうかがえる。これは、「拙者執次」によるためであり、信長から担当を命じられたためと考えられる。

〔史料2〕山城誓願寺宛丹羽長秀副状（「誓願寺文書」『信文』一五七号、表Ⅱ－No.18）

京都誓願寺朱印之儀、信長ニ申聞、則進之置候、御執次之事候之間、尚以向後不可存疎略候、可得芳意候、恐々謹言、

永禄十弐

三月三日　　　　丹羽五郎左衛門尉

長秀（花押）

誓願寺

泰翁上人

御同宿中

信長は誓願寺に同日付けで朱印状によって寺領を安堵している（「誓願寺」『信文』一五七号）。史料2は、その副状となる長秀の書状である。ここでは「信長ニ申聞」とあることから、長秀は誓願寺からの寺領安堵の求めに応じて信長に取り次ぎ、それによって信長から安堵の朱印状が発給された。ここで「御執次之事候之間、尚以向後不可存疎略候」とあることから、長秀は信長から以後の誓願寺との「取次役」(補註2)を命じられていることが確認できる。このように、取次役がある程度固定化している点については、個人的な人脈を伝手としたり、すでに拙稿c（本書第Ⅳ部第三章）で明らかにしたように、案件をより有利な条件で解決するために有力で影響力のある人物を選択したりと在地側に選択権があったと思われるが、一因としてはそれらを端緒としてこのように信長から任命されたためであったといえる。

しかし、これも厳密に固定化されているわけではなく、連署する際にもばらつきがあるのは信長が配置を転換したためで、秀吉等は近江へ、信盛等は河内や和泉へ周辺情勢に応じて適宜前線へ部将を配したためと考えられる。普段は事務的なことを担当していたと考えられる吏僚は、部将が前線へ転出した際に奉行として諸々の案件を処理したと考えられる。信長は前線へ部将を配置する際には、嶋田秀満や村井貞勝の現地に駐留している吏僚に政治を担わせて、武井夕庵や大津長治などの信長側近を京都に派遣していたといえる。

3.　天正期以降の織田家奉行人

天正期以降は、天正元年七月に村井貞勝が「京都所司代」に任じられたとされ、貞勝が中心的に政治的な役割を担ったと考えられてきた。貞勝は天文期より奉行としての活動が確認でき（表Ⅰ－№1）、永禄十一年の上洛戦の後に京都に残し置かれた五人のうちの一人である。しかし貞勝の発給文書はほとんどなく渉外担当は主に軍率の部将が行っていたことから、それまでは御所修理の担当など、表だった政治的な活動はあまり確認できない。貞勝が京都支配に関与するようになるのは、部将が近江などへ配置されるようになってからの元亀三年以降だったといえる（表Ⅰ－№46・51）。貞勝はこの間も京都に駐留していたことから事務的な活動をしていたと考えられ、部将が前線へ配置され次第に京都から離れるようになってから京都専任の奉行に任じられたと考えられる（拙稿b〈本書第Ⅳ部第一章〉）。

天正元年七月以降についても、貞勝は明智光秀と連署していることから、実際には二人体制による共同統治だった（表Ⅰ－57～61）。貞勝については註(2)拙稿(本書第Ⅳ部)で検討済みなので、ここでは光秀について検討しておきたい。

光秀については、註（1）文献の高柳光寿氏・木下昌規氏・早島大祐氏・谷口研語氏によって検討されている。

光秀はもともと義昭の家臣だったことから、信長と両属的な関係にあったことが指摘されている。[補註3]永禄十三年正月二十三日付け「五ヵ条の条書」では日乗上人と宛所になっていることから（表Ⅱ－№45）、義昭と信長との仲介を担う役割があったと考えられる。しかし、次の史料4・5の事例から、実際には義昭との繋がりが強かった様子が確認できる。

〔史料3〕阿弥陀寺清玉上人宛て明智光秀書状（「阿弥陀寺文書」『大日本史料』第十編之二、永禄十二年四月二十五日条、四五六頁）

阿弥陀寺敷地指図并方々寄進分、以御下知被仰付由、尤候、弥御建立肝用〔要〕、相応之儀、不可有疎意候、恐々謹言、

永禄十二

六月廿一日　　明智十兵衛尉
　　　　　　　　光秀（花押）

清玉上人御同宿中

阿弥陀寺の清玉上人は、同年四月二十五日付けで諏訪晴長と松田頼隆による幕府奉行人連署奉書によって敷地を安堵されている（「阿弥陀寺文書」『大日史』第十編之二、四五五頁）。光秀は、これに基づいて史料3で「御下知」を承けて敷地を安堵している。この「御下知」は晴長・頼隆の連署奉書を指していることから、幕府の決定に基づいて安堵状を発給していることが確認できる。ここでは信長の関与は認められない。光秀は元亀元年四月十日に東寺の八幡宮領下久世荘を押妨したが、この時に「彼庄一職為上意被仰付由被申」（「東寺百合文書」『大日史』第十編之四、二六〇頁）とあることから、光秀は足利義昭から一円知行によって久世荘一帯を宛行われたとして領有権を主張する。しかし、東寺はこれを光秀の違乱として、幕府奉行人の松田秀雄と飯尾昭連に訴え出ている。さらに光秀は元亀二年十二月十日に三門跡領を延暦寺領と称して押領しており、朝廷から幕府へ女房奉書が発給されて違乱停止を求められている（『言継卿記』）。光秀はこれらを義昭から叱責されたようであり、詫びを義昭側近の曽我助乗に宛てた書状で陳べ、義昭への取り成しを依頼している。

〔史料4〕曽我助乗宛て明智光秀書状（「神田孝平氏所蔵文書」『大日史』第十編之七、一九六頁、元亀二年十二月二十日条、一九六頁）

見くるしく《苦》候て憚入存候、御志計候、
昨今ハ懸御目、快然此事候、就其我等進退之儀、御暇申上候処、種々御懇志之儀共、過分忝存候、とニかくニ《兎に角》ゆくすへ《行く末》難成身上之事候間、直ニ御暇を被下、かしら《頭》をもこそけ《刮げ》候様ニ、御取成頼入存候、次此くら《鞍》、作にて候由候て、可然かた《方》より給置候間、進入候、御乗習ニ御用ニたてられ候ハ、畏入存候、かしく、

明十兵
光秀

曽兵公《曽我兵庫頭助乗》人々御中

これによると、光秀は義昭に「かしらをもこそげ」薙髪する覚悟で詫びを申し入れている。ここで光秀は助乗に取り次ぎ料として鞍を送り、さらに表Ⅱ－№76で「公儀御取成以下頼入候」の「為合力」として下京壺底分の地子銭を「雨季ニ貳拾壱貫貳百文」進上している。以上の事例を勘案すると、光秀は実際には義昭との主従関係が強かったといえる。また、元亀二年七月に曇華院領の山城国大住荘において幕臣の一色藤長が給人を付けて違乱したことから、信長から光秀と義昭側近の上野秀政に宛てて義昭へ違乱停止を奏上するように書状が送られている（「曇華院文書」『信文』二八九号）ことからも、光秀は幕臣として活動している様子を確認することができる。天正元年二月に義昭が信長に対して蜂起したことによって七月に幕府が滅亡してからは、幕府の政所執事だった伊勢氏などが光秀に配属されており、本能寺の変の後に秀吉との間で戦われた山崎の合戦では、彼らは光秀軍として出軍していることが註（1）の染谷氏によって明らかにされている。このような光秀の地位を、高柳氏は「近畿管領」と称している。

この貞勝と光秀は拙稿aで指摘した通り当該期においては「両代官」と称されており、光秀が丹波計略によって京

都から離れるようになる天正三年まで共同で政治が行われていた（表Ⅰ－№61）。なお、天正二年五月には原田直政が山城守護に任じられたとされ、以後山城支配に関わるようになる。管轄領域としては、貞勝の発給文書が上京・下京の洛中に分布しており（拙稿b）、直政は表Ⅰ－№62～65で大和にまで及んでいたことが確認できることから、洛外から山城南部・大和に至る地域だったと考えられる。（補註4）

おわりに

以上、小稿では織田信長政権の領国支配構造解明の一端として、京都における織田家奉行人について基礎的な考察を行った。信長は本拠地の美濃へ帰国する際に五人の家臣を駐留させたことから、京都は信長が直接支配するのではなく奉行人による間接的な統治による支配が行われた。信長は美濃から側近を介して現地の奉行人に指示を伝達するが、信長の基本方針としては「京之事、存間敷」とあることから、京都を含めた「天下」の支配は再興された幕府が行うことを意図していたと考えられる。（補註5）当初の京都に駐留された織田家家臣は、五千の兵力を率いて将軍義昭を警固する軍率の部将としての性格だったと考えられる。

しかし、上洛早々から信長政権側に所領安堵や相論裁許の案件が提訴されたため、奉行としてこれらに対処するようになったといえる。京都に「残置」かれた家臣には、残留した織田軍を統率する部将と、事務方の諸事を担当する吏僚とに役割が分かれていたと考えられる。このうち軍率部将が数多く文書を発給していることから、渉外担当を行っていた。彼らは時に連署によって共同で案件を処理していた。この軍率部将が近江や畿内の各地の前線に配置されて京都から離れると、現地の吏僚と信長から派遣された側近・右筆などが案件の処理を行っていた。なお、小稿は支配の変遷の概要を示した基礎的な考察である。織田家奉行人の政治的な役割については、次章で論じる。

註

（1）織田政権の京都支配の展開については、『京都の歴史』第四巻「桃山の開花」（高尾一彦氏・朝尾直弘氏執筆。京都市・学芸書林、一九六九年）や今谷明『言継卿記』（そしえて、一九八〇年）に述べられている。京都支配については、神田千里「織田政権の支配の論理に関する一考察」（『東洋大学文学部紀要』第五五集「史学科編」第二七号、二〇〇二年。のちに改題して、同『戦国時代の自力と秩序』吉川弘文館、二〇一三年に再録）、上洛当初からの室町幕府の幕臣との関係について研究した染谷光広「織田政権と足利義昭の奉公衆・奉行衆との関係について」（『国史学』第一一〇・一一一合併号、一九八〇年。のちに、藤木久志編『織田政権の研究』吉川弘文館、一九八五年に再録）、木下秀吉については染谷光広「木下秀吉の文書についての補説」（『日本歴史』第三〇〇号、一九七三年）・同『秀吉の手紙を読む』（吉川弘文館、二〇一三年。初版は一九九六年）・臼井進「幕府存在期の信長の京都支配における木下秀吉の立場」（『史叢』第五〇号、一九九三年）[補註6]、明智光秀については高柳光寿『明智光秀』（吉川弘文館、一九五八年）・立花京子「明智光秀花押の経年変化と光秀文書の年次比定」（『古文書研究』第四六号、一九九七年）・谷口研語『明智光秀』（洋泉社歴史新書、二〇一四年）、信長の畿内支配について光秀を中心として論じた早島大祐「織田信長の畿内支配」（『日本史研究』第五六五号、二〇〇九年）・幕臣と光秀との関係を中心に論じた木下昌規「織田権力の京都支配」（戦国史研究会編『織田権力の領域支配』岩田書院、二〇一一年。のちに、同『戦国期足利将軍家の権力構造』岩田書院、二〇一四年に再録）等がある。織田家奉行人については、竹本千鶴「織田政権の奉行人と京都支配」（『書状研究』第一五号、二〇〇一年）・同「松井友閑論」（『国史学』第一七一号、一九九九年）等がある。[補註7]

（2）拙稿a「織田政権の京都支配」（改題して、本書第Ⅳ部第二章。初出は『白山史学』第三三号、一九九七年）・b「村井貞勝発給文書の基礎的考察」（『東洋大学文学部紀要』第五五集「史学科編」第二七号、二〇〇一年）・c「織田政権の在地支配」（改題して、本書第Ⅳ部第三章。初出は『白山史学』第四四号、二〇〇八年）、松下浩「「天下所司代」村井貞勝の京都支配」（『滋賀県教育委員会研究紀要』第二号、一九九四年）、村磯良美「織田政権の京都経営」（『日本女子大学大学院文学研究科紀要』第一〇号、二〇〇三年）、谷口克広『信長の天下所司代』（中央公論新社、二〇〇九年）等がある。

（3）信長の事績が記された太田牛一『原本信長記』（福武書店、影印本、一九七五年）に、室町幕府を滅亡させた後の天正元年七月二十一日条に「天下所司代、村井長門守（貞勝）被仰付、致在洛諸色被仰付」とあることから、貞勝が所司代に任じられたと理解されている。筆者は、拙稿a・bにおいて当該期には明智光秀と史料上「京都両代官」と称されており、史料の残存状況やその性格、職掌付与の点から修正する必要性があることを指摘した。

（4）奥野高広『増訂織田信長文書の研究』吉川弘文館、一九八八年。以下、同書よりの引用は『信文』と略記し、文書番号を付す。
（5）『大日本史料』第十編、東京大学史料編纂所、東京大学出版会。以下、同書よりの引用は『大日史』と記して、「第十編之一、〇〇頁」は『大日史』①〇〇と略記する。
（6）表Ⅰ・Ⅱは、主として『信文』『大日史』を基に作成した表である。
（7）信長発給文書と右筆に関しては、『信長文書の世界』（安土城考古博物館、二〇〇〇年）に詳しい。
（8）朝山日乗については、荻野三七彦「日乗の花押など」（『日本歴史』第五一六号、一九九一年）・同「怪僧日乗について」（『日本歴史』第五二八号、一九九二年）、谷口克広『織田信長家臣人名辞典』第二版（吉川弘文館、二〇一〇年）に詳しい。
（9）『言継卿記』永禄十二年七月六日条には「日乗上人、自濃州上洛、木屋へ罷向、於勢州千石知行、馬鞍、轡、天目ヨウヘン、刀、同脇指各ノケツケ、織田弾正忠信長出之云々」とあることから、信長から伊勢国内において所領を宛行われており、馬具・茶器・武具等を贈られていることが確認できる。『言継御記』は、続群書類従完成会刊の刊本による。
（10）これについては、註（8）谷口氏『人名辞典』ですでに指摘されている。
（11）『多聞院日記』臨川書店刊の刊本による。
（12）「天下」については、高木傭太郎氏が「京都を中心とするある種の伝統的な秩序構造を内包した『社会領域』」であることを指摘した（「織田政権期における「天下」について」（『院生論集』（名古屋大学大学院）第九号、一九八〇年）。さらに神田千里氏によってより具体的に検討が加えられ（註1）論文において、①将軍が体現し維持すべき秩序、②京都、③「国」を管轄する大名の領域ではない、京都・畿内など「国」と棲み分けられた領域、④広く注目を集め「輿論」を形成する公的な場であり、将軍が管掌する領域であったことを明らかにしている。また、近著においては、領域的には京都を含めた畿内周辺を指し、将軍が管掌する領域であることが明らかにされている（『織田信長』筑摩書房、二〇一四年）。これによって信長の「天下統一」概念は大きく見直されることになり、神田氏は信長が標榜した「天下布武」は「畿内平定」であることを指摘した。
（13）信長は元亀元年五月に佐久間信盛を近江野洲郡永原城の城将とし、宇佐山に森可成、長光寺に柴田勝家、安土に中川重政を配置した。この近江支配体制については、谷口克広「元亀年間における信長の近江支配体制について」（『日本歴史』第四七一号、一九八七年）に詳論されている。

（補註1）　本章の元になる拙稿「織田政権の京都支配における織田家奉行人についての基礎的考察」（いわき明星大学『人文学部研究紀要』第二八号、二〇一五年）では、落合長貞・中村良政を谷口克広氏の『織田信長家臣人名辞典』に基づいて信長の側近と記したが、誤認であるためここでは訂正した。

（補註2）「取次役」については、「取り次ぐ役割」として次章で述べた。

（補註3）　本章の元になる補註（1）拙稿［二〇一五］以降、光秀に関しては藤田達生・福島克彦編『明智光秀』（八木書店、二〇一五年）、柴裕之編著『図説 明智光秀』（戎光祥出版、二〇一八年）・同編著『明智光秀』（シリーズ・織豊大名の研究8、戎光祥出版、二〇一九年）が刊行されている。前者は光秀の関係文書が網羅されており、後者はその後の新出史料などについて記され、光秀に関するこれまでの研究が総括されている。

（補註4）　原田直政の政治的役割については、天正期における法隆寺東寺・西寺の相論の事例から、大和の寺社と信長との取り次ぎを務めていることが確認できる（金子拓「法隆寺東寺・西寺相論と織田信長」同著『織田信長権力論』吉川弘文館、二〇一五年。初出は二〇〇七年）。

（補註5）　信長は京都に常住しなかったことから、必要以上に京都と関わりを持とうとしなかったことが河内将芳氏『信長と京都』（淡交社、二〇一八年）によって指摘されている。なお、同書には永禄十一年九月に上洛してから本能寺の変で死去する天正十年六月までの、洛中における信長の宿所一覧「信長在京表」も掲載されている。

（補註6）　秀吉文書について、本章の元になる補註1拙稿［二〇一五］成稿後に、名古屋市博物館『豊臣秀吉文書集』第一巻（吉川弘文館、二〇一五年）と、山本博文・堀新・曽根勇二編『豊臣秀吉の古文書』（柏書房、二〇一五年）が刊行された。前者には、永禄八年から天正十一年までの信長の家臣だった時期が収録されている。併せて参照願いたい。

（補註7）　松井友閑についてのその後の研究として、竹本千鶴『松井友閑』（吉川弘文館、二〇一八年）がある。

表Ⅰ　織田家奉行人連署状・関係文書目録

No.	年月日	文書名	内容	発給者	宛所	脇付	書止文言	出典	備考・その他	所在
1	（天文年間）七月二十五日	尾張熱田社惣検校等宛佐久間信盛等連署状	礼銭争論指示	佐久間半羽介信盛（花押）・赤川三郎右衛門尉景広（花押）・村井吉兵衛貞勝（花押）・嶋田所助秀順（花押）	祝言師殿・千秋殿・惣検校殿	人々御中	恐々謹言	「田島氏」（『信文』一号参考）		尾張
2	（永禄八年）七月十五日	尾張寂光院宛柴田勝家等連署状写	寺領安堵	丹羽五郎左衛門尉長秀判・佐々一兵衛尉主知判・柴田修理進勝家判	寂光院	御同宿中	恐惶謹言	「寂光院」（『愛知県史』四三二号）		尾張
3	（永禄十年）十月三日	美濃武芸八幡宮宛坂井政尚・森可成連署状	違乱停止	森三左衛門尉可成（花押）・坂井右近尉政尚（花押）	武芸八幡寺御坊中		恐惶謹言	「武芸八幡宮」（『信文』七六号参考）	信長の禁制あり（『信文』七六号）	美濃
4	（永禄十一年）六月十日	尾張佐々平太・兼松正吉宛明院良政等連署状案	所領宛行	木下藤吉郎秀吉（花押）・丹羽五郎左衛門・嶋田所助秀順（花押）村井民部丞・明院	佐々平太殿・兼松又四郎殿	まいる人々御中	申候	「兼松」（『信文』五九号）		尾張
5	（永禄十一年）十月六日	大和法隆寺寺家宛奉行人連署状	矢銭賦課	志水悪兵衛尉長次（花押）・奥村平六左衛門尉秀正（花押）・跡辺兵左衛門尉秀次（花押）・織田修理亮吉清（花押）	法隆寺寺家	御中	恐々謹言	「法隆寺」（『信文』一二三号）		大和
6	永禄十一年十月十二日	柴田勝家等連署禁制写	禁制	柴田修理亮〔勝家〕・坂井右近将監〔政尚〕・森三左衛門尉〔可成〕・蜂屋兵庫頭〔頼隆〕	（欠）		仍如件	「武家事紀」（『信文』一〇五号）		不明
7	（永禄十一年）十月十二日	山城伏見荘内名主百姓中宛明院良政・細川藤孝連署奉書	年貢進納指示	細川兵部大輔藤孝（花押）・明院良政（花押）	所々名主百姓中		仍状如件	「天龍寺周悦」（『信文』補六〇号）		山城
8	永禄十一年十月十八日	山城妙心寺宛明院良政・木下秀吉連署状	寺領安堵	木下藤吉郎秀吉（花押）・明院良政（花押）	大心院侍衣門下		仍如件	「妙心寺大心院」（『信文』補一一八号）	「信長被申付候」	山城
9	（永禄十一年）十一月五日	山城伏見荘内名主百姓中宛蜂屋頼隆等連署状	年貢進納指示	柴田修理亮勝家（花押）・森三左衛門尉可成（花押）・坂井右近尉政尚・蜂屋兵庫助頼隆（花押）	所々名主百姓中		謹言	「天龍寺周悦」（『信文』補六二号）		山城
10	永禄十一年十一月二十四日	近江長命寺惣坊中宛丹羽長秀・村井貞勝連署状	寺領安堵	丹羽五郎左衛門尉長秀（花押）・村井民部少輔貞勝（花押）	長命寺惣坊中		恐々謹言	「長命寺」（『信文』一三一号）		近江

11	（永禄十一年）十一月二十四日	近江沖島地下人中宛丹羽長秀・村井貞勝連署状	年貢進納指示	丹羽五郎左衛門尉長秀（花押）・村井民部少輔貞勝（花押）	沖嶋地下人中		恐々謹言	「堅田村旧郷士共有」（『信文』一三二号）		近江
12	（永禄十一年）十二月十六日	松永久秀宛木下秀吉等連署副状	相論裁許	木下藤吉郎秀吉（花押）・中川八郎右衛門尉重政（花押）・好斎一用（花押）・和田伊賀守惟政（花押）	松永弾正少弼殿	御宿所	恐々謹言	「坪井鈴雄氏所蔵」（『信文』一三八号）		大和
13	（永禄十二年）正月十九日	明院良政等下代宛幕府奉行人連署状	地子銭去渡	〔摂津〕晴門（花押）・〔飯尾〕貞遙（花押）・〔松田〕頼隆（花押）	明院・村井・好斎下代中		恐々謹言	「光源院」（染谷論文）		山城
14	（永禄十二年）正月二十四日	柴田勝家等宛飛鳥井雅敦書状案	摂津尼崎本興寺所領取成願い	〔飛鳥井〕雅敦	柴田修理亮〔勝家〕殿・蜂屋兵庫助〔頼隆〕殿・森三左衛門尉〔可成〕殿・坂井右近尉〔政尚〕殿		恐々謹言	「本興寺」『信文』一四六号）	信長朱印状あり（『信文』一四五号）	摂津
15	（永禄十二年）二月一日	河内金剛寺沙汰所宛結城忠正等連署状写	敵預物成敗・兵粮米賦課	佐久間右衛門尉信盛・坂井右近尉政尚・森三左衛門尉可成・野間左橘兵衛尉長前・蜂屋兵庫助頼隆・柴田修理亮勝家・竹内下総守秀勝・結城山城守忠正	天野山沙汰所	御中	恐々謹言	『南行雑録』（『信文』補四四号）		河内
16	（永禄十二年）三月二日	摂津多田院宛佐久間信盛等連署状	御用脚免除	佐久間右衛門尉信盛（花押）・坂井右近尉政尚（花押）・森三左衛門尉可成（花押）・野間左橘兵衛尉長前（花押）・蜂屋兵庫助頼隆（花押）・柴田修理亮勝家（花押）・竹内下総守秀勝（花押）・進斎忠正（花押）・和田伊賀守惟政（花押）	多田院	役者御中	恐々頓首	「多田院」（『信文』一五四号）		摂津
17	（永禄十二年）四月一日	和泉堺西荘惣中宛佐久間信盛等連署状	御用脚催促	柴田修理亮勝家（花押）・坂井右近尉政尚（花押）・森三左衛門尉可成（花押）・蜂屋兵庫助頼隆（花押）・佐久間右衛門尉信盛（花押）	堺両庄惣中		恐々頓首	「岡本良一氏所蔵」（『信文』補一八号）		和泉
18	（永禄十二年）四月十四日	山城賀茂荘中宛明智光秀・木下秀吉連署状	年貢運上・軍役賦課	木下藤吉郎秀吉（花押）・明智十兵衛尉光秀（花押）	賀茂庄中		恐々謹言	「賀茂郷」（『信文』一八九号）	秀吉文書あり	山城

19	（永禄十二年）四月十六日	立入宗継宛明智光秀等連署状	相論裁許	木下藤吉郎秀吉（花押）・丹羽五郎左衛門尉長秀（花押）・中川八郎右衛門尉重政（花押）・明智十兵衛尉光秀（花押）	立入左京亮〔宗継〕殿		恐々謹言	「立入」（『信文』一六五号）		山城
20	（永禄十二年）四月十六日	一色藤長宛塙正勝・大津長治連署状	非分申懸禁止	大津伝十郎長治（花押）・塙九郎左衛門尉正勝（花押）	一色式部少輔〔藤長〕殿	まいる人々御中	恐々謹言	「天龍寺周悦」（『信文』補六六号）		山城
21	（永禄十二年）四月十八日	丹波宇津頼重宛明智光秀等連署状	相論裁許	丹羽五郎左衛門（花押）・木下藤吉郎（花押）・中川八郎左〔右〕衛門（花押）・明智十兵衛尉（花押）	宇津右近大夫〔頼重〕殿	御宿所	恐々謹言	「立入」（『信文』一六六号）		丹波
22	（永禄十二年）七月八日	山城広隆寺宛毛利良勝等連署状	寺領安堵	〔武井〕夕庵爾云（花押）・毛利清十郎長良（花押）・毛利新介良勝（花押）	太秦広隆寺惣中		恐々敬白	「広隆寺」（『信文』一八七号）		山城
23	永禄一二年八月十一日	山城本圀寺宛丹羽長秀・中川重政連署状	違乱停止	丹羽五郎左衛門尉長秀（花押）・中川八郎右衛門尉重政（花押）	本圀寺	学童中	恐々謹言	「本圀寺」（『信文』補七四号）	柴田勝家書伏あり	山城
24	（永禄十二年）十月九日	山城阿弥陀寺宛木下秀吉等連署状	寄宿免除	細川兵部大輔藤孝（花押）・明院良政（花押）・木下藤吉郎秀吉（花押）	芝薬師阿弥陀寺		恐々謹言	「阿弥陀寺」（『大日史』③二〇一頁）		山城
25	（永禄十二年）十月二十日	某宛和田惟政等連署状	志賀郡へ面会通達	〔森〕可成（花押）・〔中川〕重政（花押）・〔和田〕惟政（花押）	（欠）		恐々謹言	「反町」（『信文』補二〇号）		不明
26	（永禄十二年）十月二十六日	和泉松浦総八郎宛梶原越前守等連署状案	御進物進上	今井彦右衛門入道宗久・跡□孫一弘政・梶原越前守	松浦総八郎殿	参人々御中	恐々	『今井宗久書札留』（『信文』補二一号）		和泉
27	（永禄十二年）十一月四日	山城横路分名主百姓中宛松井友閑等連署状	相論裁許	佐久間信盛（花押）・〔坂井〕好斎一用（花押）・〔松井〕徳庵友閑（花押）	横路分名主百姓中		謹言	「退蔵院」（『信文』補七六号）		山城
28	（永禄十二年）十二月十七日	山城阿弥陀寺宛伊藤実元等連署状	寺領安堵	落合平兵衛丞長貞（花押）・伊藤豊右衛門尉実重（花押）・伊藤右近丞実元（花押）	清玉上人御坊	御同宿中	恐々謹言	「阿弥陀寺」（『信文』二〇五号）	「任御下知之旨」「信長疎略有間敷儀候間」	山城
29	（永徐十二年）十二月十八日	山城阿弥陀寺領百姓中宛伊藤実元等連署状	年貢進納指示	落合平兵衛丞長貞（花押）・伊藤豊右衛門尉実重（花押）・伊藤右近丞実元（花押）	百姓中		謹言	「阿弥陀寺」（『信文』補二五号）	「任御下知、信長無別儀旨候条」	山城

30	永禄十二年十二月十八日	近江河守・林村名主百姓中宛中川重政・丹羽長秀連署状	相論裁許	中川八郎右衛門尉重政（花押）・丹羽五郎左衛門尉長秀（花押）	河守・林村名主百姓中		恐々謹言	「橋本左右神社」（『信文』二〇六号）		近江
31	（永禄十三年）二月二十九日	近衛前久第門外町人中宛日乗上人等連署奉書	寄宿停止	明智十兵衛尉光秀（花押）・村井民部少輔貞勝（花押）・日乗上人朝山（花押）	近衛殿御門外同五霊図師町人中		候也	「陽明文庫」（『信文』補一五号）	奥野氏は、永禄十二年に比定。明智・村井の花押型より、永禄十三年に比定。	山城
32	永禄十三年三月二十二日	山城曇華院大住荘名主百姓中宛織田家奉行人連署状写	相論裁許	木下藤吉郎秀吉在判・丹羽五郎左衛門長秀同・中川八郎右衛門重政同・明知〔智〕十兵衛光秀同	大住庄三ケ村名主御百姓中		謹言	「曇華院殿古文書」（『信文』二一五号参考）	信長朱印状あり（『信文』二一五号）	山城
33	（永禄十三年）三月二十八日	山城曇華院大住荘名主百姓中宛武井夕庵・木下秀吉連署状	相論結果通達	〔武井〕夕庵爾云（花押）・木下藤吉郎秀吉（花押）	大住庄名主御百性〔姓〕同小作中		恐々謹言	「曇華院」（『信文』二一七号）	関連夕庵書状あり	山城
34	（永禄十三年）四月十六日	若狭広野孫三郎宛木下秀吉等連署状	所領安堵	木下藤吉郎秀吉（花押）・丹羽五郎右衛門尉長秀（花押）・中川八郎右衛門尉重政（花押）・明智十兵衛尉光秀（花押）	広野孫三郎殿	御宿所	恐々謹言	「豊臣秀吉等連署状」（『信文』二二二号）	「朱印被遣候」	若狭
35	（永禄十三年）五月七日	柴田勝家・坂井政尚宛織田信長書状案	違乱停止	〔織田〕信長在判	柴田修理亮〔勝家〕殿・坂井右近〔政尚〕殿		恐々謹言	「愛宕山尾崎坊」（『信文』二二七号）		山城
36	（永禄十三年）六月二十一日	山城山崎惣中宛明智光秀等連署状	道路広作申付	明智十兵衛尉光秀（花押）・村井民部少輔貞勝（花押）・日乗上人朝山（花押）	山崎惣御中		恐々謹言	「離宮八幡宮」（『信文』補十九号）	奥野氏は永禄十二年に比定。明智・村井の花押型より永禄十三年に比定。	山城
37	元亀元年七月六日	大和法隆寺宛村井貞勝・日乗上人連署状	修理米請け取り	村井貞勝（花押）・日乗朝山（花押）	和州法隆寺	参	如件	「法隆寺」（『信文』二三六号）		大和
38	（元亀元年カ）九月十七日	山城曇華院大住荘名主百姓中宛武井夕庵・三淵藤英連署状	年貢進納指示	〔武井〕夕庵爾云（花押）・三淵大和守藤英（花押）	城州大住庄名主御百性〔姓〕中		謹言	「曇華院」（『信文』二一八号）		山城
39	（元亀二年）四月十一日	安芸小早川隆景宛武井夕庵・木下秀吉連署状	丹・但賊船対応	〔木下〕秀吉（花押）・〔武井〕爾云（花押）	小早川左衛門佐殿	御報	恐惶謹言	「小早川家」（『信文』二七七号参考）	信長書状あり（『信文』二七七号）	安芸

40	（元亀二年）七月二十日	山城大住荘名主百姓中宛木下秀吉・武井夕庵連署副状	違乱停止	〔武井〕夕庵爾云（花押）・木下藤吉郎秀吉（花押）	山城大住庄名主百性〔姓〕中		恐々謹言	「曇華院」（『信文』二九〇号参考）	信長書状あり（『信文』二九〇号）	山城
41	元亀二年九月二十五日	近江多賀神社宛丹羽長秀・河尻秀隆連署状	三ケ条条規	丹羽五郎左衛門尉長秀（花押）・河尻与兵衛尉秀隆（花押）	（多賀神社）		可申付之事	「多賀神社」（『大日史』⑥九二四頁）		近江
42	（元亀二年）九月晦日	山城阿弥陀寺中宛明智光秀等連署状	公武御用米賦課	明智十兵衛尉光秀（黒印）・嶋田但馬守秀満（黒印）・塙九郎左衛門尉直政（黒印）・松田主計大夫秀雄（花押）	阿弥陀寺		仍如件	「阿弥陀寺」（『信文』三〇〇号）		山城
43	（元亀二年）九月晦日	山城中宛明智光秀等連署状	公武御用米賦課	明智十兵衛尉光秀判・嶋田但馬守秀満判・塙九郎左衛門尉直政判・松田主計大夫秀雄判	（在々所々五六百通云々）		仍如件	『言継卿記』（『大日史』⑥九三七頁）		山城
44	（元亀二年）十月十五日	洛中立売組中宛明智光秀等連署状案	公武御用米賦課	明智十兵衛尉光秀・嶋田但馬守秀満・塙九郎左衛門尉直政・松田主計大夫秀雄	立売組中		如件	「京都上京」（『信文』三〇三号）		山城
45	（元亀三年）四月四日	河内片岡弥太郎宛柴田勝家等連署奉書	城備えに付	柴田修理亮勝家（花押）・佐久間右衛門尉信盛（花押）・滝川左近一益（花押）・明智十兵衛尉光秀（花押）	片岡弥太郎殿	御宿所	恐々謹言	「根岸」（『信文』三一四号）		河内
46	（元亀三年）四月四日	山城北野松梅院宛村井貞勝・嶋田秀満連署状	竹木伐採禁止	嶋田但馬守秀満（花押）・村井民部少輔貞勝（花押）	北野松梅院	人々御中	恐々謹言	「北野天満宮史料」（『信文』補一二八号）		山城
47	（元亀三年）四月八日	山城伏見惣中宛木下秀吉等連署状	船備えに付	〔木下〕藤吉郎秀吉（花押）・〔丹羽〕五郎左衛門長秀（花押）・〔柴田〕修理亮勝家（花押）・〔佐久間〕右衛門信盛（花押）	伏見惣中		謹言	「三雲」（『信文』三一七号）		山城
48	（元亀三年）四月十九日	飯川信堅等宛上野秀政等連署披露状写	上山城形勢報告	〔細川〕藤孝判・〔明智〕光秀判・〔三淵〕藤英判・〔上野〕秀政判	飯川肥後守〔信堅〕殿へ・曽我兵庫頭〔助乗〕殿へ		恐々謹言	『古証文』（『信文』補八三号）		山城
49	（元亀三年）六月二十日	大徳寺納所宛蜂須賀正勝等連署奉書	寺領安堵	木助左〔木下助左衛門尉〕祐久（花押）・千少〔千福〕信定（花押）・丹〔丹羽〕伝次玄政（花押）・坂大〔坂井大膳〕信秀（花押）・蜂彦右〔蜂須賀彦右衛門尉〕正勝（花押）	大徳寺御納所		恐惶謹言	「大徳寺」（『信文』補二四八号）		山城

50	(元亀三年)九月二十日	山城天龍寺妙智院領同国西院百姓宛木下秀吉・武井夕庵連署状	寺領安堵通達	(武井)夕庵爾云(花押)・木下藤吉郎秀吉(花押)	西院之内妙智院領百姓中		恐々謹言	「妙智院」(『信文』三三五号)	「殿様より被仰付」	山城
51	元亀三年十月十八日	山城壬生西五条田名主百姓中宛上野秀政等連署状案	寺領安堵	上野中務大輔秀政判・嶋田但馬守秀満同・村井民部少輔貞勝同	名主百姓中		状如件	「妙心寺」(『信文』三四三号)	「任御下知・御朱印之旨」	山城
52	(元亀三年)霜月二日	山城大徳寺宛塙直政・木下秀吉連署状	寺領安堵通達	塙九郎左衛門尉直政(花押)・木下藤吉郎秀吉(花押)	大徳寺	各御中	恐惶謹言	「大徳寺」(『信文』三三五号参考)	「信長朱印両度被遣」	山城
53	元亀三年十一月十日	立入宗継宛明智光秀等連署状	御借米書上	塙九郎左衛門尉直政(花押)・嶋田但馬守秀満(花押)・明智十兵衛尉光秀(花押)	立入殿			「元亀二年御借米之記」(『大日史』⑦五八頁)		山城
54	(元亀三年)十二月六日	嶋田秀満等連署奉書写	家来申付	成田杉長重御判・木藤秀吉御判・岩弥三吉勝御判・金五郎八長近御判・塙九郎左衛門直政御判・森勝蔵可長御判・丹羽五郎左衛門長秀御判・嶋田但馬守秀満御判	(欠)		状如件	「寛延旧家集」(『信文』三五四号)	「任御朱印之旨」	不明
55	元亀四年四月二十七日	一色藤長等宛林通勝等連署起請文前書案	講和締結	林佐渡守〔通勝〕・佐久間右衛門尉〔信盛〕・柴田修理亮〔勝家〕・濃州三人衆・滝川左近〔一益〕	一色式部少輔〔藤長〕殿・上野中務大輔〔秀政〕殿・一色駿河守〔昭秀〕殿・曽我兵庫頭〔祐乗〕殿・松田豊前守〔頼隆〕殿・飯尾右馬助〔貞連〕殿・池田清貧斎〔一狐〕		令違背者	「和簡礼経」(『信文』三七一号)		山城
56	天正元年八月二十八日	越前織田剣神社宛明智光秀等連署状	社領安堵	明智十兵衛尉光秀(花押)・羽柴藤吉郎秀吉(花押)・滝川左近一益(花押)	寺家中		仍状如件	「辻川家」(『信文』補一三七号)		越前
57	天正元年十二月十六日	山城天龍寺宛明智光秀・村井貞勝連署状	寺領安堵	村井民部少輔貞勝(花押)・明智十兵衛尉光秀(花押)	策彦東堂様	侍衣閣下	恐惶謹言	「妙智院」(『信文』三三六号)		山城
58	天正元年十二月十六日	山城西院内安弘名小作宛明智光秀・村井貞勝連署状	年貢進納指示	村井貞勝(花押)・明智光秀(花押)	西院之内当知小作中		謹言	「妙智院」(『信文』三三七号)		山城

59	（天正二年）三月二十八日	山城法金剛院宛村井貞勝・明智光秀連署状	所領安堵	村井民部少輔貞勝（花押）・明智十兵衛光秀（花押）	法金剛院侍者	御中	恐々謹言	「法金剛院」（『信文』補十六号）	奥野氏は永禄十二年に比定。明智・村井の花押型より天正二年に比定。	山城
60	天正二年十二月二十一日	山城賀茂惣中宛村井貞勝・明智光秀連署状	所領安堵	明智光秀（花押）・村井貞勝（花押）	当所惣御中		状如件	「賀茂別雷神社」（『信文』四九二号）		山城
61	天正三年二月十三日	山城清涼寺宛禁制	禁制	村井民部少輔貞勝（花押）・明智十兵衛光秀（花押）	清涼寺		仍如件	「清涼寺」（『信文』四九七号）		山城
62	（天正三年）七月七日	山城壬生官務宛原田直政等連署状	所領安堵	原田備中守直政（花押）・村井長門守貞勝（花押）・惟任光秀（花押）	壬生官務殿		恐々謹言	「宮内庁書陵部」（『信文』補一五四号）		山城
63	（天正三年）十一月二日	大和春日社家宛原田直政等連署状写	社領安堵	原田備中守直政・村井長門守貞勝・〔松井〕宮内卿法印友閑	春日社家	御中	恐々謹言	「春日社家日記」（『古文書研究』五四号）		大和
64	（天正三年）十一月十三日	大和沢等宛原田直政等連署状写	違乱停止	原田備中守直政判・村井長門守貞勝・〔松井〕宮内卿法印友閑	沢殿・秋山殿・芳野殿	御同宿中	恐々謹言	「春日社家日記」（『古文書研究』五四号）		大和
65	（天正三年）十一月十三日	大和神主等宛原田直政等連署状写	社領安堵	原田備中守直政判・村井長門守貞勝判・〔松井〕宮内卿法印友閑判	正預殿・神主殿・若宮神主殿		恐々謹言	「春日社家日記」（『古文書研究』五四号）		大和
66	（年未詳）正月十一日	尾張円福寺宛丹羽長秀・嶋田秀順連署状	年始返礼	〔嶋田〕秀順（花押）・〔丹羽〕長秀（花押）	（欠：笠覆寺カ）		恐惶謹言	「笠覆寺」（『愛知県史』⑪一五七〇号）		尾張
67	（年未詳）四月二日	山城天龍寺宛細川藤孝・明智光秀連署状	寺領安堵	明智十兵衛尉光秀（花押）・細川兵部大輔藤孝（花押）	天龍寺御役者中		恐々謹言	「天龍寺」（『信文』補八五号）		山城
68	（年未詳）五月十四日	山城天龍寺妙智院策彦周良宛明智光秀等連署状	争論裁許	〔武井〕夕庵爾云（花押）・村井民部丞貞勝（花押）・明智十兵衛尉光秀（花押）	妙智院衣鉢侍者〔策彦周良〕禅師		恐惶敬白	「天龍寺」（『信文』補七三号）	奥野氏は永禄十二年に比定。明智・村井の花押型は天正元年か二年。	山城
69	（年未詳）五月二十三日	山城賀茂社中宛村井貞勝・明智光秀連署状	結鎮銭代請取	明智十兵衛尉光秀（花押）・村井民部少輔貞勝（花押）	賀茂社中		恐々謹言	「賀茂別雷神社」（『信文』一〇八九号）	「史料纂集」は天正三年に比定。村井の花押型から天正元年か二年。	山城

70	（年未詳）七月十五日	尾張寂光院同宿中宛柴田勝家等連署状写	寺領安堵	丹羽五郎左衛門尉長秀判・佐々一兵衛主知判・柴田修理進勝家判	寂光院	御同宿中	恐々謹々（ママ）	「尾張徇行記」（『信文』補二号）		尾張
71	（年未詳）七月二十五日	尾張笠覆寺宛林秀貞・平手長政連署状	相論裁定延期	平手孫右衛門長政（花押）・林佐渡守秀貞（花押）	笠寺	衆徒中	恐々謹言	「笠覆寺」（『愛知県史』⑪一六一五号）		尾張
72	（年未詳）十一月十四日	山城上賀茂惣中宛村井貞勝・明智光秀連署状写	社領安堵	明智光秀在判・村井貞勝同	上賀茂惣御中		恐々謹言	「吉田」（『信文』補一三号）	奥野氏は永禄十一年に比定。「史料纂集」は天正三年に比定。村井の花押型から天正元年か二年。	山城
73	（年未詳）十一月二十三日	山城木津春松宛坂井政尚・木下秀吉連署奉書写	違乱停止	木下藤吉郎秀吉判・酒〔坂〕井右近尉政重〔尚〕判	木津春松殿	御宿所	恐々謹言	『武家事紀』（『信文』一一〇九号）		山城
74	（年未詳）十一月二十八日	坂井政尚等連署状写	諸役免除	〔金森〕五郎八直（花押）・〔森〕三左衛門尉可成（花押）・〔坂井〕右近尉政尚	（欠：長谷川三郎兵衛カ）		者也	「長谷川五郎氏所蔵」（『信文』補五五号）		美濃カ
75	（年未詳）十二月一日	大和西京惣中宛万見重元等連署状	餅上納	福平左〔福富平左衛門〕秀勝（花押）・堀久太郎秀政（花押）・万〔万見〕仙代重元（花押）	南都西京惣中		恐々謹言	「薬師寺」（『信文』一一一一号）		大和
76	（年未詳）十二月一日	近江長命寺宛柴田勝家・坂井政尚連署状	諸役免除	坂井右近尉政尚（花押）・柴田修理亮勝家（花押）	長命寺		恐惶敬白	「長命寺」（『信文』補二四号）		近江

表Ⅱ　織田家奉行人単独発給・受給文書目録

No.	年月日	文書名	内容	発給者	宛所	脇付	書止文言	出典	その他	国名
1	（永禄三年）六月十日	尾張福井勘右衛門尉宛佐久間信盛書状写	桶狭間戦勝報告	〔佐久間〕信盛書判	福井勘右衛門尉殿	まいる御返報	恐々謹言	「古文書集」（『愛知県史』⑪一五号）		尾張
2	永禄三年十月二十四日	尾張福井弥七郎宛佐久間信盛判物写	所領宛行	佐久間半羽介信盛御書判	福井弥七郎殿	御宿所	仍如件	「古文書集」（『愛知県史』⑪四二号）		尾張
3	永禄五年十月九日	尾張赤川弥十郎他宛佐久間信盛判物	所領宛行	〔佐久間〕信盛（花押）	赤川弥十郎殿・長田弥左衛門殿		仍如件	「熱田浅井家」（『愛知県史』⑪二四七号）		尾張
4	永禄六年閏十二月九日	尾張笠寺宛丹羽長秀判物	修理田安堵	丹羽五郎左衛門尉長秀（花押）	笠寺	御寺僧まいる	仍如件	「笠覆寺」（『愛知県史』⑪三三一号）		尾張
5	永禄七年十二月二十七日	尾張笠寺宛丹羽長秀書状	修理田安堵	丹羽五郎左衛門尉長秀（花押）	笠寺御坊中	まいる	恐々謹言	「笠覆寺」（『愛知県史』⑪四〇四号）		尾張
6	永禄八年十一月二日	美濃坪内利定他宛木下秀吉判物写	所領宛行	木下藤吉郎秀吉（花押影）	坪内喜太郎〔利定〕殿		候	「坪内」（『愛知県史』⑪四五二号）		美濃
7	（永禄十年）八月二十六日	大和柳生宗厳宛佐久間信盛副状	松永久秀南都馳走	〔佐久間〕信盛（花押）	柳生新左衛門尉〔宗厳〕殿	御返報	恐々謹言	「柳生」（『信文』九四号参考）	信長書状あり（『信文』九四号）。奥野氏は永禄十一年に比定。	大和
8	（永禄十一年）九月十四日	明院良政宛万里小路惟房書状写	京都治安・禁中警固依頼	〔万里小路〕惟房	明院	御房	謹言	「経元卿御教書案」（『信文』上一五二頁）		尾張
9	（永禄十一年十月）十一日	山城本圀寺カ宛堀秀政書状写	普請安堵	〔堀〕久太郎〔秀政〕	（欠）		かしく	「本圀寺」（『信文』一二五号）		山城
10	（永禄十一年）十月二十一日	明院良政宛山科言継書状写	山科家領回復依頼	〔山科〕言継	明院	参	恐々謹言	『言継卿記』同日条		山城
11	（永禄十一年）十月二十四日	明院良政宛山科言継書状写	山科家領回復依頼	〔山科〕言継	明院	参	恐々謹言	『言継卿記』同日条		山城
12	（永禄十一年）十一月五日	山城天龍寺周悦宛林秀貞書状	所領安堵	林佐渡守秀貞（花押）	周悦首座禅師	床下	恐々謹言	「天龍寺周悦」（『信文』補六一号）		山城
13	（永禄十二年）正月十日	山城遍照心院宛丹羽長秀書状	寄宿免除	丹羽五郎左衛門尉長秀（花押）	遍照心院	御同宿中	恐々謹言	「大通寺」（『信文』一四〇号）	「信長寄宿免除之朱印」	山城
14	（永禄十二年）正月十九日	山城南禅寺領名主百姓中宛大津長治判物	相論裁許	大津伝十郎長治（花押）	当所所々名主百姓中		如件	「鹿王院」（『信文』一四四号）		山城
15	（永禄十二年）二月二日	一色藤長・飯河信堅宛蜂須賀正勝書状	弔料催促	蜂須賀彦右衛門正勝（花押）	一色式部少輔〔藤長〕殿・飯河山城守〔信堅〕殿	人々御中	恐惶謹言	「光源院」（『大日史』①959）	「木藤（木下藤吉郎秀吉）催促仕」「木藤可申計之由」	山城

16	（永禄十二年）二月二十六日	大和柳生宗厳宛佐久間信盛奉書	多聞山・結山連繋珍重	（佐久間）信盛（花押）	柳生新左衛門尉〔宗厳〕殿	御宿所	恐々謹言	「柳生」（『信文』一五〇号）		大和
17	（永禄十二年）二月二十九日	山城遍照心院宛織田信定書状	石停止	織田彦七信定（花押）	遍照心院知事	まいる	恐々謹言	「大通寺」（『信文』一四一号）	「従信長被仰出堅停止候了」	山城
18	永禄十二年三月三日	山城誓願寺宛丹羽長秀副状	寺領安堵	丹羽五郎左衛門尉長秀（花押）	誓願寺泰翁上人	御同宿中	恐々謹言	「誓願寺」（『信文』一五五号参考）	信長朱印状あり（『信文』一五五号）。「御執次之事候之間」	山城
19	永禄十二年三月十七日	近江三井寺花光坊宛丹羽長秀書状	寺領安堵	丹羽五郎左衛門尉長秀（花押）	三井寺花光坊	御坊中	恐々謹言	「萩野由之氏所蔵」（『大日史』②六〇頁）		近江
20	（永禄十二年）三月二十三日	山城北野社領丹波船井郡名主百姓中宛嶋田秀順判物	社領安堵	嶋田孫右衛門尉秀順（花押）	北野預十一村当所名主百性〔姓〕中		如件	「北野神社」（『信文』一五六号）		山城
21	（永禄十二年）四月二十五日	摂津西蓮寺宛佐久間信盛副状	寺領安堵	佐久間右衛門尉信盛（花押）	西宮眼阿弥陀仏	床下	恐々謹言	「西蓮寺」（『信文』一六八号）	信長朱印状あり（『信文』一六八号）	摂津
22	（永禄十二年）五月十七日	山城広隆寺宛木下秀吉書状	寺領安堵	木下藤吉郎秀吉（花押）	広隆寺	侍者御中	恐々謹言	「広隆寺」（『信文』一八〇号）		山城
23	（永禄十二年）閏五月六日	一色藤長等宛佐久間信盛書状	摂津・丹波形勢	（佐久間）信盛（花押）	一式少〔一色式部少輔藤長〕・曽兵〔曽我兵庫頭助乗〕	人々御中	恐惶謹言	「雑文書」（『信文』一八一号）		山城
24	（永禄十二年）閏五月二十五日	山城東寺領名主百姓中宛木下秀吉副状	寺領安堵	木下藤吉郎秀吉（花押）	東寺所々散在名主百姓中		如件	「東寺」（『信文』一八二号参考）	信長朱印状あり（『信文』一八二号）	山城
25	（永禄十二年）閏五月二十六日	山城東寺宛木下秀吉副状	寺領安堵	木下藤吉郎秀吉（花押）	東寺雑掌		恐々謹言	「東寺」（『信文』一八二号参考）	信長朱印状あり（『信文』一八二号）	山城
26	永禄十二年六月二十一日	山城阿弥陀寺宛明智光秀書状	寺領安堵	明智十兵衛尉光秀（花押）	清玉上人	御同宿中	恐々謹言	「阿弥陀寺」（『大日史』②四五六頁）	「以御下知被仰付由」	山城
27	（永禄十二年七月）十九日	山科言継宛武井夕庵書状	佐々主知書状披露	（武井）夕庵爾云	山科〔言継〕殿	人々御中	候	「言継卿記紙背」（『愛知県史』⑪六七四号）		山城
28	（永禄十二年）八月八日	摂津池田勝正宛丹羽長秀書状案	違乱停止	丹羽五郎左衛門尉長秀拝	池築〔池田筑後守〕	御宿所	恐々	『今井宗久書札案留』（『信文』一九二号）		摂津
29	（永禄十二年）八月十一日	山城本圀寺宛柴田勝家書状	請米請取	（柴田）勝家（花押）	本圀寺	学童中	恐々謹言	「本圀寺」（『大日史』③一五五頁）	丹羽長秀・中川重政連署状あり	山城
30	（永禄十二年）八月十一日	尾張円福寺宛嶋田秀順書状	雲母進上依頼	嶋田弥右衛門尉秀順（花押）	亀井円福寺	御尊報	恐々謹言	「円福寺」（『愛知県史』⑪六七六号）		尾張

31	（永禄十二年）八月十二日	塩座衆等宛今井宗久奉書案	塩・塩魚過料申付	（欠：今井宗久）	塩御座衆中・又塩魚ノ座へも同前・又淀塩座中へも同前		恐々	『今井宗久書札留』（『信文』一九三号）	「従信長我等被仰付候」	山城
32	（永禄十二年）八月十七日	三淵藤英宛今井宗久書状案	違乱停止	（欠：今井宗久）	三淵大和守〔藤英〕殿	まいる人々御中	恐惶	『今井宗久書札案留』（『信文』一九五号）	「従去年公方様并信長御台御料所様拙者被仰付候」	山城
33	（永禄十二年）八月十八日	和泉堺北荘宛佐久間信盛書状案	諸役以下難渋賦課	佐久間信盛	さかい北庄惣郷中		恐々	『今井宗久書札留』（『信文』一九六号）	「信長被仰出候」	和泉
34	（永禄十二年）九月十四日	山城伏見荘内周悦知行分名主百姓中宛大津長治奉書	年貢進納指示	太〔大〕津伝十郎長治（花押）	悦首座所々名主百性〔姓〕中		恐々謹言	「天龍寺周悦」（『信文』補六七号）		山城
35	（永禄十二年）九月十六日	河内牧郷名主百姓中宛今井宗久書状案	違乱停止	（欠：今井宗久）	牧郷名主百姓中		恐々	『今井宗久書札留』（『信文』一九八号）	「為其坂井右近□〔尉〕〔政尚〕・木下藤吉郎〔秀吉〕従上使衆」	河内
36	（永禄十二年）十月六日	山城阿弥陀寺清玉上人宛村井貞勝書状	寄宿免除	村井民部少輔貞勝（花押）	阿弥陀寺清玉上人	御房	恐々謹言	「阿弥陀寺」（『信文』補八三号）	花押型から年代比定	山城
37	（永禄十二年）十月十二日	山城浄福寺宛村井貞勝書状	寄宿免除	村井民部少輔貞勝（花押）	浄福寺	御同宿中	恐々謹言	「浄福寺」	花押型から年代比定	山城
38	（永禄十二年）十月十六日	山城法金剛院領名主百姓中宛柴田勝家書状	相論裁許	柴修〔柴田修理亮〕勝家（花押）	当在所池上・太秦・常盤名主百姓中		謹言	「法金剛院」（『大日史』③五六四頁）	室町幕府奉行人（曽我助乗・飯川信堅）連署状有り	山城
39	（永禄十二年）十月十七日	山城清和院領名主百姓中宛中村良政書状	年貢進納指示	中村隼人佐良政（花押）	富坂庄名主百姓中		恐々謹言	「清和院」（『大日史』②四七三頁）	信長朱印状あり‥「堅村井被仰付候条」	山城
40	（永禄十二年）十一月十一日	摂津池田勝正宛丹羽長秀書状案	違乱停止	丹羽五郎左衛門尉〔長秀〕	池田筑後守〔勝正〕殿	御宿所	謹言	『今井宗久書札留』（『信文』一九九号）	「信□〔長ヵ〕相心得可申由候」	摂津
41	（永禄十二年）十一月十三日	山城法金剛院珠栄宛木下祐久書状	相論裁許	〔木下〕祐久（花押）	法金〔剛〕院珠栄	玉床下	恐惶敬白	「法金剛院」（『大日史』③五六五頁）		山城
42	（永禄十二年）十一月十九日	山城横路分名主百姓中宛木下秀吉書状	年貢進納指示	木下藤吉郎秀吉（花押）	当地名主百姓中		恐々謹言	「退蔵院」（『信文』補七七号）	佐久間信盛・坂井一用・松井友閑連署状あり	山城
43	（永禄十二年）十一月二十二日	山城法金剛院珠栄宛木下祐久書状	相論裁許	木下助左衛門尉祐久（花押）	朱〔珠〕栄	まいる玉床下	恐惶敬白	「法金剛院」（『大日史』③五六六頁）		山城
44	（永禄十二年）十二月二十七日	山城西九条名主百姓中宛今井宗久書状案	年貢進納指示	（欠：今井宗久）	西九条名主百姓中		謹言	『今井宗久書札案』（『信文』二〇七号）	「御下知并御朱印」	山城

45	永禄十三年正月二十三日	足利義昭・織田信長条書	五ヵ条条書	〔足利義昭〕（袖黒印）・〔織田信長〕（朱印）	〔朝山〕日乗上人・明智十兵衛尉〔光秀〕殿		已上	「成簣堂文庫所蔵」（『信文』二〇九号）		山城
46	（元亀元年）三月十八日	近江長命寺宛柴田勝家判物	諸役免除	〔柴田〕勝家（花押）	長命寺		如件	「長命寺」（『信文』二〇六号参考）		近江
47	（元亀元年）四月二十日	丹波渡辺太郎左衛門尉宛丹羽長秀書状案	違乱停止	丹羽五郎左衛門尉長秀	渡辺太郎左衛門尉殿	御宿所	恐々謹言	「愛宕山尾崎坊」（『信文』二二七号参考）	柴田・坂井宛信長書状写あり（『信文』二二七号）：「御下知・御朱印在之上者」	丹波
48	（元亀元年）六月四日	昨夢□（斎ヵ）宛木下秀吉書状	江北へ行の儀に付き備え	〔木下〕秀吉（花押）	昨夢□（斎ヵ）	床下	恐々謹言	「岩淵」（『大日史』④五三一頁）		近江
49	元亀元年七月二十五日	近江竹生島惣中宛木下秀吉判物	臨時課役	木下藤吉郎秀吉（花押）	竹生嶋惣中		如件	「竹生島」（『大日史』④六七四頁）	関連文書あり	近江
50	（元亀元年）七月二十七日	山城清水寺成就院宛楠正虎書状	制札取次	楠河内守正虎（花押）	成就院	御返報	恐々謹言	「成就院」（『信文』補二七号）		山城
51	（元亀元年）七月二十九日	近江常善寺宛佐久間信盛書状	寺領安堵	佐久間新右衛門尉信盛（花押）	草津常善寺	床下	恐々謹言	「常善寺」（『大日史』④六八八頁）		近江
52	（元亀元年）八月十八日	山城清水寺成就院宛楠正虎判物	制札通達	楠河内守正虎（花押）	清水寺成就院		恐々謹言	「成就院」（『信文』補二八号）		山城
53	元亀元年八月十九日	山城東寺領上久世名主百姓中宛木下秀吉書状写	年貢進納指示	木下藤吉郎秀吉	東寺領上久世名主百性〔姓〕中		恐々謹言	「東寺」（『大日史』④七三四頁）		山城
54	（元亀元年）九月十四日	大和大乗院宛林秀貞書状写	寺領安堵	林佐渡守秀貞判	当御門跡	御奉行中	恐々謹言	『尋憲記』（『大日史』⑤三三六頁）		大和
55	（元亀元年）十月五日	上平寺惣中宛木下秀吉書状写	一揆牽制	木下藤吉郎秀吉花押	上平寺惣中		恐々謹言	「近江杉本坊」（『大日史』⑤十一頁）		近江
56	（元亀元年）十月六日	山城阿弥陀寺清玉上人宛村井貞勝書状	寄宿免除	村井民部少輔貞勝（花押）	阿弥陀寺清玉上人	御房	恐々謹言	「阿弥陀寺」（『大日史』④七二六頁）		山城
57	（元亀元年ヵ）十月十七日	山城曇華院領大住荘名主百姓中宛武井夕庵書状	相論結果通達	〔武井〕夕庵爾云（花押）	大住庄三ヶ村名主御百性〔姓〕中		恐々謹言	「曇華院」（『信文』二一九号）	信長朱印状あり	山城
58	（元亀元年）十月二十日	近江顕證寺宛木下秀吉副状写	安堵副状	木下藤吉郎秀吉花押	大津近松寺内顕證寺		恐々謹言	「本願寺」（『信文』二五〇号参考）	信長朱印状写あり（『信文』二五〇号）：「朱印進之候間」	近江
59	（元亀元年）十月二十五日	山城外畑村名主百姓中宛丹羽長秀折紙	年貢進納指示	丹羽五郎左衛門尉長秀（花押）	城州外畑村名主百姓中		者也	「愛宕山尾崎坊」（『信文』二二七号参考）	「任公方御下知之旨、信長折帋□之条」	山城

60	（元亀元年）十一月十一日	立入宗継宛木下秀吉書状写	所領安堵	木下藤吉郎秀吉判	立入左京進〔宗継〕殿	御宿所	恐々謹言	「立入」（『大日史』④四九一頁）		山城
61	（元亀元年）十一月十五日	摂津本興寺宛木下秀吉書状写	徳政免除	木下藤吉郎秀吉花押	本興寺	寺内惣中	恐々謹言	「本興寺」（『大日史』⑤八六頁）		摂津
62	（元亀元年）十一月二十五日	山城賀茂郷銭主方等宛木下秀吉副状	徳政免除	木下藤吉郎秀吉（花押）	賀茂郷銭主方并惣中		恐々謹言	「賀茂別雷神社」（『信文』二六二号参考）	信長朱印状あり（『信文』二六二号：「棄破朱印被遣之候」）	山城
63	（元亀元年）十二月二日	山城妙蓮寺宛稲葉一鉄書状	一揆牽制	稲葉伊予守一鉄（花押）	妙蓮寺	御坊中	恐惶敬白	「妙蓮寺」（『大日史』⑤二二頁）		山城
64	（元亀元年）十二月二日	山城広隆寺宛木下秀吉書状	徳政免除	木下藤吉郎秀吉（花押）	広隆寺	御同宿中	恐々謹言	「妙蓮寺」（『大日史』⑤八四頁）		山城
65	（元亀二年）二月二十五日	近江樋口直房・木下秀吉宛織田信長書状	砦の備え指示	〔織田〕信長（花押）	樋口三郎兵衛〔直房〕殿・〔木下〕藤吉郎〔秀吉〕殿		謹言	「織田」（『信文』二七三号）		近江
66	（元亀二年）二月二十日	近江堅田諸侍中宛丹羽長秀書状	舟廻送指示	丹羽五郎左衛門尉長秀（花押）	堅田諸侍	御中	恐々謹言	「堅田村旧郷士共有」（『大日史』⑤九四五頁）		近江
67	（元亀二年）二月二十七日	近江堅田諸侍中宛丹羽長秀書状	舟廻送指示	丹羽五郎左衛門尉長秀（花押）	堅田諸侍	御中	恐々謹言	「堅田村旧郷士共有」（『大日史』⑤九四四頁）		近江
68	（元亀二年）八月二日	近江観音寺宛明智光秀書状	近江攻め助力を求む	明十兵〔明智十兵衛〕光秀（花押）	観音寺	御同宿中	恐々謹言	「観音寺」（『大日史』⑥七三七頁）		近江
69	（元亀二年）八月二十三日	山城賀茂雑掌宛丹羽長秀書状	社領安堵	丹羽五郎左衛門尉長秀（花押）	賀茂雑掌	御中	恐々謹言	「賀茂別雷神社」（『大日史』⑥六八一頁）		山城
70	（元亀二年）八月二十四日	山城賀茂社宛丹羽長秀書状	社領安堵	丹羽五郎左衛門尉長秀（花押）	賀茂社刑部少輔殿・左衛門尉殿	御返報	恐々謹言	「賀茂別雷神社」（『大日史』⑥六八二頁）		山城
71	（元亀二年）十月三日	大和薬師寺宛蜂屋頼隆判物	禁制	蜂屋兵庫助頼隆（花押）	西京薬師寺		如件	「薬師寺」（『信文』補八一号）		大和
72	（元亀二年）十月十日	山城大徳寺宛稲葉一鉄書状	所領安堵	〔稲葉〕一鉄（花押）	大徳寺	御納所	恐惶謹言	「大徳寺」（『大日史』⑦一五八頁）		山城
73	（元亀二年）十月十九日	近江政所谷七ヶ畑中宛丹羽長秀書状	炭商売安堵	丹羽五郎左衛門尉長秀（花押）	七ヶ之畑中		謹言	「小椋記録」（『大日史』⑦八四頁）		近江
74	（元亀二年）十二月七日	片岡俊秀宛佐久間信盛書状	狭出郷落着	〔佐久間〕信盛（花押）	〔片岡左衛門尉〔俊秀〕殿		恐々謹言	「石清水」（『信文』二九九号参考）		山城
75	（元亀二年）十二月十四日	木下秀吉宛丹羽長秀書状	相論裁許	丹五さ長秀（花押）	木藤吉殿	御宿所	恐々謹言	「賀茂別雷神社」（『大日史』⑥六八三頁）		山城
76	元亀二年十二月二十日	曽我助乗宛明智光秀書状	公儀取成礼	明智十兵衛尉光秀（花押）	曽我兵庫頭助乗殿	御宿所	恐々謹言	「古簡雑纂」（『大日史』⑦一九六頁）		山城

77	（元亀二年）十二月二十二日	山城賀茂役者中宛木下秀吉判物	徳政免除	木下藤吉郎秀吉（花押）	賀茂御役者中		恐々謹言	「賀茂別雷神社」（『信文』三一九号参考）	「被成御免除御下知并朱印」	山城
78	（元亀二年）十二月二十三日	山城狭山郷名主百姓中宛木下秀吉折紙	年貢拘留指示	木下藤吉郎秀吉（花押）	城州狭山郷名主百姓中		以上	「石清水」（『信文』二九九号参考）		山城
79	元亀二年十二月日	佐久間信盛宛織田信長朱印状	所領宛行	（織田）信長（朱印）	佐久間右衛門尉〔信盛〕殿		状如件	「吉田」（『信文』三〇七号）		近江
80	（元亀三年）正月二十三日	南近江一向宗徒同郷士宛佐久間信盛奉書	誓書差出指示	佐久間右衛門尉信盛（花押）	南郡高野庄坊主中・地士長等中		候也	「福正寺」（『信文』三〇九号）	「信長より被仰出畢」	近江
81	（元亀三年）二月八日	近江蘆浦観音寺宛武井夕庵副状	外教くすし申付	（武井）夕庵爾云（花押）	あし浦観音寺	玉床下	恐惶謹言	「観音寺」（『信文』三一〇号参考）	信長朱印状あり（『信文』三一〇号）	近江
82	（元亀三年）三月二十日	山城金蔵寺宛武井夕庵書状	寺領安堵	（武井）夕庵爾云（花押）	西岩倉金蔵寺	御同宿中	恐惶敬白	「金蔵寺」（『大日史』⑦一九九頁）		山城
83	（元亀三年）五月十一日	山城上賀茂役者中宛太田信定書状	結鎮銭安堵	太田信定（花押）	上賀茂御役者中		恐々謹言	「賀茂別雷神社」（『信文』補一二九号）		山城
84	（元亀三年ヵ）五月二十三日	清水甚介宛塙直政書状	違乱停止	塙九郎左衛門尉直政（花押）	清水甚介殿		恐々謹言	「石清水」（『信文』三一二号参考）	信長朱印状あり（『信文』三一二号）	山城
85	（元亀三年）六月二日	山城妙心寺宛嶋田秀満書状	夫役免除	（嶋田）秀満（花押）	妙心寺	尊塔	恐惶敬白	「妙心寺」（『信文』三二三号）	「村民も同前」	山城
86	（元亀三年）六月二十三日	山城大徳寺宛松井友閑副状	寺領安堵	（松井）徳斎友閑（花押）	大徳寺	尊塔	恐惶謹言	「大徳寺」（『信文』三二四号）	信長朱印状あり（『信文』三二四号）	山城
87	（元亀三年）六月二十五日	山城賀茂社上使中宛松井友閑折紙案	違乱停止	（松井）徳斎友閑	賀茂御上使中		恐々謹言	「真珠庵」（『信文』三二五号）	大徳寺相論	山城
88	（元亀三年）七月四日	山城大徳寺聚光院宛稲葉一鉄書状	寺領安堵	（稲葉）一鉄（花押）	拝答　聚光院	尊報	恐惶敬白	「大徳寺」（『信文』三二五号参考）	「猶重而以朱印被申入候」	山城
89	（元亀三年）九月二十八日	細川藤孝宛滝川一益副状	違乱停止	滝川左近一益（花押）	細兵〔細川兵部大輔〕様	尊報	恐々謹言	「革島」（『信文』三三九号参考）	「然者重而朱印遣候条」	山城
90	（元亀三年）十月六日	山城阿弥陀寺宛村井貞勝書状	寄宿免除	村井民部少輔貞勝（花押）	阿弥陀寺清玉上人御房		恐々謹言	「阿弥陀寺」（『信文』補八四号）		山城
91	（元亀三年）十一月二十八日	山城狛左馬進宛柴田勝家書状	与力申付	柴田勝家（花押）	狛左馬進殿	御宿所	恐々謹言	「斎藤献氏所蔵」（『信文』三五一号参考）	「拙者為与力、殿様江申上召置」	山城
92	（元亀三年）十二月二日	山城沼田弥五郎宛木下秀吉書状写	徳政応対	木下藤吉郎秀吉花押	沼田弥七（五ヵ）郎殿	人々御中	恐々謹言	『雑録』（『信文』補三〇号）	「右之儀上中〔上野秀政〕・才阿へ茂申候」	山城
93	元亀四年正月四日	尾張伊藤物十郎宛柴田勝家書状写	商人司裁許権安堵	柴田修理亮勝家御判	伊藤宗〔惣〕十郎殿	進之候	恐々謹言	「寛延旧家集」（『愛知県史』⑪四三四号）	「御朱印頂戴目出候」	尾張
94	元亀四年正月吉日	尾張熱田亀井道場宛毛利良勝書状	端足袋受取	毛利新介〔良勝〕	あつたかめいとうてう（熱田亀井道場）へ	まいる	候	「円福寺」（『愛知県史』⑪八五七号）		尾張

95	元亀四年二月十日	尾張伊藤惣十郎宛佐久間信盛判物写	商人司裁許権安堵	佐久間左衛門尉信盛御判	伊藤宗〔惣〕十郎殿		状如件	「寛延旧家集」（『愛知県史』⑪八六一号）		尾張
96	（元亀四年）三月晦日	山城東寺宛塙直政副状	陣取乱妨狼籍禁止	塙九郎左衛門尉直政（花押）	東寺八条雑掌		恐々謹言	「東寺」（『信文』補一三一号）	「堅御停止之旨、被仰出候」	山城
97	元亀四年四月五日	山城天龍寺惣寺中宛柴田勝家書状	陣執・放火禁止	柴田修理亮勝家（花押）	天龍寺惣寺中	床下	恐々謹言	「天龍寺」（『信文』三六六号）	「信長堅被申付候」	山城
98	（元亀四年）四月十九日	柴田勝家宛織田信長朱印状	河内形勢	（織田）信長（朱印）	柴田修理亮（勝家）宛		状如件	「山崎」（『信文』三七〇号）		河内
99	元亀四年四月二十八日	近江大津大工三郎左衛門宛明智光秀判物	諸公事免除	（花押）（明智光秀）	舟大工三郎左衛門かたへ		状如件	「渡」（『信文』三六六号参考）		近江
100	（元亀四年）五月二十一日	一色藤長宛佐久間信盛書状	講和調停	（佐久間）信盛（花押）	一式少（一色藤長）	御報	恐惶謹言	「東京国立博物館所蔵」（『信文』三七一号参考）		山城
101	（元亀四年）五月二十八日	一色藤長宛佐久間信盛書状	講和調停	（佐久間）信盛（花押）	一式少（一色藤長）	御報	恐惶謹言	「東京国立博物館所蔵」（『信文』三七一号参考）		山城
102	（元亀四年）六月四日	山城大徳寺宛柴田勝家書状	近江形勢	（柴田）勝家（花押）	大徳寺	尊報	恐惶謹言	「大徳寺」（『信文』三七二号参考）		山城
103	（元亀四年）七月四日	洛中下京町人宛柴田勝家副状写	陣取・新儀諸役免除	柴田修理亮勝家	下京中		恐々謹言	「饅頭屋町」（『信文』補一三二号）	「被成御朱印上者」：信長朱印状あり（補一三二号）	山城
104	（元亀四年）七月吉日	村井貞勝宛織田信長条書写	五ヵ条条書	（織田）信長	村井長門守（貞勝）		者也	『当代記』（『信文』補一三二四号）	要検討文書（拙稿二〇〇一）	山城
105	（天正元年）九月二十日	伊勢大湊惣中宛塙直政書状	船主捕縛	塙九郎左衛門尉直政（花押）	伊勢大湊惣中		恐々謹言	「大湊町振興会所蔵」（『愛知県史』⑪一〇〇七号）		伊勢
106	（天正元年）十月十二日	安芸小早川隆景宛羽柴秀吉書状	越前・近江征圧、伊勢侵攻	（羽柴）秀吉（花押）	小早川左衛門佐（隆景）殿	人々御中	恐惶謹言	「小早川家」（『愛知県史』⑪一〇一二号）	信長朱印状あり	安芸
107	（天正二年）正月二十五日	越前西福寺宛羽柴秀吉判物	乱妨狼藉禁止	羽柴藤吉郎秀吉（花押）	西祖福并くし川		状如件	「西福寺」（『信文』補一四一号）	「御制扎（札）任御朱印之旨」	越前
108	（天正二年）五月十六日	大和柳生宗厳・同厳勝宛柴田勝家書状	番手として残留	柴田修理亮勝家（花押）	柳生但馬守（宗厳）殿・柳生新二郎殿	御宿所	恐々謹言	「柳生」（『信文』補一四三号）		大和
109	天正二年七月十七日	尾張長田弥左衛門宛佐久間信盛判物	所領宛行	（佐久間）信盛（花押）	長田弥左衛門殿		如件	「熱田浅井家」（『愛知県史』⑪九五七号		尾張
110	（天正二年）八月二十五日	関四郎宛羽柴秀吉書状	贈答返書	（羽柴）秀吉（花押）	関四郎殿	人々御中	恐々謹言	「賜蘆文庫」（『信文』補一四七号）	「以御朱印御礼被仰候」：信長朱印状あり（補一四六号）	尾張

111	天正二年九月十一日	近江竹生島宝厳寺宛羽柴秀吉判物写	寺領寄進	羽柴藤吉郎秀吉花押	竹生島	衆中	状如件	「竹生寺」（『信文』三七四号参考）		近江
112	天正二年九月十四日	山城東寺雑掌宛佐久間信盛判物	禁制取次	佐久間右衛門尉信盛（花押）	東寺雑掌		如件	「東寺」（『信文』補四〇号）		山城
113	天正二年十二月十八日	山城上林加賀入道等宛塙直政判物	国質・所質停止	塙九郎左衛門尉直政（花押）	上林加賀入道殿・同掃部丞殿	御宿所	恐々謹言	「上林」（『信文』補一五〇号）	「任御朱印之旨」	山城
114	（天正三年）七月十日	山城高倉所領在々百姓中宛村井貞勝判物	年貢進納指示	村井長門守貞勝（花押）	在々所々		者也	「高倉家旧蔵」（『信文』補一五五号）		山城
115	（天正三年）七月十四日	高倉永相宛明智光秀書状	所領安堵	維〔惟〕任〔明智〕日向守光秀（花押）	藤宰相〔高倉永相〕殿		恐惶謹言	「高倉家旧蔵」（『信文』補一五六号）		山城
116	天正三年九月十日	越前慶松宛柴田勝家判物写	還住許可	〔柴田〕勝家御判	慶松		仍如件	「慶松勝三郎家」（『信文』補一六二号参考）		越前
117	（天正三年）九月二十五日	山城愛宕山威徳院宛明智光秀書状	国民安治祈祷	〔明智〕光秀（花押）	威徳院	御同宿中	恐々謹言	「弘文荘善本目録」（『信文』補一六三号）		山城
118	（天正三年）十二月一日	山城下京惣中宛村井貞勝書状写	田地指出	村井〔貞勝〕	下京惣中		恐々謹言	「饅頭屋町」（『京都町触集成』）		山城
119	（天正三年ヵ）十二月一日	明智光秀宛織田信長朱印状写	伊勢貞知所領移動指示	〔織田信長〕（印）	惟任〔明智〕日向守とのへ		候也	「秋田藩採集」（『信文』補一七五号）		山城
120	天正三年十二月二十日	長国寺宛村井貞勝判物	寺領安堵	村井貞勝（花押）	長国寺	玉床下	如件	「織田」（『信文』六一五号）		山城
121	天正四年三月十一日	山城春長寺貞誉寿林宛村井貞勝書状	寺領安堵	村井長門守貞勝（花押）	春長寺寿林御房		恐々謹言	「春長寺」（『信文』補二三九号）		山城
122	天正四年四月十日	山城報恩寺宛村井貞勝判物	寺領替地指示	村井長門守貞勝（花押）	報恩寺	役者中	如件	「報恩寺」（『信文』補一七七号）		山城
123	天正四年四月十六日	山城柳芳軒宛惟住長秀奉書写	諸公事免除	惟住五郎左衛門長秀（花押）	隆法〔柳芳〕軒	床下	仍如件	「雑録」（『信文』補四六号）		山城
124	（天正五年）二月二十七日	山城本願成就院宛村井貞勝判物	社頭造営安堵	村井長門守貞勝（花押）	本願成就院		状如件	「若宮八幡宮」（『信文』補一八四号）		山城
125	天正五年三月二十七日	越前織田神社僧中宛柴田勝家判物写	社領安堵	〔柴田〕修理亮勝家	織田寺社僧中		状如件	「剣神社盛衰記」（『信文』補一八五号）		越前
126	（天正五年）十一月十一日	山城長福寺宛村井貞勝判物	臨時課役免除	村井長門守貞勝（花押）	梅津長福寺	御役者中	状如件	「長福寺」（『信文』補一八八号）		山城
127	天正五年十二月	山城川端道喜宛村井貞勝判物	諸役免除	村井長門守貞勝（花押）	〔川端〕道喜入道		仍如件	「川端道喜」（『信文』補一九一号）		山城

128	天正七年 正月八日	山城永養寺宛村井貞勝判物	寺領安堵	村井長門守貞勝（花押）	永養寺	侍者御中	仍執達如件	「永養寺」（『信文』補一九七号）		山城
129	（天正八年ヵ） 正月十三日	丹波三上大蔵大夫等宛明智光秀書状	国役普請	（明智）日向守光秀（花押）	三上大蔵大夫殿・古市修理進殿・寺塚勘兵衛尉殿・赤本橋大夫殿・中路新兵□（衛ヵ）殿・蜷川弥［　］（三郎ヵ）殿		恐々謹言	「吉田」（『信文』補二〇七号）		丹波
130	天正九年 二月十一日	山城藤本三郎左衛門尉宛村井貞勝奉書	諸役免除	村井春長（貞勝）（花押）	藤本三郎左衛門尉殿		仍執達如件	「狩野亨吉氏蒐集」（『信文』補二二一号）		山城
131	天正九年 六月七日	摂津闕郡今宮惣中宛村井貞勝判物	神人売買安堵	村井春長軒貞勝（花押）	摂州闕郡今宮惣中		状如件	「広田神社」（『信文』補二二五号）		摂津
132	天正九年 七月吉日	山城山科七郷宛村井貞勝判物	人足・牛馬立替	（村井）春長軒貞勝（花押）	七郷中		状如件	「沢野井」（『信文』補二三〇号）		山城
133	天正十年 五月二十五日	山城高山寺宛村井貞勝書状	相論裁許	（村井）春長軒貞勝（花押）	栂尾高山寺		恐々謹言	「高山寺」（『信文』補二三五号）		山城
134	（年未詳） 正月十八日	山城阿弥陀寺宛森可成奉書	寄宿免除	森三左衛門尉可成（花押）	芝薬師阿弥陀寺		恐々謹言	「阿弥陀寺」（『信文』補七八号）	奥野氏は永禄十二年か元亀元年に比定。	山城
135	（年未詳） 正月二十三日	美濃汾陽寺宛丹羽長秀奉書	贈答返書	（丹羽）長秀（花押）	汾陽寺	納所中	恐々謹言	「汾陽寺」（『信文』一〇六四号）	「則披露申候処」	美濃
136	（年未詳） 二月十二日	美濃村山多門宛丹羽長秀奉書写	贈答返書	（丹羽）五郎左衛門尉長秀（花押影）	村山多門殿		恐々謹言	「村山」（『信文』一〇七〇号）	「遂披露候処」	美濃
137	（年未詳） 二月二十九日	山城遍照心院宛織田信定書状	石安堵	織田彦七信定（花押）	遍照心院知事	参る	恐々謹言	「大通寺」（『信文』一四一号）		山城
138	（年未詳） 三月二十日	山城賀茂惣中宛佐久間信盛判物	陣取無異儀	佐久間右衛門尉信盛（花押）	賀茂惣中		仍如件	「賀茂別雷神社」（『信文』補六三号）		山城
139	（年未詳） 三月二十二日	美濃立政寺宛武井夕庵奉書	贈答返書	（武井夕庵）二位法印妙云（花押）	立政寺	御役者中	恐々謹言	「立政寺」（『信文』一〇七五号）	「上様へ為御音信」	美濃
140	（年未詳） 四月二日	山城大徳寺宛佐久間信盛判物	石仰付	佐久間右衛門尉信盛（花押）	大徳寺	御役者中	恐々謹言	「大徳寺」（『信文』一〇七七号）		山城
141	（年未詳） 四月六日	美濃八幡山年行事宛武井夕庵書状	贈答返書	（武井夕庵）二位法印妙云（花押）	八幡山年行事	御返報	恐々敬白	「八幡神社」（『信文』一〇七五号参考）	「在安土之儀付而」	美濃
142	（年未詳） 四月十五日	山城貴布弥惣中宛佐久間信盛判物	非分禁止	佐久間右衛門尉信盛（花押）	貴布弥惣中		仍状如件	「貴船神社」（『信文』一〇七九号）		山城

143	（年未詳）五月十三日	美濃汾陽寺宛丹羽長秀奉書	贈答返書	丹羽五郎左衛門尉長秀（花押）	汾陽寺納所	御返報	恐々謹言	「汾陽寺」（『信文』一〇八八号）	「殿様御進上之枝柿召披露申候」	美濃
144	（年未詳）七月二十八日	山城松室郷名主百性《ママ》中宛滝川一益奉書	百性退出成敗	滝川一益（花押）	松室在所名主百性〔姓〕中		恐々謹言	「革島」（『信文』一〇九九号）		山城
145	（年未詳）八月一日	近江長与次等宛丹羽長秀判物写	諸浦猟師へ通達	惟五左〔惟住〔丹羽〕五郎左衛門尉〕長秀	長与次殿・長藤五殿	御宿所	恐々謹言	「堅田小番城共有」（『信文』一一〇〇号）	丹羽の姓から、天正三年以降	近江
146	（年未詳）八月十四日	山城石清水八幡宮田中長清宛松井友閑書状	所領安堵	〔松井友閑〕宮内卿法印（花押）	田中殿	人々御中	恐々謹言	「石清水」（『大日史』⑥九三五頁）	「原備へも直ニ被仰付候」	山城
147	（年未詳）八月二十四日	某宛明智光秀奉書写	年貢進納指示	光秀（花押）	（欠）		恐々謹言	「古今消息集」（『信文』一一〇二号）		不明
148	（年未詳）九月二十六日	山城市原野惣中宛楠正虎書状案	相論留置	楠河内守正虎	市原野惣中		恐々謹言	「賀茂別雷神社」（『信文』補四七号）		山城
149	（年未詳）十月十三日	高倉永相領出作在々所々百姓中宛木下秀吉奉書	年貢進納指示	木下藤吉郎秀吉（花押）	出作在々所々百姓中		恐々謹言	「高倉家旧蔵」（『信文』補一五七号）		山城
150	（年未詳）十一月二十日	平古種豊等宛嶋田秀満書状	争論裁許	嶋田但馬守秀満（花押）	平古弥伝次〔種豊〕殿・多田孫介〔家次〕殿・森久右衛門尉〔豊弘〕殿	御宿所	恐々謹言	「天龍寺周悦」（『信文』補七〇号）		山城
151	（年未詳）十一月二十六日	小河弥八等宛嶋田秀満判物	竹木用捨	嶋田但馬守秀満（花押）	小河弥八殿・立入御蔵殿		謹言	「法金剛院」（『信文』補一七号）		山城
152	（年未詳）十一月二十六日	近江長命寺惣中宛佐久間家勝奉書	諸役免除	佐与六〔佐久間与六郎〕家勝（花押）	長命寺惣中		恐々謹言	「長命寺」（『信文』補二二号）	「従奇妙様諸役可被成御免之由、被仰出候」	近江
153	（年未詳）十一月二十九日	丹羽長秀宛奇妙（織田信忠）書状写	諸役免除	奇妙〔織田信忠〕	〔丹羽〕五郎左衛門尉殿	進之候	恐々謹言	「長命寺」（『信文』補二三号）	「柴田方へも可申候」	近江
154	（年未詳）十二月二十三日	山城狭山郷名主百姓中宛木下秀吉判物	年貢進納指示	木下藤吉郎秀吉（花押）	城州狭山郷名主百姓中		以上	「石清水」（『大日史』⑥九三五頁）		山城
155	（年未詳）	曽我助乗宛明智光秀書状	違乱詫び	明十兵〔明智十兵衛〕光秀	曽兵公〔曽我兵庫頭助乗〕	人々御中	かしく	「神田孝平氏所蔵」（『大日史』⑦一九六頁）		山城

第三章　京都支配における織田信長朱印状と織田家奉行人の政治的役割

はじめに

永禄十一年（一五六八）九月二十六日に、織田信長は室町幕府の次期征夷大将軍となる足利義昭に「供奉」して上洛を遂げた[1]。これ以降、信長は天正十年（一五八二）六月二日に本能寺の変で横死するまでの十五年間、京都支配に関わることとなる。信長政権の京都支配は、①上洛してから天正元年七月に義昭を京都から追放して幕府を滅ぼすまでの二重政権における複数の織田家奉行人による共同統治期、②天正元年七月から同三年末までの村井貞勝と明智光秀による「京都両代官」期、③天正四年から同十年までの貞勝単独統治期の、三期に時期区分することができる[2]。

このうち第二・三期については、貞勝と光秀を中心として論じられ、拙稿も含めて豊富な研究蓄積がある[3]。しかし、第一期については木下秀吉に関する専論はあるものの[4]、今だ充分な議論がなされているとは言えない状況にある。特に当該期は室町幕府との二重政権期にあることから幕府との関係や、信長の「傀儡」と考えられてきた足利義昭政権の実態を検討する上においても、さらに尾張・美濃を領有する戦国大名織田氏が権力を伸張させて中央政権として機能していく過程を考察するためにも、最重要な時期であるということは言を俟たないであろう。

この義昭政権と信長政権との二重政権については、これまで主として文書の様式から検討されてきた[5]。これについて、筆者は義昭政権を中心として二重政権の実態について検討してきたが、ここでは永禄・元亀期の京都における信長朱印状の機能を中心として検討し、その発給手続きと現地における織田家奉行人の政治的役割について考察するものである。これによって、信長政権の領国支配における信長の意思決定と伝達過程、それに関わる織田家家臣の政治的役割、さらには義昭政権との関係を検討し、当該期の京都支配の実態を明らかにすることを目的としている。

1. 研究史の整理と問題の所在

織田政権の朱印状と奉行人・相論裁許については、半田実氏による天正期における法隆寺の相論についての研究がある。[6] 半田氏は、「絶対者信長」の先入観から取次を含めて側近衆の解明は進んでおらず、織田政権の認識は「上意下達」によって意思決定がなされていたと考えられてきたとして、側近衆は信長に近侍することから正確な情報も得られ、適切な状況把握も可能であったとして重要性を指摘した。その一端として法隆寺の西寺と東寺が段銭徴収をめぐってそれぞれ信長側近の松井友閑と一雲斎針阿弥を取次として争った相論を検討し、側近が信長と特定の寺社を取り次ぐ過程を明らかにした。この相論については金子拓氏が再整理して検討を加え、「山城守護」として現地の支配を担当していた原田直政が東寺と西寺の対立を仲裁して、関係者を成敗するために大和に入り、双方に発給された朱印状を回収したりするなど、相論を媒介する役割を果たしていることから、大和に所在する寺社と信長をつなぐ「取継」だったことを指摘した。[7]

このような信長の側近と現地の織田家家臣による取次は、竹本千鶴氏によって「奉行の重層的支配体制」であると指摘された。[8] 竹本氏は元亀期における大徳寺と上賀茂社の相論を検討し、大徳寺側の奉行衆の木下秀吉・塙直政・稲葉一鉄や上賀茂社奉行の丹羽長秀と明智光秀・村井貞勝などの諸奉行・部将が寺社ごとに存在しており、織田政権が歴史のある神社に関与する際に、様々な問題にそれぞれの担当奉行が対処し、問題が起きたときには奉行同士でお互いの担当する領域に入り込まないように連絡を取り合っており、それを全体的に取り仕切っていたのが松井友閑だったことを指摘した。また、この過程で発給された信長家臣の文書を「奉行人奉書」とし、信長家臣による連署状は織田政権の公式な文書であって、信長朱印状での決定を副状として伝えたもの、あるいは信長の裁定が下されるまでの継投的な役割を果たすものだったことを指摘している。そして上賀茂社の窓口となって争論の解決に奔走した長秀を「申次」と称し、「申次」を担当した奉行人が発給した内容が公的な文書を「折紙」と呼称すべきことを提起した。

以上のことから、織田政権の領国支配において信長の側近と現地の奉行人は重要な役割を果たしていたことが明らかにされてきた。しかし、信長を中心として織田政権を論じた池上裕子氏は、「信長の奉行人が奉じるのは義昭の下知や幕府奉行人奉書ではなく、信長の朱印状」であり、「多くの権限を委任されていたかにみえる村井貞勝でさえ、信長の基本政策、信長の命令に従って行動しており、信長の指示を仰ぐため、あるいは信長の命令で岐阜と安土にしばしば赴いて」いたとして、家臣への権限委任や家臣の独自の判断を否定した(9)。さらにその上で、「信長はみずからに絶対服従する、強い絆で結ばれた者しか信用」せず、「自分のそばにいて手足のごとく動き、あるいは自分の意を体して各地に赴く者たち」によって領国支配は行われ、織田政権は「あらゆる家臣を自分の思い通りに動かそうとした独裁的な権力であった」と結論付けた。このことから、織田政権の領国支配は信長に権限が集中して、家臣には独自性がない独裁的な権力だったと評価した。

これに対しては、神田千里氏の見解が注目される。神田氏は、織田政権は当時の社会状況や習慣に即した政治体制であり、信長は家臣の佐久間信盛や羽柴秀吉の意見や抗弁を聞き入れて、柴田勝家に付言した「越前国国掟」から理を主張すれば信長は家臣の言い分に随うとする政治姿勢を見い出した。このことから、当主の言い分が通るには家臣の支持がなければならず、信長も当主と家臣が談合によって意思決定をすることが好ましいと考えていたとし、当該期において他国の戦国大名にみられる当主と家臣の「一味同心」による「家中の合議」によって意思決定がなされる「一撰」の性格を見い出した［二〇一四］。

池上氏と神田氏の見解の相違は、織田政権における意思決定の過程がどのようになされていたのか、信長の意思の「上意下達」なのか、あるいは家臣が関与していたのかを検討することが必要であることを表しているといえる。この点については金子氏によって、「信長の政治的判断の結晶である朱印状・黒印状などの文書がいかなる手続きを経て、いかなる人々の関与によって発給されたのかといった関心からその「現場」を検討しようとした研究は見受けられない」と端的に指摘されている［二〇〇七］。小稿ではこの指摘に留意しつつ、信長朱印状の機能と織田家奉行人の政治的役割について検討するものである。

2．京都支配における信長の政治姿勢と織田家奉行人の政治的役割

信長は美濃を居城地にしていたことから京都に定住することはなく帰国しており、政情に応じて不定期に上洛していた。『多聞院日記』永禄十一年十一月二十二日条によると、[10] 信長は畿内平定戦の後に美濃へ帰国するに際して、佐久間信盛・村井貞勝・丹羽長秀・明院良政・木下秀吉の五人の家臣と五千の兵力を「残置」いたことが確認できる。この五人については、軍率の部将と事務的なことを行う吏僚に役割が分担されていたことを本書第Ⅲ部第二章［拙稿二〇一五］で明らかにした。基本的に彼らは義昭を警固する役割だったが、信長政権側へ案件が提訴されたためそれに対応するようになり、次第に信長の「奉行」として政治的な活動を行うようになっていった。このように信長による京都支配は、現地に「残置」かれた織田家奉行人によって間接的に行われた。奉行人はさらに諸事を執り行うようになり、政治的な役割と現地と信長との取り次ぎとしても重要性が増していくことになっていった。

信長朱印状発給には、信長の家臣が重要な役割を果たすことになる。山城の浄土真宗寺院誓願寺は、永禄十二年

三月三日付けで信長から朱印状によって寺領を安堵された。[11]この副状を信長の家臣である丹羽長秀が発給しており（「誓願寺文書」『信文』一五七号参考）、ここには「信長ニ申聞」とあることから長秀は誓願寺からの寺領安堵の求めを信長に取り次ぎ、それによって信長から朱印状が発給されたことが確認できる。安堵を得る側は、本書第Ⅰ部第二章［拙稿二〇〇八］で明らかにしたように、個人的な人脈を伝手としたり、案件をより有利な条件で解決するために有力で影響力のある人物を選択したりと、受給者側の選択によってなされていた。なお、これを契機として長秀は信長から「御執次之事候之間、尚以向後不可存疎略候」とあることから、以後の誓願寺との「取次役」を命じられることになり、[12]誓願寺は長秀と人的関係を構築することになった。

このようにして発給された信長朱印状は「取次役」に渡され、「取次役」は自らの書状を副状として添えて受給者に伝達していた。『言継卿記』によると、[13]信長は永禄十二年三月三日に一斉に公家所領の調査を行っている。ここには「織田弾正忠《(信長)》、公家中知行分少々可申付之間、各手日記可調之由、旧冬申之間、卅人余之分、明印《〔院〕》《(良政)》ニ自万里小路《(輔房)》被進之」とあることから、京都の公家達には前年の冬から報らされていることだった。しかしこの時は「不相届云々、仍重申」とあることから不調に終わっており、あらためて調査と安堵が行われることとなった。その原因については、信長が美濃へ帰国する際に京都に「残置」いた木下秀吉の不手際があったことが確認できる。『言継卿記』同年三月二十五日条によると、「禁裏御料所率分九人之分、旧冬織田弾正忠朱印、殊武家御下知雖有之、木下藤吉郎逐上之間」とあることから、率分銭のことに関しては前年の冬に幕府の奉行人連署奉書が発給されていた。しかし、そのことを信長に取り次ぐ秀吉が「逐上」したために信長朱印状が発給されなかった。これにより言継等は「重朱判所望」（同日条）と、あらためて信長朱印状の発給を求めており、「各迷惑」と秀吉を非難している。[14]

信長は美濃へ帰国することから、必然的に京都を以前の細川・三好政権のように支配する意図はなかったと考えることができる。ではここで、本拠地を京都に移さず間接統治を選択した信長の京都支配における政治姿勢を確認しておきたい。信長政権に相論を提訴したり所領・特権・諸役免除などの安堵を得る場合には、⑴美濃の信長から直接安堵を得るために、美濃へ下向して信長に直訴する、⑵美濃の信長の許へ使者を派遣して直訴する、⑶京都に駐留している織田政権の奉行人に提訴する、の三つの伝達ルートが存在する。この選択は、受給者がいずれかの方法によって信長に案件の裁決を求めたことによる結果といえるが、これによって発給される朱印状は信長によってなされた信長政権の決定的な意思となるため、どのような過程を経るのかを考察することは極めて重要であるといえる。このうち本節では①について明らかにして、信長の政治姿勢について検討する。

ここでは、永禄十二年十一月の丹波国新屋の貢租進納をめぐる相論の事例を公家の山科言継が記した『言継卿記』に基づいて検討する。朝廷の女房大典侍は、信長に貢租進納を求めて十一月五日付けで山科言継へ女房奉書を発給した（『言継卿記』同日条）。これに拠ると、「たんは《丹波》の国にや《新屋》の事、もと〳〵《元々》より上らふ《臈》の御つほね《局》りや《領》うにつけられ候」とあることから、丹波国新屋は元から上臈局の所領だったが、「ちかき《近き》ほとふさた《無沙汰》の事にて候」と年貢進納が滞っていた。ここには「あか井《赤井直正》そんち《存知》のうち《内》にて候けに候ほと《程》に、あか井に申つけ候やう《様》に」とあることから、赤井直正が違乱していたようである。大典侍はこれを「このみきり《砌》のふなか《信長》へおほせい《仰せ出》たされたく候」と信長に提訴して、信長から赤井に違乱停止を申し付けることを願い所領回復を求めた。言継はこの女房奉書を携えて八日に京都を発って美濃の信長の許へ下向し、十二日に到着した。美濃には公家の三条西実澄も下向していたが、言継は信長の側近で右筆の武井夕庵を「奏者」として信長との面会を求めた。ここで重要なのは信長の姿勢であり、「信長京之存《事脱カ》間敷之由有之」とあることから信長は美濃にいる間は京都の政務に関わらないとする意思を明確に表している。言継はこのままでは信長に対応してもらえないと判断したようで、翌十三日に信長が鷹狩りから帰って来るのを門前で待ち受け、直接会って用件を伝えた。その後、あらためて信長から側近の松井友閑が派遣され、「勅使歟、又自分之儀歟、委可申渡之由有之」と尋ねられた。言継は「自分之訴訟存分委申渡了」と、相論の経緯と「自分」の訴訟であることを伝えている。翌十四日、信長から武井夕庵と坂井好齋が使者として言継の宿所に派遣されて来た。本件に対する信長の回答として「只今者京面之儀、万事不存之間、春過上洛之刻、知行分可申付之、先其刻迄可堪忍之由被申之」ことが伝えられた。このことから信長は、訴訟案件が美濃へ直訴された場合には「勅使」なのか「自分」の用件なのかを問い、「自分」の場合には対応せず、上洛した際に受け付ける姿勢であることが確認できる。

実際に信長が上洛した際に裁許している事例として、元亀二年（一五七一）十二月の山城金蔵寺領相論が挙げられる。金蔵寺は寺領を八城右衛門尉に違乱されたため、幕府に提訴した。幕府は訴えを請けて裁許し、同年十二月二十二日付けで八城の違乱を停止して寺領を安堵する奉行人連署奉書を発給した[15]。ここには「任去永禄十一年十一月十九日奉書之旨」とあることから、金蔵寺は義昭の将軍就任直後にすでに寺領を安堵されており、その奉書が証文となって「当知行」安堵された。金蔵寺はさらに信長政権へも安堵を求め、三月二十一日付けで武井夕庵が寺領を安堵する奉書を発給している（「金蔵寺文書」『大日本史料』第十編之七、一九九頁）。ここには「為禁裏御料所同勅願所、異于他之処」とあることから金蔵寺は他に異なる禁裏御料所で勅願所であり、「重而寺家安堵之御下知を被成次第」とあることから、夕庵は二度の幕府による安堵の後に書状を発給した。夕庵は、それは「簡要」なことであり、「信長之御事更無別条」と信長も別条無く思っていると伝えている。信長は三月十二日に近江浅井氏攻めから入京していることから、金蔵寺はこの上洛に合わせて信長側近の夕庵を取り次ぎとして信長からの安堵を求めたと考えられる。

ではさらに、信長に信長政権の奉行人による違乱が提訴された案件の対応について検討する。『言継卿記』元亀二年十二月十日条によると、言継は曼殊院（竹内殿）の使者として美濃へ下向することとなった。その用件は、明智光秀が曼殊院・青蓮院・妙法院の三門跡領を「山りやう（比叡山領）」と号して押妨したため、これを信長から光秀に違乱を停止させることを求めて綸旨が発給されたことによる。また併せて、禁裏御料所の近江国舟木荘が丹羽長秀等に違乱されていることから、停止を求めて次の女房奉書が出された。

仰
元亀二
十二十、
舟木の御れう（料）所、このころ（頃）までまいり（参）候事にて候を、なかたきやふのせう（永田刑部正正貞）、九里八郎さゑもん（左衛門高雄）と、又にわ（丹羽）の五郎さゑもん（左衛門長秀）、なか（中）川八郎さゑもん（左衛門尉清秀）申かすめ（掠）候て、のふなかしゆいん（信長朱印）とり候て、かつてしん（勝手進）上申候ハす候、これハさため（定）てのふなか（信長）そんし（存知）候ましく候ほと（程）に、このやう（様）よく〳〵おほせわけ（仰せ分け）られ候て、まへ〳〵（前々）のことく（如）きと（急度）申つけ候て、御れう（料）所まいり（参）候やう（様）に申つけ候ハヽ、よろこひ（喜）覚しめし候ハんするよし（由）御心え候て、のふなか（信長）へおほ（仰）せ事候てまいり（参り）候やう（様）に、御とゝのへ（調え）候へく（可）候よし（由）、よく〳〵申とて候、返々きと（急度）のふなか（信長）申つけまいり（付け参り）候やう（様）に候ハヽ、よろこひおほしめし（喜び覚し召し）候へく（可）候よし（由）、よく〳〵おほせ（仰せ）事候へく（可）候よし（由）申とて候、かしく、

山しなの大なこん（大納言言継）とのへ

これによると、近江国舟木荘の御料所は幕臣の永田正貞や信長家臣の丹羽長秀・中川清秀に押領され、貢租の進納が滞っていた。ことに長秀・清秀は、信長朱印状に基づいて違乱に及んでいると非難され、これは信長は存知ないことだろうと述べられている。このことから、信長家臣は取次などの役割もあって自らが信長朱印状の発給を要請する立場にあることから、おそらくは謀書を作成してこれを基に信長へ朱印状発給を求め、それによって結果として信長は誤った判定を行って朱印状を発給し、長秀・清秀等はこの朱印状に基づいて違乱におよんだと考えられる[16]。

言継は、光秀と長秀・清秀等の違乱停止を求める綸旨と女房奉書を携えて十一日に京都を出立し、十五日に美濃に到着した。このとき、信長は尾張の清洲へ下向していて不在だったため、信長家臣の坂井利貞と談合が行われた。利貞は、この間の信長の対応として「製（制）札打之、一切公事訴訟停止也、自陣注進之外不可申聞云々」（『言継卿記』十二月十六日条）とあることから、信長は一切の公事訴訟を停止して陣中からの注進以外は聞き入れないとする制札を立てて、応じない姿勢であると回答する。信長は二十八日に美濃に帰国したため、言継は「御使之由示之」とあることから勅使であることを伝え、禁裏からの綸旨・女房奉書と贈答品の勅作による御薫物等を取次を介して信長に渡した。

また、「大方之様躰申之加問答」とあることから、奏者の武井夕庵に概要を伝えて談合している。このことを聞いた信長から翌二十九日にあらためて使者として松井友閑が来て、談合が行われている。この一連の交渉により、言継は信長から朝廷への返書を携えて帰洛する。この結果については、『御湯殿上日記』元亀三年正月十日条に「のふなか《（信長）》よりの御かへり《（返）》事もち《（持）》てまいら《（参）》せらる、、」「御しうちやく《（祝着）》のよし申さる、」とあることから、解決している様子が確認できる。(17)

以上、ここでは美濃にいる信長のもとに京都の案件が直訴された場合の対応について確認してきた。信長は丹波国新屋上臈局領の相論で、美濃にいる時には「勅使」か「自分」かの要件を問い、「自分」の訴訟の場合には対応せず上洛した際に応じると信長本人が述べている。このことについては、金蔵寺の相論で「為禁裏御料所同勅願所、異于他之処」とあることから、信長は禁裏の御料所と勅願所に関わる案件は別格に思っていたと考えられる。また、近江国舟木荘の案件では、信長朱印状発給に重要な役割を果たす信長家臣が信長朱印状を「掠」めて違乱におよんでいたことが注目される。

3. 美濃在国時の信長による相論裁許と朱印状発給手続き

以上のように、美濃にいる信長の許へ京都から訴訟案件が提訴されることがあった。本節では、さらに具体的に信長政権での案件処理の⑵美濃の信長の許へ使者を派遣して直訴する場合について大徳寺の事例と、⑶京都に駐留する信長政権の奉行人に提訴する場合の妙心寺の事例を検討し、信長が美濃にいる時の訴訟手続きについて検討する。

大徳寺の相論については、竹本千鶴氏によって詳細な検討がなされている［二〇〇一］。ここであらためて、信長朱印状の発給手続きと伝達過程について、関係文書を整理して確認しておきたい。大徳寺は元亀三年四月二十五日に徳政を免除する信長朱印状が発給されているが（「大徳寺文書」『信文』三一八号）、さらに所領安堵を求めたことによって次の朱印状と信長家臣の一連の文書が発給された。

〔史料1〕大徳寺宛て①織田信長朱印状・②松井友閑副状・③塙直政・木下秀吉連署状（「大徳寺文書」（『信文』①三一四号・②三一四号参考・③三一五号参考）

①賀茂境内当寺買得分之儀、不可有相違之由、今度重而朱印進之候、依之使僧被差下候、殊銀子百両御懇情候、
猶友閑（松井）可申候、恐惶敬白、

六月廿三日　　信長（朱印）

大徳寺尊答

②就当寺領儀ニ、御使僧指被下候、則披露申候処、弥々無別儀様御書を被遣候、塙九（直政）・木藤江（秀吉）も此方にて申渡候、
若於違乱者、重而可承候、恐惶謹言、

徳斎

六月廿三日　　友閑（花押）

大徳寺

尊報

③就御寺領之儀、信長朱印両度被遣之由、委細令存知候、向後於両人不可存疎略候、賀茂之儀石主（石成主税助友通）へ申届候、尚
以蜂須賀（正勝）ニ申含候間、不具候、恐惶謹言、

塙九郎左衛門尉

霜月二日　　直政（花押）

木下藤吉郎
秀吉（花押）

大徳寺
各御中

①は、大徳寺が買得した賀茂社の境内地を寺領安堵した信長朱印状である。ここには「重而朱印」とあることから一度信長朱印状が発給されており、大徳寺はその支配権をより確実にするために礼銭を納入して「重而」となる①の信長朱印状を求めた。その際には、美濃の信長へ使僧を派遣して安堵を求めたことが確認できる。この使僧は、②の松井友閑書状に「依之使僧被差下」とあることから、信長の側近である友閑に取り次いで信長へ披露した。これによって「御書を被遣」されて①の朱印状が発給され、友閑は②を副状として添えてこのことを現地の織田家奉行人である秀吉と直政に通達された。これを承けて秀吉と直政は③の連署状で「就御寺領之儀、信長朱印両度被遣之由、委細令存知候、向後於両人不可存疎略候」と、両度の信長朱印状によってなされた寺領安堵を承知して、今後は疎略なく保証することを約している。なお、③連署状には「賀茂之儀石主（石成主税助友通）へ申届候」とあることから、大徳寺が「重而」朱印状を求めた背景として、実際には幕臣の石成友通による違乱があったことが確認できる。

では、さらに信長朱印状の発給過程について、妙心寺への寺領安堵の事例を基に検討する。

〔史料2〕①織田信長朱印状・②矢部光佳書状案・③上野秀政等連署状（「妙心寺文書」『信文』三四二号・三四二号参考）

①当寺領城州壬生西五条田・諸塔堂・祠堂・買得之田畠・寄進分所々散在等之事、不混自余、任御下知之旨、永全可有寺納之状如件、

元亀三
十月七日　信長（朱印）

妙心寺

②□□□□□壬生西五条田・同諸塔頭領所々散在等之事、依為勅願所、不混自余、被成御朱印候条、別而各御馳走候而、任当知行之旨、寺納候様、御入魂専一存候、為其一筆令啓候、尚言〔参カ〕上之刻、可申述候、恐惶謹言、

元亀三

十月七日　　　　矢部善七郎

光佳判

上野中務大輔（秀政）殿

嶋田但馬守（秀満）殿

村井民部少輔（貞勝）殿

人々御中

③壬生之内西五条田妙心寺領之事、任御下知・御朱印之旨、前々如有来、無他妨可寺納事、肝要候、若於他納者、可被加御成敗候、仍折紙之状如件、

元亀三

十月十八日　　　　上野中務大輔

秀政　判

嶋田但馬守

秀満　同

村井民部少輔

貞勝　同

名主百姓中

信長は①の朱印状で「御下知」を承けて妙心寺の寺領を安堵した。②の発給者は信長側近の矢部光佳だが、ここに

ある「被成御朱印候」は①と日付けが同じあることから①を指すことは明白で、光佳は①の副状として②を発給し、これを③の発給者となる現地の織田家奉行人村井貞勝・嶋田秀満と幕臣で義昭側近の上野秀政に宛てて通達した。これにより、織田家奉行人と幕臣が連署によって在地の名主・百姓に宛てて妙心寺への年貢進納を指示している。②で光佳は「尚言〔参カ〕上之刻」と記していることと、①②と③は十日違いの日付けであることから、①②は美濃から発給された書状であると考えられる。ここまでの発給手続きは大徳寺の事例と同じであるが、①には使者や礼銭に関する記述がなく、②の宛所が奉行人達であることから、現地の貞勝・秀満と秀政が妙心寺からの求めを請けて、美濃へ使者を派遣して朱印状の発給を要請したと考えられる。

また、信長朱印状に記される「御下知之旨」は幕府の奉行人連署奉書を指すことが通例であるが、この場合は義昭の側近が関与していることから、義昭からの直接の「下知」があったことも想定される。いずれにしても、信長側近の光佳は貞勝と秀満からの申し出を信長に取り次ぎ、それによって①の朱印状が発給された。

以上、ここでは美濃にいる信長に相論裁許や所領安堵を求める場合の手続きについて検討してきた。信長は美濃にいる時には「京之事存間敷」とあることから基本的には京都の案件には関与せず、制札まで立てて陣中からの注進以外は聞き入れず対応しないとする消極的な姿勢を表していることが確認できる。この点については、信長は永禄十二年正月に「殿中掟書」で幕府の訴訟手続きを規定していることから（「仁和寺文書」『信文』一四二号）、京都の訴訟案件はこれに基づいて幕府が裁許すべきであると考えていたと思われる。

しかし、美濃にいる信長に安堵や訴訟案件の解決が求められた。その場合信長は、「勅使」か「自分」の要件かを詳しく尋ね、「自分」の場合は応じていない。また、信長に解決を求める場合には、信長の側近を取り次ぎとして礼銭を納入することによって朱印状を求めたり、あるいは現地の奉行人を通して願い出ることも行われていた。いずれにしても「勅使」の原則は共通していたようであり、ここで検討した大徳寺と妙心寺はいずれも実際には「異于他」

なる「勅願所」だったことを指摘し得る[18]。
案件が提訴された場合に側近はこの点を踏まえて取捨選択して、信長へ取り次いでいたと考えられる。さらに側近は、現地の奉行人からの要請を信長に取り次ぐ際には、信長の「御気色」と「御機嫌」をうかがいながら繊細に取り次いでいたことが、次の史料から確認できる（「淡輪文書」『信文』七三〇号。奥野氏は天正五年に比定）。

飛脚相またせ、御返事之様子可申入候へ共、御機嫌を斗候間、先返申候、已上、
去廿七日御折紙、昨晩拝見申候、此間為御使濃州江罷下、夜前帰城候、随而、三搦面へ自雑賀取懸候由、左兵衛佐殿（織田信張）よりも御注進之由候、涯分有御馳走、諸事御堅固之段尤候、御気色をうかゝい、可致披露候、於時宜者、一々可申上候間、可御心安候、左兵殿より之便宜ニ両通相届、廿七日御礼同事（時）拝見申候、猶以其御城へ取詰候程候者、早速可被出御人数候間、於其段者、丈夫ニ可被成御心得候、将又、惟日（惟任日向守光秀）へ人を可相添之由候、則申付候、旁追而可申述候、恐々謹言、

万見千千代
重元（花押）

八月朔日

淡輪大和守殿
淡輪徹斎
御返報

和泉の淡輪大和守・徹斎は雑賀一揆に攻められたが、撃退したことを信長側近の万見重元を取り次ぎとして信長に注進した。重元はそのことを、信長の「御気色をうかがい」「御機嫌を斗」らって披露し、あらためて淡輪に報告することを伝え、城の備えを指示している。このように側近は現地からの報告を単純に信長に取り次ぐだけではなく、案件の成否は実際には「取次役」の裁量によるところが大きかった様子が窺われる。このことから信長政権の支配形

態は、機構としての側面よりも人的支配の性格が強いということはいえるであろう。

　このような過程を経て信長は現地奉行人からの報告と側近からの情報を基に最終的に自ら裁定して朱印状を発給し、側近は副状を添えて受給者や奉行人へ伝達していた。これを承けて奉行人は在地宛に年貢進納を指示する文書を発給し、信長朱印状と奉行人の文書が一束となって領主に渡されていた。以上が、美濃における京都からの事案に対する信長による案件処理と意思決定・伝達過程である。これによって信長の意思が現地の奉行人に通達され、美濃から間接的な支配が行われていたのだった。

4. 京都における織田家奉行人による相論裁許

　これまでの検討の通り、信長朱印状の発給と伝達には信長の家臣が深く関わっていた。また、信長が美濃に居る間は現地の奉行人が安堵や相論裁許の案件に対処していた。本節では、現地の奉行人は相論裁許においてどのような役割を担っていたのかを検討する。

　石清水八幡宮は、社領の狭山郷を御牧摂津守によって違乱されたことを朝廷に愁訴した。朝廷では八幡宮の訴えを請けて、元亀二年九月十五日に女房奉書を発給した（『御湯殿上日記』）。八幡宮はこの女房奉書を携えて社領回復を信長に訴え出たようであり、信長から同年九月二十七日付けで御牧の違乱を停止して社領を安堵する朱印状が発給された（「石清水文書」『信文』二九九号）。ところがこれによっても御牧の違乱は止まず、八幡宮は十一月十日に再度朝廷へ愁訴した（『御湯殿上日記』）。朝廷は再び女房奉書を発給し、八幡宮はあらためて信長政権へ提訴した。以上により、信長の家臣佐久間信盛から次の書状が発給された。


〔史料3〕①佐久間信盛書状・②某判物案（「石清水八幡宮文書」『信文』二九九号参考）

①御書拝見、本懐至極候、仍狭山郷之儀、先一着之姿、尤存知候、信長明春早々可為御上洛之条、其節如御本意可被相澄候、於我等聊不可存疎意候、随而杉原十帖被懸御意、過当候、猶御使者可有御演説由、可預御披露候、
恐々謹言、
十二月七日　信盛（花押）
「（切封ウハ書）
（墨引き）　佐久間右衛門尉
片岡左衛門尉（家俊）殿　信盛」

②態令啓候、仍狭山郷之儀、自往古無相違神領之由被聞召分、対田中門跡被成御朱印候之処、拙者次第之由候而、無承引之由、不可然候、殿様（信長）被聞召候而者如何ニ候、早々御違乱可被相止事肝要候、猶使者可申候、
十二月十七日　一
御牧摂津守殿

①では、「信長明春早々可為御上洛」とあることから、信長はこの時点で在京していないことが確認できる。信盛はその間に八幡宮から「杉原十帖」が贈答されていることから、信長への取り次ぎとして訴えを請けた。信盛は「先一着之姿、尤存知候」「於我等聊不可存疎略」と、先の信長による安堵に基づいて八幡宮側に理があることを認めている。しかしここには「信長明春早々可為御上洛之条、其節如御本意、可被相澄候」とあることから、明春に信長が上洛した際にあらためて裁定されることを伝える。さらに、信盛の可能性が高いが、信長政権側と思われる②某書状には「殿様（信長）被聞召候而者如何ニ候、早々御違乱可被相止事肝要候」とあることから、違乱を起こしている御牧に対して信長が知ったら如何であろうかと、信長が知る前に違乱を止めるように通達している。以上のことからここでの信盛の役割としては、信長が在京していない間に八幡宮の申し出を受理して、先に発給された信長の朱印状に基づいて裁定を行い、信長が上洛してからあらためて裁定されるまで所領安堵を保証している。

では、この相論はその後どうなったのであろうか。実際に信長は「明春」となる翌年の元亀三年三月七日に上洛して、三月二十一日付けで「最前田中門跡江重而朱印進之」と前年の元亀二年九月二十七日付けで発給した朱印状に基づいて「八幡領無紛」として八幡宮のそれまでの知行権を認める裁定を下し、御牧に対して「無承引由、無是非候、早々可被停止違乱候、不然者可為曲事候」とする違乱を「曲事」として停止を命じる朱印状を発給している（「田中家文書」『信文』三二二号）。そのため、この相論で「明春」に上洛してから裁許に応じて朱印状を発給した信長は、まさしく第二節で検討した丹波国新屋の相論における「春過上洛之刻、知行分可申付之」の政治姿勢と合致しているといえる。しかし、これによっても御牧の違乱は止まず、信長側近の松井友閑は次の奉書を発給している。

〔史料3〕石清水八幡宮田中門跡宛て松井友閑書状（「石清水文書」『大日本史料』第十編之六、元亀二年九月二十七日条、九三五頁）

③態以使者申入候、今度狭山之儀、重而御意を請候処ニ、弥々無異儀御諚候、彼在所へ上使を遣候、原備（原田備中守直政）へも直ニ被仰付候、若於異儀者、彼在所之百性（姓）等悉召上せ可被糺明候、於様躰者、吉田口上ニ可申候、先度者参上候処、種々御懇切之至、忝存候、恐々謹言、

八月十四日　　宮内卿
　　　　　　　法印（松井友閑）（花押）

田中殿
　人々御中

ここで、友閑は「重而御意を請候」の信長が二度にわたって発給した朱印状に基づいて「弥々無異儀御諚候」と、これまでの安堵と変わらないとする信長の意思を伝え、現地における奉行人の直政にもこのことを信長が仰せ付け、在所へも信長から実地を検分する「上使」の派遣を伝えて違乱停止を通達している様子が確認できる。(19)

このような相論裁許に際して織田家奉行人は、当事者間同士による「問答」を行った上で裁定がなされた。大慈光院は丹波国佐伯荘を寺領として知行していたが、ここの代官だった義昭側近の細川藤賢は大慈光院の下司と思われる内藤貞弘に年貢を進納せず違乱におよんだ。大慈光院はこれを信長に訴えたようであり、その経過は『言継卿記』（永禄十二年四月二日条）に記されている。これに拠ると、秀吉は信長の「使（上使）」として内藤と共に下向し、秀吉は原告・被告の両人に「問答」させて意見を訊いている。これにより秀吉は大慈光院の「理運」とする裁定を行い、藤賢に毎年八十石の年貢進納を指示している。織田家奉行人は、このような訴えを請けた際には実地の状況を確認して相論を裁許していることが確認できる。

ではさらに、このような奉行人による相論裁許と、その後に発給される信長朱印状との関係について確認しておきたい。愛宕権現は、（元亀元年）五月七日付けの柴田勝家・坂井政尚宛て信長書状写に「去年御下知并朱印遣候」とあることから、この前年の段階で幕府の奉行人奉書と信長朱印状を受給して外畑村を社領安堵された（「愛宕山尾崎坊文書」『信文』二二七号）。ところがそこを丹波広田に在住する渡部太郎左衛門尉によって違乱されたことから信長に訴え出たようであり、信長はここで勝家と政尚に「其上ニも不停止違乱候者、可為成敗候」と、違乱を止めない場合には渡辺を成敗することを命じている。このことから織田家奉行人は「譴責使」としての役割を担っていること が確認できる。この信長政権の「譴責使」は、賀茂社に関する史料の『岡本保望上賀茂神社興隆覚』に「此時分ハ、皆々子共迄なき《(泣き)》申候ニ、かずさ殿《(織田上総介信長)》之衆と申候へハ、子共なきやみ《(泣き止み)》申候ほと、こわかり《(恐がり)》申候」とあることから、文字通り「泣く子も黙る」存在として恐れられていた。[20] 奉行人による保証は違乱停止の厳しい実効性を伴うものであった。

さて、この愛宕権現社領の相論については、信長家臣の丹羽長秀から当該地の外畑村名主百姓中と渡辺に宛てて次の二通の書状が発給されている。

〔史料4〕①丹羽長秀書状案・②同判物（「尾崎坊文書」『信文』二二七号参考）

①態以折帋申候、仍外畑村就下司職之儀、貴所御構之由沙汰之限候、尾崎坊之儀者、御下知・御朱印在之上、向後於競望者、堅可為曲事候、為其如此候、恐々謹言、

丹羽五郎左衛門尉
長秀

卯月廿日

渡辺太郎左衛門尉殿
御宿所

②当所一職事、権現御供料愛宕山尾崎坊へ長塩方寄進之上、任公方御下知之旨、信長折帋［　　］之条、早々年貢・諸公事物等、可沙汰渡彼坊代者也、

丹羽五郎左衛門尉
長秀（花押）

拾月廿五日

城州外畑村
名主百姓中

長秀は、①で愛宕権現は幕府奉行人奉書と信長朱印状により寺領安堵されているため、競望は「曲事」として、渡辺に違乱停止を通告している。さらに、②で在地の名主・百姓に対し、当該地は愛宕権現に義昭の「御下知」に基づき発給された信長の「折帋」により一職が安堵されているため、年貢・諸公事を進納することを指示している。この一連の社領安堵で長秀は、すでに発給されている幕府の奉行人連署奉書と信長朱印状に基づいて裁定した。ここでは石清水八幡宮領狭山郷の相論での信盛による暫定的な安堵ではなく、明確に長秀が独自に裁定したといえる。

筆者は、註（3）［一九九七］論文で、天正期における村井貞勝の京都支配の職掌について検討し、相論裁許は信長の関与が認められないことから権限が委譲されていたことを明らかにした。これまでの検討から、それ以前の奉行人についても、証文や当事者同士の問答に基づいて裁許していることが確認できる。

5. 室町幕府による相論裁許と織田家奉行人

永禄・元亀期においては、室町幕府も相論裁許や所領安堵などの案件を裁定していた。ここでは幕府による裁定と織田家奉行人との関係について、元亀三年末における松尾社領をめぐる相論の事例を基に検討する。

〔史料5〕①上野秀政放状・②室町幕府奉行人連署奉書（「松尾神社文書」『大日本史料』第十編之十、元亀三年十二月三日条、三六六頁）

①城州松尾七社神領諸給田并山林河上所々散在等之事、今度我等ニ雖被仰付候、被対御代々御判御下知、当知行不混自余上者、如有来可有領知事、肝要候、向後不可有違乱者也、為其折紙状如件、

元亀三

十二月朔日　上野中務大輔

秀政（花押）

当社家神方中

②山城国松尾七社神領諸給田所々散在并山林河上等事、対御代々御判御下知、当知行之上者、永全領知、弥可被抽御祈祷丹誠之由、所被仰下也、仍執達如件、

元亀三年十二月三日

沙弥（飯尾為永）（花押）

前加賀守（飯尾盛就）（花押）

当社家神主中

③木下秀吉書状（「松尾月読社文書」『大日本史料』第十編之十、元亀三年十二月三日条、三六七頁）

当社領之事、今度上野中務大輔（秀政）殿江雖被仰付候、御代々御判・御下知之旨申分、如前々被返付候、然上者、只

今御下知、秀政放状等申調進入候、既雖有且納、任右之證文之旨、悉持返被申候条、如前々可有御社納事、肝要ニ候、恐々謹言、

元亀二

極月三日　　　　木下藤吉郎

秀吉（花押）

松尾社家神方中

松尾七社は、「御代々御判・御下知」とあることから幕府の歴代将軍の「御判」御内書と「御下知」奉行人連署奉書によって社領を安堵されていた。ところが、ここを①に「今度我等ニ雖被仰付候」とあり、③に「今度上野中務大輔殿江雖被仰付候」とあることから、足利義昭が側近の上野秀政に宛行った。これに対して松尾社が異議を申し立て、先の幕府による安堵を論拠として社領の回復を訴え出た。幕府ではこれを受理して裁許が行われ、結果として松尾社の「当知行」と裁定され②の奉行人連署奉書が発給された。

ここでは、奉行人連署奉書が発給されていることから、幕府の政所で評定衆によって裁許されたと考えられる。義昭はこの評定衆の「政所沙汰」による裁定を受け入れて秀政への所領宛行を撤回し、秀政に①の放状を発給させた。②には秀政の違乱のことは記されていないため、②①だけではなぜ②が発給されたのかは判然としない。①と②を結び付けてこの経緯が詳細に記されているのが、③の秀吉書状である。この一連の幕府内における裁定の結果が信長政権の奉行人である秀吉に通達され、秀吉は③を発給した。③に記された「只今御下知」は日付が同日であることから②を指し、「秀政放状」は①を指していることは明らかである。しかし、ここで注目すべきは信長の関与の有無である。この史料③を通読すると信長の関与はまったくうかがえない。つまり、秀吉はこの一件については幕府による裁定をそのまま受け入れて、自らがそれを保証する③を発給したといえる。[21]

ではさらに、次の史料によってこの後の秀吉と信長政権の対応を確認する。

〔史料5〕山城松尾神社宛て木下秀吉書状（「松尾月読社文書」『大日本史料』第十編之十、元亀三年十二月三日条、三六八頁）

④如仰、今度御神領之儀ニ蜂須賀（正勝）差上、無異儀相調令満足、殊御下知并上中（上野中務大輔秀政）御放状御文言可然候、就其御朱印之儀意得存候、年内無余日候間、春ハ早々御下知之本文可有御下候、則調可進之候、又、拙者副状之事、是又不可有別儀候、仍為御音信板物壱端到来候、畏入候、将亦黄金如御状慥相届候、尚蜂彦右（蜂須賀右衛門尉正勝）より可令申候、恐々謹言、

極月十七日　秀吉（花押）

「松二（三位、松室相光）御返報　」

⑤今度蜂彦右差上候処ニ、松尾之儀相澄候而令満足候、御朱印之儀者、応而調可進之候、然者慥成仁ニ御下知、上中放状本文持可給候、其次第たるへく候、社務被下候事、遠路候間、御無用候、筑後可申候、恐々謹言、

十二月廿五日　秀吉（花押）

「（ウハ書）松尾社御宿所　木藤
秀吉」

これらによると、④に「蜂須賀差上」⑤に「蜂彦右差上」とあることから、実際にはこのときに秀吉は京都に居なかったが、松尾社から相論の検分と信長へ朱印状発給の取り次ぎを依頼されたものと考えられる。秀吉は自らの代わりに家臣の正勝を派遣して係争地の検分と幕府との交渉にあたらせるために上洛させたが、そのときにはすでに幕府の裁定がなされた後だった。

松尾社は幕府の裁許で①②を受給し、さらに④「就其御朱印之儀意得存候」と信長の朱印状発給を求めた。これに対して秀吉は、④「年内無余日候間」と年末であることから⑤「応而調可進之候」④「春ハ早々」と年明けの明春早々に信長に披露して朱印状発給を要請することを伝えている。そしてその際には、④「御下知之本文可有御下候、則調可進之候」⑤「然者慥成仁ニ御下知、上中放状本文持可給候、其次第たるへく候」とあることから、松尾社に証

跡となる①の秀政放状と②の「御下知」幕府奉行人連署奉書を確かな使者に伝えて提出することを求めている。秀吉はこれに基づいて信長に朱印状の発給を求めるとし、さらに④「又、拙者副状之事、是又不可有別儀候」とあることから、信長朱印状が発給される際には松尾社の求めに応じて自らの副状も併せて発給することを約諾している。

松尾社は③に「殊御下知并上中御放状御文言可然候、就其御朱印之儀意得存候」とあることから、信長朱印状に「御下知并上中御放状」の文言を書き入れることを求めており、秀吉はこれも了承している。信長の朱印状は、このような手続きを経て発給されたのだった。信長朱印状に記される「御下知」文言も、実態として受給者からの求めに応じて記される側面があったことが確認できる。秀吉は信長が承知する以前に、幕府の裁定を全面的に受け入れて了承しており、これに基づいて信長よりも先に松尾社の社領を安堵している。

以上のことから、信長政権の相論における意思決定は現地の奉行人によって裁定され、信長が事後承諾して追認した後に朱印状が発給されていたことを確認することができる。信長は係争地を実際に検分して現地の実情をよく把握している奉行人からの報告を受け入れている。

このことから、現地の織田家奉行人には裁許権が与えられており、信長朱印状が発給される前に先行して奉行人が裁定し、その結果が朱印状の文言にも受給者の求めに応じた奉行人の意見が反映されていることから、信長政権の意思決定に影響を及ぼしていたといえる。信長政権の最終意思決定権者である信長は、奉行人からの報告を基に理非や真偽を自ら糺して裁定するのは当然なことであるが、時として奉行人からの誤まりや偽った報告により近江国舟木荘や加賀国勧修寺門跡領の事例から、誤った判定を行っている。

このような信長政権の意思決定については、神田千里氏の見解が注目される。神田氏は、「一味同心」による当主と家臣との「家中の合議」による一揆の体制を信長政権にも見い出している［二〇一四］。このような現地における奉行人の裁定と信長の裁定に相論の度に齟齬が生じていては、信長が重視した「外聞」にも差し障ることであるため、政権の意思決定に家臣の意見を反映させて行っていたといえる。現地の奉行人は「当知行」や幕府の裁定に基づいて裁許していることから、それは信長の基本方針とは矛盾がないことであった(22)。

以上のことから、信長朱印状に先行して裁許された織田家奉行人の裁定は、信長政権の公的な裁決の結果として受け入れられていた。そのことは、次の事例からも確認することができる（『尋憲記』元亀元年九月晦日条、『大日本史料』第十編之五、元亀元年是歳条、三三六頁）。

一、従京都御文参候也、
政さま御文大方寺用計、のふ《信長》十三日にのほり《上り》、十八日くたり《下り》候、くわしく《詳しく》おほせきかせ《仰せ聞かせ》られ候、又わかミも文やりてよく申て候、はやしさとのかミ《林佐渡守秀貞》と申おとな《宿老》に、かやうにかきいたさせ《書き出させ》て候、しゆいん《朱印》とおなし《同じ》事にて候、これを寺門くにしゆう《国衆》へもうつし《写して》て御見せ候へく候、
トテうつし下候、
折帋也、
大乗院御門跡之儀、御領地所々并候人衆以下之事、如前々可被仰付候、寺門馳走被申候処、此砌若寄事於左右之仁於在之者、信長可被申付候、為其令申候、恐々謹言、
林佐渡守
秀貞判
九月十四日
当御門跡
御奉行中

大乗院は信長の上洛と帰国の状況をよく把握しており、その間に信長の家臣の林秀貞に安堵を求め、秀貞はこれを請けて寺領安堵の書状を発給した。大乗院はこの信長家臣の書状は「朱印と同じ」として、写しを作成して大和の国

衆へ通達している。このように信長家臣の書状は信長朱印状に比肩して同じ効力を持つものとして、信長政権の公文書として機能していた。そのため、信長が京都に居ない間に織田家奉行人によって相論が裁許されたり、所領・特権などの安堵状も信長政権の公文書として機能していたといえる。

このように信長政権の京都支配において発給される織田家奉行人の文書は、信長が上洛するまでの京都不在の間に奉行人によって発給され、信長政権の公文書として知行権を保証するものであった。そして奉行人は、信長の朱印状が発給された後はそれを実行する「譴責使」として実効性をもって施行する役割を担っていた。

おわりに

以上、これまで永禄・元亀期における織田信長政権の京都支配における信長朱印状の発給手続きと、その過程での信長の側近と現地の織田家奉行人の政治的役割について検討してきた。当該期に信長は美濃を居城地としていたことから、京都に家臣を配置して間接的な統治を行った。信長の京都支配は、「勅使」や「他于異」なる「禁裏御料所」「勅願所」以外の「自分」の案件は「京之事存間敷」と制札まで立てて裁許に応じない姿勢を示していることから消極的であったといえる。その一方で、永禄十二年正月に幕府の「殿中掟書」によって訴訟の手続きを規定していることから、京都支配は「天下」の主宰者である将軍と再興された幕府によってなされるべきであると考えていたと思われる。しかし、本来は将軍を警固するために京都に「残置」かれた信長家臣の軍率の部将たちに安堵や相論の案件が提訴されたことから、彼らは信長の諸事を「奉行」として執り行うようになった。これにより、信長政権も京都支配に関わることとなり、幕府との二重政権構造が現出することになった。また、妙心寺と松尾社の事例から、元亀三年の下旬から年末の時点においても幕府と信長政権は協調関係にあったことが確認できる。

美濃にいる信長は、丹波国新屋や石清水八幡宮の相論の事例から「上洛」するまでは裁許に応じない姿勢を示している。そのため、この間に信長朱印状は発給されないことから、織田家奉行人は幕府によってなされた安堵等を「当知行」と判定して裁定し、権利の保障を行っている。これによって発給される文書は、現地では「朱印と同じ」と認識され、信長朱印状に比肩する信長政権の公文書として機能していた。

さらに、それには「泣く子も黙る」成敗のための「譴責使」が派遣されることから、実力行使による実効性を持つものであった。現地の奉行人は係争地に「上使」として赴いて、実地の検分と双方の「問答」によって裁許を行っている。また、幕府によってなされた裁定を「上裁」としてそのまま受け入れていた。これらのことは奉行人から側近を介して信長に報告され、信長は奉行人からの報告に基づいて自ら糺明して裁定したうえで、信長政権の決定的な意思となる「朱印状」を発給していた。その場合は、受給者からの求めを取り次いだ奉行人の要求に応じて、朱印状の文言にも影響が及んでいた。時として、現地では申請者の虚偽の申告や「謀書」に基づいて誤判定が行われ、信長も誤って朱印状を発給することがあった。このような現地からの報告は信長側近に集約され、側近は信長の「御気色」を見計らいながら意思確認が行われていた。信長が朱印状を発給すると、信長の側近が自らの副状を添えて、現地の奉行人に通達されていた。

以上のことから、信長政権の意思決定は現地の織田家奉行人からの報告に基づいて信長政権による最終的な意思決定がなされていた。信長は実地を検分の上で裁定した現地の奉行人の判断と自らの裁定に相論の度に齟齬があっては「外聞」に影響を与えることでもあるため、奉行人の報告を積極的に受け入れていたと考えられる。そのため、信長政権の意思決定は信長の独断専行による「上意下達」ではなく、家臣の意見を取り入れた「家中の合議」によって意思形成がなされていたといえる。

註

（1）従来は、信長が〝「天下」を獲る（全国統一）〟ために義昭を利用して「奉戴」「擁立」したと考えられてきたが、近年では政治情勢から否定されている（拙稿、本書第Ⅰ部第一章。初出「足利義昭政権論」『栃木史学』第二三号、二〇〇九年。拙編著『足利義昭』戎光祥出版、二〇一五年〈以下、『義昭論集』と略記〉に再録）、神田千里『織田信長』（筑摩書房、二〇一四年）。これによって樹立された義昭政権を信長の「傀儡」とする見解も、現在では否定されている（拙稿「足利義昭政権と織田政権」（『歴史評論』第六四〇号、二〇〇三年。拙編著『義昭論集』に再録）・同「足利義昭政権の研究」（拙編著『義昭論集』総論）、山田康弘『戦国時代の足利将軍』（吉川弘文館、二〇一一年）、谷口克広『信長と将軍義昭』（中央公論新社、二〇一四年）、木下昌規「信長は、将軍足利義昭を操ったのか」（日本史史料研究会編『信長研究の最前線』洋泉社、二〇一四年）。

（2）拙稿本書第Ⅳ部第一章（初出「村井貞勝発給文書の基礎的考察」『東洋大学文学部紀要』第五五集史学科編第二七号、二〇〇二年）。

（3）村井貞勝については註（2）の他、拙稿本書第Ⅳ部第二章（初出「織田政権の京都支配」『白山史学』第三三号、一九九七年）・本書第Ⅳ部第三章（初出「織田政権の京都における在地支配」『白山史学』第四四号、二〇〇八年）、松下浩「「天下所司代」村井貞勝の京都支配」（『滋賀県教育委員会研究紀要』第二号、一九九四年）、村礒良美「織田政権の京都経営」（『日本女子大学大学院文学研究科紀要』第一〇号、二〇〇三年）、谷口克広『信長の天下所司代』（中央公論新社、二〇〇九年）等がある。明智光秀については、高柳光寿『明智光秀』（吉川弘文館、一九五八年）・立花京子「明智光秀花押の経年変化と光秀文書の年次比定」（『古文書研究』第四六号、一九九七年）・谷口研語『明智光秀』（洋泉社歴史新書、二〇一四年）等がある。このほか、幕臣との関係については染谷光広「織田政権と足利義昭の奉公衆・奉行衆との関係について」（『日本歴史』第一一〇・一一一号、一九八〇年。藤木久志編『織田政権の研究』吉川弘文館、一九八五年に再録）、信長の畿内支配について光秀を中心として論じた早島大祐「織田信長の畿内支配」（『日本史研究』第五六五号、二〇〇九年）・幕臣と光秀との関係を中心に論じた木下昌規「織田権力の京都支配」（戦国史研究会編『織田権力の領域支配』岩田書院、二〇一一年。同『戦国期足利将軍家の権力構造』岩田書院、二〇一四年に再録）等がある。

（4）染谷光広「木下秀吉の文書についての補説」（『日本歴史』第三〇〇号、一九七三年）・同『秀吉の手紙を読む』（吉川弘文館、二〇一三年。初版は一九九六年）・臼井進「幕府存在期の信長の京都支配における木下秀吉の立場」（『史叢』第五〇号、一九九三年）などがある。この他、織田政権の京都支配については、拙稿本書第Ⅲ部第二章（初出「織田政権の京都支配における奉行人についての基礎的考察」いわき明星大学『人文学部研究紀要』第二八号、二〇一五年）、神田千里「織田政権の支配の論理に関する一考察」（『東洋大学文学部紀要』第五五集史学科編第二七号、二〇〇二年。改題のうえ、同『戦国時代の自力と救済』吉川弘文館、二〇一三年に再録）などがある。

（5）石崎健治「足利義昭期室町幕府奉行人奉書と織田信長朱印状の関係について」（『文化財論考』第一号、二〇〇一年）・山田康弘「戦国期幕府奉行人奉書と信長朱印状」（『古文書研究』第六五号、二〇〇八年。註〈1〉拙編著『義昭論集』に再録）。

（6）半田実「織田信長側近一雲斎針阿弥に関する一考察」（『日本歴史』第五四九号、一九九四年）。この他、信長の側近については谷口克広『殿様と家臣』（イーストプレス、一九九五年）・同『織田信長家臣人名辞典』（吉川弘文館、一九九五年）・同『信長の親衛隊』（中央公論新社、一九九八年）・同『信長・秀吉と家臣たち』（日本放送協会出版、二〇〇〇年）、竹本千鶴「松井友閑論」（『国史学』第一七一号、一九九九年）・同「松井友閑と松井友閑文書の総体」（『書状研究』第一六号、二〇〇三年）・『松井友閑』（吉川弘文館、二〇一八年）、村礒良美「織田信長の家臣統率」（『史艸』第五四号、二〇一三年）などがある。

（7）金子拓「法隆寺東寺・西寺相論と織田信長」（『古文書研究』第十七号、二〇〇七年。同『織田信長権力論』吉川弘文館、二〇一五年に再録）。

（8）竹本千鶴「織田政権の奉行人と京都支配」（『書状研究』第一五号、二〇〇一年）。

（9）池上裕子『織田信長』吉川弘文館、二〇一二年。

（10）『多聞院日記』は、臨川書店刊の史料大成本による。

（11）「誓願寺文書」（奥野高広『増訂織田信長文書の研究』〈吉川弘文館、一九八八年〉第一五七号文書。以下、同書よりの引用は、『信文』と略記して文書番号を付す）。

（12）このような取り次ぎを竹本氏は註（8）論文で「申次」と提起したが、史料上「取継」（註〈7〉金子論文）・「執次」（「誓願寺文書」）・「取次」（「曇華院文書」『信文』二九〇号参考）・「奏者」（『言継卿記』永禄十二年十一月十二日条）と記されることがある。小稿では「取り次ぎの役割」として「取次役」とする。ちなみに、「申次」は他大名との外交においても信長から仰せ付けられている（三月十八日付け小早川隆景宛て木下秀吉書状「小早川家文書」『信文』二二三号参考。元亀元年に比定されている）。ここには、「拙子可申次之由候間」とあることから秀吉は信長から「申次」を命じられており、これ以降、毛利家との外交において「取次役」となっている（名古屋市立博物館編『豊臣秀吉文書集』巻一〈吉川弘文館、二〇一五年〉、第三八・六六・六七・七二・七三号文書）。

（13）『言継卿記』は、続群書類従完成会刊の刊本による。

（14）（永禄十二年）三月八日付け和田惟政宛て菊亭晴季・万里小路惟房・山科言継・広橋兼勝連署状写（『言継卿記』永禄十二年三

月九日条）。言継等は四月十三日と十五日に信長の宿所を訪れてこれらのことを申し入れ、「大概相調了」（四月十五日条）とあることから最終的には解決している。

(15)「金蔵寺文書」（東京大学史料編纂所編『大日本史料』〈東京大学出版会〉第十編之七、一九八頁）。

(16) 信長の誤判定については、元亀元年十月十五日付け勧修寺門跡宛て幕府奉行人連署奉書でも確認することができる（「勧修寺文書」『大日本史料』第十編之五、元亀元年十月十五日条、五八頁）。勧修寺門跡領の加賀国郡家庄代官職のことについて、信長は下間頼充を補任するように幕府に言上し、これによって一度は奉書が発給された。しかし勧修寺門跡は幕府に提訴し、その結果これは事実ではないことが明らかなので、幕府はこの奉書によって頼充の代官補任を撤回して勧修寺門跡の直務支配として安堵し直している。このことから信長は、頼充からの偽りの申請を受理して幕府へ取り次いだことが確認できる。これについては、本書第Ⅲ部第一章でも述べた。

(17)『御湯殿上日記』は、続群書類従完成会刊の刊本による。

(18) 大徳寺と妙心寺は、禅宗「林下」の寺院で勅願寺である。大徳寺は正中二年（一三二五）に花園上皇から「祈願所」として院宣を得ており、妙心寺は康永元年（一三四二）に花園法皇を開基として開山した寺院である（『国史大辞典』吉川弘文館）。

(19) ③文書は『大日史』には「年代未詳」とされている。天正三年五月の長篠の戦い後、七月に塙直政は「原田備中守」となり、松井友閑も「宮内卿法印」となっている（註〈6〉谷口著書〔一九九五〕）。直政は翌年五月に石山本願寺との合戦で戦死していることから、③は天正三年に比定できる。

(20) 下坂守「岡本保望上賀茂神社興隆覚」（『賀茂文化研究』第四号、一九九五年。同『中世寺院社会と民衆』思文閣出版、二〇一四年に再録）。ここには、上賀茂神社が幕府の奉行人連署奉書に基づいて「当知行」を主張して、木下秀吉と村井貞勝に「折紙」を申請して発給されている様子も記されている。

先年此山、市原野之里出入之時、木下藤吉郎（秀吉）殿、市原里御存知被成候間、先規如有来当知行段、我々申上候へハ、被聞召候間、
此度木下殿へ拙者又申入、先度相済、公方様（足利義昭）御下知頂戴仕候間、御折紙申請度申上候へは、則御折帋被下候を村井殿（貞勝）も
早束（速）被聞召分、御折紙被下、かもの勝成、如有来進退仕候事、

(21) 賀茂別雷神社は、社領の貴布弥谷山を市原野の百姓に違乱されたことから幕府に提訴した。幕府はこれを請けて、「雖及三問答、猶為御糺明、淵底被相尋隣郷、被訪右筆方異見訖、然近郷所進之紙面披見之処」と三問答と右筆方による証文の精査、さらに紙面（絵図ヵ）との照合を行い、「賀茂社領分明之上者」と判定して、元亀二年七月二十六日付けで違乱を停止して社領を安堵する奉行人（永

井盛就・飯尾昭連）連署奉書を発給した（「賀茂別雷神社文書」『大日本史料』第十編之六、元亀二年七月二十六日条、六八一頁）。これに基づいて、丹羽長秀は書状を発給した。

貴布弥谷山之事、市原野百姓等構新儀、雖及申事、被経上裁、任社家理運之旨、被成御下知上者、弥可有領知之事簡要候、恐々謹言、

丹羽五郎左衛門尉
長秀（花押）

八月廿三日

賀茂雑掌御中

長秀は一連の幕府の裁許手続きである「上裁」による裁定をうけて、「御下知」に基づいて社領を安堵している。ここには信長の関与は認められないことから、長秀は幕府の裁定によって独自に社領を安堵していることが確認できる。

（22）信長の「当知行安堵」政策については、脇田修『織田政権の基礎構造』（東京大学出版会、一九七五年）・同『近世封建制成立史論』（東京大学出版会、一九七七年）、註（9）池上氏［二〇一二］に述べられている。

補論　織田信長発給文書の基礎的考察
――武家宛書状・直書の検討による一試論

はじめに

織田信長の発給文書は、信長文書を収録した奥野高広氏の『増訂織田信長文書の研究』に一〇九八点収録されている(1)。この内訳としては、武家宛の発給文書は五八八点、公家宛は五五点、寺社宛三一〇点、在地宛一三〇点である。

信長の発給文書については、様式を検討した相田二郎氏(2)・山室恭子氏(3)・小林清治氏(4)・尾下成敏氏(5)と、右筆を検討した染谷光広氏・松下浩氏の研究(6)がある。これら諸論考によって明らかになった点を整理すると、信長の発給文書は①天正二年三月、従三位参議叙任、②翌三年十一月、権大納言兼右大将任官、③同五年十一月、従二位右大臣叙任と、その身分の上昇にともなって書札礼が変化し、薄礼化することが明らかにされている。これまでの論考では、様式の変化の画期にのみ論点が集中し、信長が個別に発給した文書の様式についてはあまり問題とされてこなかったといえる。そのため、信長がどの段階にいかなる様式を用いて文書を発給していたのかが看過されてきた。

周知のように、書札礼は発給者と受給者との相対的な関係性を表すものであるため、様式を検討することは、その権力を考察するうえにおいて重要な指針となるものである。そこで、ここでは信長発給文書の様式の類型化を試み、その内容について検討することによって、信長文書の発給対象とその傾向について考察する。なお、本来ならば信長発給文書のすべてを考察対象とすべきところだが、ここでは信長の武家権力論の一端として、その解明に問題をしぼり、武家宛の書状・直書（このうち、内容が書状様の系譜に属する御内書様の様式で、書止文言が「候也」「者也」となるもの[7]）を検討対象とすることをあらかじめお断りしておきたい[8]。

1．信長の武家宛発給文書の類型化

本節では、織田信長の発給文書の類型化を試み、信長文書の様式とその発給対象について考察する。類型化にあたり、ここでは書状様文書のうち書止文言が「恐惶謹言」「恐々敬白」となるものをⅠ（A・B）型とし、「恐々謹言」となるものをⅡ型、「謹言」をⅢ型、直書（「候也」「者也」）をⅣ型として分類した。さらにこれを、年月日の記載や差し出しにおける「信長」署名の有無などから分類すると、Ⅱは四型、Ⅲは三型、Ⅳは六型に類型化できる（計十五型に分類）。以下、各様式における発給対象とその内容について検討することとする。

〔ⅠA型〕　月日＋恐惶謹言＋署名＋殿

（永禄七年）十二月二十日付大館晴光宛と、（天正七年）十一月二十七日付豊後大友義統宛の二点が確認される。大館宛は署名が「織田三介信長」で「人々御中」の脇付が付されており、鄭重な書式となっている。大友宛は、署名「信長」で朱印状である。後述するが、領国外に出された文書では基本的には花押が据えられるが、天正七年段階では花押が使用されなくなっていたため、ここでも朱印となったものと考えられる。

〔ⅠB型〕　月日＋恐々敬白＋署名＋殿

（永禄七年）六月九日付越後直江景綱宛、（同年）十一月十三日付伊勢分部光高宛、（同八年）十二月五日付細川藤孝宛の三点が確認される。分部宛には「御宿所」の脇付が記されているが、他の二点は記されていない。内容は直江宛と分部宛は音信の返書で、細川宛は上洛に関しての音信である。

〔ⅡA型〕　月日＋恐々謹言＋署名＋謹上―殿

使用時期は永禄十一年二月から天正三年二月までで、八点の文書が確認される（このうち二点は写し）。宛所は（永禄十一年）二月八日付越後直江景綱宛、（永禄十二年）十月二十二日付・（元亀二年）正月二十三日付越後上杉謙信宛、（元亀二年）二月二十八日付豊後大友宗麟宛、（元亀三年）十月五日付甲斐武田信玄宛、（天正元年）十二月二十八日付（同二年）九月二日付出羽伊達輝宗宛、（天正三年）二月二十日付出羽秋田愛季宛であり、いずれも領国外の大名とその直臣宛である。特徴としては、元亀二年正月の上杉謙信宛までは官途名（尾張守・弾正忠）が記されていたのが、同年二月大友宗麟宛には記されなくなり、天正元年十二月伊達輝宗宛から印判が捺された点が挙げられる。

〔ⅡB型〕　月日＋恐々謹言＋署名＋宛所＋脇付

使用期間は天文二十一年七月から天正八年八月までで、三六点確認される（一〇点は写し）。基本的には花押が用いられ、上杉・直江・毛利・小早川・島津など他国の大名や畠山昭高・大館上総介などの幕臣に対して出されている。このほか永禄十一年九月の上洛以前においては、尾張の浅井充秀・加藤順光・水野藤九郎・三宅孫介、美濃の秋山善右衛門尉など、尾張・美濃の国衆に対しても脇付が付されていた点が注目される。また、このうち朱印状は、柳生宗厳宛、岡因幡守宛、一色藤長宛、徳川家康宛、越後村上国清宛、丹後一色左京大夫宛の六点である。

〔ⅡC型〕　付年号＋恐々謹言＋署名＋宛所

使用期間は永禄十二年四月から天正三年十一月までで、九点確認される（四点は写し）。初見は永禄十二年四月七日付越後直江景綱宛書状であり、ここでは花押が据えられている。信長文書は永禄十年から朱印が使用され、書状も次第に花押から印判に移行するが、この直江宛の例は他国の部将への音信であるため、花押が据えられたと考えられる。これに対して朱印の初見は、元亀元年九月二十日付摂津三好一任斎宛である。以後、同様の書式として元亀四年四月八日付徳川家康宛黒印状・天正三年十一月二十八日付佐竹義重宛朱印状などがあり印判状となる。このうち脇付が記されているのは家康のみである。(9) この間、元亀三年十一月十三日付曽我助乗宛と元亀二年九月十七日付小早川隆景宛には花押が据えられている。これは、幕臣・他国の部将であることから花押を記したものと考えられる。

〔ⅡD型〕　月日＋恐々謹言＋署名＋宛所

使用期間は永禄六年四月から天正四年十一月までで、八九点確認される（写しは一四点）。花押は永禄六年四月から天正三年七月までで、五二点ある（写しは四点）。小早川・直江・吉川・幕臣（上野秀政・三淵藤英）が多いが、明智・細川などに宛てても出されている。朱印は永禄十二年四月から天正三年十二月までで二二点あり、佐久間信盛や筒井順慶などのように領国内に出されていた。黒印は元亀四年正月から天正四年十一月まで、一九点が確認される。細川藤孝や播磨の別所長治・赤松孫三郎など畿内が多く、信長の領国内の国衆宛が多い。

特徴としては、永禄・元亀期は花押が三四点・印判は八点（朱印が五点、黒印が三点）だったのが、天正元年八月以降は花押が一一点・印判は二七点（朱印が一一点、黒印は一五点、不明は一点）となり、永禄・元亀期と天正期では花押・印判の比率が逆転している点が挙げられる。なお、敬語はすべて「殿」である。

〔ⅢA型〕　付年号＋謹言＋署名＋宛所

二点のみ確認される。永禄十年十一月日付美濃高木貞久宛は、署名はなく花押のみで敬語は「とのへ」となっている。もう一点は天正二年十二月九日付太田左馬助宛で、ここでは「署名＋朱印」、敬語は「殿」である。

〔ⅢB型〕　月日＋謹言＋署名＋宛所

使用期間は永禄七年六月から天正十年五月までで、五〇点確認される（写しは一六点）。花押は（永禄七年）六月から（天正二年）八月まで四点（一点は写し）。宛所は美濃徳山則秀、近江久徳左近兵衛尉、近江樋口直房・木下秀吉、河尻秀隆で、いずれも領国内の国衆または直臣宛である。朱印は永禄十二年正月から天正十年四月まで、一五点（写しは四点）。宛所は猪子高就・河尻秀隆・細川藤孝・村井貞勝などの信長直臣と、出羽秋田愛季・出羽伊達輝宗・土佐香宗我部親泰などである。前者が天正四年九月（播磨小寺政職宛）までであるのに対して、後者は天正五年六月からとなっていることから、この期を境に転機が認められる。内容は戦況の指示・贈答の返書が主である。黒印は元亀二年六月から天正十年五月まで、二六点（うち写しは五点）。宛所は、羽柴秀吉・細川藤孝・徳川家康・小早川隆景などである。内容は朱印と同じで、戦況の指示と贈答に対する返書が主である。なお、敬語は（天正二年）六月七日付横井時泰宛黒印状が「とのへ」となっているが、それ以外はすべて「殿」である。

〔ⅢC型〕　月日＋謹言＋（印判）＋宛所

使用期間は天正二年正月から天正六年六月までで、一五点確認される（写しは三点）。このうち、朱印は越前千福式部大輔、淡路安宅信康、北畠信意、細川藤孝の四点である。黒印は一一点あり、主な宛所は村井貞勝・荒木村重・細川藤孝・徳川家康等である。内容は、千福式部大輔宛のみが感状で、ほかは戦況の指示に関するものである。宛所は領国内宛で、敬語はすべて「殿」である。

〔ⅣA型〕　書下＋候也・也＋署名＋宛所

原本は、武家宛ではないが天正九年八月十七日付畳指宗珍宛朱印状のみである。写しで「信長花押」「信長御朱印」「信長御黒印」と記された文書は、元亀四年七月から同九年九月まで、村井貞勝・岡本但馬等・明智光秀・細川藤孝宛の四点が確認される（「とのへ」は明智宛の一点のみである）。

〔ⅣB型〕　付年号＋候也・者也・也＋署名＋宛所

使用期間は永禄元年九月から天正九年九月までで、一一点確認される（写しは三点）。うち二点は永禄年間で、ほかは天正二年正月からである。花押は永禄元年九月十五日付恒川中宛の一点のみで、ほかはすべて朱印である。敬語は「殿」が五点、「とのへ」が四点、なしは二点。ここでの「殿」「とのへ」の使い分けについては、天正九年十二月九日に美濃国内の国衆（高木貞久、不破大炊助・田中真吉、吉村又吉郎・伊藤七郎左衛門・神野源六郎）に宛てて出された鷹野における鉄砲の停止を命じた朱印状では、高木宛と吉村等宛は「とのへ」だが、不破等宛には「殿」となっている。また、細川藤孝宛の天正九年三月五日朱印状では「とのへ」、同年九月四日付朱印状では「殿」となっており、混在して用いられている。内容は所領宛行・所領安堵・諸役免除・鷹野鉄砲停止などである。

〔ⅣC型〕　月日＋候也・者也・也＋署名＋宛所

使用期間は天正元年年五月から天正十年五月までで、一〇九点確認される（写しは二四点）。花押は（天正六年）正月十六日付柴田勝家・佐久間信盛宛の一点のみで、あとは朱・黒の印判である。（朱印は三六点、黒印は六〇点。写しで「印判」とのみ記され、朱・黒不明のものは一〇点あり）。敬語については、「殿」六〇点、「とのへ」二六点、敬語なしは二四点となっている。宛所は滝川一益や村井貞勝、丹羽長秀、河尻秀隆など直臣宛が多く、戦況に対する指示や贈答への返書が中心的である。

〔ⅣD型〕　書下＋候也・者也・也＋（朱印）＋宛所

使用期間は天正三年九月から天正十年五月までで、一四点（六点は写しだが、「御朱印」または（朱印）と記されていることからここに配した）確認できる。これらは、みな朱印状である。「殿」は四点あり、宛所は尾張坂井利貞・近江中条秀正・織田信孝・前田利家等である。「とのへ」は、尾張兼松正吉・丹波谷野衛好・山城狛秀綱・森成利など宛である。また、写しが正確ならば、岡部長左衛門・近江木村治郎左衛門尉・尾張祖父江五郎右衛門がある。敬語がないのは安井定次宛の一点のみである。「殿」は天正十年五月七日付織田信孝宛以前の終見は天正四年十月二十九日付中条秀正宛朱印状で、これ以降は「とのへ」が通例となっていることが確認できる。内容は感状・所領宛行・所領安堵・諸役免除・知行目録などである。領国内宛てに出された文書様式である。

〔ⅣE型〕　付年号＋候也＋（印判）＋宛所

使用期間は天正三年八月から同十年五月までで、七点（写しは一点）あり、すべて朱印である。松井友閑と市橋長利は敬語なしで、それ以外は「とのへ」となっている。特徴として、宛所は越前森田三郎左衛門、越中二宮左衛門大夫、若狭溝口定勝等であることから、比較的遠隔地の国衆宛に多く出されていることと、内容が所領宛行・安堵、貸付米の安堵に関することである点が挙げられる。

〔ⅣF型〕　月日＋候也・者也・也＋（印判）＋宛所

使用期間は元亀元年五月から天正十年四月までで、六六点確認される（写しは一六点）。天正以前のものは（元亀元年）五月三日付永原伊豆守宛黒印状の一点のみで、天正以降は（天正三年）十二月朔日付明智光秀宛朱印状から確認されることから、本格的に書式として使用されたのは管見の限りでは天正三年末からであるといえる。このうち、朱印は三〇点、黒印は三三点（「印判」とのみ記され、朱・黒不明のものは二点あり）である。また、敬語については、「殿」は二八点、「とのへ」は二八点である。宛所は、細川藤孝・羽柴秀吉・蜂須賀正勝・水野直盛などで、領国内で主に発給されたといえる。内容については、戦況の指示・感状・贈答の返書などである。

以上、織田信長の武家宛発給文書を十五型に類型化し、その発給対象について概観してきた。ここでその結果をまとめると、おおよそ次のように結論付けられる。

当初、天文期より尾張・美濃の国衆宛にⅡB型が用いられて脇付が付されていたが、これは領国外の大名などと交渉する様式となり、かわって領国内にはⅡD型・ⅢA型が用いられるようになって、薄礼化する。さらに、天正二年正月からはⅢC型・ⅣB型が発給され、同三年八月からはⅣE型・ⅣD型・ⅣF型が使用される。

一方、領国外の大名との交渉に際しては、永禄十一年二月から天正三年十一月までの間はⅠA型とⅡA型の文書が発給された。ⅡD型も領国外に出されたが、次第に領国内宛に出されるようになる。ⅢB型は領国内に出されたが、領国外への文書となり薄礼化する。朱印・黒印の使い分けは、厳密にはなされていない。傾向としては、これまで指摘されているように、音信や贈答に対する返書では黒印が用いられ、宛行や安堵・特権付与に際しては朱印が用いられたといえる。[10]Ⅰ・Ⅱ・Ⅲ型の文書は、一部の例外は認められるが、基本的には「殿」であり、Ⅳ型では、「殿」「とのへ」は混在して使用されていた。

2. 信長文書の段階別発給状況

ここでは、前節での類型をもとに年代の推移による様式の変化について検討する。織田信長の地位を考察する上において重要な画期となるのは、永禄十一年九月二十六日……上洛、天正元年七月十八日……室町幕府滅亡、同二年三月十八日……従三位参議叙任、同三年十一月四日……権大納言兼右大将任官、同五年十一月十六日・二十日……従二位右大臣叙任、同六年四月九日……右大臣・右大将辞官の六点である。しかし、このうち従三位参議叙任については、橋本政宣氏によって実際には行われなかったことが明らかにされている。[11]よって、これに基づいて分類すると、以下のようになる。

①天文年間～永禄十一年九月…………尾張・美濃領国期から上洛まで
②永禄十一年九月～元亀四年七月……上洛後から室町幕府滅亡まで
③天正元年八月～同三年十月…………室町幕府滅亡から権大納言兼右大将任官以前まで
④天正三年十一月～同五年十一月……権大納言兼右大将任官から従二位右大臣叙任以前まで
⑤天正五年十一月～同六年四月………従二位右大臣叙任から右大臣・右大将辞官以前まで
⑥天正六年四月～同十年六月…………両官辞宜から本能寺の変まで

以下、年代による様式の変化について考察する。

〔①天文年間〜永禄十一年九月（上洛以前）〕　尾張・美濃領国期

当該期の信長書状様文書は、二六点確認される。このうちⅡB型がもっとも多く、一〇点ある。宛所は、尾張の浅井充秀・加藤順光・水野藤九郎・三宅孫介や美濃の秋山善右衛門尉と大和の柳生宗厳・岡因幡守、越後の上杉謙信・直江景綱である。このことから、上洛以前の段階では尾張・美濃の国衆宛も脇付が記されていたことが確認できる（美濃の高木貞久・国枝古泰に、脇付の記されないⅡD型も発給されている）。また、上洛を前にして、大和の柳生氏や越後の上杉氏などと交渉を行うが、これら領国外の大名・国衆などとの交渉に際しても脇付が記されていた。このうち、直江氏との交渉においては、（永禄七年）六月九日付直江景綱宛書状では書止が「恐々敬白」でⅠB型だが、（同年）九月九日付書状では「恐々謹言＋脇付」のⅡB型となる。さらに（同十一年）二月八日付書状での署名は「尾張守信長」、「謹上　直江大和守殿」のⅡA型となっており、鄭重に記されている。また、上洛を前にして幕臣とも交渉が行われるが、（永禄七年）十二月二十日付大館晴光宛書状では「恐惶謹言＋脇付」のⅠA型となっており、他の国衆宛と比較するとさらに鄭重である。

以上のことから、幕府・大名との関係では「恐惶謹言」「恐々敬白」の書止＋脇付の様式（ⅠA・ⅠB型）が用いられていた。領国内の国衆宛は、ⅡB型とⅡD型が通例であったといえる。

〔②永禄十一年十月〜元亀四年七月〕　上洛後から室町幕府滅亡まで

当該期の文書は、八九点確認できる。このうち一番多いのは、ⅡD型で、四一点認められる。主な宛所は安芸小早川隆景、安芸吉川元春、細川藤孝、丹波波多野右衛門大夫、若狭本郷信富などである。また、ⅡB型も多数あり、一七点確認される。宛所は、越後上杉謙信、安芸毛利輝元、安芸小早川隆景、三河徳川家康、幕臣の一色藤長・畠山昭高・大館上総介などである。そのため、他国の大名・幕臣宛にはⅡB型を用い、大名の支族やその直臣、国衆にはⅡD型を用いており、使い分けがされていたといえる。またⅢB型も九点確認できる。宛所は、猪子高就、美濃市橋長利、美濃吉村源介などであることから、信長の直臣や領国内の国衆宛に出された書札礼であるといえる。

このことから、ⅡB型は他国の大名や幕臣宛となり、①段階で見られたような領国内では用いられなくなり、領国内宛はⅢB型となる。ⅡD型は大名の支族やその直臣・新領国の国衆に用いられるようになった。

〔③天正元年八月〜同三年十月〕　室町幕府滅亡から権大納言兼右大将任官以前まで

当該期の文書は、八三点確認される。主な内訳としては、ⅡD型は三四点、ⅢB型は一八点、ⅣC型は六点、ⅣB型は五点、ⅡB型は七点である。ⅡD型に比べ、より薄札のⅢB型・ⅣC型・ⅣB型の合計が二九点あり、この期を境として比率がほぼ同数となっている点が注目される。

用例としては、ⅡB型はこれまでと同様に領国外宛で、伊達輝宗・上杉謙信・毛利輝元・小早川隆景・越後村上国清宛である。このうち、伊達輝宗に書状を発給した際には、当初「謹上　伊達殿」となっておりⅡA型であったのが、ⅡB型へと変化し薄礼化している。ⅡD型は小早川や出羽の遠藤基信、細川藤孝・佐久間信盛などに出されている。この場合、小早川宛は花押で佐久間宛は朱印であることから、使い分けがされている。一方、ⅢB型は、村井貞勝・滝川一益・羽柴秀吉・松井友閑など直臣宛に出されている。また、ⅣB型は、美濃の高木貞久・不破大炊助・吉村安見等に宛てて出された鷹野での鉄砲停止を命じたもので、このうち美濃国衆宛はいずれも「とのへ」になっている。

〔④天正三年十一月〜同五年十一月〕　権大納言兼右大将任官から従二位右大臣叙任以前まで

当該期は、七八点の文書が確認される。主な内訳としては、ⅣF型は二七点あって約半分を占めている。このほか、ⅣC型一一点、ⅢC型一〇点、ⅣD型九点、ⅢB型八点などである。ⅡD型は五点のみとなり、陸奥の田村清顕や下野の小山秀綱等に出されている。ⅢB型は小早川隆景などもこの様式となり、当該期は領国外宛の文書も書止が「謹言」となる。ⅣF型・ⅣC型・ⅢC型・ⅣD型・ⅢB型が大多数を占め、文書に「信長」の署名がなくなり印判のみとなる。「候也」の書止は「とのへ」が多く、「謹言」は「殿」が通例となる。

〔⑤天正五年十二月～同六年四月〕　従二位右大臣叙任から右大臣・右大将辞官まで

当該期は、一一点の文書が確認される。このうちⅣF型が五点あり、羽柴秀吉や明智光秀、但馬の山名国清、美作の草刈景継に出されている。次にⅣC型が多く、小寺孝高・佐久間信盛・柴田勝家に出されている。当該期は短期間で、傾向としては④段階と大差は認められない。

〔⑥天正六年四月～同十年六月〕　両官辞官から本能寺の変まで

当該期の文書は、一二〇点確認される。このうちⅣC型は七二点あり、半数以上を占めている。この他としては、ⅣF型一二点、ⅢB型一一点、ⅣB型四点、ⅣE型五点である。当該期になると、再度「信長」の署名が記される。これは、やはり官職を辞し、無官の立場であることが反映されていると考えられる。

以上の検討により、永禄十一年九月の上洛以前は幕府・大名との関係では「恐惶謹言」「恐々敬白」の書止＋脇付の書札礼が用いられていた。領国内宛はⅡB型とⅡD型であったのが、上洛後はⅡB型は他国の大名や幕臣宛となり、①段階で見られたような直臣宛には用いられなくなり、直臣宛はⅡB型となる。ⅡD型は大名の支族やその直臣・新領国の国衆に用いられていた。天正三年十一月以後は領国外宛の文書も書止が「謹言」となり、ⅢB型となる。ⅣF型・ⅣC型・ⅣD型などが大多数を占め、文書に「信長」の署名がなくなり印判のみとなる。「候也」の書止が「とのへ」が多く、「謹言」は「殿」が通例となる。天正六年四月以後はⅣC型が半数以上を占めている。当該期になると、再度「信長」の署名が記される。このことから信長発給文書の画期は、永禄十一年九月・天正三年十一月・同六年四月に見出すことができる。しかしながら、信長の書札礼は、発給相手に応じて同時期に複数の書札礼が併用されていることから、豊臣秀吉にみられるような地位に応じた一律的な変化は見られない。

3. 大名・直臣宛文書の比較検討

本節では、一節で試みた類型化と二節での書札礼の変化の検討結果をうけて、具体的に大名・直臣へ信長がどのような様式の文書を発給したのかを考察する。主な検討対象としては、文書の点数が多く残存している大名である毛利・小早川・上杉・伊達の各氏、直臣では木下秀吉・明智光秀などについて検討する。

まず大名宛ての書札礼であが、毛利宛の文書は永禄十二年三月から天正三年十月まで九点あり、宛名は「姓＋官途」が基本で、文書様式はⅡB型が五点である。

次に、毛利氏の縁戚である小早川隆景宛の文書について検討すると、隆景宛の書状は永禄十三年二月から天正四年三月まで二二点確認できる。この様式をみると、ⅡB型が五点、ⅡD型が一四点、ⅡC型が一点、ⅢB型が二点である。ⅡB型のうち、二点は毛利輝元と連名になっているため、脇付が記されたと考えられる。ほかの三点は、（永禄十三年）二月十三日付・（元亀元年）三月二十二日付・（天正元年）十月十二日付である。この間も、脇付が記されないⅡD型も併用されていることから、様式は一律でなかったことがうかがえる。また、ⅡD型の終見は（天正三年）七月八日付、ⅢB型の初見は正月十七日付であることから、ここを画期として様式が変化したことが確認できる。

次に、上杉謙信宛文書について検討する。[12] 謙信に発給した文書は、永禄十一年七月から天正三年六月までの間に一一点発給している。このうちⅡB型が七点である。このほかの二点はⅡA型で謹上書、署名は「弾正忠信長（花押）」の「官途＋名」になっていることから二つの様式が用いられていたことが確認できる。このⅡA型の使用例としては、ほかに出羽の伊達輝宗宛書状が確認される。輝宗宛の文書は、天正元年十二月から同五年閏七月まで四点ある。このうち（天正元年）十二月二十八日付・（同二年）九月二日付は、「謹上」と記されておりⅡA型である。しかし、（天正三年）十月二十五日付書状ではⅡB型となり、（天正五年）閏七月二十三日付ではⅢB型となっており、書札礼がⅡA型・ⅡB

型→ⅢB型へと変化したことが確認できる。

以上の検討から、信長は他国の大名には、ⅡA型・ⅡB型の書札を用いて文書を発給していたが、しだいにⅡD型→ⅢB型に変化して薄礼化していることが確認できる

次に直臣宛として、木下秀吉と明智光秀宛文書について検討する。秀吉宛の文書は、元亀二年正月から天正九年八月まで九点確認される。初見は（元亀二年）正月二日付（『信文』二六八号）で、形式は「月日＋信長（朱印）＋状如件＋とのへ」となっている。（天正三年）九月二十日付黒印状ではⅢB型となり、（同六年）三月二十七日付黒印状ではⅣF型の宛名「とのへ」となる。（同九年）六月一日付黒印状では「信長」の署名が記されておりⅣC型となる。

明智光秀宛は、元亀元年六月から天正九年九月まで九点ある。（元亀元年）六月十六日付書状・（同二年）七月五日付書状ではⅡD型である。これが（天正二年）七月二十九日付黒印状ではⅢB型となり、（同三年）十二月朔日付朱印状ではⅣF型となり、（同八年）八月二十二日付黒印状では「信長」の署名がなされてⅣC型となる。また、佐久間信盛宛は、（天正元年）十一月二十九日付朱印状（ⅡD型）が、（同四年）七月十五日付黒印状（ⅢC型）となり、（同八年）六月二十三日付朱印状（ⅣC型）となる。

このほか、村井貞勝宛文書は元亀四年七月から天正十年三月まで八点あり、（天正三年）八月十七日付朱印状（ⅢB型）が、（同四年）五月八日付黒印状写ではⅢC型、（同七年）五月二十八日付黒印状ではⅣC型となる。また、松井友閑宛は天正三年十月から天正十年三月まで八点あり、（同三年）十月五日付書状写のⅢB型が、（同四年）十二月二十二日付朱印状ではⅣC型・同五年三月二十六日付朱印状ではⅣE型となる。[13] 以上のことから、領国内・直臣宛の文書はⅡD型からⅢB型・ⅣC型となり、署名のないⅣF型・ⅢC型を経て、次第にⅣC型に変化していくことが確認できる。[14]

おわりに

以上、本章では織田信長の発給文書について、書状・直書の様式を分類し、年代・宛所ごとに検討して概観することでおおよその発給状況を提示した。

結論としては、他国の大名などに出されるものと領国内とでは書札礼の推移が分かれているため一律に論じられず、第二節で概述したように各層・諸氏で書札礼が異なり、個別にその時々において使い分けられていたことが明らかになった。そのため書札礼は、これまで述べてきたようにあくまでも個別発給であるので、信長と受給者との個別的な関わり方を重視すべきである。本来ならば、受給文書との関係を踏まえた上で検討すべきところだが、信長受給文書の残存数が少ないことから詳細には検討できなかった。また、紙の形状や料紙の質、書体などについても検討しなければ不十分であるといえる。今後の検討課題としたい(15)。

註

（1）『増訂織田信長文書の研究』（吉川弘文館、一九八八年。以下、同書よりの引用は『信文』と略記し、文書番号を付した。本稿では紙幅の都合上、文書の出典を提示することができなかった。適宜、日付けを基に同書を参照されたい）。このほか補遺分として、奥野高広「『増訂織田信長文書の研究』の正誤と補遺」（『日本歴史』第五三六号、一九九三年）に三点（うち、信長の発給文書は二点）、同「織田信長文書拾遺五品」（『日本歴史』第五四八号、一九九四年）に五点（うち、信長の発給文書は二点）、同「織田信長文書補遺五品」（『日本歴史』第五七二号、一九九六年）に五点（うち、信長の発給文書は三点）掲載されている。また、『謙信公御書集』（臨川書店、一九九九年）に三点、徳川義宣『新修徳川家康文書の研究』（吉川弘文館、一九八三年）に一点、田中雅明「織田信長禁制の実効性に関する一考察」（『駒沢史学』第五五号、二〇〇〇年）に一点の文書が掲載されている。

（2）相田二郎『戦国大名の印章』（名著出版、一九七六年）。相田氏は信長花押の編年についての整理を行い、さらに印判状の様式を二一型に分類した。この二一型が鄭重な書札礼から、次第に卑下した書札礼に移行すると指摘した。この諸類型は同一時期に併存したわけではなく、信長の地位が向上するに従い年次が降るにつれて差出書に印判のみを捺した書式のものが現れ、次第に種々の書札が多くなると指摘した。また、朱・黒印については黒印は平常の書状と言うべきものが多く、朱印は判物に代わる印判状に捺してあるのが極めて多いとした。

（3）山室恭子『中世に生まれた近世』（吉川弘文館、一九九一年）。山室氏は信長発給文書を統計的に分析し、①永禄九年まで判物のみを発給、②永禄十年から天正三年頃まで判物と印判状を発給、③天正四年以降印判状のみを発給の三期に分類できることを明らかにした。さらに書止文言の変化にも着目し、「恐々謹言」が天正四年初めには「謹言」「候也」となり、天正五年初めには「候也」となることを明らかにした。これらは居城の変化に伴って鄭重な書札礼から薄礼化したことを指摘した。

（4）小林清治『秀吉権力の形成』（東京大学出版会、一九九四年）。小林氏は、信長の地位に応じて書札礼が次第に薄礼化することを指摘した。その画期と様式は、①天正二年三月の従三位参議叙任を契機として信長書状には印判が通例となり、②翌三年十一月、権大納言兼右大将任官のころから武家あて書状には「恐々謹言」が消えて、「謹言」「殿」と「候也」「とのへ」となる。③同五年十一月、従二位右大臣叙任以後は「候也　信長（印判）―殿」「候也（印判）―とのへ」の二型式となるとし、豊臣秀吉に比して自敬表現はほとんど現れないことを指摘した。また、足利義昭が典型的な御内書を発給したのに反して、実名を署した「殿」書きの書札を克服廃止できなかったのは、信長が三職（関白・太政大臣・征夷大将軍）のいずれにも就任せず、従一位の極位に昇りえなかったためと位置付けた。

（5）尾下成敏「御内書・内書・書状論」（『古文書研究』第四九号、一九九九年）、同「織田信長発給文書の基礎的研究」（『富山史壇』第一三〇号、一九九九年）、同「織田信長発給文書の基礎的研究　その二」（『富山史壇』第一三二号、二〇〇〇年）。尾下氏は、小林氏の指摘された天正三年十一月以降の「候也」の書状を「朱印・黒印御内書」と呼称すべき事を提唱し、信長文書における同様式の文書の年代比定を画一的に天正三年十一月以降に比定の再考を促している。また、『富山史壇』第一三二号論文において、「候也」の出現は寄親クラスは天正三年十一月からで、与力・寄子・小身者は天正二年四月からであることを指摘した。本稿ではここでの指摘を十分検証することができなかったため、その成果を反映することができなかった。今後の検討課題としたい。

（6）染谷光広「織田信長の右筆についての序説」（『國學院雑誌』八九―十一、一九八八年）。松下浩「織田信長文書の筆跡について」（滋賀県安土城郭調査研究所『研究紀要』第七号、二〇〇〇年）。近年、信長文書の図版が掲載された「県外織田信長文書調査概報」（『織豊期城郭基礎調査報告』二、滋賀県教育委員会、一九九九年）と安土城考古博物館展示図録『信長文書の世界』（二〇〇〇年）が公刊された。この他、信長文書の内容を概説したものとして、『日本古文書学講座』六　近世編Ⅰ（雄山閣出版、一九七九年）

がある。また奥野氏による年代比定を検証した、谷口克広「織田信長文書の年次について」（『日本歴史』第五二九号、一九九二年）もある。

（7）小林氏は、豊臣秀吉権力を考察した前掲註（4）著書において、「書状・直書において、最も直截かつ明確に表現される」と説いた。本稿もこの視点を参考にさせていただいた。直書のうち命令・安堵・感状などを中心とする下達様の判物（書止文言が「如件」となるもの）は対象外とした。

（8）本稿での年代比定は、奥野氏と谷口氏註（6）論文の年代比定を参照した。以下に触れる「領国内」については、完全に軍事制圧できていない地域もあるが、目安として信長の入部によって国衆が信長に帰属した段階とした（①永禄二年、尾張平定／②同八年、美濃／③同十一年、近江・畿内近国／④同十二年、伊勢／⑤天正元年、越前／⑥天正七年、丹波・丹後／⑦同八年、加賀／⑧同九年、伊賀・因幡／⑨同十年、甲斐）。本稿における人物について、領国内は谷口克広『織田信長家臣人名辞典』（吉川弘文館、一九九五年）を、領国外は阿部猛・西村圭子編『戦国人名辞典』（新人物往来社、一九八〇年）を参照願いたい。

（9）織田氏と徳川氏との関係については、平野明夫「戦国期徳川氏の政治的立場―織田氏との関わりを通して―」（『国史学』第一五八号、一九九五年）に詳述されている。

（10）朱・黒印状の使い分けについては、判然としないが性格の違いについて、つぎの文書（「法隆寺文書」『信文』八〇二号）を通して検討したい。

就在陣、使僧殊小袖一重到来、懇志悦入候、次先年遣之候朱印旨、弥不可有候也、謹言、

十二月十九日　　信長（黒印）

法隆寺東寺諸進

奥野氏によって天正六年に比定された文書である。法隆寺では東寺と西寺との間で段銭をめぐって相論となったが、天正二年十一月に朱印状による信長の裁定が下された（『信文』四八二号）。これに対して、まだ解決されないので、信長は贈答の返書の黒印状で朱印状の遵守を求めている。このことから、朱印状による裁定は支配権における実効的な効力を持ち、黒印状はそれを施行催促していることが判明し、両者の性格の違いが窺われる。なおこの争論の経過については、半田実「織田信長側近一雲斎針阿弥に関する一考察」（『日本歴史』五四九号、一九九四年）に詳しい。ちなみに、料紙について管見の限りでは、領国内宛は楮紙を用い、領国外宛（大友・伊達・毛利・小早川・吉川）では斐紙が用いられていることから、使い分けがされている。

（11）橋本政宣「織田政権と朝廷」（『日本歴史』第四〇五号、一九八二年）。橋本氏は「多聞院日記」「孝親公記」等から、天正二年

三月の従三位参議叙任は、天正三年十一月の権大納言兼右大臣の「直任」に際して、日付を遡らして形式上あとから叙任したものであることを明らかにした。

(12)　織田氏と上杉氏の交渉については、栗原修「上杉・織田間の外交交渉について」(所理喜夫編『大名権力から将軍権力へ』吉川弘文館、二〇〇〇年)、木村康裕「上杉・織田氏間の交渉について」(『駒沢史学』第五五号、二〇〇〇年)に詳述されている。

(13)　領国内のその他の例として、大和筒井順慶は、ⅡD→ⅣC型→ⅢC型→ⅣF型→ⅣC型となる(筒井宛はすべて敬語が記されていない)。摂津荒木村重宛は、ⅡD型→ⅢC型(すべて黒印状)。

(14)　実際には、山室氏・小林氏が指摘した「恐々謹言」が「謹言―殿」・「候也―とのへ」となり「候也」へとなる見解については、「謹言」も併用されており、必ずしも「候也」だけになったということではない。例として、天正五年十一月以降、「恐々謹言」の書止は(天正八年)八月十二日付島津義久宛書状案・(同九年正月)大友義統宛書状案(『信文』八八六号・補二二〇号)がある。「謹言」については、一三点(『信文』七五八・七六三・七六七・七六八・七七四・八二八・補二〇三・八八九・九二八・九五九・九七五・一〇一五・一〇五三号)ある。また「候也」の出現について、尾下氏は註(5)論文で、寄子クラスは天正二年四月、寄親クラスは天正三年十一月とするが、天正元年十一月から同三年八月まで細川藤孝、筒井順慶宛など七点の文書が確認される(『信文』四二〇・四六一・四七九・四八三・四八九・五〇七・五三二号)。「候也」の出現については、文書自体の年代比定も含め今後の検討課題としたい。

(15)　本章の元になる拙稿「織田信長発給文書の基礎的考察」(大野瑞男編『史料に見る日本の近世』吉川弘文館、二〇〇二年)を表してからの信長の書札礼に関する研究には、尾下成敏「織田信長の書札礼」(『ヒストリア』第一八五号、二〇〇三年)がある。近年では、信長文書の写真を載せた博物館の展示図録や図書も刊行されている(安土城考古博物館『信長文書の世界』平成十二年展示図録、二〇〇〇年。熊本県立美術館『信長からの手紙』平成二十五年展示図録、二〇一四年。山本博文・堀新・曽根勇二編『織田信長の古文書』柏書房、二〇一六年)。また、高木叙子氏によって料紙や形態についての書誌情報が詳細に提示されている(同「『信長文書の世界』展補遺」滋賀県立安土城考古博物館『紀要』第一〇号、二〇〇二年)。このうち、信長文書がまとまって伝来していることから細川藤孝宛ての文書に関する検討が進められており、註(5)尾下氏「二〇〇〇年」をはじめとして、稲葉継陽「細川家伝来の織田信長文書」(森正人・稲葉継陽編『細川家の歴史資料と書籍』吉川弘文館、二〇一三年)・山田貴司「細川家伝来文書にみる信長文書の現在地」(『文化科学研究』第二七号、二〇一五年)・小久保嘉紀「室町幕府・織田政権における細川藤孝の地位」(『織豊期研究』第一九号、二〇一七年)などの研究がある。

付表　織田信長発給文書様式別目録

様式		初見・終見・主な宛所（『信長文書』番号）／使用期間（点数）
ⅠA型		永禄七年十二月・天正七年十一月（二点）
	初見	（永禄七年）十二月二十日付大館晴光宛書状写（五二）
	終見	（天正七年）十一月二十七日付大友義統宛朱印状（八四七）
ⅠB型		永禄七年六月～永禄八年十二月（三点）
	初見	（永禄七年）六月九日付直江景綱宛書状（四五）
		分部光高（五一）
	終見	（永禄八年）十二月五日付細川藤孝宛書状（六〇）
ⅡA型		永禄十一年二月～天正三年二月（八点）
	初見	（永禄十一年）二月八日付直江景綱宛書状案（八五）
		上杉謙信（二〇一・二七一）、大友宗麟（一七五）、武田信玄（補一三〇）、伊達輝宗（四三〇・四七一）
	終見	（天正三年）二月二十日付出羽秋田愛季宛朱印状写（四九八）
ⅡB型		天文二十一年七月～天正八年八月（三六点）
	初見	（天文二十一年）七月二十八日付浅井充秀宛書状（五）
		【花押】上杉謙信（九二・二七六・五一八）、直江景綱（四八）、毛利輝元（二一六・四四三・五六九）、小早川隆景（二一一・四一三・補一二五）、畠山昭高（補二六）、大館上総介（二七八）、加藤順光（一四）、水野藤九郎（三七）、三宅孫介（四一）、秋山善右衛門尉（補三）、柳生宗厳（九四） 【朱印状（六点）】柳生宗厳（補五三）、岡因幡守（八三）、一色藤長（一三七）、徳川家康（補一四）、村上国清（五二六）、一色左京大夫（補一〇七） 【不明】伊達輝宗（五七一）
	終見	（天正八年）八月十二日付島津義久宛書状案（八八六）
ⅡC型		永禄十二年四月～天正三年十一月（九点）
	初見	永禄十二年四月七日付越後直江景綱宛書状（一六〇）
		【花押】曽我助乗（三四六）、小早川隆景（二九七） 【朱印】三好一任斎（二四九） 【黒印】徳川家康（三六七）
	終見	天正三年十一月二十八日付佐竹義重宛朱印状（六〇七）

ⅡD型	永禄六年四月～天正四年十一月（八九点）
初見	（永禄六年）四月二十四日付美濃高木貞久宛書状（三五）
	【花押（五二点）】小早川隆景（二一三・四〇二・五〇三・五二四）、直江景綱（四九）、吉川元春（二一四）、上野秀政・三淵藤英（二九〇）、明智光秀（二三六・二八九）、細川藤孝（二四一）、高木貞久（三五）、国枝古泰（四七）、波多野右衛門大夫（二五八）、本郷信富（二五九）、遠藤基信（五七二） 【朱印（二二点）】佐久間信盛（補三五）、田村清顕（六〇八）、小山秀綱（六〇九）、筒井順慶（四四八） 【黒印（一九点）】細川藤孝（四七〇・四二〇）、別所長治（六二二）
終見	（天正四年十一月十日付赤松孫三郎宛黒印状（六七一）
ⅢA型	永禄十年十一月・天正二年十二月（二点）
初見	永禄十年十一月日付美濃高木貞久（七八）
終見	天正二年十二月九日付太田左馬助（四九〇）
ⅢB型	永禄七年六月～天正十年五月（五〇点）
初見	（永禄七年）六月二十一日付徳山則秀宛書状（四六）
	【花押（四点）】久徳左近兵衛尉（二六九）、樋口直房・木下秀吉（二七三）、河尻秀隆（四六七） 【朱印（一五点）】猪子高就（二八一）、河尻秀隆（四六〇）、細川藤孝（五一一）、村井貞勝（五三三）、秋田愛季（七一八）、伊達輝宗（七二八）、香宗我部親泰（九二八）、播磨小寺政職（六六〇） 【黒印（二六点）】羽柴秀吉（五四七）、細川藤孝（五〇九）、徳川家康（四七八）、小早川隆景（六二一）、横井時泰（四五四）、猪子高就（二八三）、市橋長利（三六八）、吉村源介（三六九）、滝川一益（補四一）
終見	（天正十年）五月十四日付木曽義昌宛黒印状写（一〇五三）
ⅢC型	天正二年正月～天正六年六月（一五点）
初見	（天正二年）正月十六日付千福式部大輔宛朱印状（四三六）
	【朱印（四点）】安宅信康（六四二）、北畠信意（補一五三）、細川藤孝（七五八） 【黒印（一一点）】村井貞勝（補一七八）、荒木村重（六四五）、細川藤孝（六四七）、徳川家康（補九二）、佐久間信盛（六五一）
終見	（天正六年）六月二十五日付徳川家康宛黒印状写（七六八）
ⅣA型	天正四年七月～同九年九月（五点）
初見	元亀四年七月吉日付村井貞勝宛条書（補一三四）
	畳指宗珍（九三七）、岡本但馬等（七五五）、明智光秀（九一一）
終見	天正九年九月二十四日付細川藤孝宛黒印状写（九五二）
ⅣB型	永禄元年九月～天正九年九月（一一点）

初見	永禄元年九月十五日付恒川中宛書状（二一四）
	【朱印】高木貞久（四八七）、不破大炊助・田中真吉（四八八）、吉村又吉郎・伊藤七郎左衛門・神野源六郎（四八九）、細川藤孝（〈とのへ〉九一五・〈殿九四二〉）
終見	天正九年九月七日付明智光秀宛朱印状（九四三）
ⅣC型	天正元年五月～天正十年五月（一〇九点）
初見	（天正元年）五月二十四日付池田恒興宛判物（四〇四）
	【花押（一点）】柴田勝家・佐久間信盛宛（七五六） 【朱印（三六点）】小寺孝高（七五四）、佐久間信盛（八七三）、松井友閑（六八一） 【黒印（六〇点）】滝川一益（七八九）、村井貞勝（八二九）、丹羽長秀（八三九）、河尻秀隆（七八七）
終見	（天正十年）五月二十七日付長連龍宛黒印状（一〇五五）
ⅣD型	天正三年九月～天正十年五月（一四点）
初見	天正三年九月日付前田利家等宛朱印状（五四九）
	坂井利貞（六六六）、中条秀正（『日本歴史』第五七二号）、兼松正吉（六六九）、谷野衛好（六四一）、狛秀綱（七一三）、森成利（九一〇）、岡部長左衛門（六六七）、木村治郎左衛門尉（六七二）、祖父江五郎右衛門尉（七三一）、安井定次（九一二）
終見	天正十年五月七日付織田信孝黒印状（一〇五二）
ⅣE型	天正三年八月～同十年五月（七点）
初見	天正三年八月十五日付森田三郎左衛門宛朱印状（五三二）
	松井友閑（七〇四）、市橋長利（補一二九）、二宮左衛門大夫（七七〇）、溝口定勝（九一九）
終見	天正十年五月七日付土肥助次郎宛朱印状（一〇五一）
ⅣF型	元亀元年五月～天正十年四月（六六点）
初見	（元亀元年）五月三日付永原伊豆守宛黒印状（二二九）
	【朱印（三〇点）】明智光秀（補一七五・六三四）、山名国清（七五七）、草刈景継（七六〇） 【黒印（三三点）】細川藤孝（六五六）、羽柴秀吉（七六一）、蜂須賀正勝（補一五五）、水野直盛（六八九）
終見	（天正十年）四月八日付真田昌幸宛黒印状（一〇〇七）

（註）本表は、小稿における史料の出典を示すものである。人物の後ろに付けた（　）の数字は、『増訂織田信長文書の研究』の文書番号を示すものである。（　）内に、複数記されている場合は、小稿における掲出順となっている。紙幅の都合上、文書の出典を掲出することができなかった。適宜、同書を参照されたい。

第Ⅳ部　天正期における織田信長政権の京都支配

第一章　村井貞勝発給文書の基礎的考察

はじめに

近年、織田政権の研究については、家臣団を研究対象としてその深化が図られている。[1] 織田家家臣の発給文書については、奥野高広氏の『増訂織田信長文書の研究』に、その大部分が所収されている。[2] しかし、同書の年次比定は周辺の政治情勢及び発給者の官途等からされており、厳密に花押型などから検討されていない。[3] 織田政権の研究については、これら家臣の発給文書を対象として分析する必要性があると考える。

このような研究状況から、立花京子氏が織田政権の中枢にあって、のち本能寺の変を起こした明智光秀の発給文書について、花押型などから無年号文書の年次を比定した検討を行った。[4] 立花氏は光秀が織田信長の家臣となる時期や、京都支配に関与する時期の発給文書の年次比定を行っている。[補註1] これまで織田政権の京都支配については、無年号文書が多かったため、その全貌について明らかにされてこなかった。[5] 立花氏の論考では、織田政権の京都奉行となった光秀の発給文書を分析したため、その一端が明らかにされたといえる。[6]

筆者は以前に織田政権の構造解明の一環として、「京都所司代」村井貞勝の職掌について検討を行った。[7] 織田政権において京都支配の中心を担ったとされる貞勝の発給文書は、松下浩氏が目録を掲出し、関連文書を含めて六四点が紹介されている。[8] しかし、ここでは奥野氏の年次比定を基にしているため、厳密に年次比定がなされていない。そこで、本章では貞勝の発給文書について基礎的な考察を行い、併せて織田政権の京都支配の変遷についての展望を示す。

1. 村井貞勝の名乗り・官途の変遷と花押型の分類

本節では村井貞勝の名乗り・官途の変遷と花押型について確認する。尾張在国期と思われるNo.1には「吉兵衛」とあり、次に奥野氏によって永禄八年（一五六五）に比定されたNo.2では「民部丞」となっていることが確認できる。[9]永禄十一年十月十四日付けNo.75では「民部少輔」となっている。時期的に信長の上洛と一致することから、これを契機に変えたと思われる。貞勝の次の官途は「長門守」である。これについて谷口克広氏は天正三年（一五七五）七月（No.29）からとし、同年七月三日の織田家臣の一連の官位推挙にともなう昇進と同一に位置付けられているのが通説となっている。[10]しかしながら、天正二年三月七日付判物（No.44）ですでに「長門守」となっていることが確認できる。[11]また、天正三年二月十二日付けのNo.51でも同様の官途で署名されている。ここでの花押型は、前者はV型、後者はVI型である。しかし、No.28の天正三年二月十三日付禁制では、書下年号で「民部少輔」となっている。文書の形式上、No.44・51は付年号であることから受給者が書き足したとも考えられる。ここではそれぞれ花押型よりV型・VI型に配しておく。また天正八年六月には「春長軒」と号を名乗るようになったことが確認できる（『華頂要略』No.56）。[12]ちなみに本姓は、No.46・49より「藤原」であることが確認される。ここで、名乗り・官途の変遷をまとめると以下のようになる。

吉兵衛………天文年間（No.1）
民部丞………永禄初年～上洛以前（No.2）
民部少輔……永禄十一年十月十四日（No.75・3～28）
長門守………（天正三年）七月七日（天正二年三月七日・同三年二月十二日付けの文書あり。No.29～55）
春長軒………天正八年六月一日（No.56～69）

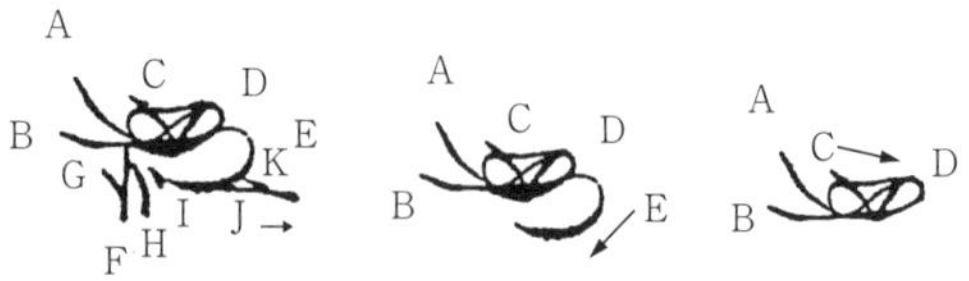

図1　花押の書き順

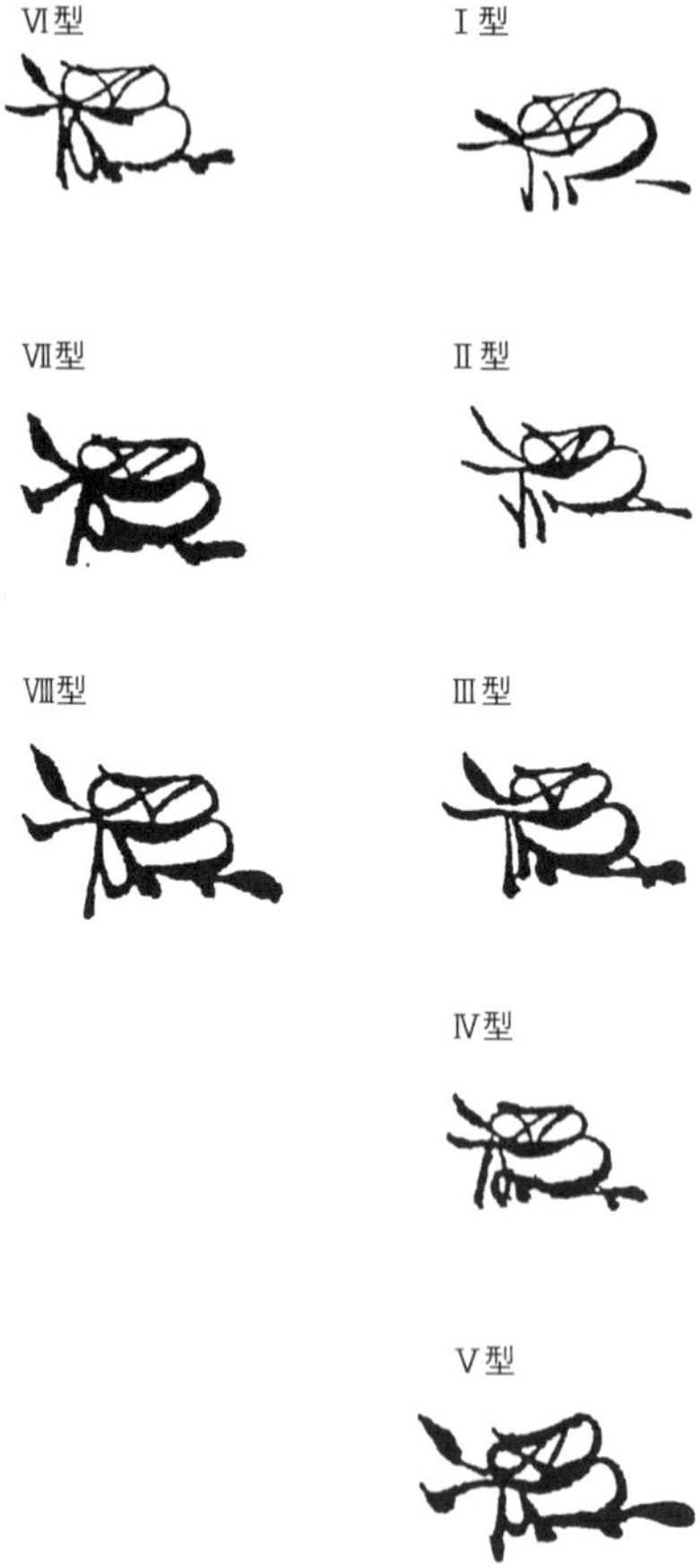

図2　花押型一覧

次に、花押型の分類について検討する。貞勝の発給文書は、管見の限りでは七四点が確認された（うち花押影が確認できるものは五八点）[13]。花押の書き順は、A線から順にJ線・K点を記したと考えられる。分類の基準は、F線の跳ね方、H線とI線の結び方、J線のK点の有無である。これを基に分類すると、花押型は六型に分類できる。しかし、年代を跨いで重複した花押型が認められるため、ここでは年代によって細分類して八種とし、Ⅰ型〜Ⅷ型とした。

Ⅰ型は花押中央のD線とE線の接点が空いており、F線が左上に跳ねている点が特徴的である。Ⅱ型はF線左上への跳ねが点として独立し、J線にK点が付くのが特徴である。また、Ⅰ型での花押中央のD線とE線の接点の空いていた部分が塗りつぶされるようになる。Ⅲ型はF線の点（G点）が消滅されるほかは、Ⅱ型と基本的には変化が認め

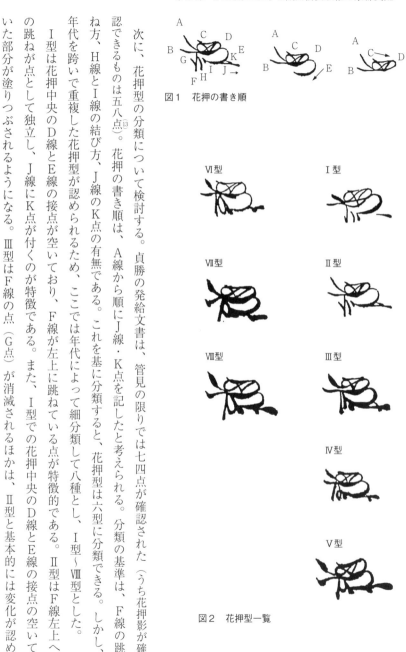

られない。Ⅳ型はH線がI線の部分に円弧を描くようになる点が特徴的であり、これによってI線が消滅される。Ⅴ型はI線が記されるようになり、かわって縦線であったH線がF線とI線を結ぶ弧線となる。Ⅵ型はJ線が点を打ってから横に記されるようになり、K点とJ線を合わせたような形となる。Ⅶ型は再度J線が点ではなく線として記され、Ⅴ型の様になる（K点を付したものもあり）。Ⅷ型は再度J線が点を打ってから横に記されてK点とJ線を合わせた形となり、Ⅵ型に戻るようになる。

以上、花押型を八種に分類し、その特徴について確認した。図案の意匠のモデルは、現在のところ不明である。また、発給文書のうち印判は確認できず、花押が記された書状・判物しか認められない。次節では名乗り・官途の変遷と花押型の分類をもとに、無年号文書の年次比定を行う。

2. 無年号文書の年次比定と発給文書の特徴

本節では、各花押型の使用時期を確定し、無年号文書の年次比定を行う。

Ⅰ型の花押は、上洛以前の№1から№6まで五点ある。Ⅱ型の花押は、元亀元年七月六日（№9）には確実に使用されているため、№5・6はこれ以前の織田信長上洛後の永禄十一年か同十二年ということになる。しかし、永禄十一年の信長上洛に際しては、各寺社は直接信長から禁制を獲得して所領の保護を得ており[14]、かつ軍率部将によって禁制も発給されていることから[15]、貞勝が単独で寄宿免許を行ったとは考えがたい。翌十二年十月に信長は伊勢攻めの後に上洛していることから[16]、これに際して発給されたと考えられる。よって、№5・6は永禄十二年に比定する。

Ⅱ型の花押は、三点確認される。№9は元亀元年の年が記されていることから、無年号の№7・8はこの前後ということになる。№7・8については、奥野高広氏が永禄十二年に比定している[17]。しかし、Ⅰ型の終見が永禄十二年十月であることから、永禄十三年以降と考えられる。連署者の明智光秀の花押を、立花京子氏は永禄十三年のものとしている。[18]永禄十三年としても前後の花押型からして齟齬はないことから、永禄十三年に比定する。

Ⅲ型の花押は、一七点確説される。No.10は奥野氏によって元亀三年に比定されている。[19]この時期には、No.76にもあるように貞勝は嶋田秀満と御所の普請を行っていることから、奥野氏が比定した元亀三年が妥当といえる。そのため、No.10は元亀三年に比定し、これによってⅢ型の初見は元亀三年四月に求めることができる。終見は、No.14の天正二年十二月である。Ⅱ型の終見（元亀元年七月）以降からⅢ型の終見までの無年号文書は、No.15〜27の一三点確認される。このうち、明智光秀との連署状はNo.16・18・19・23・25・27の六点確認される。No.16・18・19について立花京子氏は、元亀四年（天正元年）四月から天正二年七月の間に比定している。[20]貞勝の花押型を勘案すると、Ⅲ型花押の終見が天正二年十二月（Ⅳ型の初見は同三年二月）であるため、立花氏の比定からさらに一年縮まり、天正元年か同二年に比定できる。これによって、No.16は天正二年に比定される（No.18・19は天正元年か同二年に比定）。No.25・27は、立花氏の検討結果[21]と同様、天正元年か同二年に比定できる。この他の無年号文書は、元亀元年から天正二年の間に比定できる文書としてNo.21・22・24・26、元亀二年から天正二年の間はNo.17・20、元亀二年から天正三年の間はNo.15である。

Ⅳ〜Ⅷ型について、以下に述べる。Ⅳ型の花押は、天正三年二月から同四年四月まで使用された。無年号文書のNo.37・38は、官途名が「長門守」になっていることから天正四年に比定できる。No.39については、Ⅴ型の初見が天正四年十月であることから、この間の天正三年か同四年に比定される。Ⅴ型の花押は、天正四年十月から同年十二月まで二点あり、無年号文書は確認されない（No.44は保留）。Ⅵ型の花押は、天正五年二月から同六年三月まで使用された。無年号のNo.50は天正五年に比定される。No.51は、花押型からは天正五年か同六年に比定される。Ⅶ型の花押は、天正六年六月から同八年十一月まで使用された。官途名「長門守」はNo.55にみえる天正七年五月までである。無年号の三月二十六日付書状（No.59）は「春長軒」となっていることから、天正八年に比定される。Ⅷ型の花押は、天正九年二月から同十年五月末まで使用されている。貞勝は、六月二日の本能寺の変に際して信長の嫡男の信忠と共に二条城で討ち死にしていることから、[22] これが最終型といえる。無年号文書は確認されない。

このほか、写しで花押影が記されていないものとして、No.70～74の五点が確認される。No.70は官途名が「民部少輔」となっていることから永禄十一年十月から天正三年七月までの間に、No.74は「長門守」となっていることから天正三年から同七年までの間に、No.72は「春長軒」となっていることから天正八年以降と考えられる。

以上、村井貞勝発給文書について、名乗り・官途の変遷を踏まえ、花押型の使用期間を確定し、無年号文書の年次比定を行った。これまでの検討結果をまとめると次のようになる。

〔無年号文書の年次比定〕

No.5・6……永禄十二年、No.16……天正二年、No.37・38……天正四年、No.50……天正五年、No.59……天正八年、No.70……永禄十一年十月から天正三年七月、No.21・22・23・24・26……元亀元年から天正二年、No.17・20……元亀二年から天正二年、No.15……元亀二年から天正三年、No.18・19・25・27……天正元年から同二年、No.74……天正三年から同七年、No.72……天正八年から同十年。

〔花押型の期間〕

【Ⅰ型】天文年間から（永禄十二年）十月十二日（花押影の確認できるもの五点。以下同じ。No.1～6）
【Ⅱ型】（永禄十三年）二月二十九日から元亀元年七月六日（三点、No.7～9）
【Ⅲ型】（元亀三年）四月四日から天正二年十二月二十一日（一七点、No.10～27）
【Ⅳ型】天正三年二月十三日から同四年四月十日（八点、No.28～39）
【Ⅴ型】天正四年十月二十八日から同年十二月二十九日（三点、No.40～44）
【Ⅵ型】天正五年二月二十七日から同六年三月十三日（六点、No.45～51）

【Ⅶ型】天正六年六月三日から（同八年）十一月十日（九点、№52～59）

【Ⅷ型】天正九年二月十一日から同十年五月二十五日（一五点、№60～69）

花押型の変化の画期としては、Ⅱ型は御所の修理を行う時期と一致し[23]、Ⅲ型は京都の政治に参与する時期、Ⅳ型は単独で政治を行う時期と一致するため、これらを契機として花押型を変えたものと考えられる。

村井貞勝の発給文書を時期区分するとおおよそ五期に分けることができる。それは、①天文・永禄末年の尾張・近江での活動期（№1～4）、②永禄年中の明智光秀との連署（№7・8）、③元亀三年中の嶋田秀満との活動期（№10・11・76・77）、④天正元年から同三年までの明智光秀との連署（№12～14・16・18・19・23・25・27～29）、⑤天正三年からの単独発給（№30～65）の五期に分けられ、永禄年間・元亀三年・天正元年・天正三年に画期を見いだすことができる。発給文書の範囲としては、№1～4の尾張・近江と、京都では洛中より北西は高山寺（現右京区西院、№68）・北東は来迎院（現左京区大原、№80）・南東は山科郡（山科七郷中、№65）・南西は山崎惣中（№8）である。そのため権限は現在の京都市中の範囲であったといえる[24]。特徴としては、すでに松下浩氏によって指摘されているが[25]、永禄期は無年号文書が多いが、元亀末年から付年号となることと、天正三年十二月から書止文言が「状如件」とする直状形式の割合がそれまでの「恐々謹言」とする書状形式のものと逆転すること等が挙げられる。

内容としては、（1）所領安堵、（2）役賦課・諸役免除、（3）特権免許、（4）警察・裁判、（5）寺社統制、（6）朝廷との交渉の六件に分類でき、これらを職掌として行っていたことが確認できる[26]。

次に、各画期に留意しながら、ここでは貞勝が「京都所司代」に任じられたとされる天正元年以前と以後に区分して、その特徴について検討する。

3. 村井貞勝と織田政権の京都支配

村井貞勝発給文書の初見は、管見のかぎり年代は未詳だが信長の尾張在国期のものと思われる七月二十五日付尾張熱田社惣検校等宛の織田家奉行人連署状（No.1）である。ここで貞勝は佐久間信盛・赤川景広・嶋田秀順（のち秀満）等と連署で惣検校（馬場氏）等熱田社家に対して、熱田社領内の礼銭のことについての訴え出に関して、こちらで裁許すべきだが神前大法として社領六ヶ村の宿郎に指示されるよう申し伝えている。

このほか貞勝は、奉行衆の一人として活動していたことが『信長公記』（首巻）[27]の記述から確認できる。これによると信長と弟信勝（信行）[28]との確執の調停として二人の母である土田御前が、御座所（信勝の居城末盛城）へ清洲より貞勝を嶋田秀満と共に呼び出している。また、永禄十年八月朔日に美濃三人衆が信長へ帰順し人質を差し出した際、この受取りに秀満と共に下向しており、翌十一年七月二十五日には秀満とともに越前へ足利義昭の迎えに出向いている。これらのことから貞勝は信長の家督相続後間もないうちから信長に仕えており、調定役に選ばれたりしていることなど、早くから信長の奉行として活動していたことが確認できる。

上洛後、貞勝は義昭の衣服調達のための奉行として公家との折衝にあたっている[29]。また信長が岐阜へ下向するにあたって佐久間信盛・丹羽長秀・明院良政・木下秀吉等と共に奉行として残された[30]。しかし、貞勝はこの後に丹羽長秀と共に近江で検地をしている（No.3・4・75）。この検地に関して、実施後に長命寺に対して寺領の年貢収納を安堵しているため、信長による近江国内の検地は九月から十月にかけて行われ、十一月中にはそれに基づいて各寺社等に知行分の安堵を行い、惣中へ年貢の進納を指示している。これらを奉行として貞勝・長秀が担当したことが確認できる。

永禄十二年二月になると、貞勝は嶋田秀満とともに将軍第とするための二条第の造営の奉行として普請を担当するようになる（『原本信長記』巻二、永禄十二年二月二日条）。また、同時期に日乗上人と廃壊している御所の造営も担当していることから、[31]元亀期は秀満・日乗上人と共に普請を行っていることが確認できる。この間の永禄年中から元亀初年の貞勝の発給文書を一瞥すると、寄宿停止・所領安堵・末寺仰付・道筋の広作の申し付けなどをしているが、管見の限りでは五通の文書によって確認できるだけである（№５～９）。以上のことから、貞勝は信長の上洛直後から京都の市政に中心的に関与したわけではなかったことがうかがえる。

一方で、当該地域において木下秀吉・丹羽長秀・中川重政・明智光秀等が文書を多数発給していることから、永禄期は主に秀吉等が政治の中心を担っており、[32]貞勝は御所等の作事奉行として京都の政治に参与していたといえる。この背景としては、三好三人衆などが畿内近国におり、京畿の政情が不安定であるため軍率者がその軍事力を背景として政治を行うことを要したためと考えられる。永禄十二年における光秀との連署も、その一環と考えられる（№５・６）。特に光秀は上洛当初より幕府との関係などもあることから、京都に残留して政治に関与したと考えられる。[33]

村井貞勝が文書を多数発給するようになるのは、嶋田秀満との連署による元亀三年以降からであることが確認できる（№10・11・76・77）。そのため、この期を境として京都支配の担当者が入れ替った一つの画期と考えられ、これ以降貞勝は徐々に政治を担当するようになってくる。その要因としては、元亀期より対近江浅井氏・越前朝倉氏に備えて秀吉等の軍率部将が近江へ在番し、[34]次第に京都から離れるようになったためと考えられる。それに替わって京都の政治を中心的に行うようになるのが貞勝と光秀であったといえる（秀満は普請などで一部関与）。

村井貞勝が足利幕府滅亡後の天正元年七月に「京都所司代」になったとされているのは、『原本信長記』（巻六）天正元年七月二十一日条に記された「天下所司代、村井長門守被仰付、致在洛諸色被仰付」の記述からである。[35]これに関して、以下に掲出する『道家祖看記』、『甫庵信長記』・『当代記』に、貞勝は信長から非分の課役の禁止・地子銭の免除・公事の裁許権を申し付けられていることが記されている。

〔史料１〕『道家祖看記』（『続群書類従』第二十輯上　合戦部。№79）

掟条々上下京五畿内之事、
一、上下京へ非分ノ課役不可申懸、但差当子細有テ於申付者、我々ニ相尋随其可申出事、
一、今度上京放火付而、町下可迷惑候間、地子銭課役等、可指置候、但下京同前之事、
一、公事篇之儀、順路憲法タルヘシ、縡々贔負偏頗ヲ不存、但上下京二日ハ、立入所ニテ可裁許、其後ハ長門守所ニテ可申付事、

これによると信長は、一条目で非分の課役を禁止し、賦課する場合には信長方へ相談する事、二条目で上京を焼き討ちしたため上下京とも地子銭を免除すること、三条目で公事は憲法に従い、二日間は禁裏御倉職立入宗継の所で裁許を行い、その後は貞勝の所で行うことを貞勝に申し付けている。また、これに関連すると思われる条目が『甫庵信長記』・『当代記』に記されている。

〔史料2〕『甫庵信長記』（現代思潮社、一九八一年）、『当代記』（『史籍雑纂』第二　国書刊行会、一九一一年。『信文』補一三四号。№80）

上京炎上不更思給、可還住ノ旨ノ玉ヒ、被下条目書、

定

一、京中地子銭永代令赦免畢、若従公家・寺社方地子銭之内、収納有来ル分者、相計替地ヲ以可致沙汰事、
一、諸役免許之事、
一、鰥寡孤独之者見計、扶持方可令下行事、
一、天下一号ヲ取者、何レノ道ニテモ大切ナル事也、但京中諸名人トシテ内評議有テ可相定事、
一、儒道之学ニ心ヲ砕キ、国家ヲ正サント深ク志ヲ励ス者、或忠烈之者尤大切ナル事ニ候条、下行等于地異テ可相計之、其器ノ広狭能尋問、可告知之事、

右条々相計可申付者也、

元亀四年七月吉日　　　　　　　　信長

村井長門守

ここでは『道家祖看記』よりも細かい内容となっており、地子銭免許・課役免許・扶持の付与・天下一号の任命・忠烈者の保護を申し付けている。史料2は「上京炎上不更思給」とあることから、上京の放火による損失の保護・還住策として諸税を免除したものであるといえる。これに対し、史料1は「七月廿一日、京都に至て被納御馬、天下所司代村井長門守被仰付、諸色被申付候也」の記述の続きに条目が記されており、柱書から上下京・五畿内の政務として定めた条々であることから、「所司代」としての貞勝に対して京都の政治方針を指示したものと捉えられる。しかしながら、史料1の成立は奥書から江戸期の寛永年間と思われるので、(36)『原本信長記』と史料2『甫庵信長記』『当代記』の記述を引用し作成されたものと考えられる。また、史料2の記述も、鰥寡孤独者への保護や「儒道之学ニ心ヲ砕キ、国家ヲ正サント深ク志ヲ励ス者」とあるように、儒教的な思想が反映されているため、検討を要する。内容的にも、洛中の動きを良く伝えている同時代史料である『兼見卿記』に貞勝が地子銭の免除を行った記述を見出し得ないこと、(37)さらに村井貞勝の発給文書からも確認できないこと、史料1・2が当該期を含めた町触を書き留めた史料である「饅頭屋町文書」などに写しがないこと、(38)貞勝の官途名が天正三年からの「長門守」となっているなどから、この条文を含めて天正元年七月に信長から権限を付与されて「京都所司代」に任ぜられたとするには検討を要する。つまり、先の貞勝の職掌六件については、(39)「京都所司代」に権限が付与されたわけではなく、貞勝個人に徐々に権限が付与されていったものと考えられる。

ここで、貞勝が行った六件の職掌は京都においていつ頃から行われるようになったのかが問題となるため、以下これについて検討する。

などである。このうち京都において最も初期のものは、元亀三年十月十八日（No.11）で、信長から指示をうけて行っており、以後、天正元年からは光秀との連署によって行っている。（２）役賦課・諸役免除は、No.８・９・15・20・44・47・48・50・52・60・66・74などである。初期のものは、No.８の永禄十三年六月であり、御所の修理に関して諸役を課していることが確認できる。（３）特権免許は、No.41・43・62・64・65などである。このうち、天正四年十二月のNo.41が最も初期のものである。（４）警察・裁判は、No.５～７・22・26・28・32・46・49・55・59・63などである。永禄十二年十月（No.５）より行われており、禁制や争論の裁許、違乱の停止などが多い。（５）寺社統制は、No.18・67ときわめて少ないことが特徴的である。（６）朝廷との交渉については、文書上ではあまり確認されない。永禄十三年の御所の修理の時期より交渉が行われることが公家の日記より確認できる。[40]

以上、簡単ではあるが、開始の時期などについて確認した。ここでの検討結果としては、永禄期から行われたものや天正期より行われたものなど、時期は様々であることから一概に天正元年七月に「京都所司代」に任じられたことによって行われたとはいえない。以上のことからも、役職・機関に権限が委譲されたわけではなく、貞勝個人が政治にあたってその対応に際して行われたことであるといえる。

幕府追放後の天正元年七月からは、光秀は信長家臣としての政治的地位もあるが、織田家への従属以前の経緯から幕府との強い繋がりがあり、[41]そのため信長の京都支配に欠くことのできない存在であったため共同統治が行われたと考えられる。これは天正三年まで続けられたことが確認できる（No.29）。貞勝との連署による政治では、所領安堵・知行安堵・夫役免除等を行っている。[42]共同統治の終見である天正三年は、六月から光秀は丹波の計略に着手するようになり、天正四年になると完全に京都から離れて丹波計略に専念している。[43]そのため光秀が京都の政治から離れる要因として、丹波計略への着手があったものと考えられる。

貞勝は、光秀が京都から離れる天正三年（実際にはそれ以前からも）から徐々に単独で支配を行い、同四年からは完全に単独で政治を行う（№36以降）[44]。それには天正元年から同三年の間に織田政権の権力が在地に深く浸透し、信長政権側が単独で政治が行えるように至って光秀が京都支配から離れ、貞勝による支配が可能になったと考えられる[45]。

おわりに

以上、村井貞勝の発給文書を基に、織田信長政権の京都支配の展開について検討してきた。貞勝は元亀期から徐々に政治を担当するようになってくるが、その間は御所などの修理を担当する奉行であり、政治の中枢を担ってはいなかった。貞勝が京都の政治において中心的に役割を果たし始めるのは、元亀末年からである。元亀三年からは村井貞勝と嶋田秀満が連署によって文書を発給し、次第に政治の中心的役割を担うようになっていったと考えられる。それ以前は、木下秀吉などの軍率部将が主に政治を行っていた。

政治の担当を秀吉等と替わる背景としては、信長政権の戦線の拡大による部将の転戦があるものと考えられる。天正元年からは村井貞勝と明智光秀は共同で政治を行うようになるが、これ以降秀吉等の部将はほぼ京都の政治に関与する事はなくなり、光秀・貞勝が専任として京都支配にあたった。光秀は織田家部将のなかでも幕府の臣下と繋がりがあるため、統治にあたってかれらを利用するために京都に残ったと考えられる。天正三年からは丹波計略に向かうため以後京都から離れ、天正四年からは貞勝による単独の政治が行われるようになる。この契機・背景としては、これに先立つ天正元年七月に足利義昭が信長に対して蜂起すると畿内の諸勢力は織田方に属したが、反抗した勢力についても天正三年までに信長によって征圧された。これにより、周辺における軍事的緊張関係は解消されて軍事力を背景とする政治の必要性がなくなったため[46]、部将を戦線の前線にそれぞれ差配することができたためと考えられる。

以上のように、信長政権の京都支配は、上洛後直ちに村井貞勝によって行われたのではなく、周辺の政治状況に応じて次第に段階をおって貞勝単独による政治に移行していったといえる。

註

（1）家臣団全体を総括した研究として、谷口克広氏の一連の研究——『織田信長家臣人名辞典』（吉川弘文館、一九九五年。以下、『家臣人名』と略記する。第二版は二〇一〇年）、『殿様と家臣』（イーストプレス、一九九五年）、『秀吉戦記』（集英社、一九九八年。のちに、学研M文庫新書により再版、二〇〇一年）、『信長の親衛隊』（中央公論新社、一九九八年）、『信長・秀吉と家臣たち』（日本放送協会出版、二〇〇〇年。のちに、学研新書より再版、二〇一一年）がある。近年公表された個別家臣の主な研究としては、松下浩「柴田勝家の越前支配」（滋賀県教育委員会『研究紀要』第六号、一九九八年）、竹本千鶴「松井友閑論」（『国史学』第一七一号、一九九九年四月）などがある。なおこれ以外の文献については、三鬼清一郎編『織田・豊臣政権研究文献目録』（名古屋大学、一九九九年三月）を参照されたい。

（2）吉川弘文館、一九八八年。以下、同書は『信長文書』と略記し、文書番号を付した〔「上」「下」「補」は、上巻・下巻・補遺を示す〕。

（3）谷口克広「織田信長文書の年次について—奥野高広著『織田信長文書の研究』所収文書の年代比定再考—」（『日本歴史』第五二九号、一九九二年）では、菅屋長頼の花押型を分析し、『信長文書』の年次比定を再考している。

（4）立花京子「明智光秀花押の経年変化と光秀文書の年次比定」（『古文書研究』第四六号、一九九七年）。目録としては、明智光秀文書研究会（鬼頭寛・来栖富士夫・黒川孝宏・立花京子・福島克彦）「明智光秀文書目録」（『近江地方史研究』第三一号、一九九六年）がある。

（5）織田政権の京都支配については、『京都の歴史』第四巻（学芸書林、一九六九年）、染谷光広a「織田政権と足利義昭の奉公衆・奉行衆との関係について」（『国史学』一一〇・一一一合併号、一九八〇年三月。のち藤木久志編『織田政権の研究』〈吉川弘文館、一九八五年〉に再録）・同b「木下秀吉の文書についての補説」（『日本歴史』第三〇〇号、一九七三年）、今谷明『言継卿記—公家社会と町衆文化の接点』（そしえて、一九八〇年）、臼井進「幕府存在期の信長の京都支配における木下秀吉の立場」（『史叢』第五〇号、一九九三年）、竹本千鶴「織田政権の奉行人と京都支配—元亀年間大徳寺と上賀茂社の争論を中心に—」（『書状研究』第一五号、二〇〇一年）などがある。

(6) 註（4）立花氏論文に詳述されている。

(7) 拙稿本書第Ⅳ部第二章（初出「織田政権の京都支配―村井貞勝の職掌の検討を通して―」『白山史学』第三三号、一九九七年）。

(8) 松下浩「『天下所司代』村井貞勝の京都支配―織田政権家臣団の研究(1)―」（滋賀県教育委員会『研究紀要』第二号、一九九四年）。筆者が蒐集した貞勝の発給文書は本文末に表1として、受給などの関連文書を表2として掲出した。表1・2は、便宜上通し番号とした。関連文書は九八点確認できた。なお、本文中における村井文書については、表のNo.を記した。出典などについて適宜参照されたい。

(9) No.18も「民部丞」である。奥野氏は『信長文書』（補七三号、補七三頁）において、民部少輔は永禄十一年十一月二十四日からとし、永禄十二年に旧官を使用したとしている。この文書について、立花氏は元亀四年四月から天正三年七月に比定している（註4、二二六頁）。貞勝の花押はⅢ型で、元亀三年四月から天正二年十二月までの花押型である。立花氏の見解を加味すると、天正元年か同二年に比定される。

(10) 前掲註（1）『信長家臣』「村井貞勝」の項目（四三四頁）など。『原本信長記』（池田家本、福武書店、一九七五年）天正三年七月三日条（巻八）。この時の昇進は、松井友閑＝宮内卿、武井夕庵＝二位法印、明智光秀＝惟任日向、簗田左衛門太郎＝別喜右近、丹羽長秀＝惟住、である。

(11) No.44の花押型はⅤ型・Ⅶ型であるが、ここでの官途が「長門守」であるためⅤ型である。しかし、Ⅴ型が使用された天正四年十月から同年十二月までの間に三月はないことからさらに検討を要する。ここでは花押型によりⅤ型に配するが、後日の検討とさせていただきたい。

(12) 谷口氏は、春長軒は天正四年十月からであると指摘している（『家臣人名』四三七頁）。しかし発給文書や他の記録（『兼見卿記』天正八年正月十日条）より、天正八年からである。なお、『兼見卿記』は史料纂集本（続群書類従完成会、一九七一年）を参照した。

(13) この他、「玄以法印下知状」（続群書類従第六六六）に一二点の村井関係文書が所収されている。本文末に表3として掲出した。参照されたい。

(14) 『信長文書』には、永禄十一年九月日田付けの禁制が二一点所収されている（『信長文書』上巻一八六～二〇六頁）。

(15) 永禄十一年十月十二日付け柴田勝家・坂井政尚・森可成・蜂屋頼隆禁制（『武家事紀』、『信長文書』一〇五号文書）。

(16) 『原本信長記』（巻二）に、永禄十二年十月十一日に上洛したことが記されている。

(17) 『信長文書』補一五・補一九号文書（補遺一七・二三頁）。

(18) 註（4）立花氏論文。光秀の花押型はⅡ型である。

(19) 『信長文書』補一二八号文書（補一二〇頁）。

(20) 註（4）立花氏論文。光秀の花押型はⅣ型。

(21) 註（4）立花氏論文。光秀の花押型はⅣ型。

(22) 『原本信長記』（巻十五）天正十年六月二日条。

(23) 『お湯殿の上の日記』永禄十三年二月二日条、『原本信長記』（巻二）。註（31）参照。

(24) この他としては、No.65の河内、No.31～33の大和がある。前者については祇園社の駕輿丁座に関することである。また、後者は天正三年に行われた徳政に関してのものであることから、いずれも内容が京都における政治の一環と捉えられる。なお、No.31～33については、金子拓「春日社日記のなかの織田信長文書」（『古文書研究』第五四号、二〇〇一年。のち、同『織田信長権力論』吉川弘文館、二〇一五年に再録）を、徳政については下村信博『戦国・織豊期の徳政』（吉川弘文館、一九九六年）を参照されたい。これ以外にも、貞勝は大和多聞山城に行っていることが確認でき（『兼見卿記』天正四年七月五日条、『多聞院日記』天正四年七月六日条）、京都以外での活動も認められる。No.9は法隆寺（大和）であるが、京都に関するものとして扱う。

(25) 註（8）松下氏論文。

(26) 註（7）拙稿参照。

(27) 奥野高広・岩沢愿彦校注『信長公記』角川文庫、一九六九年。

(28) 信長の弟は、通説では「信行」であるが、谷口氏によって文書には「信勝」と記されていることが明らかにされている（『家臣人名』織田信勝の項。一〇〇頁）。ここでは谷口氏の指摘に従って「信勝」とした。

(29) 『言継卿記』（国書刊行会、一九一五年）永禄十一年十月五日条。

(30) 『多聞院日記』永禄十一年十一月二十二日条には、「京ニハ尾州ヨリ佐久間《（信盛）》・村井《（貞勝）》・ニワ五郎左衛門《（丹羽長秀）》・明院《（良政）》・木下藤吉《（秀吉）》五千計ニテ残置了、来二月ニ信長必可有上洛云々」とある。上洛当初は、織田方の佐久間信盛と幕府方の和田惟政が中心となって政治を行っていることが、宣教師ルイス・フロイスが記した『日本史』（中公文庫、二〇〇〇年）から窺われる。

(31) 御所の修理は、永禄十二年四月頃から始められ、当初は日乗上人が担当していた（『言継卿記』永禄十二年四月十七日条）。貞勝が修理にたずさわるのは、永禄十三年二月二日からである（『お湯殿の上の日記』同日条。「むらい《（村井）》けふ《（今日）》より、日せう《（日乗）》にあひそへ《（相副）》、御しゆり《（修理）》申つけてさする」とある）。なお、修理の経過については『大日本史料』第一〇編之二、永禄十二年四月十四日条（三五一頁）に詳細にまとめられている。

（32）註（1）谷口氏『家臣人名』の羽柴秀吉（三〇八頁）・丹羽長秀（二八九頁）・中川重政（二七七頁）・明智光秀（八頁）を参照のこと。

（33）註（5）染谷氏ａ論文を参照のこと。

（34）部将の近江分封については、谷口克広「元亀年間における信長の近江支配体制について―織田家部将の分封支配をめぐって―」（『日本歴史』四七一、一九八七年八月）に詳しい。

（35）「京都所司代」の呼称について、高柳光寿氏は同時代史料中に「京都所司代」と記した史料がないため、村井貞勝が「京都所司代」と呼ばれていたのか疑問であると述べている（『明智光秀』吉川弘文館、一九五八年。四五頁）。この時期において「天下」は京都を指す用語であったため、『原本信長記』に記された「天下所司代」は「京都所司代」と解され、貞勝は「京都所司代」に任じられたと認識されたと考えられる。以後、貞勝は信長から京都の諸事を任されたと捉えられるようになり、このことが今日における通説となったといえる。管見の限りにおいては、『原本信長記』（巻六）と「浄厳院文書」所収の「安土衆論記録」（天正九年十二月二日の奥付け）以外には「京都所司代」と記した史料に接していない。貞勝の立場を示す文書として、（天正元年）九月二十九日付長岡藤孝判物には次のような文言がある（「愛宕山尾崎坊文書」『信長文書』三七五号文書参考）。

当所之事、為山城国之条、雖可申付、聊有分別加遠慮之処、京都御代官両人以折帋被申付之由、如何子細候哉、限桂河西地、一円被仰付任御朱印之旨、可存知間、年貢・諸公事賜〔物〕如先々可令納所、若於他納者可為二重成者也、仍折紙状如件、

（細川）長岡
藤孝（花押）

（天正元年）九月廿九日

外畑

名主百姓中

長岡藤孝は同年九月に信長から「今度限桂川画地一職、為信長雖被仰付」とあり、桂川西地の一職支配権を得ており、朱印状によって安堵されている（「細川家文書」『信長文書』三七五号・三七五号参考）。ここでは外畑の名主・百姓中が「京都御代官両人」の折紙によって年貢・諸公事の進納を難渋しており、藤孝は信長によって知行権を得ているため年貢・諸公事を納所するよう指示している。ここでの「京都御代官両人」は内容からすると、名主等に年貢進納の指示をしている者であるといえる。時期的に見て天正初年にこれらを指示できる権限を有するものとしては明智光秀と村井貞勝がおり、ここではかれらを指すと考えられる（註〈5〉今谷氏前掲書にてすでに指摘されている）。また『華頂要略』天正八年六月朔日条（№56）には「織田家代官奉書到来」

とあって、貞勝の書状を記していることから、あるいは京都支配を担当した明智光秀・村井貞勝は名称的には「京都代官」と認識されていたものと考えられる。

　後の豊臣政権の京都所司代となる前田玄以も、当初は「京郡奉行職事申付之訖」（「古簡雑纂」『大日本史料』第十一編之四、天正十一年五月二十一日条、五五一頁）とあることから「京都奉行」と呼ばれている。伊藤真昭氏によると、「京都所司代」と呼ばれるのは天正十三年七月の豊臣秀吉の関白任官以後であることが指摘されている（「秀吉関白任官と所司代の成立」『日本史研究』第四一九号、一九九九年。同『京都の寺社と豊臣政権』法藏館、二〇〇三年）。玄以の例を参照すると、貞勝もあるいは単独支配を開始して後の天正九年に至って、「所司代」と認知されるようになったとも解せられる。

(36) 奥書に「寛永廿天《ママ》十二月十六日　祖看判」とあり、成立が寛永年間と考えられる。

(37) 『兼見卿記』元亀四年七月条にはこれらのことが記されていない。地子銭の免除は、信長が上京に宛てて朱印状を発給し、直接行っている（「京都上京文書」『信長文書』三七八号）。

(38) 筆者は、京都市歴史資料館所蔵の写真版を参照した。刊本は『京都町触集成』別巻一（岩波書店、一九八九年）に所収されている。

(39) 註（7）拙稿参照。

(40) これ以降の公家との交渉については、『お湯殿の上の日記』（続群書類従完成会、一九三三年）、『晴豊公記』（臨川書店、一九七八年）、『言経卿記』（岩波書店、一九五九年）などに記されている。

(41) 註（5）染谷氏a論文。

(24) 文書では、№12～14・16・18・19・23・25・27～29・73・80で確認できる。この他、訴訟についても『原本信長記』（巻一二）に、共同で行っていることが記されている（註〈7〉拙稿参照）。

(43) 註（5）今谷氏・註（35）高柳氏前掲書。これ以外には、桑田忠親『明智光秀』（新人物往来社、一九七三年）、小和田哲男『明智光秀』（PHP研究所、一九九八年）などを参照のこと。谷口氏『家臣人名』にまとめられている。

(44) 註（5）染谷氏a論文に、天正三年から貞勝の一族による支配が展開されたことが指摘されている。

(45) この評価について、松下氏は註（8）前掲論文において、天正三・四年を境とした書札礼の薄礼化（「恐々謹言」と「状如件」の比率の変化）から、貞勝の京都支配者としての地位の上昇・「天下所司代」の権威の上昇と位置付けている。また、天正四年以降の文書の単独発給については、貞勝自身の支配が強固になってきたことの現れで、貞勝が文書発給主体として、すなわち京都支配の主体として自立化してきた、と指摘している。しかし、単独発給は先にその経緯を指摘したように共同統治者であった明智光秀とかれを丹波に派遣した信長政権側の外発的な要因があり、またこのような任命の人事権は信長政権側にあるため、信長が貞勝を単独で政治を行わせたといえる。そのため、貞勝の権威の上昇によって自立化したわけではないといえる。

(46)　畿内の諸勢力の征圧については、以下の通りである。①永禄十一年十月二日、摂津池田勝正、池田城開城②永禄十一年十月三日、河内畠山高政、高屋城開城③天正元年三月、摂津和田惟政、信長に降る④天正元年十一月十五日、摂津伊丹忠親、伊丹城開城⑤天正元年十一月十六日、河内三好義継、若江城で自害⑥天正元年十二月二十六日、大和松永久秀、多聞山城開城⑦天正三年四月八日、河内三好康長、高屋城開城。こののち、信長は摂津国に荒木村重を、大和に原田直政を配して畿内の支配体制を確立した。詳細については、谷口克広『織田信長合戦全録』（中央公論新社、二〇〇二年）を参照されたい。

（補註1）　明智光秀については、藤田達生・福島克彦編『明智光秀』（八木書店、二〇一五年）に関係史料が掲載されている。また、木下秀吉には名古屋市博物館『豊臣秀吉文書集』第一巻（吉川弘文館、二〇一五年）に、永禄八年から天正十一年までの信長の家臣だった時期の文書が収録されている。谷口克広『信長の天下所司代』（中央公論新社、二〇〇九年）にも、貞勝の文書目録が掲載されている。

（補註2）　本章の元になる拙稿「村井貞勝発給文書の基礎的考察」（『東洋大学文学部紀要』史学科篇、第二七号、二〇〇二年）以降に蒐集した貞勝文書は、本書第Ⅳ部第二章に「村井貞勝文書目録補遺」として五点の文書を掲載した。

表1　村井貞勝発給文書目録

No.	年月日	署判	宛所	脇付	内容	書止	花押型	連署者	署名位置	出典	備考
1	（天文年間）7月25日	村井吉兵衛貞勝（花押）	祝言師殿・惣千秋殿・検校殿	人々御中	礼銭裁許	恐々謹言	Ⅰ型	佐久間半羽介信盛（花押）・赤川三郎右衛門尉景広（花押）・嶋田所助秀順（花押）	3	田島氏文書（『信』1参考）	
2	（永禄8年）6月10日	村井民部丞	佐々平太殿・兼松又四郎殿	まいる人々御中	所領宛行	申渡候	無	木下藤吉郎秀吉（花押）・丹羽五郎左衛門・嶋田所助秀順（花押）・明院	4	兼松文書（『信』59）	奥野氏の年次比定

3	永禄11年11月24日	村井民部少輔貞勝（花押）	長命寺惣坊中		所領安堵	恐々謹言	Ⅰ型	丹羽五郎左衛門尉長秀（花押）	2	長命寺文書（『信』131）	
4	（永禄11年）11月24日	村井民部少輔貞勝（花押）	沖嶋地下人中		指出申付	恐々謹言	Ⅰ型	丹羽五郎左衛門尉長秀（花押）	2	堅田村旧郷士共有文書（『信』132）	奥野氏の年次比定
5	10月6日	村井民部少輔貞勝（花押）	阿弥陀寺清玉上人御坊		寄宿免許	恐々謹言	Ⅰ型			阿弥陀寺文書（『信』補84）	奥野氏は元亀3年に比定【永禄12年】
6	10月12日	村井民部少輔貞勝（花押）	浄福寺	御同宿中	寄宿免許	恐々謹言	Ⅰ型			浄福寺文書	【永禄12年】
7	（永禄13年）2月29日	村井民部少輔貞勝（花押）	近衛殿御門外同五霊図師町人中		寄宿停止	為其如此候也	Ⅱ型	明智十兵衛尉光秀（花押）・日乗上人朝山（花押）	2	陽明文庫文書（『信』補15）	奥野氏は永禄12年に比定、立花氏は永禄13年に比定
8	（永禄13年）6月21日	村井民部少輔貞勝（花押）	山崎惣御中		道路広作申付	恐々謹言	Ⅱ型	明智十兵衛尉光秀（花押）・日乗上人朝山（花押）	2	離宮八幡宮文書（『信』補19）	奥野氏は永禄12年に比定、立花氏は永禄13年に比定
9	元亀元年7月6日	村井貞勝（花押）	和州法隆寺	参	修理米請取	所請取如件	Ⅱ型	日乗朝山（花押）	1	法隆寺文書（『信』226）	
10	（元亀3年）4月4日	村井民部少輔貞勝（花押）	北野松梅院	人々御中	竹木伐採禁止	恐々謹言	Ⅲ型	嶋田但馬守秀満（花押）	2	北野天満宮史料（『信』補128）	奥野氏の年次比定
11	元亀3年10月18日	村井民部少輔貞勝判	百姓中（山城壬生）		所領安堵	状如件	写	上野中務大輔秀政判・嶋田但馬守秀満判	3	妙心寺文書（『信』343参考）	
12	天正元年12月16日	村井民部少輔貞勝判	策彦東堂様	侍衣閣下	所領安堵	恐惶謹言	Ⅲ型	明智十兵衛尉光秀（花押）	1	妙智院文書（『信』336附録）	
13	天正元年12月16日	村井貞勝（花押）	西院之内当知小作中		所領安堵	謹言	Ⅲ型	明智光秀（花押）	1	妙智院文書（『信』337）	

14	天正2年12月21日	村井貞勝（花押）	当所惣御中		所領安堵	状如件	Ⅲ型	明智光秀（花押）	2	賀茂別雷神社文書（『信』492）	
15	2月9日	村井貞勝（花押）	御霊宮別当殿	参	宮木伐採・宮用申付	仍如件	Ⅲ型			御霊神社文書	【元亀2年～天正3年】
16	3月28日	村井民部少輔貞勝（花押）	法金剛院侍者	御中	所領安堵	恐々謹言	Ⅲ型	明智十兵衛尉光秀（花押）	1	法金剛院文書（『信』補16）	立花氏は元亀4年～天正3年に比定【天正2年】
17	4月20日	村井民部少輔貞勝（花押）	三井寺花光房	御同宿中	普請安堵	恐惶謹言	Ⅲ型			古文書集	【元亀2年～天正3年】
18	5月14日	村井民部丞貞勝（花押）	妙智院衣鉢侍者禅師		末寺争論裁許	恐惶敬白	Ⅲ型	夕庵爾云（花押）・明智十兵衛尉光秀（花押）	2	天竜寺文書（『信』補73）	奥野氏は永禄12年に比定。立花氏は、元亀4年～天正3年に比定【天正元年か同2年】
19	5月23日	村井民部少輔貞勝（花押）	賀茂社中		結鎮銭代米安堵	恐々謹言	Ⅲ型	明智十兵衛尉光秀（花押）	2	賀茂別雷神社文書（『信』1089）	立花氏は元亀4年～天正3年に比定、『続群書』は天正3年に比定【天正元年か同2年】
20	6月8日	貞勝（花押）	岩屋□殿・岩田□二郎殿		普請申付	恐々謹言	Ⅲ型			橋本左右神社文書	【元亀2年～天正2年】
21	9月27日	村井民部少輔貞勝（花押）	若王子殿	人々御中	所領安堵	恐々謹言	Ⅲ型			若王子文書	【元亀元年～天正2年】
22	10月2日	村井貞勝（花押）	河嶋殿	御宿所	違乱停止	状如件	Ⅲ型			革島文書	【元亀元年～天正2年】

23	10月14日	村井貞勝（花押）	紹欽	以下	所領安堵	謹言	Ⅲ型	明智光秀（花押）	2	退蔵院文書	花押型異種【元亀元年～天正2年】
24	11月12日	村井貞勝（花押）	上賀茂惣中		所領安堵	恐々謹言	Ⅲ型			賀茂別雷神社文書	【元亀元年～天正2年】
25	11月14日	村井貞勝（花押）	上賀茂惣御中		所領安堵	恐々謹言	Ⅲ型	明智光秀（花押）	2	賀茂別雷神社文書（『信』補13）	立花氏は元亀4年～天正2年に比定。『続群書』は天正3年に比定【天正元年か同2年】
26	11月20日	村井貞勝（花押）	法金剛院	御同宿中	百姓違乱停止	恐々謹言	Ⅲ型			法金剛院文書	【元亀元年～天正2年】
27	12月29日	村井貞勝（花押）	西九条名主百姓中		所領安堵	仍如件	Ⅲ型	明智光秀（花押）	1	若宮八幡宮文書（『信』619）	貼紙「天正三年」。立花氏は元亀4年～天正2年に比定【天正元年か同2年】
28	天正3年2月13日	村井民部少輔貞勝（花押）	清涼寺		禁制	仍如件	Ⅳ型	明智十兵衛尉光秀（花押）	1	清涼寺文書（『信』497）	
29	（天正3年）7月7日	村井長門守貞勝（花押）	壬生官務殿		所領安堵	恐々謹言	Ⅳ型	原田備中守直政（花押）・惟任光秀（花押）	2	宮内庁書陵部（『信』補154）	奥野氏の年次比定
30	（天正3年）7月10日	村井長門守貞勝（花押）	在々所々		所領安堵	可加成敗者也	Ⅳ型			高倉家旧蔵（『信』補155）	奥野氏の年次比定
31	（天正3年）11月2日	村井長門守貞儀（勝の誤）	春日社家	御中	社領安堵	恐々謹言	写	原田備中守直政・宮内卿法印友閑	2	春日社家日記（『古文書研究』54）	

32	（天正3年）11月13日	村井長門守奥（貞の誤）勝	沢殿・秋山殿・芳野殿	御宿中	違乱停止	恐々謹言	写	原田備中守直政判・宮内卿法印但（友の誤）閑	2	春日社家日記（『古文書研究』54）	
33	（天正3年）11月13日	村井長門守奥（貞の誤）勝判	正預殿・神主殿・若宮神主殿		社領安堵	恐々謹言	写	原田備中守直政判・宮内卿法印但（友の誤）閑	2	春日社家日記（『古文書研究』54）	
34	（天正3年）12月1日	村井	下京惣中		田地指出	恐々謹言	写			饅頭屋町文書（『京都町触集成』）	
35	天正3年12月20日	村井貞勝（花押）	長国寺	玉床下	所領安堵	仍折帋如件	Ⅳ型			織田文書（『信』615）	
36	天正4年4月10日	村井貞勝（花押）	報恩寺役者中		所領安堵	仍折帋如件	Ⅳ型			報恩寺文書（『信』補177）	
37	3月11日	村井長門守貞勝（花押）	春長寺寿林御房		所領安堵	恐々謹言	Ⅳ型			春長寺文書（『信』補239）	【天正4年】
38	3月16日	村井長門守貞勝（花押）	阿弥陀寺清玉上人		所領安堵	恐々謹言	Ⅳ型			阿弥陀寺文書（『信』補103）	【天正4年】
39	9月29日	村井貞勝（花押）	長益	御免	戦功賞賛・贈り物返礼	恐々謹言	Ⅳ型			思文閣創業五十周年記念特別号『書画　蒐集と鑑賞　第十三号　名家書蹟・絵画特集』	【天正3年か同4年】
40	天正4年10月28日	村井長門守貞勝（花押）	石原彦兵衛		所領安堵	仍如件	Ⅴ型			古文書集	
41	天正4年12月26日	村井長門守貞勝書判	三条釜座衆中		座安堵	状如件	写			釜座町文書（『日本歴史』536）	
42	天正4年12月29日	村井長門守貞勝（花押）	賀茂一社御中		所領安堵	状如件	Ⅴ型			賀茂別雷神社文書	
43	天正5年2月朔日	村井長門守在判	法華衆真俗御中		勧進免許	状如件	写			『頂妙寺文書・京都十六本山会合用書類』	

44	天正2年3月7日	村井長門守貞勝（花押）	沢野井左馬介殿		夫役免許	状如件	Ⅴ型			沢野井文書	年号は後筆カ
45	天正5年2月27日	村井長門守貞勝（花押）	本願成就院		造営安堵	状如件	Ⅵ型			若宮八幡宮文書（『信』補184）	
46	天正5年9月日	長門守藤原朝臣（花押）	洛中五条馬市場		定（市場内乱暴禁止）	仍如件	Ⅵ型			森元氏旧蔵文書（『馬の博物館研究紀要』第8号）	
47	天正5年11月11日	村井長門守貞勝（花押）	梅津長福寺御役者中		臨時課役免許	状如件	Ⅵ型			長福寺文書（『信』補188）	
48	天正5年12月日	村井長門守貞勝（花押）	道喜入道		諸役免許	仍如件	Ⅵ型			川端道喜文書（『信』補191）	
49	天正6年3月13日	長門守藤原朝臣（花押）	清涼寺		禁制	仍如件	Ⅵ型			清涼寺文書	
50	9月3日	村井長門守貞勝（花押）	小畠左馬進殿	御同宿中	橋柱・夫丸申付	恐々謹言	Ⅵ型			谷森健男氏所蔵文書	【天正5年】
51	天正3年2月12日	村井長門守貞勝（花押）	祭主殿	参御宿中	所領安堵	恐々謹言	Ⅵ型			下郷伝平氏所蔵文書	年号は後筆カ【天正5年か同6年】
52	天正6年6月3日	村井長門守貞勝（花押）	柳芳軒	床下	徳政・公事免許	仍状如件	Ⅶ型			雑録（『信』766参考）	
53	天正6年12月26日	村井長門守貞勝（花押）	当社惣中		所領安堵	状如件	Ⅶ型			賀茂別雷神社文書	
54	天正7年正月8日	村井長門守貞勝（花押）	永養寺役者御中		所領安堵	仍執達如件	未確認			永養寺文書（『信』補197）	
55	天正7年5月吉日	村井長門守判			定（禁裏番編成・狼籍禁止）	候也	写			『言経卿記』天7・8・21	
56	天正8年6月1日	村井春長軒貞勝判	鳥居小路大蔵卿殿		所領安堵、山上・山下諸職安堵	恐々謹言	写			華頂要略（『信』872）	

57	（天正8年）8月7日	村井貞勝（花押）	清水寺成就院本願	御同宿中	所領安堵	恐惶謹言	Ⅶ型カ			成就院文書（『信』884）	奥野氏の年次比定。花押型不鮮明
58	（天正8年）11月9日	春長軒（花押）	竹内右兵衛督殿	人々御中	所領安堵	恐惶謹言	Ⅶ型			久我家文書	
59	3月26日	春長軒貞勝（花押）	祭主殿	参御宿所	祭日争論申付	恐々謹言	Ⅶ型			下郷伝平氏所蔵文書	【天正8年】
60	天正9年2月11日	村井春長（花押）	藤本三郎左衛門尉殿		諸役免許	仍執達如件	Ⅷ型カ			狩野亨吉氏蒐集文書（『信』補221）	花押型特種
61	天正9年3月5日	春長軒（花押）	清涼寺		禁制	仍如件	Ⅷ型			清涼寺文書	
62	天正9年4月10日	春長軒貞勝（花押）	粟津座中		座安堵	可加成敗状如件	Ⅷ型			古文書集（『信』918）	
63	天正9年4月10日	春長軒（花押）	稲荷		定（竹木伐採・違乱停止）	仍所定如件	Ⅷ型			伏見稲荷神社文書	
64	天正9年4月28日	春長軒貞勝（花押）	筑後法橋御房		三島暦職等安堵	状如件	写			明時館叢書	
65	天正9年6月7日	村井春長軒貞勝（花押）	摂州闕郡今宮物中		座安堵	状如件	Ⅷ型			広田神社文書（『信』補225）	
66	天正9年7月吉日	春長軒貞勝（花押）	七郷中		立替人足・牛馬申付	状如件				沢野井文書（『信』補230）	
67	天正9年10月3日	春長軒（花押）	鴨社祝造営奉行中		定　当社法式	仍所定如件	未確認			鴨脚光敷文書（『信』補955）	
68	天正10年5月25日	春長軒貞勝（花押）	栂尾高山寺		争論裁許	恐々謹言	Ⅷ型			高山寺文書（『信』補235）	
69	天正10年5月25日	春長軒貞勝（花押）	栂尾高山寺		領知目録	領状所仰候	Ⅷ型			高山寺文書	

70	4月5日	村井民部少輔貞勝在判	光源院侍者禅師		竹木安堵	恐惶謹言	写			本光国師日記（第八）	【永禄12年～天正3年】
71	8月23日	村長貞勝判	長谷太様	人々御中	沽却分棄破	恐々謹言	写			調子文書	
72	11月20日	春長軒貞勝（花押）	諏訪飛騨守殿		所務馳走申付	恐々謹言	写			北野天満宮史料	【天正8年～同10年】
73	12月20日	村井在判	所々百姓中		所領安堵	恐々謹言	写	明智在判		真珠庵文書	
74	12月23日	村井長門守貞勝花押	進藤伊予守殿	御宿中	夫役免許	恐々謹言	写			進藤備教家文書	【天正3年～同7年】

表2　村井貞勝関連文書目録

No.	年月日	署判	宛所	脇付	内容	書止	花押型	出典	備考
75	永禄11年10月14日	林村又衛門在持喜、浄土寺河部・庄村、信濃村竹林寺	村井民部少輔殿 丹羽五郎左衛門殿	参	指出状	状如件	写	橋本左右神社文書（『信』131参考）	
76	（元亀3年）6月2日	（嶋田）秀満（花押）	妙心寺尊塔		夫丸免除	恐惶敬白	花押	妙心寺文書（『信』322）	奥野氏の年次比定
77	元亀3年10月7日	矢部善七郎光佳判	上野中務大輔殿・嶋田但馬守殿・村井民部少輔殿	人々御中	所領安堵申伝	恐惶謹言	写	妙心寺文書（『信』341参考）	「被成御朱印候」
78	（天正元年）3月7日	信長（黒印）	（細川藤孝）		公方様謀反、人質に付		馬蹄型	細川家文書（『信』364）	「村井・塙副、明日七日可為上洛候」
79	元亀4年7月21日	（信長）	（村井貞勝）		上下京五畿内掟条々三ヵ条		写	道家祖看記	
80	元亀4年7月吉日	信長	村井長門守		五ヵ条定書也	可申付候	写	当代記・甫庵信長記（『信』補134）	

81	天正2年12月26日	正親町天皇綸旨	中山前大納言とのへ		寺領安堵、あけち・むらい申付	かしく		来迎院文書（『信』補134）	
82	（天正3年）7月12日	信長（朱印）	村井長門守殿		久我家領安堵、当知行申付	状如件	馬蹄型	久我家文書（『信』525）	
83	（天正3年）8月17日	信長（朱印）	村井長門守殿		越前攻め戦状報告	謹言	馬蹄型	泉文書（『信』533）	
84	（天正3年）8月22日	信長（朱印）	村井長門守殿		越前攻め戦状報告	謹言	馬蹄型	古文書纂（『信』535）	
85	（天正3年）8月28日	（花押　近衛前久）	酒井左衛門尉とのへ		牢籠難儀取成依頼	候也	花押	手鑑（『信』下二頁参考）	「身上之儀、羽柴・村井・原田馳走」
86	（天正3年）11月7日	信長（朱印）	西洞院（時通）殿		新地宛行	状如件	馬蹄型	若林書林文書（『信』594）	「此義馳走、夕庵・有閑・村井長門守・原田備中守等也、村長・原備〆被相渡候」
87	（天正3年）11月16日	宮内卿法印（花押）・有閑（花押）	村井長門守殿	御宿所	青蓮院殿知行分ふりかへ被仰事	恐々謹言	花押	青蓮院文書（『信』592参考）	
88	（天正3年）12月1日	（朱印　信長）	惟任日向守との		直務申届、村井かたへも仰付	候也	馬蹄型	秋田藩採集文書（『信』補175）	
89	天正4年5月8日	（黒印　信長）	村		石山本願寺攻め、戦況報告	謹言		宣教卿記（『信』補179）	宛所は奥野氏の比定
90	天正4年5月8日	（黒印　信長）			石山本願寺攻め、戦況報告	謹言		宣教卿記（『信』補179）	宛所は奥野氏の比定
91	（天正4年）6月29日	（黒印　信長）	筒井順慶		多聞家上京、上使村井	謹言	馬蹄型	岡本文書（『信』648）	

92	（天正7年）5月吉日	（黒印　信長）	村井長門守殿		安土宗論、可相触候	候也	馬蹄型	知恩院文書（『信』829）	村井裏判あり
93	（天正9年）	信長	青蓮院殿		平等院住持之事	かしく		桃山武将真蹟展図録（『信』961）	「猶自春長軒方使者差越候」
94	（天正10年）3月2日	信長	春長軒		伊勢正遷宮執沙汰	候也		下郷共済会所蔵文書（『信』974）	
95	1月15日	信長（黒印）	明眼寺		菱籠・馬腐返礼	恐々謹言		妙源寺文書（『信』1059）	
96	6月15日	晴右	村井長門守殿		佐竹義久山城守口宣案調進	恐々謹言	写	秋田藩家蔵文書	
97	12月22日	日乗在判	上下京中		条々（米売買・代物選過禁止等）		写	饅頭屋町文書（『京都町触集成』）	
98	欠	周悦外5名	村井民部少輔殿 明智十兵衛尉殿		末寺争論	恐々謹言		光源院文書	

表3　「玄以法印下知状」所収村井貞勝関係文書目録

番号	年月日	署判	宛所	内容	書止	備考
1	天正11年6月22日	玄以	阿弥陀寺清玉上人	寺領安堵	恐々謹言	「任御下知村井長門守折紙之旨」
2	天正11年6月23日	半夢斎玄以	森長介	人足安堵	恐々謹言	「如村井春長軒折帋」
3	天正11年6月26日	半夢斎玄以	法金剛院玉床下	寺領安堵	恐々謹言	「上様御朱印并春長軒折帋遂披見」
4	天正11年8月16日	（欠　玄以）	浄因参る	地子銭納所	恐々謹言	「如春長軒之時無別儀」
5	天正11年10月12日	（欠　玄以）	光源院侍用下	竹木等安堵	恐々謹言	「村井如折帋不可有相違候」
6	天正11年10月22日	（欠　玄以）	轉多打座中	轉多打座安堵	恐々謹言	「如春長軒折帋」
7	天正11年11月18日	（欠　玄以）	貞首座床下	寺領安堵	恐々謹言	「如春長軒折帋」

8	天正11年11月18日	(欠　玄以)	上下京惣銭座中	悪銭売買座法追認	状如件	「如春長軒折帋」
9	天正11年11月18日	(欠　玄以)	慶壽院	寺領安堵・課役免除	状如件	「村井如申付時」
10	天正11年12月20日	(欠　玄以)	材木座中	大鋸板専売安堵	状如件	「如村井判形申付」
11	天正11年12月22日	(欠　玄以)	二瀬御百姓中	人足用捨	者也	「如村井申付候」
12	天正11年12月23日	(欠　玄以)	中澤右近御雑掌	守護不入・課役免除	恐々謹言	「如春長軒折紙」

表註

(1) 表1・2は、東京大学史料編纂所架蔵影写本・写真帖、京都市歴史資料館所蔵写真版などを基に作成した。

(2) 署名位置は、日下からの順である。1は袖で、数毎に奥となる。

(3) 出典の参考文献は、以下の通りである。

・『信』……奥野高広『増訂織田信長文書の研究』吉川弘文館、一九八八年。

・『日本歴史』536……奥野高広「『増訂織田信長文書の研究』の正誤と補遺」(『日本歴史』第五三六号、一九九三年)。

・『古文書研究』54……金子拓「春日社日記のなかの織田信長文書」(『古文書研究』第五四号、二〇〇一年)。

・『馬の博物館紀要』8……長塚孝「戦国時期の馬市に関する史料―「森元氏旧蔵文書の紹介―」」(『馬の博物館紀要』第八号、一九九五年)。

(4) 備考の参考文献は、以下の通りである。

・奥野氏……『増訂織田信長文書の研究』吉川弘文館、一九八八年。

・立花氏……立花京子「明智光秀花押の経年変化と光秀文書の年次比定」(『古文書研究』第四六号、一九九七年)。

・『続群書』……『賀茂別雷神社文書』一(続群書類従完成会、一九八八年)。

(5) 備考の【　】は、小稿での検討結果による推定年代を示す。

(6) 表3は「玄以法印下知状」(続群書類従第六六六)より作成した。

第二章　村井貞勝の政治的役割

はじめに

これまで織田信長政権の研究については、政権の主体者である信長を中心として論じられてきた。[1] そのため政権の構成や、実質的に支配に関与した個々の家臣について充分な検討がなされてこなかったといえる。信長政権の領国支配機構や政権構造、当該期における政権の位置付けを考察する上においては、家臣の果たした役割を具体的に検討する必要性があると考える。本稿はその一環として、禁裏・幕府が所在し、政治上の要地であった京都における織田家家臣（奉行人）について、「京都所司代」村井貞勝の職掌の検討を通して領国支配機構の一端を明らかにする。

当該期の京都における織田家家臣の研究については、比較的豊富な研究が蓄積されてきた。それは主に木下秀吉・明智光秀・村井貞勝の三人を中心として考察されてきたといえる。[2] これまで彼らのうち、特に「京都所司代」として政治の中心を担ったとされる村井貞勝については、[3] 諸書の性格的なこともあって事績を挙げる基礎的な考察であったり、ごく概説的に述べるにとどまり、職掌について具体的に検討されてこなかった。[4] そのため貞勝が行ったことについて、「京都所司代」の権限であるのか、信長の権限であるのかの検討がなされないまま、両者を混同し、一律的に論じられてきたといえる。[5]

村井貞勝の事績についての代表的な研究としては、朝尾直弘氏による論考が挙げられる。[6] 朝尾氏は「天下所司代」村井貞勝の事績として、①朝廷・公家との折衝、②寺社統制、③庶政、④警察・治安維持の四件を挙げている。ここでは、「仕事」として貞勝が行ったことの事例を挙げるのみで、職掌についての検討がなされていない。

しかし近年、筆者と同様の問題関心から、松下浩氏によって貞勝の職掌について、貞勝の事績から信長の意志の関与を汲み取る論考が出された(7)。松下氏は貞勝の職掌を①所領安堵、②警察・裁判、③寺社統制、④特権免許、⑤役賦課の五件に分類し、警察・裁判権のみを貞勝が独自の権限によって執り行っており、それ以外はすべて信長の意志によるものとした。そのため織田政権の「天下所司代」は自立性がなく、機構としては未熟であったと結論付けた。

これに対して、筆者はいくつか見解の相違点を見出したので、本稿において検討を加える(補註1)。ここではまず、貞勝の職掌として朝尾氏と松下氏の分類をうけ、さらに発給文書・古記録から、①所領安堵、②諸役賦課・免除、③特権免許、④警察・裁判、⑤寺社統制、⑥朝廷との交渉の六件に分類できると考える。以下、次節以降において検討する(8)。

1. 所領安堵について

村井貞勝の発給文書のうち、大半を占めるのが所領安堵に関してのものである(9)。それは主に寺社・公家に対して行われている。安堵の形態は、①当知行の安堵、②知行地の振り替え、③新地宛行の三種である。一例として、天正三年（一五七五）七月に公家の久我家に対して行われた所領安堵では、信長から貞勝へ次のような指示が下されている。

〔史料1〕村井貞勝宛て織田信長朱印状（「久我家文書」『信文』五二五号）

久我家領事、先年朱印候間、猶以改之、五ケ村之外、入組・散在等、任当知行悉可申付之状如件、

天正三

七月十二日　（朱印）

村井長門守殿

信長は永禄十一年（一五六八）十月二十日付けで朱印状によって久我家の所領を安堵しているが（『信文』一二六号）、史料1で「朱印之旨、猶以改之」とし、安堵を仕直している。「久我家文書」[10]にはこれに関連する貞勝の文書は見受けられないが、おそらくは貞勝からも文書が出されたと考えられる。[11]このように所領の安堵にあたっては、信長から指示が出されていたことが確認できる。史料1は信長から直接貞勝へ指示が下された一例であるが、側近を介しても行われていたことが、次の史料から確認できる。

〔史料2〕上野秀政・嶋田秀満・村井貞勝宛て矢部光佳書状案（「妙心寺文書」『信文』三四二参考）

□□□□□〔当寺領城州カ〕壬生西五条田・同諸塔頭領所々散在等之事、依為勅願所、不混自余、被成御朱印候条、別而各御馳走候而、任当知行之旨、寺納候様、御入魂専一存候、為其一筆令啓候、尚言〔参〕上之刻、可申述候、恐惶謹言、

元亀三

十月七日　　矢部善七郎

光佳判

上野中務大輔（秀政）殿

嶋田但馬守（秀満）殿

村井民部少輔（貞勝）殿

人々御中

史料2は信長の側近矢部光佳（家定）が、元亀三年（一五七二）十月に妙心寺が信長の朱印状によって寺領が安堵されたことを、幕臣上野秀政と織田家奉行人嶋田秀満・村井貞勝に通達したことを示す文書である。妙心寺には、同日付で信長の朱印状が発給されている（『信文』三四二号）。これを受けて秀政・秀満・貞勝は、連署によって当該地の名主百姓中へ年貢進納を指示している（『信文』三四三号）[12]。このように、所領の安堵は信長の権限によって行われていたことが窺われる。次に具体的に所領安堵を形態別に検討する。

まず当知行分の安堵について、天正二年に貞勝は賀茂別雷神社に明智光秀との連署状を発給している。

〔史料3〕山城賀茂社宛て明智光秀・村井貞勝連署状（「賀茂別雷神社文書」『信文』四九二号）

賀茂寺社領境内六郷并所々散在等之事、任御朱印之旨、弥全御領知不可有相違之状如件、

天正弐

十二月廿一日

明智
光秀（花押）

村井
貞勝（花押）

当所惣御中

ここで光秀と貞勝は、賀茂社に対して「任御朱印之旨」せて社領の知行を安堵している。史料中の「御朱印」は天正元年十二月に信長が出した朱印状（『信文』四三二号）と思われることから、この光秀・貞勝の連署状は信長朱印状の約一年後に出されたことがわかる。ここでは「任御朱印之旨」とあり、史料1・2のように直接信長から安堵の指示が下されたもの（信長からの指示は「被仰出候」〈『信文』補一五四号等〉と記される）ではないことから、信長の安堵状に基づいて文書を発給したと判断できる。そのため先の安堵に基づき、かれらの権限によって行われたといえる。

また、若宮八幡宮領西九条名主百姓中宛村井貞勝・明智光秀連署状にも、「年貢・地子銭、任当知行之旨、可有社納」（『信長』六一九号）とあり、社領の年貢・地子銭の進納を指示し、若宮八幡宮の知行安堵を行っている。以上のことから、先に行われた安堵にまだ有効性がある場合には、奉行人の裁量によって当知行の安堵を行うことができたと考えられる。史料3では宛所が「当所惣」宛となっていることから、貞勝等は在地へ対して文書を発給していたことが窺える。このことから、領主への安堵は信長が行い、貞勝等は在地支配を担当していたと考えられる。

次に替地について、村井貞勝宛ての松井友閑書状（「青蓮院文書」『信文』五九二号参考）には、「上様（信長）之御前相澄事候間、白河御本知之御望ニ候、ふりかへられ被参候様にと、其方へ被仰事候」とあり、信長は松井友閑を介して貞勝へ替地の指示を下している。ここでは、青蓮院が信長へ直訴をしていることにもよるが、替地にあたっては信長から直接指示があったことが窺われる。そのため、替地については信長から貞勝へ指示が下され、貞勝は信長の意を受けて知行地の振り替えを行っていたと考えられる。

次に新地の宛行について、信長は次の宛行状を発給している。

〔史料4〕山城青蓮院宛て織田信長朱印状（「青蓮院文書」『信文』五九二号）

山城国栗田口七拾弐石并花園弐拾八石余事、為新地進献之、全可有御直務之状如件、

天正三年十一月七日　信長（朱印）

青蓮院《尊朝法親王》殿

史料4は、天正三年十一月に信長が一斉に公家・寺社へ新地を宛行った際のものである。(13) この天正三年の新地宛行は、信長の従三位権大納言兼右近衛大将叙任を契機とした政治的な意図の基に行われたものと考えられるが、それに際して貞勝は奉行として管理にあたっており、(14) 先の替地のように信長から指示を請けて土地を振り分けていない。また、貞勝が直接新地を宛行っている例は管見に触れない。そのため、新地宛行は直接信長が行っていたと考えられる。

以上の点をまとめると、新地宛行や替地のように土地の所有形態に変化をきたす場合は、直接信長が行っていた。その際には信長から貞勝へ指示が下り、信長の意志に従って貞勝から文書が発給されていた。一方、すでに安堵状が出されて知行分が明白な場合は、貞勝によって当知行に基づいて安堵することができたと考えられる。

2. 諸役賦課・免除について

本節では、政権の財政的基盤である役の徴収に貞勝が如何に関わったかを考察することとする。

近年紹介された上賀茂神社の社司が記した『岡本保望上賀茂神社興隆覚』[15]には、諸役徴収にあたり「信長様御代、村井殿御奉行時、新儀百姓共、陣夫・長夫、自飯米ニテ被仰付、其上ニ社人衆夫役ニ被召遣、殊竹木・ぬか・わら・なわ・草、諸事新儀役共被仰付、一段迷惑仕候」と記されている。この史料によると貞勝は新儀の百姓に陣夫等を賦課し、賀茂社社人に夫役と新儀の役として竹木・糠・藁・縄・草を賦課している。この他に貞勝の徴税に関しては、史料的制約もあり詳細は不明である。しかし免許状が多く発給されているため、各階層にどのような役が課されて、それを貞勝がどのように管理していたのかを考察することが可能である。

まず、寺社に対して貞勝は信長の朱印状に伴い次のような免除をしている。

〔史料5〕山城柳芳軒宛て村井貞勝副状（「雑録」『信文』七六六号参考）

当軒領買得相伝之地・山林等、剪採竹木等、并徳政法式、諸公事免除之被成御朱印上者、弥永不可有相違者也、仍状如件、

天正六　　　　　　　　　　村井長門守

六月三日　　　　　　　　　　貞勝（花押）

柳芳軒床下

信長は賀茂郷の柳芳軒に対して天正六年五月二十六日付け朱印状で、所領を安堵して諸公事を免除している（『信文』七六六号）。貞勝はこれを受けて史料5で所領・山林・剪竹木等を安堵し、徳政・諸公事を免除している。ここで貞勝

は信長の朱印状に基づき文書を発給し、一層の安堵を申し渡している。このことから諸役の免除は、信長によって行われていたと考えられる。次に商人に対しての免除では、餅・酒を取り扱っていた川端道喜宛の貞勝判物に「親子酒役其外諸公事・諸役等、令免許訖、殊御下知在之上者」（『信文』補一九一号）とあり、酒役・諸公事・諸役が信長の下知によって免除されている[16]。

以上のように、これら諸役の免除は信長によってなされた免除に基づいて貞勝が行っていた。すでに朱印状によって免除が行われており、貞勝が追認する場合は貞勝の権限によって免除を行っていた。また朱印状が発給されていない場合の免除については、「御下知」とあることから信長の意を受けて免除を行っていたと考えられる。

このような経済的な役の他に労役として課される人夫役があり、諸事の普請にあたって信長政権が在地等へたびたび賦課したことが史料で確認できる。元亀三年三月に、幕府は徳大寺公維の邸を収めて京都における信長の屋敷とすることを決め、三淵藤英と細川藤孝を普請奉行とする修築を行った[17]。普請にあたって織田側からは嶋田秀満と村井貞勝が奉行として作事にあたった。『兼見卿記』元亀三年九月十日条には、「自嶋田・村井方人足之事申之間、罷出申理了、以一往無許容、達而令懇望之処領掌了」とあり、秀満と貞勝は人足を吉田社の吉田兼見に課しており、兼見は免除を願い出て許されている。このことから、貞勝は奉行として現場の監督者であったため免除等は貞勝の裁量によって指示がなされ、現場の状況を勘案して免除を行っていたと考えられる[18]。

以上、村井貞勝の諸役の賦課・免除について考察してきた。このうち特に諸役の免除にあたっては、所領安堵と同様に信長が直接行っており、貞勝は独自に免除権を行使できなかったと考えられる。貞勝はこれらを代官として管理し、すでに役の免許状が出ているものに対して免除を行っていた。一方夫役については、貞勝が奉行として普請現場における人足等の諸事を監督し、在地や普請の進行等といった状況に応じて免除がなされていた。作事に関しては信長から権限を委譲されていたと考えられる。

3．特権免許について

特権の免許として、松下氏は座安堵・課役免許を挙げているが、先述のように役の賦課と免除は関連性があるため一括し、ここでは座への特権免許を主対象として考察することとする。

天正九年四月に貞勝は近江粟津座に対して、次のような免許を行っている。

〔史料6〕近江粟津座中宛村井貞勝折紙（「古文書集」『信文』九一八号附録）

粟津座中事、為禁裏供御人、帯御代々之綸旨并数通之御下知上者、弥向後至東口新儀之商売人有之者、如先々為座中堅可令停止之、尚以違背之輩者、可加成敗状如件、

天正九　　　　　　　　　　　　　　　　春長軒

四月十日　　　　　　　　　　　　　　貞勝（花押）

粟津座中

粟津座は禁裏供御人として認められ、琵琶湖の魚を京都市中で販売する権利を持っていた座である。貞勝は粟津座中に綸旨や数通の下知状に基づいてこれまで通り新儀の商売人の規制をしており、座の活動の安堵をしている。座への特権の安堵について貞勝は、これ以外にも摂州闕郡今宮惣中への売買権の安堵（『信文』補二二五号）[19]や賀輿丁猪熊座の藤本三郎左衛門尉（『信文』補二二一号）などに免許状を出している。猪熊座は、元亀三年十一月十一日付け幕府奉行人奉書で「諸国諸売買諸公事臨時課役等」（「狩野亨吉氏蒐集文書」[20]）をすでに免除されており、信長は座が旧来から有していた特権を追認した形で安堵したといえる。この三例はいずれも禁裏への供御に関するものであるため、綸旨が出され、さらに貞勝が安堵していたと考えられる。

この他にも「玄以法印下知状」に「如春長軒折帋」とあり、貞勝が材木座・転多打座・上下京惣銭座等に特権を安堵していたことがうかがえる。[21] これらは信長政権の基本政策と考えられている既得権益の保護政策[22]に基づいて、貞勝が免許していたと考えられる。

4. 警察・裁判について

京都所司代は、室町幕府の侍所に由来するとされている。職掌は京都での検断沙汰を統轄する機関であったが、次第に京都の政治に関与するようになっていったとされる。[23] そのため本節においては、織田政権期の「京都所司代」の検断に関する裁判権、および調停者としての裁許権について考察するものとする。

『原本信長記』巻十二（天正七年条）によると、[24] 下京四条こゆゐ町の糸屋の後家に七十になる老女がいた。老女には娘がいたが、四月二十四日の夜に母に酒を飲ませて殺害する事件を起こした。下女は娘に口止めされていたが貞勝の所へ走入り、事の子細を申し述べた。密告を受けて貞勝は娘を捕らえて糺明を遂げ、同二十八日に上京一条の辻より車に乗せて洛中をひかせ、六条河原で成敗している。この一件では下女が貞勝の所へ真っ先に向かっているため、京都の町民に貞勝が殺傷事件の裁定者として認識されていたと考えられ、京都における治安維持権を有していたことがうかがえる。また『同記』巻十二（天正七年九月条）には、貞勝が人身売買をする女を捕らえて成敗したことが記されている。これも前者同様、市中の治安を乱す者を検断する権限を貞勝が有していたことを示す事例と捉えられる。以上のことから貞勝は訴訟を裁許し、京都の治安を維持する権限があったといえる。この際の貞勝の対応からは信長の意志を介していたことが窺われないため、貞勝の権限であったと考えられる。

また、貞勝は以上のような検断に関する裁許以外にも、相論の裁許をしていたことが確認できる。「下郷伝平氏所蔵文書[25]」所収某祭主宛貞勝書状に、「就当宮山御祭同時之儀、相論之由不可然候、任先例有払可被申付候」とあることから、貞勝は祭りの期日についての相論に対して、祭主に神事を先例通り執り行うよう指示している。したがって当事者が相互で決しかねることについて貞勝へ裁許を仰いだ場合に、その調停者として貞勝が裁定を下していたといえる。この場合は神事に関してのことだが、天正元年十二月の妙智院における相論（『信文』三三六号附録）や、天正十年五月に高山寺と神護寺との寺領の境に関する相論[26]にも裁定を下していることから、土地に関する相論にも裁許を下す権限を有していたといえる。[補註2]

このような裁許が行われる手続きについて、『兼見卿記』天正七年七月一日条によると、貞勝の下代である村井将監が「明日猪熊之地子之事、平野与可対決之由申」とあり、猪熊の地子銭について吉田兼見と平野兼興が対決するよう申し伝えている。翌二日には、「就彼対決向村長《村井長門守貞勝》、面会、（中略）後刻有対決之義、兼興・官務朝芳出座、予申理双方申分、数刻、大方此方理運ニ相済也」とあり、貞勝の屋敷で裁許が行われている。同年十二月二十八日には、「双方半分宛之事直相談之処、最可然之由村長云」とあり、双方が半分ずつ地子銭を納めることに決し、貞勝が了承している（この場合はあるいは貞勝が折半するよう提言したとも考えられる）。

裁許にあたっては、『原本信長記』巻十二（天正七年十月条）に「先年維任《明智光秀》・村井両人の前にて一果候公事を、致謀書、御直奏仕候、村井ニ御尋之処、右之果口上候」とあることから、光秀と貞勝が行い信長は関与していない様子が確認できる[27]。ここから調停者としての貞勝の存在が窺える。

また、貞勝は市場に対して条目を定めたことが確認できる。

〔史料7〕村井貞勝定書（「森元氏旧蔵文書[28]」『中世法制史料集』第四巻、武家家法Ⅱ、岩波書店、一九九八年）

定　　　洛中五条馬市場

一、馬の乗ちかへ雖在之、穏便に其ことハりを可申事、付博奕停止両方共以可有御成敗事、
一、喧嘩口論仕出ともからは、理非によらす両方共以可有御成敗候、
一、馬の代、或借銭借米、或うりかけ・かいかけ雖在之、於此市国しち・所しちとかた〳〵違乱煩等なすへから
　す、并出入の馬に非分族、不可申懸事、
　右条々、被定置訖、若有違乱之輩者、速可被処厳科之由也、仍如件、
　　天正五年九月　　　　　　　　　　　　　長門守藤原朝臣（花押）

定書は五条馬市に対して、三ヵ条の制禁をしたものである。この三ヵ条は博奕の停止・喧嘩口論の成敗・馬への非分の禁止等からなっており、市場内での乱暴行為を禁止している。ここでは「被定置」とあることから、信長の意志を受けて市場の治安を保護していたことが窺える。

以上のことから上洛当初から信長政権が警察権を得ていたことにもよるが[29]、こうした相論の裁許や治安警察権の行使は政権による利害調停であるため、信長政権の権力の浸透が窺われる。また、これらは解決までに時間を要していないことなどから貞勝の権限によって行われていたと考えられ、信長から権限を委譲されていたと考えられる。

5. 寺社統制について

朝尾直弘氏は寺社の統制として、①所領・商売の安堵、諸課役の免除、守護不入などの権利の承認、境内禁制などに類するもの、②A寺院・神社の法式を定めて内部に干渉するもの、B寺社相互の争いを裁判するものの二種に分類している[30]。このうち①と②Bは各節で考察してきたので、ここでは寺院・神社への法式・本末統制について考察する。

村井貞勝が寺社の法式を定めた文書は、管見の限り「鴨脚光敷文書」所収の天正九年十月三日付鴨社祝造営奉行宛の「定　当社法式」（『信文』九五五号）の一点のみである。定書は八ヵ条からなっており、内容は三点に分けられる。前段の三ヵ条は竹木伐採・草刈・川狩りを禁止し、境内の保護を行っている。中段の二ヵ条は毎月の掃除・諸式次第が記されており、これまでの社法で行うことを述べている。後段の二ヵ条は、社家領や退転の地などを造営料とすることを定めている。ここでの三点からは信長の関与はうかがえない。これらは鴨社の造営を中心とする内容となっており、造営奉行が諸事を執沙汰することを認め、併せて恒例行事の順行を定めたものと考えられる。造営の主体が鴨社側と貞勝側のどちらにあったのかが問題となるが、関連史料が管見に触れていないため今後の課題としたい。

寺社の統制としては、このほかに本寺・末寺の統制がある。

〔史料8〕妙智院策彦周良宛武井夕庵・村井貞勝・明智光秀連署状（「天龍寺文書」『信文』補七三号）

北山等持院事、天龍寺之末寺之由、被仰付候、相国寺ニハ末寺候由被申候、何可為証跡次第之由候、早々自天龍寺御裁許之証跡被持、可有御出参之由候、可得尊意候、恐惶敬白、

夕庵
尓云（花押）

五月十四日

村井民部丞
貞勝（花押）

明智十兵衛尉
光秀（花押）

妙智院
衣鉢侍者禅師

史料8で、信長は等持院を天龍寺の末寺として仰付けている。貞勝等はこのことを天龍寺塔頭の妙智院へ伝えている。天龍寺は臨済宗天龍寺派であり、相国寺は同宗相国寺派である。貞勝等は、元もと天竜寺派の等持院が末寺であることを主張する相国寺と天竜寺との争論に裁許を下していることから、宗派内の本末関係に干渉した政策と考えられる。この仰付けについては信長の裁許によって取り決められていることがうかがえ、信長の権限で行われたといえる。

また、宗派の統制としては日蓮宗を抑制した天正七年五月の安土宗論があるが、信長は日蓮宗に宗論の敗北の誓紙を書かせた。この誓紙は宗論の奉行であった菅谷長頼・長谷川秀一・堀秀政宛で書かれており、京都の浄土宗寺院である知恩院に伝わっている。同文書には貞勝の裏判が据えられている。また、信長の貞勝宛黒印状（「知恩院文書」『信文』八二九号）には「此旨洛中洛外可相触候」とあり、貞勝に宗論の結果を洛中・洛外に知らせるよう指示している。

以上のように、寺社の統制については史料的制約もあり判然としない。しかし、本末関係の裁許は信長が行っている例が確認される。

6．朝廷・公家との交渉について

村井貞勝が朝廷との折衝にあたっていたことが古記録等から確認できるため[31]、貞勝の重要な職掌の一つと考えられる。しかし、これまでの研究では貞勝の役割について具体的に論じられていない。本節においては貞勝と公家との交渉の過程を検討し、貞勝の政治的な役割・位置について考察する。

貞勝が公家と接触する端緒となったのは、永禄十三年二月から行われた御所の修築の時と思われる[32]。『言継卿記』によると修理は永禄十三年二月三日から八月下旬まで行われており、作事奉行として貞勝と日乗上人が工事を監督している。その間に山科言継等の公家が見舞いとして、しばしば彼らの木屋を尋ねている[33]。しかし、信長との取次には主に日乗上人が行っていることが同記から確認できるため、(34) 貞勝は専ら作事に従事していたと考えられる。

これ以後、信長との交渉は主に日乗上人や木下秀吉・信長の使者等が務めており、朝廷との交渉において貞勝の政治的な動向はあまり見られない。『兼見卿記』元亀四年四月二日条には「自禁中被仰下云、信長へ御音信、女房御文・引合十帖・金欄一巻、早々可致持参之旨、万里小路使者持来也、即本陣へ令持参、以村井民部少輔披露了」とあり、禁中から信長へ女房奉書・引合等が下された際に、信長への取次として貞勝が仲介していることが窺われる。また、貞勝は『同記』同四日条に「警固之義、被仰付村井也」とあり、足利義昭の蜂起により上京が戦乱地となるにあたって、信長から貞勝が禁中の警固を命じられている。さらに、『同記』天正三年三月四日条には、信長へ公家衆が対面に行った際に貞勝が「今日者不一肩（見）対面之由」を申したので、退出したことが記されている。これらのことから、貞勝は京都において作事奉行から次第に公家との取次役となり、折衝にあたるようになっていったと考えられる。

このように、貞勝は次第に公家との関係や人的繋がりを深めていくことによって、朝廷内での影響力を強めていったと考えられる。一例として、公家の譴責を行っていることが『兼見卿記』天正九年七月十六日条に記されている。これによると、万里小路充房の従者が日野輝資の下男を打擲する事件が起き、被害を受けた輝資が貞勝へ訴え出た。貞勝は充房を譴責し、その結果貞勝を宥めるために勅使が遣わされている。これは前節でみたように、貞勝の相論の調停者としての権限を踏まえたうえで裁許を依頼したものと思われるが、貞勝の裁定が公家社会においても遵行されて影響力を持つものであったことがうかがえる。

また、このほかにも人事に関することとして、禁裏北門と庭中の警護番役を定めている。『言経卿記』天正七年五月廿一日条によると、貞勝は番組の編成を行い、三ヵ条にわたって庶衆の御所内での狼籍を禁止している。これは貞勝が禁裏における現状を勘案して、治安の維持のために番組を定めて諸狼藉を禁止したものと考えられる。先述のように、治安維持権は貞勝が独自の権限として行使していたと考えられることから、これも信長の意を介したものではないと考えられる。『同記』天正七年六月十一日条に「禁中北門・南御庭等ニ小川与六進之」とあることから、朝廷側ではこれを受け入れていることが解り、貞勝の権限が影響力を持ち、朝廷内の人事権にまで及んでいたといえる。

貞勝の朝廷に対する権限の一つとして、勅使派遣の提言がある。信長と本願寺との抗争において、貞勝は朝廷に陣中見廻として信長へ勅使を派遣するよう申し入れている。


〔史料9〕『兼見卿記』天正四年五月十日条

村長上洛、罷向、勧修寺・甘露寺・中山・下冷泉各対座、南方表之事雑談、村長云、自禁裏御使早々可然、勧云、明日可被遣御使之旨也、予下向之義相談村長、尤可然、即皈宅用意、

史料9で貞勝は、勅使の派遣を勧修寺等の公家へ提言している。ここでは信長の意志の関与が問題となるが、公家は貞勝に呼ばれてから行ったのではなく公家側から赴いていることから、貞勝には特に彼らを呼ぶ用件・主体性はなかったと考えられる。そのため、貞勝は信長の意を介しているとは考え難い。また、南方表の事の雑談の折りに出た話であるため、これは貞勝の意志によるものと考えられる。このことから、貞勝は勅使派遣の提言をしているといえる。以上のように貞勝は勅使派遣の提言をし、これに基づいて実際に朝廷から勅使が派遣されていることが確認できる。

天正九年二月・同十年五月には、信長への官職の推任について勅使が派遣されている。これについては、立花京子氏によって信長の強要によるとの説が出されている[35]。以下、この点について貞勝の介在について考察する。

信長は天正九年二月二十八日に天覧に供する馬揃を行ったが、その褒賞として信長へ官職推任の勅使が下されることとなった。「立入左京亮入道隆佐記」[36]に、「左府に被仰出由候、その内々為御使、村井長門守入道春長軒を二月晦日夜、初夜以後立入所迄御出候て」とある。立花氏はこの勅使派遣を目的とした官職昇進を、信長から貞勝を通して強要したとしている。また、天正十年四月二十五日の三職推任（太政大臣・関白・征夷大将軍）の際も、「村井所へ参候、安土へ女はうしう《（女房衆）》御くたし候て、太政大臣か関白か将軍か、御すいにん《（推任）》候て、可然候よし《（由）》被申候、その由申入候」[37]と

あることから、信長側からの強要によって三職を推任するよう要請したと解している。

結論として立花氏は、どちらも信長の意を貞勝が朝廷へ提言し、強要したと解している。しかし、信長は天正七年の右大将・右大臣の辞官以来、推任に応じていないことから官職に執着していたとは考えがたい。そのため、官職推任にあたっては立花氏が主張するほど信長は執着・関与していなかったと考えられる[38]。これら一連の推任にあたっては、貞勝と公家との間で会談されたと考えられる。意味合いはまったく異なるが、貞勝は先に見たように勅使派遣の提言もしているため、勅使派遣の提言は貞勝の意志によっても行われていた。また、朝廷と信長との間を取り持つのが貞勝の職権であり、その円滑な取次役であったと考えられる。ここでも、馬揃・武田氏討伐を契機として、信長への勅使派遣による推任を提言したと考えられる。

以上のように、貞勝は信長政権の京都の出先機関として朝廷と信長との取次役として相互の間をとりもち、折衝にあたっていたといえる。またこの交渉の過程を通して、次第に朝廷での影響力を強めていったと考えられる。

おわりに

以上、「京都所司代」村井貞勝の職掌の検討を通して、京都支配における織田家奉行人の役割を考察してきた。貞勝の職掌は、六件に大別することができる。このうち所領安堵・諸役免除・特権免許については、信長によって直接行われていた。一方、すでに行われた安堵や免許を行う上においては、信長政権の基本政策とされる「当知行の安堵」に基づいて貞勝の権限によって行われていたと考えられる。これらは信長政権への蔵入分と関わりがあるため信長が直接進退しており、貞勝は奉行としてそれらを管理し、現地において在地支配を行っていたと考えられる。また、それ以外の普請に関する役の免除権や裁判の裁許権、朝廷との交渉については、信長より権限が移譲されていた。

松下氏は警察・裁判権のみが貞勝の権限で、それ以外は信長の権限によると結論付け、「天下所司代」は機構として未熟であり自立性がなかったとの見解を示している。しかし、これまで検討してきたように、新儀の所領安堵・諸役免除以外は貞勝の権限によって行われていたと考えられるため、ある程度の自立性はあったと考えられる。一方機構としては、まだ信長政権の組織が確立される以前であり、「機構による支配」ではなく「人的支配」の段階であるため、「機構」と「自立」は分けて捉えることが必要であると考える。

結論として、貞勝は信長よりある程度権限が移譲され、一定の自立を保ちながら京都支配を行っていたと考えられる。特に貞勝は新儀の所領宛行等を行っていないことから、京都は信長の直轄領であり、それを管理する奉行（史料的には「代官」）であったと考えられる。貞勝を「京都所司代」とする点については、室町幕府の侍所や豊臣期・江戸期の京都所司代との職掌の比較検討をし、中世から近世への移行期としての織田期の「所司代」の位置付けや、貞勝以外の京都支配に関与した織田家奉行人の性格、京都の諸階層との相対的な関係等の全体像を構築しなければ一義的に論じられないといえる。今後の検討課題としたい。

註

（1）　これまで織田政権については、豊富な研究が蓄積されてきた。代表的な研究としては、脇田修『織田政権の基礎構造―織豊政権の分析Ⅰ―』（東京大学出版会、一九七五年）・同『近世封建成立史論』（東京大学出版会、一九七七年）、藤木久志編『織田政権の研究』（吉川弘文館、一九八五年）所収の諸論文などがある。

（2）　木下秀吉についての研究としては、染谷光広「木下秀吉の文書についての補説」（『日本歴史』第三〇〇号、一九七三年）・臼井進「幕府存在期の京都支配における木下秀吉の立場」（『史叢』第五〇号、一九九三年）など、明智光秀については高柳光寿『明智光秀』（吉川弘文館、一九五八年）・桑田忠親『明智光秀』（新人物往来社、一九七三年）など、村井貞勝については京都市編『京都の歴史』四　朝尾直弘執筆分第Ⅴ章第２節「京都所司代」（学芸書林、一九六九年）、松下浩「『天下所司代』村井貞勝の京都支配―織田政権家臣団研究（１）―」（滋賀県教育委員会『研究紀要』第二号、一九九四年）などがある。なお、一連の織田家臣の研究としては、谷口克広『織田信長家臣人名辞典』（吉川弘文館、一九九六年。第二版は二〇一〇年）が、織田家臣の文書を広範囲に蒐集した史料集としては、奥野高広『増訂織田信長文書の研究』（吉川弘文館、一九八八年。以下、同書よりの引用は『信文』と略し、文書番号を付す。文書表題も原則として同書に拠った）がある。

（3）村井貞勝は、『原本信長記』（第六）天正元年七月廿一日条に、「天下所司代、村井長門守被仰付、致在洛諸色被仰付、面目之至也」とあることから、京都所司代に任じられたとされる。しかし高柳氏は註（2）前掲書で、所司代と呼ばれたか疑問としている（四五頁）。筆者は、貞勝が「華頂要略」「尾崎坊文書」に「京都（織田家）代官」と記されていることを踏まえて、ここでは「」付きの「京都所司代」に統一し、指摘のみにとどめることにする。また官途は天正三年七月に「長門守」になったとされているが、「沢野井文書」に天正二年三月付けで「長門守」の署名がある。

（4）註（2）中の、京都市編『京都の歴史』、谷口氏『織田家臣人名辞典』など。

（5）立花京子「信長の三職推任について」（『歴史評論』四九七、一九九一年）、神田裕理「織田信長と禁裏・公家の交流―献上行為を通して―」（『日本女子大学大学院文学研究科紀要』第二輯、一九九六年）など。

（6）註（2）京都市編『京都の歴史』四　朝尾直弘執筆分。

（7）註（2）松下論文。

（8）本稿で対象とする「京都」の範囲は、管見の限りでの村井貞勝の発給文書から、洛中から北西は高山寺（現右京区西院。『信文』補二三五号）、北東は来迎院（現左京区大原。『信文』三三七号）、南東は山科七郷（山科郡『信文』補二三〇号）、南西は山崎惣中（『信文』補一九号）である。貞勝発給文書は註（2）松下論文に目録が附されている。参照されたい。

（9）註（2）松下論文「村井文書目録」参照。

（10）『久我家文書』（続群書類従刊行会、一九八四年）。

（11）『信文』三四二・三四三号。後掲史料2で後述。信長の指示を受け文書を発給している。

（12）元亀三年十月十日付け山城壬生西五条田名主百姓中宛て上野秀政・嶋田秀満・村井貞勝連署状（「妙心寺文書」『信文』三四三号、本書第Ⅲ部第三章の史料2）。松下氏は幕臣が信長の命を受けていることから、幕府内の分裂状況を指摘している。しかし、秀政は義昭に供奉して備後鞆にいることが確認されている（奥野高広『足利義昭』吉川弘文館、一九六〇年）。

（13）天正三年の新地宛行・徳政については、下村信博『戦国・織豊期の徳政』（吉川弘文館、一九九六年）に詳述されている。

（14）『兼見卿記』（続群書類従刊行会、一九七一年）天正三年十一月十五日条によると「向村長、（中略）諸家悉新地之事、今度自

左大将殿被遣之云々（中略）村長・友閑へ此由申理也」とある。

(15) 下坂守「岡本保望上賀茂神社興隆記覚」（賀茂文化研究所『賀茂文化研究』第四号、一九九五年）。慶長十五年から元和七年までの成立。上賀茂神社社司岡本保望が記した、安土桃山期から江戸期初頭にかけての上賀茂神社に関する覚書。

(16) 川端氏については、『立入宗継文書・川端道喜文書』（国民精神文化研究所、一九三七年）に詳しい。

(17) 『兼見卿記』元亀三年三月二十一日条。

(18) 吉田兼見はこの他にも、天正四年六月の四条橋の普請、天正五年九月の信長の二条新第の造営などでも貞勝の指示によって人足を差し出している。これら普請の免除としては、先に元亀三年の例を確認したが、天正六年九月に兼見が路次普請の免除を願い出たものの、それが許されなかった事や、同年十月には吉田郷に普請役免除の朱印状によって免除されていることを述べた例などが確認できる。また、天正三年二月に信長から貞勝へ分国中の道路を三間にする命があり、貞勝が奉行として吉田など十郷に上京から北白川西口までを割り当てている。これも貞勝が京都周辺の道路の普請を請け負ったと考えられ、場所ごとの割り当ては貞勝の裁量であったと考えられる。

(19) 今宮神社の座は魚座であり、近畿一帯でこれを売るために祇園社大宮の賀輿丁となり、関津料免除の特権を得ていたことが、豊田武氏の研究によって明らかとなっている（「四府賀輿丁座の研究」『史学雑誌』第四五編第一号、一九三〇年）。

(20) 『大日本史料』（第十編之十、元亀三年十一月十一日条。三一三頁）。東大史料編纂所架蔵影写本（請求番号三〇七一・六三・八五）。

(21) 「玄以法印下知状」（『続群書類従』第二十三輯下　武家部）。

(22) 註（1）脇田氏の研究による。

(23) 『国史大辞典』「所司代」「侍所」の項（二木謙一氏執筆分）。

(24) 『原本信長記』（福武書店、一九七五年。以下、出典は同書による）。

(25) 東大史料編纂所架蔵影写本（請求番号三〇七一・三六・一七〇）。

(26) 貞勝は、高山寺に裁許の結果の寺領安堵を行っている（「高山寺文書」『信文』補一三五号）。

就当寺領山林・同四至境事、今度従高雄依及新儀競望者裁許処、任証文之旨、以当知行之筋目、被申明上者、弥可被全領知者也、
恐々謹言、
天正拾　　春長軒
五月廿五日　　貞勝（花押）

(27) ちなみに「六角氏式目」第四十一条に、「謀書罪科事、可被処死罪・流罪」とあり、謀書の罪科は死罪・流罪とある（日本思想体系『中世政治社会思想』岩波書店、一九七二年）。
(28) 長塚孝「戦国期の馬市に関する史料―「森元氏旧蔵文書」の紹介―」（『馬の博物館研究紀要』第八号、一九九五年）。同氏より資料の提供を受けた。記して御礼申し上げます。
(29) 今谷明『言継卿記　公家社会と町衆文化の接点』（そしえて、一九八〇年）。
(30) 註（2）前掲書。
(31) 主な史料としては、「お湯殿の上の日記」（『続群書類従』補遺三　続群書類従完成会）、『言継卿記』（国書刊行会、一九一五年）、『大日本古記録　言経卿記』（岩波書店、一九五九年）、『兼見卿記』、『増補史料大成　晴豊公記』（臨川書店、一九七八年）、「日々記」（内閣文庫所蔵）などがある。
(32) 貞勝は永禄十二年五月からすでに御所の修理奉行をしているが、『言継卿記』には貞勝の許に公家が訪れている記載がない。
(33) 『言継卿記』永禄十三年二月二十二日条等。
(34) 『言継卿記』永禄十三年二月二十八日条に、「自徳大寺、日乗上人頼織田朱印所望之由、可申調云々」とある。
(35) 註（5）前掲論文と、同氏「信長への左大臣推任について」（『日本歴史』五三八号、一九九三年）。また今谷明氏も同様の見解を示している（『信長と天皇』講談社、一九九二年）。
(36) 註（16）所収。註（35）立花論文より字句を一部修正。
(37) 『日々記』天正十年四月二十五日条。
(38) 朝尾直弘『将軍権力の創出』（岩波書店、一九九四年）、熱田公『天下一統』（集英社版「日本の歴史」11、一九九二年）などでは、信長無関与説が説かれている。官職体制と密接に関連する問題であるが、筆者も朝廷存続説であるため、朝尾・熱田説に同意見である。立花・今谷説は、信長と朝廷の対立構造を前提として論を展開していると思われる。

（補註1）　本章の元になる拙稿「織田政権の京都支配―村井貞勝の職掌の検討を通して―」（『白山史学』第三三号、一九九七年）を著して以降の村井貞勝に関する研究には、村議良美「織田信長の京都経営」（『日本女子大学大学院文学研究科紀要』第一〇号、二〇〇三年）・北堀光信「朝廷の存続と天皇の下賜――村井貞勝と前田玄以への下賜の成立と意義」（『奈良史学』第二一号、二〇〇三年）・木下昌規「織田権力の京都支配」（戦国史研究会編『織田権力の領域支配』岩田書院、二〇一一年。のち同『戦国期足利将軍家の権力構造』〈岩田書院、二〇一四年〉に「京都支配から見る足利義昭期室町幕府と織田権力―人的継承を中心に―」として収録）・谷口克広『信長の天下所司代』（中央公論新社、二〇〇九年）・堺有宏「天下所司代村井貞勝と吉田兼見」（『福岡大学大学院論集』第四五巻一号、二〇一三年）がある。

（補註2）　信長の領国支配における家臣の権限については、池上裕子氏の「無い」とする説と神田千里氏の「有る」とする説の二つの意見がある。これについては、本書の第Ⅰ部補論と第Ⅲ部第三章で述べた。筆者は本書での検討結果の通り、有るとする立場である。

第三章　村井貞勝の「下代」の政治的役割

はじめに

織田政権の領国支配については、主に現地で支配を行う奉行人を中心として検討されてきた。[1] 奉行人の多くは、現地で下代を駆使することによって在地支配を行った。下代は十七世紀初頭に成立した『日葡辞書』[2]に「げだい（Guedai）」として「しただいに同じ、裁判または政治を行う下級の役人」とあり、「しただい（Xitadai）」として「首長の配下の役人、または頭立った人」とあることから、当該期においては「首長（奉行・代官）」の配下で裁判や政治を行う役人であった。織田政権の下代については、深谷幸治氏の研究がある。[3] 深谷氏は近江における下代について検討し、「村落の主導階層であった「侍分」から登用され、従来それらが在地で持っていた権威・影響力・経済力などにプラスして一定の新規権限を付与され、行政末端として現地での諸業務を担当した役人」で「代官などの在地支配の実務面、特に年貢・公事等の徴収・管理を主体としたもの」であることを明らかにした。[補註1]

このように、織田政権の近江における下代は行政末端として在地支配の実務を担ったことが明らかにされている。織田政権の領国支配構造を明らかにするためには奉行人のみの研究だけではなく、このような奉行人の下代の政治的役割も明らかにする必要性があると考える。

筆者はこれまで、信長政権において京都奉行として京都支配を行った村井貞勝について考察してきた。[4] 貞勝は実際に現地に居住し、下代を駆使することによって在地支配を行った。貞勝の下代については谷口克広氏の研究があり、貞勝の下代として一八名の事績が明らかにされている。[5] また、村磯良美氏によってさらに多くの下代がいたことが明らかにされ、公家との交流や相論における下代の活動などが指摘されている。[6] さらに、豊臣政権の京都所司代について精力的に研究を進めている伊藤真昭氏によって、貞勝の下代と豊臣政権の京都奉行杉原家次・京都所司代前田玄以の下代との関連性に関する論考が出された。[7]

しかし、管見の限りでは三十名余りの下代が確認できているが、これまでの研究ではこれら貞勝の下代間の相関関係や信長政権における政治的役割については充分明らかにされてこなかったといえる。そこで、小稿では村井貞勝の下代の全体像について解明し、次いで下代の京都支配における政治的役割を検討する。これによって、信長政権の領国における在地支配の一端を明らかにするものである。

なお、貞勝の下代は史料上「村井内」・「村井（長門守）内衆」[8]などと記されることがある。『日葡辞書』に「うちのもの（内の者、Vchinomono）」は「奉公人、すなわち、仕える若者」とあり、「うちしゅ（内衆、Vchixu）」は「家来や奉公人」と記されている。そのため、厳密には「下代」と「内者」「内衆」とは性格が分かれるが、これまでの織田政権における研究では両者は同一に論じられてきた。ここでは諸書との用語の混乱を避けるため従来の見解にしたがい、「下代」に「内者」「内衆」を含め、広義に「村井貞勝に仕える者。配下の者」と位置付けしていることをお断りしておく。厳密な定義付けは後述する。

1. 村井貞勝の下代の構成

村井貞勝の下代が史料上確認できるのは、織田信長が永禄十一年（一五六八）九月に足利義昭に供奉して上洛し、貞勝が信長政権の京都支配に関与するようになって以降のことである。貞勝は上洛して間もなく、足利義昭の衣服の調達などを行った（『言継』永禄十一年十月五日条）。同年十一月二十二日に信長が京都から美濃へ引き上げる際には、信長の留守として佐久間信盛・丹羽長秀・明院良政・木下秀吉等とともに京都に残された[9]。ついで貞勝は近江で検地を行うが[10]、翌十二年二月以降は京都において足利義昭の新第造営や御所の作事などを行い[11]、以後さらに京都支配に関与するようになる[12]。ここでは、貞勝の下代について永禄・元亀期と天正期との二期に分け、その構成の相違と確認できる下代となる経緯を検討する。

貞勝の下代名が具体的に確認できる史料上の初見は、管見の限り『言継』の永禄十三年六月十六日条である[13]。ここには「作事見物、（中略）村井内野間孫兵衛に同一包（香薷散）・一両、遣之」とあり、公家の山科言継が御所の作事を見物に行き、ここで「村井内」の者である野間孫兵衛に薬と礼銭を遣わしたことが記されている。このことから、野間は貞勝に仕えて御所の作事に関与していたことが確認できる。野間氏は孫兵衛以外にも野間六蔵・野間又兵衛・野間新六がおり[14]、同姓であることから一族で貞勝に仕えていたと考えられる。野間氏以外の永禄・元亀期における貞勝の下代としては、信長が元亀元年（一五七〇）八月二十五日に三好三人衆討伐のため南方に出陣し、これに貞勝が従軍した際に（『原本信長記』巻三）、「留守之衆」として残された高田久介・三井等覚院や[15]、村井清三、加田新左衛門尉、落合親長、中村良政などがいたことが史料上確認できる[16]。当該期の下代の構成の特徴としては、貞勝と同姓の者は村井清三しか確認できないことから、村井一族は殆ど政治に関与していないことが挙げられる。

永禄・元亀期における下代の京都支配への関与としては、彼らは専ら御所の作事を行っていることが挙げられる。その背景は、当該期に貞勝は主に将軍足利義昭の新第や御所の普請の作事などを行っており[17]、信長政権の京都支配において政治の中心的な役割を担っていなかったことから、下代も政治に関与する機会がなかったためと考えられる。

では、次に天正期以降について検討する。まず、構成について『兼見卿記』『言経卿記』を基に確認しておく[18]。『兼見』天正三年（一五七五）四月十一日条には、吉田兼見が村井新右衛門尉宗信と村井将監光清を訪問し、それぞれへ進物を献上していることが記されている。また、兼見は同四年正月十四日に年始の礼で貞勝を訪れ、貞勝と併せて村井作右衛門尉貞成[19]・清三・宗信に礼銭を納めている。さらに『言経』天正七年六月九日条には、山科言経が家司の澤路隼人佑長俊を介して貞勝と下代の村井貞成・同光清・同清三・同又兵衛尉吉忠・落合平兵衛尉親長・住田清右衛門尉光清・磯部小平次に薬を遣わしている様子が記されている。その十日後の六月十九日条には「村井新右衛門尉（宗信）・休齋（英林）・服部六兵衛・横山左内・中村隼人佑（良政）等へ香薷散一包ツ、遣了」とあり、天正四年の段階と比較するとさらに多くの下代が確認できる。このうち磯部氏と落合氏・野間氏は数名いることから、一族で貞勝の下代になっていたと考えられる。

以上のように、天正期の特徴として構成については、永禄・元亀期に確認された高田久介や三井等覚院等の下代が史料上表れなくなり、かわって村井宗信や貞成等の村井一族が多くなる。さらに磯部氏・落合氏等の下代が多出するようになることが挙げられる。京都支配への関与としては、詳細は次節で検討するが、普請だけではなく訴訟などの政治に関与するようになることが指摘できる。このような村井一族を中心とする下代が多出するのは、貞勝が単独で京都支配を行うようになる天正三年以降であることが注目される[20]。

この村井一族の構成としては、貞成は「息」などと記されており（『兼見』天正四年八月一日条）、専次も「せんしむらい（専次、村井）の子」とあることから（『日々記』天正十年四月二十三日条）、二人は貞勝の子息だったことが確認できる。新右衛門は、「士林泝洄[21]」に「新右衛門貞俊」として貞勝の「弟」と記されている。このほか貞勝の一族として、「内儀」「村長（村井長門守貞勝）室」「女房衆」（『兼見』天正四年正月十九日条・同年正月二十日条・同年五月二十日条）がいたことが確認できる。「村井室」については、「織田系図[22]」に、織田信秀の子供の信時（信長の弟）と荒尾美作守女との娘が「村井吉兵衛室」であると記されている。ちなみに、同系図には貞勝との子供として「一男五品右近将監、二女日置豊前守［後イ］」守室、三男号村井三吉、村井卒後嫁于下間安甫」の三人が記されている。この他にも、貞勝の「息御サカ」（『兼見』元亀三年八月十七日条）、「聟篠嶋」（『兼見』天正七年八月二十八日条）も確認される。また、前田玄以も婿であることが確認されている。[23]さらに、「孫」として「朝日勝七」（『兼見』天正四年正月十九日条・『言経』同年正月二十八日条）と、「小法師」（『兼見』天正十年九月一日条）がいたことも確認できる。

　貞勝は、これら一族と共に京都に居住している様子が史料上うかがえる。居住地については、奥野高広氏が貞勝の菩提寺である春長寺に伝わる「春長寺由緒書」から、東洞院三条に居住していたことを指摘している。[24]ここでは政務が執り行われており、兼見が重陽の礼に貞勝の所へ赴いた際には、「為明日礼向村長《(村井長門守)》、若王寺与《(子)》磯谷有対決之義」とあることから（『兼見』天正七年九月八日条）、貞勝の邸宅で裁許が行われていたことが確認できる。ちなみに『原本信長記』巻十二（天正七年十二月条）には、荒木村重が信長に謀反しその一族が搦め捕らえられて処刑された時に、村重の人質三人（伯々部・吹田・久左衛門の息子自念）が村井邸の籠に入れられたことが記されている。

　この一族内での序列としては、『兼見』天正七年正月十四日条に吉田兼見が年頭の挨拶で貞勝の所へ赴いた際に、貞勝に百疋、貞成に五十疋（奏者の遁齋に二十疋、内匠に二十疋）、光清に二十疋、宗信に二十疋を献上していることが記されている。このような献上金の額を一覧にしたのが本章末の表2である。これに拠ると、下代のうちでは貞成は五十疋で貞勝に次ぐ額であり、また貞成の奏者の遁齋・内匠は二十疋で他の下代と同額を献上されていることから、ほかの下代よりも献上額が多いことがわかる。

　さらに貞成は、天正三年十二月二十四日に貞勝が信長への年始の参賀として美濃へ下向した際には、地子銭の事について兼見と折衝して貞勝の代わりに役を免除していることや（『兼見』天正三年十二月二十四日・二十五日条）、天正八年十二月の年末に信長への年始の参賀で自身が安土に下向していること等から、[25]他の一族と比して地位が一段高く、貞勝に次ぐ地位にあるといえる。このことから、貞成は貞勝の嫡男か、もしくは後継者的な存在であったと考えられる。

　次に、彼らが貞勝の下代となる経緯について、史料上確認できる事例をもとに検討する。貞勝の出自は、詳細は不明ながら伝承では近江の出身とされる。[26]貞勝は信長の上洛以前の尾張在国期・清洲城主時代から奉行としての活動が認められるが（註〈4〉拙稿b）、下代については史料上確認できないことから、彼らがいつ頃から貞勝の下代になったのかは不明である。しかし、数名についてはその由来を確認できる者がいる。

永禄期からの下代であった落合親長は、天正三年に信長が京都で徳政を行った時に、貞勝のほかの下代とともに関与している(27)。また天正七年六月九日に公家の山科言経から村井一族と共に薬を贈答されていることから、天正期には貞勝の下代となっていることは明らかである。しかし、（永禄十二年）十二月十七日付けで信長の下知を承けて阿弥陀寺に寺領の安堵をしていることから(28)、落合はもとは信長の奉行人であった。このように、一例として信長の奉行人から貞勝の下代となった例が確認できる。

また、別の例として、公家の家司が下代となっていることが確認できる。加田新左衛門尉は、『言継』永禄十二年正月十五日条に「庭田（重保）内加田新左衛門尉」とあることから、永禄期は庭田重保の家司であったことが分かる。しかし、『兼見』元亀三年十月二十四日条には「加田新左衛門尉、村民（村井民部少輔貞勝）奏者、以下毎度令馳走也」とあることから、元亀期には貞勝の奏者となっていることが確認できる。その契機として、加田は『言継』元亀二年正月十五日条に「庭田之加田依勅勘不参歟」とあることから勅勘をうけており、あるいはこのことが貞勝の下代になる端緒とも考えられる。貞勝は御所の修理などの機会を介して公家の家司との人的関係を構築していき、自らの下代に編入したものと考えられる。

これ以外に下代となる経緯については、史料上の制約があり不明である。しかし、これらのことから貞勝は、信長から付属された者、あるいは貞勝が自らの人的交流を契機として編入した者、貞勝の身内の一族などによって下代衆を編成したと考えられる。

以上のように、貞勝の下代は永禄・元亀期と天正期とでは構成に違いがあり、主に天正期からは訴訟などの政治的活動が確認され、古記録や文書などから貞勝の「奉行」としての活動が認められる(29)。その背景としては、下代の活動が史料上で多く確認できる時期が天正三年以降であり、註（4）拙稿bで明らかにした貞勝が信長から京都専任の奉行として、信長政権の京都支配において中心的な役割を担うようになる時期と一致することから、貞勝は一族を登用して自らの下代として組織し、かれらを駆使して在地支配を行ったと考えられる。貞勝が信長から京都専任の奉行として政務を付与されたため、下代も次第に政治に関与するようになったことが指摘できる。

2. 下代の政治的役割

筆者は、先に註（4）拙稿aで村井貞勝の職掌を検討し、①所領安堵、②諸役の賦課・免除、③特権免許、④治安警察権、⑤寺社統制、⑥朝廷との交渉の六件にわたることを明らかにした。本節では、これらに下代が如何に関与したのかについて検討する。管見の限りでは、下代は貞勝の「奉行」として政治に関与するため、必然的に貞勝の職掌の範囲内での活動ということになる。古記録などから、相論の取次と裁許、諸役の賦課・免除、治安警察、村井貞勝・織田信長の取次、さらに軍事的活動――従軍・城番、その他――検地帳の作成・徳政の実務、などに分類できる。以下、それぞれの項目について個別に検討することとする。

相論の取次と裁許

ここでは、天正七年から同九年にかけて吉田兼見・千秋月斎と平野兼興との間で争われた猪熊地子銭の相論と、[30]天正十年に東坊城盛長と山科言経との大津塩公事についての相論の二例を中心に検討する。

天正七年から争われた猪熊地子銭の相論では、六月五日に貞勝の下代である村井光清から相論の当事者吉田兼見に使者が派遣された。[31]ここで光清は使者を介して、兼見に猪熊の地子銭の事について村井側では兼興に対して異見を申したが同心しないため裁許を行うことを告げる。この訴訟は、さらにこの後の同年七月一日に光清から兼見に「明日猪熊地子之事、平野与可《兼興》対決之由」を告げる使者が派遣され、翌二日に貞勝のもとで裁許が行われた。兼見は「対決」のために貞勝のところへ出向き、兼興と壬生朝芳が出座した後に、数刻にわたって双方が事情を「申分」した。裁許は兼見に有利な方向で運ばれ、十日後の七月十二日に貞勝は兼見に「猪熊地子之事、弥月《千秋》齋理運之旨」を告げている。この千秋月齋は、『兼見』天正六年七月十二日条に「村井将監《光清》所へ五十疋持参、月齋存知猪熊之地子之事也」とあることから、相論の当初より村井光清と連絡をとっていることが確認できる。

判決は、この五ヶ月後の十二月二十八日に出された。兼見は貞勝を訪問した際に「双方半分宛之事直相談」し、地子銭は双方が半分宛を分担して納めることを提言する。貞勝はこれを承けて「最可然之由」として、その旨を判決として村井清三に申し渡した。これによって地子銭の相論は解決をみたようであり、この後、兼見は貞勝をはじめ清三・光清・女房衆へ礼銭を納めている(32)。

しかしこれを不服とした平野兼興は、翌八年十月三日に「替奉行、又春長《貞勝》軒へ申之間」とあることから、再度「奉行」を「替」えて貞勝に訴え出た。しかし、この時は兼見が貞勝に「唯直ニ申理」したため即座に解決された。平野方は納得がいかなかったらしく、さらに翌年の四月十五日にも村井播磨守長勝を介して再度提訴した。この時、兼見は村井貞成に面会して「最前以対決相済之由」をあらためて理り申している。貞成はこれを承けて「最前之旨不可有別儀之由」と回答し、最前の判決に相違がないことを申し渡している。ここでは、貞勝の判決を基に貞成が安堵しているることが確認できる。以上のことから、この時の相論では「対決」の前日の天正七年七月一日に、兼見は光清に使者を派遣して「明日之義、弥可有馳走之由」を申し遣している。兼見は訴訟が起きた当初より光清と連絡をとり、判決の後に礼銭を納めていることから、光清を「奉行」としていたと考えられる。一方の兼興は、訴訟を有利に展開して裁定を覆すために、棄却の度に村井長勝などに「奉行」を「替」えて再三にわたって訴えを起こした相論であった。

では次に、天正十年に争われた近江大津衆と公家の東坊城盛長との塩公事を巡っての相論について検討する(33)。大津衆は粟津に拠って公家の山科家を本所として、魚の売買に関する権利を保持していた(34)。それを天正八年より東坊城盛長が違乱して、塩と籠を押領した。これに対して大津衆は正月二十二日に山科言経へ訴え出、言経は即日に村井吉忠・同光清に使者を派遣して提訴した。その一週間後の正月二十九日に、言経は再度吉忠へ伺いをたてた。この時の様子として『言経』には「大略相済了」とあることから、大津衆に有利な方向で審議が行われていたようである。しかしその後、言経が連日使者を遣わしたにもかかわらず進展はなく、四月七日に至ってようやく光清から言経の許に検分のための使者が派遣された。言経は光清に「切々」申したことが認められ、光清から「来十日ニ塩籠可返之由」の返事が申し越された。これによって、言経・大津衆の勝訴となった。この時の相論は、原告の大津衆は訴訟の取次をした山科家とは本所の関係ということにもよるが、言経を介して提訴し、村井吉忠・光清が関与した相論であった。

　このほかの相論の事例としては、天正六年八月に吉田社と法念寺が寺社領の境をめぐって係争となっており、この相論では『兼見』同年八月三日条に「罷向作右衛門尉(貞成)、以彼使者両人内堀内近(匠)遁斎、被見地之処(知カ)、社領之方境明鏡也、如在来可申付、可止法念寺違乱之由作右(村井作右衛門尉)申付、相済也、自最前度々申理、別而入魂也」とあることから、兼見は最前よりたびたび貞成に「申理」しており、貞成が使者を派遣して実地を検分し、裁定を下していることが確認できる。またこれ以外には、賀茂別雷神社に休齋英林と村井吉次が相論に関する連署状を発給している(35)。

　以上のことから、訴訟において貞勝の下代が「奉行」として関与していることが確認できる。また、在地の役負担者・座人などは訴訟を裁定する信長政権側に直接訴え出るのではなく、公家などを介して提訴していることが確認できる。この訴えを承けた公家は、貞勝の下代である「奉行」を介して貞勝へ上訴し、貞勝の屋敷などで裁許が行われた。公家は取次をする「奉行」を個人的な連繫や訴訟をより有利に展開するために「替」えるなどして対処していたことが、猪熊地子銭の相論の経過から窺われる。原告・被告の訴えを承けた下代は、「奉行」として貞勝に取次、実地・係争地の状況を検分し、双方の論拠・由緒の文書やそれぞれの主張などを照会していたことが想定され、あるいは双方の言い分を聞き取った上で判決を下していたことが確認できる。相論には村井貞成・光清や同長勝・吉忠・清三などの、貞勝の一族が関与していることが確認できる。

諸役の賦課・免除

ここでは役賦課・免除について、作事での人夫役と地子銭の徴収に下代が如何に関与したのかについて検討する。

貞勝は永禄十三年二月から御所の修理を行うが、貞勝が出陣によって京都を離れた際に、京都に「留守之衆」として残された高田久介や三井等覚院・野間孫兵衛などが作事を行なっていることが確認できる（『湯記』永禄十三年二月二日条・『言継』元亀元年九月四日条）。

これらの作事役賦課に関して、役を課された吉田兼見は、役の免除を下代の村井宗信と休斎英林に申し出ている（『兼見』天正四年二月十七日条）。

罷向休齋（英林）所（中略）面会、又道作之事、村（井脱）新右衛門（宗信）・休齋申之間相理之処、不可有別義之由入魂也、直向村新、罷出長州（村井長門守貞勝）之由申之間、罷向之処、面会也、道作之事相理、無別義相意得了、

これによると、兼見は宗信と休齋から道普請の役を賦課された事に対して、休齋に免除を申し出て免除された。次いで宗信の所に向かい、ここでおそらくは宗信から貞勝にも免除の承認を得るように指示されたものと思われ、貞勝の所に出向いて面会した。兼見は最終的に貞勝にも免除の了解を得て、この度の役を免除された。さらに兼見は二月二十日にも貞勝と宗信を訪れ、次いで貞成に面会し「相理」って「不可有別義之由」との安堵を得ている。以上のことから、役の免除にあたって貞勝の了承が先にあったことも想定されるが、下代である休齋や貞成が免除をしていることが確認できる。

一方、下代が貞勝の命を承けていないのに、勝手に役を賦課して罰せられた例も確認される。『兼見』によると、

天正六年十月三日に村井清三が「御屋敷御用」として吉田郷から杉を数本堀って行った。後刻、兼見は貞勝にこのことを告げると、貞勝は兼見に「不申付当郷、清三不相届之由」を申した。その三ヶ月後の『兼見』同七年正月二日条には「旧冬村井清三、依佐(作誤)右衛門尉(貞成)勘気令隠居三井寺之間」とあり、清三が貞成の勘気をうけて三井寺に隠居していることが確認できる。これは時期的にみて、清三が貞勝に無断で杉を賦課したことに対する処罰の結果と思われるのは想像に難くない。

このような役の賦課に対して、逆に下代が役負担者に諫められている例も確認される。『兼見』天正九年四月十三日条によると、貞勝から兼見に誓願寺の再興の件について手仁屋定圓が使者として遣わされた。定圓は、兼見に門の破風の木と吉田社の馬場にある松を所望であることを告げた。しかし、ここで定圓は「但面(表)向急度非所望、以入魂可相調之由被申付定圓」れたことを兼見に告げる。貞勝は表向きは所望ではなく、定圓の入魂をもって資材を調達するよう申し付けられたことを告げた。

これに対して兼見は、「木之事、面向自春長軒(村井貞勝)被申者不及是非、内儀以入魂定圓為馳走者、中々不可遣之也」と返事をし、表向貞勝からの申し出ならば資材を差し出し、定圓の馳走であるならば差し出さない旨を返答する。さらにこの木のことについて「而若右府信長入御耳者可為曲事歟、定圓以取成、春長軒へ相意得可申之由返事了」と回答し、信長の「御耳」に入って知られたら「曲事」なので、貞勝の相意を得るように回答した。その後、兼見は貞勝に面会して松の木の免除を願い出て安堵され、了承を得ている。このことは、先の清三が罰せられていることをうけて、勝手に役を免除しないよう定圓を諫めたとも考えられる。

さらに下代は、信長政権による道路普請（『兼見』天正四年二月二十日条・同年六月二十五日条）や、信長の二条新第造営などの作事も行っており（『兼見』天正五年十月十八日条）、「奉行」として村井貞成や宗信・清三などが普請やそれについての役賦課・免除に関与していることが確認できる。

この他に役に関することとして、地子銭について『兼見』天正三年十二月二十五日条に「新町地子之儀向村作《村井貞成》、弥無別義」とあることから、貞勝が信長への年始の参賀で美濃へ下向している時に、吉田兼見が村井貞成の所に赴き、ここで貞成が地子銭を安堵していることが確認できる。また、年貢未進のことについて山科言経は、住田光清の「内者」喜七と「小者」福千代に掛け合っていることが確認される（『言経』天正十年正月十八日条）。

治安警察

筆者は先に註（4）拙稿aにおいて、貞勝が①殺傷事件の裁定、②人身売買の禁止、③市場での乱暴行為の禁止、④禁裏の治安保護、⑤相論の裁許を事例として、治安警察権を行使していたことを明らかにした[36]。貞勝の下代もこの一端を担っていることが、次の史料から確認できる（『兼見卿記』天正七年五月十四日条）。

　去十一日慶中者与□方者令口論、既及喧華、唯今罷向之時盛法語也、□《驚カ》入也、村井新左衛門尉《右誤、宗信》無事之異見云々、

慶中の者と□方（某氏）の者とが十一日から口論となり、それが十四日には喧嘩にまで発展した。ここでは、これに対して村井宗信が仲裁に入っていることが確認できる。

村井宗信以外の下代としては、村井吉忠と住田光清が天正十年五月二十日に火事のことについて梅津社人に裁許を下している（『言経』）。ここには「村井又兵衛《吉忠》・住田清衛門尉《光清》等前ニ而（中略）裁許也」とあることから、吉忠と光清が裁許していることが窺われる。

また、『兼見』天正四年正月に下代が道路の普請を行った際に、上下京の地下人が吉田山から松の木を掘り取ろうとして口論となった。これを「村井奉行両人」である恒川新介と宗信が京中の人足へ申し付けることによって解決している（正月十日条）。

以上のことから、治安警察に関しては主に村井宗信・吉忠、住田光清などの下代が行っていたことが確認できる。

村井貞勝・織田信長の取次

　これまで見てきたように、下代は在地側から信長政権への交渉窓口として折衝を行っており、貞勝との取次を行っていた。貞勝の主な奏者として、村井清三が挙げられる。清三は『兼見』元亀三年十月二十五日条に、「村井民部少輔（貞勝）為見舞鱈一、持参、奏者清三、小姓也、伊賀弓一張遣之、加田新左衛門尉村民奏者以下毎度令馳走也、包丁刀一、遣之」とあることから、貞勝の小姓で奏者をつとめていることが確認できる。また、ここから加田も奏者を務めていたことが確認できる。清三は『兼見』天正四年七月十二日条・同六年正月十六日条・同六年七月二十九日条などでも、貞勝の奏者であることが記されている。

　このように貞勝の奏者は主として清三が務めていたが、先述の通り天正七年正月に貞成の「勘気」により三井寺に隠居することとなり（正月二日条）、替わって村井光清が奏者となった（『兼見』天正七年正月十四日条）。清三が勘気を解かれて復帰した後は再度清三となっていることが確認でき（天正七年六月九日）、この後は清三と光清が奏者となっている（光清＝天正八年十二月二十八日条・同九年正月十日条、清三＝天正九年七月二十九日条・同十年正月十一日条）。

　寺社側との取次としては、『宇野主水日記』[37]に「私之取次」として「村井又兵衛」が記されており、村井吉忠が本願寺との取次を務めている。この他、『賀茂別雷神社文書』には村井吉次・休齋英林との連署状が、「光源院文書」には村井宗信と村井吉次の文書が伝存していることから[38]、各寺社ごとに個別の取次経過があったことが確認でき、別奉行的な性格がうかがえる。このような人的つながりを伝手とした取次方法から、信長政権と室町幕府・豊臣政権との連続性を指摘し得る。しかしこれは、猪熊地子銭の相論の事例や『宇野主水日記』にも記されているように「私之取次」で、室町幕府における別奉行のような政権側が設定した公的な取次ではないといえる。

　さらに下代は、貞勝の下代としての立場ばかりでなく、信長の取次を行っている例も確認できる。信長の取次は、

①信長の上洛時、②陣中見舞いの際に行っている。

①信長の上洛時においては、主として村井貞成と専次が行っており、公家の吉田兼見が信長へ茶菓子や進物などを献上した際に披露している。[39] また、信長の上洛に際して信長を出迎えることについての公家からの問い合わせに貞成が回答しており、信長政権側の情報を伝達している（『兼見』天正七年十一月四日条・同八年七月十四日条）。しかし、『兼見』天正七年二月十八日条では貞勝も行っていることから、一本化されていた訳ではないといえる。これについても、政権側で特定の取次を設定したわけではなく、取次を依頼する側が個々に選択したことの表れであると考えられる。そのため、多様な交渉・情報伝達経過が存在していたのであった。

次に、②陣中における取次については、天正三年八月、信長が朝倉氏を攻めるために越前へ侵攻した時に村井貞成と専次はこの合戦に従軍し、陣中見舞いとして吉田兼見が信長の陣所を訪ねた際に、専次が信長への取次をしている（『兼見』天正三年八月十七日条）。また、天正四年五月に信長が本願寺を攻めるために河内に出陣した時にも貞成と専次は従軍しており、兼見が陣所を訪問した際に取次いでいる（『兼見』天正四年五月十二・十三日条）。

しかし、このうち村井専次については、『兼見』天正四年八月十四日条に「向村長（中略）専次参会」とあり、兼見が貞勝を訪問した際にここに専次が「参会」していることから、貞勝とは別居している様子がうかがえる。

また、信長が上洛したときには「村井専次、作右衛門尉（村井貞成）ニ逗留之間罷向」とあることから（『兼見』天正七年九月十五日条）、専次は信長に供奉して上洛し、貞成の居館に逗留したものと考えられる。さらに『兼見』天正四年三月四日条には、兼見が信長に会うために安土へ下向した時に専次が取次を務めていることから、普段は安土に在城していたと思われる。専次は、信長の鷹狩りに随行したり（『兼見』天正三年九月二十五日条）、合戦に従軍していることから、信長に近侍している様子が窺われる。そのため、専次は貞勝の子息だがほかの下代とは性格が異なり、信長の側近としての活動が顕著に認められる。一方、京都での活動はほとんど認められないことから、主に信長の側近として活動していたと考えられる。

以上、下代のうちでは、貞勝の奏者は清三・光清が務め、信長の取次は貞成・専次が務めていることが確認できる。

軍事的活動——従軍・城番

軍事的活動として、村井貞成と専次は信長の合戦に出軍していることが確認される。摂津国は天正二年より荒木村重が一職支配権を付与されていたが、同六年十月に信長に謀反を起こすこととなり、畿内の軍事的緊張関係が高くなった。また、それに前後して播磨別所攻めが行われており、高槻・伊丹は畿内への防衛の前線として要衝の地となり、備えとして数か所に城番が置かれることとなった（『原本信長記』巻十二、天正七年正月条）。

天正六年十二月十一日に、貞成は信長の側近大津伝十郎等と高槻城の城番となって下向し（『原本信長記』巻十一）、翌年の六月にも摂津に番手として下向し、ここから吉田兼見に鉄砲火薬の皮袋を所望している（『兼見』天正七年六月十一日条）。また、天正八年四月からは信長の側近矢部善七郎の後に伊丹城の城番を務めている（『原本信長記』巻十三、天正八年四月一日条）。この貞成の軍隊としては、天正九年二月二十八日に京都で行われた馬揃えで、丹羽長秀、蜂屋頼隆、明智光秀に次いで、四番として貞成が根来・上山城衆を率いていることが確認できる（『原本信長記』巻十四）。

城番は主に大津伝十郎や矢部善七郎など信長の側近が務めており、村井貞成は以上のことから信長の側近と同様に活動していることが確認される。ちなみに、『原本信長記』（巻十一）天正六年八月十五日条では、堀秀政や万見重元等の信長の側近と共に安土での相撲の奉行を行っており、貞成が信長に近侍していることが確認できる。このことから、貞成は信長から吏僚としての事務能力を評価され、信長軍団の部将として、且つまた信長の側近が行う役割を担うようになったと考えられる。

その他――検地帳の作成・徳政の実務

その他の下代の政治的関与としては、検地帳の作成・徳政に関する活動等が確認される。京都近郊の検地については、深谷幸治氏が「久我家文書」所収の「天正二年久我荘指出検地帳」を検討し、ここに記された「村新右」は荘園領主の久我家か竹内氏の侍もしくは在地侍衆で、作成もしくは徴収責任者との見解を示している(40)。しかし、この「村新右」の花押型は、「光源院文書(41)」所収（年未詳）二月一日付光源院宛村井新右衛門尉宗信書状の花押型と基本型が一致するため、検地に貞勝の下代が関与したことを確定することができる。

また、天正三年に織田信長が畿内で行った徳政に関与しており、恒川新介・村井宗信・村井光清、村井吉忠・落合親豊・休齋英林が公家の中御門宣教の借物・沽却分・不知行分のことについて協議しており、さらに青蓮院門跡領の文書返進を命じている(42)。これらのことから、下村信博氏はかれら下代が徳政実施の担当者であったことを指摘している(43)。

村井宗信花押（左：「光源院文書」）と「村新右」花押（右：『久我家文書』）

小括

以上、六項目にわたって村井貞勝の下代が信長政権の京都支配に果たした政治的役割について検討してきた。小括としてここまでの検討結果を基に、これらについて下代のうちでも役割の分担がされていたのかを検討したい（本章末の表1に簡略ながら「事項」を記したので参照願いたい）。

村井清三は主に貞勝への取次を行っており、「奏者」「小姓」と出てくるため、貞勝の小姓として近侍し、貞勝へ奏者として進物の披露や取次などを行っていた。村井光清は猪熊地子銭の相論および大津塩公事で見たように主に訴訟に関与していたことが確認できる。一族以外としては、住田光清が相論などに関与している。下代は所領に関する相論に関与しているが、管見の限りでは直接所領安堵を行っている様子は確認できない。そのため、貞勝の職掌であったと考えられる。[44] 寺社の取次としては、村井吉忠が本願寺との取次を行っており、賀茂別雷神社は村井吉次・休斎英林、光源院は村井宗信・吉次などが行っており、別奉行的な役割があったことが窺われる。作事に関しては、村井宗信や同貞成が行っていることが確認できる。貞成は、この他にも訴訟・治安警察や普請・地子銭安堵など政務の多岐にわたって携わっており、時には貞勝を代行している。また、この他にもしばしば信長の出軍に従軍して城番などを務め、安土に祗候して信長の側近と同様に活動しており、さらに贈答品の額の差などからも下代の中では上位にいたものと考えられる。また信長との取次に関しては、村井専次が行っていた。

このほかにも史料上確認できる下代は多数いるが、あまり史料上多出しない下代は「内衆」として、おそらくは「家来」や「奉公人」として屋敷の家政や雑務などを行っていたものと考えられる。当該期、このような一族・家臣は「家中」と称される。『日葡辞書』には「かちゅう（Cachu）」として「家の中。主君の一族、または、その家来ども」、「けちゅう（Qechu）」として「家の中。同じ一族の中」とある。貞勝の「家中」は、「奉行」として実務的に政務に係わる「下代（げだい、しだだい）」と、事務的な家政に携わる「内者」「内衆」とに性格が分かれることを指摘し得る。

3. 本能寺の変後の下代と村井一族の動向

織田信長は、天正十年六月二日に明智光秀の謀反によって京都本能寺で自害する。貞勝は、京都妙覚寺を宿所としていた信長の嫡男信忠に自ら光秀謀反の報を知らせた。そして、信忠と共に二条御所に移り、ここで防戦の末に自害した。『阿弥陀寺過去帳』『原本信長記』『言経』には、この変での戦死者が記されており、貞勝と村井一族の村井清次（専次カ）・貞成・宗信と、下代の服部六兵衛が討死したことが確認できる。[45] しかし、これ以外の下代として村井清三、村井長勝、村井吉忠、中村良政、休斎英林、貞成の右筆磯辺遁斎などは変を逃れて、なかには豊臣政権の京都奉行の下代となっていることが確認できる[46]。

次に個々の下代の変後の活動について述べることとするが、その前に簡単ではあるが羽柴秀吉が任じた京都奉行の変遷について触れておきたい[47]。

山崎の合戦で光秀を倒した秀吉は、京都を含めて畿内をその勢力下に置いた。秀吉は天正十年七月十三日に桑原貞也を京都奉行に任じ、次いで八月七日に貞也を罷免して杉原家次と浅野長吉を奉行に任じた。そして、翌十一年五月二十一日に織田信雄を介して前田玄以を奉行に任じた。さらにその後、玄以は秀吉から京都所司代に任ぜられ、豊臣政権の京都支配を担った。以上の点を踏まえた上で、次に個々の貞勝の一族と下代の動向について確認しておきたい。

変を逃れて生存した一族としては、村井清三がいたことが確認できる。清三は山崎の合戦の直後に光秀の首を織田信孝の許へ届け、秀吉の京都奉行桑原貞也と共に粟田口に光秀と斎藤利三の首塚を築いている。また、光秀と近衛前久の預物をした家について糺明の触を出している（『兼見』六月十五日・二十三日条）。管見の限りでは、これ以後は史料上確認されない。

このほか、貞勝の孫小法師や「内衆」が生存しており、『言経』天正十年六月十九日条には遣迎院へ「村井内衆」が下京米屋宗綱の下女を人質にとって追い籠もり、磯部遁齋が追い懸けたことが記されている。また、『兼見』天正十年九月一日条に「春長軒孫小法師」が、兼見に田中領の地子銭の催促のために新六を使者として派遣し、秀吉と丹羽長秀・池田恒興の領知安堵の連署状を持参したことが確認できる。

このような「内衆」とは別に、休齋英林と中村良政・村井吉忠は秀吉の京都奉行杉原家次の下代になっていることが確認できる。休齋は（天正十一年）三月二十七日付けで賀茂社に家次の所領安堵状の副状を発給し、賀茂社の所領を安堵している。

また、中村良政と村井吉忠は天正十年十一月十日付けで一乗寺荘屋鎌右衛門尉宛に連署状を発給している[49]。ここには賀茂社領の儀について、「杉七様（杉原七郎左衛門尉家次）御折紙を以御理被成候之処、無別儀候条」とあり、家次の安堵状に基づいて社領を安堵し、鎌右衛門尉を介して百姓中に年貢進納を指示している。このことから、休斎と同様に家次の下代となり、所領安堵に関与していることが確認できる。

この他、村井長勝と磯部入道などは、杉原家次の次の京都奉行前田玄以の下代になっていることが確認できる。『兼見』天正十一年十月十三日条によると、九月十三日に中将某と教覚院宮内卿との間で口論が起こり、殺傷事件にまで発展した。兼見は裁許のために、「村播（村井播磨守長勝）へ為談合」に罷り向かった。長勝は「播州先代未聞沙汰之限之由所存也、急度玄以へ可披露之由存分也」と返答していることから玄以に仕えており、このことを玄以に披露していることが確認できる。また、長勝は山城誓願寺などに玄以の下代である葛西長弘との連署状を発給している。[50] このほか、伊藤真昭氏によると北野社の取次をしており、この後、慶長二年（一五九七）八月一日に切腹していることが指摘されている。[51]

磯辺遁斎は、『兼見』天正十二年正月七日条に「遁斎貳十疋持来、村井作右衛門（貞成）筆者也、先年与取次也、今度玄以罷出云々」とあることから、村井貞成の右筆で兼見の取次でもあったが、変の後に玄以に仕えていることが確認できる。磯部は『兼見』天正十二年十二月八日条に「民部卿法印（前田玄以）ヨリ使者、筆者磯辺入道来云々」とあることから、玄以の右筆となっていたことがうかがえる。伊藤氏は、磯部入道李斎宗色（玄以の筆者）と別人とする見解を示しているが（註〈7〉伊藤氏著書、五〇頁）、活動時期が重なり、同じ右筆であることから同一人物かあるいは一族と思われる。年代が近いのに名前が重複しないのは、この前後に名を変えた可能性も想定し得る。さらに、伊藤氏によって小川五右衛門も下代となっていたことが指摘されている。[52]

以上、村井貞勝の一族と下代の本能寺の変後の動向について、豊臣政権の京都奉行との関係性を概観してきた。貞勝の下代だったもののうち、休斎英林・中村良政・村井吉忠は京都奉行杉原家次の下代となっており、村井長勝・磯部遁斎・小川五右衛門は京都所司代前田玄以の下代となっていることから、人的な側面で信長政権との連続性が確認できる。豊臣政権の京都奉行は、変後の支配当初は人的基盤がなかったことから、それまでに在地と人的連繋が構築され、行政の実務に長けていた貞勝の下代を登用して支配に臨んだことが考えられる。その後、次第に組織や基盤が整っていくにしたがって、自らの下代による支配へ移行したと考えられる。

伊藤氏は、村井長勝が切腹し、その子息武蔵守某は慶長元年七月の慶長大地震ですでに死亡していることから、村井家が断絶した可能性を指摘した（註〈7〉、六六頁）。しかし、実際には村井一族は生存しており、村井専次の子が尾張国内で所領を得ていることが確認できる[53]。さらに、尾張藩士の系譜を書き上げた「士林泝洄」に後藤氏を称して仕えていることが確認できる。また、春長寺には細川氏の家臣となったことが伝承として伝わっている[54]。このほか、三浦周行氏によると津市に村井貞勝の子孫が旧記を伝えているとのことである。さらに、太田亮氏によると、貞勝の子清二郎が本能寺で没し、その子の監物成政（貞勝の孫、池田輝政の甥）が姫路城主本多忠刻に仕え、のちに播磨国美作に住したことと、幕末には蔵人所衆の村井修理少進正禮が正五位を贈られていることを記している[55]。

おわりに

以上、ここでは信長政権の領国支配構造解明の一端として、京都における支配について村井貞勝の下代の構成を明らかにし、下代が果たした政治的役割を検討してきた。その結果、貞勝の下代は貞勝の一族・信長の家臣・公家の家司などから登用されて構成されており、特に貞勝が単独で京都支配を行う天正三年以降は一族を多用して支配に臨んだことが明らかとなった。この点については、永禄・元亀期と天正期とでは構成に相違があったことが認められ、また政治的役割も普請から次第にほかの政務も行うようになったことが確認できた。貞勝の下代の一部は本能寺の変を逃れ、豊臣政権の京都奉行杉原家次・前田玄以の下代となっており、豊臣政権との連続性が窺われる。豊臣政権の下代は寺社の取次の側面で室町幕府の「別奉行」としての性格を有していたことが、伊藤氏によって指摘されている。信長政権の場合も個別に取次としての役割が確認できることから、「別奉行」的な性格が窺われる。しかしこれは、相論の取次で確認したように実際には複数の伝達経路があって固定的ではなく、取次を依頼する側の選択で「私之取次」であったと捉えられる。

信長政権における政治的役割としては、相論の裁許や治安維持など在地の紛争解決を行い、在地秩序・支配の安定に寄与する役割を担っていた。この他、普請や検地、役の賦課・免除・徴収などを行っていたことが明らかとなった。また、信長や貞勝の取次を務め、奏者として献上品を披露し、信長・貞勝からの意志・命令や、上洛に関することなどの信長政権に関する情報を在地に伝達し、政権と在地との仲介者としての役割を担っていた。彼らは「奉行」として普請を監督したり、相論においては係争地の実地を検分するために派遣され、または原告・被告側の論拠を調査したり、取り次ぐ役割を担っていた。在地側からは相論などで裁許を有利に展開し、役の免除など既得権益の維持権を得るための「奉行」として期待されていたことが明らかとなった。これらの政務は、下代の内でも主に村井貞成・宗信・光清・清三・吉次・吉忠などの村井一族が行っていた。そのため貞勝の下代は、厳密には政務を行う「下代」と家政などの事務的なことを行う「内者」とに分けられ、下代の中である程度の役割分担がなされていたと考えられる。

深谷幸治氏は、信長政権の領国である近江における下代は村落の主導階層であった「侍分」から登用され、代官などの在地支配の実務を担当していたことを明らかにした。村落支配では年貢徴収の役割があることから、在地支配に重点が置かれているため、村落側から登用する要があったものと考えられる。一方、ここで検討した都市京都における下代は、既得権益の保護や治安維持など在地の秩序安定に寄与する役割があり、また主として裁判における取次的な役割に重点がおかれていたといえる。そのため、村落と都市とでは若干性格が異なっているといえ、信長政権の下代の政治的役割の多様性を指摘しうる。

註

（1）織田政権の奉行人についての研究は、染谷光広「織田政権と足利義昭の奉公衆・奉行衆との関係について」（『国史学』第一一〇・一一一合併号、一九八〇年。のち藤木久志編『織田政権の研究』吉川弘文館、一九八五年に収録）。臼井進「幕府存在期の信長の京都支配における木下秀吉の立場」（『史叢』第五〇号、一九九三年）。竹本千鶴「織田政権の奉行人と京都支配―元亀年間大徳寺と上賀茂社の争論を中心に―」（『書状研究』第一五号、二〇〇一年）などがある。

（2）『邦訳日葡辞書』（岩波書店、一九八〇年）。

（3）深谷幸治「織豊期近江の在地支配と『下代』」（『地方史研究』第二四一号、一九九三年。のち『戦国織豊期の在地支配と村落』校倉書房、二〇〇三年に収録）。以下の記述は、著書第二章に記されている。

（4）拙稿a本書第Ⅳ部第二章、初出「織田政権の京都支配―村井貞勝の職掌の検討を通して―」（『白山史学』第三三号、一九九七年）。b「村井貞勝発給文書の基礎的考察」（『東洋大学文学部紀要』第五五集「史学科編」第二七号、二〇〇二年）。

（5）谷口克広『織田信長家臣人名辞典』（吉川弘文館、一九九五年。以下、『家臣人名』と略記する）。ここでは、貞勝の下代として、磯部小平次、磯部遁斎、落合長貞、高田久介、中村隼人佐、布目某、野間孫兵衛、野間六蔵、村井貞成、村井将監、村井新右衛門、村井助右衛門、村井清次、村井清三、村井専次、村井又左衛門、村井又兵衛、村垣徳室の十八名について事績が述べられている（他に「村井新四郎」を一族ヵとする）。なお、ここでは実名については明らかにされていない。

（6）村磯良美氏は、谷口氏が指摘した十八名の他に、住田光清、休齋英林、等覚院、横川又太夫、恒川、野間新六、小川五右衛門、日比野、横山左内、服部六兵衛がいたこと（さらに、貞成に遁齋・内堀内匠、将監にキ右衛門、又兵衛に飯尾久介・冬木軒、住田光清に喜七・福千代が家臣だったこと）を明らかにした（「織田信長の京都経営―『天下』所司代村井貞勝を通して―」『日本女子大学大学院文学研究科紀要』第一〇号、二〇〇三年）。このうち「村垣徳室」は、『言継』元亀元年九月四日条に「村井木屋へ罷向、野間孫兵衛、村垣徳室、横川又太夫等雑談移刻子」とあり、村垣が貞勝の普請木屋に居ることから、これまでは貞勝の家臣とされてきた。しかし、『言継』には「日乗上人内村垣徳宝」（永禄十三年正月十七日条・元亀二年十月十七日条）とあることから朝山日乗の「内者」で、名前は「徳室」ではなく「徳宝」であることがわかる。

　また、谷口氏は註（5）前掲書で「服部六兵衛」を織田信長の家臣としているが（三二九頁）、公家の勧修寺晴豊が記した『日々記』（内閣文庫所蔵。日記の性格については、岩沢愿彦「本能寺の変拾遺」『歴史地理』第九一―四号、一九六八年四月、を参照のこと）天正十年二月十一日条に「村井内はんとり《（服部）》六兵衛」とあることから、貞勝の下代であることが分かる。ちなみに、ここでは六兵衛が大原へ遣わした「内者」が公家の庭田邸へ馬を盗みに入り、討ち取られていることが記されている。また、村井新四郎は同姓であるが貞勝の直接の一族とする根拠がなく、貞勝の下代としての活動が認められないため、ほかの下代と同一に捉えるのには検討の余地がある。また、後述するが村井専次についても貞勝の下代としての活動はあまり見受けられないことから、他の下代と同列に論じるのは検討の余地がある。

（7）伊藤真昭「豊臣期所司代下代衆と寺社」（大阪大学文学部日本史研究室編『近世近代の地域と権力』清文堂出版、一九九八年。のち同『京都の寺社と豊臣政権』宝蔵館、二〇〇三年に収録）。信長政権と豊臣政権の下代の関連性については、筆者も戦国史研究会第二一六回例会報告（一九九七年十月）「村井貞勝の下代に関する基礎的考察」で、杉原家次と前田玄以の下代の中に貞勝の下代だった者がおり、両政権の人的側面での連続性を明らかにした（要旨は『戦国史研究』第三五号、一九九八年二月に掲載されているので、参照願いたい）。また伊藤氏はここで、豊臣政権の下代は訴訟において室町幕府の「別奉行」的な性格があったことを明らかにした。「別奉行」については、青山由樹「室町幕府『別奉行』についての基礎的考察」（『史報』創刊号、一九七八年。のち『日本古文書論集』八、中世Ⅳ、吉川弘文館、一九八七年に収録）に詳しい。ここでは、東寺などの主要な寺院に個別の幕府奉行人が別奉行として置かれ、寺社側からの推薦で将軍が補任し、訴訟などにおいて将軍に披露する役割があり、かつ幕府からの情報を伝達していたこと等が明らかにされている。

（8）「村井内」については『言継卿記』永禄十一年十月五日条（国書刊行会、一九一五年。以下、古記録は『言継』などと略記する）に、「村井（長門守）内衆」は『言経卿記』天正十年六月十九日条（『大日本古記録』、岩波書店、一九五九年）・「立入左京亮入道隆佐記」（『続群書類従』巻五八二「合戦部」）に記されている。

（9）『多聞院日記』（『増補続史料大成』、臨川書店、一九七八年）永禄十一年十一月二十二日条。

（10）「長命寺文書」（奥野高広『増訂織田信長文書の研究』〈吉川弘文館、一九八八年〉第一三二号文書〈以下、同書よりの引用は『信文』と略記し、文書番号のみを記す〉）、「橋本左右神社文書」（『信文』一三一号参考）、「堅田村旧郷士共有文書」（『信文』一三二号）。なお、註（4）拙稿bに「村井貞勝発給・関連文書目録」を、補遺を本章末の表3に附したので参照されたい。

（11）永禄十二年二月二日以降は足利義昭の新築造営（『原本信長記』巻二。福武書店、一九七五年）や御所の作事（『お湯殿の上の日記』永禄十三年二月二日条。『続群書類従』補遺三、続群書類従完成会、一九五八年）などを行っている。

（12）註（4）拙稿bにおいて、貞勝は信長の上洛当初から京都支配において中心的な役割を担っていなかったことを明らかにした。また、併せて室町幕府滅亡後、天正元年七月から京都所司代に任じられたとする従来の見解に対して、史料の残存状況やその性格、職掌付与の点から修正する必要性があることを指摘した。

(13) なお、文書中における「下代」の初見としては、「誓願寺文書」（永禄十二年）正月二十日付室町幕府奉行人連署奉書がある（東京大学史料編纂所架蔵影写本、請求番号三〇七一―六二―一三。年代比定は、註（1）染谷氏論文の比定に拠った）。なお、本章末に「表3　村井貞勝下代関連文書目録」を附したので、併せて参照願いたい。

(14) このような史料上確認できる下代名と活動時期・活動事項・典拠をまとめたのが、本章末に掲載した表1である。適宜、参照されたい。ちなみに野間氏の出自は不明である。

(15) 『言継』永禄十三年八月二十五日条。註（6）『言継』同年九月四日条。

(16) 一部については、谷口氏『家臣人名』を参照のこと。それ以外は、本章末の表1を参照のこと。

(17) 普請については、将軍新第は『言継』永禄十二年正月二十七日条以降に、御所は同記永禄十二年五月二十五日条以降に記されている。詳細は註（4）拙稿bを参照のこと。

(18) 『兼見卿記』（「史料纂集」、続群書類従完成会、一九七一年）、『言経卿記』（「大日本古記録」、岩波書店、一九五九年）。

(19) 谷口氏は『家臣人名』で、「泉涌寺文書」の署名から「貞成」ではなく「貞盛」の可能性があることを指摘した（四四二頁）。筆者も東京大学史料編纂所架蔵の影写本（請求番号三〇七一―六二―一四）にて確認したが、花押と重なっているため明確に判読できなかった。ここでは、これまでの諸書との混乱を避けるために、従来の通記に合わせて「貞成」とした。

(20) 各下代の史料上の初見については、本文末の表1を参照のこと。貞勝の京都支配の経過については、註(4)拙稿bを参照のこと。

(21) 「士林泝洄」巻二十九（『名古屋叢書続編』第十八巻、名古屋市教育委員会、一九六七年）。

(22) 「織田系図」（『続群書類従』第一四二「系図部三十七」）。

(23) 祖田浩一『信長をめぐる五〇人事典』東京堂出版、一九九一年。谷口氏『家臣人名』三八〇頁。典拠は、『寛政重修諸家譜』。

(24) 奥野高広「織田政権の蔵入領」（『史林』第六二巻四号、一九七九年）。

(25) 『兼見』天正八年十二月二十九日条には、貞成が安土に下向していることが記されている。織田政権の正月参賀については、矢田俊文『日本中世戦国期権力構造の研究』（塙書房、一九九八年）、二木謙一『武家儀礼格式の研究』（吉川弘文館、二〇〇三年）に詳しい。

(26) 谷口氏『家臣人名』、四三四頁。小瀬甫庵『太閤記』（新古典文学大系六〇、岩波書店、一九九六年）。ちなみに、貞勝の出身に関する傍証として「橋本左右神社文書」（『近江蒲生郡志』巻参、滋賀県蒲生郡役所、一九二二年）所収の（年未詳）六月八日付村井貞勝書状に「（近江国蒲生上郡）林村と申在所ニ此方縁者村田与申者御座候」とあることから、近江国林村に貞勝の縁者（村田某）がいたことが確認できる。『近江蒲生郡志』には、当該期に村田半介・孫十郎が同村に在住していたことが記されている（筆者は註4拙稿bで、この書状の年代を貞勝の花押型から元亀二年～天正二年に比定した）。なお、貞勝の墓所がある春長寺の位牌には、近江塩津の出身で佐々木氏の支族であることが記されている。

(27)「竜安寺文書」（『信文』五二九号）、『華頂要略』巻十三「門主伝第二十四」（財団法人鈴木学術財団『大日本仏教全書』第六十六巻「史伝部六」、講談社、一九七二年）。表3No.3・4。

(28)「阿弥陀寺文書」（『信文』二〇五号）。年次比定は、奥野氏に拠った。

(29)活動の時期については、表1「下代名一覧」を参照のこと。天正三年二月十九日条に「其已前路次普請之事、自村民以奉行堅申付了」とあることから、「奉行」と呼称されている。

(30)千秋月齋は、室町幕府第十三代将軍の足利義輝の幕臣を記した「永禄六年諸役人附」（『群書類従』巻第五百十一「雑部」）に「詰衆番衆」の三番だったことが記されているため、義輝の幕臣だったことがわかる。また、この相論では壬生朝芳が関与しているが、これについて村磯氏は前掲註（6）論文で、公家間の相論に座人を統轄する弁官局の実務を統轄する左大史である官務に貞勝が出座をもちかけたと指摘している。

(31)『兼見』天正七年六月五日条には、「将監（光清）方使者来云、猪熊地子之事、此間兼興（平野）方へ雖令異見不同心之間、面向可及糺明之由申来、相意得之由答」とある。以下、訴訟の経過は『兼見』に拠る。

(32)『兼見』天正八年四月五日条には、「猪熊地子相済之間、為礼春長軒（村井貞勝）へ罷向、五百疋持参、面会、奏者清三貳百疋、将監貳百疋、女房衆へ百疋、各対面、申礼了、右之礼、自彼地子銭調之也」とある。

(33)以下、訴訟の経過は『言経』に拠る。原告は、『言経』天正十年正月二十二日条に「大津衆粟津屋来、公事論之事談合了、後刻村井又兵衛・同将監へ使者遣了、公事論事申了」とあることから、大津衆の粟津屋であることがわかる。

(34)近江粟津の座については、豊田武『座の研究』（『著作集』第一巻、吉川弘文館、一九八二年）に詳しい。

(35)『賀茂別雷神社文書』第一（「史料纂集」、続群書類従完成会、一九八八年）、第五七・五八・一六三・一六四号文書。

(36)洛中における検断として、貞勝は安土から上洛してきた堀秀政と大坂本願寺から加賀への密使が宿泊した宿屋（灰屋・針屋）を糺問し、囚人を安土に連行している（『兼見』天正四年八月二日・三日条）。

(37)『石山本願寺日記』下巻、清文堂出版、一九六六年。

(38)「光源院文書」(東大史料編纂所架蔵影写本、請求番号三〇七一―六二―三三)。これらについては、本文末の表3「下代関連文書目録」を参照願いたい。
(39)『兼見』天正七年九月二十日条では貞成が、『兼見』天正三年九月二十五日条では専次が信長へ進物を披露している。専次はこのほか『兼見』天正四年四月二十九日・五月二十九日などでも取次をしている。
(40) 深谷幸治「織田政権期の京近郊荘園領―天正二年山城久我荘指出の再検討―」(『地方史研究』第二五二号、一九九四年)。「天正二年久我荘指出検地帳」は『久我家文書』第二巻(続群書類従完成会、一九八四年)に収録されている(六八三～六八七号文書)。
(41) 註(38)「光源院文書」。表3を参照のこと。
(42) 中御門家領については「宣教卿記」天正三年四月十六日条に、青蓮院門跡領については『華頂要略』巻十三に記されている(註(27)を参照のこと)。なお、これらについては、下村信博『戦国・織豊期の徳政』(吉川弘文館、一九九六年。初出「天正三年織田信長の徳政について」『史学雑誌』第九二編一一号、一九八三年)に詳述されている。
(43) 註(42)下村氏著書、四六頁。
(44) 註(4)拙稿a参照。新規の安堵は信長が行い、追認は信長の朱印状などを基に貞勝が行っていることを明らかにした。
(45)「阿弥陀寺過去帳」には「春江院前長州太守松岳宗高大禅定門」「覚月宗光　せんし」「梅室宗保　さくゑもん」と服部六兵衛・村井新右衛門が記されている(水野恭一郎・中井真孝編『京都浄土宗寺院文書』同朋舎、一九八〇年)。同書は「せんし」を「禅師」に比定し、ほかの二人が比定されていない。「春江院」は「長州太守」とあることから長門守貞勝に比定でき、「せんじ」＝村井専次、「さくゑもん」は村井作右衛門尉貞成に比定できる。『原本信長記』(巻十五、天正十年六月二日条)には「村井清次」とあるが、清次はこれ以外の史料で確認できないことから、谷口氏も『家臣人名』(四四三頁)で指摘しているように「専次」の誤記と考えられる。
(46) 註(7)伊藤氏著書。筆者、戦国史研究会報告要旨(『戦国史研究』第三五号、一九九八年二月)。
(47) この経過については、京都市編『京都の歴史』第四巻、第Ⅴ章第2節(朝尾直弘氏執筆分「京都所司代」、学芸書林、一九六九年)に述べられている。
(48)「賀茂別雷神社文書」東大史料編纂所影写本、請求番号三〇七一―六二―三七。
(49)「座田文書」東大史料編纂所影写本、請求番号三〇七一―六二―九二。註(7)伊藤氏著書、三〇頁。
(50) 註(13)「誓願寺文書」。

(51)　註（7）伊藤氏著書、六二頁・四八頁。さらに伊藤氏によると、北野社との関係については『北野社家日記』慶長四年七月二十七日条「当坊シウトニて候故」とあることから、北野社松梅院と村井家が姻戚関係であったことを指摘し、公私にわたる関係であったとしている。また、長勝は慶長二年八月一日に切腹し（「古文書纂」）、葬儀は松梅院で行われ（慶長四年七月二十七日条）、墓所は妙心寺にある（慶長三年十二月十六日条）ことを明らかにしている（四九頁）。

(52)　註（7）伊藤氏著書、五一頁（「妙心寺納下脹」天正十一年十月条・十一月条）。伊藤氏は梅本坊も下代ヵとするが、貞勝と同時期の史料では下代としての活動は認められない。

(53)　「織田信雄分限帳」（『続群書類従』巻第七百九「武家部」）。ここに専次の子が、「光明寺ノ内。目処ノ郷内」で□十貫文を領していることが記されている。尾張藩士となった村井一族については、註（21）「士林泝洄」に記されている。

(54)　幕末期の成立と推定される、細川氏の家臣を記した『肥後細川家分限帳』（青潮社歴史選書五、青潮社、一九九一年）に、「村井直之允、村井十右衛門、村井雲壺」の名があることから、細川氏の家臣に村井氏がいることが確認できる。しかし、これを貞勝の子孫とする直接的な根拠は管見に触れていない。

(55)　三浦周行『歴史と人物』「朝山日乗」一九一五年（のち、同氏著『日本史の研究』新輯二、岩波書店、一九八二年に再録）。太田亮『姓氏家系大辞典』（角川書店、一九六三年）「村井氏」の項。

（補註1）　本章の元になる拙稿「織田政権の京都における在地支配―村井貞勝の下代の政治的役割―」（『白山史学』第四四号、二〇〇八年）を著して以降の「下代」の研究として、深谷幸治『織田信長と戦国の村―天下統一のための近江支配―』（吉川弘文館、二〇一七年）がある。

表1　村井貞勝下代一覧

番号	下代名	初出の年代	出典	事項
1	磯部小平次	天正7年6月9日	『言経』	薬を遣わされる
2	磯部六兵衛	天正7年6月19日	『言経』	薬を遣わされる
3	小川五右衛門	天正4年6月25日	『兼見』	使者（普請の申次）、のち前田玄以の下代（天正11年10月「妙心寺納下帳」伊藤氏註（7）著書、51頁）
4	落合平兵衛親長	（天正3年）8月11日	「華頂要略」	徳政、もと信長家臣（永禄12年）12月27日（「阿弥陀寺」）
5	落合平衛丞長貞	天正7年6月9日	『言経』	薬を遣わされる
6	梶原	天正7年8月23日	『兼見』	奏者
7	加田新左衛門尉	元亀3年10月25日	『兼見』	奏者、もと庭田家の家司
8	休斎英林	元亀3年閏正月13日	『兼見』	相論、作事役、徳政、取次（「賀茂別雷神社」）、のち杉原家次の下代（天正11年）3月27日「賀茂別雷神社」
9	住田清右衛門尉光清	天正7年6月9日	『言経』	相論、火事裁許
9①	（住田内）喜七	天正10年正月1日	『言経』	扇を遣わされる
9②	（住田小者）福千代	天正10年正月18日	『言経』	金を遣わされる
10	高田久介	元亀元年8月25日	『言継』	留守之衆
11	恒川新介	（天正3年）8月7日	「竜安寺」	口論裁許、徳政
12	手仁屋定円	天正9年4月13日	『兼見』	使者（普請用木）
13	中村隼人佑良政	（永禄12年）10月17日	「清和院」	のち杉原家次の下代（天正10年11月10日「座田」）
14	野間新六	天正6年3月18日	『兼見』	家中
15	野間孫兵衛	元亀元年6月16日	『言継』	留守之衆、作事を行う
16	野間又兵衛	天正4年6月1日	『言継』	薬を遣わされる
17	野間六蔵	元亀元年8月25日	『言継』	留守之衆、作事を行う
18	服部六兵衛	天正7年6月19日	『言経』	薬を遣わされる
19	比々野	天正5年9月26日	『兼見』	使者（普請の申次）

20	布目	天正4年3月6日	『言継』	御所警固
21	三井等覚院	元亀元年8月25日	『言継』	留守之衆、作事を行う
22	横川又太夫	元亀元年9月4日	『言継』	作事を行う
23	横山左内	天正7年6月19日	『言経』	薬を遣わされる
	○村井一族編			
24	村井作右衛門尉貞成（子）	天正3年8月7日	「竜安寺」	留守、相論、地子銭、普請奉行、信長の取次、信長の合戦に従軍
24①	（貞成内）磯辺遁斉	天正6年7月6日	『兼見』	貞成の奏者・右筆、のち前田玄以の下代（天正12年1月7日『兼見』）
24②	（貞成内）内堀内匠	天正6年8月3日	『兼見』	貞成の使者
25	村井専次（子）	天正3年8月17日	『兼見』	留守、信長の取次、信長の合戦に従軍
26	村井清次	天正10年6月2日	『信長』	専次カ。
27	村井新右衛門尉宗信	天正3年4月11日	『兼見』	貞勝の「弟」カ。普請奉行、口論裁許、検地帳作成、徳政、取次（「光源院」）
28	村井将監光清	天正3年4月11日	『兼見』	相論、奏者、徳政
28①	（将監内）キ右衛門	天正10年3月15日	『言経』	
29	村井助右衛門尉吉次	天正4年3月6日	『言継』	相論、本役銭の安堵、御所警固、取次（「賀茂別雷神社」、「光源院」）
30	村井清三	元亀元年8月3日	『言継』	小姓、奏者、留守、普請申次。本能寺の変後、生存（天正10年6月15日『兼見』）
31	村井播磨守長勝	天正9年4月15日	『兼見』	相論、のち前田玄以の下代（天正11年10月13日『兼見』）
32	村井又左衛門	天正4年5月24日	『言継』	薬を遣わされる
33	村井又兵衛尉吉忠	天正3年8月7日	「竜安寺」	相論、火事裁許、徳政、取次（『本願寺』）、のち杉原家次の下代（天正10年11月10日「座田」）
33①	（吉忠内）飯尾久介	天正10年正月1日	『言経』	
33②	（吉忠内）冬木軒	天正10年3月11日	『言経』	
34	御サカ（息）	天正3年8月17日	『兼見』	
35	篠嶋（聟）	天正7年8月28日	『兼見』	

36	前田玄以（聟）		『寛政重修諸家譜』	
37	朝日勝七（孫）	天正4年正月19日	『兼見』	天正4年1月28日『言経』12、3歳
38	小法師（孫）	天正10年6月15日	『兼見』	本能寺の変後、生存。秀吉等地子銭の安堵（天正10年9月1日『兼見』）
38①	（小法師使者）新六	天正10年9月1日	『兼見』	
39	内儀（室・女房衆）	天正4年正月19日	『兼見』	
40	姪（ヲイ）	天正9年9月9日	『兼見』	

※表中、『兼見』は『兼見卿記』、『言継』は『言継卿記』、『言経』は『言経卿記』を指す。「　」は文書群名を略記したものである（例、「賀茂別雷神社」は『賀茂別雷神社文書』を指す）。

表2　村井貞勝・下代献上金額一覧

人名／年月日	天正4年1月14日	天正6年1月16日	天正6年7月6日	天正6年7月29日	天正7年1月7日	天正7年1月14日	天正7年7月29日	天正8年1月10日	天正9年1月10日	天正9年7月29日	天正10年1月1日	天正10年1月11日
村井貞勝	一〇〇疋	一〇〇疋		一〇〇疋	五〇疋	一〇〇疋	一〇〇疋	一〇〇疋	一〇〇疋	一〇〇疋	五〇疋	一〇〇疋
村井貞成	五〇疋			五〇疋		五〇疋	一〇〇疋（例年五〇疋）	五〇疋	五〇疋			五〇疋
（貞成内）磯辺遁斉			三〇疋	二〇疋		二〇疋	三〇疋	二〇疋	二〇疋			二〇疋
（貞成内）内堀内匠						二〇疋		二〇疋				
村井清三	二〇疋	二〇疋	五〇疋	二〇疋			五〇疋	二〇疋		二〇疋		二〇疋
村井宗信	三〇疋					二〇疋						
村井光清					二〇疋	二〇疋		二〇疋			二〇疋	
村井吉忠	二〇疋	二〇疋									二〇疋	
（吉忠内）飯尾久介	二〇疋										扇一本	

住田光清											二〇疋	
（光清内）喜七											扇一本	
出典	『兼見』	『兼見』	『兼見』	『兼見』	『言経』	『兼見』	『兼見』	『兼見』	『兼見』	『兼見』	『言経』	『兼見』

表3　村井貞勝下代関連文書目録

番号	年月日	発給者	宛所	内容	書止文言	出典
1	（永禄12年）1月19日	晴門（花押：摂津）・貞遙（花押：飯尾）・頼隆（花押：松田）	明院・村井・好齋下代中宛	地子銭安堵	恐々謹言	「光源院文書」
2	（永禄12年）1月20日	貞遙（花押：飯尾）・頼隆（花押：松田）・晴門（花押：摂津）	明院・好齋・村井下代中宛	灯明料・地子銭請文	状如件	「誓願寺文書」
3	（天正3年）8月7日	休齋・落合・村井又兵衛尉・恒川新介・村井新右衛門尉・村井将監、外丹羽下代3名	欠	徳政	可致進納事	「竜安寺文書」『信文』五二九号文書
4	天正3年8月11日	休齋・落合平衛尉・村井又兵衛尉・村井新右衛門尉・村井将監・恒川新介、外丹羽下代3名	当地侍中百姓中	徳政	申候也	『華頂要略』巻十三
5	天正3年8月26日	新坊	休齋・村井助次郎殿	仏事慣行の件、披露願い	所仰候	「建内文書」
6	天正4年9月7日	村井又兵衛吉忠（花押）・村井将監光清（花押）		起請文	仍起請文如件	「輪王寺文書」『栃木県史』中世一（一〇五号）
7	（天正6年）5月2日	休齋英林（花押）・村井助左衛門尉吉次（花押）	柳芳軒玉床下	相論調停斡旋	恐々謹言	『賀茂別雷神社文書』

8	（天正6年）6月4日	休齋英林（花押）・村井助左衛門尉吉次（花押）	賀茂一社御役者中	相論裁許通達	恐々謹言	『賀茂別雷神社文書』
9	（天正6年）6月4日	二のせ右衛門太郎（花押）	村井助左衛門尉・休齋人々御中	相論調停請文	状如件	『賀茂別雷神社文書』
10	（天正6年カ）11月15日	休齋英林（花押）・村井助左衛門尉吉次（花押）	賀茂一社中	寺領本役銭安堵	恐々謹言	『賀茂別雷神社文書』
11	（天正6年カ）12月7日	休齋英林（花押）・村井助左衛門尉吉次（花押）	賀茂一社御役者中	寺領本役銭安堵	恐々謹言	『賀茂別雷神社文書』
12	（天正10年）11月10日	中村隼人佐良政（花押）・村井又兵衛吉忠（花押）	一乗寺荘屋鎌右衛門尉殿	寺領安堵	恐々謹言	「座田文書」
13	1月18日	吉次（花押）	慈照寺侍者御中	彼間（相論カ）の儀、交渉の件に付	恐々謹言	「光源院文書」
14	2月7日	瑞寿（花押）	村井新右衛門尉殿参御宿中	末寺との相論済状	恐々謹言	「光源院文書」
15	2月7日	宗信（花押）	寿首座公尊報	末寺との相論結果嘉悦に付	恐惶謹言	「光源院文書」
16	2月10日	宗信（花押）	光源院人々御中	挨拶の使者派遣	恐惶謹言	「光源院文書」
17	3月24日	村井又兵衛吉忠（花押）・住田清右衛門尉光清（花押）	河端惣中	竹木伐採・牛馬放飼禁止	恐々謹言	「天竜寺文書」『信文』補七二号文書
18	3月28日	吉次（花押）	慈照寺御報	相論裁許通達	恐々謹言	「光源院文書」
19	5月29日	村井作右衛門貞成（花押）	泉涌寺御奉行中	作人仰付	恐々謹言	「泉涌寺文書」『信文』一〇九〇号文書
20	10月18日	村井又兵衛吉忠（花押）・住田清右衛門光清（花押）	当寺百姓中	寺領安堵通達	恐々謹言	「法金剛院文書」
21	12月22日	佐竹出羽守宗実（花押）	村井殿・明智殿御奉行衆御返報	寺領安堵催促	恐々謹言	「光源院文書」

村井貞勝文書目録補遺

1	（天正4年）8月25日	式法長安（花押影：楠長諳）	村長様人々御中（村井長門守貞勝）	絹衣相論綸旨下しに付	恐々謹言	「吉田薬王院文書」『茨城県史料』中世編Ⅱ（吉―九九号文書、三〇四頁）
2	天正7年5月27日	妙覚寺代日諦・頂命寺前住日銚・久遠院日雄	菅屋九右衛門尉殿・長谷川竹殿・掘久太郎殿	安土衆論	恐々謹言	「知恩院文書」『京都浄土宗寺院文書』（知―二八、一二頁）
3	（年未詳）4月24日	貞勝（花押）	済首座侍者御中	大徳寺訪問御礼	恐惶謹言	「大徳寺文書」（『大日本古文書』二四三六号文書）。花押型、異形（室町奉行人様）
4	（年未詳）7月29日	村長貞勝（花押）	内掘内進殿人々御中	神役勤仕仰付	恐々謹言	「多賀神社文書」。花押型Ⅳ型（天正3～4年）。
5	（年未詳）9月1日	村井民部少輔貞勝（花押）	当初名主百姓中	末寺・寺納仰付	謹言	「猪熊文書」花押型Ⅱ型（G点なし）。（『広島大学所蔵猪熊文書』一九八二年、福武書店）。

補論　織田信長政権と守護制度

室町幕府の守護補任

守護は治承四年（一一八〇）に源頼朝が平氏政権に対して挙兵した際に、有力御家人を東国諸国の守護に補任したのが始まりとされる。[1]以後、鎌倉幕府・室町幕府によって国単位に設置された役職である。そのため、守護制度は日本の中世社会において武家の在地支配の支柱とされた。

鎌倉幕府を倒した足利尊氏が開いた室町幕府も、基本的には鎌倉幕府の政策を踏襲して各地に守護を任じた。尊氏は建武政権への反旗に際して自らに従った武将へ、その報償として守護に任じた。

守護の補任は、室町殿（幕府の首長。将軍でない場合もある）が発給する「補任状」によって任命され、有力氏族が守護に任じられた。守護職がその家などで世襲化されるようになると、政争の道具として利用された。特に嫡子と養子との間で家督争いが起こるようになると、その家の正当な後継者としての地位を証明する手段として守護職が求められるようになった。

しかし、足利九代将軍義尚の頃から、将軍が近江に出張するなど京都を離れるようになったため、幕府の専権によって行われていた官位・官職の朝廷への執奏や守護補任が行われなくなっていった。それに対して、諸国の武将は他国との領国争いに際して、当該地域の支配の正当性の証明として、朝廷が任命する地方官の国司に任官することを求めた。その一方で守護職を求める武将がおり、当該地域の支配権をめぐって国司・守護職が争われたのは今谷明氏の研究で明らかである。[2]今谷氏の研究によると、筑前周辺の支配権をめぐって大内義隆が朝廷に直奏して「筑前守」の官途を得、大友義鎮が近江に逃亡していた足利義晴に要請して「豊前守護」に補任されていることが明らかにされている。今谷氏はこのような動きから守護権威の失墜を見出し、「律令的な国司制度の観念の復活」「幕府による守護補任の代替的機能を果たした」との見解を示している。このように受領国司の官途名と支配領域が結びついて政治的に利用されたことを、「実利的官位」と規定した。

織田家と守護

幕府による守護職保障の崩壊・国司権の回帰への志向は、尾張の織田家にも及んだ。信長の父信秀は、駿河の今川氏と隣国の三河の覇権を争っていた。信秀は支配の正当性を得るため天文十年（一五四一）九月に三河守に任官した。これに対して今川義元も次いで永禄三年（一五六〇）五月に三河守に任官している。両者の動向について今谷氏は、三河支配の正当性を確保するため任官したと解している。しかし、これについて堀新氏は、信秀の「三河守」と署名された文書史料がないことから、信秀が支配の正当性のために任じたものではないとの説を提示し、支配の正当性としての実利的官職制について疑問視されている(3)。

織田家はもともと越前国織田庄の出身だが、越前国守護の斯波氏に従って尾張に入部した。信長の家系は、守護代の奉行を勤める家であった。信秀が勢力を伸長させて、主家斯波家、守護代織田家を凌駕するに及んだ。信秀の跡を継いだ信長は、永禄二年に岩倉城の織田信賢を降して尾張を統一した。

信長は永禄二年に上洛して将軍義輝に謁し、尾張の支配権を認められたとされ、これによって尾張の守護権を継承したと考えられている。また、官職も永禄九年七月から尾張守を名乗っている（同十一年五月まで）。

足利義昭による守護補任

永禄十一年（一五六八）九月、織田信長は足利義昭に供奉して上洛を遂げる。信長の軍事力を背景として上洛した義昭は、同年十月に足利十五代将軍に就任し、畿内に守護を配した。義昭は、摂津に池田勝正（池田城）・伊丹親興（伊丹城）・和田惟政（高槻城）を、河内に畠山高政（高屋城）・三好義継（若江城）をそれぞれ守護に任じ、大和は松永久秀に支配権を安堵した(4)（『細川両家記』『年代記抄節』本論末表1参照）。

また、元亀三年（一五七二）五月には山城半国守護に三井寺光院暹慶（のち山岡景友）を任じている（表1参照）。このように、義昭は畿内の各国に守護を任じて権力基盤としている様子が窺える。これ以外に守護を任じた形跡は見られない。摂津国は守護が三人いたことから、三人をして「摂津三守護」と称された。また、大和は鎌倉時代より興福寺が一国守護であったが、天文期より松永久秀が台頭して大和の支配権を安堵されている。

ここで、守護に任ぜられた諸氏について触れておきたい。

池田勝正は、もと三好長慶の家臣で池田城を根拠地にしていた。永禄十一年十月の義昭・信長の上洛の際には、最後まで抵抗した。しかし降伏し、その後は本領を安堵されて守護に任ぜられた。勝正は信長が美濃へ帰国した後、六条本圀寺に足利義昭を攻めた三好康長ら三好三人衆を撃退するなど、義昭を支える主要な軍事力となった。元亀元年（一五七〇）六月、一族の池田豊後守と三好党に城を追われ、のち原田城の守将となった。

伊丹親興は、もともと摂津伊丹の伊丹城を根拠にしていた土豪で、はじめ細川晴元に属していた。永禄十一年の義昭・信長の上洛に際して信長に従った。その後、天正二年（一五七四）に荒木村重に同城を攻められ開城した（その後の消息は不明）。

和田惟政は甲賀郡の豪族で、もともと十三代将軍の足利義輝に仕えていた。義輝が殺害されたあとは、義昭を庇護してその臣となった。元亀二年に松永久秀が義昭に反旗を翻す際には義昭に従い、同年八月に池田知正と摂津郡山で合戦して戦死する。惟政のあとは惟長が継ぐこととなった。

河内高屋城主で河内守護だった畠山政国の子の高政は、信長の上洛に際して降伏して本領を安堵され、河内半国の守護に任ぜられた。のち永禄十二年に守護代で家臣の遊佐信教に居城を追われ、紀伊岩室城に入った。

三好義継は十河一存（三好長慶の弟）の子だが、長慶の嫡子義興の病死によって三好家の家督を嗣ぐこととなった。永禄十一年九月の信長の上洛に際しては信長に降り、河内北半国守護となった。[5]しかし、元亀三年に信長に背く。天正元年十一月に佐久間信盛に攻められ、家臣の謀反によって敗死した。

松永久秀は三好長慶の家宰となり、大和で勢力を展開した。永禄三年には多聞山城を築城して居城とした。大和は鎌倉時代より興福寺が守護となっていたが、久秀が実権を握っていた。[6]信長の上洛に際しては信長に降り、大和の支配権を安堵された。天正五年十月に信長に背き、信貴山城に攻められて自害する。

これら義昭による畿内圏の守護補任について、脇田修氏は「三好三人衆の反撃が予想される段階において早急に体制を安定させる必要」のために畿内に幕府系大名を配置（新たな知行配分）したとされている。しかし、彼らのうち和田以外はいずれも義昭上洛以前から、既に当該地域を勢力下においていたため、守護補任は彼らを守護に補任することで懐柔し、現地の支配を間接的に掌握するための手段であったと考えられる。義昭は守護として追認することによって、畿内近国を領域的に支配したといえる。また、彼らは義昭の軍事動員に応じ、幕府の直轄軍となっている。[7]

元亀四年、義昭は信長に対して反旗を翻す。その際に、義昭方であった諸将（幕臣）が信長方へ寝返っている様子が次の二月二十三日付細川藤孝宛信長黒印状によって窺われる（『増訂織田信長文書の研究』三六〇号文書。以下、『信長文書』と略記する）。

一、摂州辺之事、荒木《村重》対信長無二之忠節可相勤旨尤候、
一、和田《惟長》事、先日此方へ無疎略越申来候、若者ニ候之間被引付、御異見専一候、

一、伊丹事、敵方へ申噯之由候、就之和田令𠯁見之由神妙候、此節之儀者、一味候様ニ調略可然候歟、
一、石成事、連々無表裏仁之由聞及候、今以不可有別条候哉、能々相談候て可然候、

伊丹は天正元年頃から信長と対立し、荒木村重に伊丹城を攻められた。和田惟長（惟政の子）は同年三月に村重に攻められて伏見に敗走した。遅慶は一向衆門徒を集めて同年二月に西近江で挙兵し、石山と今堅田に砦をつくる。ここで信長軍と交戦したが敗退し、以後信長に仕えている。石成友通は長岡藤孝・三淵藤英に淀城に攻められて自害する。これによって元亀四年に信長は将軍義昭を京都から追放し、京畿一帯を支配下に治めた。足利将軍が守護を任じたのに比して信長は、領国に家臣を一職支配権を安堵することによって支配にあたらせた。

織田政権における一職支配と守護――山城・大和守護原田直政

織田信長は、天正元年七月に義昭を追放したあとに池田氏の家臣であった荒木村重に摂津国の一職支配を安堵した。村重への一職支配について、『原本信長記』（巻十二）に「公方様御敵之砌、忠節申候ニ付而、摂津国一職に被仰付之処」とあり、義昭が謀反を起こした時に信長に味方した功によって、支配権が与えられたことが記されている。

また、細川藤孝には山城国の桂川西地一帯を安堵した。元亀四年七月十日付細川藤孝宛の信長朱印状には、次のように記されている（『信長文書』三七五号）。

今度被対信長被抽忠節候、誠神妙至候、仍城州之内限桂川西地之事、一識ニ申談候、全領知不可有相違之状如件、
元亀四
七月十日　　信長（朱印）
細川兵部太輔殿

藤孝は義昭が将軍就任後に行った論功行賞で、三好三人衆のうちの一人である石成友通がそれまで居城としていた

勝竜寺城とその周辺をすでに宛行われていた。さらにその後、信長によって桂川西地一帯の西岡の支配権を与えられ、これによって拝領地である長岡にちなんで姓を長岡に改姓している。藤孝は天正八年八月に信長から丹後一国の支配権を与えられ八幡山城に入城するまで、勝竜寺城を居城として山城国西部の西岡一帯を支配していた。藤孝に代わって勝竜寺城には、信長の家臣の矢部善七郎と猪子兵介が城代として入城した。

天正元年八月に信長は、木下秀吉に浅井氏の旧領である近江国江北をあたえている。木下は今浜を居城として、支配にあたった。今浜は、秀吉によって長浜と改められた。また天正三年九月には柴田勝家に越前国を、丹波長秀に若狭の一職支配権を安堵している（本論末表2参照）。

ここで、信長が柴田勝家に越前国の施政大綱を示した史料を挙げて、領国支配の一端について検討する(8)（『信長文書』五四九号）。

掟　条々　越前国

一、国中へ非分課役不可申懸、但、差当子細有て於可申付者、我々ニ可相尋、随其可申出事、
一、国に立置候諸侍を雅意に不可扱、いかにも悃にして可然候、さ候とて帯紐を解候様にハ有ましく候、要害彼此機遣簡〔肝〕要候、領知方厳重に可相渡事、
一、公事篇之儀、順路憲法たるべし、努々贔屓偏頗を不存可裁許、若又、双方存分不休におゐてハ、以雑掌我々に相尋、可落着事、
一、京家領之儀、乱已前於当知行者還附、朱印次第たるへき事、但理在之、
一、分国いつれも諸関停止之上者、当国も可為同前事、
一、大国を預置之条、万端に付て機遣、油断有てハ曲事候、第一武篇簡〔肝〕要候、武具・兵粮嗜候て、五年も十年も慥に可拘分別勿論候、所詮欲を去、可執物を申付、所務候様に可為覚悟候、子共寵愛せしめ、手猿楽・遊興・

見物等可停止事、

一、鷹をつかふへからす、但足場をも可見ためにハ可然候、さも候はすハ、無用ニ候、子共之義ハ不可有子細之事、

一、領中之員数に雖可寄候ト、二・三ヶ所も給人不付、是ハ忠節之輩それ〱ニ随て可扶助地に候由申、可拘置候、武篇励候ても、可恩賞所領無之と諸人見及候ハヽ、気にハ勇も忠儀も可浅之条、其分別尤候、給人不付候間ハ、可為蔵納事、

一、雖事新子細候、於何事も信長申次第ニ覚悟肝要候、さ候とて無理・非法之儀を心におもひなから巧言不可申出候、其段も何とそかまひ有之者、理に可及、聞届可随其候、とにもかくにも我々を崇敬し而、影後にてもあたにおもふへからす、我〱あるかたへハ、足をもささるやうに心もち簡（肝）要候、其分ニ候へハ、侍の冥加有て長久たるへく候、分別専用之事、

天正三年九月日

越前国之儀、多分柴田（勝家）令覚悟候、両三人をは柴田為目付、両郡申付置之条、善悪をハ柴田かたより可告越候、互磨合候様に分別専一候、於用捨者、可為曲事者也、

天正三年九月日　（朱印）

不破河内守（光治）殿
佐々蔵助（成政）殿
前田又左衛門（利家）殿

信長は勝家に対して、九ヵ条の条文を定めている。第一条では課役のことについて、非分の課役を禁止し、臨時の課役については信長の指示を受けることを定めている。第二条では諸侍のことについて、勝家が我意に召し使うことを禁止し、領知を宛行うこととしている。第三条では公事のことについて、贔屓を禁止し、裁決にたいして不服が有

る場合には信長へ尋ねるよう定めている。第四条では公家領の還附のことについて、信長の朱印状に基づいて還附するように定めている。第五条では信長の他の領中と同前に関所を廃止することを定めている。第六条では統治の心得として、武篇を第一にして武具・兵粮を蓄えることと、遊興などを禁止している。第七条は、領内の巡検以外の鷹狩りを禁止している。第八条は所領の管理について、一・二ヶ所を恩賞地として拘え置いておき、欠所地は信長の直轄領とすることを定めている。第九条は総括として、何事も信長の申す通りに従い、無理・非法にたいしても巧言をいってはならない。また信長への忠節として、信長を崇敬することを定めている。

九ヵ条のうち、第一・三・四条では信長の指示を受けるよう定められている。これは、信長の意志が勝家より上部の権威として勝家の決定に優先することを明示している。また、不破光治・佐々成政・前田利家の三人を府中三奉行として越前国内の二郡に配置し、勝家の監視を命じている。奥野高広氏は、大国に腹心の部将を配置して牽制させるのは、のちの国割の先駆であると位置付けている。

以上のことから、一職支配は全支配権限が部将に付与されるものではなく、最終的な意志決定権は信長が有していたことがうかがえる。

一方、これらの一職支配に対して守護を任じている例も確認されている。それは、天正二年五月に山城守護に原田直政を任じている。山城国は、洛中に村井貞勝、洛西に細川藤孝、洛北では明智光秀の権限が及んでいたことから分割統治されていたと考えられており、直政の支配権限は南山城であった(9)。

直政は、槇嶋城を本拠地とした。守護としては、寺社領の安堵や山城土豪の狛綱吉の本領安堵などを行っている。直政はついで、天正三年三月に大和守護にも任じられた。大和は興福寺が中世を通して一国守護に任じられていたが、これによってその守護支配も終焉を迎えることとなった。大和では十市城や多聞山城の巡検などを行っており、筒井順慶・井戸良弘・松永久通（久秀の子）、古市氏・吐山氏などを軍事指揮下に置いている。これらのことから谷口克広氏は、原田の守護としての職権は地侍支配中心であり、国衆支配が任務の主要部分であったと解している。直政は大和多聞山城を修築しているが、この間も本拠は槇嶋城だったらしく、奈良明王院の坊官大多喜亀介と同兵庫介を槇嶋城で誘殺している。

天正四年四月に直政は信長の石山本願寺合戦に山城・大和衆を率いて従軍したが、五月三日に三津寺を攻撃中に戦死する。その後大和は、「和州一国一円筒井順慶可有存知」として、順慶に一円安堵された。また支配にあたっては、筒井の上使として明智光秀が派遣された。

以上のように、一職支配権者と守護はいずれも信長の重臣が任ぜられた。脇田修氏は、このように領国に部将をそれぞれ分国なり地域を与えて一円に知行せしめた「一職支配権」は守護支配権の踏襲と位置付け、守護補任と同義に解している[10]。脇田氏は「一職支配権」とは、当該地域の給人・寺社領に対して上級の地位に立ち得ることができない所領宛行に対して、①地域内の給人・寺社に対する土地給与権、②軍事統率権を含む広汎な上級土地所有権、③年貢負担・夫役負担などの百姓支配と規定している。そのためこの上級土地所有権は地域的な土地所有権とみなし、守護権の系譜をひくとともに、在地の状況に対応して一円知行―一職支配を成立せしめたと解している。

原田直政の守護としての活動は、直政が守護となった二年後の天正四年に戦死するため、二年間の期間であった。そのため史料的制約があり、守護権限の全容は不明な点が多い。現在のところ地侍支配が中心であったと考えられており、本願寺合戦に際しては山城・大和衆を率いて出陣している。これに比して一職支配はかなり上級権力者として、領域支配の権限が行使できたと考えられている。そのため両者を比較すると、守護と一職支配とでは権限に差違があったと考えられ、守護と一職支配とを一律に論じられないように考える。守護が設置された山城と大和は、権門勢力や商工業、都市的発展などを加味すると、旧来の支配形態がそのまま踏襲する必要性があったと考えられる。

織田政権の栄典授与

守護は、もともとは室町幕府によって補任されていた。しかし、十五代将軍の義昭が京都から追放された後は、先述のように織田信長が山城・大和に守護を任じたとする例が確認される。したがって信長は、守護補任権を幕府から継承したものと解することができる。

ここではつぎに、守護補任権以外に信長が室町幕府から継承した権限について確認する。守護補任権に対置する権限として、官位の執奏権がある。戦国期の戦国大名の官位受領を検討された二木謙一氏によると、官途は幕府の推挙によって行われていたが、義輝の横死を境にして、官途授与の手続きが乱れるようになることを明らかにしている。その一例として、永禄九年（一五六六）十二月に三河の松平家康が三河守に任官しているが、その際には京都誓願寺の住持や公家高官に賄賂を送って朝廷へのとりなしを依頼している。義昭は永禄十三年三月に毛利輝元の右衛門督任官、元亀四年（一五七〇）一月に右馬頭任官の際に推挙を行い、御内書を出している例が確認される。

天正元年七月に室町幕府が滅びて以降は、信長によって官途が推挙されている例が確認される。信長は天正三年（一五七五）三月二十八日に信忠を出羽介に執奏している。また『原本信長記』によると、天正三年七月三日に信長は正親町天皇から官位の昇進をすすめられる。しかし信長はこれを辞退し、かわって家臣の昇進を推挙した。その際に推挙された家臣と官職は、武井夕庵が二位法印に、松井友閑が宮内卿法印、明智光秀が惟任日向守、簗田広正が別喜右近大夫、塙直政が原田備中守、丹羽長秀が惟任の姓をそれぞれ与えられた。谷口氏は、ほぼ同時期に羽柴秀吉が筑前守に、村井貞勝が長門守になっているとして、これらの姓・官途が西国に関するものであるため、信長の西国進出を意図したものであると解している。(11)

これらはいずれも信長の一族・家臣への官途推挙の事例であるが、それ以外にも信長が官途の推挙をしている例がある。天正四年六月十日に佐竹義重を従五位下・常陸介に推挙している。また下野の佐野宗綱を但馬守に執奏している。天正七年十一月二十七日には大友義統を従五位下・左兵衛督に推挙し、周防・長門の二国の支配権を安堵している。天正九年八月六日に盧名盛隆を三浦介に執奏している。

以上のように信長は、他領国の大名の官途の推挙も行っている。これらはいずれも、大名から推挙を依頼されたものであるため、信長は室町幕府の官途推挙権の継承者として認識されたとみなすことが出来る。

官途の推挙は、幕府の政策としては栄典の授与として位置付けられる。つぎに参考として、信長が栄典授与の一つとして行った偏諱の授与について触れておきたい。

天正三年十月二十六日に長宗我部元親の子に「信」の字を与えている（信親と名乗る）。同五年閏七月十二日に近衛前久の子の加冠親をつとめ、「信」の字をあたえている。これによって、「信基」となった。また、越前の朝倉景鏡《かげあきら》は天正元年八月の朝倉氏滅亡後信長に従い、信長から「信」の字をあたえられ「信鏡」と改名している。以上のように、信長は「信」の字をあたえている例が確認される（本論末表3参照）。これらの点からも、信長が足利将軍の権限を受け継ぎ室町幕府の継承者として位置付けられる。

以上、織田信長政権の守護補任・栄典授与について確認してきた。信長政権において守護は原田しか任じられておらず、また栄典授与として官位・官職を家臣に与えるための朝廷への執奏を積極的にしていないことから、信長は官位制度・守護制度を主要な政策に取り入れていなかったといえる。

おわりに

これまで織田信長政権の守護補任と一職支配権、栄典授与について概観してきた。

信長は領国支配にあたっては、守護補任と一職支配権を付与して部将を分国に配置することによって統治したといえる。信長政権の勢力図としては、上野に滝川一益、甲斐に河尻秀隆、越前に柴田勝家、若狭に丹羽長秀、伊勢に織田信雄、近江北部に羽柴秀吉、丹波に明智光秀、丹後に細川藤孝、大和に筒井順慶などを配置した。信長は、ほぼ一国単位で主だった部将を配置して、領国の支配にあたらせたと考えられる。各部将は一職支配権に基づいて在地領主を軍事動員して、各方面の隣接大名に対峙することとなる。

このような部将の分封は、室町幕府の守護補任権の継承と考えられている。信長はこれ以外にも官途の執奏権など、栄典の授与について幕府の権限を踏襲したと考えられる[12]。

註

（1）守護は治承四年十月二十日に行われた源頼朝と平維盛の富士川の合戦の直後に、甲斐源氏の武田信義を駿河守護に、安田義定を遠江守護に任じたのが始まりとされている（『吾妻鏡』同日条）。平氏追討で勢力を西国へも拡大したことによって、全国的に国ごとに設置されるようになった。

（2）今谷明『戦国大名と天皇』（福武書店、一九八八年）。

（3）堀新「戦国大名織田氏と天皇権威─今谷明氏の『天皇史』によせて─」（同『織豊期王権論』校倉書房、二〇一一年。初出は一九九三年）。

（4）義昭政権における守護の領域支配の権限について、金子拓氏は軍政的な権限以外はどれだけ実効性があったかは不明とする。伏見城を拠点として山城国洛南地域の限定された地域に対して、軍役賦課、当知行安堵、徳政免除、年貢収納命令などを行った三淵藤英は、奉公衆三淵氏として培ってきた膝下御料所預置の実績と、守護による領域支配のあり方がない交ぜになって具現化した義昭政権の領域支配の典型だったと評価している（同「室町幕府最末期の奉公衆三淵藤英」『織田信長権力論』吉川弘文館、二〇一五年。初出は二〇〇二年）。筆者は義昭政権の守護の存在形態について、軍事的側面から検討した（拙著『足利義昭と織田信長』戎光祥出版、二〇一七年）。

（5）三好義継・松永久秀と義昭は、永禄十一年九月に上洛する前から連繋していたことが天野忠幸氏によって明らかにされている（同「織田信長の上洛と三好氏の動向」『日本歴史』第八一五号、二〇一六年。同『三好一族と織田信長』戎光祥出版、二〇一六年）。

（6）松永久秀や周辺の政治情勢については、天野忠幸『松永久秀と下剋上』（平凡社、二〇一八年）・同『増補版戦国期三好政権の研究』（清文堂出版、二〇一五年）・同『三好長慶』（ミネルヴァ書房、二〇一四年）・同編『松永久秀』（宮帯出版社、二〇一七年）、今谷明・天野忠幸監修『三好長慶』（宮帯出版、二〇一三年）、金松誠『松永久秀』（戎光祥出版、二〇一七年）などに詳しい。

（7）義昭政権の軍事力について谷口克広氏は、「足手まとい」の軍隊と評価している（同『信長と将軍義昭』中央公論新社、二〇一四年）。筆者は註（4）拙著で、畿内最大の政治権力と評価した。

（8）この「越前国国掟」について三鬼清一郎氏は、文書様式が特異であり、太田牛一の『信長記』でしか確認できないことから、「創作」に近いものとして実際に公布されたことに否定的である（同「信長の国掟をめぐって」「国掟の成立をめぐって」『織豊期の国家と秩序』青史出版、二〇一二年。初出は一九七六年・二〇〇三年）。

（9）原田直政の領域支配については、（天正元年）七月五日付け山城狛氏知行分書立案（「小林文書」『信長文書』三七六号参考）に「ひつちう《（原田備中守直政）》ニ山しろおほせつけ《（山城仰せ付け）》られ候」とあり、『多聞院日記』天正三年三月二十五日条に「去廿三日に塙九郎左衛門尉《（原田直政）》当国ノ守護ニ被相定了」とあることから、史料上では山城・大和国の守護に補任されていることが確認できる。村井貞勝との連繋については、「春日社家日記」で確認できる（金子拓「春日社家日記のなかの織田信長文書」註〈4〉金子氏著書。初出は二〇〇一年）。

（10）脇田修『織田政権の基礎構造』（東大出版会、一九七五年）・同『近世封建制成立史論』（東大出版会、一九七七年）。

（11）この西国に関する官位などの推挙について谷口克広氏は、天正三年五月に長篠の合戦で東国の武田勝頼に勝利したことから、西国侵出を意図したことに因るとしている（同『織田信長家臣人名辞典』第二版、吉川弘文館、二〇一〇年）。

（12）小稿の元になる拙稿は、西ヶ谷恭弘編『国別・守護戦国大名事典』（東京堂出版、一九九九年）の巻頭論文として執筆したものである。一般向けの書物だったことから概説的に叙述したため、史料に基づく論証が充分ではなかった。しかし、足利将軍が行っていた栄典授与を信長が行っている概要は示し得たと考えており、ここに補論として再録した。義昭政権の守護権限も含めて、あらためて今後の検討課題としたい。

表1　足利義昭の守護補任

補任年代	国名	人名	居城地	官途名	出典
永禄11年10月	摂津	池田勝正	池田城	筑後守、民部少輔	細川両家記
永禄11年10月		伊丹親興	伊丹城	兵庫助、兵庫頭	細川両家記
永禄11年10月		和田惟政	高槻城	弾正忠、伊賀守	細川両家記、足利季世記
永禄11年10月	河内	畠山高政	高屋城	修理亮、紀伊守	細川両家記、足利季世記
永禄11年10月		三好義継	若江城	左京大夫	細川両家記
永禄11年10月	大和	松永久秀	信貴山城	弾正忠、山城守	細川両家記、多聞院日記
元亀3年5月	山城半国	山岡景友		備前守	兼見卿記

表2　織田信長の守護補任・一職支配

補任・宛行年代	国名	人名	居城地	出典	備考
天正元年7月	摂津	荒木村重	有岡城	信長公記	一職支配
天正元年7月	山城国西岡	細川藤孝	勝竜寺城	細川文書	天正8年9月　丹後に転封（八幡山城）
天正元年8月	近江国江北	木下秀吉	長浜城	信長公記	一職支配
天正元年	若狭	丹羽長秀	佐和山城	西福寺文書	年代は発給文書が確認できる年。
天正2年5月	山城	原田直政	槇嶋城	年代記	守護
天正3年3月	大和	原田直政	槇嶋城	多聞院日記	守護。大和はのち筒井順慶に宛行。
天正3年9月	越前	柴田勝家	北庄城	信長公記	一職支配
天正5年5月	大和	筒井順慶	郡山城	信長公記	一円支配
天正7年10月	丹波	明智光秀	福知山城	信長公記	年代は平定した年。
天正10年3月	上野	滝川一益	厩橋城	信長公記	一国宛行、東国奉行
天正10年3月	甲斐	河尻秀隆	府中	信長公記	一国宛行

表3　織田信長による官途執奏・栄典授与

年代	人名	官途など	出典
天正3年3月28日	織田信忠	出羽介	原本信長記
天正3年7月3日	武井夕庵	二位法印	
	松井友閑	宮内卿法印	
	明智光秀	惟任日向守	
	簗田広正	別喜右近大夫	
	丹羽長秀	惟任姓	
	塙　直政	原田備中守	
天正4年6月10日	佐竹義重	従五位下・常陸介	歴名土代
天正4年6月10日	佐野宗綱	但馬守	歴名土代
天正7年11月27日	大友義統	従五位下・左兵衛督	大友文書　周防・長門の二国の支配権を安堵
天正9年8月6日	蘆名盛隆	三浦介	原本信長記
天正元年11月	朝倉景鏡に「信」の字を与える（信鏡）。		
天正3年10月26日	長宗我部元親の子に「信」の字を与える（信親）。〔嚢簡集〕		
天正5年閏7月12日	近衛前久の子の加冠親をつとめ、「信」の字を与える（信基）。〔兼見卿記〕		

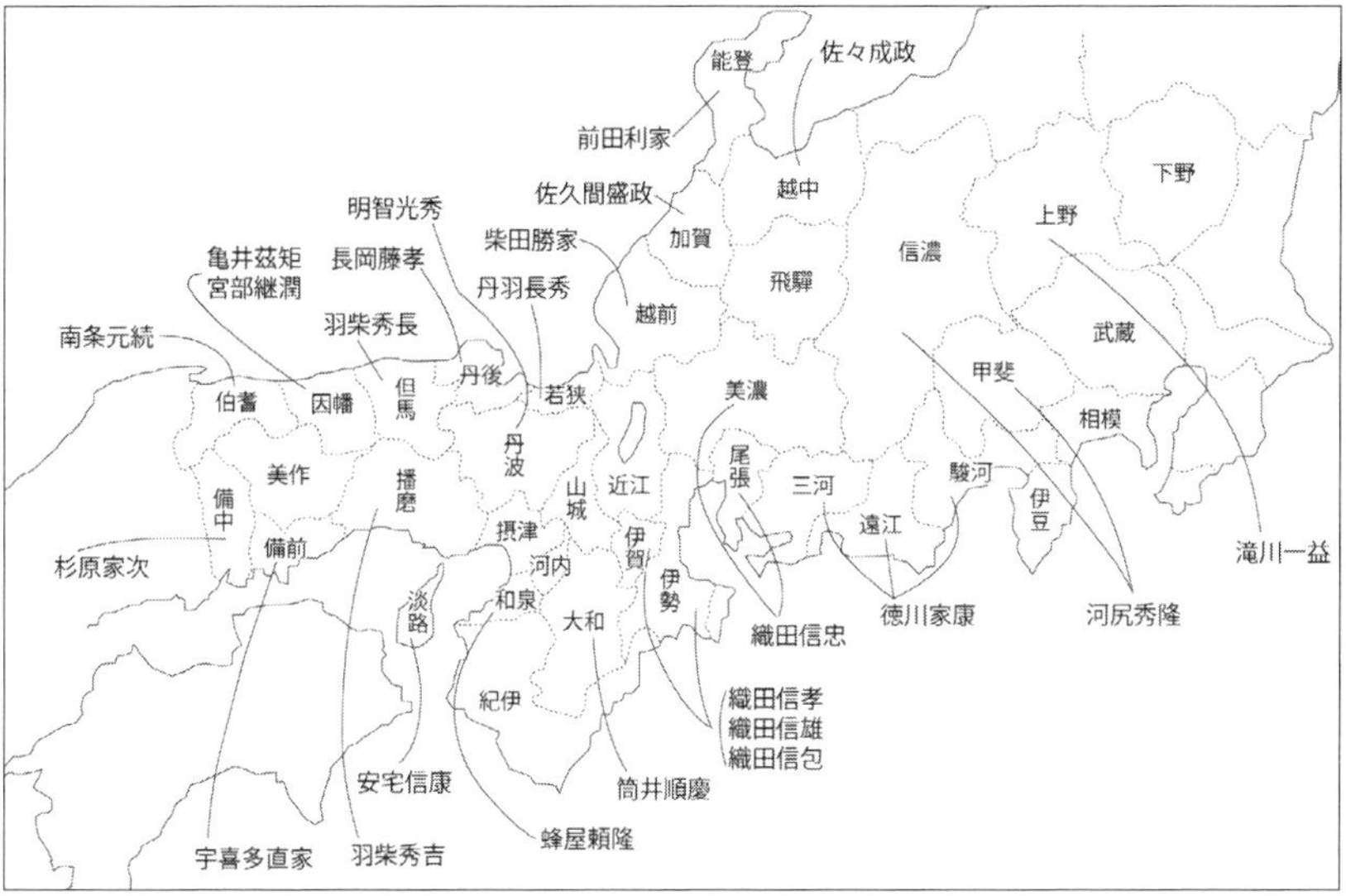

図1　天正10年段階の織田家諸将配置図　※表記は、織田家の勢力範囲を示すためのものである。よって郡単位での分割配置は割愛した。本図は『新版 角川日本史辞典』をもとに作成した。

結論　「天下人」織田信長と「天下静謐」

一、「天下人」と織田信長

本書では全四部にわたって、織田信長政権の権力構造について信長の権力伸張過程と領国支配構造の一端を、室町幕府との関係を中心として、京都とその周辺の畿内である「天下」における支配の実態を検討してきた。

室町幕府第十五代将軍足利義昭は、元亀四年（一五七三）二月十三日に信長に対し「御逆心」して蜂起する。四月七日に正親町天皇の勅命による講和が結ばれるが、義昭は山城国の槇島城で再度蜂起し、最終的には信長に攻められて七月十八日に降伏して京都から逐われた。これにより、暦応元年（一三三八）に足利尊氏によって京都の室町に開かれた幕府は滅亡する。信長は義昭が「棄て置いた」「天下」を「取り鎮めて」、義昭が制定した「元亀」の元号を元亀四年七月二十八日に「天正」へ改元し、首都の京都には村井貞勝と明智光秀を専任の京都奉行（史料上の用語では「京都代官」）として配置し、自ら「天下」の支配に臨むこととなった。

一般に、信長は「天下人」と称されている。江戸時代初期の幕府の儒学者である林羅山は、源頼朝以来の歴代将軍の列伝を記した『将軍記』を著した。その一冊に「織田信長譜」を記している。また、徳川家康の「天下統一」過程が記された『当代記』には、「当代」の「天下人」家康に至る「天下人」の系譜に信長の事績が記されている(1)。このことから、信長はすでに江戸初期より家康に連なる「天下人」と認識されていたことがわかる。太田牛一の『原本信長記』にも、上洛してから「天下十五年」と記されている。牛一は「京師鎮護」と記していることから、当時は「上洛して京都を鎮護する」こと、すなわち「天下」の主宰者となって「天下静謐」を実現化することが「天下人」だったと認識されていたと考えられる。

この「天下人信長」の呼称は、信長が足利家や豊臣秀吉のように征夷大将軍や関白といった武家・公家の最上位の官職に就いておらず、死去した時には無官だったことから、「将軍義昭」や「関白秀吉」「太閤秀吉」のように呼称することができないことによる。しかしながら、信長は天正三年（一五七五）十一月七日に「天下草創」の武家政権の創始者で鎌倉幕府の初代将軍となった源頼朝が任じられた由緒ある官職の「右近衛大将」に補任される[2]。これによって、信長は武家の棟梁としての正当性を得ることになる。また、この時には足利将軍家にとって将軍職を後継者に譲った「大御所」が補任される「権大納言」に任じられた。さらには、二年後の天正五年十一月二十日に従二位「右大臣」に叙任される。この時に現職の征夷大将軍だった義昭の官職は「権大納言」のため、信長は義昭の官職を超越する上位の地位に就いた。信長は家臣のみならず「分国」の諸領主からも「上様」と呼ばれたことから[3]、他国の大名たちからも承認された上位の武家権力者となった。それから、信長は天正六年四月九日に「征伐之功未終之条、先欲辞一官」（『兼見卿記』）と、未だに敵対勢力を追討していないことを理由に両官（「右大臣兼右大将」）を辞官する。以後、天正十年六月二日に本能寺の変で没するまで無官のままだった。そのため、官職の裏付けのない信長を「天下人」と表現するのは最も適しているといえる。

ここでこれまで論じてきたことをまとめとして整理し、本論では充分に関説できなかった各章の原形論文発表後に出された本書に関わる研究論文に触れ、各章の成果・影響、本論の補足や課題点を述べ、さらにその後の信長による領国支配や天正四年以降の「織田政権」の展開について展望を示す。なお、この「天下人」についてはのちに触れる。

二、本書のまとめと課題

本書では、織田信長政権の権力構造について「天下」の首都である京都を中心として、足利義昭政権の構造を明らかにし、さらに信長政権との関係、協調関係にあった信長と義昭が対立に至る政治的背景、信長文書の性格、信長政権の京都支配の展開、織田家奉行人の村井貞勝の政治的役割について検討してきた。

第Ⅰ部第一章・第二章では上洛後に再興された幕府の実態を検討し、足利義昭政権の構造を明らかにした。その結果、幕府は人的構成・租税体系・軍事権を復活させて独自に意志決定を行っていたことから、信長の「傀儡」ではなかったことが明らかになった。義昭と信長は協調関係にあり、政務と軍事の役割分担を取り決めて、相互に連携し補完して政治を執り行っていた。幕府は義昭政権と信長政権による「複合的な連合政権」として機能した。しかし、義昭は恣意的に政権運営を行ったことから所領政策は破綻し、幕府は分裂する事態が生じて内部崩壊することを第三章で述べた。信長と義昭による「二重政権」構造が現出する背景にはこのような義昭の失政があり、信長が幕府を「傀儡化」したことによるわけではないことを明らかにした。信長による義昭への「異見」や幕府への「執申」、知行権の保障と譴責使の「成敗」による違乱停止の実効性、仮に義昭が没落した後における知行権の永続性の保障などから、信長への期待が高まったためであった。

第Ⅱ部では第Ⅰ部の結論を踏まえて、従来の信長・義昭の「傀儡・対立論」は成り立たなくなったことから、両者の軍事・政治的関係をあらためて根本から検討した。第一章では、軍事的関係について検討した。義昭から「天下静謐維持権」を委任された信長は軍事権を請け負い、義昭の敵対勢力を成敗して「天下静謐」実現のために義昭の出陣要請に応じて、幕府軍を率いて若狭武田氏や四国三好勢等と合戦する。これを、信長朱印状などの実際の関連史料について「対立史観」を排除して客観的に解釈すると、若狭武田氏成敗は義昭が信長に命じたことであり、信長は幕府軍を率いて出陣した合戦だったのである。これは新出史料からも裏付けられることであり、さらにこの後に展開された姉川の合戦や「摂津の陣」「志賀の陣」も、将軍義昭による「天下静謐」を乱す敵対勢力を成敗するための合戦だったといえる。さらにその伏線は、上洛以前における足利家の分裂と三好氏との抗争があったのであった。

第二章では、政治的関係について検討した。義昭の政権運営の失敗により、美濃にいる信長のもとに訴訟案件が提訴されるが、信長は消極的な姿勢を示している。このことから、信長は京都を直接支配したり、或いは幕府を「傀儡化」して他国の大名を統制下に置こうとする意図はなかったのであった。第三章と補論では、協調関係にあった両者の関係が破綻する状況を論じた。信長は義昭の政治姿勢を正すために異見書を呈出するが、これも一因となって義昭は「御逆心」して蜂起するに至る。そして、最終的には義昭が京都から追放されて、室町幕府は滅亡することになるのであった。この間に信長は義昭に愁訴しており、さらにその後も義昭に帰洛を促していることから、信長には幕府を滅ぼす意図はなかったと考えられる。

第Ⅲ部・第Ⅳ部では、信長が永禄十一年九月に上洛して以降の信長政権による京都支配の変遷と展開を検討した。信長は上洛以来、美濃に居住していたことから直接「天下」を支配下におく意志はなかった。しかし、義昭を守備するため京都に「残し置いた」家臣たちに相論が提訴されて安堵が求められたことから、彼らが政務を執り行うようになって信長政権の奉行人として政治的役割を担っていく。元亀四年七月の幕府滅亡後、その役割は村井貞勝と明智光秀（天正三年まで）が専任の奉行となって引き継がれた。織田家奉行人には所領・特権安堵などの一部と、裁許や警察権などある程度の権限が委譲されて裁量権が与えられており、信長に逐一諮ることなく独自に政治を行っていた。そしてその決定は、信長朱印状と同様に権利を保障する証文となって機能していたのだった。貞勝の「下代」には幕府の奉行人だった者は存在していないことから、前代の奉行人が編成されて政権運営された義昭政権とは性格的に異なっている。逆に、豊臣政権の京都奉行・京都所司代の下代に貞勝の「下代」がいることが確認でき、信長政権と豊臣政権の人的な側面での連続性を指摘し得る。

第Ⅳ部第三章では貞勝の「下代」について検討し、その構成と職掌を明らかにした。織田政権の下代については近江の在地支配を検討した深谷幸治氏の研究があるが、村落における下代と都市京都における下代は政治役割と性格が異なることを明らかにした。

第Ⅳ部の原形論文発表後、村井貞勝については村礒良美氏・木下昌規氏・谷口克広氏らによって検討が深められた(4)。ここでは、下代について着目した村礒氏、前代の幕府との関係とその後の展開を検討した木下氏、天正元年以降を日次記的に詳細に述べた谷口氏と、それぞれの問題関心に基づいて検討されている。なお、谷口氏は筆者が明らかにした「下代」の個別の役割について、所司代の機構が組織化されたと理解し「組織は整ったとは言い難いのである」「所司代の機構は、整っていたとはいえない」「機構はまだまだ未熟だった」と述べているが、筆者はそもそもこれによって「所司代が組織化された」とは論じていない。むしろ、第Ⅳ章第二章で「人的支配の段階で、機構として捉える段階ではない」ことを指摘しているので、誤解であるといえる。

なお、第Ⅲ部・第Ⅳ部の検討結果から鍵となるのは、家臣の独自の判断の有無である。従来は池上裕子氏の見解に代表されるように(5)、信長は専制的な性格のため家臣の判断はあり得ないとするのが通説的な理解である。天正十年三月に甲斐武田氏を討伐した信長に対して、朝廷から太政大臣・関白・将軍の三職の内から「いか様の官」に任じられるよう「三職推任」がなされた(6)。この談合が京都において、公家の勧修寺晴豊と信長政権の村井貞勝との間で行われた。この過程を検討した立花京子氏は、貞勝は信長の家臣であるため独自の判断はあり得ず、重要な事柄でもあり、かつ信長は朝廷を浸食して統制下に置こうとする意図があったことから、信長から朝廷へ強要されたことだったとする見解を示した(7)。

この家臣の意見については、神田千里氏によって信長は家臣の助言を聞き入れており、他の戦国大名で見られる当主と家臣との家中の合議による意志決定を信長も行っていた様子が指摘されている[8]。この点について、家臣の独自の判断の有無を具体的に検討したのが第Ⅳ部第二章と第Ⅲ部第三章である。筆者は前者では貞勝の職掌を整理して権限の有無を分析し、権限があったとする結論を導き出した。後者では信長朱印状の発給過程を検討した。その結果、信長朱印状は信長からの一方的な上意下達ではなく、現地の奉行人からの報告が信長の側近に伝えられ、信長には側近を介して情報が伝達されていた。さらに、文書に「猶某可申候」と記されるように、より重要な情報や副次的な事項は文書を携える使者が承って口答で伝えられていた[9]。そのため、信長は現地からの文書や使者からの情報を聞き取った上で判断し、信長政権の公式の意志となる朱印状を発給していたのである。信長は家臣からの意見を聞き、その情報に基づき参照しながら最終的に意志決定をして朱印状を発給していたのであった。ここに、家臣の意志が介入する余地があったのであり、単なる信長の独断専行で一方的な上意下達によって朱印状が発給されていたのではなかったことを明らかにした。

筆者が提起した「義昭・信長協調関係論」は現在では当該分野において膾炙し、従来の「対立史観」に基づく「傀儡論」は否定されるに至っている。その一例として、信長関係の著書を最も多く著していて信長研究の第一人者といえる谷口克広氏も、本書第Ⅰ部第二章の拙稿［二〇〇二］以前は永禄十二年正月の「殿中掟」と翌年正月の「五ヶ条条書」から、「二つの文書を合わせて考えると、この時の信長の意図が見えてくる。将軍を傀儡化して幕府を動か」す、「幕府の無力化、将軍の傀儡化」、「元亀元年から始まる朝倉・浅井氏との対決、本願寺の敵対。畿内・近国では、信長は四面楚歌の状態に陥った。そして、最大の強敵武田信玄の西上。こうした反信長の動きの中心には、信長の擁立した将軍義昭がいた」（［二〇〇二］）と[10]、両者の関係をそれまでの「対立史観」に立脚して述べていた。しかし、拙稿以後は「完璧な相互補完関係が成り立っているといえよう」（［二〇一二］）、「従来の『傀儡政権』論はもう通用しないのではなかろうか」「『二重政権（連合政権）』論に基づいて、信長・義昭による政権を語ってゆくのが適当と考えられる」〔二〇一四〕）と、「信長・義昭協調関係論」に転換している。

また、戦国期の幕府・将軍と大名との関係を研究している山田康弘氏によっても、将軍と大名たちとは相互に補完し合う関係にあって、「幕府」はもともと将軍と大名の相互補完の総体で、信長と義昭の「二重政権」はそれまでの将軍と大名との関係の連続性にあると位置付けられている。そのため、幕府体制の視角からも協調関係にあることが明らかにされて、「信長・義昭協調関係論」は補強された。[11] 以上により、拙稿以後「傀儡政権論」は否定されたといえる状況にある。さらには、「室町殿御父」に見る擬制的な親子関係、義昭から信長への桐紋下賜や裏書き御免などの栄典授与、副将軍・准管領職補任などを巡って、信長をよりいっそう幕府体制に組み込んだ、或いは幕府体制に位置付けようとした義昭、とする幕府との一体論・信長内包論が進展している。[12]

ここでの終わりに、本書の課題点を述べる。本書では、信長政権の権力構造論として領国支配構造を解明するために、永禄十一年九月に上洛してからの「天下」支配について首都京都を中心に検討してきた。京都を政権所在地とする室町幕府との関係は不可避のことであるため、本書冒頭の第Ⅰ部で集中的に検討し、さらに第Ⅱ部・第Ⅲ部に至るまで検討が及んだ。これは、本書の主題でもある信長の権力構造を検討する上において、権力形成過程を明らかにすることが必要であることから、本書の中心的な課題として取り組んだ。しかし、領国支配構造の解明で考えた場合に、「京都」とごく限られた都市の検討に終始した感は否めない。すなわち、京都を含む山城国の全体的な支配構造を検討する必要がある。山城国は義昭が元亀三年に山岡景友を守護に補任したり、南西部の勝龍寺城には細川藤孝が、伏見には三淵藤英が権限を行使したりしていた。信長も、幕府滅亡後に藤孝に桂川西地の支配権を「一職」宛行っている。また、原田直政が山城・大和国の守護に任じられたとされ、京都の村井貞勝と分割統治がなされていた。山城国には革嶋氏や狛氏などの土豪も存在しており、これまでの研究でも信長との関係が述べられている。[13] 本書では幕府との関係論と京都支配の構造論に終始してしまったので、これらの点について充分に検討することができなかった。さらには、「天下」の支配についても同様であり、幕府滅亡後の展望は第Ⅳ部補論で示したが表面的なことに過ぎない。この点も今後の課題としたい。

これに関して、本書の最重要な単語でもある「天下」の概念規定も厳密にはなされていない。本書では、神田氏の指摘に基づいて「京都を中心とした五畿内で、将軍の主宰する領域」とする領域概念、またはその主宰者である「将軍」として捉えている。しかし、本来的に「天下」は多様な語義があり、「伝統的な秩序」で天皇を含んだ概念としての意味もある。本書ではごく限られた意味でしか把握していないことから、信長の使用例から段階や内容を検討して、どのような意味だったのかをあらためて考察する必要があるといえる。これは「守護」についても同様である。本書では史料に記述されていることから、史料に従って無批判にそのまま「守護」として捉えた。しかし、これについては幕府との関係において「幕府―守護体制」論や畿内守護論なども視野に入れ、川岡勉氏によって提起された「天下成敗権」「国成敗権」といった点も含めて検討する必要がある。[14]今後の課題としたい。

次に、信長文書論である。第Ⅲ部補論の書札礼の分析は、「試論」として提示したものであるため充分な検討がなされていない。[15]近年では、信長文書の写真図録や図書が刊行されており、また『原本信長記』の研究のように良質な史料からの検討が必要である。書札礼を検討するためには、紙質や字の崩れ方にも厚薄の意味があることから、紙質や字体の正確な情報を踏まえて検討する必要がある。また、信長文書の年代比定も多くは奥野高広氏の『信長文書』に拠っており、本書では「曇華院文書」「異見十七ヶ条」の事例、義昭・信玄の関係では「荒尾文書」「大槻文書」のように、[16]より客観的に内容を精査して検討することによって年代比定する必要がある。この点も、またあらためて検討させていただきたい。

三、織田信長に関する研究の評価とその後の展望

本書の検討結果を踏まえて、ここではこれまでの研究で指摘されてきた織田信長についての評価と、天正四年以後の「織田政権」の成立過程の展開について展望を示す。

近年、信長に関する研究は活況を呈しており、従来の見解は大幅に見直されつつある。例えば、信長研究の第一人者といえる谷口克広氏は、先に述べたように筆者の成果を踏まえて信長・義昭の関係を「対立関係論」から「協調関係論」に自説を転換している。また、信長包囲網も当初は義昭策動説だったが、鴨川達夫氏による義昭・信玄・松永久秀の関係が記された「荒尾文書」「大槻文書」の分析によって義昭不関与説が明らかになると、「本願寺・松永久秀黒幕説」を提起して自説を転換している。[17] このように、信長研究は日進月歩で目まぐるしく進展している。特に二〇一〇年代以降、新しい見解を論じた注目すべき研究書が相次いで著された。

そのきっかけとなったのは、本書でも積極的に意見を踏まえて中心的に扱った神田千里氏の研究である。神田氏が提起した「天下」論は（二〇〇二）、それまでの「信長像」、特に「天下布武」を標榜して「天下統一」を政治的目標にしたとする「定説」に、大きな修正が必要であることを提起した。さらに神田氏は論を展開し、信長には他国の大名を征討することによる「天下統一」の野望はなく、将軍と大名による共存を志向していたとする見解を示した。また、信長の専制性を否定し、家臣との合議の可能性を指摘した（二〇一四）。

二〇一二年に刊行された池上裕子氏の著書も、「英雄視する後世の評価を再考した、新しい信長像」として注目された。池上氏の著書はこれまでの信長についての見解を総括したものであり、新しい研究成果も取り入れつつ史料に基づいて精緻に叙述されている点に特徴がある。二十一世紀における信長研究の基本文献となる成果といえる。池上

氏は信長の所領政策などは旧来の秩序に基づいたものであり、新しい国家体制の樹立を目指していなかったとして、信長は「革命児」ではなかったと否定した。しかし、信長の人物像については、専制的な性格でそれが政権運営を規定していたとする点と、信長は「好戦家」で「天下統一」の目的があったとする点では、従来の評価と変わらない。これは、ルイス・フロイス『日本史』の信長像に基づいたものであり、その点では当時の史料に則した見解といえる。

信長の人物像については、金子拓氏の著書［二〇一七年］が注目される。ここでは、信長に謀叛した人物に着目して、従来の強権的で強靱な信長の人物像を見直している。金子氏はこれより前に『織田信長という歴史』（勉誠出版、二〇〇九年）を著しており、原本史料の重要性とこれまでの信長像がどのように形成されてきたのかを考える上で重要な成果である。

では、ここであらためて信長の「天下静謐」と「天下人信長」について、本書の成果を踏まえて概述し、本書で触れなかった義昭追放後の「天下統一」の展望を示す。

本書の冒頭「序論」で「信長・義昭対立史観」「信長革命児史観」は明治・大正期の近代歴史学黎明期からの「遺産」であり、それ自体が「歴史」だったことを指摘した。これを歴史学として通説に位置付けたのは、田中義成氏だったといえる。田中氏は安政七年（一八六〇）の生まれで、東京帝国大学にて教鞭をとった。渡辺世祐氏は田中氏の講義を受けた門下生である。田中氏の死去後に講義録がまとめられて刊行されたのが『織田時代史』である(18)。そのため、序論では研究成果の発表順で渡辺氏を冒頭に位置付けたが本来は順序が逆であり、渡辺氏と田中氏が同じ論調となっているのは、このことによる。では、田中氏はどのような根拠に基づいて「信長・義昭対立史観」の形成に至ったのであろうか。実は管見の限り、その背景には江戸幕府による「徳川史観」が影響していると考えられるのである。

ここで、江戸時代における信長と義昭の関係を史書に拠って確認する。江戸幕府が編纂した『徳川実記』（「東照宮御実記」巻二）によると、信長は足利家の恢復の功をなしたが、「強傲専肆かぎりなし、跋扈のふるまひ多きを以て、義昭殆どこれにうむくるしみ」と、傲慢で専横を振るったことから、義昭は恨みを抱いた。そして、「陽には織田殿を任用するといへども、その実は是を傾覆せんとして、ひそかに越前の朝倉、近江の浅井、甲州の武田に含めらるゝ密旨あり、これ姉川の戦おこるゆへんなり」とあり、元亀元年の第一次信長包囲網とそれに連動した姉川合戦は、義昭の密旨によって諸勢力が結集して形成されたと認識されていたことが確認できる。ちなみに、「天下統一史観」も永禄四年に信長と家康との間で清洲同盟が結ばれた時には、「是より両旗をもて天下を切りなびけ、信長もし天幸を得て天下を一統せば、君は旗下に属したまふべし、君もし大統の功をなしたまはゞ、信長御旗下に参るべしと盟約をなし」とあり、すでにこの時点においてお互い「天下統一」の意志を抱いていたとしている。

また、信長・義昭の対立の帰結である室町幕府滅亡については、新井白石の『読史余論』に「義昭、信長のために逐われて、足利殿の家は滅びたり。されば、足利殿の家は、管領のために弱められて、陪臣のためにほろぼされ給ひき。管領も又、其君をおびやかし、逆威をふるひて、おのれも又逆臣のために家ほろびぬ。これ皆、汝より出て汝にかへる理と見えたり」とある。つまり、足利家は管領に政治を委ねたことによって権威が衰退し、さらに管領も逆臣によって滅ぼされた、このように家臣に政治を任せて自らも滅びることになったのは自業自得である、との見解を示している。これは、逆説的に徳川家は自らが権力を掌握していることからこのような家臣が逆威をふるって逆臣となることはなく、幕府の政治が安泰であることを示したものである。そのため、徳川将軍家を絶対視する「徳川史観」に基づいて、それと相対的に足利将軍家が述べられたといえる。そして、「徳川史観」において、信長は家康に命じて嫡男信康を自害に追い込んだことから、「神君」家康よりも絶対的な権力者でなければならなかったのである。すなわち、室町幕府・足利将軍家を低調に評価する見方は、実際には徳川将軍家を絶対視するために相対的に低調に評価したことと、信長のことを絶対視するために低調に評価したこと、この二重の意味を含んで江戸幕府によってなされた評価なのであった。

このように、信長のことを「天下統一を目指した英雄」とする今日的な見方や、相対的に室町幕府を低調に評価する見方は、実は江戸時代における「徳川史観」に基づいたものだったのである。そして、それは江戸末期に生まれた歴史家の田中義成氏によって踏襲され、近代歴史学において確立した概念だったといえる。

この「天下統一」については、長らく「上洛することは天下統一である」と考えられてきた。かつては、元亀三年末における武田信玄の西上や永禄三年の今川義元による尾張への侵攻なども、「上洛して天下を獲る」ことが目的と考えられてきた[19]。しかし、このような「天下統一史観」は、すでに鈴木良一氏によって否定されている[20]。また、神田千里氏によっても、信長の「天下統一」の野望は否定されている。それでは、信長が展開した「天下統一戦争」とは何だったのであろうか。本書の結果を踏まえて検討する。

尾張統一後に信長は隣国の美濃へ侵攻するが、永禄八年十二月に義昭から信長と美濃斎藤氏へ上洛が要請され和平調停がなされた。これを双方が受諾したことから講和が実現し、信長は翌年八月二十二日に上洛することを告げて美濃へ進軍した。しかし、河野島で美濃勢と合戦し、敗退したことによって上洛が取り止めになった。信長は永禄十年八月に美濃を攻略し、その翌年に上洛を遂げる。同時期に信長は伊勢侵攻も行っているが、従来これらは信長の領国拡大戦に位置付けられてきた。信長は上洛のための行路として、美濃から東海道を経由する行程と、伊勢を経て大和から北上する行程を計画していた。このことを加味すると、伊勢と美濃攻略は一度濃尾講和に失敗した信長が実力で上洛路を確保するための政略とも考えられる。そして、上洛戦も従来は「天下獲り」のためだと考えられてきたが、これは上洛の主体は義昭であり、義昭を将軍にするための畿内平定戦だったのである。

永禄十二年正月には、義昭が御座所としていた本圀寺を四国三好勢が襲撃する。これも、信長が美濃に帰国していた隙を衝いた軍事行動とされているが（黒嶋敏著書）、実際には松永久秀が信長への年末年始の御礼のために美濃へ下国した時機を見計らっての合戦だった。

これを撃退して「天下静謐」が実現するが、続いて「元亀の争乱」が勃発する。これも義昭に敵対する若狭武藤氏成敗に端を発しており、信長が越前侵攻を目論んで「しかけた合戦」ではなかった。姉川の合戦で朝倉・浅井勢に勝利して追撃する好機にもかかわらず近江・越前へ侵攻していないことからも、両国攻略という領国拡大の野望に基づいた合戦ではないことがわかる。これに連動した「摂津の陣」や信長包囲網も義昭と四国三好勢との合戦だったのであり、第二次信長包囲網も朝倉・浅井勢を近江で京都侵攻を阻止するための国境の防衛戦争から派生し、信玄西上によって形成された包囲網だったといえる。

以上のことから、これまで信長の領国拡大のためと考えられてきた「天下統一戦」は、永禄・元亀期においては①義昭の敵対勢力を征討する畿内平定ための上洛戦、②義昭の敵対勢力を駆逐する「天下静謐」維持のための防衛戦、だったといえる。そのため、いずれも信長から攻め込む「しかけた戦争」ではなく、義昭と敵対勢力との抗争に「巻き込まれた戦争」だったのである。③元亀四年二月の義昭蜂起に対する合戦も、「御所巻」して幕臣を排除することが目的だったのであり、信長が幕府を滅ぼすための戦争ではなかったのだった。そのため、これら一律に信長の「天下統一戦」と考えられてきた戦争は、実際には信長の「天下統一野望史観」に基づく「信長中心史観」による認識だったといえる。

天正元年七月の義昭追放後に、信長は越前朝倉氏と近江浅井氏を相次いで攻略する。信長の軍事力からすれば、八・九月の二ヶ月のうちに両氏を攻め滅ぼすことは可能だった。それにもかかわらず、義昭が京都にいる間に積極的に侵攻しなかったのは、やはり将軍と大名との共存を志向していたためと考えられる。つまり、義昭が幕府を構えている間は、「天下静謐維持権」を委任されて「誰々に寄らず、信長の分別次第で成敗する」権限を有していても、信長から他国への侵略戦争はしなかったのであった。義昭追放後に信長は、「天下」において三好義継などの旧幕府方勢力を征討する。その後はいわゆる「方面軍」が編成されて、各地で合戦が遂行されるようになっていく。天正四年には安土城を築き、信長はここにいて基本的には他国との合戦に出陣しなくなる。ここでは各地から諸々の状況が報告され、それらの情報は信長へ「披露」する側近に集約された。信長はその「披露」を受けて指示を出す支配体制が確立される。すなわち、側近の官僚制度による行政組織が整えられていくのであった。

天正期以後の合戦は、各地の「方面軍」によって展開された。ここでは柴田勝家が「天下一統」（『書簡并証文集』『信長文書』補二〇八号）と述べた戦争が行われる。語義的には「天下統一」と同じであるが、これは「天下」と「分国」が「一統」することであると考えられる。すなわち、「天下」は「静謐」であることから、敵対勢力を討つことによって「分国」も「天下」と同様に「静謐」を実現させて、「天下」と「分国」が「静謐」の基に「一統」することだったと考えられる。また、彼らは眼前で敵対勢力と対峙しており、それらを討てば「分国」が信長の領国となることから、「天下」と「分国」の「一統」が実現する。さらには、これによって信長から恩賞が与えられることになるため、領知の獲得はまさしく「切り取り次第」だったといえる。

以上により、勝家らの「方面軍」の部将はこの三つの論理で合戦を行っていたと考えられる。そのため、永禄・元亀期と天正期以降とでは、信長による合戦は性格が異なっていることを指摘し得る。また、それは同時に「天下」が拡大化していくことであるため、信長が武力によって「天下統一」をするのではなく、「方面軍」の部将によって「分国」が「天下」に「一統」されていくのであった。これが、従来認識されてきた信長の「天下統一」の実態だったといえる。

信長の「天下統一」については、金子拓氏・黒嶋敏氏によって「信長の武威」として検討が進められている。筆者も他国の大名の服属について、「武威」を宣伝することによって服属が実現化して勢力圏が拡大していくとする点において同意見である。信長は天正三年八月の越前一向一揆殲滅の戦況を、京都の村井貞勝に報告している（『古文書纂』『信文』五三五号）。貞勝から京都にいる公家に報され、遠隔地と取り引きを行う商工業者にも知れるところとなり、それが全国的に広まることは想像に難くない。これはまさに、神田千里氏が指摘した「強面の外交」だったといえる。

そして信長は、天正三年五月の武田勝頼との長篠合戦の戦況を陸奥の伊達輝宗に報告している（「伊達家文書」『信文』五七一号）。これを報された輝宗らの大名は、信長に敵対すると自分も勝頼のような攻撃をうける、と考えたであろう。まさしく、信長は黒嶋氏が指摘した通り、「武威」の宣伝による服属を促す政策を行っていたといえる。実際これによって、関東から東北に及ぶ東日本と九州・四国の西日本に至るまで、信長を「上様」と敬称して従属する武家領主が広がりつつあった。

信長の基本政策は「当知行安堵」だったことが明らかにされている。大和の松永久秀は信長を何度も裏切りながら、降伏するたびに信長は赦免している。筆者は、この原理が本能寺の変が起こる要因になったと考えている。すなわち、四国では土佐の長宗我部元親が明智光秀を取次役として、阿波の三好康長が羽柴秀吉を取次役として、それぞれ信長に安堵を求めた。信長はそれぞれの家臣の進言を受け入れて、各々を安堵した。この信長自身が下した決定の矛盾が、政権運営に齟齬が生じることになったといえる。信長の家臣の進言を受け入れる性格と、「当知行安堵」政策が同時に重なって生じた矛盾だったのである。

さて、信長はどのような「天下人」になろうとしたのであろうか。「天下人」は先に述べたように、概念用語である。基本的には「方面軍」の部将による「分国」の拡大戦と、信長の遠国の武家領主との「武威」に基づく通好による従属で勢力圏を拡大化していった。ここで注目されるのが、この外交政策は主に東国を中心として行われていたことである。すなわち、信長は義昭を「西国の公方」として容認していた[21]。このことから、信長は徳川家康の関係から甲斐の武田氏を討伐するに至るが、結果として東国の諸勢力は信長に従属した。このことから、信長は他大名を打倒して「天下統一」を強行するよりも、「武威」を宣伝して服属を促し、「当知行安堵」することでその勢力を温存させ、勢力圏の拡大によるゆるやかな支配体制の構築を志向していたと考えられる。そしてそれは、東国において実現しつつあったのだった。

このことから、信長は国家統治の戦略や国家体制に対して明確な構想は持ち得ておらず、まさしく場当たり的な対応によって勢力圏を拡大化していったと考えられる。そして天正十年段階では、東国の「諸侍御主」の信長と、「西の公方」の義昭と、それぞれが権威として君臨することによって共存することを志向していたと考えられる。しかし、これは信長が当初から構想したものではなく、現状の体制だったのである。

近年、これによって達成される「天下静謐」は、豊臣政権の「惣無事令」と前代の足利将軍による大名間和平調停との連続性が指摘されている。[22]ではここで、あらためて「天下人」について検討しておきたい。

「天下人」は近世史からは藤井讓治氏によって、①武力と武威により大名はじめ所領主の頂点に立ち、すべての大名領主を動員することのできる軍事指揮権を掌握すること、②大名領主に領知を与える領知宛行権の掌握、この二つを同時に獲得することで「天下人」の地位を確固たるものとなる、と指摘されている。[23]これに本書の検討結果を踏まえるならば、まずは「天下」の主宰者になることで、次に「天下静謐」を実現化させて「天下」の領主の責務として領民の安全を保障することである。そして、朝廷を保護すること、武家領主が従う「天下諸侍御主」となり、さらに官位の上で武家領主の頂点に立ち、上位の権力として「天下」「上様」などと敬称され承認されること、が挙げられる。

では最後に、この「天下人」の定義を踏まえて「織田政権」の成立について述べることとする。義昭追放後、信長は義昭が「棄て置いた」「天下」を「取り鎮める」。これによって、領域的には「天下」を掌握する。次に、三好義継らの旧幕府方の勢力を征討し、最終的には天正三年十月二十一日に大坂本願寺と和睦を締結する。すなわち、この時点において完全な「天下静謐」が達成されたのであった。そして、信長は義昭の帰洛交渉決裂後、この天正三年十一月に権大納言兼右大将に任官する。天正三年十一月は他にも公家・門跡に新知を宛行い、嫡男の信忠に織田家の家督と尾張・美濃両国を譲り、書札礼も変化するなど、信長の地位と政治的状況が一様に変化する。信長はこの年をもって「天下人」になった状況といえる。

信長は天正四年から安土城を築いて移住することになるが、安土城は政庁としての機能を果たしていたことから、この天正三年末あるいは同四年初段階を一つの画期として信長権力が確立されて「織田政権」が成立したと評価し得る。しかし、依然として残された課題は多く、これを断定的に言い切ることはできない。とりあえず、本書の検討を通した現時点における一つの到達点を示すものであり、またそれは通過点であることをお断りしておきたい。

註

(1) 林羅山『将軍記』(国史研究会、一九一五年)、『当代記』(史籍雑纂集、第二、続群書類従完成会、一九七四年)。

(2) 矢部健太郎「中世武家権力の秩序形成と朝廷」(『国史学』第二〇〇号、二〇一〇年)によると、足利将軍家において第三代将軍義満を先例として、前将軍が右大将となって現職将軍の上位に位置付くことが行われていた。木下昌規氏は、第十二代将軍義晴が子の義藤(のち義輝)に将軍職を譲って右大将となったことから、信長もこれを意識して現職将軍の上位に就いたと指摘している(「戦国期足利将軍家の任官と天皇」同編著『足利義晴』シリーズ・室町幕府の研究3、戎光祥出版、二〇一七年)。

(3) 奥野高広「上様と殿様」(『日本歴史』第三四四号、一九七七年)、金子拓『織田信長〈天下人〉の実像』(講談社、二〇一四年)、黒嶋敏『秀吉の武威、信長の武威』(平凡社、二〇一八年)。

(4) 村嶺良美「織田信長の京都経営」(『日本女子大学大学院文学研究科紀要』第一〇号、二〇〇四年)、木下昌規「織田権力の京都支配」(同『戦国期足利将軍家の権力構造』岩田書院、二〇一四年。初出二〇一一年)、谷口克広『信長の天下所司代』(中央公論新社、二〇〇九年)など。

(5) 池上裕子『織田信長』(吉川弘文館、二〇一二年)。

(6) 『日々記』天正十年四月二十五日条(勧修寺晴豊筆、内閣文庫蔵)、誠仁親王消息(東京大学史料編纂所『古文書時代鑑』東京大学出版会、一九七七年)。

(7) 立花京子『信長権力と朝廷』(第二版、岩田書院、二〇〇二年)。

(8) 神田千里『織田信長』(筑摩書房、二〇一四年)。

(9) 山田邦明『戦国のコミュニケーション』(吉川弘文館、二〇一一年。初版二〇〇二年)。

(10) 谷口克広氏は、『織田信長合戦全録』(中央公論新社、二〇〇二年)では「対立論」だったが、『信長の政略』(学習研究社、二〇一三年)では「協調論」となっている。『信長と将軍義昭』(中央公論新社、二〇一四年)では「協調論」を基調としながらも、信長は「将軍を傀儡化して、幕府の実権を握ること」だったとし、「傀儡論」を述べている。
(11) 山田康弘『戦国時代の足利将軍』(吉川弘文館、二〇一一年)。
(12) 石崎健治「上洛直後の織田信長と足利義昭」(『日本歴史』第八四六号、二〇一八年)、天野忠幸『三好一族と織田信長』(中世武士選書31、戎光祥出版、二〇一六年)、水野嶺「幕府儀礼にみる織田信長」(『日本史研究』第六七六号、二〇一八年)。
(13) 神田千里「戦国期における山城国革島氏の活動基盤」(同『一向一揆と戦国社会』吉川弘文館、一九九八年。初出は一九八七年)、臼井進「織田政権の在地領主支配について」(『史叢』第五三号、一九九四年)。
(14) 川岡勉『室町幕府と守護権力』(吉川弘文館、二〇〇二年)。
(15) 信長文書の研究は、稲葉継陽「細川家伝来の織田信長発給文書」(森正人・稲葉継陽編『細川家の歴史資料と書籍』吉川弘文館、二〇一三年)・山田貴司「細川家伝来文書にみる信長文書の現在地」(『文化科学研究』第一七号、二〇一五年)・小久保嘉紀「室町幕府・織田政権における細川藤孝の地位」(『織豊期研究』第十九号、二〇一七年)など、細川藤孝宛て文書の研究が盛んである。本書第Ⅲ部補論執筆後、尾下成敏「織田信長の書札礼」(『ヒストリア』第一八五号、二〇〇三年)が著され、ご批判をいただいた。これについて、山田氏は筆者の説に賛意を表している。また機会をあらためて、検討させていただきたい。
(16) 鴨川達夫『武田信玄と勝頼』(岩波書店、二〇〇七年)で、義昭と信玄の連繫を示す根拠だった「大槻文書」の年代があらためられ、義昭の信長包囲網の関与が否定された。
(17) 谷口氏は註(16)をうけて、義昭関与説(註〈10〉[二〇〇二]著書)から不関与説(註〈10〉[二〇一四]著書)に転じている。
(18) 田中義成『織田時代史』(講談社、一九八〇年。初版一九二四年)。
(19) 黒澤明監督の映画『影武者』など。
(20) 鈴木良一『織田信長』(岩波書店、一九六七年)は、「上洛＝天下統一史観」を否定している。
(21) 「鞆幕府」については、藤田達生「『鞆幕府』論」(『芸備地方史研究』第二六八・二六九合併号、二〇一〇年)に詳論されている。
(22) 藤木久志『豊臣平和令と戦国社会』(東京大学出版会、一九八五年)、註(8)神田著書、柴裕之『戦国・織豊大名徳川氏の領国支配』(岩田書院、二〇一四年)。
(23) 藤井譲治『天下人の時代』(吉川弘文館、二〇一一年)。

【初出一覧】

序　論　織田政権についての研究史と本書の課題（新稿）

第Ⅰ部　足利義昭政権論

第一章「足利義昭政権の構造」（原題「足利義昭政権論」『栃木史学』第二三号、二〇〇九年。のち、拙編著『足利義昭』〈シリーズ・室町幕府の研究2〉戎光祥出版、二〇一五年に再録）

第二章「京都支配における足利義昭政権と織田信長政権」（原題「足利義昭政権と織田政権――京都支配の検討を通して」『歴史評論』第六四〇号、二〇〇三年。のち、拙編著『足利義昭』〈シリーズ・室町幕府の研究2〉戎光祥出版、二〇一五年に再録）

第三章「足利義昭政権における相論裁許と義昭の「失政」――伊勢神宮禰宜職相論の検討を中心として」（新稿）

補　論「書評 神田千里著『織田信長』」（『白山史学』第五一号、二〇一五年）

第Ⅱ部　織田信長と足利義昭の政治・軍事的関係

第一章「織田信長と足利義昭の軍事的関係について」（『白山史学』第五三号、二〇一七年）

第二章「京都における織田信長の相論裁許と室町幕府」（『日本歴史』第八二八号、二〇一七年）

第三章「足利義昭政権滅亡の政治的背景」（『戦国史研究』第七四号、二〇一七年）

補　論「足利義昭の蜂起と「天下静謐」をめぐる抗争」（新稿）

第Ⅲ部　永禄・元亀期における織田信長政権の京都支配

第一章「織田信長発給文書と義昭政権」（新稿）

第二章　「京都支配における織田家奉行人の基礎的考察」（原題「織田政権の京都支配における奉行人についての基礎的考察」『いわき明星大学人文学部研究紀要』第二八号、二〇一五年）
第三章　「京都支配における織田信長朱印状と織田家奉行人の政治的役割」（新稿）
補　論　「織田信長発給文書の基礎的考察――武家宛書状・直書の検討による一試論」（大野瑞男編『史料が語る日本の近世』吉川弘文館、二〇〇二年）

第Ⅳ部　天正期における織田信長政権の京都支配

第一章　「村井貞勝発給文書の基礎的考察」（『東洋大学文学部紀要』第五五集、史学科編第二七号、二〇〇二年）
第二章　「村井貞勝の政治的役割」（原題「織田政権の京都支配――村井貞勝の職掌の検討を通して」『白山史学』第三三号、一九九七年）
第三章　「村井貞勝の「下代」の政治的役割」（原題「織田政権の京都支配における在地支配――村井貞勝の下代の政治的役割について」『白山史学』第四四号、二〇〇八年）
補　論　「織田信長政権と守護制度」（原題「織田政権と守護制度」西ヶ谷恭弘編『国別守護・戦国大名事典』東京堂出版、一九九八年）

結　論　「天下人」織田信長と「天下静謐」（新稿）

あとがき

本書は筆者が一九九〇年代から二〇一〇年代までの、約二十年の間に著してきた研究成果をまとめた論文集である。

筆者が研究を志したのは、卒業論文執筆時に問題意識を抱いたからである。卒論のテーマを考えていた時は、まさしく昭和から平成に変わって少し経った頃であった。当時学界では、昭和天皇崩御の前後から天皇制に注目が集まり、中世では公武関係論が議論されていた。筆者はもとより、主題は織田政権を対象にすることに意を決していたが、その中でも題目をどうするかは決めかねていた。そこで、学界で活発に議論されていることをテーマとして扱うことに決め、卒論の題目は「織田政権の朝廷政策について」にした。信長と朝廷との関係について検討を進めていくうちに、両者の間で重要な役割を果たした村井貞勝は専制君主信長の家臣であることから権限がない、とする見解に接した。情報機器が発達した現代にあっても、官公庁・会社などの完成された組織においてさえ統率が利かずに不祥事が起きる昨今である。現代でさえそうであるのに、はたして四〇〇年前の戦国時代において、当主の権力によって行政末端までの完全な統率はできるものなのであろうか、このように問題意識を抱いたのが、研究活動の出発点であった。

ではここで、「あとがき」は研究書では唯一主観的に自由なことが発言できる場であるため、筆者が研究活動を始めて成果を表してきた平成も終わり令和の始まりに際して、私のこれまでの業績を本書でまとめたこともあり、徒然なるままに研究人生を回顧しておきたいと思う。

私は東京の八王子の出身である。ここにはかつて戦国武将の北条氏照がいて、武田信玄の娘の松姫（信松尼）も居住しており、天皇陵の多摩御陵や高尾山もあるという、ごく身近に歴史を感じられる環境で育った。きっかけが何かも定かではないほど、気づいた時には歴史好きだったこともあり、こういった史跡に足を運んで青少年期を過ごしてきた。ちなみに、私が学んだ小学校には小田原北条氏に関する石碑が建っている。伝承によると、武田信玄が氏照の滝山城を攻めた際、北条勢は城兵が少ないことから、武田勢に見える側に甲冑を並べて軍勢が多くいるように見せかけたという。わら人形に甲冑を着せた楠木正成さながらの籠城戦法と言えようか。この戦法は功を奏して、それを見た武田勢が怯んで撤退したとされている。小学校にはその甲冑を埋めたとする塚が存在しており、はたして本当かどうか塚を掘ったところ、実際に甲冑が発掘されたということであった。それを顕彰して、塚の跡に石碑が建てられたとのことである。

このような環境で育ったわけであるが、将来的には何か歴史に関わる仕事に就きたいと思い、とりあえず大学は史学科に行く決心をしていた。両親も大学には必ず行きなさいという教育方針だったので、高校進学に際して史学科のある附属高校を選択することになった。しかし、朝が極端に弱い私は、自ずと近場の高校に選択の幅が限られた。さらに、市内には大学で史学科のある附属高校は一つしかなかったことから、選択の余地なくその高校に進学することとなった。ここに進学を決めたのには、実はもう一つ大きな理由がある。それは、中学の頃から『歴史読本』や『歴史と旅』を読んでいたことから、その大学で戦国時代の研究者である宮本義己先生が講義されているのを知っていたため、それらの本に論考を書かれている先生の講義を受けたいと思ったのである。

かくて高校は先生が授業をされていた帝京大学の附属高に入学して、そのまま大学へ進学した。当然ながら、ゼミは迷わず宮本ゼミを選択した。帝京には大学院がなく研究状況は恵まれていなかったが、授業が終わるたびに押し掛け弟子のように宮本先生の許をお伺いして、直接いろいろとご指導いただいた。先生から「君は史料を羅列して、史料に語らせる癖がある。きちんと史料を読み込んで解釈するように」とご指摘をいただいたが、残念ながらいまだにその悪癖は抜けきれていない。先生の教えが活かされていないのは反省するところである。卒論を書いているうちに次第に問題意識が広がり、できるだけ関連史料を集めなければと思うようになっていった。東京大学史料編纂所にも史料蒐集に行く必要を感じ、先生にご相談したところ快く染谷光広先生をご紹介いただいた。その際には宮本先生も同道して下さり、帰りにお二人の晩酌のご相伴にあずかって上野で三人で会食させていただいたのは、今では貴重な思い出である。いま思えばおうかがいしたいこともあっただけに、当時の勉強不足な自分が悔やまれるところである。

いよいよ卒論を書き終え、勝手に次のテーマは村井貞勝だと決めていたこともあり、宮本先生に大学院への進学のご相談をさせていただいた。先生は医師の曲直瀬道三をはじめとした医学史を研究テーマとしていたこともあり、中世では漢方薬が主要な輸入品目だったことから、対外関係史が御専門の東洋大学の田中健夫先生とは学会を通じた知己があるとのことでご紹介いただき、受験して進学することになった。

田中先生はちょうど入学と入れ違いでご定年となり、その後、史学科の研究室や大学院の研修旅行などで度々ご一緒させていただいたが、直接ご指導いただく機会に恵まれなかったのは残念なことだった。しかし、後任教授として高知大学から神田千里先生が赴任されて来られたので、自分的にはかえってこの上ない幸いな機会に恵まれた。

神田先生は大学院の授業は着任後一年目はご担当されなかったので、近世史の大野瑞男先生のゼミに加えていただいた。大野先生は温厚なお人柄でお酒好きでもあり、学会活動も活発になさっていたので、学会先でもご一緒させていただいた。「先生からは日本酒学を学んだ」と言っては大変失礼な話であるが、それまでお酒を飲めなかった自分が飲めるようになったのは、東洋大学に来てからのことである。大野先生からは、先生が宝月圭吾先生からの教えとして三つの大きなテーマを持つようにと諭されたとのことで、「君たちも三つのテーマを持ちなさい」とご指導いただいた。今は織田政権論と幕府論しか見つかっていないところであるが、これからは視野と問題意識を広げて研鑽しなければと日々思う次第である。先生には国立歴史民俗博物館に「亀井家文書」の見学にお連れいただき、秀吉の書札礼について直接文書を見ながらご講義いただいたのは、贅沢な校外授業であった。長野県の佐久や静岡県の川根へ調査にも連れて行っていただき、古文書を基礎から勉強させていただいた。

神田先生には常日頃からいろいろとご指導いただいて大変お世話になっているが、自分はなかなか研究室に顔を出さない不肖の弟子であるため、今や研究室の末席に名前だけが残っているような存在となっている。私は人の言うことを素直に聞けない性格で、学者は学説を批判的に捉えるという意味において、それはそれで研究者として必要な資質ではあるのだが、自分は神田先生の教え子だからといって素直に先生の学説を受け入れているわけではない。しかし、先生は極めて精緻な実証に基づいて論理展開されるので、反論の余地なく説得力があり、多くは先生の説に根負けしてしまっているというのが実情である。東洋大学の先輩にあたる細川重男さんが雑談の折、どのようなことを考えても佐藤進一さんの掌の上だ、と話をされていたことがある。自分的にはまさしく神田先生がそれであり、信長の上洛「供奉」や「義昭御所巻」説など、不勉強の私がもうすでに先生が書かれていることをあらためて後から気づくことも多々ある。さらに、ご相談にお伺いする時には必ずと言っていいほど、「こんな史料もありますよ」「この論文読みましたか」と、こちらが調べた以上の情報を教えて下さり、先生とお会いする時は毎回自分の不勉強さを恥じるとともに、先生の見識の深さに感服申し上げる次第である。麦酒の量もかなわないところであり、ただただ頭が下がる思いである。かくて、神田先生とは実は東洋大学では同級生という関係でもある。

大学院に入ってからは、先輩の大石泰史さんに戦国史研究会をご紹介いただき、それからは頻繁に参加させていただいた。戦国史研究会は大学の垣根を超えて多くの研究者だけでなく、一般の方にも広く門戸が開かれていて、毎回たくさんの方々が集って活発な議論と意見交換が行われていた。ここでいろいろとアドバイスをいただき、お世話になった方は枚挙に暇がない。特に、國學院大學と駒澤大学の皆様には大変お世話になり、文書調査にも連れて行っていただいた。古文書調査の技術を習得できたのは、この時期に学んだおかげである。

戦国史研究会では堀新さんと知り合う機会に恵まれ、『晴豊公記』輪読会にお声がけをいただき参加させていただくことになった。時として、「これは書いた晴豊も後から読み直した時に意味がわからないのではないか」と冗談で話すぐらいに解釈が難解な記述に当たると、次の日の条に進むことができないこともあるほどであった。ここでは、史料を丹念に深く読み解くことを勉強させていただいた。『晴豊公記』を読了したあと、次のテキストとして『兼見卿記』の未翻刻部分の輪読が始まった。ちょうどその頃、東洋大学の助手の任期が終了して勤務形態が変わる時であったので輪読会への参加が難しくなり、その後はご無沙汰してしまったのは心苦しく思っている。また、ここでは金子拓さんとお知り合いになるきっかけになったが、入れ違うような形になってしまい深く意見交換できなかったのは残念である。本書のテーマでもある「天下人」と「天下静謐」は金子さんの先論があるが、金子さんの御研究は天正期以降に比重が置かれて論じられている。本書はそれ以前を重点的に検討したものといえる。

研究会を通した出会いについては、鍛代敏雄さんとお知り合いになれたのも貴重な機会であった。鍛代さんは、神田先生が国内留学で東洋大学を離れてらっしゃる間にご出講いただいていた。その時はちょうど私が史学科の助手をしており、それ以来ご自宅にもお招きいただいて、なお親しくしていただいている。『白山史学』に村井貞勝の論文を発表した時に奥野高広先生へ抜き刷りをお送りしたところ、「勉強させていただきます」とのご返事をいただいた。その時、先生は九十歳を越えていらっしゃると思うのだが、その旺盛な研究意欲に自分も力づけられて今日の励みになっている。しかしながら直筆かわからないので、その話を鍛代さんにしたところ、奥野先生の板書の字をよく覚えてらっしゃるとのことで、いずれ機会があれば筆跡の鑑定をお願いしたい次第である。なお、本書の要点となっている曇華院の相論は、鍛代さんにお招きいただいた「曇華院文書を読む会」に参加させていただいて気づいた成果である。

さて、この間は年齢と研究分野が近いということもあって、矢部健太郎さんと親しくしていた時期でもあり、戦国史研究会と『晴豊公記』輪読会にともに参加して知見を深めた。ある時には名古屋で開かれた織豊期研究会に私の愛車である二代目ソアラに乗って行き、ちょうど豊田市郷土資料館で長興寺所蔵の信長像が公開されていたので、二人で観たことは忘れがたい思い出である。この時に車の中で聴いたのは、行きは矢部さんセレクトの奥田民生、帰りは私セレクトの氷室京介だった。矢部さんとは信長と秀吉の一番の違いについて雑談し、信長は武家社会のしきたりの中でちゃんとした教育を受けて育った常識人、対して秀吉はそういう常識がなかったから無理な改革ができたのだろう、という結論に至ったのであった。ちなみに、堀越祐一さんとは彼が将棋部の時の同期生で私とは共通の友人がおり、その友人を含めて堀越さんと徹夜で麻雀をする間柄でもあったが、彼がたばこを吸い胃薬を飲みながら酒を飲んで麻雀している姿はとても印象的な光景であった。

さて、大学院での研究テーマは村井貞勝に決めていたので、修論の題目は「織田政権の京都支配について」とした。実は構成的には本書とそれほど変わりはなく、修論の内容は幕府との関係を序論として、第一章が織田家奉行人、第二章が村井貞勝、第三章が貞勝の下代についてであった。修論指導の時には、三章立てにするとバランスも良く、次のテーマを考える間の貯金として各章を三本の論文としてストックできるから、そう構成するとよいと御指導いただいていた。結局、それから二十年の間は新しいテーマを見つけられず、この枠から出ることができていない成長のない自分を恥じるばかりである。しかし、気づいてみれば四本構成の修論がその後の研究で本書の十六本になったので、卒論で貞勝を見つけたように、修論で義昭を見つけることができたのは、研究活動の大きな礎となった。義昭が戦前の渡辺世祐氏や戦後の奥野高広氏・脇田修氏以来、本格的に論じられていなかったのは、ある意味奇跡だったといえる。まだ本書でも多くの課題を残していることから、織田政権や義昭政権の解明すべき問題は多いといえる。

修論で「幕府存在期」というキーワードを使ったところ、口述試験で近世ではあまりそういう言い方はしないとのご指摘をうけた。これが基になって、義昭が将軍でいる間の幕府を「義昭政権」と表しているに至る。最近では、「義昭幕府」や「義昭期幕府」という表現の仕方があるが、近世では通常「家康幕府」や「秀忠期幕府」とは言わない。また、「二重政権」については、「一つの政権のなかに二つの政権が存立することは概念的にありえない。政権はあくまでも一つであり、その場合、二つの権力によって成り立った政権である」とする意見がある。しかし、江戸幕府も創始期は家康の「駿府政権」と秀忠の「江戸政権」の二重政権構造であったことから、幕府に二つの政権が併存することを中世の場合で考えてもあり得るのではないか、と考えている。これも近世史のゼミで勉強させていただいた成果といえる。ちなみに、室町幕府の草創期は尊氏と直義の二頭政治であり、義昭は上洛戦では尊氏の甲冑を本圀寺から借り出して着用し、京都追放後は尊氏に縁のある鞆に御座所を構えていることから、尊氏を強く意識していたことがうかがえる。尊氏は政権運営に失敗して観応の擾乱を招いたが、義昭も尊氏のような政治体制を理想としていた可能性を漠然と考えている。

大学院を修了してからは、戦国史研究会でお世話になっていた平野明夫さんからご紹介いただいて、千葉県文書館の古文書班で仕事をさせていただいた。ここでは近世や近現代の古文書整理を行い、仕事を通してさらに古文書の見識を深めることができた。貴重な機会をいただいた平野さんには、感謝の言葉しか浮かばないところである。

それまで東洋大学の史学科専攻の大学院は修士課程しかなかったが、私が修士課程を修了してから四年後に博士課程が新設され、史学専攻が修士課程から博士前期・後期課程に編成された。大野先生にうかがったところ、これは先生が宝月先生から託された宿題だったとのことであった。

かくして大野先生のご尽力があって博士課程が創設されたわけだが、まだ研究の課題を解決できていなかった私は後期課程への進学を志し、幸いにして一期生として入学することができた。そしてその後、史学科の助手へのお誘いをうけ、甚だ非力で身に余ることではあったがお受けさせていただいた。助手は任期制であったが、ちょうど大学制度改編の時期にあたり、同僚で仕事上では先輩の西洋史の渡辺賢一郎さんが制度上で最後の助手となり、実質的には私が文学部最後の助手となった。そして現在に至っている。

東洋大学には院生の時から助手期を経て、現在までずっとお世話になっている。史学科の研究室は和やかで、外国史の先生方にも親しくお声がけいただき感謝しきりである。日本史の先生では助手時代からお世話いただいている森公章先生・白川部達夫先生・大豆生田稔先生と小池喜明先生をはじめ、特に国史の中世・近世史の諸先輩方には本当にいろいろとお世話いただいた。近世史では、専門分野も近い曽根勇二さん、助手の先輩でもあった小池進さん、いわき明星大学の授業をご紹介くださった上白石実さん、自分が院生の時の助手だった中世史の中島敬さん・黒瀬之恵さん、中世史研究会のOBで後輩のことを日ごろから気にかけて下さった細川重男さんと大石泰史さん、そして神田ゼミの後輩にあたる柴裕之さん・功刀俊宏さんなど、今日研究者としていられるのはひとえに皆様のお陰で、何かとお世話いただき感謝申し上げる次第である。

本書を上梓できたのは、何よりも出版を引き受けて下さった戎光祥出版株式会社のお陰です。ご縁ができたのは拙編著『足利義昭』（シリーズ・室町幕府の研究2）からであるが、なかなか原稿の仕上がらないところを大変辛抱強くお待ちいただいた。あらためて、代表取締役の伊藤光祥様と編集長の丸山裕之さん、ご担当いただいた石田出さんに、心から御礼申し上げます。特に、丸山さんには論文集の刊行をお勧めいただき、本書の題名も織田政権か織田権力か決めかねているところ、「織田信長政権」との的確なご提案をいただきました。また、石田さんには最後までご迷惑をおかけしてしまい、本当に申し訳なく思っております。

最後に末筆ながら、今日まで研究活動が続けてこられたのは、家族の理解があったからである。本書の完成を楽しみに待っていたにもかかわらず、二〇一七年に亡くなってしまった父の進に本書を見てもらうことができなかったのは、残念なこと限りない。今でも応援してくれる母と兄には心から感謝申し上げる次第である。

平成三十一年四月二十三日　新緑が眩しい多摩陵南の武蔵野の森にて記す

久野雅司

人名索引（50音順）

※頻出人名の織田信長・足利義昭・村井貞勝と、論旨に関わらず頻度の少ない人名は捨象した。

（あ）

（か）

（さ）

（た）

（な）

（は）

（ま）

（や）

（ら，わ）

【著者略歴】

久野雅司（くの・まさし）

東洋大学大学院文学研究科日本史学専攻博士後期課程退学。

現在は、東洋大学非常勤講師・東洋大学人間科学総合研究所客員研究員を務める。

専門は、日本中・近世移行期（戦国・織豊期）。研究テーマは「織田政権の権力構造論」で、単著に『足利義昭と織田信長——傀儡政権の虚像』（戎光祥出版、2017年）、編著に『シリーズ・室町幕府の研究第2巻 足利義昭』（戎光祥出版、2015年）などがある。

装丁：川本　要

戎光祥研究叢書　第16巻

織田《おだ》信長《のぶなが》政権《せいけん》の権力《けんりょく》構造《こうぞう》

二〇一九年七月一日　初版初刷発行

著　者　久野雅司
発行者　伊藤光祥
発行所　戎光祥出版株式会社
東京都千代田区麹町一－七
相互半蔵門ビル八階
電　話　〇三－五二七五－三三六一㈹
FAX　〇三－五二七五－三三六五
編集・制作　株式会社イズシエ・コーポレーション
印刷・製本　モリモト印刷株式会社

https://www.ebisukosyo.co.jp
info@ebisukosyo.co.jp

ISBN978-4-86403-326-8

戎光祥研究叢書　シリーズ既刊のご案内

A5判・上製

1　坂東武士団の成立と発展　野口実 著
317頁／本体6000円＋税／ISBN：978-4-86403-096-0

2　中世の畿内武士団と公武政権　生駒孝臣 著
337頁／本体8400円＋税／ISBN：978-4-86403-135-6

3　室町期島津氏領国の政治構造　新名一仁 著
427頁／本体10000円＋税／ISBN：978-4-86403-137-0

4　増補改訂　戦国大名と外様国衆　黒田基樹 著
641頁／本体12800円＋税／ISBN：978-4-86403-159-2

5　中世河野氏権力の形成と展開　石野弥栄 著
548頁／本体12000円＋税／ISBN：978-4-86403-145-5

6　中世後期武家官位論　山田貴司 著
378頁／本体9000円＋税／ISBN：978-4-86403-184-4

7　豊臣政権の権力構造と天皇　跡部信 著
469頁／本体9200円＋税／ISBN：978-4-86403-189-9

8　南北朝・室町期一色氏の権力構造　河村昭一 著
596頁／本体10000円＋税／ISBN：978-4-86403-203-2

9　鎌倉幕府の御家人制と南九州　五味克夫 著
396頁／本体8500円＋税／ISBN：978-4-86403-205-6

10　織田政権の形成と地域支配　柴辻俊六 著
337頁／本体7000円＋税／ISBN：978-4-86403-206-3

11　近世初期大名の身分秩序と文書　黒田基樹 著
465頁／本体9500円＋税／ISBN：978-4-86403-230-8

12　室町幕府の地方支配と地域権力　市川裕士 著
340頁／本体8400円＋税／ISBN：978-4-86403-234-6

13　南九州御家人の系譜と所領支配　五味克夫 著
446頁／本体9500円＋税／ISBN：978-4-86403-236-0

14　戦国期越前の領国支配　松浦義則 著
382頁／本体9000円＋税／ISBN：978-4-86403-266-7

15　戦国・近世の島津一族と家臣　五味克夫 著
460頁／本体9500円＋税／ISBN：978-4-86403-284-1